MÉMOIRES

DE

LA SOCIÉTÉ D'ÉTUDES

DE LA

PROVINCE DE CAMBRAI

Tome XV

RECUEIL

DE

GÉNÉALOGIES LILLOISES

Tome IV

SOCIÉTÉ D'ÉTUDES

DE LA

PROVINCE DE CAMBRAI

MÉMOIRES

Tome XV

LILLE
IMPRIMERIE LEFEBVRE-DUCROCQ
88, rue de Tournai, 88

1908

RECUEIL

DE

GÉNÉALOGIES

LILLOISES

PAR

Paul DENIS DU PÉAGE

ARCHIVISTE PALÉOGRAPHE,
MEMBRE TITULAIRE DE LA SOCIÉTÉ D'ÉTUDES
ET DE PLUSIEURS AUTRES SOCIÉTÉS SAVANTES.

Tome IV

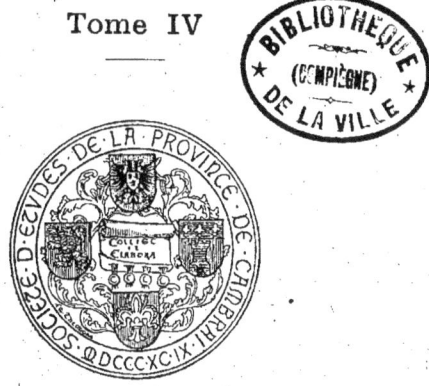

LILLE

IMPRIMERIE LEFEBVRE-DUCROCQ

88, rue de Tournai, 88

1908

GÉNÉALOGIES LILLOISES

SEPTIÈME PARTIE

BAILLIEU

Armes : *de sinople au chevron d'or accompagné de trois besants du même.*

Famille originaire de Valenciennes et des environs. Elle a formé plusieurs branches ; nous donnons seulement celle qui vint se fixer à Lille.

I. — *Étienne-Joseph* Baillieu, baptisé à Valenciennes, paroisse de La Chaussée, vers 1680 (les registres d'état-civil manquent), bourgeois de cette ville, maître praticien, décédé paroisse Saint-Géry le 11 décembre 1754 ; épousa à Saint-Nicolas, le 3 juin 1709, Marie-Jeanne *Briast*, décédée paroisse de La Chaussée le 20 février 1763 ; dont :

1. — *Nicolas-Joseph*, baptisé à Saint-Nicolas le 22 février 1710.
2. — *Charles-Joseph*, qui suit, II.
3. — *Marie-Anne-Joseph*, baptisée à Saint-Nicolas le 28 novembre 1715, morte le 20 juillet 1793, alliée dans cette église, le 26 août 1738, à Jean-Baptiste *Payen*, fils d'Éleuthère, chirurgien, et d'Anne *Raparlier*, baptisé à La Chaussée le 29 décembre 1707, maître orfèvre, veuf de Marie-Anne-Joseph *Coquerelle*, décédé paroisse Saint-Géry le 2 septembre 1758 ; dont postérité.

II. — *Charles-Joseph* Baillieu, baptisé à Saint-Nicolas le 20 juin 1713, praticien, bailli et receveur de la paroisse Saint-Nicolas, mort le 1er août 1793 ; épousa à La Chaussée, le 26 juin 1752,

CORMONTAIGNE DIT TURPIN

Armes : *Inconnues.*

I. — *Nicolas* Cormontaigne dit Turpin, fils de Jean, décédé avant mars 1541 (n. st.), né à Moreuil, entre Amiens et Montdidier, acheta la bourgeoisie de Lille le 4 mars 1541 (n. st.) et mourut avant septembre 1568 ; il eut :

1. — *Claude*, qui suit, II.
2. — *Cécile*, née avant mars 1541 (n. st.).
3. — *Jeannette*, née aussi avant cette date.
4. — *Jean,* qui suivra, II bis.
5. — *Mahieu*, qui suivra, II ter.

II. — *Claude* Cormontaigne dit Turpin, né avant mars 1541 (n. st.), « hôte du Salmon », bourgeois de Lille par achat du 6 mars 1556 (n. st.), épousa : 1° avant cette époque, Marie *Witebolle* ; 2° N.... Il mourut avant octobre 1574, laissant du premier lit :

1. — *Andrieu*, qui suit, III.
2. — *Madeleine*, déchargée de tutelle en 1574, morte le 19 avril 1630, alliée à Mathias *Le Thiéry*, fils de Watier, bourgeois par relief du 9 décembre 1572, mort le 29 novembre 1592.
3. — *Marie*, épouse de Pierre *Le Mesre* ; dont postérité.
4. — *Philippote*, alliée à Pierre *d'Hellin* ; dont postérité.
5. — *Philippe*.
6. — *Claire*, épouse d'Arnould *Pouille* ; dont postérité.

III. — *Andrieu* Cormontaigne dit Turpin, né à Lille, dont il releva la bourgeoisie le 7 octobre 1583, sayeteur, épousa Jeanne *de Fives*, qui le rendit père de :

1. — *François*, qui suit, IV.
2. — *Isabelle*, baptisée à Saint-Étienne le 28 mars 1586.
3. — *Antoine*, baptisé à Saint-Maurice le 13 mars 1588.
4. — *Jeanne*, baptisée à Saint-Maurice le 21 janvier 1591.
5. — *Madeleine*, baptisée à Saint-Maurice le 28 mai 1592.
6. — *Chrétienne*, baptisée à Saint-Maurice le 10 août 1594.

7. — *Michel*, baptisé à Saint-Étienne le 24 août 1595.
8. — *Madeleine*, baptisée à Saint-Étienne le 9 novembre 1596.

IV. — *François* Cormontaigne dit Turpin, sayeteur, bourgeois de Lille par relief du 12 janvier 1610, épousa à Saint-Étienne, le 26 juillet 1609, Philippote *Wagon*, fille d'Hugues et de Marguerite *Morie* ; d'où :

1. — *Noël*, baptisé à Saint-Étienne le 24 décembre 1610.
2. — *Mathieu*, baptisé à Saint-Étienne le 8 juin 1612.
3. — *Marguerite*, baptisée à Saint-Maurice le 19 mars 1614.
4. — *Claude*, baptisé à Saint-Étienne le 28 mars 1616.
5. — *Nicolas*, baptisé à Saint-Étienne le 27 février 1617.
6. — *Anne*, baptisée à Saint-Étienne le 16 mai 1619.
7. — *Martine*, baptisée à Saint-Étienne le 10 mai 1621.
8. — *Marguerite*, baptisée à Saint-Étienne le 15 mai 1623.
9. — *Jean*, baptisé à Saint-Étienne le 28 juillet 1625.
10. — *Marguerite*, baptisée à Saint-Étienne le 13 juin 1627.

II bis. — *Jean* Cormontaigne dit Turpin, bourgeois de Lille par relief du 17 septembre 1568, mort avant mars 1583, épousa Marie *Bucquet*, qui refusa sa succession le 7 mars 1583. Il en eut :

1. — *Jeanne*, baptisée à Saint-Étienne le 27 avril 1573.
2. — *Michel*, qui suit, III.

III. — *Michel* Cormontaigne dit Turpin, baptisé à Saint-Étienne le 31 juillet 1574, passementier, bourgeois de Lille par relief du 18 novembre 1599, épousa Isabeau *Dupont* ; d'où :

1. — *Charles*, qui suit, IV.
2. — *Louis*, bourgeois de Lille par relief du 27 octobre 1634, passementier, allié à Saint-Étienne, le 15 novembre 1633, à Marie *Patin*, fille de François, baptisée dans cette église le 22 décembre 1609 ; dont :

    a. — *Marie-Françoise*, baptisée à Saint-Maurice le 3 août 1634.
    b. — *Michel*, baptisé à Saint-Maurice le 14 décembre 1635.

IV. — *Charles* Cormontaigne dit Turpin, bourgeois de Lille par relief du 13 septembre 1631, passementier, épousa à Saint-Maurice, le 13 septembre 1630, Anne *Verdavaine* ou *Verdanave*, dont il eut :

1. — *Léopold*, baptisé à Saint-Maurice le 16 juillet 1631, bourgeois de Lille par relief du 15 septembre 1655, allié à Saint-Maurice,

le 11 avril 1655, à Élisabeth *Leroy*, fille de Pierre et de Marguerite *du Pisre* ; d'où :

    a. — *Gaspard*, baptisé à Saint-Maurice le 27 décembre 1655.

    b. — *Marie-Jeanne*, baptisée à Saint-Maurice le 5 mai 1657, décédée paroisse Saint-Étienne le 16 octobre 1752 et inhumée vis-à-vis la chapelle de Saint-Jacques, mariée dans cette église, le 7 juin 1688, avec Pierre-François *Zevort*, fils de Ghislain et de Jeanne *de Brienne*, né à Lannoy, chapelier, bourgeois de Lille par achat du 4 juin 1688, mort paroisse Saint-Étienne le 13 décembre 1739.

    c. — *Jeanne-Thérèse*, baptisée à Saint-Maurice le 23 septembre 1658.

    d. — *Charles*, baptisé à Saint-Maurice le 6 mars 1661.

    e. — *Marie*, baptisée à Saint-Maurice le 2 février 1663.

    f. — *Marie*, baptisée à Saint-Maurice le 21 août 1665.

    g. — *Léopold*, baptisé à Saint-Étienne le 6 juin 1667.

    h. — *Antoinette*, baptisée à Saint-Maurice le 27 avril 1670.

2. — *Jacques*, qui suit, V.

3. — *Charles*, baptisé à Saint-Maurice le 26 juin 1636, maître chapelier, bourgeois de Lille par relief du 20 octobre 1661, mort le 18 avril 1692, allié à Saint-Étienne, le 8 janvier 1661, à Antoinette *Vanthine*, fille de Jacques et de Madeleine *Buisine*, baptisée à Saint-Étienne le 12 janvier 1642, morte le 15 février 1705 ; d'où :

    a. — *Marguerite*, baptisée à Saint-Maurice le 30 janvier 1662.

    b. — *Marie-Jeanne*, baptisée à Saint-Maurice le 14 septembre 1664.

4. — *Michel*, baptisé à Saint-Maurice le 15 février 1638.

5. — *Béatrix*, baptisée à Saint-Maurice le 14 février 1640.

V. — *Jacques* Cormontaigne dit Turpin, baptisé à Saint-Maurice le 26 mars 1634, passementier, bourgeois de Lille par relief du 5 octobre 1656, mort paroisse de La Madeleine le 16 octobre 1711 (?), épousa à Saint-Étienne, le 11 mai 1656, Marie *Doby*, fille de Philippe et d'Antoinette *de Leauwe* ; dont :

1. — *Jacques-François*, qui suit, VI.

2. — *Jeanne-Élisabeth*, baptisée à Saint-Étienne le 19 novembre 1658.

3. — *Hubert*, baptisé à Saint-Étienne le 25 janvier 1660, décédé paroisse Saint-André le 31 juillet 1709.

4. — *Joseph*, baptisé à Saint-Étienne le 4 septembre 1661.

5. — *Jeanne-Thérèse*, baptisée à Saint-Étienne le 8 juin 1663.

6. — *Marie-Catherine*, baptisée à Saint-Étienne le 2 mars 1664.

7. — *Marie-Béatrix*, baptisée à Saint-Étienne le 8 octobre 1665.

VI. — *Jacques-François* CORMONTAIGNE dit TURPIN, baptisé à Sainte-Catherine le 11 avril 1657, bourgeois de Lille par relief du 6 mai 1701 sur requête, établit en 1711, sur le marché, une manufacture de fils d'or et d'argent, et c'est en mémoire de lui qu'une place de notre ville porte son nom. Il mourut paroisse Saint-Étienne, le 9 novembre 1734, après avoir épousé Marie-Jeanne *Noiret de Saint-Antoine*, fille de Charles et de Marie-Catherine *Sellier*, décédé paroisse Saint-Étienne le 8 avril 1733 ; d'où :

1. — *Isabelle-Thérèse*, décédée paroisse Sainte-Maurice le 1er février 1765, à soixante-six ans ; alliée à Saint-Étienne, le 10 février 1737, à Roger-Joseph *Degryse*, fils de Roger et de Michelle *Roussel*, bourgeois de Lille par achat du 8 novembre 1737 ; dont postérité.

2. — *Marie-Jeanne*, baptisée à Saint-Étienne le 13 novembre 1701.

3. — *Jacques-François*, baptisé à Saint-Étienne le 7 mars 1703.

4. — *Nicolas-Charles*, baptisé à Saint-Étienne le 9 janvier 1705, avocat, y décédé célibataire le 9 janvier 1768 et inhumé dans la chapelle du nom de Jésus.

5. — *Oudart-Jacques*, baptisé à Saint-Étienne le 9 janvier 1706.

6. — Et peut-être *Marie-Cécile*, alliée à Saint-Étienne, le 12 mars 1724, à François *Parisot*.

II ter. — *Mahieu* CORMONTAIGNE dit TURPIN, né vers 1546 [1], bourgeois de Lille par relief du 26 août 1578, époux de Jeanne *Carette*, dont il eut :

1. — *Claude*, baptisé à Saint-Maurice le .. février 1581 (n. st.), bourgeois de Lille par relief du 3 avril 1604, allié à Adrienne *Dubus*, fille de Philippe et d'Agnès *Buisine*.

2. — *Nicolas*, bourgeois de Lille par relief du 21 avril 1607, sayeteur, époux de Marie *Blanquart*, fille de Jean et de Philippote *de Sains*.

3. — *André*, bourgeois de Lille par relief du 26 février 1611, sayeteur, marié à Saint-Maurice, le 9 novembre 1610, avec Anne *de Ligny*, fille de Nicolas et d'Antoinette *Mullier*, baptisée dans cette église le 8 janvier 1593 ; d'où :

    a. — *André*, baptisé à Saint-Maurice le 16 juin 1625.

4. — *Jacqueline*, épouse de Guillaume *Lambelin*, fils de Dominique et de Martine *Deleplancque*, bourgeois de Lille par relief du 8 mars 1611 ; dont postérité.

---

1. Il était âgé de 26 à 27 ans lorsqu'il fut déchargé de tutelle, en 1574.

NON RATTACHÉS

Marie-Jeanne CORMONTAIGNE dit TURPIN, décédée paroisse Sainte-Catherine le 1er novembre 1731.

Charlotte CORMONTAIGNE dit TURPIN, épouse de Balthazar *Barbieux*; ils étaient morts tous deux en 1589 et laissèrent postérité.

Anne CORMONTAIGNE, fille de feu *Jean*, prisonnière en mars 1575 (n. st.) pour inconduite, mise aux repenties le 11 mai 1576 moyennant 7 livres de gros par an, moitié à la charge de la ville, moitié à la charge de la bourse commune des pauvres.

On trouvera aux registres d'état-civil la postérité de *Charles* et de ses deux femmes : Anne-Marie *Delarivière* et Antoinette *Beudar* ; de *Jacques* et de ses deux femmes : Anne *Ra* et Catherine-Thérèse *Morel* ; de *Michel* et d'Élisabeth *Duvenne* ; de *Maximilien* et d'Isabelle *de Santes* ; d'*Albert* et de Pétronille *de Cambray* ; aucun d'eux ne figure aux registres de bourgeoisie et leur nom est souvent TURPIN simplement.

DE LESCLUZE

Armes : *d'azur à une écluse d'argent posée sur une rivière du même.*

I. — *Hector* de Lescluze épousa Isabeau *Henneron* ; d'où :

II. — *Louis* de Lescluze, né à Wambrechies, tonnelier, bourgeois de Lille par achat du 4 janvier 1647, épousa : 1º à Saint-Étienne, le 26 décembre 1646, Catherine *Vrelan* ou *Varlez*, fille de Jacques et d'Antoinette *du Gardin* ; 2º dans la même église, le 12 juillet 1678, Marie-Madeleine *Cazier*, morte avant 1724 ; il eut du second lit :

1. — *Jeanne-Blanche*, baptisée à Saint-Étienne le 1er juin 1679.
2. — *Jacques-Louis*, baptisé à Saint-Étienne le 7 décembre 1680.
3. — *Rose-Albertine*, baptisée à Saint-Étienne le 28 août 1682.
4. — *Pierre-François*, baptisé à Saint-Étienne le 22 mai 1684, négociant, bourgeois de Lille par relief du 23 mai 1710, décédé veuf paroisse Saint-André le 16 août 1757 et inhumé dans la chapelle de Notre-Dame de Consolation, marié à Sainte-Catherine, le 30 juillet 1709, avec Marie-Albertine *Galliot*, fille de Jean ; d'où :

    a. — *Marie-Joseph*, baptisée à Sainte-Catherine le 22 décembre 1713, y décédée le 26 décembre 1746 et enterrée vis-à-vis la chapelle de l'Ange gardien ; alliée dans cette église, le 4 août 1737, à Augustin-François *Vanhove*, fils de Roger et de Marie-Catherine *Cornillot*, baptisé à Saint-Maurice le 21 février 1714, bourgeois de Lille par relief du 3 janvier 1738, avocat, marguillier de Saint-Étienne, mort à Bar-sur-Aube ; dont postérité.

    b. — *Pierre-François*, baptisé à Saint-Étienne le 8 janvier 1715, décédé célibataire paroisse Sainte-Catherine le 15 janvier 1771.

5. — *Marie-Madeleine*, baptisée à Saint-Étienne le 12 mai 1686.
6. — *Marie-Barbe*, baptisée à Saint-Étienne le 3 décembre 1687, morte paroisse Saint-Maurice le 14 octobre 1743 ; alliée à Saint-Étienne, le 9 septembre 1722, à Jacques *Delefosse*, fils de Jacques et de Marie-Catherine *Wattrelos*, marchand, bourgeois de Lille par

relief du 22 septembre 1722, remarié avec Marie-Catherine *Pilat*, officier de la Monnaie de Lille, décédé paroisse Saint-Maurice le 13 juin 1754.

7. — *Frédéric-Louis*, qui suit, III.

III. — *Frédéric-Louis* de.Lescluze, sr de la Chaussée, baptisé à Saint-Étienne le 3 juillet 1689, bourgeois de Lille par relief du 27 octobre 1724, conseiller dépositaire de cette ville, doyen des députés du commerce à Paris, chevalier de l'ordre de Saint-Michel, anobli par lettres données à Versailles le 8 mars 1757, mort à Paris le 26 mai 1781 [1], épousa à Sainte-Catherine, le 28 octobre 1723, Marie-Marguerite-Rufine *de Salengre*, fille de Jacques et de Marie-Joseph *Monoyer*, baptisée à Sainte-Catherine le 21 juillet 1701 ; d'où :

1. — *Albertine*, baptisée à Saint-Étienne le 10 février 1726, mariée avec Pierre-Albéric-Joseph *Castelain*, fils de Bauduin-Romain-Joseph et de Marie-Marguerite-Joseph *Lefebvre*, baptisé à Sainte-Catherine le 28 août 1720, bourgeois de Lille par relief du 20 avril 1750, créé greffier principal au bureau des finances le 6 septembre 1751, décédé sans postérité paroisse Saint-Pierre le 27 novembre 1766.

2. — *Geneviève-Rufine*, baptisée à Saint-Étienne le 18 avril 1727, morte veuve à Saint-Germain-en-Laye le 10 janvier 1813, alliée à Joseph *Marion*, chevalier de l'ordre du Roi ; dont postérité.

3. — *Marie-Joseph-Albertine*, baptisée à Saint-Étienne le 14 mai 1729, dame de Walennes, vivant en 1781, mariée : 1º à Sainte-Catherine, le 25 avril 1756, avec Louis-Joseph *de Wallers*, sr du Sarteau, Saultain, fils de Gilles-Joseph, consul de Valenciennes, et de Marie-Antoinette *Lexin*, baptisé à Saint-Géry de Valenciennes le 22 septembre 1724, nommé trésorier de France au bureau des finances de Lille le 27 septembre 1751, mort le 22 avril 1757, dont postérité ; 2º avec Jean *Danglard de Bassignac*, chevalier, lieutenant-colonel d'infanterie, chevalier de Saint-Louis.

4. — *Frédéric-Nicolas-Joseph*, écuyer, sr de la Chaussée et de Solignac, baptisé à Saint-Maurice le 23 janvier 1733, célibataire en 1781.

5. — *Thérèse-Gabriel*, baptisée à Sainte-Catherine le 18 avril 1734.

---

1. Le partage de ses biens eut lieu le 30 juillet 1781 devant Me Gobert, à Paris ; on y voit que le défunt avait des intérêts dans la traite des noirs.

6. — *Natalie*, baptisée à Sainte-Catherine le 19 juillet 1738, morte avant 1781 aux environs d'Aurillac, mariée à Sainte-Catherine, le 4 août 1766, avec François-René *de la Garde*, écuyer, s^r de Solignac, fils de Jean-Baptiste-Charles, écuyer, s^r dudit lieu, de Lacoste, de Broussette, et de Marie-Catherine *de Mealet*, né à Boisset, près de Saint-Flour, en 1733, chef de bataillon au régiment de Bourbonnais, chevalier de Saint-Louis ; dont postérité.

7. — *Marie-Marguerite*, baptisée à Sainte-Catherine le 3 juillet 1739, morte célibataire à Saint-Germain-en-Laye le 13 décembre 1823.

8. — *Jean-Baptiste*, baptisé à Sainte-Catherine le 16 août 1740, mort le 3 février 1742.

9. — *Marie-Catherine*, baptisée à Sainte-Catherine le 28 avril 1743.

1757, 8 mars. — *Lettre d'anoblissement en faveur du sieur Delescluze.*

Louis, par la grâce de Dieu Roy de France et de Navarre, à tous présens et à venir, salut. Depuis notre avénement à la couronne, nous nous sommes attachés à faire fleurir de plus en plus le commerce de notre Royaume et nous avons senti que le meilleur et le plus sur moien d'y parvenir étoit de donner des marques particulières et distingués de notre bienveillance à ceux qui auroient fait des efforts utiles pour s'y signaler. Nous avons particulièrement protégé les députés de nos villes principales au bureau du commerce, et nous avons en différens tems honoré l'un des plus anciens d'entr'eux de la récompense la plus précieuse que puissent mériter les talens et l'estime que nous en faisons. Nous désirons que nos sujets apprennent par nos bienfaits combien nous avons à cœur tout ce qui peut coopérer à l'avantage de cet important objet, et comme la récompense la plus flateuse que nous puissions accorder à ceux qui sçavent se signaler par leur zèle et leurs connoissances dans le commerce, est la noblesse, nous avons estimé devoir l'accorder à notre cher et bien amé *Frédéric-Louis Delescluze*, doien des députés. Nous sommes informés que, depuis plus d'un siècle, sa famille a fait honorablement toutes ses opérations de commerce, qu'elle a toujours vécu avec autant de dignité que de probité, qu'en mil sept cent huit elle en donna des témoignages utiles au feu Roy notre très honoré seigneur et bisayeul, qu'il s'est attaché particulièrement à l'exportation des manufactures en Espagne et en Portugal, qu'il s'est intéressé avec zèle dans plusieurs armemens de mer, ainsy qu'il le fait actuellement. Nous nous rappellons encore qu'en mil sept cent quarante ledit sieur *Delescluze* fut député en notre bonne ville de Paris pour pourvoir à la disette des grains, et qu'en conséquence de la permission qu'il obtint d'en tirer de notre province de Bretagne, il en fit venir gratuitement vingt deux chargemens pour le compte des États de Lille, que d'ailleurs il a rempli par plusieurs fois les charges de directeur de la chambre de commerce et celle de prieur aux consuls, et que choisi député au bureau du commerce en mil sept cent quarante trois il a sçu allier d'une façon distinguée les devoirs de son état avec ceux qu'il devoit à ses compatriotes. Ces considérations nous ayant déterminé en faveur dudit sieur *de Lescluze*, nous regardons cette grâce particulière autant comme une récompense que comme une invitation à ce qu'il persévère sans cesse, luy et ses descendans, dans les devoirs de la noblesse, et de nos plus fidels sujets. A ces causes, nous avons de notre grâce spéciale, pleine puissance et autorité royale, annobly et par ces présentes signées de notre main annoblissons ledit sieur *Delescluze*, et du titre et qualité de noble, et d'écuier l'avons décoré et décorons, voulons et nous plait qu'il soit censé et réputé noble tant en jugement que dehors, ensemble ses enfans, postérité et descendans males et femelles nés et à naître en légitime mariage; que comme tels ils puissent prendre en tous lieux et en tous actes la qualité d'écuyer et parvenir à tous degrés de chevalerie et autres dignités, titres et qualités réservés à notre noblesse, qu'ils soient inscripts dans le catalogue des nobles, et qu'ils jouissent et usent de tous les droits, prérogatives, privilèges, franchises, libertés, prééminences, exemptions et immunités dont jouissent et ont accoutumé de jouir les anciens nobles de notre Royaume, tant qu'ils vivront noblement et ne feront acte de dérogeance, comme aussy qu'ils puissent acquérir, tenir, et posséder tous fiefs, terres et seigneuries nobles de quelque titre et qualité qu'elles soient. Permettons audit sieur *de Lescluze*, à ses enfans, postérité et descendans, de porter des armoiries timbrées telles qu'elles seront réglées et blazonnées par le sieur d'Hozier, juge d'armes de France, et ainsy qu'elles seront peintes et figurées dans les présentes auxquelles son acte de réglement sera attaché sous notre contre scel, avec pouvoir et liberté de les faire peindre, graver et insculper, si elles ne le sont déja, en tels endroits de leurs maisons, terres et seigneuries que bon leur semblera, sans que pour raison de tout ce que dessus, ledit sieur *Delescluze*, ses enfans, postérité et descendans, puissent être tenus de nous paier et à nos successeurs Roys aucune finance ny indemnité, dont à quelque somme qu'elles puissent monter, nous leur avons fait et faisons don par ces dites présentes, sans qu'ils puissent être troublés ny recherchés pour quelque cause, occasion et prétexte que ce soit, à la charge de par eux de vivre noblement et sans déroger. Si donnons en mandement à nos amés et féaux conseillers les gens tenans notre cour de Parlement et des Aides à Paris et à tous autres nos officiers et justiciers qu'il appartiendra que les présentes ils aient à faire registrer et du contenu en icelles jouir et user ledit sieur *Delescluze*, ensemble ses enfans, postérité et descendans mâles et femelles nés et à naitre en légitime mariage, pleinement, paisiblement et perpétuellement, cessans et faisans cesser tous troubles et empéchemens quelconques et nonobstant tous édits, déclarations, arrets et réglemens à ce contraires, auxquels et aux dérogatoires des dérogatoires y contenues nous avons dérogé et dérogeons pour ce regard seulement et sans tirer à conséquence. Car tel est notre plaisir. Et affin que ce soit chose ferme et stable à toujours, nous avons fait mettre notre scel à ces dites présentes, sauf en autre chose notre droit et l'autruy en tout. Donné à Versailles, le huitième jour du mois de mars l'an de grâce mil sept cent cinquante sept, et de notre règne le quarante deuxième. Signées Louis, et plus bas : de par le Roy, Phelippeaux, visa. Louis et scellées du grand sceau en cire verte.

Registrées, le consentant le procureur général du Roy, pour jouir par l'impétrant, ses enfants, postérité et descendans masles et femelles néz et à naitre en légitime mariage, de leur effet et contenu et être exécutées selon leur forme et teneur sous approbation de la qualité de juges d'armes de France, donnée par lesdites lettres à Louis-Pierre d'Hozier, suivant l'arret de ce jour. A Paris, en Parlement, le dix neuf juillet mil sept cent cinquante sept, signé Ysabeau.

Réglement d'armoiries pour le sieur Delescluze.

Louis-Pierre d'Hozier, juge d'armes de France, chevalier, doyen de l'ordre du Roy, conseiller en ses conseils, maitre ordinaire en sa chambre des comptes de Paris, généalogiste de la maison, de la chambre et des Écuries de Sa Majesté, de celles de la Reine et de madame la Dauphine ; après avoir vu les lettres patentes en forme de charte données à Versailles le huitième jour du présent mois de mars de l'an mil sept cent cinquante sept, ces lettres signées Louis, et plus bas, par le Roy, Phelipeaux ; par lesquelles Sa Majesté annoblit son cher et bien amé *Frédéric-Louis Delescluze*, doyen des députés de ses villes principales au bureau du commerce, ensemble ses enfans, postérité et descendans males et femelles nés et à naitre en légitime mariage ; Nous en vertu de la clause contenue dans les dites lettres qui permet audit sieur *Frédéric-Louis de L'Écluze*, à ses enfans et postérité, de porter des armoiries timbrées, telles qu'elles seront réglées et blazonnées par nous, comme juge d'armes de France et ainsy qu'elles seront peintes et figurées dans lesdittes lettres, auxquelles notre acte de réglement sera attaché sous le contre sceau de la chancellerie, avons réglé pour ses armoiries, un écu *d'azur à une écluze d'argent, posée sur une rivière de même*, cet écu timbré d'un casque de profil, orné de ses lambrequins d'argent et d'azur. Et afin que le présent règlement que nous avons compris dans les registres de ceux qu'il plaît au Roy d'annoblir puisse servir audit sieur *Frédéric-Louis Delecluze* et à ses enfans, postérité et descendans, nés et naistre en légitime mariage, tant qu'ils vivront noblement et ne feront aucun acte de dérogeance, nous l'avons signé et nous y avons fait mettre l'empreinte du sceau de nos armes. A Paris le mercredy seizième jour du mois de mars, de l'an mil sept cent cinquante sept. Signé D'Hozier et scellé.

<small>Archives communales de Lille. Registres aux mandements et ordonnances de la gouvernance de Lille. — Registre Violet, pièce 189, f° 400.</small>

DE LESPAUL[1]

ARMES : *d'azur à une bande d'argent accompagnée de deux béliers passant du même, l'un en chef et l'autre en pointe.*

On rencontre un *Guilbert* DE LESPAUL à Roubaix, dès la fin du XVe siècle ; il est cité dans le cartulaire des pauvres [2].

En 1509, *Alard* DE LESPAUL, fils de Guilbert, devait à la Table des pauvres une rente annuelle de 6 sous assignée sur un lieu manoir contenant 5 cents de jardin au Triez du Fontenoit [3]. Le même Alard et Catherine *de Courchelles*, sa femme, souscrivaient en 1517, au profit des communs pauvres, une autre lettre de rente de 50 sous parisis, au rachat de 40 livres, assignée sur un lieu manoir amasé de maison, contenant 4 cents d'héritage au Triez du Fontenoit [4].

En 1558, *Pasquier* DE LESPAUL, fils de feu Alard, avait succédé à son père et acquittait la rente de 6 sous ; aux autres hoirs d'Alard incombait le service de la rente de 50 sous [5].

A partir de ce moment, les documents de nos archives se multiplient et avec eux les mentions des DE LESPAUL. On trouve des membres de cette famille dans l'échevinage et dans les diverses administrations de la commune, parmi les cultivateurs, les rentiers, les marchands ; on en trouve sur tous les points du territoire. Bientôt leur nombre s'accroît au point que l'on se perd dans la recherche de leurs filiations, pour lesquelles, d'ailleurs, nos registres paroissiaux, remontant à 1589, n'apportent d'abord

---

1. Cette généalogie fait partie du *Recueil de généalogies roubaisiennes* (encore inédit) de M. l'abbé Th. LEURIDAN, qui a bien voulu nous autoriser à la reproduire intégralement ; nous y avons ajouté ce qui intéresse la branche lilloise de cette famille.
2. Archives de Roubaix, GG. 226.
3. *Ibidem*, GG. 233, n° 4.
4. *Ibidem*, GG. 226, n° 8.
5. *Ibidem*, GG. 227, n° 2.

qu'un faible secours à cause de leur laconisme outré. Néanmoins, à travers une multitude de notes, trop souvent insuffisantes sous le rapport généalogique, nous avons pu distinguer dans cette innombrable lignée quelques branches principales qui, à différents points de vue, ont eu leur illustration.

BRANCHE ANOBLIE

I. — *Pierre* DE LESPAUL vivait dans la seconde moitié du XVIe siècle ; il eut un fils :

II. — *Pierre* DE LESPAUL, dit l'aîné en 1596, pour le distinguer de son fils, Pierre, était mort avant 1628, laissant de sa femme, dont le nom ne nous est pas connu :

1. — *Pierre*, qui suit, III.
2. — *Jean*, dont la postérité sera rapportée après celle de son frère, III bis.
3. — *Jacques*, dit frère de Jean, dans un acte de partage du 30 septembre 1638 de la famille Prouvost, originaire de Wasquehal. Il avait épousé, en 1651, Jeanne *Flameng*, fille de Christophe, échevin de Roubaix, et de Marie *Fremault*. Il en eut :

    a. — *Catherine*, baptisée à Roubaix le 6 février 1603 (parrain : Philippe de le Becque, son oncle ; marraine : Catherine Lefebvre).

4. — *Philippe*, dit aussi frère de Jean dans le même acte de partage, épousa Barbe *Frémault*, qui lui donna :

    a. — *Gillette*, baptisée à Roubaix le 18 septembre 1596 (parrain : Pierre Frémault ; marraine : Gillette Hennion). Elle mourut peu après sa naissance.

    b. — *Gillette*, baptisée à Roubaix le 14 septembre 1597 (parrain : Pierre de Lobel ; marraine : Marguerite de Lespaul, sa tante).

    c. — *Pierre*, baptisé à Roubaix le 10 décembre 1599 (parrain : Pierre de Lespaul, son grand-père ou son oncle ; marraine : Antoinette Frémault).

    d. — *Philippe*, baptisé à Roubaix le 2 novembre 1607 (parrain : Claude Frémault ; marraine : Catherine de Lespaul, sa tante).

    e. — *Jacques*, baptisé à Roubaix le 14 novembre 1611 (parrain : Jacques de Lespaul, son oncle ; marraine : Marie de Lespaul, probablement fille aînée de Jean et de Noële Lefebvre).

5. — *Marguerite*, épouse de Philippe *de le Becque*, morte en 1642, étant veuve, et inhumée dans l'église, ayant fait un don de 100 livres à la fabrique [1]. Leurs enfants connus furent : Jean, Marie, Catherine et Marguerite *de le Becque* ; cette dernière eut pour parrain Auguste Petitpas, seigneur de la Mousserie, à Roubaix.

6. — *Catherine* épousa Jean *Flameng*, fils de Christophe et de Marie *Frémault*. En 1634, Catherine *de Lespaul*, veuve depuis le mois de novembre 1610, occupait en louage la maison, sur la Place, qui était ordinairement la demeure des baillis de Roubaix [2]. Elle avait quatre enfants : Jean, Jacques, Philippe et Catherine *Flameng* ; cette dernière née un mois après la mort de son père.

III. — *Pierre* DE LESPAUL, dit l'aîné en 1611, époux de Catherine *Le Brun*, souscrit en 1612 pour la fonte de quatre grosses cloches ; il était manufacturier et habitait le quartier de la rue Saint-Georges et du Grand chemin [3]. L'église de Roubaix célébrait chaque année, au mois de juin, l'obit de Catherine *Le Brun*, femme de Pierre *de Lespaul* [4]. Leurs enfants furent :

1. — *Jeanne*, mariée à Artus *Roussel*, vers 1602, lui donna sept enfants. De ces époux descendent, par quatre générations, M. Philippe-Ernest-Marie-Joseph *Roussel*, grand doyen de Roubaix de 1803 à 1834, et, par sept générations, M. Gabriel-Jean-Baptiste-Joseph *Roussel-Dazin*, président de l'ancienne Chambre consultative de Roubaix, de 1831 à 1862, père, beau-père et aïeul de membres de la Chambre de commerce et du Tribunal de commerce de Roubaix.

2. — *Pierre* dit le jeune en 1611, marié à Marie *de le Becque*, habitait le quartier de la rue Saint-Georges. Il eut sept enfants :

   a. — *Pierre*, baptisé à Roubaix le 26 février 1609 (parrain : Pierre de Lespaul, son grand-père ; marraine : Barbe Flameng).

   b. — *Catherine*, baptisée à Roubaix le 8 avril 1611 (parrain : Pierre de le Becque ; marraine : Catherine Le Brun, sa grand'-mère).

   c. — *Légère*, baptisée à Roubaix le 24 juin 1615 (parrain : Adrien de Lespaul, son oncle ; marraine : Légère de le Becque).

   d. — *Barbe*, baptisée à Roubaix le 19 juillet 1617 (parrain : Antoine de Lespaul, son oncle ; marraine : Barbe Flameng).

---

1. Archives de Roubaix, GG. 117.
2. *Ibidem*, CC. 1.
3. *Ibidem*, DD. 2.
4. *Ibidem*, GG. 115.

 e. — *Jeanne*, baptisée à Roubaix le 5 mai 1619, et morte peu après sa naissance (parrain : Pierre de le Becque ; marraine : Jeanne de Lespaul).

 f. — *Jeanne*, baptisée à Roubaix le 22 mars 1621 (parrain : Philippe de le Becque ; marraine : Jeanne de le Dicque, femme d'Adrien de Lespaul).

 g. — *Philippe-Dominique*, baptisé à Roubaix le 9 janvier 1623 (parrain : Philippe de Lespaul, son oncle ; marraine : Marie de Lespaul).

3. — *Adrien*, qui suit, IV.

4. — *Antoine*, marié à Hélène *de Warlez*. Il souscrivit pour la refonte des grosses cloches en 1612 [1], et entra à la Manufacture, comme fils de maître, en 1635 [2]. Ses enfants furent :

 a. — *Marie*, baptisée à Roubaix le 19 février 1617 (parrain : Pierre de Lespaul, son grand-père ; marraine : Madeleine Waresquiel). Elle épousa Pierre *de le Becque*, fils de Pierre et de Marie *Delespaul*, et en eut au moins trois filles [3].

 b. — *Antoine*, baptisé à Roubaix le 8 novembre 1620 (parrain : Simon de Warlez ; marraine : Jeanne de Lespaul, sa tante).

 c. — *Dominique*, baptisé à Roubaix le 11 août 1623 (parrain : le père Raymond de la Dessous ; marraine : Catherine de Lespaul).

 d. — *Barbe*, baptisée à Roubaix le 15 novembre 1626 (parrain : Pierre de Lespaul, son oncle ; marraine : Barbe de Heulst).

5. — *Philippe*, baptisé à Roubaix le 8 mai 1596 (parrain : Philippe de Lespaul, son oncle ; marraine : Jeanne de Hennion). Philippe fut parrain de sa nièce Jeanne *Roussel*, en 1621, et de son neveu Philippe-Dominique *de Lespaul*, en 1623. Il acheta la bour-

---

1. Archives de Roubaix, DD. 2.
2. *Ibidem*, HH. 44.
3. Le 3 avril 1674, Marie de Lespaul, étant veuve, relève au nom de ses enfants un fief à eux échu par le trépas de son mari, comprenant 12 cents de terre à labour, à Croix, sur le chemin de Roubaix à Beaumont, près des terres de la cense de Lamont et de la cense de la Haye, tenu du marquisat de Roubaix à cent sous de relief. Elle établit pour homme responsable Pierre de le Dicque, son beau-fils. Elle commet Antoine Lepers, aussi son beau-fils, pour l'exercice d'un autre fief à elle dévolu du chef d'Antoine de Lespaul, son père, et consistant en un rejet de 650 pieds sur le chemin du Tilleul au Petit-Quesnoy, à l'opposite de la grange de la dîme de Roubaix. Elle charge enfin son troisième beau-fils, Antoine Le Comte, de l'exercice d'un fief ou rejet le long du chemin du Haut-Fontenoit à la Maquellerie (Archives de Roubaix, CC. 170). — L'église de Roubaix reçut 400 livres pour la fondation de l'obit de Pierre de le Becque et de Marie de Lespaul (*Ibidem*, GG. 117).

geoisie de Lille le 8 novembre 1624 et épousa à Saint-Étienne, le 14 février 1626, Barbe *de Heulst*. Sa postérité, très nombreuse, existe encore à Lille ; ses descendants, presque tous filtiers et teinturiers, s'allièrent aux familles *Duthilleu, Lemesre, Brixy, Morel, Florez, Martin, Petit, Deffontaines, Lamour, Hacre, Torrion, Vandestienne*, etc.

IV. — *Adrien* DE LESPAUL épousa Jeanne *de le Dicque*. Il habitait le quartier de la rue Saint-Georges et était mort avant 1624. Sa veuve se remaria à Jacques *Le Comte*. Elle avait eu du premier lit :

1. — *Pierre*, qui suit, V.

2. — *Catherine*, baptisée à Roubaix le 18 décembre 1611 (parrain : Otte de le Dicque, probablement son grand-père ; marraine : Catherine Le Brun, sa grand'mère).

3. — *Jean*, baptisé à Roubaix, le 31 juillet 1614, bourgeois de Lille par rachat du 2 janvier 1643, épousa Hélène *de Surmont*, fille de Pierre, de Tourcoing, et s'établit à Lille. Jean *de Lespaul* fit, en 1664, une donation aux pauvres de Roubaix de 5.000 florins à prendre sur la moitié de la seigneurie du Flos, à Tourcoing, l'autre moitié appartenant à Hélène *de Surmont*, sa femme [1]. Il mourut vers 1666.

V. — *Pierre* DE LESPAUL, baptisé à Roubaix, le 29 juillet 1609 (parrain : Pierre de Lespaul, son grand-père ; marraine : Marguerite Boette). Il épousa, à dix-neuf ans, le 22 septembre 1628, Marie *de le Becque*, fille de Pierre et de Marie-Catherine *de Lespaul*. Il fut bailli de Wattrelos, entre 1654 et 1677, et mourut lieutenant de Roubaix en 1678 ; il fut inhumé au chœur de l'église [2], ainsi que sa femme morte en 1677 [3]. Pierre *de Lespaul* eut sept enfants :

---

1. Cette somme devait être affectée à un obit non solennel en l'église de Roubaix, le premier lundi de chaque mois, à la rétribution de 15 patars, et à douze prébendes de 30 patars par mois, pour douze pauvres de Roubaix qui en jouiraient leur vie durant ; lesquels pauvres, gens de bien, vivant en la foi catholique, apostolique et romaine, et choisis de préférence parmi les parents du fondateur, si aucuns tombaient dans la nécessité, devaient assister aux dits obits. Le droit de choisir les douze pauvres était laissé à Hélène de Surmont, si elle survivait à son mari ; à son décès, il devait appartenir aux deux plus proches parents du donateur, qui auraient à prendre l'avis du pasteur de Roubaix en ce qui toucherait la foi et les mœurs des pauvres bénéficiaires. Si les 5.000 florins mis en rente produisaient un revenu supérieur aux charges indiquées, les prébendes devraient être augmentées en proportion (Archives de Roubaix, GG. 275).

2. Archives de Roubaix, GG. 127.

3. Pierre de Lespaul, lieutenant, et Marie de le Becque, sa femme, donnèrent à l'église de Roubaix un grand crucifix d'argent sur croix d'ébène, pour être placé sur le tabernacle du maître-autel (Archives de Roubaix, GG. 127, f° 184).
Par acte du 27 octobre 1677, Pierre de Lespaul, bailli de Wattrelos et lieutenant du

1. — *Adrien*, baptisé à Roubaix le 29 août 1629 (parrain : Jean de Lespaul, fils de feu Pierre, et époux de Noële Lefebvre ; marraine : Jeanne de le Dicque).

2. — *Claire*, dame du Flos et de la Masure, baptisée à Roubaix le 12 août 1631 (parrain : Pierre de le Becque, son grand-père ; marraine : Noële Lefebvre, sa bisaïeule, épouse de Jean de Lespaul et mère de Marie-Catherine de Lespaul, première femme de Pierre de le Becque, lequel s'était remarié à Jeanne *des Reveaux*.) Claire de Lespaul épousa, le 26 septembre 1653, Martin *Castel* [1], docteur en médecine. — Honorable homme Martin Castel, médecin et receveur du marquisat de Roubaix, mourut à trente-neuf ans, le 4 mars 1666. En 1673, sa veuve, receveuse générale du marquisat, habitait la place, avec trois de ses filles [2] ; elle vint mourir à Lille le 21 avril 1714 et fut inhumée dans la chapelle de la Vierge à La Madeleine. Elle avait donné à l'église de Roubaix une rente de 48 livres à charge d'un salut le premier lundi de chaque mois [3]. Ses enfants furent : Jeanne, Marie, Hélène, Jean-Baptiste, Barbe-Thérèse et Élisabeth *Castel*.

3. — *Augustin*, qui suit, VI.

4. — *Marie-Catherine*, baptisée à Roubaix le 10 octobre 1634 (parrain : Jean de Lespaul, fils à marier d'Adrien, grand-père de l'enfant ; marraine : Catherine de le Becque). Elle se fit religieuse à l'hôpital Sainte-Élisabeth de Roubaix ; ses traits sont conservés par une bonne peinture en ex-voto, provenant de l'hôpital et actuellement au musée de Roubaix.

5. — *Élisabeth-Monique*, baptisée à Roubaix le 10 octobre 1636 (parrain : François Becquart, pasteur de Roubaix ; marraine : Jeanne de Lespaul). En 1673, elle habitait le quartier de la place avec son père, sa mère et son frère le chanoine [4]. Elle mourut en 1708 ou 1709 [5].

---

marquisat de Roubaix, fils de feu Adrien, désirant faire œuvre agréable à Dieu, fonda à perpétuité, pour douze pauvres de Roubaix, douze prébendes de 10 patars par mois, à prendre sur le produit du tonlieu seigneurial du marché de Roubaix, qu'il tenait par engagère du prince d'Épinoy. La collation de ces prébendes appartiendra à ses enfants et à leurs descendants, lesquels paieront, sur le produit du tonlieu, ce qui conviendra pour la rétribution d'un obit à célébrer à perpétuité le jour de Saint-Blaise, en l'église de Roubaix. Si le prince rachetait son engagère, le capital en provenant resterait aux mains des descendants du donateur, à charge d'entretenir la fondation. (Archives de Roubaix, GG. 275).

1. CASTEL : *d'azur à la fasce d'argent chargée en cœur d'une fleur de lis de gueules.*
2. Archives de Roubaix, CC. 174, 176 ; FF. 12.
3. *Ibidem*, GG. 112.
4. *Ibidem*, GG. 104.
5. Le 23 novembre 1735, dame Stappart, de Lille, veuve de Pierre de Lespaul, en son

6. — *Philippe-Dominique*, chanoine de Saint-Bavon de Gand, baptisé à Roubaix le 19 décembre 1638 (parrain : Philippe de le Becque; marraine : Hélène de Surmont, sa tante). Bienfaiteur des orphelins de Roubaix [1], il mourut le 17 mars 1698 et fut inhumé dant le chœur de l'église [2].

7. — *Dominique*, né après 1640 [3], vivait encore en 1690, figurant au nombre des enfants de Pierre, dans un acte relatif à la fondation de leur père et à celle de leur oncle Jean [4]. On ne lui connaît pas de génération [5].

VI. — Augustin de Lespaul, baptisé à Roubaix le 22 septembre 1633 (parrain : Jacques Le Comte, second mari de Jeanne de le Dicque, grand'mère de l'enfant ; marraine : Jeanne des Reveaux, deuxième femme de Pierre de le Becque, grand-père de l'enfant). Il acheta la bourgeoisie de Lille le 8 janvier 1666 et y mourut

---

nom et au nom de ses cohéritiers, déclare que, par disposition testamentaire du 15 décembre 1708, la demoiselle Monique de Lespaul a donné à l'église et aux pauvres de Roubaix le revenu de trois bonniers de terre en une masse, constituant un fief tenu de la Petite-Vigne à Roubaix, entre la Petite-Vigne, la cense de la Haye et le chemin de Roubaix à la fosse de l'Encier, pour être employé à la célébration d'un obit et de douze saluts tous les ans, et le surplus distribué aux pauvres assistant à l'obit. Ces trois bonniers étaient estimés 4.320 florins en 1758 (Archives de Roubaix, GG. 110 à 114).

1. Le dernier jour de février 1698, Philippe-Dominique de Lespaul, chanoine de la cathédrale de Saint-Bavon de Gand, né et demeurant à Roubaix, considérant les bons effets produits par la vie en commun des pauvres orphelins de Roubaix, que la disette de 1693 a laissés à la charge de la commune au nombre de 130, et voulant contribuer aux moyens de continuer une œuvre si utile en fournissant le logement aux dits orphelins, dans l'espoir que d'autres personnes charitables leur procureront la nourriture et l'instruction, leur fait don d'une choque de quatre maisons érigées sur trois quarterons de terre, en la rue Nain, vis-à-vis de la rue des Lignes, pour iceux orphelins en faire leur demeure, à charge d'un obit annuel, auquel les orphelins devront assister, priant Dieu pour l'âme du donateur (Archives de Roubaix, GG. 268).

2. Archives de Roubaix, GG. 137.

3. Le registre des baptêmes de 1641 à 1655 manque aux archives.

4. Archives de Roubaix, GG. 275.

5. Dans le cours du XVII° siècle, les représentants de cette branche de la famille de Lespaul, favorisés de la fortune, ont quitté Roubaix pour s'établir à Lille, où insensiblement ils ont pris rang parmi la noblesse. Leur départ était, en novembre 1696, mis au nombre des malheurs publics. « Nous, lieutenant et gens de loy du marquisat de Roubaix, déclarons et certifions que ce lieu, quy par ci-devant a esté renommé à raison de ses manufactures et des gens de considération quy l'habitoient, est présentement tombé en décadence et dépérit par suite de plusieurs événements fatals, à sçavoir le feu quy, en 1684, a consommé la plus belle partie du bourg, les banqueroutes des marchands de Tourcoing et de Lannoy quy en ont causé beaucoup d'autres à Roubaix, la retraite des héritiers de Lespaul et des principaux habitans quy ont pris leur résidence à Lille, les grandes contributions qu'on a dû payer en 1693, la famine arrivée en mesme tems, quy a mis à la besace les deux tiers des habitans, et nonobstant le secours des autres, plus de cincq cens desdits habitans seroient morts de pauvreté, de disette et de faim, le manquement de travail des manufactures ont réduit ce bourg à telle extrémité qu'il ne retient plus rien de ce qu'il a esté autrefois. » (Archives de Roubaix, EE. 25, n° 33).

paroisse Sainte-Catherine le 15 octobre 1707. Il épousa Marie-Jeanne *de Lannoy*, fille de Michel et de Marie-Barbe *Delebecque*. En 1665 il était encore homme de fief à Roubaix [1]. Vers 1696, étant magistrat à Lille, il acquit l'office héréditaire de collecteur de Roubaix [2]. En 1700 il était sr du Petit-Quesnoy à Roubaix [3]. Il eut :

1. — *Pierre*, qui suit, VII.

2. — *Marie*, née vers 1669, décédée à Lille, paroisse Saint-Pierre, le 3 juillet 1752 ; mariée à Saint-Maurice, le 24 mai 1694, à Jacques *Breckvelt*, chevalier, sr de la Haye, fils d'Ignace, intendant du mont-de-piété à Lille, et de Barbe *de le Beulque*, baptisé à Lille, Saint-Étienne, le 23 septembre 1661, bourgeois de Lille par relief du 15 décembre 1694, créé trésorier de France au bureau des finances de la généralité de Lille par lettres du 17 janvier 1693, fonction dont il se démit le 20 juillet 1736 ; convoqué aux assemblées des nobles de la province de Flandre par ordonnance du 10 octobre 1718, décédé le 11 septembre 1743. En 1732, son épouse et lui avaient augmenté l'héritage des orphelins de Roubaix de 161 verges de terre attenantes à la fondation du chanoine Delespaul, leur oncle. Ils eurent postérité [4].

3. — *Thérèse*, décédée à Lille, paroisse Saint-Pierre, le 22 janvier 1749, mariée à Sainte-Catherine, le 22 août 1700, à Pierre-Chrétien *Libert*, écuyer, sr de Nomain, fils de Louis et d'Élisabeth *du Bosquiel*, bourgeois de Lille par relief du 26 février 1701, nommé conseiller-secrétaire du Roi en la chancellerie près le Parlement de Flandre le 30 août 1702, décédé à Lille, paroisse Saint-Pierre, le 10 juillet 1710 ; dont deux filles.

VII. — *Pierre* DE LESPAUL, marchand à Lille, bourgeois de cette ville par relief du 23 janvier 1709, conseiller-secrétaire du Roi en la chancellerie près le Parlement de Flandre par achat du 16 juillet 1713, décédé paroisse Sainte-Catherine le 11 janvier 1716. Il épousa à Sainte-Catherine, le 16 juillet 1708, Marie-Thérèse *Stappart*, fille de Jean et d'Élisabeth *Ramery*, baptisée à Saint-Maurice le 13 août 1674, décédée paroisse Saint-Étienne le 21 mai 1764. Devenue veuve, elle acheta la seigneurie des Wattines à Bersée pour 6260 florins de Pierre-Allard de Lannoy, écuyer, sr de Fretin. Ils eurent :

---

1. Archives de Roubaix, CC. 73.
2. *Ibidem*, BB. 14.
3. *Ibidem*, CC. 47.
4. *Ibidem*, GG. 259.

1. — *Jean-Baptiste*, baptisé à Sainte-Catherine le 14 août 1709, mort en bas âge.

2. — *Jean-Baptiste*, qui suit, VIII.

VIII. — *Jean-Baptiste* DE LESPAUL, écuyer, s^r des Wattines, baptisé à Sainte-Catherine le 17 octobre 1711, bourgeois de Lille par relief du 16 avril 1737, convoqué aux assemblées des nobles de Flandre par ordonnance du 19 novembre 1733, mort le 22 février 1762 et inhumé à Saint-Pierre. Il épousa à Sainte-Catherine, le 16 décembre 1736, Louise-Albertine-Françoise-Joseph *du Bosquiel*, fille de Jacques-Joseph, écuyer, s^r de Bondues, conseiller secrétaire du Roi, et de Marie-Catherine *Imbert*, baptisée à Saint-Maurice le 5 février 1716, décédée le 27 juin 1759 et enterrée à Saint-Pierre ; ils eurent :

1. — *Marie-Clément-Joseph*, baptisé à Sainte-Catherine le 28 septembre 1737, pourvu d'une curatelle le 5 avril 1766, mort à Fretin le 18 messidor an XI ; il épousa à Lille, le 24 thermidor an II, Marie-Anne-Joseph *Delacressonnière* [1], fille de Jean-François et de Marie-Antoine *Decréquy*, née à Beaucourt (P.-de-C.) en 1755, décédée à Fretin le 16 mai 1834 ; sans postérité.

2. — Un enfant mort en naissant le 7 janvier 1739.

3. — *Jean-Baptiste-Louis-Joseph*, qui suit, IX.

4. — *Louis-Charles-Joseph*, qui suivra, IX *bis*.

5. — *Jacques-Henri-Joseph*, ondoyé le 5 décembre 1742, baptisé à Saint-Pierre le 11 janvier suivant, religieux à l'abbaye de Cysoing, décédé en 1771.

6. — *Albertine-Thérèse-Joseph*, dame des Wattines, baptisée à Saint-Pierre le 23 janvier 1752, mariée à Sainte-Catherine, le 17 septembre 1771, à Louis-Alexis-François *de Lampinet* [2], écuyer, s^r de Sainte-Marie, fils de Claude-François, chevalier, et d'Antoinette-Hilaire *de Saint-Germain de Courlant*, né à Vesoul vers 1745, officier au régiment de Flandre, bourgeois de Lille par achat du 21 avril ; dont postérité en Franche-Comté.

IX. — *Jean-Baptiste-Louis-Joseph* DE LESPAUL, écuyer, s^r de la Haye, de Fretin, baptisé à Saint-Pierre le 11 février 1740, capitaine au régiment de Bourbonnais, bourgeois de Lille par relief du 17 août 1773, mort le 11 septembre 1780. Il épousa dans la chapelle

---

1. DE LA CRESSONNIÈRE : *d'azur au sautoir d'argent*.

2. DE LAMPINET : *d'azur au lion d'or, armé et lampassé de gueules, chargé sur l'épaule d'un cœur du même, et tenant de ses pattes un encensoir d'argent*.

du château de Lécluse, le 20 septembre 1771, Louise-Clémentine-Joseph *Dideman*, dame de la Riandrie, fille d'Albert-Louis-Joseph et de Louise-Françoise-Joseph *du Bosquiel*, née en 1742 ; ils eurent :

X. — *Louis-Albert-Joseph* DE LESPAUL, écuyer, sr de la Haye, de Fretin, baptisé à Sainte-Catherine le 22 juin 1774, élevé à Paris, entré au service, le 15 septembre 1791, dans le corps du marquis de la Riandrie, avec lequel il fit campagne en 1792 ; rentré en France il s'engagea le 9 avril 1792 au 49e de ligne, passa le 18 frimaire an II à l'administration des vivres de l'armée, fut nommé vérificateur à l'armée de Sambre et Meuse pour cette même fonction le 5 vendémiaire an IV, enfin préposé aux postes de l'armée d'Angleterre. Il démissionna en 1798 pour reprendre un service plus actif, s'engagea au 2e bataillon des pontonniers le 20 avril 1798 et devint adjudant à ce corps le 3 novembre 1799. Retiré peu après, il fut nommé chef de cohorte de la 9e légion de la garde nationale le 1er octobre 1806, capitaine de la garde nationale, 31e cohorte, le 11 juillet 1812. Les évènements le firent bientôt rappeler à l'activité comme capitaine au 1er bataillon des gardes nationales d'Anvers en mai 1813 ; il fut choisi comme aide de camp du général Rampon en juillet 1813, nommé chef de bataillon honoraire par ordonnance du 18 janvier 1815, puis chef de bataillon à la légion du Nord par ordonnance du 22 novembre 1815, enfin il fut conservé en activité au 1er régiment d'infanterie légère le 17 novembre 1820. L'année suivante il renonça définitivement à sa carrière et mourut à Paris le 7 avril 1856 [1]. Il avait épousé Isabelle *de Lauwereyns de Roosendaele* [2], fille de Jean-Baptiste-Bernard, écuyer, et d'Anne-Marie-Hyacinthe *Herwin*, née vers 1789, morte à Paris le 9 juillet 1865 et inhumée à côté de son mari au Père-Lachaise ; ils eurent :

1. — *Eugène-Louis*, né à Seclin le 21 décembre 1808, retraité comme chef d'escadron, décédé à Fretin le 27 juin 1856.

2. — *Jules-Louis*, qui suit, XI.

---

1. Ces états de service nous ont été très obligeamment communiqués par M. Wastelier du Parc.

2. LAUWEREYNS DE ROOSENDAELE : *écartelé : au 1, de gueules au léopard d'or ; au 2, de gueules à trois merlettes d'argent rangées en fasce ; au 3, d'azur à l'aigle d'argent, becquée et membrée de gueules ; au 4, d'argent à un laurier arraché de sinople.*

XI. — *Jules-Louis* de Lespaul, écuyer, né à Seclin le 4 juillet 1810, sous-lieutenant au 4ᵉ d'infanterie, nommé garde du corps du roi Charles X le 19 décembre 1829, démissionnaire comme capitaine, enfin juge de paix à Seclin, décédé à Allennes-les-Marais le 30 mars 1885. Il épousa à Seclin, le 16 mars 1840, Anaïs-Euphémie *Collette*, fille de Florent-Xavier-Joseph et de Catherine-Lucie-Joseph *Dillies*, née à Seclin le 7 août 1818, décédée à Allennes-les-Marais le 4 juin 1897 ; dont :

1. — *Noémi*, née au Mans le 19 avril 1841, mariée à Allennes-les-Marais, le 20 janvier 1862, avec Henri-Édouard *Wastelier du Parc*, fils de Félix et d'Hermance *Remy de Campeau*, né à Douai le 3 décembre 1831, conseiller de préfecture au Puy, puis sous-préfet de Saint-Pol ; dont postérité.

2. — *Albert*, né à Allennes-les-Marais le 27 décembre 1843 et y décédé le 13 décembre 1880, célibataire.

3. — *Hélène-Orphée*, née à Allennes-les-Marais le 26 novembre 1853, mariée dans cette localité, le 20 octobre 1877, à Fernand-Charles-Marie-Joseph *Debruyn*, fils de Charles-Bertin-Balthazar et de Marie-Zélie-Catherine-Joseph *Castrique*, né à Pont-à-Marcq le 7 mai 1851 ; dont postérité. M. Debruyn s'est remarié.

IX bis. — *Louis-Charles-Joseph* de Lespaul, écuyer, sʳ de Lespierre, baptisé à Saint-Pierre le 2 mars 1741, échevin de Lille de 1785 à 1789, bourgeois de cette ville par relief du 9 janvier 1770, acheta le fief de la Pontenerie à Roubaix, en 1788, pour le prix principal de 122.500 livres tournois ; il mourut à Lille le 17 vendémiaire an X. Il épousa à Bondues, le 8 août 1769, Louise-Albertine-Françoise-Joseph *du Bosquiel*, fille de François-Joseph-Clément, écuyer, sʳ de Bondues, et d'Albertine-Henriette *Dideman de la Riandrie*, baptisée à Sainte-Catherine le 13 août 1744. M. de Lespaul, auquel la Révolution causa bien des tribulations, avait, disait-on, deux fils à l'armée des princes. On l'accusa de plus d'avoir accaparé des grains, d'entretenir des relations avec les émigrés et de s'être rendu plusieurs fois au camp des ennemis. Le directoire du district de Lille donna l'ordre de l'arrêter le 23 juillet 1793 et le fit interner aux Bons-Fils [1]. Il ne paraît pas y être resté longtemps, car nous le trouvons peu après fixé à Amiens où il passa trois ans avant de pouvoir revenir à son château de la

---

1. Archives départementales du Nord, série L. District de Lille, n° 64.

Pontenerie. Le 28 vendémiaire an VI, le commissaire du pouvoir exécutif du Nord ordonna aux officiers municipaux de Roubaix de se saisir d'Albertine-Françoise-Joseph du Bosquiel, épouse de Louis-Charles-Joseph de Lespaul, ci-devant de Lespierre, et d'Albertine-Henriette Dideman, veuve de Clément-Joseph du Bosquiel, prévenues d'émigration et dénoncées comme telles ; mais l'administration, malgré ses soins, ne put apporter aucune preuve matérielle à leur charge [1]. Ils eurent :

1. — *Clément-Joseph*, qui suit, X.

2. — *Henri-Joseph*, baptisé à Sainte-Catherine le 4 novembre 1771, décédé le 9 du même mois.

3. — *Louis-Joseph*, écuyer, baptisé à Sainte-Catherine le 27 décembre 1773, fit ses preuves de noblesse pour entrer au service militaire le 31 juillet 1784, en même temps que son frère Clément ; se réfugia à Amiens pendant la Révolution, fut nommé conseiller municipal de Lille le 17 avril 1815 par arrêté du baron Costaz, conseiller d'État, mais refusa ; il mourut à Lille le 15 septembre 1843. Il épousa dans cette ville, le 12 fructidor an IX, Lucie-Victoire-Joseph *Herts de la Blancarderie*, fille de Paul-Alexis-Joseph, écuyer, et de Marguerite-Joseph-Lucie *de Surmont*, baptisée à La Madeleine le 10 juillet 1773, décédée à Lille le 11 germinal an XIII ; ils n'eurent qu'un fils unique :

    a. — *Adolphe-Clément-Joseph*, écuyer, né à Lille le 11 novembre 1802, substitut du procureur du Roi en 1825, député de 1834 à 1848 et représentant du peuple en 1848 ; d'opinion libérale, il siégea toujours dans l'opposition républicaine modérée et vota, en 1848, l'expulsion des princes d'Orléans. Il mourut célibataire à Paris le 9 mai 1849. Une notice nécrologique lui a été consacrée dans l'*Annuaire statistique du département du Nord* pour l'année 1850.

X. — *Clément-Joseph* de Lespaul, écuyer, sr de Lespierre, baptisé à Sainte-Catherine le 21 juin 1770, était officier municipal de Fretin quand éclata la Révolution. Il fut arrêté le 4 germinal an II avec ses domestiques, sous l'inculpation d'avoir fréquenté le camp autrichien à Lezennes. Une perquisition fut opérée chez lui ; on y trouva divers écrits, entre autres, dit le procès-verbal : « une ode sur la guerre dans laquelle il flagorne le tyran, diverses chansons lubriques propres à entretenir la corruption des mœurs,

---

[1]. Leuridan, *Histoire de Roubaix*, t. III, p. 287.

divers pamphlets incendiaires imprimés. » Ses idées républicaines le firent acquitter, mais il fut maintenu en prison comme ex-noble [1]. En 1817, nous le retrouvons lieutenant de gendarmerie à Laon; il mourut à Lille le 19 juin 1827. Il avait épousé à Lille, le 6 septembre 1802, Marie-Philippine-Julie *Aronio*, fille de Michel-Eugène, écuyer, sr de le Vigne, et de Marie-Philippine *Bruneau de Beaumetz*, baptisée à Saint-André le 16 novembre 1777, morte à Lille le 20 mars 1848 ; dont :

1. — *Marie-Clémentine*, née à Lille le 3 vendémiaire an XII, décédée dans cette ville le 18 mars 1893, mariée le 27 décembre 1831, à Lille, à Charles-Joseph, baron *d'Haubersart*, fils du comte Alexandre-Joseph-Séraphin et de Rosalie-Ursule-Claire *Raison*, né à Douai le 24 janvier 1779, inspecteur des contributions directes du département de Vaucluse depuis 1808, mort à Douai le 28 août 1863 ; dont postérité.

2. — *Charles-Théodore-Joseph*, né le 24 février 1806, décédé célibataire à Paris le 23 mars 1869.

Postérité de Jean de LESPAUL

III bis. — *Jean* DE LESPAUL, second fils de Pierre, mourut de la peste en 1635, étant lieutenant de Roubaix depuis 1632 [2]. Il laissait de Noële *Le Febvre*, sa femme :

1. — *Marie*, née à Roubaix avant 1589, mariée, le 8 juillet 1606, à Pierre *de le Becque*, le jeune, en présence de Pierre de Lespaul, son cousin (fils de Pierre et de Catherine Le Brun), et de Noële Le Febvre (sa mère). De cette union sont nés : Barbe, Catherine, Pierre et Philippe *de le Becque*.

2. — *Jean*, né à Roubaix avant 1589, fiancé, le 17 septembre 1623, à Marie *Flameng*, en présence de Pierre de Lespaul, son frère, et de Pierre Flameng, frère de la fiancée ; marié, le 21 octobre suivant, en présence de Jacques de Lespaul, son frère. Il entra dans le corps de la manufacture de Roubaix comme fils de maître, en 1633 ; il fabriquait des damas [3]. Sa femme était veuve en 1654. Leurs enfants furent :

---

1. Archives départementales du Nord, série L. Comité révolutionnaire de Lille, n° 294. Séance du 7 germinal.

2. Archives de Roubaix, GG. 115.

3. *Ibidem*, HH. 44.

 a. — *Jean-Baptiste*, baptisé à Roubaix le 10 octobre 1624 (parrain : Jean de Lespaul, le vieux ; marraine : Jeanne de le Becque).

 b. — *Philippa*, baptisée à Roubaix le 22 août 1626 (parrain : Christophe Flameng ; marraine : Philippa Roussel).

 c. — *Marie*, baptisée à Roubaix le 9 novembre 1627 (parrain : Pierre Flameng ; marraine : Noële Le Febvre, sa grand'mère).

 d. — *Catherine*, baptisée à Roubaix le 19 ou 29 septembre 1630 (parrain : Pierre de Lespaul, son oncle ; marraine : Catherine de Lespaul). Elle épousa, le 4 juin 1648, Artus *Lezy*, fils d'Adrien et de Pétronille *Fauvarques*.

 e. — *Dominique*, baptisé à Roubaix le 21 février 1633 (parrain : Pierre de le Becque ; marraine : Gillette de Lespaul).

 f. — *Marie-Salomé*, baptisée à Roubaix le 3 novembre 1635 (parrain : Jacques de Lespaul, son oncle ; marraine : Catherine de le Becque).

3. — *Catherine*, née avant 1589, épousa Pierre *de le Becque*, dont elle fut la première femme. En 1629, Catherine *de Lespaul* était morte, et son mari, Pierre *de le Becque*, remarié à Jeanne *des Reveaux*. Du premier lit était née Marie *de le Becque*, qui avait épousé à Roubaix, le 22 septembre 1628, Pierre *de Lespaul*, fils d'Adrien.

4. — *Pierre*, baptisé à Roubaix le 31 mai 1598 (parrain : Pierre de Lespaul, son grand-père ; marraine : Catherine de Lespaul, sa tante). Il épousa, le 26 septembre 1621, Anne *de Hallewin*, en présence de Jean de Lespaul, son frère, de Jean et de Pierre Flameng, et de Pierre Lecomte ; de cette union naquirent :

 a. — *Barbe*, baptisée à Roubaix le 1er septembre 1622 (parrain : Jean de Lespaul, son grand-père ; marraine : Barbe Desplanques). Elle épousa, le 3 septembre 1646, Jean *Prouvost*, qui, le 13 juillet 1677, releva pour elle l'un des deux fiefs du Fresnoy, consistant en dix cents et les deux tiers d'un cent de terre, et commit Jean Prouvost, son fils, pour l'exercice de ce fief [1].

 b. — *Catherine*, baptisée à Roubaix le 25 novembre 1625 (parrain : Antoine de Halluin ; marraine : Gillette le Febvre).

5. — *Gillette*, baptisée à Roubaix le 6 février 1604 (parrain : Jean Grouillon ; marraine : Marguerite des Rœux). Elle épousa, le 8 avril 1625, Jean *Lezaire*, fils de Jacques et de Martine *Castel*.

6. — *Jacques*, qui suit, IV.

---

1. Archives de Roubaix, BB. 2, f° 56 verso.

IV. — *Jacques* DE LESPAUL, baptisé à Roubaix le 13 octobre 1606 (parrain : Jacques de Lespaul, son oncle ; marraine : Barbe Selosse), épousa, par contrat du 21 novembre 1629, devant André Vincre, notaire à Roubaix, Jeanne *de le Dicque*, fille de feu Gilles et de Marguerite *Flameng*, icelle remariée à Jacques *du Hamel*, de Wasquehal. Jacques de Lespaul entra dans le corps de la Manufacture comme fils de maître en 1633 ; il fabriquait des damas [1]. En 1665, il était premier échevin de Roubaix et achetait 22 cents de terre labourable le long de la piedsente de la rue Pottière au chemin de l'Hommelet au Bois et Fourqu'encroix, et un fief flégard le long du chemin de l'Hommelet au Bois au pont des Préaux, mesurant 89 verges et chargé d'un relief d'un chapon [2]. Jacques de Lespaul, lieutenant de Roubaix, de 1668 à 1672, habitait le quartier de l'Hommelet [3]. En 1690, il était réputé le plus riche de Roubaix [4] ; il fit, cette année, un don de 200 livres à la Table des pauvres et lui remit en outre 900 livres pour capital d'une rente à charge d'obit [5]. Honorable homme Jacques de Lespaul [6], seigneur du Gauquier à Wattrelos, mourut le 4 septembre 1691, âgé de 85 ans, et fut inhumé dans l'église de Roubaix. Il eut six enfants :

1. — *Jean*, qui suit, V.

2. — *Jacques*, baptisé à Roubaix le 10 septembre 1634 (parrain : Jacques du Hamel, de Wasquehal ; marraine : Noële Le Febvre, sa grand'mère). Il mourut récollet et jubilaire, et fut inhumé à Tourcoing, dans le couvent des Récollets.

3. — *Marie-Jeanne*, baptisée à Roubaix le 24 août 1639 (parrain : Augustin Lambert ; marraine : Jeanne des Reveaux). Elle mourut en célibat.

4. — *Antoine*, baptisé à Roubaix le 9 janvier 1645 (parrain : Jean Lezaire, son oncle ; marraine : Marie de Lespaul, épouse de Pierre de le Becque). Il mourut en célibat.

5. — *Marguerite*, baptisée à Roubaix le 30 janvier 1648 (parrain : Pierre de le Becque, son oncle ; marraine : Marie Flameng, sa tante).

---

1. Archives de Roubaix, HH. 44.
2. *Ibidem*, CC. 173.
3. *Ibidem*, GG. 104.
4. *Ibidem*, CC. 158.
5. *Ibidem*, GG. 250.
6. Il portait : *d'or à un arbre de sinople sur une terrasse du même et une fasce d'azur brochant sur le tout.*

Elle épousa, le 25 février 1669, Pierre *Prouvost*, de Wasquehal, fils de Pierre et de Péronne *Florin* [1].

6. — *Pierre*, baptisé à Roubaix le 15 novembre 1653 (parrain : Jean Prouvost ; marraine : Catherine de Lespaul), hérita de la seigneurie du Gauquier ; il acheta la bourgeoisie de Lille le 9 février 1674, et décéda dans cette ville, paroisse de La Madeleine, le 20 décembre 1690. Il avait épousé à Saint-Étienne, le 20 octobre 1674, Élisabeth-Martine *de la Derrière*, fille de Melchior et de Catherine *Vranx*, morte le 22 mars 1729. Il eut :

    a. — *Jacques*, s^r du Gauquier, mort célibataire à Lille le 2 décembre 1710 et inhumé dans l'église de La Madeleine.

    b. — *Louis*, baptisé à La Madeleine le 26 mars 1677.

    c. — *Étienne-Joseph*, s^r du Gauquier, baptisé à La Madeleine le 23 juin 1678 ; servit le 15 septembre 1718 à l'évêque de Gand, seigneur de Wattrelos, le rapport et dénombrement de la seigneurie vicomtière du Gauquier qu'il avait recueillie à la mort de son frère Jacques [2]. Il resta célibataire.

    d. — *Marie-Catherine*, baptisée à La Madeleine le 24 janvier 1680.

    e. — *Isabelle-Florence*, baptisée à La Madeleine le 10 novembre 1681, décédée paroisse Saint-Maurice le 11 avril 1768 ; alliée à La Madeleine, le 27 mai 1714, à Romain-Philippe *Goudeman*, fils de Philippe et de Marie-Élisabeth *Lefebvre*, baptisé à Saint-Étienne le 19 septembre 1681, bourgeois de Lille par relief du 2 octobre 1714, avocat au Parlement de Tournai, conseiller au bailliage de Lille, fonction qu'il résigna le 3 octobre 1736 pour exercer l'office de greffier criminel ; mort paroisse Saint-Maurice le 16 octobre 1747 ; dont postérité.

    f. — *Marguerite-Françoise*, dame du Becquerel, baptisée à La Madeleine le 25 août 1683, décédée célibataire paroisse Saint-Maurice le 23 février 1774.

V. — *Jean* DE LESPAUL, baptisé à Roubaix le 30 janvier 1631 (parrain : Jean de Lespaul, son oncle ; marraine : Marguerite Flameng, sa grand'mère), épousa, le 12 février 1651, Marie

---

1. Le 1er juin 1700, Marguerite de Lespaul, veuve de Pierre Prouvost, passe un accord avec les religieuses de l'hôpital Sainte-Élisabeth de Roubaix, par lequel les deux parties s'interdisent pendant 50 années de planter des bois montants le long des héritages aboutissant à la piedsente du bourg au hamel de Blanchemaille (rue des Lignes) et à la piedsente qui mène de la précédente au chemin de la Croisette du Pret à la rue Nain (rue de l'Hermitage) ; ladite Marguerite se réserve le droit de planter des haies d'épine. (Archives de Roubaix, GG. 287.)

2. Th. LEURIDAN, *Statistique féodale. Le Ferrain*.

Flameng, dite *Cent mille*, « parce qu'elle estoit réputée riche de cent mils », fille de Philippe et de Catherine *de le Becque*. Marie Flameng était veuve en 1673 et habitait la rue Pauvret [1] ; ses enfants furent :

1. — *Jean*, qui se noya en se baignant dans le canal à Bruges, où il était en pension.

2. — *Marie*, baptisée à Roubaix le 16 août 1652 (parrain : Jacques de Lespaul, son grand-père ; marraine : Marguerite Flameng, sa bisaïeule). Elle épousa, le 22 octobre 1672, Jean *des Tombes*, de Roubaix, fils de Charles et de Marie *Le Comte* ou de Catherine *Le Comte*. Aux Pâques de l'année suivante, les deux époux habitaient la Grande-Rue, près du Saint-Sépulcre [2]. Ils eurent neuf enfants : Jacques, Marie, Louis-Joseph, Marguerite-Angélique, Pierre, Claire, Jean, Charles et Antoine *des Tombes*.

3. — *Jeanne*, baptisée à Roubaix le 28 mars 1654 (parrain : Jacques du Hamel, époux de Marguerite Flameng ; marraine : Jeanne de le Dicque, sa grand'mère). Elle épousa à Lille, le 26 juillet 1676, paroisse Saint-Étienne, Pierre *Trubert de Bois-Fontaine*, receveur héréditaire de la douane de Lille, mort le 4 août 1696, veuf depuis le 13 avril de la même année, et laissant onze enfants [3].

4. — *Catherine*.

---

1. Archives de Roubaix, GG. 104.
2. *Ibidem*, GG. 104.
3. 1° *Marie-Jeanne-Angélique*, baptisée à Saint-Étienne le 22 juin 1677, y décédée le 20 juillet 1735, alliée dans cette église, le 30 juillet 1696, à François *Tacquet*, commis du directeur des fermes du Roi pour les douanes de Flandre, né à Paris, mort à Lille paroisse Saint-Étienne le 10 novembre 1722 ; dont postérité.
2° *Jeanne-Angèle*, baptisée à Saint-Étienne le 21 octobre 1679, professe ursuline à Argenteuil en juillet 1699, morte en 1754.
3° *Pierre*, baptisé à Saint-Étienne le 18 novembre 1681, mort célibataire le 4 août 1746
4° *Louis-Alexandre-Joseph*, baptisé à Saint-Étienne le 18 février 1683.
5° *Jean Albert*, baptisé à Saint-Étienne le 3 novembre 1684, mort célibataire, le 1er juin 1714.
6° *Élisabeth*, baptisée à La Madeleine le 28 octobre 1685, dame de la Vigne, morte le 25 avril 1746, mariée à Saint-Catherine, le 31 août 1736, avec Philippe-Emmanuel *du Bus*, comte du Bus, sr de Moustier, d'Ogimont, d'Acquignies, natif de la paroisse de Moustier au diocèse de Cambrai, veuf de Catherine-Orélie *Goubille ;* sans enfants.
7° *Marie-Claire-Béatrix*, morte le 23 août 1715, ayant épousé à Saint-Maurice, le 5 septembre 1712, son cousin, Pierre *Prouvost*, fils de Pierre et de Marguerite *de Lespaul* ; dont postérité.
8° *Marie-Catherine*, baptisée à La Madeleine le 29 mars 1689, professe ursuline à Argenteuil le 15 juin 1711.
9° *Marie-Joseph*, baptisée à La Madeleine le 27 juin 1692, professe au même couvent le 5 août 1715.
10° *Louis-Joseph*, baptisé à La Madeleine le 10 janvier 1694, mort le 14 août 1697.
11° *Paul*, baptisé à Saint-Étienne le 12 avril 1696.

Branche de Noël de LESPAUL

I. — *Noël* DE LESPAUL fut reçu maître dans le métier de tripes de velours et bourgeteries, le 12 janvier 1585, en vertu d'un acte de la princesse d'Épinoy, et bien qu'il n'y eût pas de place vacante, et il paya, comme fils de maître, un droit d'entrée de 60 sous [1].

Noël de Lespaul, qui habitait le quartier de la place et de la Grande-Rue, ne vivait plus en 1624 [2]. Il avait épousé Marguerite *Fremault* dont il eut quatre fils; les deux aînés, en 1612, souscrivirent avec les notables pour la fonte de quatre grosses cloches [3].

1. — *Pierre*, qui suit, II.
2. — *Philippe*, époux d'Iolente *du Jardin*, dont il eut :

   a. — *Hélène*, baptisée à Roubaix le 21 mai 1610 (parrain : Pierre de Lespaul, fils de Noël; marraine : Hélène du Jardin).

   b. — *Pierre*, baptisé à Roubaix le 24 décembre 1612 (parrain : Pierre du Jardin; marraine : Pétronille de Lespaul).

   c. — *Isabelle*, baptisée à Roubaix le 4 mai 1615 (parrain : Pierre de Flines; marraine : Isabelle Van Reust).

3. — *Jean*, né à Roubaix, bourgeois de Lille par achat du 9 février 1596.

4. — *Antoine*, né à Roubaix, tondeur de grands forches, bourgeois de Lille par achat du 6 février 1604, marié à Saint-Étienne, le 26 novembre 1606, à Marie *Hoque*, dont il eut :

   a. — *Antoinette*, alliée à Saint-Maurice, le 19 juin 1632, à Balthazar *de Reptin*, fils de Samson et d'Anne *de Vrelier*, bourgeois de Lille par relief du 21 avril 1633; dont postérité.

   b. — *Jean*, baptisé à Saint-Maurice le 20 août 1609.

---

1. « Nous Yolente, dame de Werchin, princésse d'Épinoy, sénéschalle du Haynaut, comtesse de Néchin, etc., suivant la requeste à nous faite par Noé De Lespaul, rentier, manant et sujet de cette ville et seigneurie de Roubaix, luy avons accordé et consenty, accordons et consentons, en tant qu'en nous est, et ce avec le gré et consentement des esgards, maistres et suppots du mestier et stil des tripes et bourgetries dont avons le privilège de pouvoir faire et user en nostre dite ville de Roubaix, que icelluy Noé De Lespaul, nonobstant que le mestier ne soit ouvert, soit receu pour maistre, jouissant du mesme privilège et octroy que autres semblables maistres dudit stil doivent avoir et ont de jouir en vertu dudit privilège, moyennant que ledit Delespaul sera tenu de faire les devoirs en tel cas requis, selon les coustumes et usances anciennes au long reprises par ledit octroy, et ce pardevant les maistres et esgards du stil; à quoy consentons comme dessus qu'il soit accepté nonobstant que ledit mestier ne soit ouvert. Ainsy fait et accordé en nostre chastel de Roubaix, le douzième jour de janvier 1585. Yolente de Werchin ». (Archives de Roubaix, HH. 41, f° 11.)

2. Archives de Roubaix, DD. 2.

3. *Ibidem*, DD. 2.

DE LESPAUL

    c. — *Toussaint*, baptisé à Saint-Étienne le 14 octobre 1617, bourgeois par relief du 18 mars 1641, marchand, marié à Saint-Maurice, le 29 septembre 1640, avec Catherine *Braem*, fille d'Alexandre et d'Anne *Boutry* dite *Lallier*; il eut :

        aa. — *Adrien*, baptisé à Saint-Maurice le 29 août 1641.

        bb. — *Jean*, baptisé à Saint-Maurice le 15 janvier 1643.

        cc. — *Pierre*, baptisé à Saint-Maurice le 25 septembre 1644.

        dd. — *Françoise*, baptisée à Saint-Maurice le 23 mai 1647.

        ee. — *Marie-Anne*, baptisée à Saint-Maurice le 2 août 1649.

        ff. — *Claire*, baptisée à Saint-Maurice le 12 novembre 1651.

    d. — *François*, baptisé à Saint-Étienne le 29 juin 1620.

    e. — *Philippe*, baptisé à Saint-Étienne le 17 décembre 1622.

    f. — *Antoine*, baptisé à Saint-Étienne le 29 novembre 1625.

    g. — *Jacques*, baptisé à Saint-Maurice le 25 juillet 1628.

II. — *Pierre* DE LESPAUL épousa Marie *Bourgois*, dont il eut sept enfants :

  1. — *Philippe*, baptisé à Roubaix le 28 janvier 1602 (parrain : Philippe de Lespaul ; marraine : Jeanne Bourgois).

  2. — *Catherine*, baptisée à Roubaix le 28 janvier 1609 (parrain : Philippe de le Becque ; marraine : Catherine de Lespaul).

  3. — *Jacques*, baptisé à Roubaix le 30 juillet 1611 (parrain : Pierre de le Becque ; marraine : Marguerite de Lespaul).

  4. — *Légère*, baptisée le même jour (parrain : Philippe de Lespaul ; marraine : Légère de Lespaul).

  5. — *Marguerite*, baptisée à Roubaix le 17 avril 1616 (parrain : Gilles Bonenfant ; marraine : Marguerite Lepers).

  6. — *Jean*, qui suit, III.

  7. — *Josse*, dont nous n'avons pas trouvé l'acte de baptême. Il épousa, le 26 novembre 1644, Suzanne *de Lalez*, en présence de Jean de Lespaul, son frère, et de Nicolas de Lalez, père de la mariée ; d'où :

    a. — *Marie-Catherine*, mariée le 7 juin 1669 à Philippe-Jean *Le Comte*, de Croix, à qui elle donna Marguerite-Jeanne et Jean-Josse *Le Comte*. Elle était morte en 1667.

III. — *Jean* DE LESPAUL, baptisé à Roubaix le 21 octobre 1618 (parrain : Jacques de Lespaul ; marraine : Marguerite de Lespaul), épousa à Saint-Étienne à Lille, le 30 juillet 1650, Agnès *de Loz*.

En 1673, Jean de Lespaul, sa femme et leurs enfants, moins l'aîné, habitaient la rue Dorée et Nain [1]. Ces enfants étaient :

1. — *Pierre*, parrain de son frère Jacques en 1656.
2. — *Jean-Josse*.
3. — *Nicolas*, qui suit, IV.
4. — *Jacques*, baptisé à Roubaix le 23 juin 1656 (parrain : son frère, Pierre de Lespaul ; marraine : Marie-Catherine de Lespaul).
5. — *Marie-Agnès*, baptisée à Roubaix le 24 mars 1660 (parrain : Jacques du Jardin, fils de Jacques ; marraine : Marie Bourgois, fille de Jean).
6. — *Florent*, baptisé à Roubaix le 2 février 1664 (parrain : Florent de Loz ; marraine : Madeleine Flameng). Il épousa, le 14 avril 1698, Marie-Madeleine *Meurisse*, dont il eut huit enfants :

    a. — *Jean-Baptiste*, baptisé à Roubaix le 4 mai 1698 (parrain : Nicolas de Lespaul ; marraine : Gillette Meurisse).

    b. — *Jacques-Dominique*, baptisé à Roubaix le 3 janvier 1701 (parrain : Jacques de Lespaul ; marraine : Antoinette Meurisse). Il épousa Marie-Anne-Joseph *de Cottignies* ; dont postérité.

    c. — *Anselme*, baptisé à Roubaix le 24 mai 1702 (parrain : Anselme Hellin ; marraine : Marie-Catherine Meurisse). Il épousa, le 3 juin 1732, Marie-Jeanne *Waignon* ; dont postérité.

    d. — *Marie-Jeanne*, baptisée à Roubaix le 12 février 1704 (parrain : Pierre Meurisse ; marraine : Jeanne Roussel, sa tante, femme de Nicolas de Lespaul). Elle mourut le 6 mars 1739.

    e. — *Pierre-Joseph*, baptisé à Roubaix le 23 novembre 1705 (parrain : Pierre Meurisse ; marraine : Marie Wattel). Il mourut jeune.

    f. — *Marie-Joseph*, baptisée à Roubaix le 7 décembre 1706 (parrain : Jacques Frémaux ; marraine : Marie Desplechin). Elle mourut le 17 octobre 1754.

    g. — *Pierre-Joseph*, baptisé à Roubaix le 6 février 1710 (parrain : Pierre Meurisse ; marraine : Marie Wattel). Il mourut en bas âge.

    h. — *Pierre-Joseph*, baptisé à Roubaix le 31 mai 1711 (mêmes parrain et marraine que le précédent). Il épousa Marie-Catherine-Joseph *Voreux* ; dont postérité.

7. — *Antoinette*, baptisée à Roubaix le 17 septembre 1667 (parrain : Antoine Vasseur, vicaire ; marraine : Gillette des Tombes).

---

[1]. Archives de Roubaix, GG. 104.

IV. — Nicolas DE LESPAUL [1] épousa, le 4 avril 1693, Marie-Jeanne *Roussel*, dont il eut :

1. — *Jean-François*, baptisé à Roubaix le 5 mars 1695 (parrain : Jean-François Roussel ; marraine : Marie Boucherie).

2. — *Jacques*, qui suit, V.

3. — *Louis-Joseph*, baptisé à Roubaix le 20 mai 1700 (parrain : Florent de Lespaul, son oncle ; marraine : Jeanne Roussel). Il mourut le 16 novembre 1750.

4. — *Augustin*, baptisé à Roubaix le 20 novembre 1702 (parrain : Gilbert Roussel ; marraine : Marie-Barbe Caucheteux). Il mourut le 25 avril 1752.

5. — *Pierre-Antoine-Joseph*, baptisé à Roubaix le 18 février 1705 (parrain : Pierre-Antoine Roussel ; marraine : Marguerite-Jeanne de la Haye).

6. — *Jean-Joseph*, né en 1712, manufacturier, épousa, le 19 janvier 1740, Marie-Catherine *Verdier*, âgée de vingt-six ans. Il assista, le 3 février 1751, au contrat de mariage de sa nièce Marie-Catherine-Joseph de Lespaul avec Jean-Baptiste de Saint. Ses enfants furent :

    a. — *Marie-Augustine-Joseph*, morte à Roubaix le 8 mars 1750, âgée de neuf ans.

    b. — *Marc-Odon-Joseph*, baptisé à Roubaix le 10 août 1742.

    c. — *Constance-Séraphine-Joseph*, morte à Roubaix le 28 avril 1755, âgée de onze ans.

    d. — *Catherine-Séraphine-Joseph*, baptisée à Roubaix le 31 mai 1746.

    e et *f*. — *Philippe-Joseph* et *Julie-Joseph*, jumeaux, baptisés à Roubaix le 20 mai 1749.

    g. — *Louis-Marie-Joseph*, baptisé à Roubaix le 3 octobre 1750.

    h. — *Alexandre-Joseph*, baptisé à Roubaix le 29 octobre 1751. Il épousa : 1° Floribonne-Élisabeth *Destombes* ; 2° Rosalie *Seillier* ; et 3° Thérèse *de Los*. Il mourut le 27 janvier 1832, âgé de quatre-vingts ans, laissant de sa troisième femme :

---

[1] Le 8 août 1687, Nicolas de Lespaul, détenu prisonnier en vertu d'une commission des hommes de fief du marquisat de Roubaix, pour avoir refusé de prendre la tutelle des enfants de Philippe Le Comte et de feue Marie-Catherine de Lespaul, est reçu à soumission et élargi, à condition de payer les frais de justice et de prêter serment comme tuteur. Marie-Catherine de Lespaul était la fille de Josse, oncle de Nicolas ; elle était morte en 1677, laissant deux enfants en bas âge, que leur père avait abandonnés, et auxquels le Magistrat avait donné comme tuteur Jean de Lespaul, leur grand-oncle, père de Nicolas, qui, en 1687, fut forcé de lui succéder en cette tutelle. (Archives de Roubaix, BB. 2, f° 126 verso.)

  aa. — *Achille-César-Alexandre*, qui fut l'un des bons contremaîtres de la fabrique de Roubaix. Il épousa N..., dont il eut :

   aaa. — *César*, professeur de piano à Lille.

 i. — *Marie-Félicité-Joseph*, baptisée à Roubaix le 21 juin 1754.

V. — *Jacques* DE LESPAUL, baptisé à Roubaix le 22 mai 1697 (parrain : Jacques de Lespaul, son oncle ; marraine : Marie-Agnès Roussel), épousa, le 27 septembre 1718, Marie-Marguerite *Castel*. Il mourut le 3 décembre 1737, étant marchand, et laissant six enfants :

 1. — *Augustin-Paul*, baptisé à Roubaix le 25 novembre 1719 (parrain : Robert de Lannoy ; marraine : Marie-Catherine Roussel).

 2. — *Marie-Catherine-Joseph*, baptisée à Roubaix le 3 février 1722 (parrain : César Castel ; marraine : Cécile Cuvelle). Elle épousa, le 9 février 1751, Jean-Baptiste *de Saint*, né à Roubaix le 20 avril 1727, fils d'Antoine et de Marie-Catherine *Mouret*.

 3. — *Marie-Joseph*, baptisée à Roubaix le 26 février 1724 (parrain : Noël Castel ; marraine : Marie-Joseph de Lespaul). Elle mourut le 5 octobre 1757.

 4. — *Béatrix-Joseph*, baptisée à Roubaix le 11 octobre 1726 (parrain : Jacques Caucheteux, son oncle ; marraine : Marie-Anne Castel). Elle se fit religieuse au couvent des Sœurs grises de Wervicq [1].

 5. — *Marguerite-Angélique-Joseph*, baptisée à Roubaix le 6 décembre 1728 (parrain : Jean-Joseph de Lespaul, son oncle ; marraine : Barbe-Angélique Castel). Elle épousa, le 8 novembre 1751, Charles-Louis *Bouchery*, natif de Frelinghien.

 6. — *Marie-Constance-Joseph*, baptisée à Roubaix le 2 décembre 1732 (parrain : Philippe-Lambert Wacrenier ; marraine : Marguerite-Jeanne de Lespaul). Elle épousa, le 10 octobre 1758, Antoine-Joseph *Derveaux*.

---

1. Le 31 octobre 1750, Marie-Catherine-Joseph, Marie-Joseph, Marguerite-Angélique et Marie-Constance de Lespaul, marchandes au bourg de Roubaix, filles de feu Jacques et de feue Marguerite Castel, désirant pourvoir aux petits besoins particuliers de Béatrix-Joseph de Lespaul, leur sœur, religieuse professe au couvent des Sœurs grises de Wervicq, déclarent lui donner, à titre de rente viagère, le revenu d'une pièce de cinq cents et un quarteron de terre à labour, située à Roubaix. A cet acte sont présents Jacques Caucheteux, laboureur à Tourcoing, leur oncle allié du côté paternel, et Marie-Anne Castel, veuve de Philippe Wacrenier, leur tante du côté maternel, marchande à Roubaix.

Les de LESPAUL du Hutin.

I. — *Antoine* de Lespaul, qui vivait au XVIe siècle, est l'auteur de cette branche de cultivateurs ; il fut père de :

1. — *Daniel*, qui suit, II.
2. — *Jean*, parrain le 2 juin 1619.
3. — *Antoine*, né avant 1589, épousa en premières noces N...., dont il eut trois fils ; et en secondes noces, Marguerite *des Reux*, veuve de Corneil *van Reust*, dont il eut une fille et un fils :

    a. — *Pierre*, mort veuf avec enfants ; il avait vendu sa part d'héritage à son frère Jean de Lespaul.

    b. — *Philippe*, mort sans alliance.

    c. — *Jean*, qui, à la mort de Philippe, se trouva possesseur de l'héritage des trois enfants du premier lit, mourut lui-même intestat, laissant ainsi comme héritiers pour un tiers les enfants de Pierre, pour un tiers les enfants de Jeanne, sa sœur, et pour le dernier tiers Antoine de Lespaul, son frère du second lit. Mais Marguerite des Reux avait retenu de son premier mariage avec Corneil van Reust, un fils, Charles van Reust, dont les enfants : Antoine, Philippe, Pierre et Marguerite van Reust, prétendirent avoir droit à la succession de Jean de Lespaul, du chef de leur grand'mère Marguerite des Reux.

    d. — *Jeanne*, qui épousa Robert *Lepoutre*, à qui elle donna Jean, Robert et Antoine.

    e. — *Antoine*.

II. — *Daniel* de Lespaul, né avant 1589, vécut quatre-vingt-quinze ans. En 1624 et en 1633, il occupait à l'Hommelet au Bois « à luy appartenant un lieu manoir contenant parmi jardin et terres à labour 18 cents d'héritage » et tenait de la veuve de Jean de Lespaul, deux autres cents de terre [1]. Daniel de Lespaul se fiança, le 25 juillet 1612, à Jeanne *van Reust*, en présence d'Antoine de Lespaul et de Jean van Reust. Le mariage fut célébré, le 1er septembre suivant, en présence d'Antoine de Lespaul, père de l'époux, et de Jean Bourgois. De cette union naquirent :

1. — *Catherine*, baptisée à Roubaix le 27 septembre 1613 (parrain : Antoine de Lespaul, son grand-père ; marraine : Catherine des Rœux). Elle épousa, le 17 mai 1636, Guilbert *Lamirand*.

---

1. Archives de Roubaix, CC. 1, n° 30.

2. — *Jean*, baptisé à Roubaix le 13 décembre 1615 (parrain : Jean van Reust ; marraine : Marguerite des Reux). Il mourut à trente-sept ans, en 1652, et fut inhumé dans l'église de Roubaix. Il avait épousé Jeanne *de Laoutre*, dont il eut :

    a. — *Michelle*, qui, le 23 juin 1673, âgée de vingt-trois ans, mais encore en tutelle, et désirant être mise en ses biens pour en avoir l'administration, comparaissait devant les hommes de fief du marquisat de Roubaix, lesquels, après avoir entendu Antoine de Lespaul, dit Daniel, son oncle et tuteur, et François-Mathon, mari de Catherine de Laoutre, son bel oncle, déclarèrent ladite Michelle émancipée et capable de régir et gouverner ses biens [1].

3. — *Antoine*, qui suit, III.

4. — *Jeanne*, baptisée à Roubaix le 20 octobre 1621 (parrain : Jacques Le Comte, fils de Jacques ; marraine : Jeanne de Lespaul).

5. — *Marguerite*, baptisée à Roubaix le 4 janvier 1625 (parrain : Pierre de Lespaul ; marraine : Jeanne des Tombes).

6. — *Isabelle*, baptisée à Roubaix le 3 septembre 1628, épousa, en 1651, Michel *Poissonnier*, dit beau-frère de Guilbert Lamirand [2].

III. — *Antoine* DE LESPAUL, baptisé à Roubaix le 3 décembre 1618 (parrain : Jean van Reust ; marraine : Élisabeth van Reust), figure, en 1651, au cahier des vingtièmes [3], comme habitant le quartier des Couteaux, Hutin et Fromé [4]. — Il vécut quatre-vingt-onze ans. Il avait épousé Marie *Lepers*, dont il eut :

1. — *Antoine*, baptisé à Roubaix le 4 juin 1659 (parrain : Michel Poissonnier ; marraine : Antoinette Le Pers).

2. — *Françoise*, baptisée à Roubaix le 12 juin 1662 (parrain : Pierre Le Pers ; marraine : Jeanne de Lespaul, sa tante).

---

1. Archives de Roubaix, BB. 2, f° 16 verso.
2. *Ibidem*, CC. 2, n° 1.
3. *Ibidem*, CC. 2.
4. Le 8 février 1661, il achète de Jean et Jacques de Lespaul, de Christophe Mulliez, mari d'Anne de Lespaul, et de Jacques du Pont, procureur des enfants qu'il avait retenus d'Isabeau de Lespaul, sa femme, un lieu manoir avec six cents de jardin et de terre à labour, tenant à la ruelle des Couteaux à Fromé (Archives de Roubaix, CC. 4). — En 1664, il achète du seigneur de Roubaix 707 verges de terre à prendre hors des terres de la cense de la Grande Vigne ; ses héritiers possédaient ce bien en 1738 (*Ibidem*, CC. 173, n° 5). — En 1676, il acquiert encore dix cents et le tiers d'un cent de jardin, y compris un cent de labour, tenus de la seigneurie de Favreules et situés le long du Trichon et du grand chemin de Roubaix à Lille (*Ibidem*, CC. 14). — En 1687, il achète un manoir avec 18 cents de terre en trois pièces, près de ses propres héritages, tenant à la ruelle du chemin des Préaux vers Wattrelos et à la piedsente du Hutin vers le Crétinier (*Ibidem*, CC. 21).

3. — *Louis*, baptisé à Roubaix le 2 décembre 1665 (parrain : Jean Leclercq ; marraine : Jeanne Lamerand).

4. — *Marie-Joseph*, baptisée à Roubaix le 17 octobre 1667 (parrain : Jean de Lespaul ; marraine : Antoinette Lepers).

5. — *Josse*, qui suit, IV.

6 et 7. — *Jean* et *Gilles*, qui assistent, avec Jacques Prouvost, leur beau-frère, au contrat de mariage de leur frère Josse de Lespaul, le 9 avril 1699. Ils étaient sans doute nés avant 1656, à l'époque où une lacune existe dans nos registres aux baptêmes.

IV. — *Josse* DE LESPAUL, baptisé à Roubaix le 21 septembre 1671 (parrain : Jean Mouton ; marraine : Antoinette Le Pers), épousa, le 28 avril 1699, Marie-Anne *Chuffart*, fille du censier de Beaurewart, qui mourut le 1er juin 1756, ayant eu cinq enfants :

1. — *Pierre-Antoine*, baptisé à Roubaix le 3 décembre 1702 (parrain : Pierre Chuffart, son grand-père ; marraine : Marie Le Pers, sa grand'mère). Il mourut peu après sa naissance.

2. — *Pierre-Antoine*, baptisé à Roubaix le 14 novembre 1708 (parrain : Gilles de Lespaul ; marraine : Marie-Anne Castel).

3. — *Marie-Joseph*, baptisée à Roubaix le 2 février 1714 (parrain : Robert de Lannoy ; marraine : Claire-Élisabeth Chuffart). Elle épousa : 1° Jean-François *Becquart*, censier du Fresne, à Croix ; et 2°, le 8 juillet 1751, Jean-Baptiste *du Thoit*, de Croix.

4. — *Jean-Baptiste*, qui suit, V.

5. — *Alnode-Joseph*, baptisé à Roubaix le 13 février 1720 (parrain : Alnode Bayart ; marraine : Marie-Joseph de Lespaul).

V. — *Jean-Baptiste* DE LESPAUL, baptisé à Roubaix le 12 juillet 1715 (parrain : Pierre Desmettre ; marraine : Cécile Prunelle). Il épousa Marie-Jeanne *Bonenfant*, et mourut le 13 février 1801, ayant eu sept enfants :

1. — *Marie-Joseph*, baptisée à Roubaix le 5 avril 1741 (parrain : Josse de Lespaul, son grand-père ; marraine : Catherine de Heulle). Elle épousa, le 17 février 1767, avec dispense de deux bans, Antoine-Joseph *de Lannoy*, de Roncq, dont naquirent un fils et une fille. Le fils, Antoine de Lannoy, marié à Rosalie des Tombes, eut six enfants qui vinrent s'établir à Roubaix, entre autres Jean-Baptiste de Lannoy, qui épousa Céline Le Roux, de Tourcoing, et qui, seul, continua la génération. La fille, Anne de Lannoy, unie à Ignace Le Pers, eut entre autres enfants Louis Le Pers, marié à N. Lorthioir, et Rosine Le Pers, mariée à N. Le Pers.

2. — *Marie-Anne*, baptisée à Roubaix le 18 janvier 1744 (parrain : Jean-Baptiste Bonenfant ; marraine : Marie-Anne Chuffart, sa grand'mère). Elle épousa, le 24 avril 1770, Jean-Baptiste *Lereux*, laboureur, et mourut le 10 novembre 1803.

3. — *Constantin-Joseph*, baptisé à Roubaix le 17 janvier 1747 (parrain : Guillaume-Joseph Caillez, vicaire de Roubaix ; marraine : Marie-Joseph de Lespaul, sa sœur).

4. — *François-Joseph*, baptisé à Roubaix le 19 novembre 1750 (parrain : Pierre-Charles de le Salle ; marraine : Antoinette Bonenfant). Il mourut le 12 février 1751.

5. — *François-Joseph*, baptisé à Roubaix le 28 janvier 1752 (parrain : Pierre-Charles de le Salle ; marraine : Marie-Joseph de Lespaul).

6. — *Jean-Baptiste*, baptisé à Roubaix le 13 avril 1755 (parrain : Jean-Baptiste du Thoit ; marraine : Marie-Anne-Joseph de Lespaul).

7. — *Pierre-Joseph*, qui suit, VI.

VI. — *Pierre-Joseph* DE LESPAUL, baptisé à Roubaix le 1er septembre 1759 (parrain : Pierre-François Becquart ; marraine : Jeanne de le Salle), épousa, en juin 1797, Marie-Constance *Droulers*, de Wattrelos, âgée de trente-trois ans, fille de Louis-François-Joseph, laboureur, et de Marie-Anne *Le Febvre*. Pierre-Joseph de Lespaul fut marguillier de Saint-Martin de Roubaix de 1810 à 1832. Il mourut le 31 janvier 1842, laissant :

1. — *Marie-Catherine-Joseph*, née le 2 décembre 1798, présentée à l'état-civil par François-Joseph de Lespaul, son oncle, âgé de quarante-six ans, et Marie-Anne-Joseph Le Febvre, sa grand'mère, âgée de soixante ans, épousa, le 30 mai 1820, Louis *Dubar*, qui vint s'établir fabricant dans l'intérieur de la ville. Mme Dubar-de Lespaul mourut le 15 mars 1857, ayant donné à son mari douze enfants, parmi lesquels Mgr Édouard-Auguste Dubar, de la compagnie de Jésus, évêque de Canathe, né à Roubaix le 14 octobre 1826, mort en Chine le 1er juillet 1878.

2. — *Augustine-Adélaïde*, née le 3 août 1800, présentée à l'état-civil par Louis-François-Joseph Droulers, son grand-père, âgé de soixante-deux ans, et Marie-Joseph de Lespaul, sa tante, âgée de cinquante ans, épouse de Joseph de Lannoy, de Roncq. Elle épousa M. Pierre *Nutte*, d'Évregnies (Belgique).

3. — *Constantin*, né le 20 août 1803, mort célibataire le 14 décembre 1857.

NON RATTACHÉS

Arnoul Delespaulle épousa à Lille, Saint-Maurice, le 27 février 1628, Jeanne *Bivo?*

Jean Delespaul épousa à Saint-Maurice, le 8 septembre 1631, Isabeau *Fourmentraux*. Témoin : Renault de Lespaul.

Chrétienne Delespaule épousa à Saint-Maurice, le 29 octobre 1635, Jean *Bacqueville*. Témoins : Charles et Renault de Lespaule.

Jean De Lespaul épousa à Saint-Maurice, le 12 mai 1637, Marie *Pollet*, née à Roubaix.

Marc de Lespault épousa à Saint-Maurice, le 1er juin 1642, Anne *Halle*. Témoin : Jean de Lespault.

Jacques de Lespault épousa à Saint-Maurice, le 20 octobre 1647, Antoinette *Catel*.

Pierre-Philippe Delespaul épousa à Saint-Maurice, le 20 mai 1651, Catherine *Dutilleu*.

Pierre Delespaul épousa à Saint-Maurice, le 24 juillet 1660, Barbe *Chauvé*.

Jean Delespaul épousa à Saint-Maurice, le 26 janvier 1666, Marguerite *Poisson*. Témoin : Arnould Delespaul.

Michelle Delespaule épousa à Saint-Maurice, le 29 janvier 1673, Josse *Lictevoüt*.

Jean-Baptiste Delepaul épousa à Saint-Étienne, le 24 janvier 1689, Marie-Louise *Nafeteux*. Témoin : Jean-Baptiste Delepaul.

Jeanne-Catherine Delespaul épousa à Saint-Étienne, le 17 avril 1703, Sébastien *Vardavoir*. Témoin : Jean-Baptiste Delespaul.

Marie-Anne-Dominique Delespaul épousa à Saint-Étienne, le 1er août 1730, Philippe-Eugène *Morel*. Témoin : Pierre-François Delespaul.

Barthélemy-Joseph Delespaulle épousa à Saint-Maurice, le 1er mars 1734, Jeanne-Cécile *Desfontaine*. Témoin : Pierre-François Delespaulle.

Marie-Marguerite-Louise Delespaul, décédée à Saint-Sauveur le 23 janvier 1709.

Marc Delespaul, bourgeteur, épousa Jeanne *Lemerre*, d'où : 1º *Charles*, baptisé à Sainte-Catherine le 25 mai 1628 ; 2º *François*, baptisé à Sainte-Catherine le 8 avril 1634 ; 3º *Marc*, baptisé à Sainte-Catherine le 9 avril 1640.

Robert Delespaul épousa Louise *Salembier*, d'où : 1° *Louise*, baptisée à Saint-Pierre le 15 août 1611 ; 2° *André*, baptisé à Saint-Pierre le 22 avril 1613.

Jean Delespaul épousa Marie-Anne *Duquesne*, d'où : 1° *Mathieu*, baptisé à Sainte-Catherine le 26 avril 1656 ; 2° *Marie*, baptisée à Sainte-Catherine le 17 septembre 1658 ; 3° *Bonne-Angélique*, baptisée à Sainte-Catherine le 13 mai 1661.

Charles de Lespau, fils de feu Jacques, né à Lille, sayeteur, bourgeois de cette ville par achat du 5 décembre 1597, épousa après cette date Christine *Herman*, d'où : 1° *Valentine*, baptisée à Sainte-Catherine le 16 mai 1600 ; 2° *Renault*, baptisé à Sainte-Catherine le 24 octobre 1601 ; 3° *Jeanne*, baptisée à Sainte-Catherine le 14 mai 1608, mariée à Antoine *du Metz*, décédée à Saint-Maurice le 7 janvier 1688.

Nicolas De Lespau, fils de *Jacques*, né à Lille, sayeteur, bourgeois de Lille par achat du 5 juillet 1596, épousa avant cette date Agnès *Maurice*, d'où : *Charles*, baptisé à Sainte-Catherine le 10 mars 1597.

Pierre de Lespau, fils de *Liévin*, marié, bourgeois de Lille par achat du 2 avril 1530 (n. s.).

Claire Delespaul, fille de *Georges* et de Claire *Leferre*, baptisée à Sainte-Catherine le 21 avril 1598.

Jacques Delespaul, fils illégitime de *Jean*, tondeur, et de Jeanne *Hutten*, baptisé à Sainte-Catherine le 1ᵉʳ janvier 1622.

Marie-Joseph Delespaule, fille de feu *Henri*, décédée à Saint-Maurice le 22 janvier 1686.

Élisabeth Delespaul, fille de *Jean-Baptiste* et de Marie-Jeanne *Leplat*, décédée à Saint-André le 15 juillet 1721.

Pierre-Antoine-Joseph Delespaul, fils de *Barthélemy-Joseph*, décédé à Saint-Étienne le 9 juillet 1735.

Marie-Madeleine-Adélaïde Delespaul, fille d'*Alard*, commis de MM. du Magistrat aux fournitures de la ville, et de Barbe *Lemaître*, décédée à Saint-Étienne le 22 décembre 1746.

Victoire-Joseph Delespaul, vachère, fille d'*Artus* et de Marie-Madeleine *Lalau*, née à Lesquin, âgée de trente ans, veuve d'André-Joseph *Jombart*, remariée à Saint-Pierre le 24 juin 1772 à Philippe *Lemesre*.

1793, 9 novembre. — *Interrogatoire de Louis-Charles-Joseph Delespaul.*

Le nonodi de la deuxième décade du mois brumaire de l'an deuxième de la République françoise une et indivisible, nous Albéric Blondeau, officier provisoire de police de sureté du District de Lille, département du Nord, nous sommes transportés à la maison d'arrêt, dite des Bons Fils, dudit District, où étant arrivés nous avons fait amener devant nous le citoyen *Delespaul*, demeurant à Roubaix, détenu en ladite maison d'arrêt par ordre du Directoire dudit District et suspecté d'avoir eu des magazins de bled illicitement et d'avoir entretenu des correspondances avec les ennemis de la République françoise, et procédant de suite à l'interrogatoire dudit *Delespaul* nous lui avons demandé ses nom, prénoms, âge, qualité et demeure ?

A dit se nommer *Louis-Charles-Joseph Delespaul*, âgé de cinquante quatre ans, laboureur propriétaire au bourg de Roubaix.

Interrogé s'il sçait le motif pour lequel il a été arrêté ? — A répondu qu'il l'ignore.

Interrogé si au moment de son arrestation il n'avoit pas un grand amas de bled ? — A répondu qu'on a trouvé cent trente-sept rasières de bled chez lui deux ou trois jours après son arrestation et que lorsque le commissaire envoyé par le District est venu faire la perquisition des bleds il en a évalué lui-même la quantité à cent rasières et l'interrogé lui-même a observé qu'il avoit encore trois ou quatre mille jerbes à faire battre ; que cette évaluation s'est faite environ cinq semaines avant l'arrestation de lui interrogé.

Interrogé si cette quantité de bled provenoit uniquement de l'exploitation de ses terres ? — A répondu oui, qu'il n'en a jamais achetté et qu'il n'a jamais vendu son bled ailleurs qu'à Roubaix ; l'interrogé observe que l'évaluation faite par le Commissaire à la recherche des grains a été arrêtée défalcation faite de ce qu'il étoit nécessaire pour la consommation de l'interrogé et des ouvriers attachés à l'exploitation de ses terres qu'il nourrit chez lui, que la quantité pour cette consommation a été appréciée de soixante-dix à soixante-quinze sacs par an.

Interrogé si le procureur de la commune de Roubaix ou autres commissaires de cette commune, ne sont pas venus chez lui pour avoir la déclaration des bleds qu'il avoit sur ses greniers et s'il n'a pas répondu qu'il n'en avoit pas ? — A répondu qu'il est venu chez lui des commissaires de la commune de Roubaix pour avoir sa déclaration des pailles, foins, hivernage, avoisne qu'il avoit dans sa ferme, qu'il ne se rappelle pas si on lui a demandé la déclaration des bleds : ce qui ne se pouvoit cacher puisque c'est un objet de gros volume et placé dans ses greniers.

Interrogé s'il n'avoit pas d'armes chez lui dont il n'avoit point fait la déclaration ? — A répondu qu'il n'avoit chez lui qu'un seul fusil à deux coups qui lui servoit pour monter la garde.

Interrogé dans quel endroit de chez lui étoit ce fusil lorsqu'il a été arrêté ? — A répondu qu'il étoit dans le cabinet de sa chambre où l'interrogé le plaçoit ordinairement.

A lui observé qu'il a été trouvé dans les greniers de sa maison un fusil à deux coups, ce qui paroit faire voir qu'il avoit plus d'un fusil. — A répondu qu'il n'avoit qu'un fusil, et que peut-être les domestiques l'auront caché après l'arrestation de l'interrogé ; que les autres armes qu'il pouvoit avoir avoient été enlevées par les Autrichiens avant le bombardement de Lille lorsqu'ils sont venus à Roubaix.

Interrogé s'il n'a pas entretenu de correspondance avec les ennemis de la République française et avec les émigrés ? — A répondu qu'il n'a entretenu aucune correspondance avec les émigrés ; que forcé par sa position sur l'extrême frontière l'interrogé s'est trouvé obligé de voir les officiers et soldats ennemis qui sont venus chez luy et y ont logé.

Interrogé s'il n'a point été à Tournay depuis que la guerre est déclarée contre les Autrichiens ? — A répondu non.

Interrogé pourquoi il avoit une permission d'un général ou officier des ennemis pour aller et venir de Tournay à Roubaix, laquelle permission a été trouvée chez lui dans ses papiers et que nous lui avons représentée ? — A répondu qu'il ne la reconnoit pas ; qu'au moment de son arrestation tous les papiers de l'interrogé généralement quelconque ont été mis dans un sac, portés au Directoire du District de Lille où l'interrogé a été interpellé de les reconnoître ; interrogé par les membres du District de déclarer s'il reconnoissoit ce sac pour celui qui contenoit ses papiers a répondu qu'oui ; qu'ils ont été visités et déclarés insignifians et qu'ils lui ont été tous remis ; de plus, l'interrogé ajoute qu'avant de sortir de chez lui au moment de son arrestation, il a demandé à l'officier qui est venu l'arrêter que le scellé soit mis sur toutes les parties de sa maison, tant pour la conservation de ses meubles que pour éviter qu'on ne puisse glisser chez lui des papiers qui puissent lui être défavorables : ce qui lui a été refusé en disant qu'il n'en avoit pas le temps, et l'interrogé ne doute pas que ce soit une pièce qui ait été mise par quelqu'un qui veut lui nuire.

Interrogé s'il n'a pas offert du vin à un général des ennemis ? — A répondu qu'il en a envoïé lorsqu'il en a été sommé par force majeure.

Interrogé s'il n'a pas envoïé d'autres objets à un général ennemi ? — A répondu qu'il croit se souvenir d'avoir envoïé une couple de poulets à un capitaine de houssards qui l'avoit forcé de les fournir.

A lui représenté que sa déclaration ne paroit pas exacte, en lui représentant une lettre à son adresse en date du quatorze avril dernier signée : Bulteau, fils, dans laquelle il est dit que le général accepte avec plaisir ce que l'interrogé lui a envoïé, et le prévient de ne pas envoïer le vin qu'il a offert par ce que le général en a de toutes les qualités. Interpellé de nous dire s'il reconnoit cette lettre trouvée chez lui dans ses papiers ? — A répondu que le général Graff, commandant les troupes prussiennes à Roubaix, lui aïant fait demander des poulets et du poisson, que l'interrogé n'en aïant pas chez lui avoit envoïé quelque chose en place et lui avoit offert du vin pour empêcher qu'on ne pille chez lui par ce qu'il avoit alors des hussards logés chez lui ; que ledit général Graff étoit logé chez la veuve Bulteau à Roubaix et que c'est le fils de cette veuve qui demeure avec elle qui a écrit cette lettre à l'interrogé ; et ajoute que les hussards logés chez lui étaient des hussards de Graff.

Interrogé à quoi lui servoit l'adresse du général-major Couthen, trouvée dans ses papiers chez lui et que nous lui avons représentée, ainsi qu'une autre adresse de M. Donné, rue Saint-Brice, à Tournay ? — A répondu que c'étoit le nom du général major qui commandoit l'infanterie prussienne à Roubaix et que l'interrogé a écrit pour en retenir le nom en cas de besoin et que quant à l'autre adresse il ne la connoit pas.

A lui représenté deux lettres trouvées dans ses papiers chez lui à Roubaix avec les autres pièces que nous venons de lui représenter, lesquelles lettres indiquent une correspondance avec les émigrés ; interpellé de nous dire s'il les reconnoit ? — A répondu qu'il ne les reconnoit pas, qu'elles ne sont ni datées, ni signées et sans adresse.

Interrogé que puis qu'il reconnoit la lettre de Bulteau fils et l'adresse qu'il a faite du général-major Couthen, et ce qui prouve que tous ses papiers n'ont pas été transportés entièrement à Lille ; pourquoi il ne reconnoit pas aussi la permission donnée par le baron d'Apre, major, au chevalier de Lespierre, dont l'interrogé portoit le nom, ainsi que les deux lettres cy-devant représentées non signées ? — A répondu qu'il fait la même réponse qu'il a déjà faite ; que des mal-intentionnés peuvent avoir mis ces papiers chez lui depuis sa sortie, dans l'intention de lui nuire ; que quant à l'adresse du général-major Couthen elle est de son écriture et étoit attachée à une branche sur sa cheminée à laquelle on a fait peu d'attention en transportant ses papiers, et on l'a laissée où elle étoit.

Interrogé si avant son arrestation il n'avoit pas l'intention de s'émigrer puisqu'on a trouvé chez lui plusieurs linges et effets mis en paquets ? — A répondu que ces effets étoient empaquettés pour les transporter à Lille au besoin ; qu'on ne peut le soupsonner de l'intention de s'émigrer puisqu'il avoit l'ennemi à sa porte, et qu'il avoit toutes les facilités possibles de s'émigrer s'il en avoit eu l'intention ; que le linge étoit en paquets et dans des panniers depuis la dernière lessive, par ce qu'il n'est pas aussi aisé à enlever que dans une garde-robe ; que d'ailleurs on avoit fait une visite nocturne chez lui cinq jours avant son arrestation ; que si l'interrogé avoit eu quelque chose à se reprocher, il auroit pu aisément s'évader.

Interrogé, si lors que les trouppes ennemis étoient à Roubaix il ne s'est pas promené avec elles dans le bourg, aïant sa croix de S^{nt} Louis à la boutonnière ? — A répondu qu'il a porté la croix de S^{nt} Louis une fois pour aller chez le général Graff accompagné d'un adjudant et de deux fusiliers, que c'étoit avant le bombardement de Lille, et l'interrogé croit qu'il pouvoit encore la porter alors ; qu'il répète qu'il n'a porté la croix de S^{nt} Louis qu'avant le bombardement de Lille, parce qu'il n'étoit pas encore alors deffendu de la porter ; qu'il n'a point porté la croix de S^{nt} Louis en allant chez le général Graff au mois d'avril dernier ; que ce qu'il a dit a été mal rendu ; qu'il a dit qu'il n'a vu qu'une fois cette année le général Graff, mais sans croix de S^{nt} Louis ; qu'il y a été accompagné d'un adjudant et de deux fusiliers pour redemander ses chariots qui avoient été pris pour les convois ennemis.

Lecture faite audit *Louis-Charles-Joseph Delespaul* du présent interrogatoire a dit icelui contenir vérité, y a persisté et a signé.

(Signé) : L. C. J. Delespaul et A. Blondeau.

Nous, officier provisoire de sûreté soussigné, vu les réponses dudit *Louis-Charles-Joseph Delespaul*, dans son interrogatoire, considérant qu'il ne se disculpe pas des inculpations dont il est prévenu, ordonnons qu'il restera en état d'arrestation à la maison d'arrêt dite des Bons Fils de Lille, jusqu'à ce qu'il en soit autrement ordonné.

Fait à Lille, les jour, mois et an ci-dessus.

(Signé) : A. Blondeau.

Archives du Nord. Série L. District de Lille. Portefeuille n° 64 : original formant un petit cahier de six feuillets papier, signé et paraphé à chaque page écrite.

1796-1797. — *Documents relatifs à l'argenterie de Marie-Clément-Joseph Delespaul, de Fretin.*

1.

Douay, ce 12 frimaire, 5ᵉ année républicaine.
L'administration du département du Nord, à celle municipale du Canton de Templeuve.

Le Ministre des Finances, citoyens, nous demande divers renseignemens sur une réclamation faite par le citoyen *Delespaul*, de la commune de Fretin, pour obtenir la restitution de 24 marcs 3 onces 2 grains d'argenterie armoriée qui ont été saisis chez lui.

Nous vous transmettons à cet effet une copie du mémoire présenté par le citoyen *Delespaul* avec copie d'un arrêté pris en sa faveur par le ci-devant district de Lille. Nous vous faisons passer pareillement un état descriptif de cette argenterie et l'extrait constatant le dépôt qui en a été fait à la monnoye de Paris [1].

Vous voudrez bien vérifier si les circonstances de force majeure ont réellement empêché ce particulier de faire désarmorier cette argenterie comme l'a prétendu le ci-devant district de Lille, et nous communiquer le résultat de vos recherches avec votre avis.

Les Administrateurs du départ^{nt} du Nord.

Étoient signés : E. Desmoutier, Delval-Lagache, Dumoulin, administrateurs, et Palette, secrétaire en chef.

2.

Douay, le 11 pluviose, 5ᵉ année.
L'Administration centrale du département du Nord, à celle municipale de Templeuve.

Le retard que vous apportez à nous transmettre les renseignemens que nous vous avons demandés par notre lettre du 12 frimaire, concernant 24 marcs 3 onces 4 grains d'argenterie armoriée et réclamée par le citoyen *Delespaut*, de la commune de Fretin, comme ayant été saisie chez lui, nous force à vous écrire de nouveau pour fixer votre attention sur cet objet. Chaque jour on le sollicite et le Ministre nous le demande aussi avec instance.

Nous vous chargeons donc de vous en occuper de suite, et de nous communiquer sous délai d'une décade, les différens écclaircissemens détaillés dans notre première lettre.

Les administrateurs du département : E. Desmoutier, Lorain, Delval-Lagache, A. Pallette, secrétaire.

---

1. Ces documents font défaut au dossier.

3.

Nous maire, officiers municipaux et agent national de la commune de Fretin, canton de Templeuve, département du Nord, en fonction lors de l'arrestation du citoyen *Marie-Clément-Joseph Delespaul*, soussignés, certifions à tous ceux qu'il appartiendra que le susdit citoyen *Delespaul*, habitant alors et cultivateur de ladite commune, a été obligé par une force majeure de cacher en terre son argenterie dans la crainte qu'elle ne devint la proie des ennemis qui alors étoient presque tous les jours dans ladite commune : lesquels s'emparoient de l'argent monnoyé ou non monnoyé de préférence à tous autres effets, extrémité à laquelle ont été réduits tous les habitans de la commune qui n'ont pas osé mettre aucun numéraire en évidence tous les tems que les armées coalisées ont été campées dans son voisinage.

Certifions encore que les cinquante neuf pièces d'argenterie sur lesquelles les armoiries ont été effacées, sont une preuve évidente du désir que le citoyen *Delespaul* avoit de se conformer aux loix qu'il a toujours suivi avec la plus stricte exactitude tout le temps qu'il a résidé dans notre commune et qu'il n'a pas eu le tems de l'en faire effacer sur les soixante et dix-sept autres pièces parce que l'arrivée inattendue de l'ennemi l'en a empêché.

En foi de quoi, nous avons délivré et signé le présent certificat pour le faire valoir au besoin.

A Fretin, le vingt-huit pluviôse, 5ᵉ année Républicaine.

   Étoient signés : A. LANDRIEU, maire; F.-J. FOUQUART, officier; A.-J. WAUQUIER, off.; P.-J. HAVET, agent national; DESMONS, officier; COURCIER, officier; Jules LEMESRE, B. COLLETTE, P.-J. CHUFFART, notables.

4.

Nous membres de l'administration municipale du canton de Templeuve en Pèvele,

Ouï le Commissaire du Directoire exécutif ;

Vu la lettre des Administrateurs du Nord du 12 frimaire dernier jointe à une copie du mémoire présenté par le citoyen *Delespaul* avec la copie qui précède d'un arrêté pris en sa faveur par le ci-devant District de Lille, le 12 messidor an 3ᵉ et autre pièce y jointe relative aux argenteries armoriées qui ont été saisies chez lui ;

Vu aussi le certificat délivré par les ci-devant maire, officiers municipaux et notables de la commune de Fretin, le 28 pluviôse dernier, nous étant assuré de son contenu ;

Estimons qu'il y a lieu à accueillir le citoyen *Delespaul* dans sa réclamation.

En notre séance du 5 ventôse, 5° année républicaine.

J.-B. DAUCHY, MÉLANTOIS, DRUELLE, P.-F. ENNIQUE, DESMONS, A.-J. DEREGNAUCOURT, J.-B. DESCLOQUEMENT, SEVERIN, agents municipaux; L.-J. COISNE, J.-B. FIEVET, adjoints; BARATTE, secrétaire.

5.

Templeuve en Pèvele, le 5 ventôse an 5°.

L'administration municipale du canton de Templeuve, à celle du département du Nord.

Vous trouverez jointes, citoyens, les pièces mentionnées en votre lettre avec un certificat délivré par les ci-devant Maire et officiers municipaux de la commune de Fretin, ainsi que notre avis porté au pied de la copie du mémoire présenté par le citoyen *Delespaul*, réclamant.

Salut et fraternité.

Archives du Nord. Série L. Administration du canton de Templeuve en Pèvele: portefeuille n° 275; original et minutes originales en papier, signés.

1797, avril. — *Requête de Louis-Albert-Joseph Delespaul au sujet du séquestre de ses biens.*

Aux Citoyens composant l'Administration centrale du département du Nord.

Louis-Albert-Joseph Delespaul, dit *Delahaye*, né à Lille, département du Nord, le 22 juin 1774, suivant l'acte à l'appui, ayant perdu son père à l'âge de 6 ans, a passé le temps de son éducation à Paris où il est resté jusqu'à l'époque de la suppression des collèges et pensions.

Il était alors sous la puissance de sa mère qui, en vertu de son contrat de mariage, ne lui devait jusqu'à sa majorité du bien de son père que l'éducation, la nourriture et le vêtement.

Obligée pour sa santé d'aller aux eaux, il s'en trouva comme abandonné, ne recevant aucunes nouvelles d'elle.

Ainsi l'exposant âgé de dix-sept ans réduit à ses ressources personnelles et d'ailleurs jaloux de servir son pays, sollicita d'entrer et fut admis au 49° Régiment d'Infanterie de ligne le 4 avril 1792 (v. s.), suivant la pièce à l'appui, où il est resté comme fusilier jusqu'au huit vendémiaire de l'an deux, qu'il est passé dans les administrations de l'armée du Nord, section de la viande, en qualité de préposé et ce jusqu'au premier messidor an quatre, suivant deux pièces à l'appui; étant passé à l'armée de Sambre-et-Meuse dans la même partie, mais en qualité de vérificateur, suivant trois pièces à l'appui.

L'exposant a occupé ce dernier emploi jusqu'au 21 germinal dernier, tems auquel il a reçu sa commission d'agent des postes de l'armée d'Angleterre où présentement il continue ses services, suivant trois pièces à l'appui.

C'est en se rendant à son poste que passant par Lille pour y voir sa famille et prendre connaissance de l'état de ses affaires, il a été instruit que toutes ses propriétés avaient été sequestrées, que grande partie en avait été vendue et que ce qui en restait encore était près de l'être.

Dans cet état de choses, d'ou résulte pour l'exposant un danger si imminent d'être entièrement dépouillé du bien de son père, il n'a que le tems, se rendant à Paris pour affaires indispensables de son service, de vous addresser la présente réclamation, à l'effet d'obtenir de votre justice qu'il vous plaise faire surseoir à toutes dispositions ultérieures du restant de ses biens dont l'état vous sera incessamment fourni.

Comme bon citoyen et défenseur de la Patrie, il espère de votre justice toute protection.

(Signé) : L. Delespaul,
agent des postes à l'armée d'Angleterre.

Archives du Nord. Série Q. Portefeuille n° 2038 : original et autographe sur papier timbré.

DENIS

ARMES : *d'argent au lion de sable armé et lampassé de gueules.*

I. — *Lambert* DENIS, fils de Jacquemon et de Saincte *de Villers*, mourut le 29 mai 13.. après avoir épousé Méhault N... vivant encore en 1342 ; il fut père de :

1. — *Jacques*, qui suit, II.
2. — *Hubert*, bourgeois de Lille par achat en 1305.
3. — *Nicolon*, qualifié de seigneur, mort le 28 août 13.., époux d'Isabelle *Mansielle* ; dont il eut :

    a. — *Andrieu*, bourgeois de Lille par achat en 1332 ; père de *Jacquemes*, bourgeois de cette ville en 1355.

    b. — *Jacquemes*, bourgeois de Lille par achat en 1333, allié à Méhault *du Castel*.

4. — *Méhault*, décédée le 11 juin 13.., alliée à Jacques *le Prévost* [1], fils de Bauduin et de Marguerite *Magrette*, roi de l'Épinette en 1301 ; dont postérité.

5. — *Phane*, morte le 8 septembre 1324 [2], alliée à Jean *Le Toillier*, fils de Raoul, décédé le 28 juillet 129. [3]. Elle fonda dès 1295 l'hôpital Saint-Julien à Lille, mais l'acte de constitution définitive n'eut lieu que le 31 octobre 1321 [4]. Elle laissa postérité.

---

1. LE PRÉVOST : *d'azur au chef de gueules, au lion d'or, armé et lampassé de gueules brochant sur le tout.*

2. « A ce jour trespassa dame Phane *Denise* qui estora l'ospital de cheens. » (Archives hospitalières de Lille, Obituaire de Saint-Julien).

3 « A cest jour trespassa Jehans *le Toilliers*, barons dame Phanain *Denise*, et doit on faire son obit à celui jour après vespres de vigille à note et lendemain de messe à note pour lui, pour dame Phanain, Nicolas le Toiliers, leur fil, et tous leurs autres enfans. » (*Ibidem*).

4. Sur cette fondation, consulter les *Souvenirs religieux de Lille*, année 1888, page 165 et suivantes ; ainsi que Dr FOLET : *Hôpitaux lillois disparus*, Lille, 1898, page 32. Le coffret de l'époque, qui renfermait le titre de fondation est conservé au musée de Lille ; il porte les armoiries des Le Toilier, des Denis, ainsi que celles des Le Nepveu, du Chastel, Vreté et de Beaufremez, familles alliées aux fondateurs. Il sera reproduit et décrit dans le catalogue détaillé du musée, préparé par M. Ém. THÉODORE.

6. — *Marotain* ou *Martine*, morte le 31 août 13..¹, alliée : 1° à Jean *du Chastel* ou *du Castel*², fils de Jacquemont, originaire de Wambrechies, mort le 20 août 13..³ ; 2° à Grard *Le Nepveu* ou *Le Niez*, fils de Willaumes, roi de l'Épinette en 1352, bourgeois de Lille par achat en 1359 ; dont postérité des deux lits.

II. — *Jacques* ou *Jacquemes* DENIS, bourgeois de Lille par achat en 1300, rewart de cette ville, décédé le 11 septembre 1368⁴, et enterré à Saint-Étienne, épousa : 1° Isabeau *Cannart*⁵, fille de Lotard, sʳ de Grimaretz, et de Jeanne *Le Prévost* ; 2° Agnès *de le Blakierne*⁶, fille de Jacquemont ; d'où :

1. — Du premier lit : *Bler*, qui suit, III.
2. — *Colin*.
3. — *Jeanne*, alliée à Jean *de Marchenelles*⁷, fils d'Étienne, bourgeois de Lille par achat en 1337 ; ils vivaient encore tous deux le 16 novembre 1374.
4. — *Saincte*⁸, morte en 1364, épouse de Nicolas *d'Ongnies*, fils de Colart dit l'Étourdi, et de Marie *de Caumaisnil*, décédé en 1370 ; dont postérité.
5. — *Phane*, épouse de Michel *de Coquerel*⁹ ; dont postérité.
6. — *Hugues*, bourgeois de Lille par rachat en 1375, maître de l'hôpital Saint-Julien, échevin de Lille, mort le 16 octobre 1383, allié à Péronne *Gommer*, fille de Thomas et de Marguerite *de Pontrewart*, veuve de Barthélémi *de la Barre*, prévôt de Lille.

---

1. « Obit à ce jour de Marote qui fu femme signeur Grart Le Neveut. » (Obituaire de Saint-Julien). D'après une note de du Chasteau de Willermont ce serait aussi le jour de son décès.
2. DU CASTEL : *de gueules (alias d'azur) semé de croix recroisettées au pied fiché d'or, et trois croissants du même brochant sur le tout.*
3. « A ce jour doit on faire l'obit Jehan *dou Castiel*, Marotain se femme qui fu sueur dame Phanain *Denise*. » (*Ibidem*).
4. « Obit le 24 août de Jacquemons qui fu frere à Phane *Denise* et Agnès, sa femme. » (Obituaire de Saint-Julien).
5. CANNART : *d'argent à la croix ancrée et alaisée de gueules.*
6. DE LE BLAKIERNE : *d'hermines au chef d'argent, à la bordure d'azur.*
7. DE MARCHENELLES : *d'argent au sautoir de gueules.*
8. « Appert par le registre de la halle de Lille qu'en l'an 1364 Jacquemes *Denis* et Isabeau *Canard*, sa femme, ont mis hors de leur pain Colin, Hues et Saincte. » (Note de du Chasteau de Willermont. Archives de l'auteur).
9. « A ce jour (le 20 septembre) doit on faire l'obit demiselle Phanain qui fu fille Jacquemon Denis et femme Mikiel *du Kokeriel*.» (Obituaire de Saint-Julien). Nous trouvons une autre *Phane Denis*, morte le 25 novembre 1420, épouse d'Enguerrand *de Wisquete* dit *de Raisse*, remarié à Jeanne *de la Haye* et mort le 21 juin 1460.

III. — *Bler* ou *Bliot* Denis, roi de l'Épinette en 1350, bourgeois de Lille en 1361, mort en 1393, épousa Jeanne *Le Nepveu*. On voyait son épitaphe sur lame de cuivre dans la chapelle de la Transfiguration à Saint-Étienne; il était représenté à genoux, revêtu d'une cotte d'armes avec son épée en bandoulière; il fut père de :

1. — *Joris*, qui suit, IV.
2. — *Phane*, alliée vers 1392 à Thomas *du Tertre* [1].

IV. — *Joris* ou *Georges* Denis, bourgeois de Lille par rachat du 6 août 1418, voir-juré en 1418, appaiseur en 1420, huit-homme en 1425, mort le 16 mai 1436, et enterré dans la chapelle Saint-Georges à Saint-Étienne, épousa Marguerite *Marquant* dite *de Saint-Venant* [2], fille de *Robert*, s^r du Bos, et de Catherine *Fremault*, morte le 5 décembre 1433. Il eut de sa servante, Charlotte *van Butle*, un fils naturel. Ses enfants légitimes furent :

1. — *Jean*, bourgeois de Lille par rachat du 27 mai 1457, échevin en 1459, voir-juré en 1461, mort avant février 1491 ; marié avec Isabeau *Gommer*, fille de Bauduin, s^r de Quinquibus, et de Marguerite *Le Prévost* ; d'où :
   a. — *Martin*.
   b. — *Marguerite*, épouse de Jacques *Moriel*.
   c. — *Joris*.
   d. — *Étienne*, s^r de Trieste à Templeuve, bourgeois de Lille par relief du 6 novembre 1489, mort avant 1539, allié en 1489 à Jeanne *Fissel* [3], fille de Jean, roi de l'Épinette en 1474, et de Catherine *de le Vigne*; il eut :
     aa. — *Philippe*.
     bb. — *Jacques*, bourgeois de Lille par relief du 11 octobre 1537 ; allié à Marie *Seneschal* ; ils vivaient tous deux en novembre 1549 [4] sans enfants.
     cc. — *Agnès*, mariée avec Hubert *d'Ablain* [5], fils de Jean et de Jacqueline *Deschoete*, bourgeois de Lille par relief du 15 janvier 1544 (n. st.), mort en décembre 1557.

---

1. du Tertre : *d'argent à trois hures de sanglier de sable.*
2. Marquant dit de Saint-Venant : *d'azur à un écu d'argent en abime et un lambel à trois pendants de gueules en chef.*
3. Fissel : *écartelé : aux 1 et 4, d'or à trois fisseaulx au naturel; aux 2 et 3, de gueules à la fasce d'hermines, accompagnée de trois merlettes d'or.*
4. Archives hospitalières de Lille, fonds Notre-Dame, B. 19.
5. d'Ablain : *d'argent à trois lions de sinople, à la bordure engrêlée de gueules.*

 e. — *Catherine*, épouse d'Hector *de Beaumaretz*, fils de Pierre, bourgeois de Lille par rachat du 5 mars 1484 (n. st.).

 2. — *Catherine*, mariée avec Jean *du Chastel* [1]. Celui-ci serait d'une autre famille que Jean du Chastel cité ci-dessus.

 3. — *Martin* [2], roi de l'Épinette en 1456, bourgeois de Lille par rachat du 3 septembre 1463, gard'orphène en 1482, marié en premières noces à Marie *Descamps* [3], et en secondes à Jeanne *Le Cat;* il eut :

  a. — Du premier lit : *Marie*, célibataire.

  b. — *Isabelle*, alliée à Jean *Baillet*.

  c. — *Jeanne*, épouse de Jean *Le Conte*, demeurant à Merville.

  d. — *Willelmine*, mariée avec Pierre *Liestévenon*.

  e. — *Marguerite*, épouse de Jean *Gherbode* [4], fils de Michel, né à Lille, dont il releva la bourgeoisie le 22 septembre 1530.

  f. — *Jorine*.

 4. — *Jacques*, bourgeois de Lille par rachat du 27 mai 1458, échevin en 1461, gard'orphène en 1462, voir-juré en 1463 et 1466, échevin en 1465, gouverneur du bois de Nieppe, célibataire.

 5. — *Joris*, bourgeois de Lille par rachat du 23 février 1465 (n. st.), membre du magistrat jusqu'en 1489, gouverneur de l'hôpital Saint-Julien, allié : 1° à Jacqueline *Delobel* ; 2° en 1474, à Marie *Le Viguier* [5] ; dont :

  a. — Du premier lit : *Catherine*, mariée avec Lancelot *de la Lacherie*, fils d'Hustin, bourgeois de Lille par achat en 1481 ; dont postérité.

  b. — *Jean*, bourgeois de Lille par relief du 1er février 1491 (n. st.), membre du magistrat depuis 1492, mayeur et rewart, décédé en octobre 1546, marié avec Marguerite *Hangouart*, fille de Bettremieu, sr de la Mairie de Gondecourt, et de Jeanne *de Landas* ; dont une fille unique :

---

 1. DU CHASTEL : *de gueules à six tours d'or, posées 3, 2 et 1.*

 2. Comparurent devant échevins « le penultiesme jour davril 1461 Martin *Denis*, Nicaise *Herreng* et Roland *Le Drut*, prisonniers par le commandement d'eschevins pour ce que on leur imposoit avoir assisté Josse Regnier chambgeur à faire lemport de ses biens en fraudant les bonnes gens qui avoient mis leur argent au change dudit Josse et meismes avoir recelé aucuns diceulx biens par eulx emportez sans en advertir eschevins. » Il fut condamné à une amende de 50 écus d'or. (Archives municipales de Lille. 7e registre aux mémoires, f° 64 v°).

 3. DESCAMPS : *de gueules à trois gerbes d'or.*

 4. GHERBODE : *d'argent à la fasce vivrée d'azur, accompagnée de trois têtes de griffon du même, becquées et membrées d'or.*

 5. LE VIGUIER : *d'argent au chef de gueules, à la bande componée d'argent et de sable brochant sur le tout.*

  aa. — *Jeanne*, religieuse clarisse à Lille, abbesse le 25 octobre 1526, morte en novembre 1556.

 c. — *Jacques*, bourgeois de Lille par relief du 6 août 1501, procureur, allié à Jeanne *du Bosquiel*.

 d. — *Pierre*, bourgeois de Lille par relief du 3 septembre 1507, époux de Simone *de Forest* [1] ; dont il eut :

  aa. — *Jacques*, bourgeois de Lille par relief du 17 décembre 1547, mort avant décembre 1571 ; père de :

   aaa. — *Jérôme*, bourgeois de Lille par relief du 21 décembre 1571, décédé paroisse Sainte-Catherine le 5 juin 1616, après avoir eu d'Annette *Hennion* les enfants qui suivent :

    aaaa. — *Rogier*, baptisé à Sainte-Catherine le 2 octobre 1572.

    bbbb. — *Madeleine*, baptisée à Sainte-Catherine le 22 juillet 1575.

    cccc. — *Willelmine*, baptisée à Sainte-Catherine le 1er juin 1576.

    dddd. — *Jeanne*, baptisée à Sainte-Catherine le 11 août 1588.

    eeee. — *Barbe*, baptisée à Sainte-Catherine le 11 février 1592.

  bb. — *Marc*, bourgeois de Lille par relief du 13 février 1548 (n. st.).

6. — *Marguerite*, décédée en 1466, mariée : 1° avec Louis *du Retz* ; 2° vers 1458, avec Jacques *Le Machon* dit *de le Sauch*, fils de Jacquemars et de Jeanne *Le Grand*, bourgeois de Lille par rachat le 15 mars 1459 (n. st.), roi de l'Épinette en 1463, mayeur de cette ville, remarié avec Marie *de Thieulaine* ; dont postérité.

7. — *Hubert*, fils illégitime, qui suit, V.

V. — *Hubert* Denis, né entre 1434 et 1436, receveur de l'hôpital Saint-Julien de 1469 à 1500, épousa : 1° Jeanne *Malet* ; 2° Jeanne *Morel* [2], d'où :

1. — Du premier lit : *Bauduin*, qui suit, VI.
2. — *Marc*, tige d'une branche tournaisienne [3].
3. — *Philippote*.

---

1. de Forest : *d'argent à trois croissants de sable.*
2. Morel : *burelé d'argent et de sable de dix pièces.*
3. Voir : Comte du Chastel, *Notices généalogiques tournaisiennes*, t. I, p. 623. — Cette branche portait : *de gueules au lion d'or, au chef cousu d'azur, chargé de trois étoiles à cinq rais d'argent rangées en fasce.*

4. — Du second lit : *Marguerite* (alias *Madeleine*) alliée à Jean *Fremault,* fils de Roger (?), né à Saint-André-lez-Lille, bourgeois de Lille par achat en 1489 ; dont postérité.

5. — *Marie,* décédée le 12 février 1544 (n. st.), mariée avec Pierre *Le Machon* dit *de le Sauch,* fils de Jacques et de Marie *de Thieulaine,* bourgeois de Lille par relief du 8 octobre 1497, mort le 8 octobre 1528 ; dont postérité.

6. — *Jeanne,* épouse en premières noces de Mathieu *Fascon* ou *Faucon,* fils de Jean, bourgeois de Lille par rachat du 4 janvier 1499 (n. st.) ; et en secondes noces de Rogier *Desfontaines.*

7. — *Martin,* religieux à l'abbaye de Phalempin.

VI. — *Bauduin* DENIS, marchand sayeteur, bourgeois de Lille par achat en 1487, huit-homme en 1533, décédé avant août 1544 ; épousa Barbe *Baillet,* dont il eut :

1. — *Hubert,* bourgeois de Lille par relief du 23 décembre 1522, père de *Bauduin* qui releva sa bourgeoisie le 1er décembre 1553.

2. — *Jean,* bourgeois de Lille par relief du 23 juin 1534, sergent à verges [1].

3. — *Étienne,* qui suit, VII.

VII. — *Étienne* DENIS, marchand sayeteur, bourgeois de Lille par relief du 8 août 1544, échevin [2], mort le 16 octobre 1586 [3], épousa : 1º Isabeau *du Bus* [4], fille de Bauduin et de Marie *de Fourmestraux,* morte en décembre 1557 ; 2º Jeanne *de Fourmestraux,* fille de Jean, sr de la Ratière, et de Philippote *Delobel* ; il eut :

---

1. « Le derrenier jour de febvrier XVe XXVII Jan DENIS, sergant à verges de ladicte ville, pour avoir obmis à fermer la porte de Five de ladicte ville qui est de sa charge, fut considéré que sur l'advertence de aucuns ladicte porte avoit été close par ordonnance du rewart environ une heure après l'heure ordinaire, et que cependant les fiers verraulx avoient esté boutez es huisseries, en préférant grâce et miséricorde à rigueur de justice, comdamné faire ung escondit en jugement et dire les parolles d'instance, item de tenir prison l'espace de huit jours, item de païer pour la deffense et fortification de ladicte ville deux hacquebutes à crochets et si lui furent interditz les tavernes, cabarets, assiettes et aultres lieux semblables, ensemble tous hazetz durant le temps qu'il sera audict office, à péril de privation de son dict office ou aultrement pugni à la discrétion d'eschevins et de paier LX sols à l'accusateur. » — (Archives communales de Lille, *Registre aux Mémoires* 1526 à 1547. f° 33 v°.)

2. Il fut échevin en 1566, 1569, 1573, 1580, prud'homme en 1561, 1564, 1567, appaiseur en 1568, conseiller en 1570, 1575, 1576, gardorphène en 1571, 1572 ; fit partie de la vingtaine créée les 1er novembre 1570 et 1574 comme marchand (FREMAUX, *Histoire généalogique de la famille de Fourmestraux*, page 43).

3. Date tirée du partage de ses biens entre sa veuve et ses enfants le 7 septembre 1587, devant Me Jean Marissal.

4. DU BUS : *d'azur à un écusson d'argent, accompagné de sept fleurs de lis du même, 3 en chef, 2 en flancs et 2 en pointe.*

1. — Du premier lit : *Jean*, qui suit, VIII.

2. — *Marguerite*, morte après 1616, alliée à Jacques *Carette* [1], fils de Jacques, né à Herseau près Roubaix, bourgeois de Lille par achat du 5 février 1563 (n. st.), marchand, décédé avant septembre 1582; dont postérité. Sa veuve renonça à sa succession le 28 septembre 1582.

3. — *Bauduin*, moine de Saint-Amand, receveur de cette abbaye, puis chanoine de Tournai, poète assez connu [2].

4. — *Catherine*, mariée avec Antoine *Douchet* ou *Doulcet*, fils de Victor, bourgeois de Lille par achat du 7 novembre 1567 ; devenue veuve, elle renonça à la succession de son mari le 4 novembre 1596 ; dont postérité.

5. — Du second lit : *Antoine*, bourgeois de Lille par relief du 29 mars 1590, époux d'Isabeau *Verdière* ; celle-ci renonça à la succession de son mari le 4 juillet 1596 ; il eut :

    a. — *Barbe*, alliée par contrat à Lille devant Me Gaspard Taverne, le 13 avril 1612, et religieusement le 20 mai à Sainte-Catherine, à Simon *Strupart* [3], fils de Simon et de Madeleine *Joyre*, né à Fleurbaix, procureur et notaire, bourgeois de Lille par achat du 3 décembre 1610 ; dont postérité.

    b. — *Antoine*, baptisé à Saint-Étienne le 26 décembre 1592.

6. — *Pierre*, né le 1er octobre 1565, religieux à l'abbaye de Saint-Vaast d'Arras en 1582, prévôt d'Haspres, puis de Gorres, mort le 28 octobre 1635.

7. — *Barbe*, vivant en 1616, alliée à Jean *Lefebvre* [4], fils de Jean, né à Carnin, bourgeois de Lille par relief du 7 juin 1585, mort avant septembre 1587 ; dont un fils.

8. — *Étienne*, baptisé à Saint-Étienne le 17 juin 1569, chanoine de Tournai ; il testa à Lille devant Me Nicolas Waignon le 7 juillet 1598.

9. — *Marie*, décédée veuve, paroisse Sainte-Catherine, le 8 septembre 1630, alliée à Jean *Douchet* ou *Doulcet* l'aîné, fils de Jean et de Catherine *de le Cousture*, baptisé à Saint-Étienne le 17 septembre 1569, bourgeois de Lille par relief du 30 septembre 1593, receveur ; dont postérité.

10. — *André*, baptisé à Saint-Étienne le 25 septembre 1573, célibataire.

---

1. CARETTE : *écartelé : aux 1 et 4, de gueules à trois fasces d'argent ; aux 2 et 3, de sable au chevron d'or, au filet ondé de sable brochant sur le tout.*

2. Sur ses poésies latines, consulter les *Souvenirs religieux de Lille*, 1892, page 14.

3. STRUPART : *d'azur au cheval issant d'or.*

4. LEFEBVRE : *d'azur au croissant d'or surmonté d'une étoile à six rais du même.*

VIII. — **Jean Denis**, bourgeois de Lille par relief du 5 septembre 1573, docteur ès droits, nommé le 13 février 1592 lieutenant-général de la gouvernance, testa le 13 février 1626 et mourut veuf le 10 février 1629 [1]; il épousa : 1° par contrat, devant M° Pierre de Heulst, à Lille, le 15 novembre 1572, et religieusement le 9 décembre, Marguerite *de Parmentier*, fille de Jean et d'Agnès *de Lespine*; 2° par contrat, devant M° Michel Bucquet, le 16 juin 1585, Marguerite *Le Pippre* [2], fille d'Antoine et d'Antoinette *Bacler*, veuve d'André *Vinchent*, morte le 28 septembre 1626, d'où :

1. — Du premier lit : *Étienne*, baptisé à Saint-Étienne le 5 octobre 1673.

2. — *Louis*, baptisé à Saint-Étienne le 27 juillet 1574.

3. — *Josse*, baptisé à Saint-Étienne le 24 janvier 1576 (n. st.), profès aux capucins de Tournai le 11 juillet 1597, sous le nom de frère Joachim.

4. — *Jean*, sr de Ramais à Albecq-lez-Courtrai, baptisé à Saint-Étienne le 6 novembre 1576, bourgeois de Lille par relief du 5 mars 1605, nommé second lieutenant du bailli de Lille le 28 février 1609, bourgeois de Tournai par achat en 1611, échevin et juré de cette ville de 1611 à 1629, décédé paroisse Saint-Jacques de Tournai le 18 février 1649; allié : 1° à Marie *Maille*, fille de Pierre et de N. *Capelle*; 2° vers 1610, à Cécile *de Cordes* [3], fille de Guillaume, écuyer, sr de Rieuwez, premier conseiller pensionnaire de Tournai, et de Madeleine *de Bary* [4], née le 3 octobre 1586, décédée paroisse Saint-Jacques de Tournai le 20 novembre 1666 ; d'où :

    a. — Du premier lit : *Pierre*, baptisé à Saint-Étienne de Lille le 5 avril 1608.

    b. — Du second lit : *Jean*, baptisé à Saint-Nicaise de Tournai le 19 juin 1611.

    c. — *Guillaume*, baptisé à Saint-Nicaise le 24 juillet 1614.

    d. — *Marie*, baptisée à Saint-Nicaise le 3 octobre 1618.

    e. — *Catherine-Louise*, dame de Fontaines, baptisée à Saint-Nicaise le 27 janvier 1621, morte veuve paroisse Saint-Jacques le 4 octobre 1708, alliée : 1° dans cette paroisse, le 27 février 1642, à Gilles *Desmaretz* [5], sr de Mongarny, avocat,

---

1. Date tirée de l'accord passé entre ses enfants des deux lits le 4 septembre 1630.
2. Voir la rectification page 1359.
3. DE CORDES : *d'or à deux lions adossés de gueules, armés et lampassés d'azur, les queues fourchées et passées en double sautoir.*
4. DE BARY : *de gueules à trois têtes de barbeau d'argent.*
5. DESMARETZ : *d'or à trois feuilles de nénuphar de sinople.*

décédé même paroisse le 2 février 1653 ; 2° à Jean-Baptiste *Luytens* [1], écuyer, sr d'Esparqueaux, fils de Jean-Baptiste, écuyer, sr dudit lieu, et de Catherine *de Cordes* ; dont postérité des deux lits.

f. — *Antoine*, sr de Ramais, baptisé à Saint-Jacques de Tournai le 19 octobre 1625, mort paroisse Saint-Quentin, en cette ville, le 4 septembre 1682, célibataire [2].

5. — *Nicolas*, né le 1er novembre 1580, chanoine de Renaix. Il testa le 11 septembre 1639 ; mais le partage de ses biens après sa mort n'eut lieu que le 4 août 1656 devant Mes Jacques Boursette et Valérien Blavart à Lille.

6. — *Marie*, baptisée à Saint-Étienne le 2 février 1583, morte le 26 janvier 1587.

7. — Du second lit : *Antoine*, qui suit, IX.

8. — *Adrienne*, religieuse à l'hôpital Notre-Dame de Comines sous le nom de sœur Catherine.

9. — *Marguerite*, baptisée à Saint-Étienne le 1er mai 1594, alliée, par contrat devant Mes Roland de Beaumaretz et Josse Hache, le 9 mars 1617, et religieusement à Saint-Étienne, le 16 avril, à Simon *Bave*, fils d'Allard et de Marie *Thiberghien*, baptisé à Saint-Étienne le 12 janvier 1594, bourgeois de Lille par relief du 21 octobre 1617, marchand, capitaine d'une compagnie bourgeoise, mort après juillet 1629 ; dont postérité.

IX. — *Antoine* Denis, né le 17 février 1587, bourgeois de Lille par relief du 1er décembre 1617, procureur, receveur des Vieillettes de 1639 à 1645, lieutenant-général de la gouvernance le 11 janvier 1624, acheta de François Cochet, le 18 août 1644, la terre de Rosvel à Ennevelin, testa avec sa femme le 17 août 1650, et mourut le 6 novembre 1653. Il épousa, dans la chapelle des Sœurs noires à Lille, le 17 octobre 1617, Antoinette *Fasse*, fille d'Étienne et de Marie *Van Hoyqueslot*, née le 10 août 1590, morte le 9 décembre 1653 ; d'où :

1. — *Marie*, baptisée à Saint-Étienne le 27 août 1618, morte veuve paroisse Saint-Maurice le 4 avril 1690, après avoir testé à Lille, le 15 juin 1684, devant Me François Willot dit de Pernes ; alliée : 1° par contrat du 9 août 1638, devant Me Maximilien Lefebvre, et

---

1. Il testa conjointement avec sa femme le 31 janvier 1659.
2. La plupart de ces renseignements tournaisiens sont empruntés à la généalogie Denis du Péage de M. le Comte DU CHASTEL (*Notices généalogiques tournaisiennes*, t. I, p. 619).

religieusement à La Madeleine, le 27 août, à Évrard *du Mont* [1], fils de Guillaume et de Marguerite *Campenaine*, bourgeois de Lille par relief du 18 février 1639, mort le 10 août 1655 ; 2° à François *Muette*, fils de Robert et de Catherine *Cardon*, baptisé à Saint-Étienne le 28 août 1607, bourgeois de Lille par relief du 7 novembre 1657 ; sans postérité.

2. — *Étienne*, baptisé à Saint-Étienne le 28 octobre 1619, sr du Péage à Carnin par héritage de sa mère, décédé célibataire le 23 février 1687.

3. — *François*, qui suit, X.

4. — *Marguerite-Jeanne*, baptisée à Saint-Étienne le 23 janvier 1623, morte le 19 juin 1624.

5. — *Pierre*, baptisé à Saint-Étienne le 9 décembre 1624, célibataire. Il habitait le fief de la Hallerie à la Chapelle-d'Armentières. Les guerres successives l'avaient à ce point appauvri qu'il obtint, en 1670, « de vendre et aliéner par voie amiable partie de ses biens, à l'intervention du procureur général de la gouvernance, jusqu'à concurrence de la somme de treize mille cinq cents florins ».

6. — *Marguerite*, baptisée à Saint-Étienne le 6 septembre 1626, morte le 5 octobre suivant.

7. — *Marguerite*, baptisée à Saint-Étienne le 1er septembre 1627, décédée en décembre 1687, alliée par contrat, devant Me Valérien Blavart, le 14 novembre 1647, et religieusement à La Madeleine, le 22 novembre 1647, à Hugues *de Lannoy*, écuyer, sr du Chastel, des Pretz, fils de Paul, écuyer, et de Marguerite *du Forest*, baptisé à Saint-Étienne le 21 juin 1619, bourgeois de Lille par relief du 3 mars 1648, dépositaire en 1652, mort le 24 décembre 1663 ; dont postérité.

8. — *Anne-Catherine*, baptisée à La Madeleine le 21 février 1629, morte le 5 décembre 1649.

9. — *Françoise*, baptisée à La Madeleine le 24 octobre 1631, morte le 8 août 1684 ; mariée à Saint-Étienne, le 17 décembre 1663, avec Maximilien *Le Loup* [2], fils de Pierre et d'Éléonore *de Visch*, né à Issenghien, bailli dudit lieu, bourgeois de Lille par achat du 7 décembre 1663 ; dont postérité.

X. — *François* DENIS, sr de la Deusle à Wambrechies, baptisé à Saint-Étienne le 7 mars 1621, bourgeois de Lille par relief du

---

1. DU MONT : *de gueules au chevron d'argent accompagné de trois trèfles du même.*

2. LE LOUP : *d'or au chevron de gueules accompagné de trois têtes de loup arrachées de sable.*

17 novembre 1650, trésorier et dépositaire de cette ville, testa avec sa femme le 8 mai 1686. Il épousa par contrat, devant M° Jean du Hamel, le **24** mars 1650, et religieusement à Saint-Étienne, le **12** juin, Catherine *Mouton*, fille de Pierre et d'Agnès *Poulle*; d'où :

1. — *Marie-Catherine*, baptisée à Sainte-Catherine le 3 mai 1651, morte en 1659.
2. — *Pierre-François-Félix*, baptisé à Sainte-Catherine le 5 octobre 1652, décédé en 1659.
3. — *Nicolas*, baptisé à Sainte-Catherine le 17 mars 1654, mort le 27 mai 1713, célibataire. Il fit deux testaments, l'un olographe le 16 avril 1711, l'autre devant M° Jacques Duhamel, le 25 février 1713.
4. — *Antoinette-Rose*, baptisée à Saint-Maurice le 7 novembre 1655, décédée paroisse Saint-Étienne le 20 février 1732, célibataire.
5. — *Étienne*, baptisé à Saint-Maurice le 8 septembre 1657, religieux à l'abbaye de Marchiennes sous le nom de Maur, mort le 22 décembre 1687.
6. — *Antoine*, baptisé à Saint-Maurice le 30 janvier 1659, religieux augustin à La Bassée, sous le nom de Père Albert, mort le 19 février 1701.
7. — *François*, s^r du Péage, baptisé à Saint-Maurice le 16 décembre 1660, trésorier et dépositaire de Lille, décédé célibataire, paroisse Saint-Étienne, le 8 février 1733.
8. — *Marie-Françoise*, baptisée le 19 avril 1662, religieuse annonciade sous le nom de Robertine, morte le 9 mars 1727.
9. — *Remi-Joseph*, baptisé à Saint-Maurice le 12 août 1664, mort jeune.
10. — *Jacques*, qui suit, XI.
11. — *Marie-Joseph*, baptisée à Saint-Maurice le 7 mars 1669, morte le 16 novembre suivant.
12. — *Albert-Allard*, s^r du Rosvel, de la Deûle, baptisé à Saint-Maurice le 21 octobre 1671, mort paroisse Saint-Étienne le 7 avril 1733, célibataire. Son testament fut passé devant M° Nicolas Marissal, le 12 mars 1733.

XI. — *Jacques* DENIS, s^r de la Deûle, de la Hallerie, baptisé à Saint-Maurice le **5** mars 1666, capitaine au régiment d'Artois dragons, bourgeois de Lille par relief du **5** août 1712, testa dans cette ville le 8 avril 1737 et mourut paroisse Saint-André le 23 janvier 1745. Il épousa par contrat passé à Lillers, le 19 décembre 1711, devant M° Jean-François Davez, et religieusement audit lieu, le

23 décembre, Marguerite *Parent* [1], fille d'André et de Ghislaine *Ségard*, baptisée à Lillers le 1er janvier 1688, morte à Lille, paroisse Saint-André, le 24 août 1754, et enterrée dans la chapelle de Notre-Dame de Consolation; dont :

1. — *Marie-Marguerite*, née à Lillers en 1712, décédée à Lille, paroisse de La Madeleine, le 21 mars 1788; alliée par contrat, devant Me Jean-François Duriez, le 7 janvier 1741, et religieusement à Saint-André, le même jour, à Louis-Charles-Joseph *de Madre*, sr de Mouchy, fils de Gilles-Joseph, sr d'Aulnois, Mouchy, Hollay, et de Marie-Catherine *du Castel*, baptisé à Saint-Pierre le 5 août 1710, bourgeois de Lille par relief du 27 novembre 1741, prévôt de Cysoing, décédé paroisse de La Madeleine le 17 février 1774; dont postérité.

2. — *Marie-Antoinette-Rosalie*, dame de Rosvel, née à Lillers le 13 septembre 1713, morte à Lille le 7 ventôse an V. Elle testa à Houplines le 24 septembre 1783 et fit deux codicilles, l'un daté de Lille le 2 mars 1787, l'autre daté d'Houplines le 12 octobre 1789 [2].

3. — *Jacques-François*, qui suit, XII.

4. — *Albert-André-Joseph*, sr de Rosvel, de la Rose à Houplines, né à Lillers le 14 février 1717, échevin de la pairie du Breucq, anobli le 1er décembre 1769, décédé célibataire, paroisse Saint-André, le 10 avril 1773. Il testa le 11 mars 1761.

5. — *Joseph-Thérèse-Henriette*, dame du Péage, née à Lillers le 8 janvier 1719, décédée paroisse Saint-Pierre le 13 avril 1780, après avoir testé à Lille le 16 mars 1761.

---

1. Parent : *d'azur au chevron d'argent chargé sur sa pointe d'un fer de moulin de sable et accompagné de trois ottelles d'argent.* (D'après les papiers de famille.)

2. « Elle avait reçu l'ordre de se retirer à Doullens, bien qu'elle eût fourni un certificat constatant qu'elle était infirme et presque aveugle. Ses domestiques, qui lui étaient véritablement attachés, usèrent alors d'un stratagème qui réussit à souhait. L'un d'eux se présenta devant les autorités et fit valoir que sa maîtresse était infirme et tombée même en enfance si elle n'était tout à fait en état d'aliénation mentale. Une commission de la municipalité fut alors désignée pour aller constater son état. On introduisit les commissaires dans son appartement, sans prévenir en rien la maîtresse de maison. Lorsqu'elle aperçut à sa porte des gens qui se disposaient à entrer le bonnet rouge en tête, elle prit de l'humeur et s'écria : « Qu'est ce que ces polissons viennent faire ici ? qu'ils aillent à la cuisine ». Vous voyez bien, citoyens, dirent les domestiques à voix basse, vous voyez bien qu'elle a la tête entièrement perdue. Accoutumés qu'ils étaient à voir tout trembler devant eux, les commissaires s'écrièrent : Pardi ! on le voit bien ! c'est une vieille sotte. Ils se retirèrent ensuite en lui faisant des révérences et d'ironiques salutations. Rentrés à la commune, ils firent un rapport qui affirmait l'aliénation mentale de la vieille ci-devant. Il s'ensuivit de cette déclaration qu'on la laissa dès lors tranquillement chez elle. » (Archives de famille. Souvenirs d'Eugène Denis du l'Ônge).

6. — *Adrien-Antoine-Joseph*, né à Lillers le 26 janvier 1720, y décédé le 13 février 1723.

7. — *Catherine-Joseph-Dorothée*, née à Lillers le 6 mai 1722, morte célibataire le 4 septembre 1789. Elle fit trois testaments ; deux sont datés d'Houplines les 18 mai 1773 et 7 août 1783 ; le troisième de Lille le 28 novembre 1786.

8. — *Jean-Baptiste-Alexandre*, s^r de la Gannerie, né à Lillers le 26 février 1724, marguillier de Saint-André, décédé en cette paroisse le 12 avril 1760 et enterré au chœur.

XII. — *Jacques-Antoine* DENIS, s^r du Péage, de la Hallerie, né à Lillers le 27 mars 1715, bourgeois de Lille par relief du 13 août 1751, échevin, mayeur et enfin rewart, après avoir obtenu des lettres royales datées de Versailles le 5 juillet 1780 lui assurant les prérogatives que la constitution de Lille réserve à ceux qui sont nés dans cette ville, receveur des Bleuets de 1745 à 1764, administrateur de la Noble Famille et de la Charité générale, anobli le 1er décembre 1769, obtint à cause de sa vieillesse, en août 1793, de ne pas être envoyé dans le département de la Saône, fut arrêté comme noble en janvier 1794 et enfermé à l'hôpital de la Charité, d'où il sortit le 4 juin suivant sur l'ordre du représentant du peuple, Florent Guyot, et mourut à Lille le 12 septembre 1796. Il épousa par contrat, devant Me Louis-François Coustenoble, le 17 avril 1751, et religieusement à La Madeleine, le 19, Marie-Angélique-Joseph *du Retz*, fille de Jean-François-Guillaume, conseiller à la gouvernance, et de Marie-Joseph *Dubosquiel*, baptisée dans cette église le 15 mars 1731, morte le 18 octobre 1756 et inhumée dans la chapelle Notre-Dame de Bon-Secours dans cette église ; d'où :

1. — *François-Joseph*, baptisé à Saint-André le 28 avril 1752, mort le 31 décembre 1756.

2. — *Louis-Joseph*, baptisé le 28 octobre 1753, mort à Cysoing le 24 juillet 1761.

3. — *Auguste-Eugène-Joseph*, qui suit, XIII.

XIII. — *Auguste-Eugène-Joseph* DENIS, écuyer, s^r du Péage, la Hallerie, Bihamel, par achat du 14 mai 1788, baptisé à La Madeleine le 27 juin 1755, bourgeois de Lille par relief du 9 février

1782, mort à Fives le 14 août 1834 [1]; épousa par contrat, devant Théodore-Joseph Becquart, le 2 juillet 1781, et à La Madeleine le 3, Marie-Hyacinthe-Joseph *de Madre de Flégard*, fille de Louis-Charles-Joseph, sr de Mouchy, et de Marie-Marguerite *Denis*, baptisée à Saint-André le 21 avril 1753, morte le 10 juin 1808 ; d'où :

---

[1]. Il fut porté sur la liste des émigrés en août 1793 ; il produisit, pour être rayé, un certificat de résidence à Versailles :

« Je soussigné, maire de Versailles, certifie, sur l'attestation des citoyens :

Jean-Louis Joly, charcutier, rue Jean-Jacques Rousseau, n° 7,
Denis Lalandre, pâtissier, idem, n° 48,
Louis-Charles Boistel, pâtissier, idem, n° 8,
Augustin Prévost, perruquier, idem, n° 43,
Michel-Henri Mirbaut, cordonnier, idem, n° 68,
Charles Mention, opticien, rue Satory, n° 21.
Jean-Baptiste-Édouard Cavenel, mercier, rue Satory, n° 64,
Louis-François Fleury, menuisier, rue de l'Orangerie, n° 20,
et Augustin Durand, épicier, place de l'Abondance, n° 5,

tous domiciliés dans cette ville, que Auguste-Eugène-Joseph Denis, citoyen français, âgé de quarante-cinq ans, taille d'un mètre 78 centimètres, cheveux châtains, front haut, yeux bleus, nez ordinaire, bouche moyenne, menton rond, visage ovale, réside ou a résidé sans interruption à Versailles, rue Jean-Jacques Rousseau, n° 7, maison appartenante au citoyen Pottin, depuis le mois d'avril 1792 jusqu'au trente fructidor an cinquième, ainsi que l'a requis le citoyen Guillaume-Nicolas Couillard, propriétaire domicilié en cette ville, par procuration présentement déposée ; certifie en outre que les citoyens attestans ne sont à ma connaissance et d'après leur affirmation, ni parens, alliés, agens, fermiers, créanciers ni débiteurs de qui certifié ou employés à son service. A la mairie le 22 fructidor an huitième de la République françoise une et indivisible, en présence desdits attestans, lesquels ont signé avec moi, tant sur ledit registre que le présent extrait. (*Suivent les signatures des attestants.*)

Le maire de Versailles : DERAME.
Le secrétaire de la mairie : DUBUISSON. »

(Archives nationales, F. 7, 5114.)

Toutefois Auguste-Eugène-Joseph Denis ne fut amnistié que le 13 prairial an X (Certificat d'amnistie aux Archives nationales, F. 7, 5895). Il avait prêté serment à la constitution le 20 floréal, ainsi qu'en témoigne l'acte suivant :

PRÉFECTURE DU DÉPARTEMENT DE LA SEINE

« L'an X de la République française, le 20 floréal, est comparu devant le préfet du département de la Seine, séant en conseil de Préfecture, Denis dit du Péage (Auguste-Eugène-Joseph), natif de Lille, département du Nord, âgé de 47 ans, résidant à Paris rue St-Nicolas Chaussée d'Antin, n° 548, lequel pour satisfaire aux dispositions de l'article VII du titre I du sénatus-consulte du 6 floréal an 10, et dans l'intention de profiter de l'amnistie accordée pour fait d'émigration, à tout individu qui en est prévenu et qui n'était pas à cette époque rayé définitivement, a déclaré qu'il rentre sur le territoire de la République en vertu de l'amnistie, qu'il jure d'être fidèle au gouvernement établi par la constitution et de n'entretenir ni directement ni indirectement, aucune liaison ni correspondance avec les ennemis de l'État; qu'il n'a obtenu des puissances étrangères aucuns titres, places, décorations, traitements et pensions.

Signé : DENIS et FROCHOT. »

(Archives nationales, F. 7, 5895).

1. — Jacques-Hyacinthe-Joseph, écuyer, baptisé à Saint-Pierre le 6 décembre 1782, décédé célibataire à Marquette-lez-Lille le 11 avril 1850.

2. — Henri-Antoine-Joseph, baptisé à Saint-Pierre le 17 février 1785, mort le 2 mars suivant.

3. — Henri-Édouard-Joseph, qui suit, XIV.

4. — Françoise-Clémentine-Joseph, baptisée à Saint-Pierre le 18 juin 1787, morte le 18 janvier 1790.

5. — Marie-Pauline-Joseph, baptisée à Saint-Pierre le 31 juillet 1788, morte à Lille le 12 novembre 1859.

6. — Hyacinthe-Albine-Henriette-Joseph, baptisée à Saint-Pierre le 1er novembre 1789, morte le 25 avril 1790.

7. — Sabine-Éléonore-Eugénie-Joseph, baptisée à Saint-Pierre le 14 novembre 1790, décédée le 9 septembre 1815.

8. — Henriette-Albine-Joseph-Hyacinthe, baptisée à Saint-Pierre le 13 avril 1792, morte à trois mois.

XIV. — Henri-Édouard-Joseph Denis du Péage, écuyer, baptisé à Saint-Pierre le 3 avril 1786, maire d'Houplines sous la Restauration, décédé à Lille le 3 septembre 1856; épousa dans cette ville, le 22 juin 1811, Albertine-Louise-Marie-Julie de Sommyèvre [1], fille de Jean-Baptiste-Laure, marquis de Sommyèvre, lieutenant-colonel de cavalerie, et d'Anne-Albertine-Joseph de Stappens [2], baptisée à Saint-Pierre le 17 mars 1790, morte à Houplines le 18 septembre 1849; d'où:

1. — Albine-Élisa-Joseph, née à Lille le 5 avril 1812, y décédée sans alliance le 13 juin 1891.

2. — Théophile-Édouard-Jacques-Hyacinthe, qui suit, XV.

XV. — Théophile-Édouard-Jacques-Hyacinthe Denis du Péage, écuyer, né à Marquette-lez-Lille le 7 juin 1813, mort à Lille le 9 avril 1896, épousa dans cette ville, le 15 janvier 1840, Augustine-Eugénie-Fortunée de Maulde de la Tourelle, fille de Joseph-Auguste, écuyer, et de Claire-Fortunée-Joséphine de Forest de Quartdeville [3],

---

1. de Sommyèvre: *d'azur à deux massacres de cerf d'or l'un sur l'autre.*

2. Stappens: *d'argent à la fasce d'azur accompagnée de sept mouchetures d'hermines, 4 en chef et 3 en pointe.*

3. Forest de Quartdeville: *coupé: en chef, d'or à un lion de gueules tenant de ses deux pattes de devant une banderole du même; en pointe, d'azur à trois merlettes d'argent.*

née à Lille le 21 novembre 1818, décédée à Marquette le 27 octobre 1891 ; d'où :

1. — *Marie-Henriette-Fortunée*, née à Lille le 22 février 1843, morte à Marquette le 24 septembre 1863.

2. — *Ferri-Joseph-Marie*, qui suit, XVI.

3. — *Pauline-Sidonie-Laure-Marie*, née à Lille le 10 septembre 1847, y décédée le 25 janvier 1867.

4. — *Jules-Jacques-Marie*, né à Lille le 17 janvier 1850, marié dans cette ville, le 6 juillet 1875, avec Élisabeth-Marie *de Madre de Norguet*, fille d'Anatole-Louis-Wallerand, écuyer, et de Laure-Marie-Eugénie *de Lencquesaing*, née à Lille le 3 janvier 1855 ; sans enfants.

XVI. — *Ferri-Joseph-Marie* Denis du Péage, écuyer, né à Lille le 9 janvier 1845, épousa dans cette ville, le 3 octobre 1871, Yvonne-Amélie-Marie *de Madre de Norguet*, sœur de la précédente, née à Lille le 13 avril 1852 ; d'où :

1. — *Édouard-Henri-Paul-Marie*, né à Lille le 30 juin 1872, y décédé le 2 mai 1877.

2. — *Paul-Anatole-Auguste-Marie*, qui suit, XVII.

3. — *Madeleine-Henriette-Laure-Marie*, née à Lille le 1er juillet 1877.

4. — *Henri-Édouard-Paul-Marie*, né à Lille le 27 janvier 1880.

5. — *Marguerite-Marie-Yvonne*, née à Lille le 17 juillet 1883.

XVII. — *Paul-Anatole-Auguste-Marie* Denis du Péage, écuyer, né à Lille le 5 juin 1874, épousa à Roucourt près Douai, le 27 août 1902, Marguerite-Marie *Becquet de Mégille* [1], fille de Maurand-Joseph et de Marie-Julie-Ghislaine-Charlotte *de Loën d'Enschedé* [2], née à Douai le 15 mai 1880 ; d'où :

1. — *Roger-Ghislain-Marie*, né à Lille le 19 mai 1904.

2. — *Jacques-Ghislain-Marie*, né à Lille le 4 septembre 1905, y décédé le 1er janvier 1906.

3. — *Hubert-Jacques-Ghislain-Marie*, né à Lille le 29 juillet 1907.

4. — *Phane-Marie-Ghislaine*, née à Lille le 25 août 1908.

---

1. Becquet de Mégille : *d'argent à une croisette au pied fiché de sable, accompagnée de trois corneilles du même becquées et membrées de gueules.*

2. de Loen d'Enschedé : *d'argent à la fasce bastillée de deux pièces de sable, accompagnée en chef de trois corbeaux du même rangés en fasce.*

NON RATTACHÉS

Isabelle, fille de *Jean* et de Pétronille *De la Rachère*, baptisée à Saint-Maurice le 22 juillet 1612.

Martine, fille de *Pierre* et de Marguerite *Grenu*, baptisée à Sainte-Catherine le 25 septembre 1568.

Martin, qui eut de Barbe *de Fives*: *Isabelle*, *Jean*, *Marie* et *Jacques*, baptisés à Saint-Pierre les 26 mars 1568 (n. st.), 28 mars 1569 (n. st.), 14 décembre 1570 et 21 avril 1572.

Jean, décédé paroisse Saint-Étienne le 2 novembre 1731 et enterré dans la chapelle Sainte-Marie-Madeleine.

Jean, mort paroisse Saint-Pierre le 15 janvier 1671.

Marie, veuve de Nicolas *de Fourmestraux*, morte paroisse Sainte-Catherine le 7 août 1629 (Frémaux, Histoire généalogique de la famille de Fourmestraux, page 44).

Jean, décédé paroisse Sainte-Catherine le 2 mars 1688.

Martin, décédé même paroisse le 19 juillet 1688.

Barbe, épouse de N. *Leboucq*, morte paroisse de La Madeleine le 16 mars 1624.

François, décédé paroisse Sainte-Catherine le 14 février 1671 et inhumé devant la chapelle Notre-Dame-de-Paix.

Marguerite, prieure des Dominicaines de Merville, décédée paroisse Saint-André le .. février 1648, à quarante-trois ans.

Élisabeth, épouse de Michel *Verdière*, échevin, morte paroisse Saint-André le 12 août 1632.

1572, 15 novembre. – *Contrat de mariage de Maistre Jehan Denis, docteur ès droits, avec D*elle *Marguerite de Parmentier.*

Sacent tous que pardevant moy Pierre Deheulst, notaire publicq résident à Lille et les tesmoings soubzscriptz, comparurent en leurs personnes maistre *Jehan Denis*, docteur es droix, filz de *Estienne*, accompaignié dudit *Estienne Denis*, son père, de sire *Robert Denis*, prebstre, chappelain de l'église collégialle Saint-Pierre de Lille, son oncle, de Martin *Desbuissons*, son bel oncle maternel, Jacques *Carrette* et Anthoine *Douchet*, ses beau-frères, d'une part, et *Josse de Parmentier*, greffier de la Gouvernance de Lille, père et soy faisant fort de Marguerite *de Parmentier*, accompaigné de Jacques *de Parmentier*, greffier de la ville de Menin, son frère, oncle à ladicte Marguerite, de Jehan *de Lespine*, seigneur de le Haie, son beau-frère, aussy oncle d'icelle Marguerite, de Gilles *Picavet*, bel-oncle de ladicte Marguerite et de Jehan *de Parmentier*, clercq signant en ladicte gouvernance, frère d'icelle, d'autre part, et recongnurent que traictié de mariaige estoit meu et pourparlé, lequel au plaisir de Dieu nostre Créateur se fera et sollempnisera en nostre mère Sainte Église, se icelle se y consent, entre ledit maistre *Jehan Denis* et ladicte *Marguerite de Parmentier*; mais avant que entre lesdites parties y ayt aucun lien ou convenence dudit mariaige sy qu'ilz dirent, ont esté fais par sy qu'il parviengne, les dons, portz, devises et conditions de retours d'icelluy mariaige telz et en la forme et manière qu'il s'ensieult : Premiers, quant aux biens et chevance dudit maistre *Jehan Denis*, ledit *Estienne Denis*, son père, pour ce comparant, déclara qu'il avoit donné et donnoit à sondit filz en advanchement dudit mariaige tout ung lieu manoir contenant parmy gardin, pret et terres à labeur tout ensemble, huit à neuf bonniers d'héritaige ou environ, desquelz y a sept bonniers deux cens de fief appellé le fief de le *Quelerie* et le surplus terre cottière, sur lesquelles terres cottières sont les édiffices dudit lieu, le tout gisant en la paroisse de Lauwe, chastellenie de Courtray, que occupe en cense Loys Nys, pour dudit lieu manoir, fief et terres, ainsy que le tout est amasé, aucquié et planté, joïr et possesser par ledit maistre *Jehan Denis* depuis ledit mariaige parfaict et consumé, à la cherge de la cense que en a ledit Loys Nys aïant encoires à durer cincq ans, et de la rente deue à l'église dudict Lauwe, portant sept ou huyt pattars par an. Moïennant lequel advanchement ledict maistre *Jehan Denis* tint quicte sondict père du partaige mobiliaire à luy faict par sondit père pour la succession de feue Damoiselle Ysabeau *du Bus*, sa mère, et de la portion dudict partaige à luy venue par l'ingression de relligion de Damp *Bauduin Denis*, son frère, relligieux au couvent de Sainct-Amand, à raison duquel déport ledit maistre *Jehan Denis* ne sera tenu faire rapport pour faire venir en la succession de sondit père desdits lieu, manoir et héritaiges dessus mentionnez, ny aussy du pris de l'achat dudit fief. Et de la part de ladicte *Marguerite de Parmentier*, ledit Josse *de Parmentier*, son père, déclara qu'il avoit donné et donnoit en advanchement à ladicte Marguerite sa fille en advanchement dudit mariaige, pour une partie en lettres de rentes courans au denier seize, la somme de vingt quattre cens florins carrollus pour en joïr incontinent ledict mariaige parfaict et consumé, lesquelles ledict Josse *de Parmentier* a promis tenir bonnes et vaillables en cours et principal, pour aultre partie en deux baghes vallissans cent florins carrollus ; et pour tierche partie la somme de trois cens florins carrollus à furnir en argent comptant incontinent ledict mariaige parfaict et consomé. Et sy a promis gouverner lesdits marians l'espace de deux ans, extimée ladicte gouverne à la somme de deux cens florins carollus et de laquelle gouverne il se polra exempter en leur furnissant à l'advenant de ladicte somme pour le temps que ladicte gouverne auroit à durer portant par ce que dessus le port de ladicte Marguerite à la somme de trois mil florins carrollus, de vingt pattars le carrollus. Lequel advanchement de ladicte Marguerite tiendra nature d'héritaige de la chastellenie de Lille jusques au mariaige des enffans procréés audit mariaige et ainsy le ont devisé, vollu et accordé lesdictes parties. Or est-il devisé et conditionné et par lesdictes parties consenty et accordé que sy ledit maistre *Jehan Denis* terminoit vie par mort paravant ladicte Marguerite, délaissant dudit mariaige enffant ou non, icelle Marguerite avera et remportera pareille somme de trois mil florins carrollus en reprendant tantmoings les lettres de rente par elle portés si avant qu'elles seroient en nature, ensamble pour son droit conventionnel et amendement dudit mariaige le tierch avant d'icelle somme faisant avecq icelle la somme de quattre mil cincq florins carrollus telz que dessus ; avecq ce avera et remportera les baghes et joïaulx servans à ses chief et corps, droit de vesve coustumier et sa chambre estoffée, mesmes toutes donnes, hoiries et successions procédans de son costé si avant qu'elles seroient en nature et la valleur et extimation de ce que seroit allienné, le tout franchement, librement et sans cherge de debtes fors de celles venans desdicts donnes, hoiries et successions, à le tout prendre et avoir sur tous les plus clers et apparans biens, fiefz et héritaiges que audit maistre *Jehan Denis* seront délaissez, mesmes sur les biens et héritaiges dudit *Estienne Denis* et ceulx de ses hoirs qu'il at ad ces fins submis et obligés. Et sy avera la moictié des acquestes tant fiefz que héritaiges quy seront trouvées après les debtes de la maison mortuaire païées ou la valleur de ce que ne sera divisible, ou, se bon samble à ladicte Marguerite, icelle se polra tenir au droict coustumier, et pour délibérer auquel desdicts deux droix, asseavoir conventionnel ou coustumier, ladicte Marguerite se voldra tenir, icelle avera le temps, terme et espace de quarante jours après le trespas dudit maistre *Jehan Denis*, pendant lesquelz elle polra demourer en la maison mortuaire et vivre elle et sa famille des biens y estans, sans pour ce estre réputée vesve emiscuée ou demourée ès bien et debtes dudit maistre *Jehan Denis*, soit au regard de ses héritiers ou créditeurs, nonobstant quelque coustume ny aultre chose contraire, à quoy lesdictes parties ont déroghié et renonchié. Et au contraire sy le cas advenoit que ladicte

Marguerite de Parmentier terminast vie par mort paravant ledict maistre *Jehan Denis*, sans dudit mariaige délaisser enffant vivant, oudit cas icelluy maistre *Jehan Denis* sera tenu et a promis rendre aux hoirs de ladicte Marguerite la somme de vingt six cens flórins carrollus franchement et sans quelque cherge de debtes ; et sy sera tenu rendre toutes les donnations, successions et hoiries qui seroient faictes et advenues à ladicte Marguerite durant ledict mariaige, à la cherge seullement des debtes et obligations dont seroient ou auroient esté chergés lesdictes donnes, successions et hoiries, et si avant que aucune chose en seroit allienné en sera tenu en rendre la valleur et extimation ; et moïennant ce, tout le surplus des biens et héritaiges dont lesdits marians seront lors joïssans et possessans demouront, compétront et appertiendront audit Maistre *Jehan Denis* à la cherge de touttes aultres debtes, cherges et obligations de la maison mortuaire, ensamble des testament, obsecques, et funérailles de ladicte *Marguerite de Parmentier*. En oultre, lesdicts *Estienne Denis* et *Josse de Parmentier* ont vollu et ordonné, veullent et ordonnent en faveur et contemplation dudict mariaige que sy les pères ou mère desdits futurs marians les survivoient, oudit cas les enffans procréés audict mariaige représenteront leur père ou mère terminés ès fiefs, héritaiges et aultres biens d'iceulx leurs grandz père ou mère ; et sy averont telle et aussy grand part et portion que euist eu leur père ou mère, selon les coustumes des lieux où lesdicts fiefz, héritaiges et biens seront scituez, sans en pooir par les père et mère desdits futurs marians disposer au préjudice de leursdicts enffans, nepveulx et niepces. Tout ce que dit est dessus, lesdicts comparans chascun en son regard promisrent entretenir, furnir et accomplir de point en point par la manière dicte, nonobstant droit, loy, stil, usaige, coustume, previlège, radvestissement de sang ou par lettres, à quoy lesdictes parties ont déroghié et renonchié, soubz l'obligation de leurs biens, meubles, immeubles et ceulx de leurs hoirs présens et futurs envers tous seigneurs et justices. Ce fut ainsy faict et passé le XVe jour de novembre XVc soixante douze, ès présences de Jehan de Fourmestraux, filz de feu Pi[erre], bourgeois et marchant demeurant audit Lille et Franchois Wambacq, clercq, demeurant audit Lille, tesmoings ad ce requis et appellez.

(Signé) : De Heult, 1572.

Archives de l'auteur, original papier.

1582, 7 février. — *Partage des biens d'Étienne Denis, veuf d'Isabeau du Bus, époux de Jeanne de Fourmestraux.*

Comparut en sa personne *Estienne Denis*, bourgeois de ceste ville de Lille et y demorrant, et reconnut que désirant répartir le bien dont il est à présent joissant et qu'il espère délaisser à son trespas entre ses enffans, tant de son premier mariaige qu'il a eu de damoiselle *Isabeau Du Bus* que ceulx qu'il a de par damoiselle *Jehenne de Fourmestraulx*, à présent sa femme, il a de sondit bien fait partaige, asignation et disposition en la forme et manière que s'ensuient, et ce en la présence, du gré et consentement d'icelle damoiselle *Jehenne de Fourmestraux*, à ces fins aussy comparante et de luy en tant que mestier seroit auctorizié. Asçavoir au regard de M⁰ *Jehan Denis*, son filz aisné, icelluy comparant déclara qu'en traictant le mariaige d'icelluy avecq damoiselle Margheritte *De Parmentier,* sa femme, il luy avoit donné tout ung lieu manoir, cense et héritage gisant en la paroisse de Lauwe, chastellenie de Courtray, en grandeur de huit à neuf bonniers, ainsy que le tout se comprendoit et extendoit, moïennant la quictance y mentionée, toute laquelle cense et héritage, icelluy comparant, en tant que mestier seroit, délaisse et assigne de rechief audit M⁰ Jehan, moïennant icelle quictance. Et sy luy a délaissé et assigné, délaisse et assigne ung fief en air, se comprendant en unze razières d'avaine, mesure de Wervy, que doibvent divers héritages, séant audit Wervy, en tenus, chergiés de relief à la mort et de droix seigneuriaulx à la vente. Item le fief de le Petite Haie, se comprendant en XV patars de rente seignourialle que doibvent aucuns héritages gisans à Recquem, chastellenie de Courtray, chargiés de relief et droict seigneurial. Item sept cens de pret à prendre en XIIII⁰ séans à Sainctghin en Mélenthois, allencontre de Martin Desbuissons, auquel à cause de sa femme, les aultre VII⁰ appartiennent, que occupent à présent Regnault Corsin et Jehan Sequebout. Quant à *Margheritte Denis*, femme de Jacques *Carette*, pour ce qu'elle s'est retirée en païs tenant party contraire à Sa Majesté et pour pluiseurs aultres causes à ce mouvans ledit comparant et signament pour pourveoir en partie au entretenement des enffans que icelle Margheritte a ou polra avoir, il a privé et prive icelle Margheritte de toute son hoirie et succession et en son lieu a donné et assigné, donne et assigne aux enffans venus et à venir d'icelle Marguerite, trois bonniers de terre à labeur, séans au hamel de Flecquières, paroiche de Watignies, allant en cense avecq le lieu manoir cy après mentionné ; procédans les deux bonniers de l'achat par ledit comparant fait le VIII⁰ de novembre soixante et ung de Alain Watrelos, Guillaume

Mallebrancque et Jacquemine Watrelos, sa femme, et ung bonnier de
Jehan Watrelos. Et sy leur appartiendra unes lettres et rente de
sept cens cincquante florins en principal, courant le denier seize, en
quoy est obligié Pierre Lecocq, tainturier de garance, à cause de
l'achat de sa maison et tainture. A *Catherine Denis*, femme de
Anthoine *Douchet*, tanneur, compétra et appertiendra et qu'elle
prendra sur tous les plus apparans biens que ledit comparant délaissera, la somme de quinze cens florins carolus de XX patars pièche,
à prendre, mille florins, incontinent après ledit trespas icelluy comparant et les cincq cens florins trois ans après le trespas dudit comparant
en cas que ladite damoiselle Jehenne le survive. Pour par lesdits
M° *Jehan*, *Catherine* et enffans de *Marguerite Denis*, joïr et possesser des parties et sommes dessus exprimées, sans quelque rapport
de leur mariaige, incontinent le trespas d'icelluy comparant, advenu
et non au chois, saulf de ses cincq cens florins héritablement et à
tousjours, à la cherge des charges fonsières seullement ; bien entendu
toutesfois au regard des enffans d'icelle *Marguerite Denis*, que sy
lors icelle Marguerite estoit retournée et demeurante ès provinces
réconciliées à Sa Majesté qu'elle joïra des parties assignées à sesdits
enffans sa vie durant et voires entrera en icelle joïssance lors qu'elle
retournera esdites proivences *(sic)* ores que audit trespas elle n'y fut
et pour le temps qu'elle n'y sera, ladite joïssance compétra et appartiendra à ceulx de ses enffans seullement quy seront esdites provinces
ou aultres non tenant party contraire à Sa Majesté, sans par les
aultres demeurans esdites provinces, tenant party contraire, povoir,
durant ladite demeure, soit du vivant de leurdite mère ou après, riens
prouffiter du revenu des parties à eulx asignées. Et là ou au jour du
trespas d'icelluy comparant ny ladite *Marguerite Denis* ny aucuns
de ses enffans ne fussent résidens hors desdites provinces ennemies,
ledit comparant veult et ordonne que le revenu des parties assignées
soit receu par les plus prochains parens d'iceulx du costé d'iceulx
comparans, pour estre conservé au prouffit, soit de ladite Marguerite
ou de telz desdits enffans quy retourneront pardecha et du party de
sadite Majesté. Et si avant que aucuns des enffans d'icelle Marguerite
termine vie par mort sans délaisser enffant ou estant pardecha en
avoir aultrement disposé, la part des terminés ou terminé tant au
capital que l'espargne, compétra et appartiendra à tous les aultres
survivans également, tant masles que femelles, sans que lesdits
Jacques *Carette* et *Marguerite Denis* y puissent quereler aucun
droit, saulf à ladite Marguerite la joïssance telle que dessus. A *Anthoine
Denis*, filz aisné dudit comparant qu'il a eu d'icelle damoiselle Jehenne
de *Fourmestraux*, compétra, appartiendra et que ledit comparant

luy asigne, tout ung lieu manoir amasé de maison manable et aultre édiffice, contenant parmy jardins aucquié et planté et terre à labeur, douze boniers d'héritage, fief gisant à Wervy, le tout occuppé par Josse Van Dresque. A *Estienne Denis* compétra et appertiendra le fief, cense et seigneurie de le Gennerie, séant à le Chapelle-Grenier, paroiche d'Erquinghebem sur le Lys, contenant en lieu manoir, jardin et terre à labeur, six bonniers, neuf cens d'héritage et générallement tout ce que occupe à tiltre de cense Anthoine Du Sautoir par bail à luy accordé par ledit comparant, le Ve de septembre XV^c LXXIIII, passé au siège de la gouvernance de Lille. A *Andrieu Denis* compétra et appertiendra ung fief en l'air, se comprendant en quatre-vingt XVI razières d'avaine, XXII chappons et demy et X sols en argent, que doibvent et dont sont chargés pluiseurs héritaiges en tenus, séans à Aubecque, chastellenie de Courtray. Et tout ung lieu, manoir, jardin et héritaige jusques à la grandeur de XXII^c, gisant audit hamel de Fléquière, venans d'achat de Robert De Vaulx pour les XX^c et les deux cens de Pierre Cabit. A *Barbe Denis* compétra et appartiendra tout ung lieu manoir, contenant parmy jardin et terre à labeur quatre bonniers d'héritage, gisans à Wambrechies, occupés par Franchois Becquart, et huit à neuf cens d'héritage gisans audit Wambrechies, venans de la vesve Jehan De Has. Et à *Marie Denis*, sa fille puisnée, compétra et appartiendra la maison, jardin et héritaige en laquelle ledit comparant demeure présentement, séant sur la Basse Rue en ceste ville de Lille. Pour par lesdits *Anthoine, Estienne, Andrieu, Barbe* et *Marie* joïr et possesser des parties à culx cy dessus respectivement asignées, ainsy qu'elles seront plantées ou édifiées depuis le trespas dudit comparant en avant héritablement et à tousjours, à la charge des rentes fonsières et soubs-rentes et des censes et louaiges dont elles seront chargiées sans charges de quint ou demy douaire ny aultre, saulf toutesfois que sy au jour du trespas dudit comparant aucuns desdits enffans n'estoient mariés, ladite damoiselle *Jehenne de Fourmestraux*, leur mère, s'elle est lors vivante, joïra des parties à ceulx non mariés asignées jusques ausdits mariaiges, en entretenant iceulx enffans comme à leur estat appartiendra. Et quant à tout le surplus de tout le bien, soit meuble ou immeuble, dont ledit comparant sera joïssant au jour de sondit trespas, icelluy compétra et appertiendra, en cas que ladite damoiselle *Jehenne de Fourmestraux* soit vivante, à icelle sa femme, ores que aultrement elle n'y auroit droict et ce en considération et récompense du droit qu'elle euist en cessant ceste présente disposition et sommes de deniers, maisons et héritaiges cy dessus, par ledit comparant répartis entre sesdits enffans, n'entendans partant icelluy comparant par ceste disposition avoir en riens avanchié sadite femme, ains au contraire diminué son droict. A la charge de par sadite femme survivante païer toutes debtes, charges et obligasions, ensamble les testament, exèques et funérailles d'icelluy comparant, veullant et ordonnant icelluy comparant que sy aucuns desdits enffans terminoient vie par mort avant ledit comparant, délaissant ung ou pluisieurs enffans, que iceulx enffant ou enffans représentent, en tant ce que dessus, le chief et teste de leur père ou mère terminé et s'ilz terminent sans enffans, après le trespas dudit comparant sans des parties à eulx assignées avoir aultrement disposé, icelle parties retourneront et appartiendront si comme celles quy seront féodales ausdits M⁰ *Jehan, Anthoine, Estienne* et *Andrieu Denis* chascun également, saulf que l'aisné polra retenir ce que ne seroit divisible pour tel pris que sera prisé lors valoir et ce que ne sera de nature féodale retournera aux filles dudit comparant, bien entendu toutesfois que lesdites *Barbe* et *Marie Denis* seront seules héritières l'une de l'aultre pour les parties à elles cy dessus asignées. Et sy la survivante desdites *Barbe* et *Marie* terminoit aussy vie par mort après le trespas dudit comparant, sans délaissier de léal mariaige, en ce cas ce que appartient par ce partaige à ladite survivante et quy luy seroit succédé par le trespas de la terminée, compètra et appartiendra à ladite damoiselle *Jehenne de Fourmestrau*, sa femme, sy lors elle estoit vivante, sans que audit cas nulz des aultres enffans dudit comparant y puissent prétendre droit. A condition néantmoins que sy *Pierre Denis*, filz dudit comparant et de ladite damoiselle *Jehenne de Fourmestrau*, retournoit de l'abbaïe de Saint Vaas et ne fît profession de relligion, en ce cas ledit *Pierre* succédera en la part de cestuy quy des aultres enffans dudit comparant premier termineroit sans délaisser hoir de sa chair en léal mariaige, soit fief héritable, meuble ou immeuble. Tout ce que dessus icelluy comparant, ensemble ladite damoiselle Jehenne, sa femme, de telle authorité que dessus, ont promis entretenir et veullent estre entretenu de point en poinct par leurs enffans, soubz l'obligasion de tous leurs biens, nonobstant toute coustume ou aultre chose à ce contraires, renonçans et mettans au néant tout aultre partaige qu'ilz polroient avoir faict, mesmement cestuy du cincquiesme jour de juillet de l'an XV⁰ soixante quartorze. Et suivant que aucuns de tous les enffans dessus nommés voldroient en aucune sorte contrevenir à ce que dessus, iceulx comparans les ont des maintenant pour lors privé des asignations que dessus, les délaissant et asignant aux entretenans, le tout néantmoings en cas que iceulx comparans ne ayent de tout ce que dessus aultrement disposé, faire par mutuel consentement l'un de l'aultre et non aultrement, iceulx comparans ont retenu et réservé faculté. Ce fut ainsy faict et passé par devant moy, Jehan Miroul, notaire résident à Lille, présens Pierre Van Es, febvre, et Jacques De le Porte, cordonnier, demeurans à Lille, tesmoings ad ce requis et appellez, le VIIe de febvrier, XV^c quattre-vingtz et deux.

Archives départementales du Nord. Actes de Jean Miroul, notaire à Lille, 1575-1594, f° 150 v°.

1584, 11 octobre. — « *Part que dut fournir Maistre Jehan Denis aux enfans qu'il retint de sa première femme Demoiselle Marguerite de Parmentier* ».

Sacent ceulx quy sont et quy advenir sont, que Maistre *Jehan Denis*, docteur ès loix, advocat postulant en ceste ville de Lille, du gré et assentement d'eschevins de ladicte ville, eulx estans en siège de loy en la halle d'icelle ville, et aussy des prochains parens et amis charnelz, tant de par père comme de par mère, de *Josse, Jehan, Nicollas* et *Marye Denys*, ses enffans mineurs d'ans qu'il a eu de deffuncte Damoiselle *Marguerite de Parmentier* quy fut sa femme, a party à sesdits enffans pour la fourmoture à eulx succédée et escheue par le trespas de ladicte Damoiselle Marguerite leur mère, seullement en tous biens mœubles, catheulx et héritaiges estans tant dedens ladicte ville comme dehors et aussy avant que eschevins dudit Lille ont à jugier : Premiers, ledit maistre Jehan promist de sesdits enffans garder, gouverner, vestir, cauchier, allimenter et leur administrer touttes leurs nécessitez jusques à leurs eaiges, et ung an oultre en les envoyant à l'escolle, leur faire apprendre leur crédence, comme ung bon père doibt faire à ses enffans, ensemble ausdicts *Josse, Jehan* et *Nicolas* à chascun quelque entremise honneste selon leur quallité et par l'advis de leurs tutteurs après dénommez. Item, a donné et donne à sesdits enffans pour ladicte fourmoture la somme de trois mil deux cens florins carolus, de vingt patars le carolus, quy est à chascun huict cens florins à payer à leurs éaiges ; et pour de laquelle somme faire payement ledict maistre Jehan polra baillier à leursdits eaiges les lettres de rente portées en mariaige par ladicte feue Damoiselle *Marguerite de Parmentier* et le surplus en argent ; lesquelz enffans avoient d'eaige au jour de ceste parchon si comme ledit *Josse* : nœuf ans et demy, *Jehan*, huict ans, *Nicollas*, quattre ans, et *Marie*, vingt mois, le tout ou environ. Se l'ung ou plusieurs desdicts enffans ou enffant terminoit ou terminoient vie par mort, la part du terminé ou terminez retournera aux survivans ou survivant en rafrérissant ad ces fins l'un l'aultre. Se ledict maistre Jehan se remarie, sa femme future sera tenue de recongnoistre ceste parchon pardevant eschevins dudict Lille et partout ailleurs où il appertiendra, à péril de payer ladicte parchon comptant. Et parmy tant toutz les aultres biens quelzconcques dont ledict maistre Jehan est à présent joyssant et possessant luy demouront, compétront et appertiendront pour par luy, ses hoirs ou ayans cause, en joyr et possesser comme de sa chose propre, à charge de payer toutes debtes et obligations quelzconcques, que ledict maistre Jehan promist payer de ses propres deniers et en acquicter ses dicts enffans. Laquelle parchon et tout ce que dessus ledict maistre Jehan promist entretenir, payer, furnir et accomplir de poinct en poinct par la manière dicte, soubz et par l'obligation de son corps et de tous ses biens mœubles, catheulx et héritaiges et ceulx de ses hoirs présens et futurs, vers tous seigneurs et justices, pour y estre constrainctz par toutes voyes deues et raisonnables et à rendre tous despens quy sur ce mis ou faictz y seroient, renunchant à toutes choses contraires ad ces présentes et quy à l'exécution d'icelles polroient empeschier, grever ou nuire en aulcune manière. A la charge néantmointz que ledit maistre Jehan aura la joyssance de la succession tant paternelle jà advenue, que celle maternelle à advenir, du consentement de la grand mère desdits enffans du costé maternel, selon que lesdits *de Parmentier* ont déclaré, pourveu que lesdits enffans seront entretenus, gouvernez et allimentez au contentement des tutteurs dudit costé maternel, et à faulte de ce, que lesdits tutteurs polront prendre à leur charge lesdits enffans pour les faire instruire, entretenir, gouverner et allimenter ainsy que bon leur samblera, et que advenant le trespas de ung ou plusieurs desdits enffans, la part du terminé ou terminez esdictes successions compétera et appertiendra aux survivans ou survivant sans que ledit maistre *Jehan Denys* en puisse avoir quelque joyssance. Et moyennant ce, *Estienne Denys*, grand père, *Estienne Douchet,* bel oncle du costé paternel, *Jehan* et maistre *Mathys de Parmentier*, oncles du costé maternel, avecq le père, firent à icelluy quictance de ladicte fourmoture. Aux choses dictes faire congnoistre et passer à loi furent comme eschevins dudict Lille : Baulduin de Croix, escuïer, seigneur de Wayembourg, mayeur, Jehan Le Pée, Jehan de Courouble et Jehan Bridoul. Ou tesmoing de ce, eschevins dudit Lille ont ad ces présentes lettres faict mectre le séel aux congnoissances de ladicte ville. Ce fut faict le unziesme jour d'octobre quinze cens quatre-vingtz et quatre. (Signé) : BOULLONGNE.

<small>Archives de l'auteur, original papier.</small>

Au dos, se trouve la note suivante :

Mémoire que la clause contenant que ledict maistre Jehan ne pourra avoir la joïssance du bien de aulcun de ses enfants terminés en la succession des grand père et grand mère de sesdits enfants du costé maternel, ains que la part du terminé demeuroit aux survivants, a lieu et a esté entendue sur débat meu entre ses beau-frères *Parmentier* touchant ce qui seroit patrimoisne et héritaige et non pour les meubles et réputés pour meubles, combien que la cause soit obscure, pour confort de quoy ledit maistre Jehan ne volu renoncher à la coustume disposant que le père est héritier mobiliaire de ses enfants comme aussy n'y a renonciation, ains entendoit comme il faict d'estre héritier de ses enfantz morantz à l'exclusion des demeurantz de sesdits enfantz vivantz aussy avant que le droict et coustumes permettoient.

Archives de l'auteur, original sur parchemin, sceau perdu.

1670, 4 octobre. — *Lettres permettant à Pierre Denis d'aliéner partie de ses biens.*

Louis par la grâce de Dieu Roy de France et de Navarre, à tous ceulx qui ces présentes verront ou oirront, salut. Receu avons l'humble supplication de *Pierre Denis*, fils et heritier avecq aultres de feuz *Anthoine* et *Anthonnette Fasse*, demeurant en la paroisse de notre ville d'Armentières, contenante que parmy les guerres dernieres les pertes qu'il a souffert et les grosses sommes qu'il a esté obligé de fraier pour restablir et maintenir la ferme qu'il occupe en ladite paroisse, il est devenu débiteur vers plusieurs personnes de notre ville de Lille qui maintenant le pressent incessamment, sans que pour la miserable conjoncture du temps il puisse nullement les satisfaire selon son désir, oultre que par le fideicomis ordonné par la disposition de ses pere et mere il se trouve aussy empesché de vendre aulcunes parties de sesdits biens, et attendu que l'intention presomptive de sesdits pere et mere n'at point esté de laisser le remonstrant avecq tous ses biens dans l'iudigence quil at contracté par les pertes et frais avant dits, et moings de le mettre en péril d'estre emprisonné ainsy qu'il a subject de craindre de la rigueur de ses créanciers, c'est le subject qu'il a recours à nous, priant que serions servis de le dispenser de l'effect dudict fideicomis et ensuite luy permettre d'alliener partie de sesdits biens jusques à concurrence de la partie de ses debtes, et à ces fins lui en faire despecher nos lettres en forme pertinente, pour ce est-il que nous ce que dessus considéré et sur ce oï ladvis de nos chers et féaulx les lieutenant conseilliers assesseurs et autres officiers de notre gouvernance de Lille, inclinans favorablement à la supplication et requeste du suppliant, luy avons permis, consenty, octroyé et accordé, permettons, consentons, octroyons et accordons en lui donnant congé et licence de grâce especialle par cesdittes presentes qu'il pourra à l'effect cy dessus mentionné vendre et alliener par voie amiable partie de ses dits biens à l'intervention du Procureur général de notre ditte Gouvernance de Lille jusques à concurrence de la somme de treize mille cincq cens florins, ensemble en faire et passer les desheritance et adheritance et autres œuvres de loy requises et necessaires, pour les deniers en procedans estre employez à la descharge des debtes dudit suppliant, demeurant le surplus affecté et assubjecti au prouffict de ceulx appellez audict fideicomis, lesquelles vendition, desheritances et autres œuvres de loy qui se feront en ceste partie, voulons estre bons et vailliables comme sy lesdits biens estoient de libre disposition, les tenant pour tels nonobstant le fideicomis ordonné qui n'aura lieu à ce regard. Sy mandons à tous nos justiciers, officiers et subjects, auxquels ce peut et pourra toucher et regarder que de notre presente grâce et octroy ils facent, souffrent et laissent ledit suppliant pleinement et paisiblement jouir selon et en la forme et par la maniere dite, cessans ou faisans cesser tous contredits ou empeschemens au contraire. Car tel est notre plaisir. Donné en notre ville de Tournay le quatriesme jour d'octobre mille six cens septante et de nos regnes le vingt huictiesme.

Signé : BLYE.

Archives de l'auteur, original parchemin, sceau pendant.

1769, octobre. — *Lettres d'anoblissement accordées à Jacques-François Denis, s^r du Péage, et à Albert-André-Joseph Denis, s^r du Roswel.*

Louis par la grâce de Dieu Roy de France et de Navarre à tous présens et à venir, salut. L'annoblissement, cette distinction flateuse réservée au mérite qui ne s'est appliqué qu'à bien mériter de Nous et de l'État, est la récompense dont nous avons jugé digne les services de nos chers et bien amés *Jaques François Denis*, sieur du Péage, et *Albert André Joseph Denis*, sieur du Roswel, frères, le premier membre du magistrat de notre ville de Lille et le second échevin de la pairie du Breucq, issus d'ancêtres connus dès l'année

1300 et dont plusieurs ont été honorés de qualité et de places affectées à la noblesse distinguée, ils ne se sont à l'exemple de ceux cy occupés dans les différentes fonctions qui leur ont été confiés que du soin de donner des preuves d'attachemens pour leur souverain et de zèle pour le bien publique et nous sommes persuadés que la grâce que nous leur destinons sera pour les membres de tous les corps municipaux de notre royaume une exhortation de marcher sur les traces des sieurs *Denis* ; à ces causes et autres à ce nous mouvans, de l'avis de notre Conseil et de notre grace spéciale, plaine puissance et autorité royale, nous avons annobli par les présentes signées de notre main, annoblissons lesdits *Jacques François Denis*, sieur du Péage, et *Albert André Joseph Denis*, sieur du Roswel; et du titre et qualité de noble et d'écuyer, les avons décorés et décorons, voulons et nous plait qu'ils soient tenus tels et réputés, comme nous les tenons, censons et réputons pour tels, ensemble leurs enfans et postérité tant males que femelles nés et à naître en légitime mariage, de même que ceux qui sont issus de noble et ancienne race et que ledit sieurs *Denis* et leur postérité soient en tous lieux et endroits tant en jugement que dehors de jugement tenus et réputés pour nobles et gentils hommes et comme tels qu'ils puissent prendre en tous lieux et en tous actes la qualité d'écuyer et parvenir à tous degrés de chevalerie et autres dignités et qualités réservées à notre noblesse, qu'ils soient inscrits sur le catalogue des nobles et qu'ils jouissent et usent de tous les droits, prérogatives, priviléges, franchises, libertés, prééminences, exemptions et immunités dont jouissent et ont accutumé de jouir les autres nobles de notre royaume, comme aussi qu'ils puissent acquérir, tenir et posséder toutes sortes de fiefs, terres et seigneuries de quelque nature, titres et qualités qu'elles soient, en outre avons permis auxdits sieurs *Denis*, à leurs enfans, postérité et descendans de porter les armoiries timbrées telles qu'elles seront réglées et blazonnées par le sieur d'Hozier de Savigny, juge d'armes de France, et qu'elles seront peintes et figurées dans les présentes auxquelles son acte de réglement sera attaché sous le contre scel de notre chancellerie, avec pouvoir de les faire peindre, graver et inculper à tels endroits de leurs maisons, terres et seigneuries que bon leur semblera, sans que pour raison dudit annoblissement lesdits sieurs *Denis*, leurs enfans postérité et descendans, soient tenus de nous payer ni à nos successeurs Rois aucunes finances ni indemnité, dont à quelque somme quelle puisse monter nous leur avons fait et fesons don par ces présentes, à la charge toutefois par eux de vivre noblement et sans déroger à ladite qualité ; si donnons en mandement à nos amés et féaux conseillers les gens tenant notre Cour de parlement de Flandres scéans à Douay, président et trésorier généraux de France au bureau de nos finances établi à Lille et à tous autres nos officiers et justiciers qu'il appartiendra, que ces présentes ils aient à faire registrer et du contenu en icelle jouir et user lesdits sieurs *Denis*, ensemble leur enfans postérité et lignée males et femelles nés et à naitre en légitime mariage, pleinement paisiblement et perpétuellement, cessant et fesant cesser tous troubles et empêchement quelconque, nonobstant tous édits déclarations réglemens ordonnances arrets lettres et autres choses à ce contraires, auxquelles et aux dérogatoires et des dérogatoires y contenus nous avons expressément dérogé et dérogeons par ces présentes pour ce regard seulement et sans tirer à conséquence, car tel est notre plaisir; et afin que ce soit chose ferme et stable à toujours nous avons fait mettre notre scel à cesdites présentes données à Fontainebleau au mois d'octobre l'an de grace mil sept cent soixante neuf et de notre règne le cinquante cinquième, signé Louis, et sur le reply étoit écrit par le Roy, signé le duc DE CHOISEUL.

Archives communales de Lille. Registres aux mandemens et ordonnances de la Gouvernance. Registre Prince, pièce 144, pages 745 à 747.

1780, 5 juillet. — *Lettres qui assurent au Sr Denis du Péage les prérogatives que la constitution de Lille réserve à ceux qui sont nés dans cette ville.*

Louis, par la grâce de Dieu, Roy de France et de Navarre, à nos amés et féaux les gens tenant notre Cour de Parlement de Flandres séant à Douay et à tous autres nos officiers et justiciers qu'il appartiendra, salut. Notre cher et bien amé le Sr *Jacques-François Denis du Péage*, l'un des membres du Magistrat de Lille, nous a fait exposer qu'étant né hors de cette ville, il n'y peut jouir de certaines prérogatives que sa constitution municipale fixée par des lettres de l'Empereur Maximilien du quinze Janvier quatorze cent soixante-dix-huit, réserve à ceux qui en sont natifs, et dont la principale est d'être seuls susceptibles des places de rewart et de mayeur; qu'il désireroit être excepté de la règle établie à cet égard, et qu'il se flatoit de n'être pas moins digne de cette grâce que la pluspart de ceux qui l'ont obtenue; que sa famille comptée parmi les plus anciennes de Lille, y remplit depuis le treizième siècle les principaux emplois de la Magistrature municipale; que d'ailleurs, sa naissance hors des murs de cette ville n'est que l'effet d'une circonstance particulière. Que son père ancien officier de dragons au service de Louis Quatorze y résidoit, lorsqu'en mil sept cent huit elle fut assiégée et prise par l'armée des alliés ; qu'il crut alors devoir se retirer avec sa femme dans une campagne voisine, et qu'il y resta tant que la place fut au pouvoir des ennemis ; que c'est pendant cette retraite momentanée qu'est né l'exposant ; mais qu'il est prouvé que durant ce tem[p]s son père conserva toujours sa maison à Lille, qu'il ne discontinua pas d'y payer les impositions pour cette maison, et qu'il revint l'habiter aussitôt que la ville eut été rendue à la France par le traitté d'Utrecht. Qu'à ces motifs se joignoit la considération des services que ses ancêtres et lui-même ont eu l'avantage de rendre au Souverain ; et qu'ainsi il espéroit que nous nous porterions d'autant plus volontiers à prononcer en sa faveur l'exception qu'il désiroit qu'elle est de pure grâce et que, d'ailleurs, il est constant qu'il n'en peut résulter aucun inconvénient. A quoi ayant égard, et voulant favorablement traitter l'exposant, à ces causes et autres à ce nous mouvant, de l'avis de notre Conseil et de notre grâce spéciale, pleine puissance et autorité royale, nous avons excepté et par ces présentes signées de notre main exceptons l'exposant de la règle établie par la constitution municipale de notre ville de Lille et notamment par les lettres de l'Empereur Maximilien du quinze janvier quatorze cent soixante-dix-huit à l'égard de ceux qui n'en sont pas natifs. En conséquence, voulons que, bien qu'il ne soit pas né dans ladite Ville, il y jouisse de toutes les prérogatives et droits réservés à ceux qui y ont pris naissance, et particulièrement qu'il puisse être nommé aux places de rewart et de mayeur, dérogeant à cet effet en sa faveur pour ce regard seulement et sans tirer à conséquence tant aux lettres de Maximilien, qu'à tous autres diplômes, loix, constitutions ou usages à ce contraires. Si vous mandons que ces présentes vous ayiez à faire registrer et du contenu en icelles faire jouir et user l'exposant pleinement et paisiblement, cessant et fesant cesser tous troubles et empêchemens et nonobstant toutes choses à ce contraires. Car tel est notre plaisir. Donné à Versailles, le septième jour de Décembre l'an de grâce mil sept cent soixante seize, et de notre Règne le troisième. (Signé) : Louis. (Et plus bas) : Par le Roy, Saint-Germain.

<small>Archives de l'auteur, original signé du roi Louis XVI, et scellé d'un sceau en cire vierge à simple queue, sur parchemin.</small>

A ces lettres sont attachées les suivantes :

« *Lettres de surrannation* »

Louis, par la grâce de Dieu, Roy de France et de Navarre, à nos amés et féaux conseillers les gens tenans notre cour de Parlement de

Flandres, séant à Douai et à tous autres nos officiers ou justiciers qu'il appartiendra, salut. Notre cher et bien amé le sieur *Jacques-François Denis du Péage*, l'un des membres du Magistrat de Lille, nous a fait exposer que par nos lettres du sept décembre mil sept cent soixante seize, nous l'aurions excepté de la règle établie par la constitution municipale de notre ville de Lille et notamment par les lettres de l'empereur Maximilien du 15 janvier 1478 à l'égard de ceux qui n'en sont pas natifs, en conséquence aurions voulu que bien qu'il ne fut pas né dans laditte ville, il jouisse de tous les prérogatives et droits réservés à ceux qui y ont pris naissance, et particulièrement qu'il put être nommé aux places de rewart et de mayeur ; que ces lettres n'ont point eu leur exécution, ne les aïant pas fait revêtir de la formalité prescrite, faute de les avoir fait enregistrer ; mais comme il désirerait jouir du bénéfice d'icelle, ce qu'il ne peut faire attendu la surannation de la datte d'icelles, il nous a très-humblement fait supplier de lui accorder nos lettres sur ce nécessaires. A ces causes, voulant favorablement traiter ledit exposant, nous vous mandons par ces présentes signées de notre main, que vous aïez à faire régistrer nosdittes lettres du dix-sept *(sic)* de décembre mil sept cent soixante seize attachées sous le contre-scel de notre Chancellerie, faire jouïr et user ledit exposant selon leur forme et teneur nonobstant la surannation de la datte de nos dittes lettres dudit jour seize *(sic)* décembre 1776, que nous n'entendons lui pouvoir nuire ni préjudicier et dont nous l'avons de notre grâce spéciale, pleine puissance et autorité roïale, relevé et dispensé, relevons et dispensons par ces dittes présentes. Car tel est notre plaisir. Données à Versailles, le cinquième jour de Juillet l'an de grâce mil sept cent quatre-vingt, et de notre règne le sixième. (Signé) : Louis. Par le Roi, DE MONTBAREY.

Et plus bas :

Enregistrées au greffe de la Cour du Parlement de Flandres avec les lettres jointes, ouï et consentant le Procureur général du Roy, pour jouïr par l'impétrant de leur effet et contenu selon leur forme et teneur, conformément à l'arrêt de ce jourd'hui trente un juillet mil sept cent quatre-vingt. (Signé) : PROOST, 1780.

> Archives de l'auteur, original portant signature autographe sur parchemin, scellé d'un sceau de cire vierge pendant à simple queue.

DRAGON

Armes : *d'or à la bande de sable*[1].

I. — *Robert* Dragon, fils de Michel (décédé avant 1486) et de Françoise *de Cambray*, né à Merville, acheta la bourgeoisie de Lille en 1486, épousa Anne *Artus*[2] et décéda avant 1526; il eut :

II. — *Jean* Dragon, bourgeois de Lille par relief du 19 mai 1526, eut de Marie *de Semerpont* :

  1. — *Robert*, qui suit, III.
  2. — *Jean*, né à Lille, bourgeois de cette ville par relief du 10 février 1559 (n. st.).
  3. — *Marguerite*, alliée à Nicolas *de Vendeville*, fils de Jacques et de Jeanne *Le Roux*, bourgeois de Lille par relief du 6 mars 1559 (n. st.), remarié avec Françoise *Marissal*, puis avec Anne *Bertes*; sans enfants.
  4. — *Wallerand*, né à Lille, dont il releva la bourgeoisie le 4 novembre 1568, allié à Jeanne *de Proisy*, puis à Michelle *Coene*; il eut :
    a. — Du second lit : *Jacques*, calviniste retiré en Hollande, marié avec Marie *Sohier*; d'où :
      aa. — *Isaac*, qui eut de Marie *Hubert* un fils : *Jacques*, vice-amiral hollandais, époux de Sara *Tromp*.
    b. — *Abraham*, aussi réfugié en Hollande où il épousa Catherine *Haldurier*.
  5. — *Arnoul*, né à Lille, dont il releva la bourgeoisie le 26 septembre 1572, allié à Lille à Barbe *Masquelier*, qui le rendit père de :
    a. — *Pierre*, marié avec Esther *Dorville*, dont il eut : *Pierre*, époux d'Éléonore *d'Argenteau*.
    b. — *Sara*, alliée à Daniel *Godin*.
    c. — *Suzanne*, épouse de Daniel *Dorville*.

---

1. Il semble toutefois que les armoiries primitives de cette famille étaient : *coupé : au 1, d'azur au dragon d'or; au 2, d'argent à trois étrilles de gueules.*
2. Artus : *d'or à trois couronnes de gueules mises en pal.*

    d. — *Catherine*, mariée avec Jean *Passavant* [1].

6. — *Hubert*, né à Lille, bourgeois par relief du 31 décembre 1575.

III. — *Robert* Dragon, né à Lille, bourgeois de cette ville par relief du 7 novembre 1561, épousa Marguerite *de Vendeville*, fille de Guillaume et de Marie *Desbarbieux*, remariée avec Robert *Baillet* ; il eut :

    1. — *Jean*, qui suit, IV.
    2. — *Isabeau*.
    3. — *Marie*, baptisée à Saint-Maurice le 7 juin 1573.

IV. — *Jean* Dragon, né à Anvers, licencié ès lois, fut déchargé de tutelle le 26 janvier 1589, releva la bourgeoisie de Lille le 16 juin 1592, fut nommé connétable des archers de cette ville le 18 mars 1597, et épousa, en février 1592, Marie *Déliot*, fille de Guillaume et d'Antoinette *du Hot*, baptisée à Saint-Étienne le 8 septembre 1569, morte le 7 octobre 1597 ; d'où :

    1. — *Antoinette*, baptisée à Saint-Étienne le 16 janvier 1593, mariée dans cette église, le 18 décembre 1617, avec Jean *de la Vichte*, chevalier, s^r de Nieuwenhove, fils de Jean et de Maximilienne *Cuvillon*, né à Lille, bourgeois de cette ville par relief sur requête le 9 novembre 1618 ; dont postérité.
    2. — *Jean*, qui suit, V.
    3. — *Marie*, baptisée à Saint-Étienne le 2 octobre 1597.

V. — *Jean* Dragon, s^r de Mons-en-Barœul, baptisé à Saint-Étienne le 17 janvier 1595, bourgeois de Lille par relief du 19 janvier 1621, anobli par lettres données à Madrid le 12 mai 1626, décédé le 24 janvier 162. ; épousa à Saint-Pierre, le 10 juin 1620, Marie *Dubois de Hoves* [2], fille de Bauduin, écuyer, s^r d'Hérignies, et de Barbe *Le Candele* [3] ; d'où :

    1. — *Bauduin-Jean*, qui suit, VI.
    2. — *Jean-Baptiste*, écuyer, s^r de Flamengrie, baptisé à Saint-Maurice le 25 juin 1623, mort le 5 juin 1665 ; allié, par contrat passé à Lille devant Me Luc Moucque, le 14 mai 1647, à Hélène-Jacqueline *Déliot*, fille de Pierre, écuyer, s^r de Clerfontaine, et de Marguerite

---

1. Bibliothèque communale de Lille. Manuscrit, fonds Godefroy, n° 181, généalogie de la famille de Gomicourt.
2. du Bois de Hoves : *d'azur à trois vannets d'or*.
3. Le Cándèle : *d'or à trois capuchons de sable*.

Petitpas, décédée le 11 novembre 1662 et enterrée à côté de son mari à Notre-Dame d'Esquermes. Ils n'eurent pas d'enfants. Leur tombe est décrite dans le manuscrit 968, page 196, de la Bibliothèque communale de Douai.

3. — *Charles-François*, écuyer, s^r de Mons-en-Barœul, baptisé à Saint-Maurice le 4 octobre 1624, bourgeois de Lille par relief du 15 juillet 1666, fut condamné le 13 juin 1653, ainsi que ses frères, par sentence du Conseil privé, à l'amende portée par les placards de l'an 1616 et du 15 décembre 1643, pour s'être attribué la qualité de noble sans avoir fait enregistrer leurs titres au registre de l'office d'armes.

VI. — *Bauduin-Jean* DRAGON, écuyer, s^r de Mons-en-Barœul, baptisé à Saint-Maurice le 17 décembre 1621, bourgeois de Lille par relief du 14 novembre 1643, épousa à Saint-Maurice, le 19 janvier 1643, Antoinette-Hippolyte *Deliot*, sœur d'Hélène-Jacqueline, baptisée à Saint-Étienne le 30 novembre 1624, décédée veuve à Esquermes le 7 mars 1676; d'où :

1. — *Hélène-Jeanne-Florence*, baptisée à Saint-Maurice le 27 avril 1645.
2. — *Charles-Hippolyte-François*, qui suit, VII.
3. — *André-Jean-Baptiste*, baptisé à Saint-Maurice le 28 juillet 1652.
4. — *Marie-Marguerite-Hippolyte*, baptisée à Saint-Maurice le 6 mai 1654.
5. — *Philippe-Louis-Albert*, écuyer, s^r de la Robardrie, né en 1658, bourgeois de Lille par relief du 20 décembre 1691, capitaine de cavalerie, député de la noblesse des États de Lille, décédé paroisse Saint-Étienne le 16 octobre 1723, marié à Saint-Maurice, le 9 novembre 1691, avec Marie-Françoise-[Xavière] *Locart* [1], fille de Théodore, écuyer, s^r de Vergies, et de Marie-Claire *Fasse*, baptisée à Saint-Maurice le 9 décembre 1652, morte le 23 avril 1718 et inhumée à Saint-Étienne; sans postérité.
6. — *Hélène-Marie-Marguerite*, baptisée à Esquermes le 30 août 1663, morte en 1692 et inhumée à Saint-Pierre d'Aire-sur-la-Lys, alliée : 1° à Pierre-Hippolyte *de Vitry* [2], écuyer, s^r de Lannoy, fils de François et de Jeanne *Petitpas*, baptisé à Saint-Pierre d'Aire le 31 mai 1650; 2° par contrat passé à Saint-Omer le 30 mai 1686, à

---

1. LOCART : *d'azur à un baril d'or sommé d'un cœur du même, au chef d'argent chargé de trois hures de sanglier de sable, lampassées d'azur.*
2. DE VITRY : *d'or à trois roses de gueules, boutonnées et feuillées de sinople.*

Antoine-Joseph *Hubert* [1], écuyer, s^r de Tannay, Saint-Quentin, fils de Paul, écuyer, s^r du Perois, et de Marie-Claude-Bonaventure *de Marquais*, né le 22 mars 1660, lieutenant, puis mayeur d'Aire-sur-la-Lys, décédé le 19 décembre 1740 ; dont postérité du second lit.

VII. — *Charles-Hyacinthe-François* Dragon, écuyer, s^r de Mons-en-Barœul, la Haute-Anglée, baptisé à Saint-Maurice le 10 juin 1650, bourgeois de Lille par relief du 21 août 1676, mort à Esquermes le 19 septembre 1719, épousa Jeanne-Isbergue *de Vitry*, fille de François, chevalier, s^r du Breucq, et de Jeanne *Petitpas*, morte à Esquermes le 7 novembre 1682, d'où :

1. — *Antoinette-Hippolyte*, née en 1676, morte à Esquermes le 12 juin 1705.
2. — *Jean-François*, qui suit, VIII.
3. — *François-Joseph*, baptisé à Esquermes le 6 octobre 1680.
4. — *Hubert*, baptisé à Esquermes le 14 octobre 1682, y décédé le 16 du même mois.

VIII. — *Jean-François* Dragon, écuyer, s^r de Mons-en-Barœul, la Haute-Anglée, Robardrie, né en 1678, bourgeois de Lille par relief du 13 novembre 1708, échevin de cette ville, mort le 10 janvier 1731 et enterré dans la chapelle du Saint-Sacrement à Saint-Étienne, épousa Marie-Maximilienne-Jeanne *Cuvillon*, fille de Jean-Robert, écuyer, s^r de Roncq, Vledricq, et de Marie-Isabelle *de Fourmestraux de Wazières*, baptisée à Saint-Étienne le 26 mai 1691, morte le 11 septembre 1711 et enterrée dans cette église ; d'où :

1. — *François-Joseph*, baptisé à Saint-Étienne le 7 novembre 1709.
2. — *Louis-Hippolyte-Joseph*, baptisé à Saint-Étienne le 19 mars 1711, y décédé le 15 avril 1735.

NON RATTACHÉS

Ghillemin, fils de *Jean*, bourgeois de Lille par achat en 1423.

Jean, bourgeois par achat en 1351.

Jeanne Draghon, fille de *Jean* et d'Isabelle *Dugardin*, alliée à Guillaume *de Tenremonde*, et morte après 1412 (Citée dans la *Généalogie de Tenremonde* de MM. de Ternas et Fremaux, page 21).

Pierre-Jean Dragon de la Robarderie, mort à Loos le 19 octobre 1692.

---

1. Hubert : *d'argent à une fasce d'azur accompagnée de trois trèfles de sable.*

1626, 12 mai. — *Lettres de noblesse accordées à Jean Dragon, seigneur de Mons en Barœul.*

Philippe, par la grâce de Dieu, Roy de Castille, etc...., A tous présens et à venir quy ces présentes verront ou lire orront, salut. De la part de notre cher et bien amé *Jean Dragon*, seigneur de Mons en Barœul, nous a esté très humblement représenté, qu'il seroit yssu d'ancienne bourgeoisie de notre ville de Lille, où ses prédécesseurs auroient servy en estatz honnorables, mesmes feu son père en qualité de lieutenant capitaine et depuis de souverain conestable de la compagnie des archers de ladicte ville, et sy comporté en toute fidélité et diligence à la conservation d'icelle, en l'obéyssance de leurs princes souverains noz prédécesseurs, comme de mesme auroient faict son père grand, alliez, et autres ses parens ; que puis naguères, sa sœur unicque auroit prins alliance à maison noble, ainsy que pareillement le remontrant, et dont les devanciers tant paternelz que maternels auroient rendu des signalez et agréables services à nosdicts prédécesseurs, tant en exploicts militaires, que de conseil et aultrement comme aussy il auroit l'honneur d'avoir eu pour oncles l'évesque de Tournay, *Vendeville*, et le conseillier de notre grand conseil, *Vendeville*. Et comme il désireroit continuer le service qu'il nous doibt, et y employer les moyens que Dieu luy a presté avec plus de lustre et authorité, et y stimuler davantage sa postérité par quelque marque d'honneur, il nous at très humblement supplié qu'il nous pleuct l'honnorer du tiltre et privilège de noblesse pour luy et sa postérité née et à naistre en léal mariage, avec permission de continuer à porter les armes dont ses prédécesseurs et luy ont usé jusques ores, et sur ce luy faire despescher nos lettres patentes d'annoblissement en tel cas pertinentes. Scavoir faisons que nous, les choses dessus dictes considérées, et eu sur ce l'advis de notre très chère et très amée bonne tante Madame Isabel Clara Eugenia, par la grâce de Dieu Infante d'Espaigne, etc^a, avons pour nous, nos hoirs et successeurs, de notre certaine science, authorité souveraine et grace espéciale, audit *Jehan Dragon* et à ses enfans et postérité, masles et femelles, nez et à naistre en léal mariage, accordé et octroyé, accordons et octroyons à tousjours par ces présentes ledit tiltre et degré de noblesse, voulans et ordonnans qu'il, ses enfans et postérité, et chacun d'eulx procréez en leal mariage comme dict est, ayent à jouir et user, jouyssent et usent, d'icy en avant et à tousjours, comme gens nobles, en tous lieux, actes et besoingnes, de tous et quelzconcques honneurs, prérogatives, privilèges, prééminences, libertez, franchises et exemptions de noblesse, dont les aultres nobles ont accoustumé de jouyr; jouyssent et jouyront, et qu'ilz soyent en tous leurs faictz, gestes et actes, tenus et réputez pour nobles en toutes places, en jugement et hors d'icelluy, comme les déclarons et créons telz par ces mesmes présentes, et que semblablement ilz soyent et seront capables et qualifiez pour estre eslevez à estatz et dignitez, soit de chevalerie ou autres, et puissent et pourront en tout temps acquérir, avoir, posséder et tenir en tous nos pays, places, terres, seigneuries, rentes, revenus, possessions et autres choses mouvantes de noz fiefz et arrierfiefz, et tous autres nobles tenemens et iceulx prendre et tenir de nous ou d'aultres seigneurs féodaulx de quy ilz seront dépendans, et si aucunes des choses susdites ilz ont ja acquis, les tenir et posséder sans estre constrainctz de par nous ou d'aultres les mettre hors de leurs mains, à quoy nous les habilitons et rendons souffissans et idoines par ces dites présentes, moyennant toutteffois et à condition, que pour et à cause de notre présent octroy et annoblissement, le suppliant sera tenu de payer à notre proufict certaine finance et somme de deniers suivant la tauxation quy en sera faicte, faisant en oultre vers nous et nosdits hoirs et successeurs les debvoirs y appertenans selon la nature et condition d'iceulx fiefz et biens acquis ou à acquérir, et la coustume du pays où ilz sont scituez, et afin que l'estat de noblesse dudit suppliant soit tant plus notoire, cognu et authorisé, luy avons aussy accordé et permis, accordons et permectons par ces dites présentes, qu'il et sa postérité de léal mariage comme dit est, puissent et pourront perpétuellement et à tousjours, en tous et quelzconcques leurs faictz, gestes et autres actes licites et honnestes, continuer à avoir et porter les armoiries dont il a usé jusques ores, qui sont celles qui senssuyvent, ascavoir ung escu *d'or à la bande de sable*, l'heaume ouvert et treillé, hachemens des couleur et métal de l'escu, cimier ung dragon manant ou posé d'or, comme lesdites armoiries sont peinctes et figurées au millieu de cestes. Si requérons notre lieutenant gouverneur et capitaine général de nos Pays Bas et de Bourgogne présent et à venir, et donnons en mandement à noz très chiers et feaux les gens de notre conseil d'estat, chef, présidens et gens de noz privé et grand conseilz, chefz trésorier général et commis de nos domaines et finances, gouverneur de nos villes et chastellenies de Lille, Douay et Orchies, président et gens de notre Chambre des comptes audit Lille et à tous autres noz justiciers et officiers présens et à venir, leurs lieutenants et chacun d'eulx en droit soy et si comme à luy appertiendra et à tous autres noz subjectz, que la dite finance et somme d'argent tauxée et payée, et estant par les dits de nos comptes bien et deuement procédé comme leur mandons de faire à la veriffication et intérinement de cesdites présentes selon leur forme et teneur, ilz facent, souffrent et laissent ledit *Jean Dragon* et sa postérité de léal mariage de notre présente grâce, octroy et annoblissement et de tout le contenu en cesdites présentes, plainement, paisiblement et perpétuellement joyr et user, sans leur faire mestre ou donner ny souffrir estre faict, mis ou donné, ou à aucun d'eulx, contre la teneur de cesdites présentes, contredict, destourbier ou empeschement quelcquonque, car ainsy nous plaist il; nonobstant quelzconques ordonnances, statutz, coustumes, usages et autres choses au contraire, desquelles nous avons relevé et dispensé, relevons et dispensons lesdits de noz finances et de noz comptes et tous autres à qui ce peult toucher et regarder. Et afin que ce soit chose ferme et stable à tousjours, nous avons signé ces présentes de notre main et à icelles faict mestre notre grand scel, saulf en aultres choses notre droist et l'autruy en toutes. Donné en notre ville de Madrid, Royaume de Castille, le XIIe jour du mois de may l'an de grâce 1626 et de noz Règnes le VIe. Ayans ordonné à notre secrétaire d'estat Jacques de Brecht de contresigner ces présentes, ores que la date d'icelles soit de tant d'années antérieure au serment qu'il a presté à cause dudit office, et ce nonobstant quelzconcques nos ordonnances ou restrictions au contraire ausquels nous avons en ce regard dérogué et dérogons par cesdites, paraphé Mule V[t], ainsy signé Philippe et appendoit ausdites lettres ung grand scel de chire vermeille en cordon de soye; sur le ply estoit escript, par le Roy et signé Brecht.

Archives communales de Lille. Registres aux mandements et ordonnances de la Gouvernance de Lille. Registre Albert, pièce 458.

FAREZ

Armes : *d'or au chevron d'azur accompagné de trois mouchetures d'hermines 2 et 1.*

I. — *Olivier* Farez, écuyer, sr de Petit-Bezain, capitaine de cuirassiers au service de l'archiduc Albert, mort le 15 février 1633, à l'âge de soixante-trois ans, et enterré au chœur de l'église de Fontaine-au-Pire, épousa Marie *Pilliaute*, morte en 1643 ; dont, entre autres :

II. — *Antoine* Farez, écuyer, sr de Petit-Bezain (fils puîné), cornette de cavalerie à la compagnie du sieur d'Héroguier, gouverneur de Landrecies, mort en 1643 et inhumé dans l'église de Fontaine-au-Pire, fut père de :

1. — *Olivier-Placide*, qui suit, III.
2. — *N....*, capitaine au régiment d'Humières.

III. — *Olivier-Placide* Farez, écuyer, sr de Ramez, capitaine au régiment de Massiet par commission donnée à Bruxelles le 17 juin 1667, puis capitaine d'une compagnie de gardes appelés « Les manteaux bleus » au régiment du sieur de Monterei, par commission donnée à Bruxelles le 19 avril 1674, puis major de ce régiment, mort de ses blessures à Wavre-en-Brabant le 3 mai 1675, à l'âge de trente-six ans, et inhumé aux grands Carmes de Bruxelles. Épousa à Valenciennes, paroisse Notre-Dame-la-Grande, le 8 août 1671, Catherine-Éléonore *Ledru* [1], fille de Noël et d'Anne *Ballez*, enterrée aux Carmes de Valenciennes le 6 octobre 1726 ; d'où :

1. — *Noël-Olivier*, qui suit, IV.
2. — *Frédéric-Antoine*, décédé paroisse Saint-Géry de Valenciennes le 8 octobre 1696 et inhumé aux Carmes de cette ville.

---

1. Ledru : *échiqueté d'argent et d'azur, au lion de sable armé et lampassé de gueules, couronné d'or, brochant sur le tout.*

IV. — *Noël-Olivier* Farez, écuyer, sr de Ramez, baptisé à Saint-Géry de Valenciennes le 18 mai 1671, légitimé, capitaine d'infanterie aux milices de Flandre par brevet donné à Versailles le 12 novembre 1692, puis trésorier des États de Lille, mort à Lille le 23 octobre 1751, épousa Marie-Thérèse-Angélique *Grulois* [1], décédée le 6 septembre 1737 ; il eut :

1. — *Marie-Catherine-Louise*, baptisée à Saint-Géry de Valenciennes le 4 août 1703, y décédée le 4 septembre suivant.

2. — *Louis-Olivier-Placide*, écuyer, sr d'Ogimont, baptisé à Saint-Géry le 4 août 1704.

3. — *Charles-Antoine-Joseph*, baptisé à Saint-Géry le 26 février 1708.

4. — *Louis-Olivier-Placide*, écuyer, sr d'Ogimont, baptisé à Saint-Géry le 25 juin 1709, créé trésorier de France au bureau des finances de la généralité de Lille le 12 mai 1733, convoqué aux assemblées des nobles de Flandre par ordonnance du 11 décembre 1751, décédé le 12 mai 1764 ; allié : 1° à Marie-Louise-Catherine-Thérèse *le Roy du Quesnel* [2], fille de Barthélemi-Antoine, écuyer, sr de Boisjulien, Cauchois, Francheu, et de Françoise-Catherine *de Leemputte* [3], née à Parenty (Pas-de-Calais), le 14 avril 1705 [4], veuve de Louis-Bon-François *du Chastel de la Howarderie*, décédée à Lille, paroisse Saint-André, le 16 janvier 1763 ; 2° à La Madeleine, en cette ville, le 4 avril 1763, à Marie-Charlotte *du Chambge*, fille de Pierre-François, chevalier, sr d'Elbhecq, et de Marie-Pélagie-Joseph *Fruict*, née le 4 octobre 1734, remariée avec Jacques-Alexandre-Antoine-François *de Courteville de Hodicq* [5], et décédée à Montreuil-sur-Mer le 28 ventôse an V ; sans enfants.

5. — *Noël-Joseph*, écuyer, sr de Faucpelle, baptisé à Saint-André à Lille le 29 décembre 1710, convoqué aux assemblées des nobles par ordonnance du 20 avril 1752.

---

1. Grulois : *de sinople à trois béliers passants d'argent, accornés d'or.*
2. le Roy du Quesnel : *d'azur à une aigle à deux têtes d'or, accompagnée de trois roses du même.*
3. Leemputte : *d'azur à deux étoiles à six raies d'or rangées en fasce.*
4. Communication de M. R. Rodière.
5. Courteville : *d'or à la croix ancrée de gueules.*

1733-1751. — *Pièces fournies par Louis-Olivier-Placide Farez, écuyer, sr d'Ogimont, pour être convoqué aux assemblées des nobles de Flandre.*

A Monsieur, Monsieur le Lieutenant Général civil et criminel de la Gouvernance et Souverain Bailliage de Lille.

Supplie très humblement *Louis Olivier Placide Farez*, Écuier, Seigneur d'Ogimont, disant qu'il a les qualités requises pour être convoqué à l'assemblée des Nobles de cette province comme il conste des pièces jointes, et désirant d'y être admis, il s'addresse à vous, Monsieur, pour que ce considéré il vous plaise ordonner qu'il sera convoqué à ladite assemblée des Nobles de la province en la manière accoutumée, ce faisant &c. Signé Farez d'Ogimont.

Ordonnance. — Veu la présente requête et pièces jointes, conclusions du procureur du Roy ; Nous avons ordonné et ordonnons que le supliant sera inscrit au Rolle de la noblesse de la province et convoqué à ses assemblées et que lesdites requêtes, pièces jointes, ensemble Notre présente ordonnance seront enregistrées au Greffe de ce siège. Fait en Conseil le onze de décembre mil sept cent cinquante-un. Signé J. B. Potteau.

Flandres et Hainau, janvier 1733.

Preuves de la noblesse de *Louis Olivier Placide Farez*, écuier, sieur des Ramées, poursuivant les provisions d'un office de chevalier d'honneur au bureau des finances de Lille.

Un Écu d'or à un chevron d'azur accompagé de trois mouchetures d'hermines posées deux en chef et l'autre à la pointe de l'écu ; casque de deux tiers orné de ses lambrequins d'azur, d'or et de sable.

Premier degré produisant Louis Olivier Placide Farez, 1704.
— Extrait du Registre des Batesmes de la paroisse de St Géri à Valenciennes, portant que *Louis Olivier Placide Farez*, fils de *Noel Olivier Farez*, Écuier, Sieur des Ramées, et de Damoiselle Marie Thérèse Angélique *Gruloos*, sa femme, fut batisé le quatrième du mois d'aout de l'an mil sept cent quatre ; cet extrait signé Hautcœur, prestre, Grand Clercq de ladite Église de St Géri et légalisé.

Deuxième degré, pére et mére: Noel Olivier Farez, sr des Ramées, et Marie Thérèse Angélique Gruloos, sa femme, 1704. — Aveu d'un fief scitué au lieu d'Avelin et mouvant du Roy à cause de sa Salle de Lille, donné à Sa Majesté au bureau des finances et des domaines à Lille le vingt neuviéme de mars de l'an mil sept cent dix huit, par *Noël Olivier Farez*, Écuier, Sieur des Ramées, à cause de damoiselle Marie-Théréze *Gruloos*, sa femme ; cet acte signé : DE BEAUMARET.

Certificat donné le quinze de mars de l'an mil sept cent trente un par le prévot, les Jurés et les Échevins de la ville de Valenciennes portant que *Noël Olivier Farez*, Sieur du petit Bezain et des Ramées, ancien Capitaine dans la milice de Flandres, et fils d'*Olivier-Placide Farez* et de damoiselle Catherine Éléonore *Ledru*, sa femme, étoit notoirement connu pour gentilhomme dans ladite ville où il étoit né et où il avoit demeuré pendant plusieurs années, ce certificat signé GILLARD DU ROZEL et visé par le Sieur Moreau de Sechelles, Maître des requestes et commissaire départi dans la province du Hainaut.

Déclaration faite le neuvieme du mois d'octobre de l'an mil sept cent trente par Jacques Lesage, prêtre, curé de la paroisse de Fontaine au Pire, diocèse de Cambrai, et par quatre des plus anciens habitans dudit lieu, portant qu'il n'y avoit aucun titre ni registre antérieurs à ceux de l'année mil six cent soixante quatorze, mais qu'ils avoient une parfaite connoissance qu'*Olivier Farez*, sieur du Petit Bezaing, Capitaine de cent hommes curassiers au service de l'archiduc Albert, avoit été enterré dans le chœur de ladite église de Fontaine au Pire, à costé de l'évangile, sous une grande tombe de marbre, sur laquelle ils avoient vu gravé un homme de guerre avec son casque en teste, son habillement, son épée au costé et ses bottes ; que ledit *Olivier Farez* avoit eu un fils nommé *Antoine Farez*, sieur du Petit Bezain, cornette de cavaillerie dans la compagnie du sieur Dheroquier, gouverneur de Landrecies, que ledit *Antoine Farez* enterré dans la même église auprès du dit *Olivier Farrez*, son père, avoit eü pour fils *Olivier-Placide Farez*, sieur du Petit Bezain, Capitaine de Cavalerie dans le régiment de Massiette pour le service de Sa Majesté Catolique, puis Capitaine d'une compagnie des Gardes appellés les manteaux bleus, dans le régiment du Sieur de Montavet, gouverneur des Pays Bas ; que ledit *Olivier Placide Farez* fut fait major de ce régiment, et que *Noel Olivier Farez*, son fils, sieur du Petit Bezain et des Ramées, Capitaine d'infanterie dans les milices de Flandres, demeuroit alors dans la ville de Lille ; les deposans ayant ouï dire à leurs ancestres que le fort où les habitans dudit lieu de Fontaine au Pire, avoient renfermez leurs meubles, titres et papiers pour les mettre à l'abri des incendies et des fureurs de la guerre, avoit été entierement pillé, brulé et ruiné ; cet acte reçu par Bancelin, notaire à Cambrai et légalisé.

Donation entrevifs de certains héritages mouvans en fief lige de la seigneurie d'Escaudin, faite le vingt sept du mois de septembre de l'an mil sept cent deux, à *Noël Olivier Farez*, Ecuier, par Damoiselle Caterine-Éléonore *Ledru*, sa mère, veuve d'*Olivier Placide Farez*, Écuier, Capitaine des Gardes à cheval du comte de Monterei, gouverneur et capitaine général des Pays-Bas; cet acte passé devant Bellairmont, bailli de la Justice et Seigneurie d'Escaudin.

Commission de Capitaine d'une Compagnie du Régiment de milice infanterie en Flandres donnée par le Roi à Versailles, le douzieme de novembre de l'an mil six cent quatre vingt douze, à son cher et bien amé le Capitaine *Farez*, en considération des preuves de valeur qu'il avoit montrées dans toutes les occasions, ces lettres signées Louis, contresignées Le Tellier et scellées.

Certificat donné à Valenciennes le vingt septième du mois d'août de l'an mil six cent quatre vingt neuf, par le sieur Valicourt, subdélégué à l'intendance de ladite Ville, portant qu'il connoissoit le sieur *Frédéric Antoine Farez*, natif de la même ville, fils du Sieur *Olivier Placide Farez*, Écuier, sieur de Chatillon, Capitaine et major des Gardes de M. de Monterei, ci-devant Gouverneur général des Pays Bas, et de damoiselle Catherine *Ledru*, sa veuve, qu'il avoit deux ou trois de ses oncles dans le service, l'un desquels étoit Capitaine de cavalerie dans le régiment de M. le Maréchal d'Humiéres et que ceux de cette famille avoient toujours fait profession de noblesse, ce certificat signé Valicourt.

Extrait du Registre des Baptêmes de la paroisse de St Géri à Valenciennes, portant que *Noël Olivier Farez*, fils du sieur *Olivier Placide Farez,* capitaine de cavalerie pour le service du Roy, et de damoiselle Catherine Éléonore *Ledru* sa femme, fut batisé le dix huitiéme jour du mois de mai de l'an mil six cent soixante onze, cet extrait signé Thillez, curé de ladite église de St Géri et légalizé.

Troisième degré, ayeul Olivier Placide Farrez, sgr du Petit Bezain, et Catherine-Éléonore Ledru, sa femme, 1702. — Procuration donnée le vingt cinquième de 7bre de l'an mil sept cent deux, par damoiselle *Catherine Éléonore Ledru*, veuve d'*Olivier Placide Farez*, Ecuier, Capitaine d'une Compagnie de Cavalerie, pour comparoitre devant les bailli et hommes de fiefs de la Terre et Seigneurie d'Ecaudin, et déclarer qu'elle étoit propriétaire d'un fief lige, mouvant de l'abé de St Amant, à cause de sadite seigneurie d'Escaudin, mais qu'elle avoit dessein de se desheriter de ce fief en faveur de *Noël Olivier Farez*, son fils unique, Ecuier; cet acte reçu par Lienar, Notaire à Valenciennes et scellé.

Certificat donné le dix huitiéme de mars de l'an mil sept cent trente, par les prieur, souprieur et discrets de la Communauté des pères Carmes à Valenciennes portant que Noble Damoiselle Caterine

Eléonore *Le Dru*, veuve d'*Olivier Placide Farez*, Ecuier, sieur du Petit Bezain, major de cavalerie au service de Sa Majesté Catolique avoit été inhumée dans le chœur de leur Eglise le sixième jour du mois d'octobre de l'an mil sept cent vingt six, ce certificat duement signé, légalizé et scellé.

Traduction d'une Epitaphe latine étant à côté de l'autel de Ste Croix dans l'église des Grands Carmes à Bruxelles, conçue en ces termes : Ici repose *Olivier Placide Farez*, Ecuier, major des Gardes bleus du Corps du Roi d'Espagne sous le commandement du comte de Monterei et ensuitte lieutenant Colonel du Régiment de cavalerie du vicomte d'Odergne; il étoit petit fils d'*Olivier Farez*, Capitaine de cent Cuirassiers pour le service de l'archiduc Albert et de l'archiduchesse Isabelle, et enterré dans le chœur de l'église paroissialle de la Fontaine au Pire près de Cambrai ; il ne céda en rien à son ayeul tant en courage qu'en expérience pour les armes et digne imitateur d'*Antoine Farez*, son généreux père, après avoir servi le Roi d'Espagne pendant vingt deux ans et s'être signalé dans toutes les occasions ; il mourut regreté universellement et comme un héros chrétien dans la ville de Wavre en Brabant de trois blessures qu'il avoit reçuës en combatant pour sa patrie, le troisième de mai de l'an mil six cent soixante quinze, agé de trente six ans ; cette copie vérifiée sur ladite Epitaphe, gravée sur la pierre sépulcrale, signée WALPOTLNOTZ et légalizée par les bourguemestre, Echevins et Conseil de la ville de Bruxelles.

Commission de Capitaine d'une Compagnie de 150 hommes de cavalerie donnée à Bruxelles le dix neuvième du mois d'avril de l'an mil six cent soixante quatorze, au Capitaine *Farez*, ci-devant capitaine dans le régiment du colonel Massiette, par le comte de Monterei, Lieutenant gouverneur et Capitaine général des Pays Bas et de Bourgogne ; cette commission signée le comte de MONTEREI et plus bas VERREIKEM.

Autre commission en langage flament de capitaine de l'une des trois compagnies de cavalerie allemands ordonnés être levés pour recruter le Régiment du Colonel François de Massiette, donnée à Bruxelles le 17e de Juin de l'an 1667 à *Olivier Farez*, Cornette d'une Compagnie dudit Régiment ; cette Commission signée ROULLERT et scellée.

Quatrième et cinquième degrés. Bisayeul et trisayeul. Antoine Farez, sieur de Petit Bezain, fils d'Olivier Farez, sieur dudit lieu, Cap^{ne} de cent cuirassiers, et de Marie Pilliaute. 1643 et 1633. — Certificat donné au mois de septembre de l'an mil sept cent quinze, par les pasteur, mayeur, échevins et autres habitans du lieu de Fontaine au Pire, près de Cambrai, portant qu'*Olivier Farez*, capitaine de cent hommes cuirassiers, étoit inhumé dans le chœur de l'église paroissiale dudit lieu du coté de l'évangile sous un grand marbre sépulcral où étoit l'inscription suivante :

Ci-gist noble homme *Olivier Farez*, capitaine de cent hommes cuirassiers au service de Sa Majesté Catolique, mort le quinzième de février de l'an mil six cent trente trois, agé de soixante trois ans.

Qu'a côté dudit marbre reposoit aussi le corps de Dame Marie *Pilliaute*, sa femme, laquelle trépassa l'an mil six cent quarante trois et que dessous ledit marbre etoit pareillement inhumé *Antoine Farez*, leur fils puisné, vivant cornette de cavalerie au service de Sa Majesté catolique dans la compagnie de M. Dhéroguier, lequel *Antoine Farez* trépassa l'an mil six cent quarante-trois, ce certificat duement signé et légalizé.

Nous, Louis Pierre D'hozier, juge général d'armes de France, Chevalier de l'Ordre du Roi, son conseiller, maître ordinaire en sa chambre des Comptes de Paris, généalogiste de la maison et des écuries de Sa Majesté et de celles de la Reine, certifions au Roi et à Monseigneur le Garde des Sceaux de France, qu'en conséquence des actes ci-dessus énoncés ledit *Louis Olivier Placide Farez*, Ecuier, sieur des Ramées, peut sous le bon plaisir de Sa Majesté être admis aux provisions de l'office de Chevalier d'honneur au bureau des finances et chambre du domaine à Lille en Flandres, en témoignage de quoy nous avons signé le présent acte et nous y avons mis l'empreinte du sceau de nos armes. A Paris, le samedi trente-unième jour du mois de janvier de l'an mil sept cent trente trois, signé *Dhozier* et scellé et plus bas étoit écrit enregistré, au greffe du bureau des finances de la généralité de Lille, fol. 5 du 2ᵉ Reg. de l'Institution dudit bureau.

> Archives communales de Lille. Registres aux mandements et ordonnances de la Gouvernance. Registre violet, pièce 21, folio 33 r° et suivants.

FRUICT

ARMES ANCIENNES : *d'or à la fasce de gueules chargée de trois lions d'argent, accompagnée en chef de trois grenades de sinople tigées et feuillées du même et ouvertes de gueules, et en pointe d'une grappe de raisin d'azur tigée et feuillée de sinople.* — A la fin du XVIIe siècle ces armes furent remplacées par les suivantes : *d'or à un pommier de sinople fruité au naturel sur une terrasse de sinople.*

Famille originaire des environs de Douai.

A la fin du XVe siècle nous trouvons les premières mentions de cette famille. *Laurent* FRUY, né à Raisse [1], allié à Jeanne *Rohault*, native de Douai, acheta la bourgeoisie de cette ville le 6 mai 1476 ; il avait alors une fille, *Hanain*, âgée de six mois. *Jacquemars* FRUY, peut-être frère de Laurent, né à Raisse, épousa Chrétienne *Ghennot* et acheta la bourgeoisie de Douai le 4 avril 1480. Depuis lors nous rencontrons souvent le nom de *Fruy, Fruict*, soit dans les registres aux bourgeois, soit dans les extraits d'actes de Bommart. Ce sont : *Jacqueline* FRUY, née à Douai, mariée avec Jacques *Le Flameng* dit *de Boulx*, natif de Carvin, bourgeois de Douai par achat du 2 septembre 1514 et père alors d'une fille *Jeannette*, âgée de trois ans. — *Jean* FRUYT, né à Douai, bourgeois en janvier 1521 (n. st.), époux de Marie *Faucqueur*. — Philippe *de Rontenay*, fille d'Eustache, veuve en 1565 de Nicolas FRUICT, dont elle avait une fille, *Marie*, à marier, et un fils, *Nicolas*, en bas âge. — *Philippe* FRUICT marié, en 1570, à Marguerite *Cresteau*, fille de Marc et de feue Jeanne *Cuvelier*. — *Noelle* FRUICT, en 1575, veuve d'Inglebert *Dubois* et d'Allard *de Saint-Pol*. — *Thomas* FRUICT, beau-fils de Pierre *Deleussauch* et de Marguerite *Dupœutich*, cité

---

1. Sans doute Raches.

en 1575. — *Wallerand* Fruict, fils de *Louis*, né à Bapaume vers 1545, allié à Judith *de Vauchelles*, fille d'Antoine, et bourgeois de Douai le 21 juillet 1574. — *Nicolas* Fruict, fils de feu *Jean* et de Marguerite *Deraisse*, époux de Jeanne *Deleporte* en 1576. — *Marie* Fruict, veuve avec enfants d'Antoine *Berthe* en 1585. — *Venant* Fruict, mort avant 1616, épousa Isabeau *Doby*, fille de Maurice et d'Antoinette *Le Vasseur*, dont il eut : *Jean* et *Maurand*, né en novembre 1596. — *Nicolas* Fruict eut de Philippine *de Boutemy* : *Nicolas*, né vers 1554, et *Marie*, décédée veuve d'Antoine *Doby*, dont elle avait eu postérité. — *Nicolas* Fruict, mort après 1597, s'allia à Isabeau *Dumont*, fille d'Antoine et de Jeanne *Taisnier* ; elle était remariée avec Thomas *Thison* en 1606.

Divers contrats de mariage et de partage nous fournissent encore le fragment suivant : *Nicolas* Fruict épousa, en premières noces, Marie *Bernard*, fille de Louis et de Marguerite *Leroy*, dont il eut :

1. — *Nicolas*, marié par contrat à Douai, le 11 novembre 1608, à Catherine *Duflos*, fille de Nicolas et de Jacqueline *Cottel*; elle se remaria avec Josse *Hoghe* et vivait encore en 1633. Elle eut du premier lit :

    a. — *Marie*, alliée par contrat du 31 mai 1633, à Adrien *de Vauchelles*, fils d'Adrien et de Jacqueline *Dupont*.

2. — *Louis*, marié par contrat à Douai, le 7 mai 1608, avec Jacqueline *de Saint-Vaast*, fille de Denis et d'Antoinette *du Fresne* ; d'où une fille : *Catherine*, alliée par contrat du 28 avril 1638, à Guillaume *de Lannoi*, fils de Daniel et de Jeanne *Bourguignon*.

3. — *Antoine*.

La généalogie certaine de cette famille commence au milieu du XVIe siècle.

I. — *Thomas* Fruict, mort avant 1566, épousa Anne *de Farbus* qui vivait encore en 1585 ; il eut :

1. — *Jean*, qui suit, II.
2. — *Bon*, vivant à Douai en 1566.
3. — *Maurand*, vivant encore à Douai en 1613.
4. — *Jeanne*, dite à marier en 1570.

II. — *Jean* Fruict, décédé avant novembre 1588, épousa Anne *Dumortier*, qui était âgée de soixante-quatre ans en 1592 ; d'où :

1. — *Romain*, qui suit, III.

2. — *Annette.*

3. — *Guillemette*, alliée à Antoine *Sallet*, dont elle était veuve avec enfants en 1590. Elle testa le 13 août 1593.

III. — *Romain* FRUICT, né à Douai vers 1547, s'établit à Lille pour son commerce, acheta la bourgeoisie de cette ville le 2 novembre 1588, fut capitaine d'une compagnie bourgeoise et eut de Marie *Le Mesre* :

1. — *Jean*, né à Douai, marchand, bourgeois de Lille par achat du 5 octobre 1601, mort avant 1633; allié en 1602, à Marguerite *Bacler*, dont il eut :

    a. — *Bon*, baptisé à Saint-Maurice le 2 mars 1609.

    b. — *Bon*, baptisé à Sainte-Catherine le 26 avril 1610, jésuite en 1633.

    c. — *Françoise*, baptisée à Sainte-Catherine le 11 juillet 1612, mariée à Saint-Étienne, le 22 septembre 1634, avec Gilles *Cardon*, fils de Gilles et de Péronne *de Fourmestraux*, baptisé à Saint-Étienne le 28 juin 1608, bourgeois de Lille par relief du 22 février 1635, enterré au chœur de Saint-Pierre le 6 septembre 1700 ; dont postérité.

    d. — *Jean-Baptiste,* baptisé à Saint-Maurice le 3 mars 1615.

    e. — *Jean-Baptiste*, baptisé à Saint-Maurice le 11 juillet 1616.

2. — *Bon*, qui suit, IV.

3. — *Guillaume*, qui suivra, IV bis.

4. — *Romain*, qui suivra, IV ter.

5. — *Marie.*

6. — *Françoise.* Ces six enfants étaient nés avant novembre 1588.

7. — *Gilles*, baptisé à Saint-Étienne le 28 février 1589.

8. — *Agnès*, alliée à Saint-Maurice, le 26 janvier 1614, à Gilles *de Vendeville*, fils de Nicolas et d'Anna *Bertes*, bourgeois de Lille par relief du 3 avril 1614, marchand, décédé paroisse Saint-Maurice le 15 juin 1634 ; dont postérité.

IV. — *Bon* FRUICT, né à Douai, marchand, bourgeois de Lille par achat du 5 octobre 1601, épousa à Saint-Maurice, le .. février 1603, Marie *Poulle*, fille de Pierre, sr de la Chaussée, et de Jeanne *Berthaut* dite *de Hollande*, baptisée dans cette église le 2 octobre 1588, y décédée le 28 août 1671 ; d'où :

1. — *François*, licencié ès droits, bourgeois de Lille par relief du 12 septembre 1637, marié à Saint-Maurice, le 24 novembre 1636, avec Anne *Blondel*, fille de Guillaume et de Marie *Dupont*, bap-

tisée à Saint-Étienne le 11 juillet 1618 ; remariée avec Philippe *de Hauport* et morte à Tournai, paroisse Saint-Brice, le 24 avril 1688 ; d'où :

 a. — *Marie-Anne*, baptisée à Saint-Maurice le 22 décembre 1637, morte le 10 septembre 1679, mariée à Saint-Étienne, le 2 décembre 1656, avec Ponthus-François *de Broide*, écuyer, s^r d'Aversquerck, fils de Pierre, écuyer, s^r de Wallutle, et de Marie *Le Carlier*, bourgeois de Lille par achat du 2 mars 1657 ; dont postérité.

 b. — *Catherine*, baptisée à Saint-Maurice le 27 novembre 1639.

 c. — *Françoise*, baptisée à Saint-Maurice le 3 avril 1642, y décédée le 28 novembre 1680 ; alliée : 1° dans la même église, le 25 mai 1660, à Pierre *de Clippelle* [1], fils de Pierre et d'Adrienne *de Rocques*, baptisé à Sainte-Catherine le 2 septembre 1636, bourgeois de Lille par relief du 17 décembre 1660 ; 2° à François-Remy *Fruict* (cf. *infra*).

2. — *Jeanne*, baptisée à Saint-Maurice le 27 septembre 1606, y décédée veuve le 15 mars 1668, mariée à Saint-Maurice, le 5 février 1628, avec Jacques *de Rocques*, fils de Pierre et d'Isabeau *de la Haye*, bourgeois de Lille par relief du 12 octobre 1628.

3. — *Marguerite*, baptisée à Saint-Maurice le 22 janvier 1609.

4. — *Françoise*, baptisée à Saint-Maurice le 9 novembre 1610, morte paroisse Saint-Pierre le 23 avril 1674, alliée à Saint-Maurice, le 29 mai 1636, à François *Potteau*, fils de Denis et de Catherine *de Fourmestraux*, baptisé à Saint-Étienne le 13 octobre 1610, bourgeois de Lille par relief du 13 octobre 1636 ; dont postérité.

5. — *Remi*, qui suit, V.

6. — *Allard*, baptisé à Saint-Maurice le 14 mai 1623.

7. — *Jean*, décédé paroisse Saint-Maurice le 21 août 1657.

V. — *Remi* Fruict, baptisé à Saint-Maurice le 29 octobre **1616**, capitaine d'une compagnie bourgeoise, bourgeois de Lille par relief du 20 janvier **1643**, échevin de cette ville, épousa à Sainte-Catherine, le 17 octobre **1642**, Pétronille *Castelain*, fille de Guillaume et de Marie *Bave*, baptisée dans cette église le 9 mai **1624** ; d'où :

1. — *Marie*, baptisée à Sainte-Catherine le 17 septembre 1644.

2. — *Marie*, baptisée à Saint-Étienne le 30 octobre 1646.

---

1. Clippelle : *d'azur au chevron d'or, accompagné en chef de deux étoiles à six rais et en pointe d'une aigle du même.*

3. — *Jeanne*, baptisée à Saint-Étienne le 14 septembre 1648.

4. — *François-Remi*, qui suit, VI.

5. — *Jean-Guillaume*, baptisé à Saint-Étienne le 23 février 1653, capitaine au régiment de Guines, puis à celui de Souastre cavalerie, mort le 1er avril 1717; allié à Sainte-Catherine, le 27 octobre 1711, à Marie-Joseph *Butin*, fille de Martin et de Jeanne-Françoise *Cordier*, baptisée à Saint-Étienne le 5 août 1679, morte paroisse Saint-Pierre le 5 octobre 1742; d'où :

    a. — *François-Hyacinthe-Druon*, baptisé à Sainte-Catherine le 3 mai 1707, légitimé par mariage subséquent.

    b. — *Marie-Anne-Joseph*, baptisée à Sainte-Catherine le 28 juillet 1709, légitimée par mariage subséquent, décédée paroisse Saint-André le 15 août 1769; alliée à Saint-Étienne, le 20 octobre 1737, à Louis-Floris *Mariaval*, écuyer, s^r d'Hesdaing, fils de François-Dominique, écuyer, conseiller secrétaire du Roi, et de Jeanne-Catherine *Cardon*, baptisé à Saint-Sépulcre de Saint-Omer le 14 avril 1703, bourgeois de Lille par relief du 23 mai 1738, convoqué aux assemblées des nobles par ordonnance du 7 octobre 1734, décédé paroisse Saint-André le 8 février 1767; dont postérité.

    c. — *Jean-Joseph*, s^r d'Hallennes, bourgeois de Lille par relief du 29 octobre 1733 [1], échevin de cette ville, nommé conseiller secrétaire du Roi, audiencier en la chancellerie d'Artois le 3 mars 1735 [2], décédé paroisse Saint-Étienne le 7 avril 1767, allié à Saint-André, le 19 janvier 1732, à Marie-Florence-Austreberthe *Mariaval*, sœur de Louis-Floris, baptisée à Saint-Sépulcre de Saint-Omer le 22 novembre 1704, décédée paroisse Sainte-Catherine le 22 juillet 1776; dont:

        aa. — *Marie-Louise*, baptisée à Sainte-Catherine le 24 mai 1733, morte à Lille le 11 février 1814; mariée dans la dite église, le 5 novembre 1771, avec Jacques-Gilbert *de Pierre* [3], écuyer, fils de Joseph, écuyer, s^r de Planaize,

---

[1]. En vertu d'apostille par laquelle feu son père a été relevé du défaut de n'avoir pas relevé sa bourgeoisie. Il dut payer 50 florins aux Invalides.

[2]. Il obtint des lettres de vétérance le 24 juin 1755 et fut convoqué aux assemblées des nobles par ordonnance du 27 novembre 1755.

[3]. DE PIERRE : *d'azur à trois épis tigés d'or rangés en fasce, au chef d'argent*.

    I. — *Jean* DE PIERRE, fils d'*Antoine*, fut pourvu d'une curatelle le 20 octobre 1504 ; il eut :

    II. — *Antoine* DE PIERRE, marié, par contrat du 20 juillet 1530, avec Isabelle *de Fay*, il testa le 16 mai 1548 et laissa :

    III. — *François* DE PIERRE, allié à Marguerite *de Males*, qui lui donna trois enfants : (voir page suivante).

et de Marie-Françoise *Jarry*, baptisé à Sancerre (Cher) le 6 octobre 1729, capitaine au régiment d'Enghien infanterie, chevalier de Saint-Louis, convoqué aux assemblées des nobles de Flandre par ordonnance du 22 octobre 1778, mort à Saint-Germain-en-Laye le 3 vendémiaire an VII ; dont une fille.

bb. — *Marie-Pélagie-Joseph*, baptisée à Saint-Étienne le 20 juin 1735, mariée dans cette église, le 15 septembre 1766, avec Jean-Baptiste-Charles-André-Hyacinthe *Chappe de la Henrière*, fils de Jean-Baptiste-André, conseiller du Roi, receveur des finances au département d'Étaing, et de Marguerite-Charlotte *Hurault*, né à Étaing en Lorraine en 1741, officier au régiment de Piémont.

cc. — *Marie-Françoise-Rose-Joseph*, baptisée à Saint-Étienne le 20 octobre 1736, y décédée le 16 juin 1738.

dd. — *Marie-Louis-Joseph*, baptisé à Saint Étienne le 15 septembre 1737, y décédé le 14 juin 1738.

d. — *Marie-Pélagie-Joseph*, mariée à Saint-Étienne, le 25 juillet 1728, avec Pierre-François *du Chambqe*, chevalier, sr d'Elbhecq, fils de Simon-Pierre, écuyer, sr du Fay, Liessart, et de Marie-Christine *Cardon*, baptisé à Saint-Pierre le 11 novembre 1695, bourgeois de Lille par relief du 11 mars 1729, décédé paroisse Saint-Étienne le 15 décembre 1742. Elle décéda sur la même paroisse le 22 juin 1743 ; dont postérité.

---

1. — *Catherine*, épouse de Bertrand *Dataissi*.
2. — *Bertrand*.
3. — *Balthazar*, qui suit, IV.

IV. — *Balthazar* DE PIERRE, épousa par contrat, à Vontressac, le 4 février 1620, Marguerite *Gallien*; dont il eut :
  1. — *François*.
  2. — *Jacques*, marié le 1er février 1651, avec Claire *d'Ossendon*.
  3. — *Balthazar*, qui suit, V.

V. — *Balthazar* DE PIERRE, né et ondoyé le 15 novembre 1638, baptisé à Vontressac (diocèse du Puy) le 6 septembre 1642 (date indiquée par son petit-fils), épousa le 2 mai 1672, à Retournac, Gabrielle *de Rochebonne*, fille de Nicolas, sr de la Borange ; d'où :

VI. — *Joseph* DE PIERRE, écuyer, sr de Planaize, baptisé à Retournac le 17 août 1682, marié par contrat, à Angillon, le 8 juin 1725, avec Françoise *Jarry*, fille de Marie, avocat en Parlement, et de Françoise *Desbana* ; dont il eut :

VII. — *Jacques-Gilbert* DE PIERRE, écuyer (cf. ci-dessus), père de :

  a. — *Marie-Eugénie-Joseph*, baptisée à Sainte-Catherine le 17 novembre 1772, mariée à Saint-André, le 11 décembre 1787, avec Paul *Pissonnet de Bellefonds*, chevalier, sr de Lancreau, fils d'André-Édouard, sr de Lancreau, La Jousselinière, Reuil Bouteille, La Rivière, et de Claude-Honorée *Lefebvre de Chasle*, né à Saint-Michel-du-Tertre d'Angers en 1759, officier au régiment d'Auvergne, père de *Paul-Louis*, baptisé à Saint-André le 30 septembre 1788.

  b. — *Gilbert-César-Joseph-Marie*, baptisé à Sainte-Catherine le 15 octobre 1774.

6. — *Françoise*, baptisée à Saint-Étienne le 8 août 1655.
7. — *Philippe*, baptisé à Saint-Étienne le 14 juin 1659, jésuite.
8. — *André-Isidore*, baptisé à Saint-Étienne le 6 décembre 1662, chanoine d'Harlebecq.
9. — *Ignace-François*, baptisé à Saint-Étienne le 29 janvier 1666, dominicain.

VI. — *François-Rémi* Fruict, baptisé à Saint-Étienne le 31 janvier 1651, avocat, puis greffier des États de Lille, bourgeois de cette ville par relief du 16 mai 1680, décédé paroisse Saint-Maurice le 16 octobre 1720; épousa : 1º à Saint-Maurice, le 25 février 1680, Françoise *Fruict*, fille de François et de Claire *Blondel*, baptisée à Saint-Maurice le 3 avril 1642, veuve de Pierre *de Clippelle*, décédée paroisse Saint-Maurice le 28 novembre 1680 ; 2º à Saint-Étienne, le 4 juin 1696, Marie *Ricourt*, fille d'Hugues et d'Élisabeth *Ramery*, baptisée à Saint-Maurice le 21 avril 1663, y décédée le 12 décembre 1743 ; d'où :

1. — Du second lit : *Jean-François*, baptisé à Saint-Maurice le 13 avril 1697, greffier des États de Lille, décédé célibataire même paroisse le 26 décembre 1767.
2. — *Bon*, qui suit, VII.
3. — *Catherine-Françoise*, baptisée à Saint-Maurice le 26 mai 1700, morte le 21 février 1777 ; alliée dans cette église, le 23 août 1723, à Jean-Baptiste *Potteau*, s^r d'Escamain, fils de François et de Marguerite *Grenu*, baptisé à Sainte-Catherine le 17 mars 1694, bourgeois de Lille par relief du 7 février 1724, greffier de la gouvernance, anobli par l'achat d'une charge de conseiller secrétaire du Roi, décédé le 4 octobre 1768 et inhumé ainsi que sa femme dans la grande nef à Sainte-Catherine ; dont postérité.
4. — *Marie-Thérèse*, baptisée à Saint-Maurice le 21 mars 1702.
5. — *Hugues-Romain*, baptisé à Saint-Maurice le 2 juillet 1707, prêtre, décédé paroisse de La Madeleine le 20 septembre 1782.

VII. — *Bon* Fruict, s^r du Riez, baptisé à Saint-Maurice le 10 janvier 1699, bourgeois de Lille par relief du 27 octobre 1729, conseiller au bailliage, administrateur de la Noble-Famille, inhumé à Saint-Maurice le 21 novembre 1741 ; épousa à La Madeleine, le 24 juillet 1729, Marie-Anne *Cardon*, fille d'Antoine, s^r du Jardin, et d'Isabelle *Mertens*, baptisée dans cette église le 29 février 1692, morte le 14 juin 1764 et inhumée à Saint-Pierre, vis-à-vis la chapelle de Saint-Martin ; d'où :

1. — *Marie-Charlotte-Joseph*, baptisée à Saint-Maurice le 3 juin 1730; alliée à Saint-Pierre, le 6 juin 1756, à César-Auguste-Joseph-Marie *Hespel*, écuyer, s^r de Guermanez, fils de Ferdinand-Ignace, écuyer, s^r de Lestoquoy, et de Marie-Élisabeth *de Fourmestraux*, baptisé à Saint-Étienne le 12 décembre 1726, bourgeois de Lille par relief du 26 octobre 1756, conseiller pair des pays de Hainaut, échevin, rewart, et mayeur de Lille, décédé le 11 mars 1805 ; dont postérité.
2. — *Bon-François-Joseph*, qui suit, VIII.
3. — *Romain-Joseph*, baptisé à Saint-Maurice le 11 août 1733, y décédé le 30 décembre 1737.
4. — *Catherine-Philippine*, baptisée à Saint-Maurice le 29 octobre 1734, y décédée le 24 novembre 1737.

VIII. — *Bon-François-Joseph* FRUICT, s^r du Riez, baptisé à Saint-Maurice le 19 mars 1732, bourgeois de Lille par relief du 30 décembre 1760, greffier des États de Lille, anobli par lettres données à Versailles en mars 1775, mort à Lille le 18 mai 1807 ; épousa à Sainte-Catherine, le 19 mai 1760, Marie-Joseph *de Fourmestraux*, fille de Louis-Joseph, s^r d'Oosthove, Hancardrie, trésorier de France, et de Marie-Virginie *Poulle*, baptisée à Saint-Maurice le 27 juin 1735, morte le 15 février 1807. Celle-ci avait quitté Lille en 1792 et s'était fixée à Gœulzin près Douai, auprès de son gendre ; elle fut portée sur la liste des émigrés, mais elle en fut rayée le 12 messidor an IX, en considération de ce qu'elle était aveugle [1]. Il eut :

1. — *Bon-Joseph*, écuyer, baptisé à Saint-Pierre le 19 février 1761, vivant à Versailles en 1836.
2. — *Virginie-Françoise-Joseph*, baptisée à Saint-Maurice le 17 novembre 1762, morte à Douai le 2 mars 1846 ; mariée à Saint-Maurice, le 9 janvier 1786, avec Louis-Hyacinthe-Joseph *Taffin* [2], écuyer, s^r d'Heursel, fils de Jean-Charles-Louis, écuyer, s^r de Gœulzin, et de Marie-Louise-Virginie *de Flandre*, baptisé à Saint-Pierre le 18 juillet 1756, lieutenant au régiment de Bresse, bourgeois de Lille par achat du 5 mai 1786, mort à Gœulzin le 28 octobre 1801 ; dont postérité.
3. — *Alexis-Joseph*, écuyer, s^r des Parcqs, baptisé à Saint-Maurice le 28 janvier 1764, mort à Douai le 28 avril 1845 ; marié à Lille, le

---

1. Archives départementales du Nord. M. IV, a 2, 18.
2. TAFFIN : *de gueules au pairle d'hermines.*

27 mai 1812, avec Marie-Julie-Aldegonde *Boucquel de Beauval*[1], fille de Jean-Ghislain-Marie, chevalier, et de Marie-Françoise-Hyacinthe *Imbert de la Basecque*, née à Arras le 13 décembre 1787, morte à Lille le 21 janvier 1851 ; d'où :

    a. — *Narcisse* (dite *Nanine*)-*Marie*, née à Lille le 1er avril 1813, y décédée célibataire le 5 novembre 1886.

    b. — *Marie-Élisabeth-Georgine*, née à Lille le 14 avril 1815, y décédée le 4 octobre 1896 ; mariée dans cette ville, le 24 août 1836, avec Auguste-Louis *Barbier de la Serre*, écuyer, fils de Nicolas-Auguste-Louis et de Sophie-Joseph *Beaussier*, né à Lille le 22 mai 1804, décédé le 28 février 1876 au Nieppe (Nord) ; dont postérité.

    4. — *Sébastienne-Alexandrine*, baptisée à Saint-Maurice le 12 février 1766, rayée de la liste des émigrés le 12 messidor an IX, morte célibataire à Lille le 5 juillet 1838.

    5. — *Louis-François de Sales*, qui suit, IX.

IX. — *Louis-François de Sales* FRUICT, écuyer, s^r de Morenghes, baptisé à Saint-Maurice le 30 juin 1767, capitaine des gendarmes du Roi, chevalier de Saint-Louis, mort à Verdun le 21 septembre 1828, épousa à Thonne-les-Prés, près Montmédy, le 26 décembre 1815, Marie-Scholastique-Pierre-Amélie *Jehannot de Crochart*, fille de Frédéric, chevalier de Saint-Louis, ancien trésorier des guerres, et de Gabrielle-Félicité-Julienne *de Courlo*, née à Lille le 14 mars 1795, morte à Thonne-les-Prés le 3 janvier 1860 ; d'où :

    1. — *Gabrielle-Alexandrine*, née à Thonne le 25 avril 1817, morte à Thonne-les-Prés le 28 mars 1860, alliée audit lieu, le 19 juin 1836, à Jean-Philippe *Meslier de Rocan*, fils de Jean-Baptiste, sous-intendant militaire, et de Barbe-Élisabeth *Henry d'Aulnois*, né à Mézières le 24 fructidor an XI, officier du génie, décédé à Metz le 26 janvier 1865 ; dont postérité.

    2. — *Alexis-Bon-Eugène*, qui suit, X.

X. — *Alexis-Bon-Eugène* FRUICT DE MORENGHES, écuyer, né à Thonne-les-Prés le 15 octobre 1818, y décédé le 17 février 1860, épousa, le 12 octobre 1846, Cornélie-Julie-Marie *Taffin d'Heursel*, fille d'Hyacinthe-Joseph-Bon et de Virginie-Antoinette-Angéline *Taffin*, née à Douai le 7 février 1822, veuve de Pierre-Gustave-

---

1. BOUCQUEL DE BEAUVAL : écartelé : aux *1 et 4*, de gueules à l'écusson d'argent ; aux *2 et 3*, d'azur à la fasce d'or.

Adolphe *Lambrecht*, décédée à Thonne-les-Prés le 7 mars 1895 ; d'où :

1. — *Gabrielle-Marie-Thérèse*, née à Thonne le 18 décembre 1851, mariée à Thonne-les-Prés le 23 mai 1871 avec Victor-Marie-Albert baron *de Benoist*, fils de Victor-Louis, baron de Benoist, et d'Ursule-Célestine-Fanny *de Billault*, né à Waly le 17 mai 1843, auditeur au Conseil d'État, puis sous-préfet de Pamiers ; dont postérité.

2. — *Bon-Louis-Georges*, mort à Thonne-les-Prés le 28 mars 1860 à l'âge de neuf ans.

3. — *Marie-Françoise-Amélie*, née à Thonne le 25 février 1854, mariée à Thonne-les-Prés le 9 juillet 1872 avec Charles-Marie-Jules baron *de Benoist*, frère du précédent, né à Waly le 13 mai 1842, colonel de cavalerie le 11 mars 1888, devenu général de brigade en 1893, chevalier de la Légion d'honneur, mort à Lausanne le 22 janvier 1904 ; dont postérité.

IV bis. — *Guillaume* FRUICT, né à Douai, s^r d'Hargerie, marchand, acheta la bourgeoisie de Lille le 5 octobre 1601 ; il épousa à Saint-Étienne, le 2 juin 1612, Jeanne *Poulle*, fille de Rémi et de Marie *de la Porte*, baptisée dans cette église le 12 octobre 1593 ; d'où :

1. — *Jean*, baptisé à Saint-Étienne le 20 avril 1613.
2. — *Marie*, baptisée à Saint-Étienne le 2 novembre 1614.
3. — *Agnès*, baptisée à Saint-Étienne le 4 septembre 1616.
4. — *Remi*, qui suit, V.
5. — *Anne-Jeanne*, baptisée à Saint-Étienne le 23 février 1624.

V. — *Remi* FRUICT, s^r d'Hargerie, bourgeois de Lille par relief du 20 août 1657, conseiller pensionnaire de cette ville, mort le 28 juin 1673, épousa à Saint-Étienne, le 17 juin 1657, Catherine *du Mortier* [1], fille de Michel et de Françoise *Bridoul*, baptisée à Saint-Étienne le 10 juillet 1639, décédée le 13 août 1710 et inhumée à Saint-Étienne dans la chapelle Saint-Liévin ; dont :

1. — *Pierre-Remi*, baptisé à Saint-Étienne le 5 janvier 1660.
2. — *Marie-Joseph*, baptisée à Saint-Étienne le 29 septembre 1662.
3. — *Marie-Catherine*, baptisée à Saint-Étienne le 16 août 1664, morte le 14 décembre 1691.
4. — *Pierre-Remi-Joseph*, baptisé à Saint-Étienne le 18 août 1665, ministre général de la Bourse commune des pauvres, décédé

---

1. DU MORTIER : *échiqueté d'or et d'azur*.

le 18 mars 1716 et inhumé à Saint-Étienne dans la chapelle Saint-Liévin.

5. — *Marie-Françoise*, baptisée à Saint-Étienne le 5 février 1667.

6. — *Marie-Madeleine-Thérèse*, baptisée à Saint-Étienne le 11 février 1668, décédée paroisse de La Madeleine le 10 octobre 1741, alliée à Saint-Étienne, le 28 juin 1700, à Pierre-Antoine *Wacrenier*, sr d'Escornette, Urtembus, fils de Romain et de Marie-Françoise *Cardon*, baptisé à Saint-Étienne le 17 janvier 1668, bourgeois de Lille par relief du 3 novembre 1700, échevin de cette ville, mort paroisse de La Madeleine le 23 avril 1729 ; dont postérité.

7. — *Michel-François*, baptisé à Saint-Étienne le 24 février 1669.

IV ter. — *Romain* Fruict, né à Lille, marchand, acheta la bourgeoisie de cette ville le 7 novembre 1603, fut échevin et épousa à Saint-Étienne, le 7 janvier 1610, Barbe [1] *Bave*, fille de Jean et de Barbe *de la Brande*, baptisée dans cette église le 25 janvier 1594; il eut :

1. — *Marie*, baptisée à Saint-Maurice le 20 septembre 1612.

2. — *Romain* [2], baptisé à Saint-Maurice le 2 avril 1614, bourgeois de Lille par relief du 12 septembre 1637, échevin en 1651, décédé paroisse de La Madeleine le 30 avril 1684, allié à Saint-Pierre, le 9 juin 1637, à Catherine *Potteau*, fille de Denis et de Catherine *de Fourmestraux*, baptisée à Saint-Étienne le 20 juin 1617, décédé paroisse Saint-Pierre le 25 octobre 1647 ; d'où :

    a. — *Romain*, baptisé à Saint-Pierre le 3 avril 1638.

    b. — *Romain*, baptisé à Saint-Pierre le 31 juillet 1640, bourgeois de Lille par relief du 26 janvier 1693, contrôleur de la recette des États de Lille, décédé paroisse Sainte-Catherine le 9 septembre 1712, marié à Saint-Étienne, le 17 septembre 1692, avec Antoinette-Catherine *Grenu*, fille de Jean-Baptiste et d'Antoinette *Castellain*, baptisée à Saint-Étienne le 10 janvier 1665, morte paroisse Sainte-Catherine le 27 juillet 1729 ; sans enfants.

    c. — *Marie-Catherine*, baptisée à Saint-Pierre le 29 décembre 1642, morte le 29 avril 1714 ; alliée à La Madeleine, le 27 janvier 1672, à Édouard *Ingiliard*, sr du Plouy, des Wattines, fils de Julien et de Françoise *Mans*, baptisé à Saint-Étienne le 26 avril 1620, bourgeois de Lille par relief du 2 mars

---

1. Il y a confusion dans les registres ; tous les enfants de Romain Fruict sont dits enfants de Marguerite Bave, tant à l'état-civil qu'aux registres aux bourgeois, tandis que l'acte de mariage porte bien Barbe Bave.

2. Il testa avec sa femme le 7 février 1647 devant Me Maximilien Lefebvre.

1672, échevin, puis trésorier de France en janvier 1693, anobli par lettres données à Versailles en juillet 1697, décédé après 1703 ; dont postérité.

    d. — *Marie-Jeanne*, baptisée à Saint-Pierre le 15 mars 1646, décédée paroisse Sainte-Catherine le 17 mars 1721, mariée à La Madeleine, le 24 juillet 1668, avec Philippe *Cardon*, sr du Bourg, fils de Michel, sr du Broncquart, et d'Antoinette *Desbuissons*, baptisé à Saint-Étienne le 27 octobre 1640, bourgeois de Lille par relief du 16 novembre 1668, enterré à Sainte-Catherine le 26 mars 1721 ; dont postérité.

    e. — *Marie-Thérèse*, décédée paroisse Saint-Maurice le 15 décembre 1728.

    3. — *Claire*, baptisée à Saint-Maurice le 5 juillet 1615, morte le 8 novembre 1652, alliée à Saint-Maurice, le 18 juin 1636, à Jacques *Wacrenier*, fils de Jacques et de Marie *Waignon*, baptisé à Saint-Étienne le 14 juillet 1614, bourgeois de Lille par relief du 3 octobre 1636, mort le 28 février 1684, et enterré, ainsi que sa femme, dans la chapelle Saint-Liévin à Saint-Étienne ; dont postérité.

    4. — *Marie*, baptisée à Saint-Maurice le 23 juillet 1618, mariée dans cette église, le 22 février 1642, avec Jean *Parent*, fils de François et de Jacqueline *Le Boucq*, bourgeois par relief du 8 mai 1642 ; dont postérité.

    5. — *Agnès*, baptisée à Saint-Maurice le 1er août 1619.

    6. — *Marguerite*, baptisée à Saint-Maurice le 25 février 1626, décédée paroisse de La Madeleine le 5 mai 1699, mariée dans cette église, le 9 octobre 1646, avec Alard *Fasse*, fils de Jacques et d'Antoinette *Letarbaro*, baptisé à Sainte-Catherine le 16 septembre 1624, bourgeois de Lille par relief du 13 novembre 1646 ; dont postérité.

    7. — *Gilles*, qui suit, V.

    8. — *Françoise*, baptisée à Saint-Maurice le 17 novembre 1632.

    V. — **Gilles** Fruict, baptisé à Saint-Maurice le **23 février 1629**, sr de Frémicourt, bourgeois de Lille par relief du **16 mai 1659**, mort paroisse Saint-Étienne le **6 juillet 1697**, épousa Catherine *Jacops*, fille de Nicolas et de Marie *Robert*, baptisée à Saint-Maurice le **26 août 1629**, décédée paroisse de La Madeleine le **20 avril 1708** ; d'où :

    1. — *Marie Romaine*, baptisée à La Madeleine le 11 novembre 1659, y décédée le 22 juillet 1701, alliée à Saint-Étienne, le 31 mai 1691, à Bauduin *Muissart*, écuyer, sr du Pret, fils de Charles, sr du Pret, du Cappe, et de Marie-Agnès *Le Fort*, baptisé à Saint-

Étienne le 11 octobre 1657, bourgeois de Lille par relief en vertu d'apostille le 10 mars 1730, conseiller à la gouvernance, mort paroisse Sainte-Catherine le 27 septembre 1738 ; dont postérité.

2. — *Marguerite-Henriette*, baptisée à La Madeleine le 1ᵉʳ avril 1662, décédée le 7 août 1736 et enterrée aux religieuses capucines, mariée à Saint-Étienne, le 29 mai 1685, avec Pierre-Clément *Hespel*, écuyer, sʳ d'Hocron, Lestocquoy, fils de François-Séraphin, écuyer, sʳ de la Vallée, et de Marie-Hippolyte *Vandenberghe*, baptisé à Saint-Étienne le 19 janvier 1660, bourgeois de Lille par relief du 25 octobre 1685, receveur de la Présentation Notre-Dame, décédé le 28 mars 1743 ; dont postérité.

NON RATTACHÉE

Marie-Françoise-Angélique Fruy, morte à Seclin le 10 janvier 1732 à un mois et demi et enterrée dans l'église.

Anne, fille illégitime de Romain, alliée à Jacques *Decuypere* ; dont postérité.

1775, mars. — *Lettres d'anoblissement accordées à Bon François Fruict, greffier des États de Lille.*

Louis par la grâce de Dieu, Roy de France et de Navarre, à tous présens et à venir, salut. S'il est du devoir de tout citoyen vertueux d'employer au bien et à l'avantage de l'État les talens qu'il a reçu de la nature, il est également digne de la grandeur du souverain de répandre ses bienfaits sur de pareils sujets, en observant de proportionner les récompenses au regard de mérite dont elles sont le prix ; ce principe qui à l'exemple des Roys nos prédécesseurs, nous dirigera toujours dans la dispensation des grâces, nous fait réserver, comme ils l'ont pratiqué eux-mêmes, celles de l'annoblissement pour les services les plus utiles et les plus distingués, et nous jugeons que si le souvenir de pareils services doit être durable, rien n'est plus propre à le perpétuer qu'une distinction qui s'étend sur la postérité entière de celui à qui nous nous déterminons à l'accorder. C'est de cette manière que nous nous proposons de récompenser les services de notre cher et bien amé le sieur *Bon François Joseph Fruict*, greffier des États de Lille, issu d'une famille ancienne de la Flandre, et qui vint s'établir à Lille dans le commencement du seizième siècle ; il compte parmi ses ancêtres plusieurs personnes qui ont servy avec distinction soit dans la profession des armes, soit dans des charges ou des emplois honorables, *Romain Fruict* son quatrième ayeul avoit la grade de capitaine, *Jean Guillaume Fruict* étoit capitaine de cavalerie dans le régiment de Guisnes, *Remy Fruict* étoit conseiller pensionnaire de la ville de Lille en 1658, *François Rémy Fruict* son ayeul et *Bon Fruict* son fils furent conseillers au bailliage, le premier fut choisi en 1682 pour la place de greffier des États ; depuis cette époque la charge dont il s'agit est dans la famille du sieur *Fruict*, qui dès 1758 fut adjoint à son oncle qui l'occupoit alors, et à compter de ce moment il ne s'est occupé que de suivre la route que ses ancêtres lui avoient tracé et de se montrer le digne héritier de leur zèle et de leurs sentimens par la manière distinguée avec laquelle il a rempli jusqu'à ce jour les fonctions importantes de cette charge et par l'activité et l'intelligence qu'il a fait paroître dans les différents détails de confiance qu'elle exige, à la considération de ses services et de ceux de ses auteurs se réunit encore en sa faveur, celle qu'il a de tenir par des parentés ou des alliances à presque toutes les maisons ou familles nobles de la Flandre wallonne, et qui ont produit des personnes distinguées par leurs services comme par le rang qu'elles tiennent soit dans l'état militaire soit dans les premières charges de la magistrature soit dans les places qu'elles occupent aux États de la province et dans le Magistrat de Lille ; tels sont les motifs qui nous invitent à décerner la noblesse au sieur *Fruict*, et nous avons tout lieu de nous promettre des sentimens que nous lui connoissons, que cette grâce l'animera de plus en plus à redoubler son zèle et à chercher de nouvelles occasions de mériter de nous et de l'État. Savoir fesons que pour ces causes et autres bonnes considération à ce nous mouvans, de l'avis de notre conseil et de notre grâce spéciale pleine puissance et autorité royale, nous avons annobli et par ces présentes signées de notre main annoblissons ledit sieur *Bon François Joseph Fruict*, et du titre et qualité de noble l'avons décoré et le décorons, voulons et nous plaît qu'il soit tenu, censé et réputé comme nous le tenons, censons et réputons pour tel, ensemble ses enfans et postérité tant males que femelles nés et à naître en légitime mariage, de même que ceux qui sont issus de noble et ancienne race et que ledit sieur *Fruict* et sa postérité soient en tous lieux et endroits tant en jugement que hors jugement tenus, censés et réputés pour nobles et gentils hommes et comme tels qu'ils puissent prendre en tous lieux et en tous actes la qualité d'écuyer et parvenir à tous degrés de chevalerie et autres dignités, titres et qualités réservés à notre noblesse, qu'ils soient inscrits sur le catalogue des nobles, et qu'ils jouissent et usent de tous les droits, prérogatives, privilèges, franchises, libertés, prééminences, exemptions et immunités dont jouissent et ont accoutumé de jouir les autres nobles de notre Royaume, comme aussi qu'ils puissent acquérir, tenir et posséder toutes sortes de fiefs, terres et seigneuries de quelques natures, titres et qualités qu'ils soient ; et en outre avons permis et permettons audit sieur *Fruict* et à ses enfans, postérité et descendans, de porter les armoiries timbrées telles qu'elles seront réglées et blasonnées par le sieur d'Hozier de Sérigny, juge d'armes de la noblesse de France, et qu'elles seront peintes et figurées dans ces présentes, auxquelles son acte de réglement sera attaché sous le contre scel de notre chancellerie avec pouvoir de les faire peindre, graver et insculper en tels endroits de leurs maisons, terres et seigneuries que bon leur semblera, sans que pour raison du présent annoblissement ledit sieur *Fruict*, ses enfants, postérité et descendans soient tenus de nous payer ou à nos successeurs Roys aucune finance ni indemnité, dont à quelque somme qu'elles puissent monter, nous leur avons fait et fesons don par ces présentes, à charge toutefois par eux de vivre noblement et sans déroger à ladite qualité : Si donnons en mandement à nos amés et féaux les gens tenans notre cour de parlement de Flandre à Douay, présidens, trésoriers de France au bureau de nos finances établi à Lille et à tous autres nos officiers et justiciers qu'il appartiendra, que ces présentes ils ayent à faire registrer et du contenu en icelles jouir et user ledit sieur *Bon François Joseph Fruict*, ensemble ses enfans, postérité et lignée males et femelles nés et à naitre en légitime mariage pleinement, paisiblement et perpétuellement, cessant et fesant cesser tous troubles et empêchement quelconque nonobstant tous édits, ordonnances, déclarations, arrets, réglemens, lettres patentes et autres choses à ce contraire, auxquelles et aux dérogatoires des dérogatoires y contenues, nous avons expressément dérogé et dérogeons par ces présentes pour ce regard seulement et sans tirer à conséquence, car tel est notre plaisir. Et afin que ce soit chose ferme et stable à toujours nous avons fait mettre notre scel à cesdites présentes, donné à Versailles au mois de mars l'an de grâce mil sept cent soixante quinze et de notre règne le premier, signé Louis, et sur le reply est écrit par le Roy signé de Félix Dumay et y appendoit le sceau de Sa Majesté en cire verte, visa Hue de Miroménil. Enregistrées au greffe de la Cour de Parlement de Flandres, ouï et ce requérant le procureur général du Roy pour jouir par le sieur impétrant de leur effet et contenu selon leur forme et teneur conformément à l'arret de ce jourd'hui premier aoust mil sept cent soixante quinze. signé Mazengarbe.

Enregistrées au greffe du bureau des finances et domaines de la généralité de Lille, ensemble l'acte de réglement d'armoiries et quittance de marc d'or folio 39 registré aux provisions, ouy et ce consentant le procureur du Roy pour être exécutée selon leur forme et teneur et y avoir recours au besoin suivant l'ordonnance de cejourd'hui cinq aoust mil sept cent soixante quinze, signé par ordonnance T. C. Hovyn.

Antoine Marie d'Hozier de Sérigny, chevalier juge d'armes de la noblesse de France, chevalier grand croix honoraire de l'ordre royal de Saint Maurice de Sardaigne; vû les lettres patentes en forme de charte données par le Roy à Versailles en ce présent mois de mars de l'an mil sept cent soixante quinze signées Louis et sur le reply par le Roy de Félix du May, par lesquelles Sa Majesté annoblit le sieur *Bon François Joseph Fruict*, greffier des États de Lille, ensemble ses enfans et postérités tant males que femeles nés et à naitre en légitime mariage, Nous, en vertu de la clause énoncée dans lesdites lettres qui permet audit sieur *Fruict* et à ses enfans, postérité et descendans de porter des armoiries timbrées telles qu'elles seront réglées par nous comme juge d'armes de la noblesse de France et ainsi qu'elles seront figurées dans lesdittes lettres auxquelles notre acte de réglement sera attaché sous le contre scel de la chancellerie conformément à l'arret du Conseil du neuf mars 1706, avons réglé pour les armoiries un écu *d'or à un pommier feuillé de sinople fruité au naturel et posé sur une terrasse aussi de sinople mouvante de la pointe de l'écu*; ledit écu timbré d'un casque de profil orné de ses lambrequins d'or et de sinople; et afin que le présent réglement d'armoiries puisse servir audit sieur *Fruict* et à ses enfans et postérité nés et à naitre en légitime mariage tant qu'ils vivront noblement et ne feront aucun acte de dérogeance, nous l'avons compris dans les registres des annoblissemens après l'avoir signé et fait contresigner par notre secrétaire qui y a apposé le sceau de nos armes à Paris le samedy dix huitième jour du mois de mars de l'an mil sept cent soixante quinze, signé d'Hozier de Sérigny et plus bas étoit écrit par monsieur le juge d'armes de la noblesse de France signé Duplessis et scellée.

Archives communales de Lille. Registres aux mandements et ordonnances de la Gouvernance. Registre Duc, pièce 87, pages 407 à 411.

LE MACHON dit DE LE SAUCH

Armes : *d'or à la croix ancrée de gueules.*

I. — *Jacquemars* Le Machon dit de le Sauch, fils de *Jacques* (décédé avant 1382), acheta la bourgeoisie de Lille après la Toussaint 1382 ; il eut pour fils :

II. — *Jacquemars* Le Machon dit de le Sauch, bourgeois par rachat le 18 mai 1394, décédé avant 1419, allié à Jeanne *Le Grand* ou *Le Grart* ; dont il eut :

1. — *Pierre*, qui suit, III.
2. — *Joires*, bourgeois après la Toussaint 1421.
3. — *Jeanne*, veuve de Pierre *Vrété* en 1452.
4. — *Jean*, bourgeois par rachat du 12 juin 1434, marié : 1° avec Isabelle *Claret* ; 2° avec Jeanne *Gommer*, qui était veuve en 1469. Il eut du premier lit : *Hacquinet*, vivant en 1442.
5. — *Jacques*, qui suivra, III bis.

III — *Pierre* Le Machon dit de le Sauch, bourgeois de Lille par rachat en 1419, décédé le 1er juin 1473 ou 1474, épousa Jeanne *de Courtrai*, décédée le 13 mars 1474 (n. st.)[1]. Ils eurent cinq filles et dix garçons, parmi lesquels :

1. — *Jean*, bourgeois par rachat du 9 novembre 1461.
2. — *Joires*, qui suit, IV.
3. — *Pierre*, mort le 7 octobre 1480.

IV. — *Joires* Le Machon dit de le Sauch, bourgeois de Lille par relief du 15 novembre 1476, mort avant 1515, fut père de :

1. — *Joires*, bourgeois par relief du 20 octobre 1515.
2. — *Jean*, bourgeois par relief du 13 septembre 1531.

III bis. — *Jacques* Le Machon dit de le Sauch, bourgeois par rachat du 15 mars 1459 (n. st.), roi de l'Épinette en 1463, mayeur de Lille,

---

[1]. Ém. Théodore, *Monument commémoratif d'un bourgeois de Lille.... en l'église Sainte-Catherine*, dans le *Bulletin de la Société d'études*, t. IV, p. 290.

épousa en premières noces Marguerite *Denis*, fille de Joris, veuve de Louis *Duretz*, et en secondes noces Marie *de Thieulaine*, fille de Jacques et de Barbe *Baeldincq* ; d'où :

1. — Du premier lit : *Jean*, bourgeois de Lille par rachat du 13 février 1487 (n. st.), mayeur de Lille, décédé en 1522 et enterré à Saint-Maurice, allié à Antoinette *Cauwet*, fille de Jean et de Guillemette *de la Lacherie* ; d'où :

    a. — *Jacques*, bourgeois de Lille par relief du 22 août 1516, marié avec Isabeau *Alatruye* dit *de le Vigne*, fille de Baudechon, s^r de la Tour, et de Denise *du Fresnoy*, remariée avec Nicolas *Le Prevost*, s^r des Marissons ; il eut :

        aa. — *Isabeau*, épouse de Rasse *de Haudion*[1], fils d'Antoine et de Catherine *Henneron*, décédé à Tournai, paroisse Saint-Brice, le 25 janvier 1557 (n. st.) ; dont postérité.

    b. — *Jean*, qui suivra, IV bis.

    c. — *Gilles*, bourgeois par relief du 21 mars 1525 (n. st.).

2. — *Philippe*, bourgeois de Lille par relief du 3 septembre 1485, prévôt de Lannoy, allié à Isabeau *de Bruges* ; sans postérité.

3. — *Jacques*, religieux à l'abbaye de Loos.

4. — *Marie*, alliée à Philippe *de Pontrewart*[2], écuyer, échanson de l'archiduc Philippe, fils de Philippe, bourgeois de Lille par relief du 27 février 1477 (n. st.), mort le 14 avril 1501 ; dont postérité.

5. — *Jeanne*, mariée avec Hubert *Gommer*, écuyer, s^r de Schoonvelde, fils de Bauduin et de Marguerite *Le Prévost*, bourgeois par rachat du 4 décembre 1481 ; dont postérité.

6. — Du second lit : *Pierre*, qui suit, IV.

7. — *Georges*, célibataire.

IV. — *Pierre* Le Machon dit de le Sauch, né à Lille, bourgeois par relief du 8 octobre 1497, mort le 8 octobre 1528, épousa Marie *Denis*, fille d'Hubert et de Jeanne *Morel*, morte le 12 février 1544 (n. st.) et inhumée à côté de son mari à Sainte-Catherine ; d'où :

1. — *Jacques*, bourgeois par relief du 11 mars 1524 (n. st.), receveur de l'hôpital Saint-Julien, allié à Philippote *Hangouart*, fille de Guillaume, s^r de la Mairie de Gondecourt, et de Jeanne *Desplancques* ; sans postérité.

2. — *Jean*, qui suit, V.

---

1. Haudion : *d'argent à dix losanges d'azur accolées et aboutées, 3, 3, 3 et 1.*

2. Pontrewart : *d'hermines à la bande de gueules chargée de trois aiglettes d'or, becquées et membrées d'azur.*

3. — *Philippe*, bourgeois par relief du 30 juin 1548, père de *Marguerite*, morte en bas âge.

4. — *Antoine*.

5. — *Louis*, dont nous ne connaissons que le nom.

6. — *Jacqueline*, mariée avec Hugues *de Lattre*, fils d'Arnould, bourgeois de Lille par relief du 2 décembre 1530.

7. — *Pierre*, bourgeois de Lille par relief du 3 février 1545 (n. st.), receveur de l'hôpital Saint-Julien de 1548 à 1561, trésorier de Lille, allié à Anne *Hangouart*, fille de Roger, s^r de Créquillon, et de Philippote *de Landas* ; d'où :

    a. — *Wallerand*, déchargé de tutelle le 5 avril 1583, mort célibataire le 4 septembre 1595.

V. — *Jean* LE MACHON dit DE LE SAUCH, né à Lille, bourgeois par relief du 3 juillet 1525, décédé avant 1563, épousa Louise *Fremault*, dont il eut :

1. — *Jean*, qui suit, VI.

2. — *Jacques*, décédé en bas âge.

3. — *Pierre*, mort célibataire.

4. — *Philippote*, alliée, en 1554, à Jean *Henniart*, fils de Guillaume, né à Haubourdin, bourgeois de Lille par achat du 13 décembre 1555 ; dont postérité.

5. — *Jeanne*, épouse de Mathias *Cardon*, fils de Guillaume, bourgeois par relief du 31 mai 1571 ; dont postérité.

VI. — *Jean* LE MACHON dit DE LE SAUCH, bourgeois de Lille par relief du 26 avril 1575, receveur de l'hôpital Saint-Julien de 1593 à 1607, épousa, en 1575, Catherine *Le Mahieu*, qui le rendit père de :

1. — *Jean*, baptisé à Saint-Maurice le 6 juin 1576, bourgeois de Lille par relief du 7 juin 1610, procureur, mort avant 1660, allié : 1° à Saint-Étienne, le 3 mai 1610, à Catherine *de Lannoy*, fille de Pierre et de Marie *Desmulliers* ; 2° à Jacqueline *Bridoul*, fille d'Oste et de Marie *Bave*, baptisée à Saint-Maurice le 25 mai 1592 ; d'où :

    a. — Du premier lit : *Guillaume*, baptisé à Saint-Étienne le 26 février 1611, bourgeois de Lille par relief du 15 septembre 1637, receveur de l'hôpital Saint-Julien de 1627 à 1660, marié le 3 février 1637, à Saint-Maurice, avec Marie-Claire *Desprez*, fille de Jean et de Jeanne *Carlier*, veuve en 1674 ; d'où :

        aa. — *Robert*, baptisé à Saint-Maurice le 17 avril 1639.

        bb. — *Marie-Jeanne*, baptisée à Saint-Maurice le 8 janvier 1641.

cc. — *Marie-Agnès*, baptisée à Saint-Maurice le 23 décembre 1642.

dd. — *Jean-Guillaume*, baptisé à Saint-Maurice le 15 février 1644.

ee. — *Pierre*, baptisé à Saint-Maurice le 24 février 1645.

ff. — *Jeanne-Thérèse*, baptisée à Saint-Maurice le 30 juin 1646.

gg. — *Marie-Brigitte*, baptisée à Saint-Étienne le 15 août 1648.

hh. — *Marie-Claire-Angélique*, baptisée à Saint-Étienne le 11 octobre 1650, décédée paroisse Saint-Maurice le 11 février 1733, alliée à Saint-Étienne, le 9 septembre 1677, à Josse *Lippens*, fils de Nicaise et d'Anne *Muyssart*, baptisé dans cette église le 13 juillet 1646, bourgeois de Lille par relief du 4 octobre 1677, greffier criminel de cette ville, mort paroisse Saint-Maurice le 27 février 1724 ; dont postérité.

ii. — *Gilles*, baptisé à Saint-Étienne le 26 février 1653.

jj. — *Barbe-Albertine*, baptisée à Saint-Étienne le 26 décembre 1654.

kk. — *Guillaume*, baptisé à Saint-Étienne le 14 avril 1659.

b. — *Robert*, baptisé à Saint-Étienne le 18 septembre 1612.

c. — *Jean-César*, baptisé à Saint-Étienne le 27 janvier 1615, marchand, bourgeois de Lille par relief du 24 mars 1643, marié avec Catherine *Ingelgrave*, fille d'Henri et de Jacqueline *Bradin*, décédée avant 1678 ; d'où :

aa. — *Marie-Anne*, baptisée à Saint-Étienne le 7 août 1643.

bb. — *Marie-Catherine*, baptisée à Saint-Étienne le 25 août 1645.

cc. — *Gilles*, baptisé à Saint-Étienne le 9 septembre 1646.

dd. — *Jean-Guillaume*, baptisé à Saint-Étienne le 16 octobre 1648.

ee. — *Agnès-Angélique*, baptisée à Saint-Étienne le 20 mars 1652, alliée à Sainte-Catherine, le 5 juillet 1678, à Philippe *Coosmans*, fils de Jean et d'Anne-Élisabeth *Lautens*, avocat, bourgeois de Lille par relief du 8 août 1678.

ff. — *Élisabeth-Antoinette*, baptisée à Saint-Étienne le 28 septembre 1656.

gg. — *Jean-César*, baptisé à Saint-Étienne le 7 juillet 1662.

d. — *Catherine*, baptisée à Saint-Étienne le 17 octobre 1617.

e. — *Agnès*, baptisée à Saint-Étienne le 18 avril 1619.

f. — Du second lit : *Jean*, baptisé à Saint-Étienne le 22 février 1629.

g. — *Marie-Jeanne*, baptisée à Saint-Étienne le 26 mai 1630, alliée dans cette église, le 12 novembre 1652, à Jacques *Bolgaro*, écuyer, fils de Balthazar et de Grotia *Becke*, né à Anvers, gentilhomme domestique du marquis de Lisbourg, bourgeois de Lille par achat du 15 avril 1652 ; dont postérité.

h. — *Barbe*, baptisée à Saint-Étienne le 28 novembre 1631.

i. — *Jean*, baptisé à Saint-Étienne le 24 mars 1635, bourgeois par relief du 14 juin 1660, allié à Jeanne *le Tellier*, fille de Claude, dont il n'eut pas d'enfants.

2. — *Philippe*, né à Lille [1], bourgeois de cette ville par relief du 29 janvier 1604, avocat, receveur de l'hôpital Saint-Julien de 1607 à 1627, allié à Marie *Verdière*, fille de Josse et de Joye *Le Blancq* ; d'où :

a. — *Agnès*, mariée : 1° avec Vincent *du Retz*, s^r de Hauport, fils de Jean et d'Isabelle *Boutry* dite *Lailliet*, baptisé à Saint-Maurice le 16 décembre 1611, receveur des États de Lille ; 2° à Sainte-Catherine, le 24 novembre 1664, avec Pierre *de Bray*, fils de Paul et de Jossinne *Becquet*, lieutenant général de la gouvernance de Douai le 19 janvier 1665, bourgeois de Lille par relief du 10 avril 1665, subdélégué de l'intendant de Flandre à Douai le 1er juillet 1668, procureur général près le conseil souverain de Tournai le 5 janvier 1671, second président de cette cour le 22 juin 1674, mort à quarante-deux ans le 6 août 1675 et enterré à l'abbaye des Prés à Douai ; dont postérité des deux lits.

b. — *Jeanne*, baptisée à Saint-Pierre le 18 janvier 1607, religieuse à l'abbaye de Wevelghem sous le nom d'Angélique, abbesse de ce couvent, morte le 21 mai 1682.

c. — *Marie*, baptisée à Saint-Pierre le 2 novembre 1608.

d. — *Balthazar*, baptisé à Saint-Maurice le 13 février 1612.

e. — *Madeleine*, baptisée à Saint-André le 1er septembre 1616.

f. — *Françoise*, baptisée à Saint-Étienne le 28 avril 1617.

---

1. Nous trouvons Philippe baptisé à Saint-Étienne le 11 juillet 1577, et Philippe baptisé à la même église le 3 août 1577.

g. — *Jeanne*, baptisée à Saint-Étienne le 19 octobre 1618.
h. — *Catherine*, baptisée à Saint Étienne le 17 février 1621.
i. — *Philippine*, baptisée à Saint-Étienne le 26 mars 1623.
3. — *Wallerand*, qui suit, VII.
4. — *Jacques*, décédé en 1602.
5. — *Mathias*, jésuite, mort à Douai en 1617.

VII. — *Wallerand* LE MACHON dit DE LE SAUCH, bourgeois de Lille par relief du 15 novembre 1612, procureur, mort avant 1655, épousa Françoise *Bridoul*, fille de Noël et de Marguerite *Petitpas*, d'où :

1. — *Robert*, baptisé à Saint-Étienne le 25 janvier 1616.
2. — *Anne*, baptisée à Saint-Étienne le 17 juin 1617, morte célibataire.
3. — *Hippolyte*, baptisé à Saint-Étienne le 23 janvier 1620.
4. — *Françoise*, baptisée à Saint-Étienne le 23 mars 1622, morte célibataire.
5. — *Jaspart*, qui suit, VIII.

VIII. — *Jaspart* ou *Gaspard* LE MACHON dit DE LE SAUCH, sr de Maresville, né en 1624, bourgeois de Lille par relief du 1er avril 1655, avocat, nommé le 8 juin 1668 conseiller au parlement de Flandre (charge anoblissante), mort en 1684 et inhumé à Saint-Nicolas du Bruile à Tournai, épousa Marguerite *de Fourmestraux*, fille de François et d'Agnès *Poulle*, baptisée à Saint-Maurice le 6 décembre 1628 ; d'où :

1. — *Marie-Agnès*, baptisée à Saint-Étienne le 12 juillet 1655, mariée dans cette église, le 23 décembre 1679, avec Balthazar *de Sainte-Aldegonde de Noircarmes* [1], baron de Fromelles, fils d'Albert-André, comte de Genech, et d'Anne *d'Ongnies*, né à Genech, bourgeois de Lille par achat du 5 janvier 1680.
2. — *Jacques-François*, qui suit, IX.
3. — *Marie-Françoise*, baptisée à Saint-Maurice le 19 octobre 1659, décédée paroisse de La Madeleine le 28 avril 1740, alliée à Saint-Étienne, le 2 mars 1683, à Jean *du Retz*, fils de Guillaume et de Louise *Ramery*, baptisé à Saint-Étienne le 25 mars 1639, bourgeois de Lille par relief du 28 septembre 1683, avocat, décédé paroisse de La Madeleine le 3 mars 1715 et enterré aux Frères mineurs ; dont postérité.

---

1. DE SAINTE-ALDEGONDE : *d'hermines à la croix de gueules chargée de cinq roses d'or.*

4. — *Marie-Jeanne*, baptisée à Saint-Étienne le 20 mai 1662, mariée, avant 1700, avec Louis-François-Edme *Teveron de Saint-Tualle*, fils de Laurent et de Louise-Guillaume *du Chenay*, capitaine au régiment d'infanterie de Furstenberg, bourgeois de Lille par achat du 6 juin 1704, décédé paroisse Sainte-Catherine le 28 janvier 1725 ; dont postérité.

5. — *Marie-Marguerite*, baptisée à Saint-Étienne le 15 avril 1664.

IX. — *Jacques-François* LE MACHON dit DE LE SAUCH, écuyer, sr de Maresville, baptisé à Saint-Étienne le 30 août 1657, bourgeois de Lille par relief du 31 décembre 1693, conseiller pensionnaire de Tournai, mort le 24 avril 1712 et enterré dans la cathédrale de cette ville, épousa : 1° à Saint-Quentin, en cette ville, le 20 juillet 1693, Catherine-Marguerite *Cocquiel* dite *Le Merchier* [1], fille de Paul, conseiller pensionnaire de Tournai, et de Catherine *du Fay*, baptisée à Notre-Dame de Tournai le 3 juin 1663, morte le 8 mai 1707 ; 2° à Notre-Dame de cette ville, le 18 novembre 1710, Marie-Élisabeth *Destombes*. Il eut du premier lit :

1. — *Catherine-Joseph*, baptisée à Notre-Dame le 28 avril 1694.

2. — *Marie-Barbe-Caroline*, baptisée à Notre-Dame le 6 octobre 1695, y décédée le 25 octobre suivant.

3. — *Marie-Eustachienne-Françoise-Dominique-Agathe*, baptisée à Notre-Dame le 5 août 1697, décédée célibataire ainsi que sa sœur, Catherine, avant le 29 juillet 1724 [2].

IV bis. — *Jean* LE MACHON [3], bourgeois de Lille par rachat du 9 avril 1518 ; eut :

1. — *Gilles*, bourgeois par relief du 8 novembre 1555.

2. — *Jacques*, qui suit, V.

V. — *Jacques* LE MACHON, né à Lille, dont il releva la bourgeoisie le 18 mars 1563 (n. st.), mort avant 1589 ; eut de Chrétienne *Caron* :

1. — *Pierre*, qui suit, VI.

2. — *Jacques*, bourgeois par relief du 8 janvier 1592 ; il est

---

1. COCQUIEL : *coupé : en chef, de gueules au lion passant d'or, couronné du même à l'antique, la queue fourchée ; en pointe, d'argent à trois trèfles de sinople.*

2. Communication de M. le comte P.-A. du Chastel.

3. Cette branche ne porte que le nom de Le Machon.

peut-être le père de *Jeanne* qui épousa : 1° Martin *Castellain*, s^r des Champagnes, fils d'Hippolyte et d'Antoinette *de Lobel*, bourgeois de Lille par relief du 30 avril 1618 ; 2° à Saint-Étienne, le 21 août 1635, Bertrand *Gavel*, fils de Jacques et de Catherine *Ris*, né à Marchiennes, passementier, bourgeois de Lille par achat du 6 juillet 1635 ; elle mourut après le 17 juin 1679 et fut inhumée à Sainte-Catherine, laissant postérité du premier lit :

3. — *Madeleine*, baptisée à Saint-Étienne le 21 octobre 1568.

4. — *Jacqueline*, baptisée à Saint-Étienne le 10 janvier 1571 (n. st.).

VI. — *Pierre* LE MACHON, bourgeois par relief du 29 janvier 1590, mort avant 1617, épousa Jacqueline *Duvivier*, dont il eut :

1. — *Marie*, baptisée à Saint-Étienne le 30 mars 1590.

2. — *Nicolas*, sayeteur, bourgeois par relief du 10 janvier 1617, marié avec Marguerite *Hochepied*, fille de Gérard ; d'où :

   a. — *Jacqueline*, baptisée à Saint-Étienne le 29 avril 1617.

   b. — *Pierre*, baptisé à Saint-Étienne le 19 mai 1619.

   c. — *Marguerite,* baptisée à Saint-Étienne le 11 janvier 1621.

   d. — *Pierre*, baptisé à Saint-Étienne le 28 octobre 1624.

3. — *Isabeau*, baptisée à Saint-Étienne le 1er mars 1594.

4. — *Marie*, baptisée à Saint-Étienne le 7 mars 1595.

5. — *Gérard,* qui suit, VII.

6. — *Jeanne*, baptisée à Saint-Étienne le 6 septembre 1607.

7. — *Nicolas*, baptisé à Saint-Étienne le 13 mars 1611.

VII. — *Gérard* LE MACHON, poissonnier de mer, bourgeois de Lille par relief du 22 avril 1619, mort avant 1659, épousa Louise *Ghesquière* (alias *Desquière*), fille d'Antoine ; d'où :

1. — *Madeleine*, baptisée à Saint-Étienne le 3 novembre 1619.

2. — *Jeanne*, baptisée à Saint-Étienne le 30 août 1621, morte le 25 septembre 1697, alliée à François *Carle*, maître poissonnier de mer, décédé le 2 novembre 1689, à soixante-treize ans, et enterré à Saint-Étienne, dans la petite nef.

3. — *Marie*, baptisée à Saint-Étienne le 31 décembre 1622.

4. — *Jacqueline*, jumelle de la précédente.

5. — *Louise*, baptisée à Saint-Étienne le 6 avril 1625.

6. — *Françoise*, baptisée à Saint-Étienne le 11 juin 1626.

7. — *Dominique*, qui suit, VIII.

8. — *Marguerite*, baptisée à Saint-Étienne le 10 mars 1634.

9. — *Marie-Thérèse*, baptisée à Saint-Étienne le 21 août 1636.

VIII. — *Dominique* Le Machon, baptisé à Saint-Étienne le 5 mai 1630, bourgeois de Lille par relief du 10 juin 1659, épousa Jeanne *Ghesquière* ou *Desquière*, fille de Jacques et de Catherine *Bonnet* ; dont :

1. — *Marie-Jeanne*, baptisée à Saint-Étienne le 26 janvier 1660.
2. — *Marie-Thérèse*, baptisée à Saint-Étienne le 23 juillet 1662.
3. — *Louise-Catherine*, baptisée à Saint-Étienne le 7 novembre 1664.
4. — *Marie-Thérèse*, baptisée à Saint-Étienne le 7 novembre 1667.
5. — *Françoise-Louise*, baptisée à Saint-Étienne le 19 février 1670.

NON RATTACHÉS

Jeanne, veuve de Colart *Dubosquiel*, 1414.

Marguerite, épouse de Jean-Baptiste *Desfontaines*, morte à Saint-Maurice le 30 août 1658.

Hutin Delesauch, roi de l'Épinette en 1288.

Jeanne Desrousseaux, veuve de *Pasquier* Delesauch, « tripier de velour », renonce à la succession de son mari le 17 septembre 1587.

DE MADRE

Armes : *d'azur à un entrelacs d'or*.

La généalogie de cette famille a déjà été publiée en partie en 1877, en 1884 et en 1899 [1]; nous l'avons refaite en entier d'après les registres d'état-civil et nos archives personnelles.

De Madre ou *le Madre* désigne, au XVᵉ siècle, d'après le comte du Chastel, du bois flotté recueilli sur les côtes de l'île de Madeira et c'est sans doute de là qu'est venu le mot madrier ; en tout cas, c'est avec du bois flotté qu'étaient faits les hanaps de Madre dont il est parlé en maint acte du moyen âge.

Le premier que nous rencontrons est *Gérard* li Madre, qui vint acheter la bourgeoisie de Lille en 1366 ; on ne sait ni le nom de ses parents ni le lieu de son origine. Après lui nous trouvons un *Jean* de Madre, tisserand de draps, vivant en Tournaisis vers 1380 et dont la fille Marguerite était, en 1410, alliée à Lotard *Mousquet*, tisserand de draps. Un parent de ce Jean, peut-être son fils, figure dans la loi de Tournai et les registres aux publications de la même ville d'une manière curieuse mais peu édifiante : « Haquinet de Madre, serviteur à Mess. Léon de le Hovarderie, est tenu en péril d'affolure d'une plaie d'estocq qu'il a au senestre lez au hatriel passant à travers les nerfs et venant vers le gosier, que lui fit Jaquelotte Bourgois, marieteur, le 1 avril 1454 avant Pasques » [2]. Voici un autre acte qui le concerne : « Maigne de Wanes, femme Pierrard de la Guesquière, boulenghier (bannie de Tournai) à tousjours, pour ce que à l'occoison de l'orde vie et dissolue par elle menée avec Haquinet le Madre, varlet monsei-

---

1. A. Merghelynck, *Recueil de généalogies inédites de Flandre*. — Comte du Chastel de la Howarderie, *Notices généalogiques tournaisiennes*, aux tomes II et III ; — *Annuaire de la noblesse de Belgique*, année 1899, p. 100 et suivantes.

2. Archives communales de Tournai, 12ᵉ registre 1443-1458, n° 142 de l'inventaire manuscrit, f° 358 r°. Cité par M. le comte du Chastel.

gneur de le Hovardrie et en la maison mesmes de son dict mari, le dict le Madre s'estoit, au mois d'avril derrain passé, de nuit bouté en ladicte maison, et en la chambre mesmes où ledict Piérart estoit couchié, à intencion de folier avec sa dicte femme. Et à ce que ledict Pierrart l'avoit oy et s'estoit empur sa chemise levé de son lict, ledict le Madre l'avoit d'une daghe féru et navré de deux playes l'une ou dos et l'aultre ou senestre costé en très grand peril de mort. Et ne poura ladicte Maigne ravoir la ville se ara fait ung voyage à le Magdelaine des Désers. Publié le xvj^e jour de juing l'an M.CCCC.XLIX [1]. »

La filiation certaine s'établit ainsi :

I. — *Antoine* DE MADRE, fils de *Jean*, allié à Marie *de Landas*, fille de Pierre et de Clarisse *Dallongeville*, est porté comme décédé en 1512 dans un acte reposant aux Archives de Saint-Amand-les-Eaux [2]; il eut pour fils :

II. — *Gilles* DE MADRE, vivant à Bachy en 1543, marié avec Agnès *de Obegny* ou *de Onvegnies* [3] ; dont il eut :

III. — *François* DE MADRE, allié à Jeanne *du Duret*, tenait un fief à Bachy dont il fit le dénombrement à son seigneur suzerain, Philippe de Tenremonde, chevalier, s^r de Bachy, le 8 mars 1556 [4] ; il fut père de :

1. — *Marie*, morte à Orchies le 28 septembre 1611, veuve de Pierre *Simon*, tonnelier ; dont postérité.

2. — *Françoise*, alliée à Philippe *de Bouvines* ; dont postérité.

3. — *Jeanne*, épouse de Jacques *Duburcq* ; ce dernier avait pour curateur, en 1612, son beau-frère Louis de Madre [5].

4. — *Louis*, qui suit, IV.

IV. — *Louis* DE MADRE, lieutenant du bailli de Cysoing, receveur du prince de Ligne, testa le 28 septembre 1640 ; il avait épousé

---

1. Cet acte a été rapporté par le comte DU CHASTEL, *Notices généalogiques tournaisiennes*, t. III, p. 848.

2. FF. 65, 66, 68.

3. D'après le registre aux vingtièmes de Bachy en 1543 ; nous y trouvons encore Vinchenette de Madre à Lille, Mariette de Madre, veuve de Titus Descarpentries, Nicolas et Quentin de Madre frères, les hoirs Jacques de Madre.

4. Acte cité par le comte DU CHASTEL, t. II, p. 515.

5. Archives municipales de Lille. Contrats passés devant la gouvernance, liasse, n° 13401.

Catherine *Monnart*, née à Orchies et morte à Cysoing le 12 mai 1650 ou 1651 [1]; d'où :

1. — *Gaspard*, qui suit, V.
2. — *Louis*, qui suivra, V bis.
3. — *N...*, religieux à l'abbaye d'Hasnon.
4. — *Françoise*, mariée à Douai, paroisse Notre-Dame, le 15 novembre 1628, avec Grégoire *Lourdel*.
5. — *Marie-Anne*, alliée à Saint-Quentin de Tournai, le 24 février 1628, à Philippe *du Chambge*, fils de Jean, receveur des États de Tournai, et de Marie-Marguerite *Hovine*, baptisé à Saint-Nicaise de Tournai le 11 octobre 1591, greffier, puis receveur général des États du Tournaisis, veuf d'Agnès *le Ricque*, mort à Tournai Sainte-Marguerite le 9 novembre 1656, dont postérité.
6. — *N...*, religieuse au monastère de Beaumont, à Valenciennes.
7. — *N...*, sœur grise à Orchies.
8. — *Catherine*, décédée à Cysoing, veuve le 12 novembre 1667, mariée audit lieu le 26 novembre 1647, avec Jean *de Vleeschauwere* ; d'où postérité.

V. — *Gaspard* DE MADRE, sr de Bourlivet à Templeuve, né à Cysoing le 13 mai 1595, prévôt dudit lieu où il décéda le 19 février 1669, épousa, le 26 février 1625, Jeanne *Van Dale* [2], fille de Nicolas, marchand, et de Catherine *du Chambge*, morte à Tournai le 12 septembre 1688 et inhumée à Cysoing. Elle avait testé à Cysoing devant Me Jacques Heddebault le 4 février 1687, et décéda audit lieu le 12 septembre 1688 ; laissant :

1. — *Louis*, mort à seize ans.
2. — *Marie-Madeleine*, née à Cysoing le 12 février 1628, décédée à Tournai, paroisse Sainte-Marie-Madeleine, le 13 janvier 1686, mariée à Cysoing, le 26 juin 1644, avec Jean *Havet* [3], fils de Jean et d'Agnès *de Flandres*, bailli de Sainghin-en-Mélantois,

---

1. On trouve aux Archives départementales du Nord, dans le compte du vingtième de Cysoing en 1602, les mentions suivantes : « Louis Demadre neveu de Guy Rolland, un lieu contenant IIc rendant par an XXX livres — item pour la disme de XII bonniers VIc de terre de labaye rendant par an LX livres — item tient à luy appartenant un lieu contenant IIc d'héritage estimé L livres — item encore Ic de gardin estimé par an V livres — item du sr Baron 11 bonniers de terre rendant par an XCIV livres — item encore dudit sieur XVc de pretz rendant par an XLIV livres — sy tient le lieu de la Maladrie de Chisoing rendant par an XII livres. »

2. VAN DALE : *d'azur à trois étoiles à six rais d'or*.

3. HAVET : *d'azur à trois havets ou crochets d'or*.

admodiateur de la cense du Temple, mort le 30 décembre 1673 ; dont postérité.

3. — *Érasme*, capucin.

4. — *Denis-François*, qui suit, VI.

5. — *Madeleine-Marguerite*, née à Cysoing le 28 octobre 1638, mariée en ce lieu, le 25 novembre 1664, avec Pierre *Cazier* [1], fils de Nicolas, sr de Camphin, du Brœucq, de Francquendal, et de Jeanne-Claire *Van Rode*, baptisé à Saint-Brice de Tournai le 9 mars 1642, mort à Cysoing le 13 novembre 1709 ; dont postérité.

VI. — *Denis-François* DE MADRE, sr de Bourlivet, de Bauffremez à Cysoing, né en 1635, prévôt de Cysoing en 1681, anobli par la charge de conseiller secrétaire du Roi qu'il avait achetée le 30 décembre 1682 et dont il obtint des lettres d'honorariat le 2 septembre 1713, mort le 25 octobre 1721 et inhumé à Cobrieux, acquit, le 9 mai 1674, la terre du Fay à Cobrieux, d'Adrien de Bertoul, écuyer, sr de Hauteclocque, et de Barbe-Dominique de Hapiot, sa femme. Il épousa à Saint-Brice de Tournai, le 6 août 1662, Jeanne-Françoise *de la Hamayde* [2], fille de Jean, sr de Warnave, conseiller au conseil souverain de Tournai, et de Françoise *Scorion*, baptisée à Notre-Dame de Tournai le 7 octobre 1636, morte dans cette ville, paroisse Sainte-Marie-Madeleine, le 30 octobre 1721, et enterrée à Cobrieux ; il eut :

1. — *Gaspard-François*, écuyer, sr du Fay, de Bauffremez, baptisé à Saint-Brice de Tournai le 19 janvier 1667, échevin de cette ville, prévôt de Cysoing par commission de la princesse d'Épinoy le 15 juin 1714, bourgeois de Lille par achat du 23 janvier 1722, mort à Cobrieux le 17 octobre 1735, marié : 1° à Saint-Brice de Tournai, le 3 février 1698, avec Marie-Agnès-Marguerite-Joseph *Tordreau de Crupilly* [3], fille de Pierre-François, chevalier, sr dudit lieu, conseiller au parlement de Tournai, et de Marie-Augustine *Lemoisne* [4], morte à Tournai, paroisse Sainte-Marie-Madeleine, le 9 février 1710 ; 2° à Sainte-Catherine de Lille, le 10 août 1722, avec

---

1. CAZIER : *parti : au 1, coupé : en chef, d'argent à une rose de gueules feuillée de sinople ; en pointe, d'azur à trois étoiles à huit rais d'or ; au 2, d'argent à une demi-aigle éployée de sable, lampassée et membrée de gueules, mouvante du parti.*

2. DE LA HAMAYDE : *d'or à trois hamaides de gueules.*

3. TORDREAU : *d'azur au taureau furieux d'or, accorné et onglé d'argent.*

4. LE MOISNE : *écartelé : aux 1 et 4, de gueules au chevron d'or, accompagné de trois quintefeuilles du même ; aux 2 et 3, d'azur à trois coquilles d'or.*

Jeanne-Catherine *Hallez*, fille de Louis et de Marie-Barbe *Trufaut*, baptisée à Saint-Maurice le 9 juillet 1700; d'où :

    a. — Du premier lit : *Marie-Jeanne-Françoise*, baptisée à Saint-Brice de Tournai le 13 février 1699, morte jeune.

    b. — *Madeleine-Augustine-Denise*, baptisée à Saint-Brice le 26 mai 1700, morte dans cette ville, paroisse Sainte-Marie-Madeleine, le 16 juillet suivant.

    c. — *Marie-Madeleine-Augustine*, baptisée à Sainte-Marie-Madeleine de Tournai le 13 février 1706, morte le 25 décembre 1762 et inhumée à Orchies, alliée à Cobrieux, le 24 août 1737, à Pierre-Placide *de Bassecourt* [1], écuyer, s^r de Noyelles, fils d'André, écuyer, s^r du Crocq, et de Marie-Claire *de Thieulaine*, officier au régiment de dragons de la Reine, veuf de Marie-Thérèse-Charlotte *Boucquel d'Hamelincourt*, mort à Orchies le 23 décembre 1762; dont postérité.

    d. — *Mélanie-Romaine-Thérèse*, baptisée à Sainte-Marie-Madeleine de Tournai le 13 avril 1708, morte jeune.

  2. — *Marie-Jeanne-Françoise*, née à Cysoing le 3 février 1669, morte paroisse Sainte-Marie-Madeleine à Tournai le 27 février 1709, alliée dans cette église, le 16 janvier 1707, à Robert-Joseph *Tordreau*, écuyer, s^r de Crupilly, frère de Marie-Agnès-Marguerite-Joseph, né en 1680, capitaine d'infanterie, mort le 5 septembre 1713; dont une fille.

  3. — *Jean-Baptiste*, écuyer, s^r de Bourlivet [2], né à Cysoing le 21 janvier 1670, y décédé le 10 juin 1714, marié à Lille, le 25 septembre 1710, avec Marie-Catherine *Vincre*, fille de Jean et d'Agnès *Monceau*, baptisée à Saint-André le 24 mai 1665; d'où :

    a. — *Marie-Jeanne*, baptisée à Saint-Brice de Tournai le 7 août 1711, alliée à Saint-Nicaise, le 30 janvier 1752, à Anselme-François-Joseph *Le Blavier* [3], écuyer, s^r de la Rocque, fils de Gaspard-Joseph, écuyer, et d'Élisabeth-Thérèse *de Benstenraedt*, baptisé paroisse Saint-Jean-Baptiste, à Nivelles, le 22 janvier 1717, mort le 1er mai 1800; dont postérité.

    b. — *Denis-François-Joseph*, écuyer, s^r de Bourlivet, baptisé à Saint-Brice le 7 mars 1713, convoqué aux assemblées des nobles par ordonnance du 3 mai 1736, prévôt de Cysoing.

---

[1]. DE BASSECOURT : *d'azur à la bande d'argent chargée de trois flanchis écotés de gueules.*

[2]. Il eut, de Jeanne-Thérèse du Bus, un fils illégitime : François, baptisé à Notre-Dame de Tournai le 23 juillet 1699.

[3]. LE BLAVIER : *fascé d'argent et de gueules.*

c. — *Ernestine-Henriette-Françoise*, née à Cysoing le 16 décembre 1714, morte le 16 juin 1716.

4. — *Marie-Anne-Thérèse*, baptisée à Notre-Dame de Tournai le 15 février 1672, carmélite.

5. — *Marie-Eléonore-Joseph*, baptisée à Saint-Brice le 10 novembre 1676, sœur grise.

V[bis]. — *Louis* DE MADRE, greffier, testa à Tournai, le 14 décembre 1645, devant Me Michel le Hardy, et mourut avant 1668 ; il épousa, par contrat du 29 mars 1622, Jeanne-Françoise *Moreau*, qui eut la jouissance des biens de son mari ; le partage des biens des deux époux fut fait à Cysoing, le 30 janvier 1678, devant Me Rodolphe Delavallée ; les enfants de ce mariage furent :

1. — *Éléonore*, née à Cysoing en 1629, survécut à son mari Nicolas *de Los*, qu'elle avait épousé à Sainte-Marguerite de Tournai le 9 février 1656, et qui mourut fou à Cysoing le 26 février 1679, laissant postérité.

2. — *Gaspard*, qui suit, VI.

3. — *Jeanne*, née à Cysoing, y décédée le 31 août 1700, mariée audit lieu, le 3 mars 1669, avec Jacques *Heddebault*, notaire, décédé à Cysoing le 25 août 1701 ; dont postérité.

VI. — *Gaspard* DE MADRE, s[r] du Grand-Hollay, baptisé à Cysoing le 27 novembre 1633, greffier et notaire audit lieu, bourgeois de Lille par achat du 3 février 1668, mort à Cysoing le 23 février 1710 ; il avait testé avec sa femme à Cysoing, devant Me Jacques Heddebault, le 1er juillet 1685. Il épousa, en 1667, Marie-Jeanne *Delebecque*, morte le 18 mars 1727, à 84 ans ; d'où :

1. — *Philippe-Louis*, baptisé à Cysoing le 10 février 1668, bourgeois de Lille par relief du 24 mars 1690, marié à Cysoing, le 3 mai 1689, avec Antoinette-Françoise *Desmarescaux*, fille de Jean-Baptiste et de Marie-Françoise *Vandenbroucque*, décédée veuve le 30 mars 1696 ; d'où :

    a. — *Jean-Baptiste*, baptisé à Saint-Maurice le 16 juillet 1690.

2. — *Denis-Joseph*, baptisé à Cysoing le 21 mai 1669, mort le 28 juillet suivant.

3. — *Nicolas-Gaspard*, baptisé à Cysoing le 30 mai 1670, greffier de ce lieu, bourgeois de Lille par relief du 27 septembre 1696, mort à Cysoing le 20 avril 1716, marié par contrat passé à

Cysoing, le 13 septembre 1695, devant Mᵉ Jacques Heddebault [1], avec Jeanne *Regnault* ou *Renauld*, fille d'André, notaire, et d'Élisabeth *Galliette*, demeurant à Gruson.

4. — *Gilles-Joseph*, qui suit, VII.

5. — *Antoine*, baptisé à Cysoing le 20 novembre 1673, jésuite, mort le 14 avril 1743.

6. — *Laurent-François*, baptisé à Cysoing le 25 octobre 1676.

7. — *Louis-Charles*, baptisé à Cysoing le 30 juin 1679, greffier, y décédé célibataire le 25 janvier 1715.

VII. — *Gilles-Joseph* DE MADRE, sʳ d'Aulnois, de Mouchy, d'Hollay, baptisé à Cysoing le 12 avril 1672, sʳ de Norguet, à Bachy, par acquisition qu'il en fit de la gouvernance de Lille le 12 juin 1699, receveur de Bourghelles en 1702, bourgeois de Lille par relief du 8 avril 1704, bailli de Roubaix de 1713 à 1749, nommé receveur de la maison de Rohan le 18 mars 1733, décédé paroisse Saint-Étienne, le 4 février 1751, épousa à Saint-Maurice, le 28 janvier 1704, Marie-Catherine *du Castel*, fille de Wallerand et de Catherine *du Pisre*, baptisée à Saint-Étienne le 8 août 1671, veuve d'Antoine *Becquet*, sʳ des Oursins, décédée en la même paroisse le 12 janvier 1750 [2]; d'où :

1. — *Denis-Joseph*, qui suit, VIII.

2. — *Louis-Joseph*, baptisé à Saint-Étienne le 31 janvier 1707.

3. — *Wallerand-Albéric*, qui suivra, VIIIᵇⁱˢ.

4. — *Catherine-Angélique*, baptisée à Saint-Étienne le 27 février 1709, y décédée le 4 janvier 1725.

5. — *Louis-Charles-Joseph*, sʳ de Mouchy, baptisé à Saint-Pierre le 5 août 1710, bourgeois de Lille par relief du 27 novembre 1741, prévôt de Cysoing le 28 janvier 1743, nommé le 14 octobre suivant receveur de la baronnie de Cysoing, échevinage de Baisieux et seigneurie de Templemars, décédé paroisse de La Madeleine le 17 février 1774, allié à Saint-André, le 7 janvier 1741, à Marie-Marguerite *Denis*, fille de Jacques, sʳ du Péage, et de Marguerite *Parent*, baptisée à Lillers en 1712, décédée paroisse de La Madeleine à Lille le 21 mars 1788; d'où :

    a. — *Marie-Catherine-Joseph*, baptisée à Saint-André le 7 octobre 1741, morte célibataire à Lille le 19 janvier 1823.

---

1. Archives départementales du Nord. Tabellion de la châtellenie. Actes du notaire J. Heddebault, année 1695, n° 249.

2. Leur testament conjonctif du 20 avril 1730 repose dans nos archives.

b. — *Marguerite-Henriette*, dame de Mouchy, baptisée à Saint-André le 20 mars 1743, morte célibataire à Lille le 25 janvier 1818.

c. — Un fils, baptisé à Saint-André le 9 janvier 1745, mort le surlendemain.

d. — *Julie-Aimée-Marie*, baptisée à Saint-André le 8 décembre 1745, y décédée le 8 février 1748.

e. — *Marie-Sabine-Joseph*, baptisée à Saint-André le 20 janvier 1748, morte à Lille le 23 frimaire an XI, mariée à La Madeleine, le 13 mai 1777, avec Philippe-Jacques-Joseph *de Surmont*, écuyer, s^r de Bersée, fils de Philippe, s^r dudit lieu, et de Marie-Angélique-Françoise *Discart*, baptisé à Saint-Maurice le 13 février 1748, bourgeois de Lille par relief du 16 janvier 1778, conseiller secrétaire du Roi, mort à Lille le 6 février 1821 ; dont postérité.

f. — Un enfant mort-né le 28 octobre 1751.

g. — *Marie-Hyacinthe-Joseph*, dame de Flégard, baptisée à Saint-André le 21 avril 1753, morte le 10 juin 1808, alliée à La Madeleine, le 3 juillet 1781, à Auguste-Eugène-Joseph *Denis*, écuyer, s^r du Péage, de la Hallerie, de Bihamel, fils de Jacques-François, écuyer, s^r du Péage, et de Marie-Angélique-Joseph *du Retz*, baptisé à La Madeleine le 27 juin 1755, bourgeois de Lille par relief du 9 février 1782, mort en son château de Fives le 14 août 1834 ; dont postérité.

h. — *Louis-Albéric-Joseph*, baptisé à La Madeleine le 6 novembre 1757, y décédé le 17 juin 1758.

6. — *Gilles-François-Séraphin*, baptisé à Saint-Pierre le 25 septembre 1711, mort jeune.

7. — *Louis*, baptisé à Saint-Étienne le 26 octobre 1713, mort à Cysoing le 15 mars 1715.

VIII. — *Denis-Joseph* DE MADRE, s^r de Beaulieu, des Aulnois, baptisé à Saint-Maurice le 9 février 1706, bourgeois de Lille par relief du 7 juillet 1738, échevin, conseiller du mont-de-piété, bailli de Roubaix depuis 1752 jusqu'à sa mort, anobli par l'achat d'une charge de conseiller secrétaire du Roi le 16 septembre 1772, mort paroisse Saint-Étienne le 29 septembre 1773, épousa à Saint-Étienne, le 7 juillet 1737, Marie-Françoise-Joseph *Lelong*, dame de Ribotecueil, fille de Jacques et de Marie-Marguerite *Le Sage*, baptisée à Saint-Étienne le 1er mai 1712, y décédée le 4 juillet 1764 ; d'où :

1. — *Louis-Joseph*, écuyer, s^r de Ribotecueil, du Courant, baptisé à La Madeleine le 25 avril 1738, gentilhomme de la garde du Roi, convoqué aux assemblées des nobles par ordonnance du 28 octobre 1773, mort célibataire paroisse Saint-Maurice le 11 février 1785.

2. — *Benjamin-François-Joseph*, écuyer, s^r de Beaulieu, baptisé à La Madeleine le 27 mars 1740, eut, d'Henriette-Joseph *Pronez*, une fille naturelle : *Henriette-Madeleine-Joseph*, baptisée à Saint-Pierre de Douai le 22 septembre 1765. Il fut convoqué aux assemblées des nobles en même temps que son frère.

3. — *Marguerite-Françoise-Joseph*, baptisée à La Madeleine le 12 avril 1741, morte à Montreuil-sur-Mer, paroisse Saint-Saulve, le 2 novembre 1791, alliée à Saint-Étienne, le 25 février 1772, à Charles-Albert *Loisel le Gaucher* [1], écuyer, s^r de Vercourt, de Neuvillette, fils de Jean-Baptiste, écuyer, s^r du Broutel, de Cantereine, et d'Antoinette-Madeleine *Le Roy de Barde*, baptisé à Saint-Wulphy de Rue le 8 avril 1733, capitaine au corps royal de l'artillerie, chevalier de Saint-Louis, nommé lieutenant-colonel d'artillerie en émigration par brevet daté de Londres le 9 octobre 1799, remarié avec Marie-Thérèse-Sophie *Wignier d'Avesne* et décédé à Abbeville le 10 pluviose an XII; dont postérité [2].

4. — *Julie-Élisabeth-Joseph*, dame du Courant, baptisée à La Madeleine le 16 mars 1743, décédée célibataire paroisse Saint-Étienne le 9 juin 1771.

5. — *Agathe-Amélie-Joseph*, dame de Carluin, baptisée à La Madeleine le 17 octobre 1746, morte à Hazebrouck le 4 novembre 1824, alliée à Saint-Étienne, le 16 juin 1772, à Jean-Nicolas *Taverne* [3], écuyer, s^r de Tersud, de Swinarde, fils de Jean-Nicolas, conseiller secrétaire du Roi, et de Marie-Anne-Albertine *Van der Linde*, né le 10 mars 1740, capitaine au régiment de la marine, bourgeois de Lille par relief du 29 octobre 1772, décédé à Hazebrouck le 25 messidor an X; dont postérité.

6. — *Marie-Adélaïde-Sophie-Joseph*, dame de Clairmet, baptisée à La Madeleine le 25 mai 1752, décédée à Boulogne-sur-Mer le 2 juin 1834, mariée à Saint-Pierre de Lille, le 6 février 1776, avec Antoine-François-Marie *du Quesnoy* [4], écuyer, s^r d'Escœuilles,

---

[1]. Loisel : *de gueules au chevron d'or, accompagné en chef de deux oiseaux affrontés d'argent, et en pointe d'un lévrier courant du même, accolé et bouclé d'or.*

[2]. Communication de M. R. Rodière.

[3]. Taverne : *écartelé : aux 1 et 4, d'argent à l'ancre de sable couronnée de gueules ; aux 2 et 3, d'or à cinq trèfles de sinople mis en sautoir.*

[4]. du Quesnoy : *d'or à l'aigle à deux têtes de sable.*

de Réty, de Saint-Martin, fils de Louis-François, écuyer, et de Marie-Jeanne-Élisabeth *de Poucques*, né à Preuves (en Artois) le 14 janvier 1739, lieutenant-colonel de cavalerie, chevalier de Saint-Louis, lieutenant des maréchaux de France au bailliage de Montreuil-sur-Mer, mort à Londres le 28 janvier 1818 ; dont postérité [1].

Branche du LOCRON, des OURSINS

VIIbis. — *Wallerand-Albéric-Joseph* DE MADRE, s[r] du Grand-Hollay, du Locron, baptisé à Saint-Étienne le 21 décembre 1707, conseiller référendaire de la chancellerie près le Parlement de Flandre le 14 juillet 1733, bourgeois de Lille par relief du 9 décembre 1734, nommé conseiller à la gouvernance de Lille le 27 juillet 1736, conseiller honoraire le 31 décembre 1756, contrôleur des tailles et impôts de la châtellenie de Lille, Douai et Orchies [2], assesseur en la maréchaussée de Flandre par lettres données à Versailles le 28 novembre 1745 [3], conseiller pensionnaire de Lille le 9 juin 1759, anobli en vertu de lettres datées de Versailles janvier 1778, décédé paroisse Saint-Étienne le 2 novembre 1778, épousa : 1° à Saint-Étienne [4], le 14 juin 1734, Jeanne-Agathe-Joseph *de Lannoy*, fille d'Albert-Isidore-Joseph, avocat, et de Marie-Angélique-Joseph *Lippens*, baptisée à Saint-Étienne le 5 novembre 1717, y décédée le 18 avril 1757 ; 2° Marie-Catherine-Philippine *de la Porte*, fille de Charles-Théodore, chevalier, s[r] de la Baratrie, et de Catherine *Le Mercier*, baptisée à Saint-André le 23 septembre 1721, bourgeoise de Lille par achat du 5 décembre 1749, morte le 29 août 1781 [5] ; il eut du premier lit :

1. — *Catherine-Bauduine-Joseph*, baptisée à Saint-Étienne le 25 mai 1735, y décédée célibataire le 20 octobre 1780, et enterrée à Sequedin. Son testament olographe est du 30 décembre 1779.

2. — *Joseph-Léandre*, écuyer, s[r] de Kerchove, baptisé à Saint-

---

1. Communication de M. R. RODIÈRE.
2. Cette charge lui coûta 27.500 florins.
3. Archives municipales de Lille. Registre aux commissions des officiers de la maréchaussée, n° 13599, f° 164 v°.
4. Le contrat de mariage fut passé devant Mes Jean-Baptiste Bridoul et Nicole le Jeune le 12 juin 1734.
5. Son testament daté du 6 mai 1780.

Étienne le 18 septembre 1736, bourgeois de Lille par relief du 3 juin 1773, mort à Sequedin le 4 mars 1809, allié [1] à Sainte-Catherine, le 18 mai 1773, après avoir fait ses sommations, à Marie-Agnès *Beauchamps*, fille de Simon-Pierre, maître brodeur, et de Philippe *Lusman*, baptisée à Saint-Étienne le 3 février 1714, veuve d'Augustin *Taviel*, s^r de Mastaing, morte à Sequedin le 6 février 1783.

3. — *Ferdinand-Marie-Isidore-Joseph*, qui suit, VIII.

4. — *Louis-Albéric-Joseph*, qui suivra, VIII bis.

5. — *Marie-Françoise-Joseph*, dame de Lepierre, baptisée à Saint-Étienne le 28 juin 1740, y décédée le 18 juillet 1778.

6. — *Marie-Julie-Joseph*, baptisée à Saint-Étienne le 15 avril 1742, morte le 4 février 1817, mariée dans cette église, le 15 octobre 1764, avec François-Félix-Joseph *Lambelin*, s^r du Clairet, fils d'Archange-Joseph-Bonaventure, s^r du Clairet, de Beaulieu, de Warowanne, et d'Isabelle-Philippine *d'Escosse*, baptisé à Saint-Étienne le 3 avril 1738, bourgeois de Lille par relief du 9 novembre 1764, échevin de cette ville, décédé paroisse Saint-Étienne le 28 janvier 1786 ; dont postérité.

7. — *Marguerite-Anne-Joseph*, baptisée à Saint-Étienne le 6 mai 1743, morte à Lille sans alliance le 5 juin 1808.

8. — *Albertine-Agathe-Joseph*, baptisée à Saint-Étienne le 9 septembre 1744, religieuse à l'abbaye des Prés à Douai. Elle se réfugia à Arras du 10 septembre 1792 au 5 fructidor an II, et demanda, le 22 brumaire an II, l'autorisation de se fixer définitivement dans cette ville, car « entrée dans le cloître en 1766, elle n'a jamais eu part aux privilèges dont sa famille a pu jouir » [2]. Portée sur la liste des émigrés, elle n'en fut rayée que le 28 vendémiaire an III par arrêté du district de Lille [3] ; elle décéda le 24 mai 1817.

9. — *Jeanne-Catherine-Guillelmine-Joseph*, baptisée à Saint-Étienne le 11 octobre 1745, religieuse à l'abbaye de Wevelghem sous le nom d'Albéricque, abbesse de ce couvent le 6 septembre 1788, expulsée avec ses consœurs le 18 janvier 1797 [4], morte à Lille le 7 mars 1823.

10. — *Pierre-Joseph-Dominique*, écuyer, s^r de Bellefosse, du Locron, du Grand-Hollay, baptisé à Saint-Étienne le 10 janvier 1747, bourgeois de Lille par relief du 2 octobre 1781, décédé paroisse Saint-Pierre le 6 septembre 1783 [5], allié à Menin par contrat devant

---

1. Ils passèrent contrat devant Me Leroy, à Lille, le 17 mai 1773.
2. Archives départementales du Pas-de-Calais, 11, L, district d'Arras, n° 399.
3. Archives départementales du Nord, série L, n° 68.
4. Cf. Abbé COULON, *Histoire de Wevelghem*, pp. 319 à 333.
5. Son testament date du 24 février 1783.

Mᵉ Vermandere le 5 octobre 1780 et religieusement le 10 suivant à Marie-Thérèse-Camille *du Toict*, fille de Louis-Xavier et de Marie-Thérèse *Delevoye*, baptisée à Saint-Martin de Courtrai le 25 mars 1755, morte en mars 1815, d'où :

    a. — *Camille-Joseph-Xavier*, baptisé à Saint-Pierre le 27 juillet 1781, y décédé le 12 août suivant.

    b. — *Marie-Jeanne-Julie*, baptisée à Saint-Pierre le 15 août 1782, alliée le 1ᵉʳ mars 1800, après avoir fait ses sommations, à François-Dominique-Joseph *Rouzé*, fils de François-Joseph-Ignace et de Catherine-Louise-Philippine-Joseph *Joire*, né à Armentières le 8 mars 1771 ; dont postérité.

11. — *Joseph-François-Régis*, qui suivra, VIII ᵗᵉʳ.

12. — *Justine-Marie-Joseph*, baptisée à Saint-Étienne le 9 avril 1749, morte célibataire le 28 mai 1820.

13. — *Hyacinthe-Marie-Victoire-Joseph*, baptisée à Saint-Étienne le 10 mai 1750, décédée paroisse Sainte-Catherine le 23 mai 1753.

14. — *Auguste-Marie-Joseph*, écuyer, sʳ du Hollay, baptisé à Saint-Étienne le 5 juin 1751, mort célibataire le 29 janvier 1809.

15. — *Françoise-Louise-Joseph*, dame de la Brique, baptisée à Sainte-Catherine le 9 janvier 1754, morte sans alliance à Lille le 22 septembre 1838. Elle avait été détenue à la Providence d'Arras pendant quatre mois et fut relâchée en brumaire an III.

16. — *Louis-Édouard-Camille-Joseph*, baptisé à Saint-Étienne le 18 mars 1757, mort à la Chapelle-d'Armentières le 15 juin suivant.

VIII. — *Ferdinand-Marie-Isidore-Joseph* DE MADRE, écuyer, sʳ des Oursins à Ennetières-en-Mélantois, baptisé à Saint-Étienne le 22 septembre 1737, avocat au Parlement de Flandre, bourgeois de Lille par relief du 27 octobre 1763, échevin de cette ville, nommé conseiller pensionnaire le 31 octobre 1764 après que son père eut résigné cet emploi en sa faveur [1], amnistié le 18 frimaire an XI du fait d'émigration et relevé de la surveillance spéciale des amnistiés le 21 avril 1806, nommé ordonnateur général des dépenses des établissements de bienfaisance lillois, le 9 nivôse an XIV, juge au tribunal civil de Lille sous l'Empire, mort à Lille

---

1. Il eut sa maison de la rue des Tours pillée lors de l'émeute du 21 juillet 1789. Nous possédons dans nos archives tous les actes relatifs à cette affaire : estimations, délibérations du magistrat et du conseil municipal, etc. M. de Madre n'obtint aucune indemnité. Sa bibliothèque, composée de plusieurs milliers de volumes, dont un grand nombre de procédure et d'histoire locale, fut dispersée ; ce qui nous en est revenu provient de la vente de M. Fiévet de Chaumont.

le 8 avril 1814, épousa à La Madeleine, le 5 septembre 1763, Marie-Albéricque-Joseph *Castellain*, fille de Pierre-Joseph, dépositaire de la gouvernance, et de Marie-Jacqueline-Madeleine *Vanwtberghe*, baptisée à La Madeleine le 5 mai 1735, rayée de la liste des émigrés le 1er frimaire an X, morte à Lille le 12 mai 1805 ; d'où :

1. — *Marie-Henriette-Albéricque-Joseph*, baptisée à La Madeleine le 28 août 1764, rayée de la liste des émigrés le 1er frimaire an X.

2. — *Jean-Charles-Joseph-Désiré*, écuyer, baptisé à La Madeleine le 28 décembre 1765, mort à Lille sans postérité le 6 juillet 1834, allié à Londres, par contrat du 25 février 1802, à Bonne-Catherine-Marie-Louise *d'Aguillon*, fille de Louis, chevalier, maréchal de camp et directeur des fortifications au corps royal du génie, et de Marie-Thérèse-Françoise *Frémery*, née à Saint-Malo le 15 avril 1774, vivant en 1834 ; sans enfants.

3. — *Louis-Henri-Joseph*, écuyer, baptisé à La Madeleine le 14 mars 1768, noyé à l'affaire de Quiberon, le 21 juillet 1795 [1].

4. — Une fille, morte à un jour, le 3 août 1769.

5. — *Hippolyte-Henri-Joseph*, qui suit, IX.

IX. — *Hippolyte-Henri-Joseph* DE MADRE, écuyer, sr des Oursins, baptisé à La Madeleine le 22 septembre 1771, naturalisé belge le 20 juin 1815, trésorier des hospices de Molembeek-Saint-Jean, y décédé le 2 juillet 1846, épousa à Londres en 1797 et civilement à Anderlecht, le 16 mars 1817, Jeanne-Angélique-Joseph *Boury*, fille de Jean-Joseph et d'Angélique-Joseph *Lelliaux*, née à Tournai le 15 janvier 1774, morte à Bruxelles le 4 février 1865 ; d'où :

1. — *Alphonse-Jean*, écuyer, baptisé à Sainte-Marie-la-Bonne, à Londres, le 28 août 1798, célibataire.

2. — *Henri-Arthur*, écuyer, baptisé à Sainte-Marie-la-Bonne le 17 février 1800, mort célibataire avant 1848.

3. — *Frédéric-Adolphe*, écuyer, baptisé à Sainte-Marie-la-Bonne le 6 décembre 1804, officier au service de Belgique, mort à Liége le 17 janvier 1849, après avoir épousé Rosalie *Frenay*, qui le rendit père de :

    a. — *Éléonore-Élisabeth-Julienne*, née à Liége le 22 novembre 1832, vivant en 1848.

---

1. Date indiquée par M. DE LA GOURNERIE, *Les débris de Quiberon*. Nantes, 1886, page 236.

4. — *Adolphe-Guillaume*, baptisé à Sainte-Marie-la-Bonne le 16 août 1806, médecin militaire belge, mort à Namur le 2 octobre 1865, marié dans cette ville, le 13 mai 1840, avec Élisa-Joséphine *Haut*, fille de Ferdinand-Joseph et de Catherine-Ernestine *Thedrel*, née à Namur le 29 juillet 1820, morte à Liége le 12 avril 1877; d'où :

    a. — *Marie-Françoise-Anna*, née à Namur le 27 mars 1841, mariée dans cette ville, le 29 avril 1863, avec Georges-Léopold-Clément-Joseph *Bastenier*, fils de Charles-Auguste et de Nathalie *Roger*, âgé alors de vingt-huit ans et six mois, sous-lieutenant au 6e régiment de ligne ; dont postérité.

    b. — *Louis-Hippolyte-Henri-Adolphe*, né à Namur le 15 septembre 1842, y décédé le 21 août 1866, étant sous-officier au corps du Mexique.

    c. — *Ernest-Hippolyte-Adolphe-Alexis*, né à Namur le 1er décembre 1843.

    d. — *Frédéric-Adolphe*, né à Namur le 3 février 1845, employé au chemin de fer du Nord-Belge, allié, le 3 juin 1869, à Élisabeth-Alexandrine *Grossard*, fille d'Antoine et de Louise *Nelis*, née à Liége le 19 novembre 1850 ; d'où :

        aa. — *Antoine-Frédéric-Adolphe-Pierre*, né à Liége le 25 juillet 1870, marié, le 16 octobre 1897, avec Émilia *Laurent*, fille de Vincent et de Gustavine *Dufrasne*, née à Quaregnon (Belgique) le 30 avril 1876 ; dont :

            aaa. — *Antoine*, né à Liége le 29 septembre 1898.

            bbb. — *Albert*, né à Liége le 18 août 1902.

        bb. — *Élisabeth-Antoinette-Marie-Louise-Adolphine*, née à Bressoux le 11 juillet 1872, morte à Liége le 15 décembre 1874.

        cc. — *Adolphe-Frédéric-Hippolyte-Joseph*, né à Liége le 13 octobre 1874, époux d'Alice *Kirts*.

        dd. — *Frédéric-Georges-Marie*, né à Liége le 17 novembre 1876, allié à Louise *Namèche*, dont un fils : *Louis*, né à Angleur le 16 août 1901.

        ee. — *Hippolyte-Victor-Émile*, né à Liége le 6 juin 1878, époux de Barbe *Brans*.

        ff. — *Robert-Raoul-Hubert*, né à Liége le 21 octobre 1879, marié avec Eugénie *Stassinet*.

        gg. — *Marie-Louise*, née à Liége le 2 juillet 1881, épouse de Richard *Riegel* [1].

---

1. Nous devons l'indication de ces alliances à l'obligeance de M. Adolphe DE MADRE.

hh. — *Alice-Éléonore-Marie-Louise*, née à Liége le 15 juin 1886, mariée dans cette ville, le 5 septembre 1905, avec Auguste *Vanmalderen*, fils de Philippe-François et d'Henriette-Élisabeth-Joséphine *Guilleaume*, né à Liége le 19 avril 1879, employé.

ii. — *Laure-Georgine-Élisa-Adolphine*, née à Liége le 13 décembre 1889.

e. — *Henriette-Adolphine*, née à Namur le 25 janvier 1847 ; alliée : 1° dans cette ville, le 14 juillet 1870, à Henri-Antoine *Coipel*, fils de Joseph-François Charles et d'Anne-Rose-Joseph *Lafleur*, né à Bruxelles le 25 novembre 1833, veuf de Jeanne *Schooman* ; 2° à Charles *Simonet*.

f. — *Alceste-Élisa-Rosalie*, née à Namur le 16 septembre 1850.

g. — *Guillelmine-Louise-Élisabeth*, née à Namur le 23 septembre 1851, célibataire.

h. — *Hippolyte-Henri-Adolphe*, né à Namur le 18 mars 1854, marié à Liége, le 27 février 1879, avec Catherine-Joséphine-Émérence *Tixhon*, fille de Louis-Joseph-Édouard et de Marie-Catherine-Joséphine *Delvaux*, née à Liége le 30 janvier 1858 ; d'où :

aa. — *Émérence-Marie-Irma-Joséphine*, née à Liége le 20 novembre 1879.

bb. — *Henri-Hippolyte-Adolphe-Édouard*, né à Liége le 26 novembre 1882.

cc. — *Joséphine-Émérence-Élisa*, née à Liége le 23 janvier 1884.

dd. — *Élisa-Henriette-Thérèse-Marie*, née à Liége le 21 février 1886, y décédée le 7 août 1887.

ee. — *Frédéric-Marie-Hippolyte-Alfred*, né à Liége le 31 mars 1887, tapissier-garnisseur.

ff. — *Marie-Henriette-Joséphine-Élisa*, née à Liége le 23 avril 1889.

gg. — *Hippolyte-Hubert-Albert*, né à Liége le 17 août 1891.

hh. — *Louis-Dieudonné-Georges*, né à Liége le 8 janvier 1894.

ii. — *Alfred-Marie-Herman-Henri*, né à Liége le 8 septembre 1896.

jj. — *Elvire-Joséphine-Marie*, née à Liége le 25 décembre 1898.

kk. — *Auguste-Marie-Joséphine-Émérence*, née à Liége le 13 février 1902.

 i. — *Alfred-Adolphe*, né à Namur le 28 mai 1855, caissier aux tramways de Liége.

 j. — *Élisa-Marie-Albertine*, née à Namur le 1ᵉʳ décembre 1857, alliée à Dieudonné *Chapelle* ; dont postérité.

 k. — *Émélie*, née à Namur le 28 décembre 1860, épouse de Nicolas *Philippet* ; dont postérité.

 5. — *Alfred-Robin*, qui suit, X.

 6. — *Alceste-Julienne*, baptisée à Sainte-Marie-la-Bonne à Londres le 21 mai 1810, morte à Bruxelles le 25 février 1866, mariée dans cette ville, le 1ᵉʳ juin 1836, avec Henri-Joseph-Pierre *Nyst*, fils de Pierre-Joseph et de Jeanne-Pétronille *Rasch*, né à Arnheim (Hollande) le 16 mai 1813, contrôleur de la garantie, mort à Bruxelles le 6 avril 1880.

 7. — *Hippolyte-Alexandre*, écuyer, baptisé à Sainte-Marie-la-Bonne à Londres le 22 mars 1814, décédé à Bruxelles le 26 août 1881, allié, le 14 septembre 1836, à Marie-Jeanne-Louise-Joséphine *Grignon*, fille de Louis-Antoine-François et de Marguerite-Joséphine *Nicolas*, née à Béziers (France) le 19 juillet 1814 [1], morte à Bruxelles le 11 juin 1870.

X. — *Alfred-Robin* DE MADRE DES OURSINS, écuyer, baptisé à Sainte-Marie-la-Bonne à Londres le 20 mars 1808, mort à Bruxelles le 6 mars 1877, épousa dans cette ville, le 14 juillet 1838, Marie-Jeanne-Élisabeth *Baltus*, fille de Jean-Thomas, notaire, et d'Anne-Marie-Joséphine *Nyst*, née à Canne (Limbourg belge) le 9 décembre 1810 ; d'où :

 1. — *Émile-Hippolyte-Joseph*, écuyer, né à Bruxelles le 2 juin 1839, officier du génie en Belgique, mort à Anvers le 26 janvier 1868 sans avoir été marié.

 2. — *Albert-Angel-Joseph*, qui suit, XI.

XI. — *Albert-Angel-Joseph* DE MADRE DES OURSINS, écuyer, né à Bruxelles le 31 octobre 1840, admis, le 16 mars 1896, dans la noblesse de Belgique, chef de bureau au ministère des chemins de fer, postes et télégraphes, décoré de la croix civique de 1ʳᵉ classe, épousa à Bruxelles, le 29 avril 1876, Louise-Marie-Thérèse *Spronck*, fille d'Égide et de Charlotte-Anne-Joseph *Dupuis*, née dans cette ville le 8 juin 1854 ; dont :

 1. — *Émile-Charles-Égide*, né à Bruxelles le 3 mars 1877.

---

1. D'après son acte de décès.

2. — *Gabrielle-Charlotte-Andrée*, née à Bruxelles le 5 juin 1879.
3. — *Renée-Joséphine-Louise*, née à Schaerbeck le 5 mars 1882.

Branche de NORGUET

VIII bis. — *Louis-Albéric-Joseph* DE MADRE, écuyer, sr de Norguet, baptisé à Saint-Étienne le 25 mars 1739, bourgeois de Lille par relief du 21 décembre 1774, contrôleur des États de la Flandre wallonne, mort à Lille le 16 janvier 1817; épousa à La Madeleine, le 7 novembre 1774, Marie-Ange-Angélique-Joseph *Dubois du Petit-Metz* [1], dame des Cretons, fille de Guillaume-François-Joseph et de Marie-Henriette-Joseph *Moreel*, baptisée à Saint-Étienne le 1er avril 1752, morte à Lille le 23 août 1819 et inhumée à Lambersart; il eut:

1. — *Auguste-César-Joseph*, écuyer, baptisé à Saint-Étienne le 2 avril 1776, nommé conseiller municipal de Lille par décret impérial du 7 février 1812, mort le 25 juin 1845; allié à Lille, le 12 avril 1820, à Marie-Joseph-Justine *Castellain des Cleps*, fille de Casimir-Albéric-Marie et de Romaine-Joseph *Le Mesre*, née à Lille le 16 mars 1788, y décédée le 14 décembre 1857, dont une fille unique:

    a. — *Marie-Justine-Élisabeth*, née à Lille le 21 août 1824, morte à Loos le 8 janvier 1877; alliée à Lille, le 17 avril 1843, à Ferdinand-Séraphin *Lefebvre-Delattre*, écuyer, fils de Pierre-François, chevalier, sr d'Hailly, et de Maria de Las Mercedes Louise *Ramirez de Cordova*, né à Esquermes le 8 juillet 1809, employé aux tabacs, mort à Loos le 20 décembre 1877; dont postérité.

2. — *Charles-Édouard-Joseph*, écuyer, né le 19 mars 1777, baptisé à Saint-André le 24 suivant, mort à La Buissière (Pas-de-Calais) le 30 mars 1867; marié à Lille, le 10 août 1803, avec Marie-Ludivine-Théodora *Damiens de Ranchicourt* [2], fille de Jean-Louis, écuyer, et de Marie-Charlotte-Florence-Victoire *Payen de la Bucquière* [3], née à Béthune le 18 décembre 1779, morte à La Buissière le 31 août 1867; d'où:

---

1. DU BOIS: *d'argent au chevron de gueules accompagné de trois arbres de sinople.*

2. DAMIENS: *d'azur au chevron d'or accompagné de trois têtes et cols de cygne d'argent.*

3. PAYEN: *d'or à l'aigle de sinople, becquée et membrée de gueules; au franc-quartier de gueules à trois bandes de vair.*

   a. — *Melchior-Édouard-Joseph*, écuyer, né à Ranchicourt (Pas-de-Calais) le 6 août 1804, mort à Lille le 3 janvier 1858 ; marié à Lille, le 5 avril 1842, avec Elma-Marie-Séraphine *de Vicq* [1], fille de Roland-François et de Marie-Thérèse *Van der Helle*, née en cette ville le 21 août 1812, y décédée le 3 mai 1888 ; d'où :

      aa. — *Sara-Louise-Marie*, née à Lille le 23 mars 1843, morte à La Buissière le 2 juillet 1899 ; alliée à Lille, le 17 octobre 1865, à Gustave-Lucien *Quecq d'Henripret*, fils de François-Alexandre et d'Alexandrine-Henriette *de Savary du Gavre*, né à Lille le 14 avril 1828, mort le 20 juillet 1876 ; dont postérité.

      bb. — *Lucie-Juliette-Marie*, née à Lille le 3 juin 1848, morte au château d'Hersin-Coupigny (Pas-de-Calais) le 27 septembre 1890 ; mariée à Lille, le 10 juillet 1869, avec Auguste-Marie-Ghislain-Gustave *Le Bègue*, comte *de Germiny* [2], fils de Clément-Joseph-Léon, comte du Saint Empire romain, et de Marie-Ghislaine-Henriette *Marescaille de Courcelles*, né à Froyennes (Belgique) le 4 septembre 1843 ; dont postérité.

   b. — *Marie-Adéline-Joseph*, née à Ranchicourt le 12 septembre 1812, y décédée le 13 novembre 1816.

   c. — *Théobald-Herménégilde-Joseph*, écuyer, né à Ranchicourt le 19 juillet 1815, mort célibataire à La Buissière le 15 juin 1880.

3. — *Louis-Ferdinand-Benjamin-Joseph*, qui suit, IX.

4. — *Marie-Élisabeth-Eugénie-Joseph*, née le 17 février 1781, baptisée à Saint-André le 17 mars suivant, morte à Lille le 21 mai 1846 ; alliée à Lille, le 18 floréal an IX, à François-Hippolyte *de Rouvroy de la Mairie*, écuyer, fils de Pierre-Joseph et d'Agathe-Ursule *Goudeman*, baptisé à Saint-Maurice le 4 septembre 1773, conseiller général du Nord, chevalier de la Légion d'honneur, décédé le 25 mai 1852 ; dont postérité.

5. — *Camille-Justine-Joseph*, baptisée à Saint-André le 9 octobre 1789, morte à Versailles le 11 septembre 1857 ; mariée à Lille, le 27 juillet 1819, avec Philippe-Ambroise *des Moutis de Boisgautier*, fils de Pierre-Jacques-Philippe, écuyer, et de Françoise-Anne-

---

1. DE VICQ : *de sable à six besants d'or, 3, 2 et 1 ; accompagnés d'une fleur de lis d'argent en chef.*

2. LE BÈGUE DE GERMINY : *écartelé : aux 1 et 4, d'azur à une ombre d'argent mise en fasce ; aux 2 et 3, d'azur à un écusson d'argent en abîme ; sur le tout : d'argent à une aigle à deux têtes de sable.*

Louise *Le Cornu de la Forêt*, né à Dreux le 24 février 1789, capitaine de grenadiers de la garde du Roi, chevalier de Saint-Louis et de la Légion d'honneur, mort à Boisgautier (Orne) le 3 juin 1880 ; dont postérité.

IX. — *Louis-Ferdinand-Benjamin-Joseph* DE MADRE DE NORGUET, écuyer, baptisé à Saint-André le 31 mars 1779, receveur des contributions, mort à Lille le 7 janvier 1850, épousa en cette ville, le 9 février 1820, Pauline-Alexandrine *Rycquier de Longin de Rochefort* [1], fille de Joseph-Marie-François, écuyer, et d'Euphroisine Joseph *Le Mesre du Quesnil*, née à Lille le 19 mai 1790, morte à Quesnoy-sur-Deûle le 10 janvier 1879 ; dont :

1. — *Anatole-Louis-Wallerand-Joseph*, qui suit, X.
2. — *Géorgine-Marie-Désirée*, née le 8 août 1826, morte le 25 avril 1842.

X. — *Anatole-Louis-Wallerand-Joseph* DE MADRE DE NORGUET, écuyer, né à Lille le 6 mai 1823, membre de plusieurs sociétés savantes [2], y décédé le 15 septembre 1898, épousa à Saint-Omer, le 17 mai 1848, Laure-Marie-Eugénie *de Lencquesaing*, fille de Louis-Eugène-Martial, écuyer, et de Marie-Élise-Adélaïde *de Rouvroy de Beaurepaire*, née à Saint-Omer le 19 octobre 1827, morte à Lille le 11 mars 1901 ; dont :

1. — *Marie-Pauline-Marguerite-Béatrix*, née à Saint Omer le 2 avril 1849, décédée à Lille le 13 décembre 1855.
2. — *Yvonne-Amélie-Marie*, née à Lille le 13 avril 1852, alliée dans cette ville, le 3 octobre 1871, à Ferry-Joseph-Marie *Denis du Péage*, écuyer, fils de Théophile-Édouard-Jacques-Hyacinthe et d'Augustine-Eugénie-Fortunée *de Maulde de la Tourelle*, né à Lille le 9 janvier 1845 ; dont postérité.
3. — *Élisabeth-Marie*, née à Lille le 3 janvier 1855, mariée dans cette ville, le 6 juillet 1875, avec Jules-Jacques-Marie *Denis du Péage*, frère du précédent, né à Lille le 17 janvier 1850 ; sans enfants.
4. — *Marguerite-Béatrix-Marie*, née à Lille le 13 mars 1857, y décédée le 9 août 1881, mariée à Lille, le 22 avril 1880, avec Félix-Louis-Joseph *Remy de Campeau*, écuyer, fils d'Edmond-Louis et

---

1. RYCQUIER DE LONGIN : écartelé : aux 1 et 4, de gueules à cinq billettes d'or en sautoir ; aux 2 et 3, d'or à trois bandes d'azur.
2. Voir : VERLY, *Essai de biographie lilloise contemporaine*, p. 117.

de Caroline-Ernestine *de Hennezel d'Ormois* [1], né à Douai le 6 août 1853, remarié avec Pulchérie *du Bos*, mort à Sainte-Geneviève-des-Bois, près Paris, le 1ᵉʳ janvier 1904 ; dont un fils.

Branche de LOOS

VIII[ter]. — *Joseph-François-Régis* DE MADRE, écuyer, sʳ du Locron, baptisé à Saint-Étienne le 4 janvier 1748, bourgeois de Lille par relief du 2 avril 1779, acheta le 25 septembre 1776, pour 38.500 livres, la charge de second président au conseil d'Artois, obtint le 23 mars 1786 permission de décorer l'écusson de ses armes d'une couronne de comte, et mourut à Cambrai le 7 septembre 1815 [2]. Il acquit le titre et le nom de Loos de Charles-Ignace de Brandt par contrat passé à Arras devant Mᵉˢ Thomas et Brassier le 9 mai 1788. Il épousa à Saint-Aubert de Cambrai, le 24 août 1778, Catherine-Robertine-Joseph *de Hercq*, fille de Jean-François, écuyer, conseiller secrétaire du Roi, et de Marie-Claire-Agnès *Jacquerye*, baptisée dans la même paroisse le 7 juillet 1745, morte à Arras le 16 mai 1787: d'où :

1. — *Pierre-Frédéric-Joseph*, écuyer, baptisé à Arras, paroisse Saint-Jean-en-Ronville, le 18 juin 1779, mort à Cambrai le 19 juillet 1847, allié à Arras, le 4 septembre 1803, à Charlotte-Joséphine

---

1. DE HENNEZEL D'ORMOIS : *de gueules à trois glands montants d'argent, et un croissant du même en abîme.*
2. Il dut sans doute à la protection de Maximilien Robespierre, qu'il avait eu pour secrétaire, d'échapper à la fureur de Joseph Lebon. Celui-ci avait réclamé en ces termes son arrestation : « Au nom du peuple français, Joseph Lebon, représentant du peuple dans le département du Pas-de-Calais au comité de surveillance d'Arras. L'ex-président de Madre est riche, il a des talents. Le comité de surveillance voudra donc bien me faire part des preuves de civisme qu'il a données pour n'être point mis en état d'arrestation comme les autres individus de sa classe. J'attends demain ces renseignements. — Arras le 14 ventose 2ᵉ année républicaine. » — Le président de Madre fut en effet arrêté le 22 ventose suivant et envoyé à la Providence, d'où il fut transféré à l'hôtel d'Épinoy ; il ne recouvra sa liberté qu'en vendémiaire an III sur l'ordre du représentant Berlier. Le comité révolutionnaire du district d'Arras décerna alors l'ordre de passe suivant : « Ordre accordé en exécution de l'article onze de la loi du 27 germinal sur la police générale de la république au citoyen Joseph-François-Régis de Madre, ex noble, domicilié en la municipalité d'Arras, âgé de quarante-huit ans, taille de 5 pieds 3 pouces, cheveux et sourcils châtains, yeux bruns, nez gros, bouche moyenne, menton rond, front haut, visage allongé, qui nous a déclaré se retirer en la commune de Beaurains, district d'Arras, à la charge par le citoyen de ce conformer à la disposition de l'article 13 de la même loi. Fait au comité révolutionnaire du district d'Arras le 1ᵉʳ frimaire l'an III de la République française une et indivisible (signé) Pater et Lefebvre. »

Lefebvre, fille d'Antoine-Thibault et de Marie-Placide-Françoise *Morel*, née le 7 mars 1779, morte à Arras le 26 juin 1804 ; dont une fille [1].

    a. — *Marie-Françoise-Joseph*, née à Cambrai le 25 juin 1804, mariée dans cette ville, le 29 septembre 1823, avec Amand-Jean-Baptiste-Albert *Beke*, fils de Jean-François-Gabriel, négociant, et de Marie-Josèphe-Julie *du Quesnoy*, baptisé à Arras, paroisse Sainte-Croix, le 8 juillet 1791 ; sans postérité.

  2. — *Charles-Armand-Bon-Joseph*, qui suit, IX.

  3. — *Alexandre-Ange-Joseph*, qui suivra, IX bis.

IX. — *Charles-Armand-Bon-Joseph* DE MADRE DE LOOS, écuyer, né le 10 septembre 1781, baptisé à Arras, paroisse Sainte-Marie-Madeleine, le 25 octobre suivant, mort à Paris le 4 octobre 1836, épousa : 1º à Morenchies, le 30 ventôse an VIII, Marie-Jeanne-Henriette *de Francqueville* [2], fille de Frédéric, écuyer, s^r de Chanteville, décédée à Morenchies le 10 frimaire an XIII ; 2º à Cambrai, le 26 janvier 1807, Anne-Henriette-Aldegonde *Lussiez*, fille de Célestin-Armand-Hyacinthe, avocat, et d'Aldegonde-Eustache *Bouchez*, baptisée dans cette ville, paroisse Notre-Dame, le 26 avril 1785, morte à Cambrai le 26 octobre 1858 ; d'où :

  1. — Du premier lit : *Frédéric-François-Joseph*, né à Cambrai le 10 août 1801, mort le 5 septembre 1802.

  2. — *Agnès-Marie-Joseph*, née à Morenchies le 20 septembre 1803, morte le 6 mai 1839, alliée à Cambrai, le 12 mai 1830, à François-Albert *Bonnel*, fils de Pierre-Louis-Nicolas-François, propriétaire, et de Jeanne-Alexandrine *Aubé de Bracquemont* [3], né à Roye le 10 thermidor an XII, mort à Morenchies le 9 juillet 1873 ; dont postérité.

  3. — Du second lit : *Aldegonde-Henriette*, née à Cambrai le 18 octobre 1807, morte le 2 août 1808.

  4. — *Frédéric-Albert-Joseph*, écuyer, né à Cambrai le 5 mars 1809, décédé à Arras le 10 juillet 1867, marié dans cette ville, le 5 avril 1836, avec Charlotte-Augustine-Marie *de Retz*, fille de Charles-Joseph-Antoine-Clément et de Marie-Anne-Agnès *Saladin*, née à Arras le 4 avril 1812, y décédée le 29 octobre 1895 ; dont :

---

1. Il eut d'Eugénie Leriche une fille naturelle non reconnue : Eugénie-Joseph-Constance, née à Cambrai le 11 décembre 1817.

2. FRANCQUEVILLE : *d'azur à une étoile à cinq rais d'or, accompagnée d'un lambel à trois pendants du même en chef.*

3. AUBÉ DE BRACQUEMONT : *de gueules à huit losanges d'argent appointées en croix.*

a. — *Charles-Joseph*, écuyer, né à Arras le 17 février 1837, inspecteur des finances, mort dans cette ville le 23 juin 1877, célibataire.

b. — *Amélie-Henriette-Marie*, née à Arras le 3 mars 1839, y décédée le 28 avril 1897, mariée dans cette ville, le 21 mai 1861, avec Édouard-Victor-Joseph *Prévost*, fils d'Henri-Joseph et de Catherine-Joseph *Le Doux*. né à Brebières le 24 août 1822, décédé à Arras le 30 mai 1867 ; dont postérité.

c. — *Noémi-Alexandrine-Marie*, née à Mont-Saint-Éloi le 2 octobre 1840, morte à Paris le 19 décembre 1880, alliée à Arras, le 27 novembre 1860, à Théophile *Vanderwallen*, fils de Napoléon-Charles-Théophile-Félix et de Marie-Félicité *de Schodt*, né à Douai le 25 mai 1836, attaché à la direction des douanes de Dunkerque ; dont postérité.

5. — *Aline-Aimée*, née à Cambrai le 22 juin 1810, morte à Saint-Omer le 27 janvier 1894, mariée à Cambrai, le 10 septembre 1834, avec Ernest-Hyacinthe-Charles *de la Fons* [1], comte de la Plesnoye, fils de René-Armand, marquis de la Plesnoye, et de Sophie-Albertine-Élisabeth-Joseph *de Zevallos*, né au Cateau le 6 vendémiaire an XIII [2], mort à Cambrai le 3 février 1877 ; dont postérité.

6. — *Adolphe-Hyacinthe-Joseph*, qui suit, X.

7. — *Élise-Esther-Marie-Joseph*, née à Cambrai le 13 décembre 1814, morte au château d'Abancourt le 31 décembre 1850.

8. — *Léonce-Charles-Henri-Marie-Joseph*, écuyer, né à Cambrai le 27 mars 1826, mort au château de Folval, à Ticheville (Orne) le 16 septembre 1884, allié à Folval, le 19 juin 1854, à Marie *Le Carpentier d'Epinneville*, fille de Jacques-Amédée et de Marie-Rosalie-Louise *Foubert de Pallières*, née à Saint-Clair-d'Arcy (Eure), âgée de vingt ans et onze mois, morte à Paris le 20 août 1867 ; dont :

a. — *Amédée-Marie-Henriette*, née à Orbec (Calvados) le 1er juillet 1855 ; mariée à Paris, le 1er mai 1878, avec Louis-Roger *Foubert de Pallières* [3], fils de Charles-François-Alexandre, juge au tribunal civil de Rouen, et de Louise-Antoinette *Hue de Mathan*, né à Neufchatel (Seine-Inférieure) le 12 septembre 1853 ; dont postérité.

X. — *Adolphe-Hyacinthe-Joseph* DE MADRE DE LOOS, écuyer, né à Cambrai le 12 mai 1813, notaire à Paris, prit le titre de comte

---

1. DE LA FONS : *d'argent à trois hures de sanglier de sable, arrachées et lampassées de gueules.*
2. Date tirée des tables décennales.
3. FOUBERT : *d'argent à la fasce d'azur, chargée d'un léopard d'or.*

qu'un jugement du tribunal de Cambrai lui interdit de porter le 8 février 1860, mais qui lui fut accordé par décret impérial du 29 mai 1861, et mourut à Paris le 7 juillet 1894. Il épousa : 1º le 1er mai 1844, Émilie *Boivin*, née en 1825, morte à Paris le 22 août 1849 ; 2º à Paris, le 19 novembre 1851, Antoinette-Marie-Pauline *Dalloz*, fille de Victor-Alexis-Désiré, député, président de l'ordre des avocats, et de Caroline-Gabrielle *Peyre*, née à Paris le 1er septembre 1822, décédée à Paris le 31 décembre 1906 ; dont :

1. — Du premier lit : *Marie-Henriette-Françoise-Marguerite*, née à Paris le 9 juillet 1845 ; alliée à Paris, le 28 juillet 1869, à Léon *Flury*, fils d'Émile, officier de la Légion d'honneur, et de Jeanne-Louise-Amélie *Gilbert*, né à Paris le 29 août 1830, rédacteur au ministère des affaires étrangères, ministre plénipotentiaire, officier de la Légion d'honneur, décédé à Paris le 23 janvier 1905 ; dont postérité.

2. — *Célestin-Frédéric-Albert-David*, qui suit, XI.

3. — Du second lit : *Louis-Marie-Joseph*, né le 19 septembre 1853, mort à Paris en avril 1906, célibataire.

4. — *Jean*, célibataire.

5. — *Marie-Joseph-Charlotte-Jeanne*, née le 19 septembre 1856, morte à Bellevue le 4 août 1874.

6. — *Catherine-Élisabeth-Jeanne*, morte à un mois en 1859.

XI. — *Célestin-Frédéric-Alfred-David*, comte DE MADRE DE LOOS, né à Paris le 17 mars 1847, secrétaire d'ambassade, décoré de la médaille militaire pour sa conduite pendant la guerre de 1870, mort à Paris le 22 février 1887, épousa dans cette ville, le 9 avril 1877, Adèle-Stéphanie-Aline-Marie *Frédy de Coubertin*[1], fille de Charles-Louis et d'Agathe-Marie Marcelle *Gigault de Crisenoy*, née à Paris le 21 novembre 1854 ; d'où :

1. — *Marcelle-Marie-Émilie-Jeanne*, née à Paris le 20 août 1878 ; mariée à Paris, le 11 avril 1901, avec Marie-Jean *Renaud d'Avène des Méloizes*[2], fils d'Albert-Eugène-Maxime et de Marie-Henriette *Renaud d'Avène des Méloizes*, né à Bourges le 18 avril 1869, officier de cavalerie ; dont postérité.

---

1. FRÉDY DE COUBERTIN : *d'azur à neuf coquilles d'or, 3, 3, 2 et 1.*

2. RENAUD D'AVÈNE DES MÉLOIZES : *écartelé : aux 1 et 4, de gueules à l'aigle d'argent becquée, membrée et couronnée d'azur* (Coligny) ; *aux 2 et 3, d'or au sautoir de sable* (Fresnoy) ; *sur le tout d'azur au chevron d'or, accompagné en chef de deux quintefeuilles d'argent, et en pointe d'une fourmi du même* (des Méloizes).

2. — *Maurice*, né le 2 octobre 1879 à Paris.

3. — *Marie-David-Pauline-Isaure*, née à Paris le 28 avril 1885 ; alliée à Paris, le 12 octobre 1907, à Ferdinand-Georges-Gaëtan *Cady de Navacelle*, fils de Georges et de Marie-Virginie-Walburga *Fabre*, né à Paris le 3 mai 1883.

Branche de MAUVILLE

IX bis. — *Alexandre-Ange-Joseph* DE MADRE, écuyer, baptisé à Arras, paroisse Sainte-Marie-Madeleine, le 4 août 1785, mort à Cambrai le 28 février 1853, épousa dans cette ville, le 25 février 1818, Reine-Odile *Desbleumortiers*, fille de Jean-Baptiste-Henri-Joseph, propriétaire, et de Marie-Madeleine-Françoise-Joseph *Dibos*, née à Cambrai en 1798, y décédée le 25 octobre 1877 ; dont :

1. — *Adolphine-Marie-Albertine-Joseph*, née à Cambrai le 25 novembre 1818, y décédée le 11 mai 1884 ; alliée dans cette ville, le 10 mai 1843, à Christophe-François-Joseph *Dron*, fils de Nicolas-Joseph et de Marie-Caroline-Joseph *Depinoy*, né dans cette ville le 10 frimaire an X, veuf de Rosalie-Joseph *Delcroix*, y décédé le 6 juin 1887 ; sans enfants.

2. — *Alfred-Henri-Joseph*, qui suit, X.

3. — *Charlotte-Sidonie-Antoinette-Joseph*, née à Cambrai le 1er décembre 1822 ; mariée en cette ville, le 21 août 1851, avec Alfred-François-Auguste *Cattelin*, fils d'Auguste, propriétaire, et de Catherine-Augustine-Joseph *Tofflin*, né à Cambrai le 13 janvier 1816, notaire à Bouchain, puis à Cambrai, où il décéda le 14 mars 1894 ; dont postérité.

4. — *Édouard-Amand-Joseph*, écuyer, né à Cambrai le 14 juin 1824, décédé le 20 juillet 1901 à Bougnies (Hainaut) où il avait épousé, le 7 juillet 1863, Marie-Augustine-Victoire-Louise *de Biseau de Bougnies*, fille de Victor-Louis-Pie-Joseph-Ghislain et de Victoire-Joseph *Brouwet*, née à Mons le 13 août 1837 ; sans enfants.

5. — *Hortense-Laure-Thérèse-Joseph*, née à Cambrai le 14 octobre 1825 ; mariée dans cette ville, le 16 avril 1850, avec Marie-Pierre-Théodore-Justin *de Bourgogne*, fils de Nicolas-Frédéric-Alexandre-Justin et d'Agnès-Jeanne-Françoise-Antoinette *Métivier*, né à Lamarche (Vosges) le 9 mars 1810, capitaine de cuirassiers, officier de la Légion d'honneur, mort au même lieu le 4 mai 1868 ; dont postérité.

6. — *Odile-Henriette-Marie-Joseph*, née à Cambrai le 6 février 1827; alliée en cette ville, le 4 mars 1851, à Antoine-Louis *Boulogne*, fils d'Antoine-Louis, propriétaire, et d'Angélique *Rufin*, né à Saulzoir le 13 mars 1819; dont postérité.

7. — *Camille-Emma-Marie-Joseph*, née à Cambrai le 18 juin 1830; mariée dans cette ville, le 1er août 1849, avec Gilbert-Thomas *Amyot* (de Bessières), fils de Pierre-Paul-Victor et d'Élisabeth *Sulburn*, né au Petit-Chelsia, près Londres, le 3 février 1806, officier de cuirassiers, puis colonel de gendarmerie; dont postérité.

X. — *Alfred-Henri-Joseph* DE MADRE DE MAUVILLE, écuyer, né à Cambrai le 31 juillet 1820, mort à Arras le 9 août 1885, épousa en premières noces à Arras, le 22 décembre 1858, Joséphine-Henriette *Lefebvre*, fille d'Antoine-Augustin et de Marie-Louise-Henriette-Éléonore *d'Haudoire*, née à Arras le 23 avril 1826, morte à Dainville, près Arras, le 23 novembre 1860; en secondes noces à Tournai, le 29 septembre 1863, Delphine-Thérèse *Daras de Naghin*, fille de Norbert-Joseph et de Marie-Philippine-Aimée *Fontaine*, née à Lens (Hainaut) le 17 février 1829; d'où :

1. — Du premier lit: *Georges-Henri-Joseph*, né à Dainville le 13 octobre 1860; allié à Arras, le 26 mai 1886, à Josepha-Marie-Benoîte *de Valicourt de Séranvillers* [1], fille de Joseph, écuyer, et de Marie-Colette-Joséphine *Daveluy*, née à Séranvillers le 14 août 1861; d'où :

    a. — *Marie-Louise-Delphine-Josèphe*, née à Boisjean le 17 avril 1887.

    b. — *Isabelle-Marie-Joséphine*, née à Boisjean le 7 octobre 1888.

    c. — *Solange-Marie-Antoinette*, née à Sorrus (Pas-de-Calais) le 28 avril 1890.

    d. — *Henri-Pierre-Louis*, né à Sorrus le 21 juillet 1891, mort à Cambron (Somme) le 31 janvier 1897.

2. — Du second lit: *Marie-Aimée-Lydie-Joseph*, née à Dainville le 17 septembre 1864, alliée à Tournai, le 29 octobre 1887, à Paul-Anselme-Ghislain *Coppieters* [2], fils de Vincent-Jacques-Sabin-Marie-Ghislain et de Mathilde-Marie-Ghislaine *Kervyn*, né à Bruges le 2 mai 1862; dont postérité.

---

1. DE VALICOURT: *d'azur au franc-quartier d'hermines.*

2. COPPIETERS : *d'azur à une épée d'argent, emmanchée d'or, mise en bande, et une coupe couverte d'or brochant sur le tout.*

3. — *Fernand-Norbert-Marie-Joseph*, né à Dainville le 4 février 1866, mort à Arras le 5 avril 1880.

4. — *Firmin-Alfred-Joseph*, écuyer, né à Dainville le 3 mars 1867, courtier de commerce, mort à Arras le 13 mai 1896, marié dans cette ville, le 17 août 1891, avec Henriette-Isabelle-Mathilde-Marie *Way*, fille d'Henri-Félix et de Berthe-Mathilde-Isabelle *Villain*, née à Arras le 30 mai 1870, remariée depuis ; il eut :

    a. — *Marguerite-Henriette-Marie*, née à Écuires (Pas-de-Calais) le 28 mai 1892.

    b. — *Henriette-Louise-Mathilde-Marie*, née à Écuires le 29 mai 1893.

5. — *Julia-Aimée-Louise-Hyacinthe-Adolphine-Joseph*, née à Dainville le 23 juillet 1868, y décédée le 8 octobre suivant.

6. — *Paul-Adolphe-Henri-Joseph*, né à Dainville le 18 juin 1870, célibataire.

NON RATTACHÉE

Marie-Antoinette, fille de *Jacques-Albert*, écuyer, s^r d'Ailly, décédée paroisse Saint-Étienne le 31 mai 1722.

Autres DEMADE ou DE MADRE

I. — *Antoine* de Madre, fils de Charles et de Barbe *le Théry*, décédés tous deux avant 1659, acheta la bourgeoisie de 8 août 1659. Il est porté comme né à Valenciennes. Or, s'il y eut en effet dans cette ville, au XVIIe siècle, une famille de Made (*sic*) exerçant le commerce de pelleterie, ni Antoine, ni ses parents ne figurent aux registres d'état-civil. Il mourut paroisse Saint-Maurice le 22 février 1678, après avoir épousé à Saint-Étienne, le 2 août 1661, Jossinne *Willot* dit *de Pernes* ; il en eut :

1. — *Vincent-Séraphin*, qui suit, II.

2. — *Angélique-Séraphine*, baptisée à Saint-Étienne le 17 mai 1665, morte paroisse Saint-Maurice le 23 mai 1689.

II. — *Vincent-Séraphin* de Madre, baptisé à Saint-Étienne le 2 juin 1662, bourgeois de Lille par relief du 5 juillet 1680, épousa : 1° le 29 avril 1680, à Saint-Étienne, Marie-Anne *Roussel*, fille de Charles et d'Anne *Macquart* ; 2° Marie-Anne *Malbrancq* ; d'où :

1. — Du premier lit : *Marie-Caroline*, baptisée à Sainte-Catherine le 11 mai 1681.
2. — *Charles-Antoine*, baptisé à Saint-Étienne le 17 septembre 1682.
3. — *Marie-Angélique*, baptisée à Saint-Étienne le 27 octobre 1683.
4. — *Louis-Césaire*, baptisé à Saint-Étienne le 9 mars 1686.
5. — Du second lit : *Marie-Anne-Françoise*, baptisée à Saint-Étienne le 29 octobre 1696, morte le 5 novembre suivant.
6. — *Françoise-Angélique*, baptisée à Saint-Étienne le 22 octobre 1697, morte le surlendemain.
7. — *André-Séraphin*, baptisé à Saint-Étienne le 18 novembre 1698, mort le lendemain.
8. — *Louis-François-Séraphin*, baptisé à Saint-Étienne le 11 octobre 1699, décédé le 14 du même mois.
9. — *Marie-Anne-Joseph*, baptisée à Saint-Étienne le 19 mars 1701.
10. — *Julie-Reine*, baptisée à Saint-Étienne le 1er novembre 1703, alliée dans cette église, le 3 septembre 1736, à Jean-Pierre *Placquez*.
11. — *Barbe-Michelle-Séraphine*, baptisée à Saint-Étienne le 30 septembre 1707.
12. — *Bon-Joseph-Séraphin*, baptisé à Saint-Étienne le 5 février 1711.

1776. — *Joseph-François-Régis de Madre, Second Président du Conseil provincial d'Artois.*

A Nosseigneurs,

Nosseigneurs les Présidents, conseillers, tenant le Conseil supérieur et provincial d'Artois,

Supplie maître *Joseph-François-Régis de Madre du Locron*, avocat en la Cour, disant que Sa Majesté lui auroit accordé l'office de second président, par lettres de provisions données à Paris le vingt-cinquième jour du mois de septembre de la présente année, scellées du grand sceau de cire jaune ; que Sa Majesté l'avoit relevé de ce qui lui manque des quarante années d'âge et du défaut des dix années de service requises pour l'exercice de cet office, par lettres données à Versailles le dix-septième jour d'avril de la présente année.

A ces causes le supliant a son recourt vers vous, Nosseigneurs, à ce qu'il vous plaise : vu les lettres mentionnées ci-dessus, le

recevoir, mettre et instituer en possession du dit office, en prêtant par lui le serment en tel cas requis et accoutumé, implorant, etc.....
Signé : DE MADRE DU LOCRON, avec paraphe.

Soit communiqué aux gens du Roy, paraphé.

Vu cette requête et pièces jointes, notamment l'extrait baptistaire du supliant, le certificat de sa catholicité, et les provisions de la charge dont il s'agit, addressantes à la Cour, je requiers qu'avant faire droit, il soit ordonné que, par devant Commissaire de la Cour, il sera informé des vies et mœurs, religion catholique, apostolique et romaine du supliant et de son affection au service du Roy ; pour ce fait et à moi communiqué, être conclu ainsy qu'il appartiendra, du sept novembre 1776. Signé ENLART DE GRANDVAL, avec paraphe.

Le Conseiller SCORION nommé à l'effet requis. Paraphé.

Le Conseiller WARTELLE subrogé, paraphé.

Depuis : Vu l'information des vie et mœurs du supliant, je n'empêche qu'il soit reçu et admis à l'exercice de l'office dont il s'agit en prêtant le serment requis; signé ENLART DE GRANDVAL, avec paraphe.

Vu par la Cour, la requête présentée par Maître *Joseph-François-Régis de Madre du Locron*, avocat en icelle, expositive qu'il auroit plût au Roy luy accorder lettres de provisions d'un office de Conseiller, second président en la Cour, le supliant désirant profiter de la grâce accordée par Sa Majesté auroit conclu à ce qu'il plût à la Cour recevoir le supliant à exercer ledit office en prêtant le serment en pareil cas requis et accoutumé ; ladite requête signée : DE MADRE DU LOCRON.

L'arrêt de : soit communiqué au procureur général du Roy, ses conclusions à ce qu'avant faire droit, il soit ordonné que, par devant conseiller-commissaire de la Cour, il seroit informé des vie et mœurs, religion catholique, apostolique et romaine du supliant et de son affection au service du Roy, pour ce fait et à lui communiqué, il a conclu ainsi qu'il appartiendroit ; l'arrêt qui commet maître Maximilien-Jacques Scorion à l'effet dont il s'agit ; autre arrêt qui subroge maître Jean-Baptiste-Joseph Wartelle au lieu et place dudit maître Scorion ; l'information par lui faite en conséquence ce jourd'hui ;

Vu aussi les dites lettres de provisions du dit office de Conseiller, second Président, que tenoit et exerçoit feu maître Jean-François-Marie Mabille, données en faveur du supliant à Paris le vingt-cinq Septembre dernier, signées sur le replis par le Roy : DESJOBERT et scellées du grand Sceau en cire jaune ; ensemble les lettres de dispenses d'âge, de service du dit office données à Versailles le dix-sept Avril dernier, signées LOUIS ; Plus bas, par le Roy, SAINT-GERMAIN. Les quittances des droits de marc d'or et autres pièces attachées sous le contre-scel des dites provisions addressantes à la Cour ; le dit maître *De Madre du Locron*, mandé en Chambre et ouï en ses réponses aux demandes qu'il lui ont été faites sur la loy, la coutume et les ordonnances ; conclusions des Gens du Roy ; ouï le rapport de Me Jean-Baptiste-Joseph Wartelle, conseiller ; tout considéré : la Cour, par arrêt, les Chambres assemblées, reçoit et admet Me *Joseph-François-Régis De Madre du Locron* à exercer le dit office de Conseiller, second Président en ce Conseil, conformément aux-dites lettres, en prêtant le serment en tel cas requis ; ordonne qu'il sera mis et institué en possession du dit office et que les dites lettres de provision, celles de dispenses d'âge dudit office et quitances de marc d'or, seront registrées aux Greffes de la Cour pour être exécutées selon leur forme et teneur, sous approbation de l'édit du mois de février mil sept cent soixante-onze, mentionné aux dites lettres-patentes et à la charge des réserves insérées dans l'acte d'évaluation dudit office. Du huit novembre mil sept cent soixante-seize. Signés Briois et Wartelle avec paraphe.

Et ledit jour, le dit maître *De Madre du Locron* a prêté le serment accoutumé ès mains de Monsieur le premier Président, en présence de la Cour et a été à l'instant mis et institué en possession dudit office et a pris séance en la manière ordinaire ; témoin le greffier sous-signé, est signé : Develle, avec paraphe.

Louis par la grâce de Dieu, Roy de France et de Navarre, à tous ceux qui ces présentes verront, salut. Scavoir faisons que, pour la pleine et entière confiance que nous avons en la personne de notre cher et bien amé le sieur *Joseph-François-Régis De Madre du Locron*, avocat en Parlement, et en ses sens, suffisance, capacité, expérience, fidélité et affection à Notre service ; pour ces causes et autres, nous lui avons donné et octroyé, donnons et octroyons par ces présentes l'état et office de Notre Conseiller, Second Président en Notre Conseil Provincial d'Artois, que tenoit et exerçoit à titre de survivance, le sieur Jean-François-Marie Mabille, dernier titulaire ; après le décès duquel arrivé le dix-huit décembre mil sept cent soixante-dix, ses héritiers nous ont nommé et présenté au dit office, par acte du vingt-quatre février dernier, le dit sieur de Madre qui a en conséquence payé en nos revenus casuels le droit de survivance suivant la quittance du sieur Bertin dont copie collationnée et ci attachée, pour le dit office avoir, tenir et dorénavant exercer, en jouir et user par le dit sieur *de Madre* au dit titre de survivance conformément à l'édit du mois de février mil sept cent soixante-onze et aux honneurs, pouvoirs, libertés, fonctions, autorités, priviléges, droits, exemptions, franchises, immunités, prérogatives, prééminences,

DE MADRE. 1519

entrées, rang, séance, gages, attributions, fruits, profits, revenus et émolumens au dit office appartenans, tels et tout ainsy qu'en a joui ou dû jouir le dit sieur Mabille et qu'en jouissent ou doivent jouir les autres pourvus de pareils offices ; à conditions toutesfois que le dit sieur *de Madre* ait atteint l'âge de vingt-huit ans, neuf mois, moins quelques jours, suivans son extrait baptistaire du cinq janvier mil sept cent quarante-huit duement légalisé, et qu'il n'ait dans le nombre des officiers de Notre dit Conseil provincial d'Artois aucun parent ny allié aux degrés prohibés par ordonnances, ainsy qu'il estoit justiffié par le certificat cy avec le dit extrait baptistaire et autres pièces attaché sous le contre scel de notre Chancellerie, à peine de perte dudit office, nullité des présentes et de sa réception ; encore bien que ledit sieur *de Madre* n'ait point le tems de service requis par nos ordonnances ; duquel défaut de temps de service, ainsy que du défaut de l'âge qu'il lui manque pour avoir atteint les quarante années d'âge requises par nos règlements, nous l'avons relevé et dispensé par nos lettres du dix-sept avril dernier, à condition néanmoins qu'il ne pourra présider avant l'âge de trente ans accomplis. Si donnons en mandement à nos amés et féaux conseillers les Gens tenans notre Conseil provincial d'Artois, que, leur étant apparu des bonnes vie et mœurs, âge susdit, conversation et religion catholique, apostolique et romaine du dit sieur *de Madre* et ayant de lui pris et reçu le serment en tel cas requis et accoutumé, ils le reçoivent, mettent et instituent de par Nous en possession dudit office, l'en faisant jouir et user, ensemble des droits et avantages susdits, pleinement et paisiblement, et lui fassent obéir et entendre de tous ceux et ainsy qu'il appartiendra ès choses concernant le dit office. Mandons en outre à nos amés et féaux conseillers, les Présidents, trésoriers de France et généraux de nos Finances, à Lille, que par les trésoriers, receveurs, payeurs et autres comptables qu'il appartiendra et des fonds à ce destinés, ils fassent payer et délivrer comptant au dit Sieur *de Madre,* dorénavant par chacun an, aux termes et en la manière accoutumée, les gages et droits au dit office appartenants, à compter du jour et date de sa réception, de laquelle raportant copie duement collationnée ainsi que des présentes, pour une fois seulement, avec quittance de luy sur ce suffisante. Nous voulons les dits gages et droits être passés et alloués en la dépense des comptes de ceux qui en auront fait le paiement par nos amés et féaux Conseillers les Gens de nos comptes à Paris ; auxquels mandons ainsy le faire sans difficulté, car tel est notre plaisir. En témoin de quoy nous avons fait mettre notre scel à ces dites présentes. Donné à Paris le vingt-cinquième jour de septembre de l'an de grâce mil sept cent soixante-seize, et de Notre règne le troisième. Sur le reply par le Roy : Signé : Desjobert ; avec paraphe et scellée du grand sceau en cire jaune.

J'ay reçu de M⁰ *Joseph-François-Régis de Madre*, sieur du Locron, agréé par le Roy pour être pourvu de l'office de Conseiller de Sa Majesté second président au Conseil provincial d'Artois, sur la nomination des héritiers de M⁰ Jean-François-Marie Mabille, décédé le 18 décembre mil sept cent soixante-dix, la somme de trois mille trois cents livres scavoir : trois mille livres en principal et trois cents livres pour les deux sols pour livre, pour le seizième denier dudit office, pour en obtenir des provisions aux gages et droits y appartenant et pour en jouir à titre de survivance, demeurer lui et ses successeurs à l'avenir, dispensé de la rigueur des quarante jours et en pouvoir disposer par sa veuve, enfants, héritiers ou ayant-cause comme de choses à eux appartenants, conformément à l'édit du mois de février 1771. Le dit office employé au rolle en conséquence de l'arrêt du Conseil du vingt-cinq juin dernier. Fait à Paris le 19 septembre mil sept cent soixante-seize, signé Bertin et au dos est écrit : Enregistré au contrôle général des finances par nous Conseiller ordinaire au Conseil royal, controleur général des finances, à Paris le vingt-quatre septembre 1776, signé Augny.

J'ay reçu de Monsieur *Joseph-François-Régis de Madre du Locron*, la somme de onze cent trente-quatre livres pour le droit de marc d'or de l'office de Conseiller du Roy, second président au Conseil provincial d'Artois dont il entend se faire pourvoir au lieu de feu M⁰ Jean-François-Marie Mabille, dernier titulaire et quatre cens cinquante-trois livres, douze sols pour les huit sols pour livre du dit droit. Fait à Paris le vingt-trois septembre, mil sept cent soixante-seize, signé Caron. Et au dos est écrit : enregistré au Contrôle général du marc d'or des ordres de Sa Majesté, par nous, écuyer, conseiller du Roy contrôleur général dudit Marc d'or. A Paris le vingt-trois septembre 1776, signé Beaurain.

Collationné par nous, écuyer, conseiller secrétaire du Roy, maison et couronne de France, et de ses finances est signé : Desjobert.

J'ay reçu de Monsieur *Joseph-François-Régis du Locron*, la somme de deux mille livres pour le droit de marc d'or de noblesse à cause de l'office de second président au Conseil provincial d'Artois dont il entend se faire pourvoir et huit cens livres pour les huit sols pour livre dudit droit. Fait à Paris, le.... septembre mil sept-cent soixante-seize, signé Caron et au dos est écrit : enregistré au Contrôle général du Marc d'or des ordres de sa Majesté, par nous, écuyer, conseiller du Roy controlleur général du dit marc d'or, à Paris le..... septembre 1776, signé Beaurain.

Collationné par nous écuyer, conseiller secrétaire du Roy, maison couronne de France et de ses finances et signé DESJOBERT avec paraphe.

Louis par la grâce de Dieu Roy de France et de Navarre à nos amés et féaux conseillers, les gens tenant notre conseil provincial d'Artois, salut. Notre cher et bien amé le Sr *Joseph-François-Régis de Madre du Locron* nous a fait exposer qu'il désireroit se faire pourvoir de l'état et office de notre Conseiller second président en notre Conseil provincial d'Artois, mais que n'étant âgé que de vingt huit ans, trois mois, quelques jours suivant son extrait baptistaire du cinq janvier mil sept cent quarante huit et n'ayant point le temps de service requis par nos ordonnances, il auroit besoin de nos lettres de dispense d'âge et de tems de service qu'il nous a très humblement fait supplier de vouloir bien luy accorder, à ces causes, voulant favorablement traiter l'exposant, nous vous mandons, par ces présentes, signées de notre main, que lorsqu'il vous fera apparoir de nos lettres de provisions dudit office duement scellées et expédiées en son nom, vous ayez à l'y recevoir, sans vous arrêter à ce qui manque des quarante années d'âge et au défaut des dix années de service requises par nos ordonnances ; desquels défaut d'âge et de tems de service nous l'avons de notre grâce spéciale, pleine puissance et autorité royale, relevé et dispensé, relevons et dispensons par ces présentes, nonobstant tous édits, déclarations, ordonnances, arrêts et règlemens à ce contraires ; auxquels nous avons dérogé et dérogeons par ces dites présentes, pour ce regard seulement et sans tirer à conséquence, à condition néanmoins que ledit Sr *de Madre* ne pourra présider qu'à trente ans accomplis ; car tel est notre plaisir. Donné à Versailles, le dix-septième jour d'avril l'an de grâce mil sept cent soixante-seize et de notre règne, le deuxième. Signé : LOUIS ; plus bas, signé : SAINT-GERMAIN, avec paraphe. Registrées au Greffe de la cour, ouï le procureur général du Roy, pour être exécutées selon leur forme et teneur ; le huit novembre mil sept sent soixante-seize, signé : DEVELLE.

Archives départementales du Pas-de-Calais. Registre aux commissions des officiers du Conseil d'Artois.

1778, janvier. — *Lettres de noblesse pour le sieur Wallerand-Albéricq de Madre.*

Louis par la grâce de Dieu Roi de France et de Navarre, à tous présent et à venir salut. De toutes les grâces que les soverains

destinent à servir de récompense au mérite, il n'en est point de
plus précieuse que l'annoblissement qui s'étandant jusqu'à la postérité
la plus reculée, est pour elle un monument toujours subsistant des
vertus de celui qui s'en est rendu digne : mais, plus cette faveur a
d'éclat, et plus nous sommes attentifs à ne l'accorder que pour des
services distingués, et à des sujets dont les sentimens purs et désin-
téressés ne leur permettent d'être sensibles qu'à l'honneur. Ce sont
ces considérations parfaitement réunies dans la personne de notre
cher et bien amé *Wallerand Albéricq de Madre*, conseiller honoraire à la gouvernance de Lille et doyen des avocats de la même ville,
qui nous déterminent à lui conférer l'annoblissement ; après avoir
exercé la charge de conseiller référandaire en la chancellerie établie
près notre parlement de Flandres, il a rempli pendant vingt ans celle
de conseiller en la gouvernance de Lille, à laquelle il réunissoit la
place d'assesseur du siège de la maréchaussée, cette dernière place l'a
mis dans le cas d'être chargé durant le cour de la dernière guerre, de
l'instruction de plusieurs procès criminels pour des objets importans
et dont la connoissance avoit été attribuée à une commission présidée
par le feu sieur de Séchelles, alors intendant de la province et de
l'armée. Le sieur *de Madre* a été revêtu dans la suite de la charge
de conseiller pensionnaire de la ville de lille, il s'est distingué dans
ces différens emplois par ses talens et ses lumières, comme par les
servises utiles qu'il a rendus pendant un espace de quarante années
et quoique les fonctions qu'il avoit à remplir exigeassent de lui un
travail non moins assidu que pénible, elles ne lui ont jamais fait
abbandonner la profession d'avocat où il a toujours fait paroître
autant de zèle pour le bien public, que de désintéressement et de
générosité en prêtant gratuitement son ministère à tous ses consitoiens
et surtout à ceux que l'indigence auroit pu livrer à l'oppresion et au
secours desquels il s'est particulièrement dévoué, indépendamment
de ces motifs qui sont tous honorables pour le sieur *de Madre*, il en
est encore d'autres qui parlent également à son avantage, et qui, par
leur nature ajoutent un nouveau degré de mérite à sa position
particulière, le sieur *de Madre* est constamment reconnu pour être
d'une des plus anciennes familles patriciennes de la ville, qui a
toujours vécu honorablement et qui tient par des alliances à plusieurs
maisons distingués du pays ; un de ses ayeux, prévôt de Cisoing au
commencement du seizième siècle, jouissoit dès lors d'une fortune
considérable. La branche ainée de ses descendans fut annoblie il y
a plus d'un siècle, et cette branche dont il ne reste que des filles, se
trouve aujourd'hui fondue, par le mariage des dernières dessendantes
dans les maisons *de Bassecour*, du baron *de Lagrange*, chevalier

d'honneur en notre parlement de Flandres, du sieur *de Hautcloque* gentilhomme ayant entrée aux états d'Artois, et du sieur *Le Blavier de la Roque* gentilhomme demeurant à Noyelles en Flandres. Le sieur *de Madre* qui descend de la branche cadette, et dont le frère possédoit une charge qui lui a conféré la noblesse, tient également à celle de la province pour les aliances qu'il a contractés lui même en épousant en première noce la demoiselle *de Lannoy* descendante de Floris *de Lannoy* qui étoit amiral dans le trezième siècle [1], et en secondes noces la demoiselle Marie Catherine Phillipine Joseph *de Laporte Despierre*, dont la famille décorée depuis plus d'un siècle du titre de chevalier, est alliée à celle des *Tanremondes*, de *Carondelet*, d'*Estrées*, de *Haynin* et de *Beaufremés*. De trois fils qu'il a qui marchent dignement sur ses traces, un est conseiller pensionnaire de la ville, l'autre controlleur des états de la province, et nous avons agréé le troisième pour la charge de second président en notre Conseil provincial d'Artois ; telles sont les différentes considérations que le sieur *de Madre* réunit en sa faveur et d'après lesquelles nous avons reconnu que s'il étoit le seul de son nom qui ne jouit point de la noblesse, ces mêmes considérations sollicitoient notre justice et notre munificense pour lui assurer un état dont sa conduite d'ailleurs a toujours si bien exprimé les sentimens, scavoir fesons que pour ces causes et autres considérations à ce nous mouvant, de l'avis de notre Conseil et de notre grâce spéciale, pleine puissance et autorité royale, nous avons par ces présentes signées de notre main annobli et annoblissons ledit sieur *Wallerand Albéricq de Madre*, et du titre et qualité de noble l'avons décoré et décorons, voulons et nous plait qu'il soit tenu, censé et réputé comme nous le tenons, censons et réputons pour tel, ensemble ses enfans et postérité tant mâles que femelles nés et à naître en légitime mariage, de même que ceux qui sont issus de noble et ancienne race et que ledit sieur *de Madre* et sa postérité soient en tous lieux et endroits, tant en jugement que hors de jugement, tenus, censés et réputés pour noble et gentilhomme et que comme tel ils puissent prendre la qualité d'écuyer, et parvenir à tous degrés de chevalerie et autres dignités, titres et qualités réservés à notre noblesse, qu'ils soient inscrits sur le catalogue des nobles et qu'ils jouissent et usent de tous les droits, prérogatives, privilèges, francises, libertés, prééminences, exemptions et immunités dont jouissent et ont accoutumés de jouir les autres nobles de notre Royaume ; comme aussi qu'ils puissent acquérir,

---

1. Cette alliance, dont Albéric DE MADRE se montrait si fier, n'a jamais existé. Voir notre généalogie *de Lannoy*, tome I, page 119.

tenir et posséder toutes sortes de fiefs, terres et seigneuries de quelque nature, titre et qualité qu'elles soient, et en outre nous avons permis et permettons par ces présentes audit Sieur *de Madre* et à ses enfans, postérité et dessandans de porter les armoiries timbrées telles qu'elles seront réglées et blasonnées par le sieur d'Hozier juge d'armes de France et qu'elles seront peintes et figurées dans ces présentes auxquelles son acte de réglement sera attaché sous le contre scel de notre chancellerie, avec pouvoir de les faire peindre, graver et insculper en tels endroits de leurs maisons, terres et seigneuries que bon leur semblera, sans que pour raison du présent annoblissement ledit sieur *de Madre*, ses enfans, postérités et descendans, soient tenus de nous payer ni à nos successeurs Rois aucune finance ni indemnité dont, à quelque somme qu'elles puissent monter, nous leur avons fait don et remise par ces mêmes présentes, à condition toutes fois par eux de vivre noblement et sans déroger à ladite qualité ; si donnons en mandement à nos amés et féaux les gens tenans notre cour de parlement de Flandres à Douay, présidens, trésoriers de France au Bureau de nos finances établi à Lille et tous autres nos officiers et justiciers qu'il appartiendra, que ces présentes ils aient à faire registrer et du contenu en icelles jouir et user ledit sieur *Wallerand Albéricq de Madre*, ensemble ses enfans et postérité et descendans males et femelles nés et à naître en légitime mariage, pleinement, paisiblement et perpétuellement, cessant et faisant cesser tous troubles et empêchements quelconques ; et nonobtant tout édits, déclarations, réglemens, ordonnances, arrêts, lettres et autres choses à ce contraires, auxquels et aux dérogatoires des dérogatoires y contenues, nous avons expressement dérogé et dérogeons par ces dites présentes pour ce regard seulement et sans tirer à conséquence : Car tel est notre plaisir, et afin que ce soit chose ferme et stable à toujours, nous avons fait mettre notre scel à ces dites présentes. Donné à Versailles, au mois de janvier l'an de grace 1778 et de notre règne le quatrième. Louis. — Et sur le replis est écrit, par le roi, DE MONTBAREY.

Antoine Marie d'Hozier de Sérigny, chevalier, juge d'armes de la noblesse de France, chevalier grand croix de l'ordre royal de Saint-Maurice de Sardaigne,

Réglement d'armoiries pour le sieur *Wallerand-Albéricq de Madre*, conseiller honoraire à la gouvernance de Lille et doyen des avocats de la même ville, en conséquence des lettres de son anoblissement du mois de janvier 1778.

Vu les lettres patentes en forme de charte données par le Roi à Versailles au mois de janvier de la présente année 1778, signées Louis et sur le replis par le Roi le prince de MONTBAREY, par lesquelles

Sa Majesté annoblit le sieur *Wallerand Albéricq de Madre*, conseiller honoraire à la gouvernance de Lille et doyen des avocats de la même ville, ensemble ses enfans et postérités tant males que femelles, nés et à naître en légitime mariage, Nous, en vertu de la clause énoncée dans les dites lettres qui permet audit sieur *de Madre* et à ses enfans, postérités et descendans, de porter des armoiries timbrées telles qu'elles seront réglées par nous comme juge d'armes de la noblesse de France et ainsi qu'elles seront figurées dans les dites lettres auxquelles notre acte de réglement sera attaché sous le contre scel de la chancellerie conformément à l'arrêt du conseil du 9 de mars 1706, avons réglé pour ses armoiries un écus *d'azur et un antrelas d'or* : ledit écus timbré d'un casque de profil orné de ses lambrequins d'or et d'azur et ayant pour cimier un lion de sinople naissant à demi corps, couronné et onglé d'or et langue de gueules ; et afin que le présent réglement d'armoiries puisse lui servir et à ses enfans et postérité, males et femelles nés et à naître en légitime mariage, tant qu'ils vivront noblement et ne feront aucun acte de dérogeance, nous l'avons compris dans les registres des annoblissemens après l'avoir signé et fait contre signer par notre secrétaire qui y a apposé le seau de nos armes. A Paris le vendredy sixième jour du mois de janvier de l'an 1778. D'Hozier de Sérigny. Par monsieur le juge d'armes de la noblesse de France. Duplessis.

Archives communales de Lille. Registres aux mandements et ordonnances de la gouvernance de Lille. Registre Duc, pièce 145, pages 656 à 658.

1786, 23 mars. — *Brevet royal permettant à Joseph-François-Régis de Madre, Président du Conseil d'Artois, de décorer ses armoiries d'une couronne de comte, avec, pour supports, deux lions de sinople, couronnés et onglés d'or et langués de gueules.*

A Nosseigneurs, Nosseigneurs les Présidens et Gens tenant le Conseil provincial et supérieur d'Artois,

Supplie messire *Joseph-François-Régis de Madre*, chevalier, conseiller du Roi en ses Conseils et président en la Cour, disant que le Roi a bien voulu lui accorder et à ses descendans en ligne directe, la permission de décorer l'écusson de leurs armoiries d'une couronne de comte et de lui donner pour supports deux lions de sinople, couronnés et onglés d'or et langués de gueules, pourquoi le suppliant a l'honneur de se retirer vers vous, Nosseigneurs, à ce qu'il vous plaise ordonner que le brevet, contenant ladite permission, soit registré sur les registres de la Cour et que votre arrêt soit envoyé au siège de l'élection de cette province, pour y être pareillement enregistré. Et ferez bien. Signé Monvoisin.

Soit montré au procureur général du Roi. Paraphé.

Vu cette requête et le brevet y joint, je n'empêche l'Enregistrement requis. Du 29 juillet 1786. Signé, Enlart de Grandval.

Vu par la Cour la requête présentée par messire *Joseph-François-Régis de Madre*, chevalier, conseiller du Roy en ses Conseils et président en la dite Cour, expositive que le Roy avoit bien voulu lui accorder et à ses descendans, en ligne directe, la permission de décorer l'écusson de leurs armoiries d'une couronne de comte et de lui donner pour supports deux lions de sinoples, couronnés et onglés d'or et langués de gueules, pourquoi il aurait conclut à ce qu'il plut à la Cour ordonner que le brevet contenant ladite permission seroit registré sur les registres de la Cour et que l'arrêt seroit envoyé au siège de l'élection de cette province pour y être pareillement enregistré ; ladite requête signé Monvoisin, procureur. L'arrêt de : soit montré au procureur général du Roy ; ses conclusions. Vu aussi le brevet dont il s'agit, donné à Versailles le vingt-trois mars dernier, signé Louis et contresigné le M^{al} de Ségur. Ouï le rapport de Me Benoit-Joseph-Elzéart-Maurant Desmaretz, conseiller; tout considéré : La Cour, les chambres assemblées par arrêt, ordonne que le brevet dont il s'agit sera registré au greffe de la Cour pour jouir par l'impétrant et ses descendans en ligne directe de l'effet dudit brevet selon sa forme et teneur, et que le présent arrêt sera envoyé au siège de l'élection d'Artois, pour y être pareillement registré.

Du vingt-neuf juillet mil sept cent quatre-vingt-six, signés Thiébault et Desmaretz d'Hersin.

Aujourd'huy, vingt-troisième du mois de mars mil sept cent quatre-vingt-six, le Roy étant à Versailles, Sa Majesté, voulant donner au s^r *Joseph-François-Régis de Madre* qui exerce depuis près de onze ans avec distinction la charge de second président au Conseil provincial d'Artois, un nouveau témoignage de son estime pour lui et pour sa famille non moins distinguée par ses services que par le rang qu'elle tient dans la magistrature et ses alliances avec différentes maisons titrées, tant de la Flandre que de l'Artois, a permis et permet tant à lui qu'à ses descendans en ligne directe de décorer l'écusson de leurs armoiries d'une couronne de comte et de lui donner pour supports deux lions de sinople couronnés et onglés d'or et langués de gueules. Défend Sa Majesté à tous juges qu'il appartiendra de troubler ni laisser troubler ledit s^r *de Madre* et ses descendans dans la jouissance de cette prérogative et pour assurance de ce qui est en cela la volonté de Sa Majesté elle m'a commandé d'expédier le présent Brevet qu'elle a signé de sa main et fait contresigner par moi son conseiller secrétaire d'État et de ses commandemens et finances : signé Louis, contre-signé Le M^{al} de Ségur.

Registré au greffe de la Cour, ouï le procureur général du Roy, pour jouir, par l'impétrant et ses descendans en ligne directe, de l'effet dudit brevet, selon sa forme et teneur, conformément à l'arrêt de ce jour. A Arras, au Conseil provincial et supérieur d'Artois, les Chambres assemblées, le vingt-neuf juillet mil sept cent quatre-vingt-six. Signé : Sirou.

Archives du Pas-de-Calais. Conseil d'Artois. Série B. 39, f° 475.

1793, 15 septembre. — *Arrestation de Louis de Madre et de sa famille.*

Ce jourd'huy 15 septembre 1793, l'an 2e de la République française, une et indivisible, sont entrés en la maison du Dépôt, en vertu d'ordre du citoyen Dumont, représentant du peuple, le citoyen *Louis Demadre*, rentier, domicilié à Lille, âgé de 54 ans, taille de 5 pieds 5 pouces, cheveux blonds, sourcils châtains, yeux bleus, front évasé, nez moyen, bouche moyenne, visage ovale. Marie-Ange *du Bois*, épouse du susdit, âgée de 39 ans ; Auguste *Demadre*, âgé de 16 ans ; Édouard *Demadre*, âgé de 15 ans ; Louis *Demadre*, âgé de 13 ans ; Eugénie *Demadre*, âgée de 12 ans, enfants des susdits ; Marie-Justine *Demadre*, sœur du citoyen *Demadre*, âgée de 40 ans. Lesquels, comme étrangers, ont été mis en état d'arrestation pour mesure de sûreté.

Délivré conforme audit registre, ce jourd'huy 27 septembre 1793, l'an 2e de la République française, une et indivisible (signé) : Bouché, régisseur provisoire.

Nous, maire et officiers municipaux d'Amiens, certifions et attestons à tous ceux qu'il appartiendra que la signature ci-dessus est véritable. Amiens, ce 28 septembre 1793, l'an 2e de la République une et indivisible (signé) : Lescouré, maire ; Quichar, notable et Joiron, notable.

Archives du Nord. Série L., District de Lille, portefeuille n° 58 ; original, signé, sur papier.

MARIAVAL

Armes : *de sable à la croix ancrée d'argent.*

I. — *François* Mariaval, fils de *Pierre* et d'Anne *Baele* [1], baptisé à Saint-Martin d'Ypres le 15 avril 1616, échevin de cette ville, épousa à Comines, le 8 juin 1640, Marie-Florence *Tronzon*, fille de Remacle ; il eut :

1. — *François*, baptisé à Saint-Martin d'Ypres le 12 mai 1641.
2. — *Anne*, baptisée à Saint-Martin le 3 avril 1643.
3. — *Pierre* (ou *Pierre-Placide*), baptisé à Saint-Martin le 21 novembre 1646, s^r de Rietbus, bourgeois de Lille par achat du 6 février 1671, décédé paroisse Saint-Pierre en cette ville le 7 août 1731, célibataire.
4. — *Isabelle-Thérèse*, baptisée à Saint-Étienne de Lille le 19 novembre 1648.
5. — *François-Dominique*, qui suit, II.
6. — *Marie-Angélique*, baptisée à Saint-Pierre le 18 mars 1664 [2].

II. — *François-Dominique* Mariaval, baptisé à Saint-Pierre le 18 juillet 1661, bourgeois de Lille par achat du 16 avril 1700, fut nommé conseiller secrétaire du Roi en la chancellerie près le Parlement de Flandre le 24 octobre 1720, mais cet office ayant été supprimé par arrêt du 28 août 1724, il acheta pour 25.000 livres un office de secrétaire du Roi audiencier en la chancellerie du Conseil d'Artois le 12 avril 1725 [3] ; il fut aussi échevin de Saint-Omer en 1719 et 1720 et mourut le 26 août 1734. Il épousa à Saint-André de Lille, le 22 mars 1700, Jeanne-Catherine *Cardon*,

---

1. Pour les premiers degrés de cette famille, voir le *Recueil de généalogies inédites de Flandre*, par M. Arthur Merghelynck. Bruges, 1877, t. II, p. 472.

2. Nous trouvons vers cette époque Dominique Mariaval, décédé paroisse Saint-Pierre le 11 janvier 1068 ; Florence Mariaval, religieuse à l'abbaye de Marquette en 1683, inhumée en septembre 1693 au couvent des religieuses de Saint-André, au château de Tournai ; enfin Florent-Héliodore Mariaval, qui prêta serment d'avocat au Parlement de Tournai le 2 avril 1688 (Archives municipales de Lille, registre Louis, f° 179).

3. Amédée de Ternas : *La chancellerie d'Artois*, p. 296.

fille d'Ignace, écuyer, sr de Beaufremetz, et de Catherine *de Rosendal*, baptisée à Sainte-Catherine le 11 mars 1669, inhumée à Saint-André le 25 février 1725 ; d'où :

1. — *Catherine-Isabelle*, décédée paroisse Saint-Pierre le 31 décembre 1749, alliée à Saint-André, le 15 juin 1732, à François-Joseph *Hespel*, écuyer, sr de la Vallée, fils de François-Séraphin, écuyer, sr dudit lieu, et de Marie-Élisabeth *Vanlaer*, baptisé à Saint-Étienne le 23 décembre 1692, bourgeois de Lille par relief du 22 mai 1733, y décédé le 5 avril 1774 ; dont une fille.

2. — *Louis-Floris*, qui suit, IV.

3. — *Marie-Florence-Austreberthe*, baptisée à Saint-Sépulcre de Saint-Omer le 22 novembre 1704, morte paroisse Sainte-Catherine, à Lille, le 22 juillet 1776 ; mariée dans cette ville, paroisse Saint-André, le 19 janvier 1732, avec Jean-Joseph *Fruict*, sr d'Hallennes, fils de Jean-Guillaume et de Marie-Joseph *Butin*, bourgeois de Lille par relief du 29 octobre 1733 sur requête, échevin de cette ville, nommé conseiller secrétaire du Roi audiencier en la chancellerie d'Artois le 3 mars 1735, décédé paroisse Saint-Étienne le 7 avril 1767 ; dont postérité.

4. — *François-Joseph-Hermès* ou *Ernest*, baptisé à Sainte-Aldegonde de Saint-Omer le ..... 1706, y décédé le 24 mai 1713.

5. — *Pierre-Louis*, baptisé à Sainte-Aldegonde le 16 août 1707, y décédé le 13 novembre suivant.

6. — *Marie-Anne-Albertine*, baptisée à Saint-André à Lille le 11 août 1710.

IV. — *Louis-Floris* Mariaval, sr d'Esding, baptisé à Saint-Sépulcre de Saint-Omer le 14 avril 1703, convoqué aux assemblées des nobles de Flandre, par ordonnance du 7 octobre 1734, bourgeois de Lille par relief du 23 mai 1738, y décédé, paroisse Saint-André, le 8 février 1767, épousa [1] à Saint-Étienne de Lille, le 20 octobre 1737, Marie-Anne-Joseph *Fruict*, sœur de Jean-Joseph, baptisée à Sainte-Catherine le 28 juillet 1709, décédée paroisse Saint-André le 15 août 1769 ; d'où :

1. — *Louis-Joseph-Marie*, baptisé à Saint-Étienne le 30 août 1739.

2. — Un enfant né et mort paroisse Saint-Maurice le 1er février 1741.

---

1. Il avait eu de Marie-Angélique Farvacques une fille illégitime, Jeanne-Joseph, baptisée à Saint-Étienne le 13 décembre 1729.

3. — *Marie-Thérèse-Joseph*, baptisée à Saint-André le 30 août 1742, mariée à Saint-Pierre, le 1er juillet 1770, avec Jean-François *de Lampinet*, chevalier, sr de Sainte-Marie-en-Chaux, fils de Claude-François, chevalier, sr de Sainte-Marie, Navenne, Gresse, Bodoncair, La Chapelle, et d'Antoinette *Hilain*, baronne de Saint-Germain, baptisé à Saint-Désiré de Lons-le-Saunier le 25 février 1744, lieutenant au régiment de Flandre, puis colonel, chevalier de Saint-Louis, mort veuf à Lons-le-Saunier le 28 décembre 1827 ; dont postérité.

4. — *Louis-Joseph-Auguste*, baptisé à Saint-André le 3 février 1744, y décédé le 1er février 1750.

5. — *Marie-Anne-Françoise*, baptisée à Saint-André le 27 juillet 1745, y décédée le 29 octobre 1749.

6. — *Marie-Rose-Romaine*, baptisée à Saint-André, le 20 juin 1748, y décédée le 29 juillet 1749.

7. — *Marie-Florence-Joseph*; baptisée à Saint-André le 25 juin 1749, mariée à La Madeleine, le 2 août 1770, avec Jean-Pierre *d'Oyhennart de Tartas*, chevalier, fils de Jean et d'Antoinette *de Cassenove*, baptisé le 3 octobre 1731 à Etcharry en Soule, capitaine au régiment de Flandre, bourgeois de Lille par achat du 28 septembre 1770 [1].

8. — *Alexandrine-Constance-Joseph*, baptisée à Saint-André le 2 août 1750, alliée à La Madeleine, le 2 août 1770, à Jacques-François *Mayaut* [2], chevalier, sr de Boislambert, fils de Jacques et de Françoise-Catherine *Guesbin* [3] *de Rassay*, né à Lavoux près Poitiers, en 1744, lieutenant au régiment de Flandre, mort à Loches le 8 vendémiaire an XI.

9. — *Charles-Ignace-Joseph*, écuyer, sr d'Esding, baptisé à Saint-André le 1er janvier 1752, lieutenant au régiment de Foix, célibataire.

---

1. Son père mourut à Etcharry le 20 février 1770, à 70 ans ; sa mère, le 1er mars 1785, à 75 ans.

2. MAYAUT : *d'argent à un mai de sinople soutenu d'un croissant d'azur et accosté de deux croissants du même*.

3. Alias *Gelvin* au registre de mariage.

DE LA PORTE

Armes : *écartelé : aux 1 et 4, d'argent à la croix de gueules; aux 2 et 3, de sable au château d'argent flanqué de deux tourelles du même.*

Les lettres de chevalerie accordées à plusieurs membres de cette famille prétendent la rattacher à celle des *De la Porte* dit *d'Espierres*; on y parle d'alliances avec les familles *de Lannoy, de Pottes, du Marais, de Calonne, d'Espierres, de Steenhuyse, de Cavrines*; or, la généalogie suivante, établie d'après les registres aux bourgeois et les actes d'état-civil, ne permet pas cette confusion.

I. — *Josse* de la Porte, fils de Martin (mort avant 1462), acheta la bourgeoisie de Lille en 1462 et mourut avant octobre 1489; il fut père de :

1. — *Élyot*, qui suit, II.
2. — *Nicaise*, qui suivra, II bis.

II. — *Élyot* de la Porte, bourgeois de Lille par rachat du 2 octobre 1489, décédé avant septembre 1527, eut pour fils :

1. — *Paul*, bourgeois par relief du 6 septembre 1527.
2. — *Grégoire*, qui suit, III.
3. — *Jean*, bourgeois par relief du 15 février 1533 (n. st.).

III. — *Grégoire* de la Porte, bourgeois par relief du 19 avril 1531, mort avant avril 1557, laissa pour fils :

1. — *François*, bourgeois de Lille par relief du 27 avril 1557 (n. st.), lequel fut père de :
    a. — *Louis*, bourgeois par relief du 2 janvier 1583.
2. — *Georges*, bourgeois de Lille par relief du 17 août 1562.

II bis. — *Nicaise* de la Porte, né à Lomme, bourgeois de Lille par achat du 10 janvier 1497 (n. st.); eut :

1. — *Mahienet*, né à Lille, dont il acheta la bourgeoisie le 5 jan-

vier 1509 (n. st.), épousa après cette date Jeanne *Roussel*, dont :

    a. — *N*..., alliée à Jean *du Hot*, fils d'Antoine et de Marie *Lefebvre-Delattre*, maître tanneur, bourgeois de Lille par relief du 1er décembre 1542, mort avant 1580 ; dont postérité.

    b. — *Péronne*, mariée par contrat passé à Lille devant Me Jean Bayart, le 22 avril 1544, avec Jacques *Andrieu*, fils de Josse et de Jeanne *Ysembart*, né au faubourg Saint-Pierre, bourgeois de Lille par achat du 5 décembre 1533 [1].

2. — *Nicaise*, qui suit, III.

3. — *Jennin*, qui suivra, III bis.

III. — *Nicaise* DE LA PORTE, bourgeois de Lille par achat du 7 novembre 1522, mort avant le 26 novembre 1563 ; eut d'Antoinette *Le Clercq* :

    1. — *Péronne*, décédée le 19 janvier 1603, alliée à Antoine *Berthault* dit *de Hollande*, fille de Jean et de Marie *Malatiré*, né à Lille, dont il releva la bourgeoisie le 21 mai 1546, mort le 27 octobre 1596 ; dont postérité.

    2. — *Nicaise*, qui suit, IV.

IV. — *Nicaise* DE LA PORTE, bourgeois de Lille par relief du 26 novembre 1563, épousa Marie *Berthault* dit *de Hollande* [2], fille de Jean et de Marie *Dubosquiel*; d'où :

    1. — *Marie*, alliée à Remi *Poulle*, fils de François, sr de Camp Marchand, de la Chaussée, et de Jacqueline *Fasse*, né à Lille, bourgeois de cette ville par relief du 24 avril 1587 ; dont postérité.

    2. — *Nicaise*, célibataire.

    3. — *Pierre*, baptisé à Saint-Maurice le .. décembre 1578.

    4. — *Gilles*, qui suit, V.

    5. — *Antoinette*, abbesse des Brigittines de Lille, morte le 21 janvier 1664 à soixante-dix-neuf ans.

V. — *Gilles* DE LA PORTE, baptisé à Saint-Maurice le 3 janvier 1582, bourgeois de Lille par relief du 26 septembre 1605, échevin, capitaine d'une compagnie bourgeoise, ministre général de la bourse commune des pauvres, mort le 29 octobre 1622, épousa à Saint-Étienne, le 28 août 1605, Marguerite *de Lannoy*, fille d'Allard, sr de Canteleu, des Coquelets, et de Marie *Van Dale*, décédée en

---

1. Ces deux dates sont justes, cependant Jacques Andrieu n'est pas dit veuf à son contrat de mariage.

2. Son service funèbre fut célébré le 15 novembre 1622.

janvier 1620 et enterrée, ainsi que son mari, dans la chapelle Saint-Gilles à Saint-Maurice ; il eut :

1. — *Marie*, baptisée à Saint-Maurice le 28 août 1606, alliée : 1° à Saint-Étienne, le 8 janvier 1624, à Jean *Le Veau*, fils de François et de Jeanne *Danten*, né à Tournai, bourgeois par achat le 2 avril 1621, veuf de Françoise *Fevent* ; 2° à Hubert *du Hot*, s^r du Faux, fils d'Hubert et de Marie *Baillet*, bourgeois de Lille par relief du 3 mai 1631, échevin, receveur des États, mort avant 1672 ; dont postérité.

2. — *Gilles*, s^r de la Baratrie, baptisé à Saint-Maurice le 13 octobre 1609, anobli, confirmé dans sa noblesse et fait chevalier par lettres données à Madrid le 20 mai 1659.

3. — *Nicaise*, s^r de Sébinois, baptisé à Saint-Maurice le 26 septembre 1611, bourgeois de Lille par relief du 22 décembre 1639, en vertu d'ordonnance, maître de la Chambre des comptes de Lille le 23 février 1657, anobli le 13 janvier 1649, marié : 1° avec Jeanne *Doncker* (d'une famille anversoise), fille de Philippe et de Marie *Clarisse* ; 2° à Saint-Maurice le 7 novembre 1657, avec Marie-Catherine *Blondel*, fille de Louis, chevalier, s^r de Werquigneul, et de Madeleine *de Hennin*, baptisée à Saint-Maurice le 24 août 1610 ; d'où :

    a. — Du premier lit : *Jeanne-Marie*, décédée le 1er septembre 1674, alliée : 1° à Saint-Maurice, le 18 février 1658, à Jean-François *de Logenhagen* [1], écuyer, s^r d'Inglant, fils d'Antoine, écuyer, et de Barbe *Petitpas*, bourgeois de Lille par relief du 25 mai 1658, décédé à Saint-Maurice avant juin 1660 ; 2° à Saint-Étienne, le 29 décembre 1664, à Jean-Baptiste *de Bauffremez*, chevalier, s^r d'Esne, fils d'Adrien, écuyer, baron d'Esne, et de Catherine *de Berch*, né à Esne le 12 septembre 1633, pair du Cambrésis, bourgeois de Lille par achat du 6 février 1665, mort le 1er novembre 1700 [2] ; d'où postérité des deux lits :

4. — *Pierre*, baptisé à Saint-Maurice le 21 novembre 1613.

5. — *Paul*, qui suit, VI.

6. — *Marguerite*, baptisée à Saint-Maurice le 31 octobre 1617.

7. — *Allard*, baptisé à Saint-Maurice le 8 février 1619.

VI. — *Paul* DE LA PORTE, s^r de la Baratrie, baptisé à Saint-André le 17 août 1616, bourgeois de Lille par relief du 22

---

1. LOGENHAGEN : *écartelé : aux 1 et 4, d'or au lion de sable, armé et lampassé de gueules ; aux 2 et 3, d'argent au chevron de gueules, accompagné de trois feuilles de chêne de sinople.*

2. Dates données par GOETHALS, *Généalogie de la maison de Wavrin*, p. 147.

décembre 1664, anobli, confirmé dans sa noblesse et créé chevalier le 20 mai 1659 [1], rewart de Lille en 1666, mort le 25 août 1691, épousa Marie-Anne *de Bonmarché* [2], fille de Nicolas, chevalier, s^r de Montifaut, et de Catherine *de Carondelet* ; dont :

1. — *Charles-Théodore*, qui suit, VII.
2. — *Marie-Anne*, ursuline.
3. — *Marie-Catherine*, ursuline.
4. — *Charles*, prieur d'Aymeries, vivant en 1717.
5. — *Paul*, chevalier, s^r de Jobecq, parrain à la naissance de son neveu Paul-Joseph, en 1719.
6. — *Marie-Rose*, décédée paroisse Saint-André le 29 septembre 1727, alliée à Sainte-Catherine, le 2 mai 1699, à Joseph *de Hennin*, baron d'Amfroipret, s^r de Wambrechies, fils de Philippe et d'Anne-Jeanne *de Liedekercke*, bourgeois de Lille par achat du 15 avril 1687, veuf de Jeanne-Thérèse *d'Ostrel*, maire de Saint-Amand, rewart de Lille et mort à Maubeuge en 1711 ; dont postérité.

VII. — *Charles-Théodore* DE LA PORTE, chevalier, s^r de la Baratrie, eut de Catherine *Le Mercier* :

1. — *Marie-Louise-Joseph*, baptisée à Saint-Pierre le 25 août 1716.
2. — *Marie-Rose-Louise-Joseph*, baptisée à Saint-Pierre le 9 septembre 1717.
3. — *Louise-Eugénie-Joseph*, baptisée à Saint-André le 9 octobre 1718, reçue gratis à la bourgeoisie de Lille le 17 décembre 1746, décédée célibataire paroisse de La Madeleine le 19 novembre 1763.
4. — *Paul-Joseph*, baptisé à Saint-André le 4 septembre 1719.
5. — *Charles-Joseph-Aimé-Marie*, qui suit, VIII.
6. — *Marie-Catherine-Philippine*, baptisée à Saint-André le 23 septembre 1721, bourgeoise de Lille par achat du 5 décembre 1749, morte le 29 août 1781, alliée à Wallerand-Albéric *de Madre*, s^r du Grand-Hollay, fille de Gilles-Joseph, s^r d'Aulnois, Mouchy, et de Marie-Catherine *du Castel*, baptisé à Saint-Étienne le 21 décembre 1707, bourgeois de Lille par relief du 9 décembre 1734, nommé assesseur en la maréchaussée de Flandre le 28 novembre 1745, conseiller à la gouvernance le 27 juillet 1736 et honoraire le 31 décembre 1756, contrôleur des tailles et impôts de la châtellenie de Lille, conseiller pensionnaire de cette ville le 9 juin 1759, anobli par lettres données à Versailles en janvier 1778, veuf de Jeanne-

---

1. Le même jour que son frère Gilles.
2. DE BONMARCHÉ : *de sinople au chevron d'or accompagné en chef de deux coquilles d'argent et en pointe d'une aigle à deux têtes d'or.*

Agathe *de Lannoy*, décédé paroisse Saint-Étienne le 2 novembre 1778; sans enfants.

7. — *Louis-Joseph*, baptisé à Saint-André le 18 octobre 1722, religieux.

8. — *Marie-Anne-Joseph*, baptisée à Saint-André le 30 janvier 1724, reçue gratis à la bourgeoisie de Lille le 17 décembre 1746, vivant en 1780, célibataire.

9. — *Angélique-Séraphine*, baptisée à Saint-André le 11 février 1725, bourgeoise de Lille par achat du 5 décembre 1749.

10. — *Marie-Thérèse-Julie*, baptisée à Saint-André le 21 juillet 1726, bourgeoise par achat du 5 décembre 1749, décédée paroisse Sainte-Catherine le 24 octobre 1763.

VIII. — *Charles-Joseph-Aimé-Marie* DE LA PORTE, chevalier, s^r de la Baratrie, baptisé à Saint-André le 15 septembre 1720, acheta la bourgeoisie de Lille le 5 décembre 1749 et épousa, après cette date, N...; dont il eut :

1. — *Charles-Louis-François*.
2. — *Antoine-Dominique*.
3. — *Jean-Bernard*. Ils vivaient tous trois en 1780 et ne paraissent pas être alors mariés.

SECONDE BRANCHE

III bis. — *Jennin* DE LA PORTE, acheta la bourgeoisie de Lille le 8 mai 1523; il fut père de :

1. — *Georges*, né à Lille, bourgeois de cette ville par relief du 20 octobre 1536.

2. — *Bauduin*, né à Lille, dont il releva la bourgeoisie le 11 septembre 1537, mort avant le 17 septembre 1574; lequel eut pour fils :
    a. — *Michel*, bourgeois de Lille par relief du 17 septembre 1574.

3. — *Mathieu*, qui suit, IV.

IV. — *Mathieu* DE LA PORTE, né à Lille, bourgeois par relief du 27 mai 1547, mort avant novembre 1569; eut :

1. — *Jean*, bourgeois de Lille par relief du 29 novembre 1569, marié et père de famille.

2. — *Clément*, qui suit, V.

V. — *Clément* DE LA PORTE, bourgeois de Lille par relief du 10 juin 1580, épousa Jacqueline *Villain*, qui le rendit père de :

1. — *Clément*, qui suit, VI.

2. — *Pierre*, bourgeois par relief du 14 avril 1615, allié à Jeanne *Ghys*, fille de Jean.

VI. — *Clément* DE LA PORTE, sayeteur, bourgeois de Lille par relief du 22 décembre 1607, épousa Marguerite *Bouchier*, fille d'Antoine et de Jeanne *du Pont*; dont il eut:

1. — *Jean*, bourgeois de Lille par relief du 9 septembre 1639, marié à Saint-Maurice, le 10 octobre 1638, avec Marie *Gommel*, fille de Jean et de Madeleine *Deledicque,* baptisée dans cette église le 24 novembre 1619.

2. — *Louis*, bourgeois de Lille par relief du 25 juin 1644, allié à Saint-Maurice, le 12 juin 1644, à Marie *de Lobel*, fille de Pierre et de Marguerite *Maillart*, baptisée dans cette église le 3 octobre 1624; d'où :

    a. — *Clément*, baptisé à Saint-Maurice le 23 juin 1645.

    b. — *Jean-Baptiste*, baptisé à Saint-Maurice le 25 août 1646.

    c. — *Marie-Marguerite*, baptisée à Saint-Maurice le 23 septembre 1649.

    d. — *Thomas*, baptisé à Saint-Maurice le 8 novembre 1651, bourgeois de Lille par relief du 2 avril 1680, marié à Saint-Maurice, le 8 janvier 1680, avec Jacqueline *du Hem,* fille d'Étienne et de Jacqueline *du Jardin* ; d'où :

        aa. — *Marie-Marguerite*, baptisée à Saint-Maurice le 5 novembre 1680.

        bb. — *Pierre-François*, baptisé à Sainte-Catherine le 19 septembre 1681.

        cc. — *François*, baptisé à Saint-Étienne le 26 octobre 1682.

        dd. — *Jacques-Albert*, baptisé à Saint-Étienne le 15 novembre 1683.

        ee. — *Jean-Baptiste*, baptisé à Saint-Étienne le 26 octobre 1684.

        ff. — *Jacques-Albert*, baptisé à Saint-Étienne le 18 décembre 1686.

    e. — *Jeanne*, baptisée à Saint-Étienne le 5 septembre 1653.

    f. — *Marguerite-Angélique*, baptisée à Saint-Étienne le 5 septembre 1655.

    g. — *Marie-Françoise*, baptisée à Saint-Étienne le 2 février 1657.

3. — *Robert*, sayeteur, bourgeois de Lille par relief du 9 juin 1645, allié à Sainte-Catherine, le 7 mai 1645, à Anne *Le Vent*, fille

de Pierre, tripier, et de Marie *Pruvost*, baptisée dans cette église le 13 mai 1625 ; d'où :

    a. — *Clément*, baptisé à Saint-Maurice le 14 juin 1647.

    b. — *Clément*, baptisé à Saint-Maurice le 20 avril 1648.

    c. — *Robert*, bourgeois de Lille par relief du 9 décembre 1682, marié à Saint-Maurice, le 9 février 1682, avec Marie-Catherine *Goricque*, fille de Pierre et de Suzanne *Doutrelon* ; dont il eut :

        aa. — *Jean-Baptiste*, baptisé à Saint-Étienne le 9 décembre 1682.

        bb. — *Louis*, baptisé à Saint-Étienne le 8 mars 1684.

        cc. — *Robert-François*, baptisé à Saint-Étienne le 29 juillet 1688.

        dd. — *Jean-François*, baptisé à Saint-Étienne le 12 août 1691.

        ee. — *Henri-Joseph*, baptisé à Saint-Étienne le 12 mai 1693.

        ff. — *Robert-François*, baptisé à Saint-Étienne le 30 septembre 1694.

        gg. — *Robert-François*, baptisé à Saint-Étienne le 14 novembre 1695.

4. — *Guillaume*, baptisé à Saint-Maurice le 28 septembre 1628.

5. — *Catherine*, jumelle du précédent.

NON RATTACHÉE

Marguerite, épouse de Pierre *de la Haye*, vers 1580.

1649, 13 janvier. — *Lettres de chevalerie de Nicaise de la Porte, s^r de Sébinois, procureur fiscal de la Gouvernance de Lille.*

Philippes, par la grâce de Dieu, Roy de Castille, de Léon, d'Arragon, des Deux-Sicilles, de Hiérusalem... &^a A tous ceulx quy ces présentes verront, salut. Sçavoir faisons, que pour la bonne relation que faicte nous a esté de nostre cher et bien amé *Nicaise de la Porte*, seigneur de Sébinois, conseiller et procureur fiscal général de nostre gouvernance de Lille, Douay et Orchies, et que du costé paternel il seroit issu de la noble et anchienne famille *de la Porte* en ladicte chastellenie de Lille, laquelle auroit produit plusieurs bons serviteurs à nos prédécesseurs, de glorieuse mémoire, et que *Jean de la Porte* ayant vescu en l'an quatorze cens quinze auroit esté honnoré du tiltre de chevalier ; que la mère dudict *Nicaise de la Porte* estoit petitte fille de feu messire Paul *van Dale*, seigneur de Lillo, lequel pour ses services dans diverses expéditions militaires auroit entre aultres esté honnoré du tiltre de chevalier au siège de la Goulette en Affricque par l'empereur Charles le Quint, de haulte mémoire, à l'imitation desquelz ledict *Nicaise de la Porte* nous serviroit en ladicte charge de conseiller et procureur fiscal général de nostre gouvernance et chastellenie de Lille, Douay et Orchies .. Pour ces causes... &ᶜᵃ ... Donné en nostre ville de Madrid, royaulme de Castille, le treiziesme jour du mois de janvier, l'an de grâce seize cens quarante noeuf et de noz règnes le vingt-huictiesme. Paraphé : Assel. Vᵗ, et soubsigné : PHILIPPE... &ᶜᵃ .

Archives du Nord. Chambre des Comptes de Lille. Art. B. 1666, 71ᵉ registre des chartes, fᵒˢ 37 et 38.

1659, 20 mai. — *Lettres de chevalerie en faveur de Paul de la Porte, écuyer, sʳ dudit lieu de la Porte et Sobecq.*

Philippes, par la grâce de Dieu, roy de Castille, de Léon, d'Arragon, &ᶜ. A tous ceux qui ces présentes verront, salut Savoir faisons que pour le bon rapport que fait nous a esté de nostre cher et bien amé *Paul de la Porte*, escuyer, sieur dudit lieu de la Porte et Sobecque, et que du costé paternel il seroit issu de la noble et ancienne famille *de la Porte*, alliée passé quelques siècles à celles de *Lannoy, de Pottes, du Marais, de Calonne, d'Espiere, de Steenhuise, de Caurines* et autres familles nobles et principales en nostre chastellenie de Lille, ayant produit plusieurs chevaliers et fidèles serviteurs de nostre couronne et entr'autres *Watier de la Porte*, en l'an 1234, et *Jean de la Porte*, en l'an mil quatre cens quinze, et que du costé maternel il seroit petit neveu en ligne directe de Messire Paul *de la Dale*, chevalier, sieur de Lillo, gentilhomme de l'hostel de feu l'empereur Charles Quint, de glorieuse mémoire, qui auroit rendu plusieurs bons et signalez services audit empereur, tant en ses voyages d'outre mer pour la conqueste du royaume de Tunis et de la Golette en Affrique, qu'à ses Pays-Bas et sièges des villes de Saint-Paul, Montreuil, Térouanne et autres : Pour ces causes et ce que dessus considéré, mesme afin de le stimuler et de luy donner occasion au moyen de quelque marque d'honneur de s'évertuer en nostre service, Nous, désirans favorablement le traiter, décorer et élever, avons iceluy *Paul de la Porte* fait et créé, faisons et créons chevalier par ces présentes, voulans et entendans que d'orénavant il soit tenu et réputé pour tel en tous ses actes et besongnes et jouisse des droits, libertez et franchises dont jouissent et ont accoutumé de jouir tous autres chevaliers par toutes nos terres et seigneuries, signamment en nos Pays-Bas, tout ainsy et en la mesme forme et manière comme s'il eust esté fait et créé chevalier de nostre propre main ; mandons et commandons à tous nos lieutenans, gouverneurs, mareschaux et autres nos justiciers, officiers et sujets ausquels ce peut toucher et regarder en quelque manière que ce soit, que ledit *Paul de la Porte* ils laissent, permettent et souffrent dudit titre de chevalier et de tout le contenu en cesdites présentes pleinement et paisiblement jouir et user, sans en ce luy faire, mettre ou donner, ny souffrir estre fait, mis ou donné aucun trouble, destourbier ou empeschement au contraire. Car ainsy nous plaist-il. Pourveu que dans l'an après la datte de cestes, icelles soyent présentées à nostre premier roy d'armes ou autres qu'il appartiendra en nosdits Pays-Bas, en conformité et aux fins portées par le quinzième article de l'ordonnance décrétée par feu nostre bon oncle l'archiduc Albert, le quatorzième de décembre 1616, touchant le port des armoiries, timbres, tiltres et autres marques d'honneur et de noblesse, à paine de nullité de ceste nostre présente grâce. Ordonnant à nostre dit premier Roy d'armes ou à celuy qui exercera son estat en nosdits Pays-Bas, ensemble au Roy ou héraut d'armes de la province qu'il appartiendra, de suivre en ce regard ce que contient le règlement fait par ceux de nostre Conseil privé, le 2me octobre 1637 au sujet de l'enregistrement de nos lettres patentes touchant lesdites marques d'honneur, en tenant par nosdits officiers d'armes respectivement notice au dos de cestes. En tesmoin de ce, nous avons signé ces présentes de nostre main et y fait mettre nostre grand scel. Donné en nostre ville de Madrid, royaume de Castille, le vingtième jour du mois de may, l'an de grâce mil six cens cinquante-neuf, et de nos règnes le trente-neufviesme. Paraphé : Cox. V^t ; signé : Philippes.

Sur le ply est escrit : Par le Roy, signé : Don Fernando de Fonseca, Ruis de Contreras. Y estant encore escrit : Ces lettres sont intérinées selon leur forme et teneur par les président et gens des Comptes du Roy à Lille et de leur consentement enregistrées au registre des chartes y tenu, commencéant en janvier mil six cens soixante, folio 49, le 19e juin dudit an mil six cens soixante, nous présens, signez : R. de Vos de Steenwick, M. d'Ognate et F. Hespel.

Collationné sur le registre original, par moi soussigné conseiller et historiographe ordinaire du Roy, à Lille, le douzième mars mil six cens soixante-dix. Signé : Denys Godefroy.

Archives du Nord. Chambre des Comptes de Lille. Art. B. 1675.
Registre-supplément aux titres nobiliaires : T. 1, f°s 121 à 123.

VANDERBECKEN[1]

ARMES : *de gueules à cinq viroles de faucon d'argent posées en sautoir.*

I. — *Pierre* VANDERBECKEN, épousa Vellerine *des Cordes*, fille d'Amilford, écuyer; il en eut:

II. — *Pierre* VANDERBECKEN, allié à Marie *Élias* ou *Hélias*, fille de Jean, qui le rendit père de:

III. — *Jean* VANDERBECKEN, brasseur, mort le 10 août 1585, marié par contrat passé devant la gouvernance de Lille, le 10 novembre 1574, avec Adrienne *de Meulenaere*[2], fille d'Antoine, conseiller au grand conseil de Malines, et de Jossinne *de Courteville*; il eut:

   1. — *Pierre*, qui suit, IV.

   2. — *Marie*, née en 1581, vivant à Lille en 1628, épouse de Cornelis *Varclans*.

   3. — *Antoine*, époux de Jacqueline *Walrave* et domicilié à Bailleul.

   4. — *Michel*, allié par contrat passé à Lille le 13 septembre 1615, devant M° Jean Le Francq, à Marie *Berke*, fille de Denis, brasseur, et de Jorine *van Raes*.

IV. — *Pierre* VANDERBECKEN, sʳ de Courbes à Anseroul, né à Malines en 1580, procureur, bourgeois de Lille par achat du 4 mars 1605, allié à Saint-Maurice, le 9 mai 1606 à Marie *Le Pez*, fille de Jean et d'Agnès *de Gilleman*; dont:

   1. — *Pierre*, qui suit, V.

   2. — *Marie*, vivant en 1618, baptisée à Saint-Maurice en février 1607.

   3. — *Adrien*, baptisé à Saint-Maurice le 19 décembre 1609.

---

1. Ne pas confondre avec la famille Vandervecken, originaire des Pays-Bas, établie à Lille au XVII° siècle et fixée quelque temps à Reims.

2. MEULENAERE : *d'argent à trois fers de moulin de sable.*

4. — *Agnès*, baptisée à Saint-Étienne le 28 septembre 1611, mariée par contrat passé devant M⁰ Jean Turpin, à Lille, le 1ᵉʳ avril 1634, avec Jacques *de Parmentier*, fils de Jacques, greffier de Menin, et de Catherine *du Mortier*, bourgeois de Lille par achat du 4 mars 1633, notaire : dont postérité.

5. — *Madeleine*, baptisée à Saint-Étienne le 6 avril 1616.

6. — *Jean-Baptiste*, baptisé à Saint-Étienne le 14 juin 1618 ; il devait entrer aux franciscains à Lille en 1645.

7. — *Catherine*, baptisée à Saint-Étienne le 8 mars 1620.

V. — *Pierre* VANDERBECKEN, sʳ de Courbes, bourgeois de Lille par relief du 3 novembre 1639, capitaine d'une compagnie bourgeoise, receveur des assennes, fut anobli, moyennant finances, par lettres données à Madrid le 1ᵉʳ février 1666. Il épousa à Saint-Étienne, le 9 avril 1639 [1], Élisabeth *Scapelinck*, fille de Jean et d'Isabelle *de Courouble*; d'où :

1. — *Marie-Catherine*, baptisée à Sainte-Catherine le 4 mai 1647.

2. — *Dominique-Joseph*, qui suit, VI.

VI. — *Dominique-Joseph* VANDERBECKEN, écuyer, sʳ de Courbes, baptisé à Sainte-Catherine le 11 août 1653, bourgeois de Lille par relief sur requête le 3 janvier 1713, mort le 27 décembre 1719, épousa à Wasquehal, le 25 janvier 1693, Adrienne *du Vinage*, inhumée à Sainte-Catherine le 21 novembre 1704 ; d'où :

1. — *Pierre-Dominique-Joseph*, écuyer, sʳ de la Motte, baptisé à Englos le 20 mars 1694, mort le 5 juillet 1730 et enterré à Saint-Sauveur laissant un fils : *Nicolas-Joseph*, mort jeune paroisse Saint-Maurice le 23 août 1730.

2. — *Louis-François-Isidore*, écuyer, sʳ des Maisières, de Grysper à Heulle, baptisé à Englos le 12 décembre 1696, prêtre, mort le 18 février 1731 et inhumé à Saint-Maurice [2].

3. — *Joseph*, écuyer, sʳ du Châtel, prêtre, décédé en 1721.

1666, 1ᵉʳ février. — *Lettres d'annoblissement pour Pierre Vander Beken.*

Charles, par la grâce de Dieu, Roy de Castille, de Léon, d'Arragon, etcᵃ. à tous présens et à venir qui ces présentes verront ou lire oïront,

---

1. Leur contrat fut passé la veille devant Mᵉ François Le Francq.
2. Voir son testament dans le *Bulletin de la Société d'études*, t. XII, novembre 1908, p. 208.

salut. De la part de nostre cher et bien aimé *Pierre Vander Beken*, natif de la ville de Lille en nostre pays et Comté de Flandres, nous a esté remonstré qu'il seroit issu de noble extraction, ayans ses ancestres tousjours esté tenuz et réputez pour tels, vescus sans reproche et esté alliez à plusieurs maisons et familles nobles, sy comme entre autres *Pierre Vander Beken* tritayeul du remonstrant à Damoiselle Willemine *de Coordes*, fille d'Amilford, escuyer, *Pierre Van der Beken*, son bisayeul, à Damoiselle Marie *Élias*, fille de Jean [1]; *Jean Van der Beken*, son ayeul à Damoiselle Adrienne *de Meullenaire*, fille de messire Anthoine *de Meullenaire*, conseiller de nostre grand conseil à Malines, et de Dame Jossine *de Cortewille* dont les descendans auroient esté alliez aux maisons *de Viron, van Heede* et *de Crombruge*, et aucuns d'iceulx desservy des charges principales en ladicte ville de Lille; *Pierre van der Beken*, père du remonstrant, à Damoiselle Marie *Le Pez*, dict *van Pezen*, fille de feu Jean *Lepez* et de damoiselle Agnès *de Gilleman*, icelle Agnès, fille de feu Adrien, vivant président de nostre Chambre des Comptes à Lille; que ceux de la maison *de Cortewille* auroient semblablement esté alliez à plusieurs familles nobles et occuppé des charges et dignitez relevées, signement Josse de Courtewille, oncle du remonstrant, celle de secrétaire d'Estat résident auprès de la personne du feu Roi Philippe deuxiesme, nostre très honnoré seigneur et bisayeul et autres, et que le remonstrant auroit depuis dix-nœuf ans ença exercé la charge de capitaine d'une compagnie bourgeoise de nostre dicte ville de Lille, s'estant trouvé en qualité d'alfer de ladicte compaignie en deux attacques que l'ennemy françois a donné ès années seize cens quarante un et quarante cincq à ladicte ville; ayant aussy desservy la recepte des assennes au quartier dudit Lille par l'espace de vingt trois ans: En considération de quoy il nous a très-humblement supplié que nostre bon plaisir soit de luy octroyer confirmation de sa noblesse et armes qui seroient: *de gueulle à cincq viroeilles de faulcon d'argent mis en sautoir*, le heaume treillé, aux hachemens et bourlet de gueulle et d'argent, et pour cimier un chien mastin naissant de gueulle, et sur ce luy faire dépescher nos lettres patentes en tel cas pertinentes. Sçavoir faisons que Nous, ce que dessus considéré, avons de nostre certaine science, autorité souveraine et plaine puissance pour nous, nos hoirs et successeurs, audit *Pierre vander Beken*, ensemble à ses enffans et postérité masles et femelles, naiz et à naistre en léal mariage, accordé et octroyé, accordons et

---

[1]. Ces deux degrés, que nous avons reproduits d'après ces lettes d'anoblissement, paraissent peu fondés.

octroyons à tousjours par ces présentes, le titre et degré de noblesse, voulans et entendans que sesdicts enffans et postérité et chascun d'eux procréez en léal mariage comme dict est, ayent à joyr et user, jouyssent et usent d'icy en avant et à tous jours, comme gens nobles, en tous lieux, actes et besoignes, de tous et quelzconcques honneurs, prérogatives, préeminences, libertez, franchises, privilèges et exemptions de noblesse dont les autres nobles ont accoustume de joyr, joyssent et joyront et qu'ils soient en tous leurs faicts et actes tenuz et réputez pour nobles en toutes places, en jugement et hors d'icelluy, comme les déclarons et créons telz par ces mesmes présentes; et que semblablement ilz soyent et seront capables et qualifiez pour estre eslevez à estats et dignitez, soit de chevalerie ou autres et puissent et pourront en tout temps acquérir, avoir, posséder et tenir en tous noz pays, signament en noz Pays-Bas, places, terres, seigneuries, rentes, revenuz, possessions et autres choses mouvantes de noz fiefs et arrière-fiefs et tous autres nobles tenemens, et iceux prendre et tenir de nous ou d'autres seigneurs féodaux de qui ilz seront dépendans; si aucunes des choses susdictes ils ont jà acquis, les tenir et posséder sans estre constraincts de par nous ou d'autres les mettre hors de leurs mains, à quoy nous les habilitons et rendons suffissans et idoines par cesdictes présentes, faisans vers nous et nosdicts hoirs et successeurs les debvoirs y appertenans selon la nature et condition d'iceux fiefs et biens acquis ou à acquérir et la coustume du pays où ilz sont situez; et ce, parmy certaine finance modérée que ledit *Pierre vander Beken*, à cause de ceste nostre présente grâce, sera tenu de payer à nostre prouffict sur la taxation qui en sera faicte par ceux de nostre Conseil d'Estat aux affaires de nosdicts Pays-Bas et de Bourgoingne prèz nostre personne à ce commis. Et affin que l'estat de noblesse dudict suppliant soit tant plus notoire, cognu et auctorisé, luy avons aussy accordé et permis, accordons et permettons par cesdictes présentes qu'il et sa postérité en léal mariage comme dict est, pourront doresenavant et perpétuellement en tous et quelzconcques leurs faicts, gestes et autres actes licites et honnestes, continuer à avoir et porter les armoiries cy dessus spéciffiées, ainsy qu'elles sont painctes au milieu de ces présentes. Si ordonnons à nostre Lieutenant Gouverneur et Capitaine-général de nosdicts Pays-Bas et de Bourgoingne et donnons en mandement à noz très-chers et féaux les gens de nostre Conseil d'Estat, chef, président et gens de noz privé et grand Conseilz, chef, trésorier général et commis de nos domaines et finances, président et gens de nostre Conseil provincial de nostre dict pays et comté de Flandres, président et gens de nostre Chambre des Comptes à Lille, et à tous autres noz justiciers et officiers présens et à venir, leurs lieutenans et chascun d'eulx endroict soy et sy comme à luy appertiendra, et à tous autres noz subjectz, qu'estant par lesdictz de noz Comptes bien et deuement procédé, comme leur mandons de faire, à l'intérinement et vériffication de ces dictes présentes, selon leur forme et teneur, ilz facent, souffrent et laissent ledict *Pierre vander Beken*, sesdicts enffans et postérité de léal mariage, de [nostre] présente grâce, octroy et annoblissement et de tout le contenu en cesdictes présentes, plainement, paisiblement et perpétuellement joyr et user, sans leur faire, mettre ou donner, ny souffrir estre faict, mis ou donné à aucun d'eux, contredict, destourbier ou empeschement quelconcque. Bien entendu que ledict *Pierre vander Beken* sera tenu de les présenter en nostre dicte Chambre des Comptes, à l'effect de ladicte vérification et intérinement endéans l'an après la date d'icelles, comme aussy endeans le mesme terme à nostre premier roy d'armes ou autres qu'il appertiendrat en nosdicts Pays-Bas, en conformité et aux fins portez par le quinziesme article de l'ordonnance décrétée par feu l'archiducq Albert le quatorziesme de décembre seize cens seize, touchant le port des armoiries, timbres, titres et autres marques d'honneur et de noblesse, l'un et l'autre à paine de nullité de ceste nostre présente grâce. Ordonnant à nostre dict premier Roy d'armes ou à celuy quy exercera son estat en nosdicts Pays-Bas, ensemble au Roy ou héraut d'armes de la province qu'il appertiendra, de suivre en ce regard ce que contient le règlement faict par ceulx de nostre Conseil privé, le deuxiesme d'octobre seize cens trente sept, au subject de l'enregistrature de nos lettres patentes touchant lesdictes marques d'honneur, en tenant, par nosdicts officiers d'armes respectivement notice au dos de cestes. Car ainsy nous plaist-il et voulons estre faict, nonobstant quelzconcques ordonnances, statutz, coustumes, usages et autres choses au contraire, desquelles nous avons relevé et dispensé, relevons et dispensons lesdicts de noz finances et de nos comptes et tous autres à cui ce peut toucher et regarder. Et afin que ce soit chose ferme et stable à tousjours, nous Royne, en qualité susdicte, avons signé les présentes et les faict contresigner par le Secrétaire d'Estat aux affaires des Pays-Bas et de Bourgoingne, soubsigné et les sééller du séel dont nostre très honnoré seigneur et père et mary respectivement a usé pardeça et nous userons tant que celuy du Roy, nostre filz, soit faict, y pendant d'un cordon de soye. Donné en nostre ville de Madrid, royaume de Castille, le premier jour du mois de febvrier l'an de grâce mille six cens soixante six, et du règne de nous, Charles, le premier. Paraphé Ma. Vidit soubsigné : Maria-Anne. Sur le reply est escript : Par le Roy et la Royne Régente soubsigné : Jean Vecquer. Sur le dos est escript :

Ayant la finance dont est faict mention au blancq de ces présentes esté taxé, ensuicte du contenu en icelles, le payement en at esté faict de la part du suppliant au profict de Sa Majesté ès mains du receveur du Conseil d'Estat aux affaires des Pays-Bas et de Bourgoingne prez sa royale personne. Faict à Madrid, le nœufiesme de septembre seize cens soixante six; soubsigné : Jean Vecquer. Sur l'avant dict ply est encores escript : Ces lettres sont inthérinées selon leur forme et teneur par les président et gens des Comptes du Roy à Lille et de leur consentement enregistrées au registre des Chartres y tenu commenchant au mois de novembre 1664, fol. CLXV et ensuivans, le XXV d'octobre XVIe soixante six, nous présens soubsignez : R. de Vos de Steenwyck, F. Hespel et De la Porte.

Archives du Nord. Chambre des Comptes de Lille. Art. B. 1672 : 77e registre des chartes, f°s 165, 166 et 167.

TABLE

DES

GÉNÉALOGIES

CONTENUES DANS LES SEPT PREMIÈRES PARTIES

Alatruye	899	Denis	1419
Aronio	205	Desbarbieux	702
Aulent	453	Desbuissons	43
Bady	7	Desfossez (note)	35
Baillieu	1369	Douchet	1138
Bave	14	Dragon	1451
Bayard	1103	de Druez (note)	1285
de Beaumont	217	Dubosquiel	1149
du Béron	456	Farez	1458
Berthault	645	Farvacques	962
Beuvet	221	Fasse	51
Bidé	466	de Flandres	977
Bonnier	227	de Fontaine	502
Bostica	1108	du Forest	517
Boutillier	1109	de Fourmestraux	244
Breckvelt	486	de Fourmestraux	282
Bridoul	651	de Fourmestraux	287
de Brigode	492	Frans	708
de Broide	22	Frans	714
Cardon	664	Fruict	1465
Cardon d'Avelu	699	Ghesquière	306
Castelain	919	Gilleman	527
du Chambge	1112	Goudeman	310
du Chasteau	240	d'Haffrenghes	57
Chauwin	30	Hangouart	1187
de Corbie	33	Hannecart	73
Cormontaigne	1372	de la Haye	1231
Cuvillon	941	Herts	320
De Lescluze	1377	Hespel	718
De Lespaul	1383	du Hot	533
Deliot	37	Huvino	325

Ingiliard	83	Porrata	1269
Jacops	545	de la Porte	1531
de La Chaussée	333	Potteau	386
de La Fonteyne	335	Pottiers (note)	1234
Lagache	339	Poulle	131
Lambelin	747	Quecq	583
de Lannoy	88	Ramery	801
de Lannoy	103	Regnault	1274
de Lannoy	119	Renard	807
Le Cat	990	du Retz	1070
Lefebvre-Delattre	347	Ricourt	395
Le Gay	1236	Ricourt	406
Leleu	1238	Ringuier	811
Le Machon	1481	de Rosendal	148
Le Maistre	1240	Rouvroy	409
de Lencquesaing	997	de Sailly	151
Lenglart	758	de Savary	153
Le Pippre	1011	Schérer	815
Lespagnol	122	Scrieck	1083
Le Thierry	362	Stappart	158
Libert	1021	Stappart	159
Libert	1029	de Surmont	164
Libert	1030	Taviel	590
Lippens	367	Tesson	600
de Lisle	1032	Turpin	1286
de Madre	1490	Vanderbecken	1540
Mariaval	1528	Van der Cruisse	838
Massiet	1245	Vanderlinde	178
Méry de Montigny	1036	Vandermaer	1292
Miroul	766	Vanhove	607
de Montmonier	374	Van Thiennen	1300
Moucque	378	de Vendeville	622
Muette	1250	Verghelle	632
de Muyssart	780	Volant	843
Noiret	127	Wacrenier	185
Noiret de Saint-Antoine	130	de Waignon	853
Obert	1042	Walrave	196
Parmentier	1254	Warlop	1087
Percourt	381	Wattepatte	199
Petitpas	558	Zouche	1093
Plaetvoet	1267		

GÉNÉALOGIES LILLOISES

HUITIÈME PARTIE

BARBIER DE LA SERRE

Armes : *d'azur à trois flammes d'or accompagnées en pointe d'une étoile d'argent* [1].

Famille originaire de l'Agénois.

Nous ne donnons ci-dessous qu'une notice concernant la branche de cette famille établie dans le Nord.

I. — *Joseph* Barbier, s^r de la Serre, fils de Claude, conseiller à la Cour des aides de Guyenne, et d'Anne *de Brussy*, baptisé à Saint-Caprais d'Agen le 29 octobre 1671, nommé capitaine au régiment d'infanterie d'Agénois par commission du 20 septembre 1700, puis capitaine général des fermes du Roi au département de Saint-Quentin, obtint le 19 septembre 1714, de l'élection d'Épernay, un jugement l'admettant aux privilèges de la noblesse. Il épousa, par contrat passé le 7 septembre 1713 devant Me Jean Guimbert, notaire à Épernay, Françoise *Yvernel*, fille de Gilles, s^r de Montflambert, receveur des gabelles de Péronne, et de Françoise *André*. Elle était veuve en juillet 1756; d'où :

1. — *Françoise-Marguerite*, née le 18 mars 1717, baptisée à Saint-Maurille d'Angers, morte le 2 mai 1753, alliée, le 22 mai 1751,

---

[1]. Consulter : *Nobiliaire de Guyenne et Gascogne*, par O'Gilvy et de Bourrousse de Lafforre. Agen, 1883, t. iv, p. 145.

au château de Montflambert, à Pierre-Joseph *Boucher de Crève-cœur*, écuyer, s^r de Sorbon, contrôleur général des finances au département de Chalon-sur-Saône ; d'où un fils.

2. — *Suzanne-Julie*, née à Angers le 19 mars 1719.

3. — *Joseph-Nicolas-François*, né à Angers le 3 février 1720, y décédé le 24 décembre suivant.

4. — *Louis-Joseph*, qui suit, II.

5. — *Marthe*, née à Angers le 27 janvier 1723, mariée avec Abraham *Bertin* [1], écuyer, s^r de Villars en Beaujolais, commissaire général de la marine à Marseille ; dont postérité [2].

II. — **Louis-Joseph** BARBIER DE LA SERRE, écuyer, baptisé à Saint-Maurille d'Angers le 22 juin 1721, contrôleur général des fermes du Roi, mort à Lille le 11 avril 1804, épousa, par contrat passé à Trélon (Nord) le 10 juillet 1756, devant Me Martin-Joseph Virlet, notaire de la prévôté de Maubeuge, et religieusement le même jour, à Trélon, Marie-Ernestine-Joseph *Polchet* [3], fille de Léopold-Joseph, maître de forges, et d'Ernestine-Claire *Destrée*, née à Eppe-Sauvage le 25 février 1733, morte à Lille le 17 janvier 1814 ; d'où :

1. — *Charlotte-Joseph*, baptisée à Trélon le 3 janvier 1759, morte à Valenciennes, paroisse de La Chaussée, le 27 janvier 1775.

2. — *Antoine-Louis-Joseph*, qui suit, III.

3. — *Arsène-Guillaume*, écuyer, baptisé à Trélon le 4 octobre 1761, entré le 16 avril 1777 au 3e régiment d'état-major, passé en février 1780 au régiment de Saintonge, avec lequel il alla à la guerre d'Amérique ; démissionnaire en 1785.

4. — *Alexis-Joseph*, écuyer, baptisé à La Chaussée de Valenciennes le 21 décembre 1764, lieutenant des vaisseaux du Roi.

5. — *Alexandre-Louis*, écuyer, baptisé à La Chaussée le 14 décembre 1765, receveur principal des douanes, mort à Valenciennes le 5 décembre 1833, marié à Sophie-Antoinette-Marie-Valburgis, baronne *de Wintgen*, fille de Joseph-Antoine, baron de Wintgen, et d'Anne-Bernardine *de Korff-Schwising*, née à Munster, morte à Valenciennes le 7 août 1867, à 74 ans ; sans enfants.

6. — *Nicolas-Marie-Charles*, écuyer, baptisé à La Chaussée

---

1. BERTIN : *d'azur à la gerbe d'or abaissée sous deux épées d'argent en sautoir.*

2. Communication de M. G. DE LA SERRE.

3. POLCHET : *écartelé : aux 1 et 4, d'or au chevron de gueules, accompagné de trois quintefeuilles du même ; aux 2 et 3, d'or au lion de gueules.*

le 18 mai 1767, fit ses preuves de noblesse le 12 octobre 1782, fut officier au corps royal de l'artillerie, et mourut à Paris le 22 avril 1841.

7. — *Auguste-Louis*, baptisé à La Chaussée le 7 août 1768.

8. — *Marie-Mélanie-Françoise-Désirée*, baptisée à La Chaussée, le 2 octobre 1769, alliée à La Madeleine à Lille, le 26 septembre 1787, à Noël-Hilaire-Joseph *Despret de Leschelles*, fils d'Hilaire-Joseph, receveur du marquisat de Trélon, et de Marie-Barbe-Joseph *Despret*, né à Trélon vers 1747, capitaine au corps royal du génie ; dont postérité.

9. — *Nicolas-Auguste-Louis*, qui suivra, III bis.

III. — *Antoine-Louis-Joseph* BARBIER DE LA SERRE, écuyer, baptisé à Trélon le 5 août 1760, maître de forges audit lieu, rayé de la liste des émigrés le 20 nivôse an X, conseiller d'arrondissement, décédé à Trélon le 26 août 1844, épousa Marie-Joseph-Narcisse *Dupuis*, fille de Philippe-Emmanuel-Joseph et de Marie-Catherine-Amélie-Victoire-Joseph *Desmanet*, née au Pont-de-Sains (commune de Féron) en 1769, morte à Trélon le 12 avril 1843 ; d'où :

1. — *Louis-Joseph-Théodore*, qui suit, IV.

2. — *Rose*, mariée, le 20 janvier 1819, avec Ernest-Adolphe-Léon *de Caux* [1], fils d'Anténor, officier au corps royal du génie, et chevalier de Saint-Louis, et de Philippine *du Bois de Saint-Vincent*, mort le 2 mars 1843 ; elle décéda le 11 février 1848 ; dont postérité.

IV. — *Louis-Joseph-Théodore* BARBIER DE LA SERRE, écuyer, né à Trélon le 12 décembre 1792, y décédé le 5 août 1826, épousa à Valenciennes, le 29 décembre 1817, Joséphine-Ursule-Charlotte *de Wallers*, fille de Gilles-Louis-Joseph, écuyer, s^r de Saultain, et de Jeanne-Françoise-Joseph *Cambier*, née à Valenciennes le 2 avril 1793, remariée avec Hippolyte *de Palsy*, et morte à Douchy, le 6 avril 1874 ; d'où :

1. — *Clémentine-Narcisse-Louise*, née à Valenciennes le 23 novembre 1818, y décédée le 22 juin 1826.

2. — *Louise-Eugénie*, née à Trélon le 6 juillet 1822, morte à Potelles le 29 décembre 1879, alliée à Valenciennes, le 3 septembre 1845, à Jean-Philippe-Léon-Eugène *Fremin du Sartel*, écuyer, fils de Jean-Philippe et d'Eugénie-Joseph-Adélaïde *de Carondelet*, né

---

1. DE CAUX : *de gueules au chevron d'argent, accompagné en chef de deux étoiles et en pointe d'une rose du même, et chargé de trois tourteaux de sable.*

à Douai le 14 novembre 1817, garde général des forêts, décédé à Potelles le 16 mars 1881 ; dont postérité.

III bis. — *Nicolas-Auguste-Louis* BARBIER DE LA SERRE (nom confirmé par jugement du tribunal de Lille le 28 novembre 1821), baptisé à la Chaussée, à Valenciennes, le 12 janvier 1774, conseiller municipal de Lille par ordonnance du 15 novembre 1820, démissionnaire le 10 septembre 1830, mort à Paris le 14 décembre 1862, épousa à Lille, le 5 nivôse an X, Sophie-Joseph *Beaussier*, fille d'Alexandre-Eustache, négociant, et de Marie-Philippine-Albéricque *Mathon*, née à Lille le 24 octobre 1783, morte à Enghien-les-Bains le 21 juin 1849 ; dont :

1. — *Stéphanie-Sophie*, née à Lille le 1er nivôse an XI, y décédée le 15 du même mois.
2. — *Auguste-Louis*, qui suit, IV.
3. — *Ernest-Gustave*, qui suivra, IV bis.
4. — *Albert-Charles*, né à Lille le 16 octobre 1810, y décédé le 15 décembre 1818.
5. — *Julie-Clémence,* née à Lille le 27 novembre 1812, morte au Pin (Indre) le 10 septembre 1883, alliée à Xavier-Louis-Philippe *de Liron d'Airoles*, fils de Louis-Philippe et d'Olympe-Louise-Émilie *de Nattes*, né à Nîmes le 24 mai 1798, capitaine d'état-major, chevalier de la Légion d'honneur et de Saint-Ferdinand d'Espagne, puis conseiller général de la Vendée, mort à Paris le 29 février 1856 ; dont postérité.

IV. — *Auguste-Louis* BARBIER DE LA SERRE, écuyer, né à Lille le 2 prairial an XII, mort au Nieppe (Renescure-Nord) le 28 février 1876, épousa à Lille, le 24 août 1836, Marie-Élisabeth-Georgine *Fruict des Parcqs*, fille d'Alexis-Joseph, écuyer, et de Marie-Julie-Aldegonde *Boucquel de Beauval*, née à Lille le 14 avril 1815, y décédée le 4 octobre 1896 ; d'où :

1. — *Élisabeth-Marie-Auguste-Ernestine*, née à Lille le 22 mai 1837, morte à Versailles le 29 février 1896, alliée au Nieppe, le 30 juin 1863, à Charles-Louis-Auguste, baron *d'Arguesse*, fils de Charles-François-Isidore et de Marie-Louise-Sophie *Le Prestre de Jaucourt*, né à Compiègne le 16 septembre 1823, confirmé dans le titre de baron par décret du 16 janvier 1864, général de brigade le 10 novembre 1875, général de division le 11 novembre 1885, grand-officier de la Légion d'honneur, mort à Versailles le 16 mars 1901 ; dont postérité.

2. — *Amaury-Raphaël-Alexis*, né à Lille le 15 mai 1839, officier au régiment des guides, mort à Outrebois (Somme) le 11 décembre 1893, marié à Occoches, le 23 avril 1873, avec Marie-Louise-Eugénie *Mélin de Vadicourt*, fille de Pierre-Louis-Natalis et de Marie-Louise-Eugénie *de Vadicourt*, née à Occoches le 26 septembre 1843 ; d'où :

 a. — *Marguerite-Marie-Georgine-Henriette-Joséphine*, née à Occoches le 8 mai 1876, mariée à Outrebois, le 22 avril 1902, avec Raphaël-Adolphe-Henri *Schérer de Scherbourg*, fils d'Émile-François-Philippe-Joseph et d'Adélaïde-Marie *d'Hespel de Flencques*, né à Lille le 4 février 1863, mort à Pau le 24 novembre 1903 ; sans enfant.

 b. — *Georges-Mary-Joseph-Gabriel*, né à Outrebois le 10 novembre 1877.

 c. — *Pierre-Louis-Eugène-Mary*, né à Outrebois le 2 août 1879.

 d. — *Marthe-Marie-Joséphine*, née à Outrebois le 10 décembre 1884, mariée audit lieu, le 26 avril 1905, avec Marie-Charles-Édouard-Guy *du Passage*, fils de Marie-Gabriel-Arthur, vicomte du Passage, et de Marie-Claire-Louise-Albertine *Vandenbossche*, né à Paris le 5 juin 1872 ; dont postérité.

3. — *Gabriel-Georges-Anatole*, né à Lille le 7 janvier 1842, garde général des forêts, chevalier de la Légion d'honneur, mort au Nieppe le 25 septembre 1900, allié à Lyon, le 28 mai 1873, à Marie-Philiberte-Léonie *de Ségauld*, fille de Charles-Edmond-Stanislas et de Catherine-Adelphine *Bouillé de la Faye*, née à Mont-lez-Seurre (Saône-et-Loire) le 12 décembre 1843, décédée à Royat le 7 juin 1907 ; dont :

 a. — *Madeleine-Charlotte-Georgine*, née à Nice le 11 août 1877.

 b. — *Mathilde-Anaïs-Marie*, née à Nice le 18 janvier 1879.

 c. — *Marie-Louise*, née à Nice le 21 août 1881, mariée à Versailles, le 17 juillet 1908, avec Roger-Alphonse-Ghislain-Marie *Van Zeller d'Oosthove*, fils de Marie-Henri-Arnould et de Noémi-Marie-Louise *de Lencquesaing*, né à Racquinghem (Pas-de-Calais) le 25 septembre 1861.

4. — *Gonzalve-Jules-Adalbert*, né à Lille le 18 octobre 1842, allié à Bondues, le 28 août 1871, à Marie-Antoinette *de Hamel Bellenglise*, fille de Charles-Constant, vicomte de Hamel, et de Marie-Charlotte-Léonide *Aronio*, née à Lille le 16 décembre 1842, veuve de Gabriel-Marie-Félix *Desfontaines de Preux* ; d'où :

 a. — *Marie-Thérèse-Georgine-Léonide-Ghislaine*, née à Lille le 1er juillet 1872, mariée à Bondues, le 30 novembre 1896, avec Frédéric-Marie-Jean-Baptiste-Louis *de Joybert*, fils de Marie-Frédéric-Henri et de Marie-Louise-Eugénie *Sabatier*, né à Rennes le 8 décembre 1870, officier de cavalerie ; sans enfants.

 b. — *Jean-Charles-Anaclet-Ghislain*, né à Lille le 1ᵉʳ décembre 1873, officier de cavalerie, marié à Racquinghem, le 28 juillet 1902, avec Suzanne-Mathilde *Van Zeller d'Oosthove*, sœur du précédent, née à Saint-Omer le 13 janvier 1880 ; d'où :

  aa. — *Simone-Antoinette-Noémi-Ghislaine-Marie*, née à Racquinghem le 21 mai 1903.

  bb. — *André-Adalbert-Arnould-Ghislain-Marie*, né à Racquinghem le 12 août 1906.

 c. — *Robert-Joseph-Ghislain*, né à Bondues le 18 juin 1875, y décédé le 9 décembre suivant.

 d. — *René-Auguste-Ghislain*, né à Lille le 7 avril 1877.

IV bis. — *Ernest-Gustave* BARBIER DE LA SERRE, écuyer, né à Lille le **2 mars 1807**, ingénieur des ponts et chaussées, officier de la Légion d'honneur, mort à Paris le **30 mars 1872**, épousa Pauline-Emma *Rhoné*, fille d'Évrard-Joseph-Charlemagne et de Sophie-Éléonore *Mathieu*, née à Valenciennes le **22 janvier 1812**, morte à Paris en **1884** ; d'où :

 1. — *Cécile-Sophie-Ernestine*, née à Trélon le 30 juillet 1833, alliée, en 1855, à Marie-Eugène-Emmanuel *Esmoingt de la Vaublanche*, fils de Jean-Emmanuel et de Marie-Philippine *de Rocquard*, né à Gorre (Haute-Vienne) le 8 avril 1827, mort à Paris en 1905 ; dont postérité.

 2. — *Gaston-Albert-Auguste*, né à Valenciennes le 10 mars 1835, garde des forêts, marié à Arras, le 17 avril 1866, avec Valentine-Marie-Virginie *de Linas*, fille de Charles-André-Louis-Pantaléon et d'Esther-Louise-Henriette *Macquart*, née à Arras le 29 octobre 1843 ; d'où :

  a. — *André-Ernest-Louis-Auguste*, né à Rouen le 31 juillet 1868, y décédé le 29 octobre 1889.

  b. — *Marie-Joseph-Pauline-Caroline*, née à Rouen le 10 avril 1871, alliée dans cette ville, le 22 décembre 1891, à Léon-François-Xavier *de Brévedent d'Ablon*, fils d'Alexandre-René et de Louise-Marie-Hermine *Le Gendre d'Onsembray*, né à Ablon (Calvados) le 7 mai 1865 ; dont postérité.

  c. — *Ernestine-Marie-Berthe-Marcelle*, née à Trouville-sur-Mer le 14 août 1872, alliée à Rouen, le 7 septembre 1895, à Jean-Louis-Émile-Pierre *Brunon*, fils de Just-Gerbert et de

Marie-Charlotte *Faugière*, né à Aurillac le 29 septembre 1872, officier d'artillerie ; dont postérité.

 d. — *Georges-Edmond-Julien-Roger*, né à Rouen le 16 novembre 1874.

 e. — *Henri-Charles-Jules-Ernest*, né à Rouen le 10 novembre 1876, marié au château de Courtitout, commune de La Hoguette, près Falaise, le 17 août 1904, avec Henriette-Marie-Isaure *Le Clerc*, fille d'Emmanuel-Georges-Raymond et de Louise-Marie *Guéneau de Montbeillard*, née à La Hoguette le 31 août 1879 ; d'où :

  aa. — *Bernard-Marie-Gaston*, né à Saint-Martin-de-Mieux (Calvados) le 25 février 1906.

  bb. — *Henriette-Marie-Louise-Valentine*, née audit lieu le 3 mai 1907.

  cc. — *Marie-Louise-Georgette-Isaure*, née audit lieu le 14 mai 1908.

3. — *Marc-Gabriel-Gustave*, né à Valenciennes le 23 août 1839, garde des forêts, marié à Saint-Ouen, près Vendôme, le 2 août 1876, avec Marie-Félicie *Barré de Saint-Venant*, fille d'Adhémar-Jean-Claude, comte romain, membre de l'Institut, et de Julie *Rohault de Fleury*, née à Paris le 11 décembre 1852 ; d'où :

 a. — *Jean-Marie-Paul*, né à Saint-Ouen le 10 juin 1877.

 b. — *Olivier*, né audit lieu en 1878, mort l'année suivante.

 c. — *Antoinette-Marie-Valentine*, née audit lieu le 25 juin 1880, alliée à Paris, le 29 juin 1906, à Marie-Louis-Jean *Montheil de Septfons*, fils de Bernardin-Pierre et de Marie-Antoinette *Gaches de Venzac*, né à Mur-de-Barrez (Aveyron) le 5 décembre 1877.

 d. — *Marcelle-Marie-Madeleine*, née à Montrieux (commune de Naveil) le 15 mai 1885.

 e. — *Robert-Marie-Joseph*, né audit lieu le 31 janvier 1889.

4. — *Roger-Charles-Maurice*, né à Buzenval-Rueil (Seine-et-Oise) le 29 juillet 1841, archiviste paléographe, conseiller à la Cour des comptes, chevalier de la Légion d'honneur, marié à Paris, le 11 décembre 1871, avec Louise-Marie-Sophie *de Fréville de Lorme*, fille de Charles-Ernest et de Marie-Sophie *Willermé*, née à Paris le 24 juin 1849 ; d'où :

 a. — *Louis-Gaston-Ernest*, né à Paris le 5 août 1873, garde des forêts, allié à Paris, le 27 février 1905, à Marie-Joséphine-Cécile-Thérèse *de Crouzaz-Cretet*, fille de Louis-Paul, conseiller référendaire à la Cour des comptes, et d'Anne-Marie-

Geneviève *Parent du Châtelet*, née à Gretz (Seine-et-Marne) le 20 mai 1882 ; dont :

    aa. — *Joseph*, né le 3 août 1907.

  b. — *Étienne-Marcel-Roger*, né à Paris le 17 septembre 1875, inspecteur des finances, marié à Amiens, le 11 avril 1904, avec Marie-Marguerite-Élisabeth *de Romance*, fille d'Alphonse-Godefroy-Anatole, baron de Romance, et de Marie-Antoinette *de Witasse Thézy*, née à Amiens le 2 juin 1878.

  c. — *Maurice-Ernest-Emmanuel*, né à Paris le 5 février 1878, garde des forêts, allié à Paris, le 27 avril 1903, à Marguerite-Marie-Laure *de Boislecomte*, fille de Marie-Félix-Edmond et de Marguerite-Marie-Angélique *de Marbot*, née à Paris le 6 juin 1880 ; d'où :

    aa. — *Marguerite*, née le 20 avril 1904.

    bb. — *Geneviève*, née le 30 janvier 1906.

    cc. — *Madeleine*, née le 23 janvier 1908.

  d. — *René*, né à Paris le 27 juin 1880, prêtre.

  e. — *Élisabeth-Sophie-Marie-Marcelle*, née à Paris le 9 janvier 1883, mariée en cette ville, le 19 août 1905, avec Jean-Paul-Marie-Joseph *de la Lande de Calan*, fils de Ferdinand-Hyacinthe-Marie, conseiller à la Cour des comptes, et de Jeanne-Marie-Isabelle *Aubé de Bracquemont*, né à Versailles le 13 juillet 1881 ; dont postérité.

1719, 19 septembre. — *Sentence de noblesse en faveur de Joseph Barbier de la Serre.*

A Messieurs les Officiers de l'élection d'Épernay,

Supplie humblement *Joseph Barbier de la Serre*, capitaine général des fermes du Roy, demeurant à Péronne, disant qu'il est fils issu en légitime mariage de *Claude Barbier*, conseiller du Roy en sa cour des aydes de Guyenne, lequel a esté reçu audit office le 22 X^{bre} 1664 et en a jouy jusqu'en 1697 que *Claude Barbier*, son fils, frère du suppliant, luy a succédé et avoit auparavant succédé à *Claude Barbier*, qui avoit été reçu audit office le dernier juillet 1630, en sorte que le suppliant se trouve fils et petit-fils d'un conseiller de Cour souveraine, suivant qu'il apert par les extraits de réceptions des dernier juillet 1630, 22 décembre 1664 et 23 aoust 1697, signé Parade, greffier de ladite Cour, et encore suivant l'attache de messieurs les Trézoriers de Guyenne du 13 mars 1665 et par son extrait de baptême du 29 octobre 1671, légalisé par Monsieur l'Évesque d'Agen. Et comme estant issu de conseiller de Cour souveraine, le titre de noble est transmis en sa personne et en ceux qui descendront de luy en légitime mariage et qu'ainsy en ne faisant acte dérogeant il doit jouir des privilèges et prérogatives dont jouissent les nobles du Royaume, en la jouissance desquels il pouroit être troublé s'il n'y estoit pourvu par l'autorité de la Cour ; c'est ce qui l'oblige d'avoir recours à vous. Ce considéré, Messieurs, il vous plaise, veu lesdits actes de réception des dernier juillet 1630, 22 décembre 1664, 13 mars 1665, acte de baptesme du 29 octobre 1671, légalisé le 22e septembre 1699, par Mr l'Évesque d'Agen, ordonner qu'ils seront registrés en vostre greffe pour y avoir recours et jouir par le supliant des droits, privilèges, prérogatives, franchises, immunités, exemptions attribuez aux autres nobles du royaume, tant par luy que par ses successeurs nez et à naître en légitime mariage ; tant qu'il ne fera ou feront acte dérogeant. Ce vous ferez bien. (Signé) DE LA SERRE, HÉMART.

Soit communiqué à Monsieur le Procureur du Roy, ce 19 septembre 1714. (Signé) DENISEB.

Veu la présente requeste, l'acte de réception de Me *Claude Barbier* en l'office de conseiller en la Cour des aides de Guyenne en datte du dernier juillet 1630, acte de réception de Me *Claude Barbier* en l'office de conseiller en ladite Cour du 22e décembre 1664, autre acte de réception de Me *Claude Barbier*, seigneur de la Serre, audit office de conseiller en ladite Cour au lieu et place dudit Me *Claude Barbier*, son père, du 23e aoust 1697 ; l'acte d'enregistrement au greffe du bureau des finances en Guyenne des provisions dudit office de Conseiller dudit Me *Claude Barbier*, 2e du nom, dattées du 10e aoust 1664, ledit acte estant en parchemin signé des Srs Trésoriers et contresigné Delegra, leur greffier, l'extrait baptistaire du supliant du 29e octobre 1671, délivré par le Sr La Clambie, curé à Agen, légalisé par le seigr Évesque et comte dudit Agen et contresigné de son secrétaire, je n'empesche pour le Roy lesdits actes de réceptions, d'enregistrement et extrait baptistaire estre registrés en vostre greffe pour y avoir recours quand besoin sera et ordonne que le supliant et les siens nés et à naître en légitime mariage jouïront des privilèges et exemptions attribués à la noblesse du Royaume, tant qu'ils ne feront acte dérogeant.

Fait à Épernay, ce dix neuf septembre mil sept cent quatorze. (Signé) ALLUN (?).

<small>Document communiqué par M. BERLAND, archiviste départemental de la Marne.</small>

COSTA

Armes : *d'azur à trois bandes d'or ; au chef d'azur chargé d'une étoile entre deux fleurs de lis, le tout d'or.*

I. — *Georges-Ambroise* Costa testa à Palerme le 17 janvier 1626; il eut, croyons-nous, au moins deux fils :

1. — *Angel-Maria*, parrain de son neveu en 1642.
2. — *Jean-Baptiste*, qui suit, II.

II. — *Jean-Baptiste* Costa, vivant à Gênes en 1640, épousa Lucrèce *Peleranne* ; d'où :

III. — *Antoine* Costa, né à Gênes, marchand, bourgeois de Lille par achat du 5 novembre 1627, épousa : 1° le 30 novembre 1627, Catherine *du Chambge*, fille d'Érasme et de Catherine *Waignon* ; 2° à Saint-Étienne, le 9 octobre 1639, Marie *Gilles*, fille de Jean, greffier de Lille, et de Marguerite *Abrassart*, baptisée à Saint-Étienne le 18 novembre 1618 ; celle-ci testa devant Luc Moucque le 20 février 1652 ; il eut :

1. — Du premier lit : *Jean-Baptiste*, baptisé à Saint-Étienne le 26 septembre 1628, mort en 1645.
2. — Du second lit : *Marie-Lucrèce*, baptisée à Saint-Étienne le 24 juillet 1640, mariée dans cette église, le 21 mai 1658, avec Bon *de Fourmestraux*, s^r de Guermanez, du Châtel d'Emmerin, fils de Robert et de Marie *de le Deusle*, baptisé à Saint-Maurice le 13 février 1627, bourgeois de Lille par relief du 27 mai 1658, anobli en avril 1670, échevin, prud'homme, conseiller, mayeur de la bourgeterie le 4 novembre 1680, mort après 1700 ; dont postérité.
3. — *Marie-Catherine*, baptisée à Saint-Étienne le 7 mars 1642.
4. — *Jean-Antoine*, baptisé à Saint-Étienne le 17 janvier 1645, capitaine de cavalerie au régiment de M. de Wasquehal.
5. — *Antoine*, qui suit, IV.

IV. — *Antoine* Costa, baptisé à Saint-Étienne le 1er juillet 1647, posthume, chevalier, s^r d'Assibour, bourgeois de Lille par relief du 21 janvier 1694, nommé conseiller secrétaire du Roi le

18 décembre 1692, puis premier président du bureau des finances de Lille le 30 janvier 1693, décédé le 1er novembre 1698, épousa à La Madeleine, le 31 janvier 1693, Marie-Françoise *du Béron*, fille de Jean, sr de Boularietz, et de Françoise *de Warenghien*, baptisée dans cette église le 19 août 1665, remariée avec Jean *de Carrion*, écuyer, sr de Nisas, décédée le 29 mars 1727 ; d'où :

1. — *Jean-Antoine*, baptisé à Saint-Maurice le 5 novembre 1693.
2. — *Antoine-François*, écuyer, sr de Berckem, baptisé à Saint-Maurice le 24 novembre 1694, bourgeois de Lille par relief du 11 août 1729, lieutenant de la gouvernance, décédé paroisse Saint-André le 30 avril 1736, allié à Sainte-Catherine, le 17 mars 1729, à Marie-Thérèse-Joseph *de Fourmestraux de Wazières*, fille d'Eugène-Hyacinthe, écuyer, sr de Beaupré, et de Marie-Barbe *Biscop*, née en 1705, remariée avec Louis-Auguste *de Martigny*, écuyer, sr de Noizelles, et décédée sans enfants le 29 février 1760.
3. — *Marie-Claudine*, baptisée à Saint-Maurice le 25 février 1696, religieuse à l'abbaye de Marquette.

NON RATTACHÉ

Jean-Antoine Costa, fils de Baptiste et de Bregide *Schiatina*, né à Gênes, bourgeois de Lille par achat du 2 octobre 1621, marchand, allié, par contrat passé à Lille le 13 octobre 1622, devant Me Gaspard Taverne, à Jeanne *Potteau*, fille de Denis, baptisée à Saint-Étienne le 3 octobre 1597, remariée à Gérard *Vandenbroucq*; d'où : une fille, *Marie-Madeleine*, baptisée à Saint-Étienne le 30 août 1623.

DELOBEL

ARMES: *d'azur à un arbre d'or, sur une terrasse du même.*

I. — *Wallerand* DELOBEL [1], fils de *Jean*, fut père de :

1. — *Oste*, qui suit, II.
2. — *Marguerite*, épouse d'Allard *Dancoisne* dit *Le Cocq*, fils de Pasquier, bourgeois de Lille par rachat du 23 octobre 1481.
3. — *Jeanne*, alliée à Jean *Renier*, fils de Jacques, bourgeois de Lille par rachat du 3 juin 1486.

II. — *Oste* DELOBEL, né à Lille, dont il acheta la bourgeoisie en 1474 [2], mort avant 1540, épousa : 1° Cécile *du Hem* ; 2° vers 1501, Marguerite *Descours* ; il eut du premier lit :

1. — *Jeanne*, mariée en 1493 avec Jean *Caulier*, fils de Jean, bourgeois de Lille par rachat du 21 janvier 1494 (n. st.) ; dont postérité.
2. — Du second lit : *Catherine*, alliée à Mathieu *Castelain*, fils de Guillaume, bourgeois de Lille par relief du 24 octobre 1528, remarié à N..., dont postérité.
3. — *Hugues*, qui suit, III.

III. — *Hugues* DELOBEL, né à Lille, dont il releva la bourgeoisie le 2 septembre 1540, décédé entre mai 1581 et avril 1582, épousa Antoinette *Scalk*, fille d'Antoine et de Jeanne *Viseux* ; d'où :

1. — *Marguerite*, mariée avec Paul *Morel*, fils de Jean, né à Lille, bourgeois de cette ville par relief du 10 septembre 1568.
2. — *Hubert*, bourgeois de Lille par relief du 3 décembre 1574 ; père de :
   a. — *Marguerite*, baptisée à Sainte-Catherine le 6 juillet 1575.
   b. — *Marguerite*, baptisée à Saint-Maurice le 29 juin 1576.
   c. — *Marie*, baptisée à Saint-Maurice le 24 février 1579 (n. st.).
   d. — *Gilles*, baptisé à Saint-Maurice le .. août 1583.
   e. — *Catherine*, baptisée à Saint-Maurice le 23 décembre 1590.

---

1. Il avait pour frères *Jacques*, *Jean* et *Pierre*. Jacques seul se maria ; il eut une fille, *Marie*, alliée à Nicolas *Dancart*, de Tournai ; dont postérité.

2. Il possédait à Flers deux fiefs non dénommés qu'il avait acquis de ses oncles.

f. — *Toussaint*, baptisé à Saint-Maurice le 15 février 1591.
g. — *Catherine*, baptisée à Saint-Maurice le 7 mai 1593.
h. — *Isabelle*, baptisée à Saint-Maurice le 21 mars 1596.
3. — *Martin*, qui suit, IV.
4. — *Hugues*, qui suivra, IV bis.
5. — *Jacques*, bourgeois de Lille par relief du 25 juin 1585.

IV. — *Martin* DELOBEL, né à Lille, bourgeois par relief du 5 mai 1581, mort le 26 octobre 1613 et inhumé dans l'église Saint-Maurice, épousa Barbe *Heddebault*, fille de Jean et de Catherine *de Croix de Drumetz*, et veuve de Nicolas *Romon* ; d'où :

1. — *Jean*, baptisé à Saint-Étienne le 28 décembre 1581, bourgeois de Lille par relief du 7 mars 1603, marchand de drap, marié à Sainte-Catherine, le 14 janvier 1603, avec Marie *Cornille*, fille de Liévin et d'Anne *Duhot*, qui le rendit père de :

    a. — *Anne*, baptisée à Saint-Maurice le 14 novembre 1603.

    b. — *Barbe*, alliée à Sainte-Catherine, le 22 janvier 1626, à Jean *Landrieu*, fils de Louis et de Marguerite *Parisis*, bourgeois de Lille par relief du 6 février 1626 ; dont postérité.

    c. — *Antoine*, baptisé à Saint-Étienne le 20 février 1607.

    d. — *Marie*, baptisée à Saint-Étienne le 23 juillet 1608, religieuse à l'hôpital Saint-Sauveur.

    e. — *Isabelle*, baptisée à Saint-Étienne le 22 septembre 1610.

    f. — *Liévin*, baptisé à Saint-Maurice le 5 juin 1611.

    g. — *Jeanne*, baptisée à Saint-Maurice le 15 mai 1615.

2. — *Hugues*, qui suit, V.
3. — *Jacques*, qui suivra, V bis.

V. — *Hugues* DELOBEL [1], baptisé à Saint-Étienne le 15 juillet 1583, marchand de drap, bourgeois de Lille par relief du 18 mars 1604, mort le 29 janvier 1623, enterré vis-à-vis la chapelle Notre-Dame à Saint-Maurice, épousa Marie *Deswymeau*, fille de Jean et d'Agnès *Desmazières* ; il eut :

1. — *Antoine*, qui suit, VI.
2. — *Marie*, baptisée à Saint-Maurice le 3 janvier 1611.
3. — *Pierre*, baptisé à Saint-Maurice le 14 février 1615.
4. — *Pétronille*, baptisée à Saint-Maurice le 9 octobre 1616.

---

1. Le registre aux bourgeois le dit fils de *Martin* et de Barbe *Romon*, mais les actes de partage de la succession de son père en 1614 le disent bien fils de Barbe *Heddebault* et frère de *Jean* et de *Jacques* ; la confusion vient de ce que Barbe Heddebault était veuve de Nicolas Romon.

18 août 1608, Agnès *Leveau*, fille de Denis et de Catherine *Hennocq*, décédée avant septembre 1647; d'où :

1. — *Catherine*, baptisée à Saint-Étienne le 2 novembre 1609.
2. — *Denis*, qui suit, VI.
3. — *Catherine*, baptisée à Saint-Maurice le 24 décembre 1612, vivant en 1649, célibataire.
4. — *Guillaume*, baptisé à Saint-Maurice le 8 novembre 1614, religieux augustin sous le nom de Thomas.
5. — *Jacques*, qui suivra, VIbis.
6. — *Jean*, baptisé à Saint-Maurice le 26 octobre 1618, mort paroisse de La Madeleine le 2 juin 1676.
7. — *Isabelle*, baptisée à Saint-Maurice le 20 novembre 1620.
8. — *Jeanne*, baptisée à Saint-Maurice le 20 août 1623, décédée paroisse de La Madeleine le 24 décembre 1672.
9. — *Marie*, baptisée à Saint-Maurice le 30 octobre 1625, morte jeune.
10. — *Marie*, baptisée à Saint-Maurice le 9 septembre 1628, célibataire.

VI. — *Denis* DELOBEL [1], baptisé à Saint-Maurice le 3 août 1611, bourgeois de Lille par relief du 29 février 1648, drapier, décédé avant septembre 1681, épousa à Saint-Étienne, le 4 décembre 1647, Jeanne *Dumaretz*, fille de Jean et d'Isabelle *Philippi*, baptisée à Saint-Étienne le 15 décembre 1626; d'où :

1. — *Jean-Denis*, baptisé à Saint-Maurice le 9 octobre 1649.
2. — *Jean-Baptiste*, baptisé à Saint-Maurice le 24 septembre 1651, mort paroisse de La Madeleine le 13 septembre 1679 (?)
3. — *Jacques*, baptisé à Saint-Maurice le 18 juin 1653, prêtre et chapelain de Saint-Pierre.
4. — *Pierre-Ignace*, baptisé à Saint-Maurice le 2 août 1655.
5. — *Jean-Denis*, qui suit, VII.
6. — *Louis*, baptisé à Saint-Maurice le 14 février 1610, récollet, mort à Douai le 7 janvier 1725 [2].
7. — *Louis-François*, baptisé à Saint-Étienne le 22 octobre 1662.
8. — *Marie-Élisabeth*, baptisée à Saint-Étienne le 8 janvier 1665, décédée paroisse Sainte-Catherine le 26 mai 1729, alliée à Sainte-

---

[1]. Il portait : *écartelé : aux 1 et 4, d'azur à un arbre d'or sur une terrasse du même; aux 2 et 3, d'argent à la croix d'azur chargée en cœur d'une étoile à six rais d'or.* Voir son curieux ex-libris dessiné par lui-même.

[2]. Voir : *Scriptores Insulenses*, p. 340, 341.

Catherine, le 25 mai 1690, à Jean *Hennion*, fils d'André et de Marie *Sewier*, né à Liége, bourgeois de Lille par achat du 12 septembre 1687, médecin, décédé paroisse Sainte-Catherine le 12 novembre 1740 ; dont postérité.

9. — *Placide*, né en 1666, religieux à l'abbaye de Loos, où il mourut le 4 avril 1706 [1].

VII. — *Jean-Denis* DELOBEL, baptisé à Saint-Maurice le 26 juillet 1657, bourgeois de Lille par relief du 10 septembre 1681, épousa : 1° à La Madeleine, le 13 mai 1681, Marie-Catherine *Roussel*, fille de Georges et de Barbe *Gavel*, baptisée dans cette église le 16 août 1656 ; 2° à Sainte-Catherine, le 5 janvier 1694, Catherine *Béhaghe* ; d'où :

1. — Du premier lit : *Denis*, baptisé à Saint-Étienne le 5 avril 1682.
2. — *Marie-Catherine*, baptisée à Saint-Étienne le 21 août 1683.
3. — *Georges-Denis*, baptisé à La Madeleine le 12 juillet 1687.
4. — *Marie-Barbe*, baptisée à La Madeleine le 9 avril 1696, décédée paroisse Saint-Étienne le 6 mars 1697.
5. — *Thérèse-Françoise*, baptisée à La Madeleine le 26 février 1692.
6. — Du second lit : *Ignace*, baptisé à Saint-Maurice le 15 décembre 1694.
7. — *Pierre-Augustin*, baptisé à Saint-Étienne le 17 mars 1697.
8. — *Antoine-Dominique*, baptisé à Sainte-Catherine le 3 juin 1701.

VI bis. — *Jacques* DELOBEL, baptisé à Saint-Maurice le 12 mars 1617, bourgeois de Lille par relief du 20 septembre 1647, décédé paroisse de La Madeleine le 23 mars 1674, épousa à Saint-Étienne, le 20 juillet 1647, Nicole *Dumaretz* ou *Desmaretz*, fille de Jean et d'Isabelle *Philippi*, baptisée à Saint-Étienne le 8 avril 1622 ; d'où :

1. — *Marie-Angélique*, baptisée à Saint-Étienne le 18 juin 1648, alliée dans cette église, le 7 mai 1680, à Ignace *Barlez*, fils d'Étienne et d'Élisabeth *Dumoulin*, médecin, bourgeois de Lille par relief du 4 juin 1680.
2. — *Marie-Catherine*, baptisée à Saint-Étienne le 11 mars 1650.
3. — *Jean-François*, baptisé à Saint-Étienne le 4 février 1652.
4. — *Denis*, baptisé à Saint-Étienne le 24 décembre 1653.

---

1. Voir : *Scriptores Insulenses*, p. 396-402, et LE GLAY, *Spicilège d'histoire littéraire*, p. 102.

5. — *Gilles-François*, qui suit, VII.
6. — *Barbe*, baptisée à Saint-Étienne le 11 octobre 1658.
7. — *Marie-Claire*, baptisée à Saint-Étienne le 21 septembre 1660 [1].
8. — *Jacques*, baptisé à Saint-Étienne le 18 décembre 1663, dominicain à Lille.

VII. — *Gilles-François* Delobel, baptisé à Saint-Étienne le 6 juin 1655, bourgeois de Lille par relief du 24 avril 1681, décédé paroisse Saint-André le 22 octobre 1708, épousa à La Madeleine, le 26 août 1680, Claire *Dubois*, fille de Barthélemi et de Claire *Aupatin*, décédée veuve ; il eut :

1. — *Marie-Claire-Angélique*, baptisée à Saint-Étienne le 21 juillet 1681.
2. — *Jacques-François*, baptisé à Saint-Étienne le 19 octobre 1682.
3. — *Jeanne-Claire-Angéline*, baptisée à Saint-Étienne le 4 juin 1684.
4. — *Philippe-Gilles*, baptisé à Saint-Étienne le 16 septembre 1685.
5. — *Pierre-Louis*, baptisé à Saint-Étienne le 10 avril 1687.
6. — *Louis*, baptisé à Saint-Maurice le 31 mai 1689.
7. — *Antoine-Philippe*, baptisé à Saint-Maurice le 5 avril 1692.
8. — *Pierre-Joseph*, baptisé à Saint-Maurice le 25 juillet 1694.

IV bis. — *Hugues* Delobel, marchand drapier, s^r de la Taillanderie [2], bourgeois de Lille par relief du 6 avril 1582, échevin de cette ville, nommé capitaine d'une compagnie bourgeoise le 30 mars 1617, testa devant Me Gaspard Scrieck le 8 mai 1628 et mourut le 21 juillet 1640. Il épousa : 1° Catherine *Dancoisne* dite *Le Cocq*, fille de Pasquier et de Jeanne *Freumault* ; 2° Charlotte *Alatruye* dite *de le Vigne*, fille de Bauduin et d'Isabeau *Dubois* dite *Pottin* ; il eut :

1. — Du premier lit : *Hugues*, baptisé à Saint-Maurice le 3 mars 1583.
2. — *Antoine*, qui suit, V.
3. — *Barbe*, décédée veuve avant mai 1628, alliée à Saint-Étienne, le 24 septembre 1605, à Thomas *Bonnet*, fils de Pierre et de Michelle

---

1. L'une de ces filles fut sœur grise à Armentières, sous le nom de Marguerite.
2. Fief en l'air s'étendant à Wambrechies, tenu de la seigneurie des Obeaux, consistant en 17 razières d'avoine, 5 sols et 2 chapons.

Delebarre, marchand de drap, bourgeois de Lille par relief du 26 mai 1606 ; dont postérité.

4. — *Marie*, baptisée à Saint-Étienne le 1er novembre 1589, alliée, par contrat passé à Lille devant Me Jaspard Scrieck, le 1er décembre 1608 et religieusement à Saint-Étienne, le 17 janvier 1609, à Toussaint *Desbarbieux*, fils d'Antoine et de Marie *Castellain*, marchand teinturier, bourgeois de Lille par relief du 21 février 1609 ; dont postérité.

5. — Du deuxième lit : *Isabelle*, baptisée à Saint-Étienne le 2 décembre 1595, célibataire.

6. — *Catherine*, mariée à Saint-Étienne, le 28 janvier 1621, avec Maximilien *Van Crabeck*, fils de Maximilien et de Marie *Meurdekins*, né à Gand, marchand, bourgeois de Lille par achat du 3 juillet 1615 [1] ; dont postérité.

7. — *Antoine*, baptisé à Saint-Étienne le 3 octobre 1607.

8. — *Marie*, baptisée à Saint-Étienne le 12 mars 1609.

V. — *Antoine* DELOBEL, sr de la Taillanderie, marchand tondeur de drap, bourgeois de Lille par relief du 12 novembre 1609, mort le 16 octobre 1639 et enterré à Saint-Étienne, épousa dans cette église, le 28 juin 1609, Jeanne *Salembier*, fille de Philippe et de Sainte *Waignon*, décédée le 7 octobre 1677 ; d'où :

1. — *Hugues*, baptisé à Sant-Étienne le 24 juillet 1610, religieux augustin.

2. — *Charlotte*, baptisée à Saint-Étienne le 29 septembre 1612, mariée dans cette église, le 29 janvier 1632, avec Pierre *de la Haye*, fils de Pierre et de Marie *de Beaumont*, baptisé à Saint-Maurice le 30 décembre 1606, bourgeois de Lille par relief du 31 mars 1632 ; dont postérité.

3. — *Antoine*, qui suit, VI.

4. — *Gilles*, baptisé à Saint-Étienne le 22 mars 1618, religieux augustin.

5. — *Othon*, baptisé à Saint-Étienne le 31 décembre 1620.

6. — *Maximilien*, baptisé à Saint-Étienne le 3 mai 1623, religieux augustin.

VI. — *Antoine* DELOBEL, sr de la Taillanderie, baptisé à Saint-Étienne le 8 septembre 1615, marchand tondeur de drap, bourgeois de Lille par relief du 10 juillet 1639, échevin de cette ville, mort

---

1. Elle et son mari étaient décédés avant mai 1628, ne laissant que des filles.

le 10 décembre 1677, épousa Marie *Bondifflart*, fille d'Arnould et d'Anne *Hovine*, morte le 17 juin 1688 ; d'où :

1. — *Hugues*, baptisé à Saint-Étienne le 27 février 1639, chanoine de Saint-Pierre de Lille, mort en 1697 [1].

2. — *Marie*, baptisée à Saint-Étienne le 11 novembre 1640, y décédée le 2 novembre 1704, enterrée le 4, alliée dans cette église, le 29 janvier 1668, à Michel *Van der Cruisse*, fils de Michel et de Catherine *Nutten*, né à Menin vers 1633, bourgeois de Lille par achat du 7 novembre 1659, marchand, décédé le 15 juillet 1707 ; dont postérité.

3. — *Antoine*, baptisé à Saint-Étienne le 19 septembre 1642, y décédé le 11 février 1699.

4. — *Gilles*, baptisé à Saint-Étienne le 12 février 1645, prieur des Frères prêcheurs de Lille, mort en 1679.

5. — *Anne*, baptisée à Saint-Étienne le 29 avril 1647, religieuse annonciade.

6. — *Jeanne*, baptisée à Saint-Étienne le 5 janvier 1650, morte à Saint-André le 10 janvier 1726, alliée à Saint-Étienne, le 29 janvier 1675, à Paul *de Marcq*, fils de Michel et de Catherine *Plugniers*, né à Valenciennes, marchand, veuf de Marie-Madeleine *Ricourt*, bourgeois de Lille par achat du 1er avril 1672 ; dont postérité.

7. — *Catherine*, baptisée à Saint-Étienne le 31 mai 1652.

8. — *Élisabeth*, baptisée à Saint-Étienne le 19 septembre 1653, religieuse annonciade.

9. — *Charlotte*, baptisée à Saint-Étienne le 8 mai 1656.

10. — *Catherine*, baptisée à Saint-Étienne le 22 septembre 1657.

11. — *Catherine*, baptisée à Saint-Étienne le 23 mars 1659, décédée célibataire, paroisse Sainte-Catherine, le 20 mars 1738.

N. B. — Il y a une autre famille DELOBEL, originaire de Capinghem, très probablement parente de la précédente, et à laquelle on donne souvent les mêmes armoiries; on trouve sur elle quelques notes dans la *Généalogie de Fourmestraux*, de M. H. FREMAUX, pp. 197, 204, 205, 234. De cette famille était le célèbre *Mathias* DELOBEL.

---

[1]. Voir, sur ses œuvres, Mgr HAUTCŒUR, *Histoire de Saint-Pierre de Lille*, t. III, p. 54. Son portrait, actuellement conservé au château du Sart, et œuvre de Jacques Van Oost le Jeune, est reproduit dans le même ouvrage, t. III, pl. 18.

DE FAUCOMPRET,
DE FAUCOMPRÉ, FAUCOMPRÉ,
FACOMPRETZ, ETC.

Ce nom est extrêmement répandu dans la châtellenie de Lille dès le XVIIe siècle ; nous le trouvons à Armentières, à Attiches, à Deûlemont, à Marquette près Lille, à Moncheaux, à Seclin, etc.

A Allennes-les-Marais, les DE FAUCOMPRET (telle est l'orthographe ancienne du nom) figurent dès la première moitié du XVIe siècle ; nous relevons, dans le compte de 1539, Jean, Bastien, Christophe et la veuve de Jacques de Faucompret [1] ; en 1543, le même Christophe, la veuve de Guillaume de Faucompret et ses enfants [2] ; dans le compte de 1559, Jean et Bastien, manants et censiers, avec leur frère Charles ; dans le compte de 1556, Marie de Faucompret, censière. Les mentions s'y multiplient au XVIIe siècle : Valentin, homme de fief en 1638 ; Jean, censier en 1602 [3] ; Bauduin en 1602 [4] ; Marie, veuve de Jacques *Maurroy* en 1641 ; Barthélemi, fils de feu Jean, cité avec Charles, Nicolas et Suzanne en 1663 ; Guillaume, frère de Jeanne et fils de Nicolas, laboureur à Moncheaux, et de Louise *Ringot*, etc.

---

1. Archives départementales du Nord. Allennes-les-Marais, compte de 1539, fol. 14.
2. *Ibidem*. B. 3753, compte vers 1543, fol. 14.
3. *Ibidem*. Bureau des finances, cahier des vingtièmes, registre n° 1542, fol. 4 et 5.
4. *Ibidem*, fol. 7 et 8. Bauduin fut père de : *a.* Jean, lequel eut une fille, Marie, épouse d'Augustin *Maillart*, fils de Philippe, en 1663 ; *b.* Nicole, mariée avec Augustin *Maupayé*, qui vivait infirme en 1664 avec son gendre, Mathieu *Verdière* ; *c.* André, allié à Pasque *Jolly* ; *d.* Jacqueline. — Voici encore un autre fragment à Allennes-les-Marais. Nicolas de Faucompret, manant, mort avant mai 1648, eut pour enfants : *a.* Guillaume, allié à Florence *Sion*, laquelle était veuve en 1650 et mourut avant 1660 ; *b.* Nicolas, laboureur, mort entre 1664 et 1670 ; *c.* Bettremieu, décédé entre 1650 et 1670 ; *d.* une fille, mariée avec Martin *Sauvage* ; dont postérité. — Les de Faucompret se trouvent à Allennes-les-Marais jusqu'à nos jours. Voir : Archives départementales du Nord ; Intendance de la Flandre wallonne, registre n° 704, p. 105, 411, 428, 409 et les registres d'état-civil dudit lieu commençant en 1694.

A Seclin, nous relevons Chrétien, massart en 1538 ; la veuve de Jean de Faucompret ; Valentin, Isabeau et Antoine, cités dans le premier compte des vingtièmes ; Marie, et Isabeau, alliée à Jean *Ochin*, filles de Jean en 1539 ; Martin, charpentier et marchand de bois ; Chrétien, cultivateur à deux chevaux et trois vaches, cités tous deux dans le recueil et déclaration des maisons et terres de Seclin fait le 8 avril 1544 (n. st.) ; Chrétien, voir-juré en 1552 ; Martin, vivant audit lieu en 1558 ; Wallerand, échevin du chapitre de Saint-Piat en 1563, 1565, puis lieutenant de Seclin en 1579 et 1580 ; Péronne, fille de Léger et de Masette *Le Mannier*, religieuse, puis prieure de l'hôpital de Seclin, sœur d'Isabeau, alliée avant 1576 à Jacques *Desprès* ; Antoine, échevin du chapitre, de 1598 à 1609 [1] ; Martin-Valentin, échevin du chapitre en 1619, etc.

I. — *Gaspard* DE FAUCOMPRET, laboureur, peut-être frère de *Martin* (cité ci-dessus), mort avant 1665, épousa à Seclin, le 22 juin 1613, Philippine *Thibau* ; il eut :

1. — *Catherine*, baptisée à Seclin le 9 mai 1614, mariée à Saint-Maurice, le 21 mai 1648, avec David *Desgardins*, fils de François et de Marguerite *Leboucq*, né à Saint-Omer, marchand filtier,

---

1. Antoine de Faucompret « hoste de St-Pia » fut condamné à 50 sous d'amende, en 1609, pour avoir donné à boire à Jacques Mahieu et Jean de Lannoy, le premier dimanche de carême, pendant qu'on chantait vêpres (Archives départementales du Nord, compte de 1609). — A partir de cette date, on trouve dans les registres d'état-civil une foule de de Faucompret (ou autres formes du nom), jusqu'à la fin du XVIIIe siècle ; nous ne pouvons pas donner leur généalogie entière qui ne présente guère d'intérêt ; citons seulement ce fragment :
Martin DE FAUCOMPRET, lieutenant de Seclin en 1622, 1626, 1630, eut de Catherine *Iserby* : *a. Pasque*, baptisée à Seclin le 4 mars 1608 ; *b. Antoinette*, baptisée à Seclin le 30 janvier 1610 ; *c. Hubert*, baptisé à Seclin le 3 mai 1611, sergent de la gouvernance de Lille, marié dans cette ville, à Saint-Maurice, le 16 février 1649, avec Antoinette *Herren*; *d. Martin*, qui suit ; *e. Hélène*, baptisée à Seclin le 21 février 1621; *f. Marie-Anne*, baptisée à Seclin le 29 juin 1623. — Martin DE FAUCOMPRET, baptisé à Seclin le 1er mars 1613, épousa à Saint-Maurice, le 14 juin 1633, Michelle *Chrestien*, dont il eut : *a. Françoise*, baptisée à Saint-Maurice le 5 avril 1634 ; *b. Jean*, qui suit ; *c. Martin*, baptisé à Saint-Maurice le 18 janvier 1637 ; *d. Marie*, baptisée à Saint-Maurice le 30 avril 1639. — Jean DE FAUCOMPRET, baptisé à Saint-Étienne le 6 septembre 1635, épousa : 1° à Saint-Pierre, le 3 juin 1656, Antoinette *Desruelles*; 2° Antoinette *Crespel*; il eut : du premier lit : 1. *Henri-François*, baptisé à Saint-Pierre le 6 mars 1657 ; 2. *Marie-Agnès*, baptisée à Saint-Pierre le 31 octobre 1659 ; 3. *Jeanne*, baptisée à Saint-Pierre le 7 mai 1661, morte paroisse de La Madeleine le 28 février 1720, alliée à Saint-Pierre, le 1er décembre 1685, à Charles-Vincent *Briez* ; 4. *Michel*, baptisé à Saint-Pierre le 16 janvier 1668 ; du second lit : 5. *Jean-François*, baptisé à Saint-Maurice le 1er juin 1683 ; 6. *Marie-Françoise*, baptisée à Saint-Maurice le 28 novembre 1685, mariée à Saint-Sauveur, le 19 février 1708, avec Mathieu *Balliez* ; 7. *Michel-Antoine*, baptisé à Saint-Maurice le 11 novembre 1687 ; 8. *Pierre-François*, baptisé à Saint-Maurice le 2 janvier 1690.

bourgeois de Lille par achat du 3 avril 1637, veuf d'Anne *Carré*, mort avant 1670 ; dont postérité.

2. — *Antoine*, baptisé à Seclin le 2 avril 1616.
3. — *Antoine*, qui suit II, (famille de Faucompret).
4. — *André*, qui suivra (famille de Faucompré).
5. — *Pierre*, qui suivra (famille Faucompré).
6. — *Marie*, alliée : 1° à Mathias *Lhermine*, fils de Nicolas et de Marie *Gave*, bourgeois de Lille par relief du 27 février 1654 ; 2° à Sainte-Catherine, le 31 mai 1665, à Nicolas *Le Cerf*, fils de Nicolas et de Marie *Lesaffre*, bourgeois de Lille par relief sur requête le 27 août 1667 [1].
7. — *Charles*, baptisé à Saint-Maurice le 13 juin 1632.

II. — *Antoine* DE FAUCOMPRET [2], baptisé à Seclin le 15 novembre 1618, marchand et maître tailleur d'habits à Lille, mort paroisse Sainte-Catherine le 29 avril 1688, épousa Claire *Lebrun*, fille de Martin et de Catherine *Bourgeois*, baptisée à Sainte-Catherine le 17 mai 1618, y décédée le 14 décembre 1693 ; d'où :

1. — *Martin*, qui suit, III.
2. — *Mathias*, baptisé à Sainte-Catherine le 19 octobre 1642.
3. — *Hubert*, baptisé à Sainte-Catherine le 24 février 1644, mort paroisse Saint-Maurice le 29 janvier 1677.
4. — *Antoine*, baptisé à Sainte-Catherine le 10 septembre 1646, allié à Françoise *Roussel*, fille de Jacques et de Bonne *du Cornet*, baptisée à Saint-Maurice le 19 février 1647 ; d'où :

    a. — *Marie-Catherine*, baptisée à Saint-Étienne le 12 avril 1674, y décédée le 25 mars 1696.
    b. — *Anne-Françoise*, baptisée à Saint-Maurice le 13 juin 1676.

5. — *Léopold*, qui suivra (famille de Faucompré, puis Faucompré).
6. — *Maxellende*, baptisée à Sainte-Catherine le 17 novembre 1653, décédée paroisse Saint-André le 7 août 1727, alliée à Sainte-Catherine, le 27 avril 1677, à Jean *Beudescher*.
7. — *Marie-Catherine*, baptisée à Sainte-Catherine le 13 juillet 1656.
8. — *Jacques*, baptisé à Sainte-Catherine le 11 septembre 1659, marié avec Marie-Catherine *Bricquez*, fille de Louis et de Catherine

---

1. La parenté d'André, Antoine et Pierre est établie par deux actes du notaire Jean-Baptiste Dubus, à Lille, en 1670 (Archives départementales du Nord, tabellion, 1670, n°° 50 et 56). Voir pièces justificatives.

2. Armes de cette branche : *d'azur à trois bandes d'or chargées de sept roses de gueules boutonnées d'argent, 2, 3 et 2*.

Delabarge, baptisée à Saint-Étienne le 13 novembre 1659 ; d'où :

 a. — *Jacques-Antoine*, baptisé à Saint-Étienne le 10 octobre 1682.

 b. — *Marie-Hélène*, baptisée à Saint-Étienne le 21 août 1684.

 c. — *Marie-Françoise*, baptisée à Saint-Étienne le 9 mai 1692.

 d. — *Charles-François*, baptisé à Saint-Étienne le 18 mai 1693, y décédé le 14 mars 1696.

 e. — *Marie-Marguerite*, baptisée à Saint-Étienne le 21 octobre 1694.

III. — *Martin* DE FAUCOMPRET, notaire à Lille, mort paroisse Saint-Maurice le 17 juillet 1708, épousa : 1° à Saint-Maurice, le 21 février 1678, Marie-Jeanne *Romon*, fille de Pierre et de Jeanne *Glorian*, baptisée dans cette église le 6 mars 1650, y décédée le 10 mai 1685 ; 2° à Saint-Maurice, le 9 janvier 1687, Geneviève *Baillet*, fille d'Ignace-Henri et d'Anne *Wimel*, baptisée dans cette église le 29 mai 1665, morte après 1714 ; dont :

 1. — Du premier lit : *Martin-Hubert*, baptisé à Saint-Maurice le 2 novembre 1679, y décédé le 16 juin 1707.

 2. — *Marie-Jeanne*, baptisée à Saint-Maurice le 24 avril 1681, y décédée le 15 janvier 1750.

 3. — *Antoinette*, baptisée à Saint-Maurice le 21 mars 1683.

 4. — *Philippe-Albert*, baptisé à Saint-Maurice le 19 mai 1685.

 5. — Du second lit : *Marie-Aldegonde*, baptisée à Saint-Maurice le 28 septembre 1687 [1].

 6. — *Jean-Baptiste*, qui suit, IV.

 7. — *Jean-François*, baptisé à Saint-Maurice le 7 juin 1693, y décédé célibataire le 14 janvier 1741.

 8. — *Marie-Gertrude-Alexandrine*, baptisée à Saint-Maurice le 26 février 1698.

 9. — *Geneviève*, baptisée à Saint-Maurice le 3 octobre 1700, y décédée le 6 avril 1753, mariée dans cette église, le 15 juillet 1731, avec Martin-François-Joseph *de Rocourt*, fils de Martin et de Marie-Catherine *Hermand*, né à Lens, prévôt dudit lieu, sr du Planty à Leers, bourgeois de Lille par achat du 3 janvier 1738, échevin de cette ville, veuf de Marie-Joseph *Sarazin*, mort paroisse Saint-Maurice le 4 juillet 1771, à quatre-vingts ans ; sans postérité [2].

---

[1]. Un de ces enfants mourut paroisse Saint-Maurice le 15 décembre 1696.

[2]. Il testa à Lille le 4 décembre 1767 (Archives départementales du Nord, testaments olographes, deuxième liasse, n° 101).

10. — *Joseph-Dominique*, baptisé à Saint-Maurice le 4 août 1703, vicaire de Sainte-Catherine, puis curé de Sainghin-en-Mélantois.

11. — *Marie-Angélique*, baptisée à Saint-Maurice le 14 juillet 1706, y décédée le 13 mai 1769.

IV. — *Jean-Baptiste* DE FAUCOMPRET, sr des Vieux Bancqs à Prémesques, baptisé à Saint-Maurice le 10 septembre 1690, notaire à Lille de 1717 à 1757, acheta vers 1720 les terres du Jardinet et de Thulus à Wavrin, devint conseiller du vrai mont-de-piété et mourut paroisse Sainte-Catherine le 30 janvier 1774. Il épousa dans cette église, le 26 juin 1729, Marie-Catherine-Ernestine *Pottier*, fille de Jacques et d'Anne-Thérèse *de la Barge*, baptisée à Sainte-Catherine le 11 décembre 1698; d'où :

1. — *Jacques-Ignace-Marie-Désiré*, baptisé à Sainte-Catherine le 10 octobre 1734, y décédé le 2 mars 1743.

2. — *Jean-Baptiste-Ernest-Joseph*, qui suit, V.

3. — *Charles-Albert-Joseph*, sr du Planty, baptisé à Sainte-Catherine le 21 janvier 1739, avocat au Parlement de Paris, anobli par l'achat d'une charge de conseiller secrétaire du Roi en la chancellerie près le Parlement de Flandre, vivant à Pierrefitte en 1790, mort sans enfants de Françoise *Collard de la Cour* [1].

V. — *Jean-Baptiste-Ernest-Joseph* DE FAUCOMPRET, sr de Thulus, baptisé à Sainte-Catherine le 2 septembre 1737, bourgeois de Lille par achat du 7 décembre 1759, avocat en Parlement, échevin de Lille, pourvu d'une curatelle en 1777, conseiller secrétaire du Roi, mort à Lille le 18 mai 1806, épousa [2] à Sainte-Catherine, le 4 février 1766, Félicité *Macquart* [3], fille de Philippe-Louis-Joseph, écuyer, sr de Terline, contrôleur des guerres, et de Marie-Catherine-Joseph *Bonnier*, baptisée dans cette église le 16 novembre 1749, morte à Lille le 5 octobre 1826; d'où :

1. — *Auguste-Jean-Baptiste*, qui suit [4], VI.

2. —. *Félicité-Ernestine*, baptisée à Sainte-Catherine le 9 janvier 1772, alliée dans cette église, le 7 janvier 1790, à Édouard-André-Isidore-Joseph *Bonnier*, sr de Layens, fils de Louis-François-Joseph,

---

1. D'après une généalogie appartenant à notre collègue M. S. Mourcou.
2. Le contrat fut passé à Lille, devant Me Legrand, le 1er février 1766.
3. MACQUART : *d'or à une palme de sinople posée en pal.*
4. Les notes concernant sa descendance nous ont été obligeamment fournies par M. Pierre de Faucompret.

s^r dudit lieu, trésorier de France, et de Marie-Claire-Victoire-Joseph *Bonnier*, baptisé à Saint-Maurice le 4 avril 1761, négociant, conseiller municipal, puis adjoint au maire de Lille, où il décéda le 13 décembre 1839 ; dont postérité.

3. — *Justine-Caroline*, baptisée à Sainte-Catherine le 19 septembre 1773, alliée à Benjamin-Modeste-Joseph *Bonnier*, s^r d'Ennequin, frère du précédent, baptisé à Saint-Maurice le 15 juin 1766 ; dont postérité.

VI. — *Auguste Jean-Baptiste* DE FAUCOMPRET [1], baptisé à Sainte-Catherine le 7 juillet 1767, célèbre traducteur des œuvres de Walter Scott, mort à Fontainebleau le 11 mars 1843, épousa Céleste *Béville*, fille d'un notaire de Saint-Denis ; il eut :

1. — *Charles-Auguste*, qui suit, VII.
2. — *Félicité-Céleste-Ernestine*, née en 1804, morte le 24 avril 1868, mariée avec Éloi-Simon *Guérin*, professeur au collège Rollin, vivant en 1879 ; dont postérité.

VII. — *Charles-Auguste* DE FAUCOMPRET, né à Saint-Denis le 19 décembre 1797, directeur du collège Rollin, officier de la Légion d'honneur, mort à Paris le 4 décembre 1865, épousa à Lille, le 22 septembre 1822, Marie-Félicité-Ernestine *Bonnier de Layens*, fille d'Édouard-André-Isidore-Joseph et de Félicité-Ernestine *de Faucompret*, née à Lille le 27 pluviôse an VIII ; d'où :

1. — *Ernest*, mort jeune.
2. — *Flavie*, morte jeune.
3. — *Paul-Marie*, qui suit, VIII.
4. — *Marie*, née en janvier 1830, en religion mère Saint-Charles de la congrégation des dames de Sainte-Clotilde.
5. — *Zoé*, morte en bas âge.
6. — *Charles-Marie-Félix*, né le 30 décembre 1832, mort le 11 juillet 1869, ayant eu de Cécile *Boistel* :

    a. — *Marie-Lucien*, né en 1863, mort à Alger le 3 décembre 1890.
    b. — *René*, mort jeune.
    c. — *Marie-André*, né en 1867, mort à Alger le 26 octobre 1890.

VIII. — *Paul-Marie* DE FAUCOMPRET, né à Paris le 27 juillet 1828, chef de bureau au ministère des finances, chevalier de la Légion

---

[1]. On trouve son portrait à la bibliothèque de Lille, manuscrit 470.

d'honneur, décédé le 1er février 1906, épousa, le 16 février 1854, Luce-Adèle-Félicité *Prévost*; d'où :

1. — *Marie*, née le 31 mai 1856, alliée en 1880 à Georges *Bellet*, avocat à la Cour d'appel de Paris; dont postérité.
2. — *Marie-Marguerite*, née en 1857, morte en 1874.
3. — *Marie-Marthe*, née le 2 juillet 1859, mariée le 1er septembre 1885 avec Charles *Tisné*, médecin; dont postérité.
4. — *Marie-Geneviève*, née le 11 janvier 1863, alliée, le 25 avril 1889, à Georges *Famechon*; dont postérité.
5. — *Charles-Auguste*, né le 20 août 1867 à Marly-le-Roi, allié, le 8 mai 1894, à Élisabeth *Legay*, dont il a :
    a. — *Hélène*, née en février 1895.
6. — *Pierre-Marie*, qui suit, IX.

IX. — *Pierre-Marie* DE FAUCOMPRET, né à Paris le 13 décembre 1873, épousa, le 21 avril 1903, Geneviève *Breton*; d'où :

1. — *Philippe-Marie-Henri*, né le 27 avril 1904.
2. — *Michel-Marie-Lucien*, né le 28 mars 1905.

III bis. — *Léopold* DE FAUCOMPRÉ (*sic*), baptisé à Sainte-Catherine le 28 mai 1651, tailleur, bourgeois de Lille par achat du 6 avril 1674, épousa à Sainte-Catherine, le 16 juillet 1671, Marie-Catherine *Souplée*, fille de Nicolas et de Jeanne *Tinctenier*, baptisée à Saint-Maurice le 29 juillet 1652, morte veuve après 1710; d'où :

1. — *Jeanne-Thérèse*, baptisée à Sainte-Catherine le 18 mai 1672, morte jeune.
2. — *Maxellende*, baptisée à Sainte-Catherine le 12 juillet 1673, mariée : 1° dans cette église, le 1er juillet 1697, avec Bon *Delrue*; 2° dans la même église, le 18 mai 1724, avec Thomas *Mas*, fils de Remy et de Marie-Madeleine *Desfontaines*, sayeteur, veuf de Marie-Madeleine *Denis*, bourgeois de Lille par achat du 7 février 1727.
3. — *Robert-Joseph*, baptisé à Sainte-Catherine le 17 novembre 1675.
4. — *Élisabeth*, baptisée à Sainte-Catherine le 15 janvier 1678, alliée dans cette église, le 21 avril 1700, à Albert-Eubert *Hubert*, fils de Pierre et de Marie-Catherine *Bouché*, baptisé à Saint-Étienne le 1er février 1679.
5. — *Léopold*, baptisé à Sainte-Catherine le 1er mars 1680,

tailleur, bourgeois par relief du 30 avril 1710, marié à Saint-Sauveur, le 30 avril 1709, avec Anne-Marie *Ployart*.

6. — *Jacques-Dominique*, qui suit, IV.

7. — *Marie-Jeanne*, baptisée à Sainte-Catherine le 16 janvier 1684.

8. — *Pierre-Honoré*, baptisé à Sainte-Catherine le 16 avril 1686.

9. — *Gilles*, baptisé à Sainte-Catherine le 13 juillet 1688, maître fripier, bourgeois de Lille par relief du 4 septembre 1711, mort veuf, même paroisse, le 13 décembre 1765, allié dans cette église, le 24 juin 1711, à Marie-Catherine *Mélantois*, fille de Jacques et de Jacqueline *Thiberghien*, baptisée à Sainte-Catherine le 27 août 1684 ; d'où :

    a. — *Maxellende*, baptisée à Sainte-Catherine le 22 février 1712.

    b. — *Marie-Michelle*, baptisée à Sainte-Catherine le 8 juin 1714.

    c. — *Pierre-François*, baptisé à Sainte-Catherine le 23 octobre 1715.

    d. — *Jean-François*, baptisé à Sainte-Catherine le 16 juillet 1717.

    e. — *Catherine*, baptisée à Sainte-Catherine le 22 mars 1719.

    f. — *Jean-Charles-Joseph*, baptisé à Sainte-Catherine le 12 septembre 1720.

    g. — *Léopold-Joseph*, baptisé à Sainte-Catherine le 17 août 1722.

    h. — *Bon-Joseph*, baptisé à Sainte-Catherine le 14 avril 1726.

10. — *Marie-Catherine*, baptisée à Sainte-Catherine le 12 novembre 1691.

11. — *Pierre-Joseph*, baptisé à Sainte-Catherine le 2 novembre 1693.

IV. — *Jacques-Dominique* Faucompré (*sic*), baptisé à Sainte-Catherine le 16 mars 1682, fripier et tailleur, bourgeois de Lille par relief du 8 novembre 1709, épousa à Saint-Étienne, le 8 janvier 1709, Marie-Thérèse *Dumoulin*, fille d'Antoine-Ignace et d'Angélique *Ghérez*, baptisée à Saint-Étienne le 8 avril 1686 ; d'où :

1. — *Jacques-Joseph*, qui suit, V.

2. — *Béatrice-Anselme*, baptisée à Saint-Étienne le 26 novembre 1711.

3. — *Claire-Joseph*, baptisée à Saint-Étienne le 28 mai 1713.

4. — *Anne-Thérèse*, baptisée à Saint-Étienne le 29 juin 1715.

V. — *Jacques-Joseph* Faucompré, baptisé à Saint-Étienne le 24 janvier 1710, fripier, bourgeois de Lille par relief du 23 février 1732, mort paroisse Saint-Étienne le 26 février 1739, épousa à Saint-Maurice, le 22 octobre 1731, Anne-Marie *Ghesquière*, fille d'André et de Marie *Mennoir*, remariée avec Charles-Joseph *Ruelle*, puis avec Pierre-François *Tainte*, décédée paroisse Saint-Maurice le 9 août 1781 ; d'où :

1. — *Marie-Angélique-Joseph*, baptisée à Saint-Étienne le 11 avril 1733, y décédée le 14 octobre 1736.
2. — *Jacques-Joseph*, qui suit, VI.
3. — *Barthélemi-Joseph*, baptisé à Saint-Étienne le 28 décembre 1736, y décédé le 13 janvier 1738.
4. — *François-Vincent-Joseph*, qui suivra, VI bis.

VI. — *Jacques-Joseph* Faucompré, baptisé à Saint-Étienne le 25 mars 1735, marchand fripier, tailleur, puis maître d'école, mort à l'Hospice général le 8 germinal an X, épousa à Saint-Étienne, le 31 mai 1757, Anne-Catherine-Joseph *Ruelle*, fille de Jacques-Joseph, fripier, et de Marie-Catherine *Masclès*, baptisée à Saint-Maurice le 24 novembre 1739 ; d'où :

1. — *Anne-Catherine-Joseph*, baptisée à Saint-Maurice le 7 janvier 1759, décédée paroisse Saint-Sauveur le 17 novembre 1791, mariée à Saint-Maurice, le 11 janvier 1779, avec Henri-Joseph *Empis*, fils d'Henri-Joseph et de Marie-Joseph *Flament*, baptisé à Saint-Sauveur le 11 mars 1750, veuf de Marie-Barbe-Joseph *Hulo*, fabricant.
2. — *Henriette-Joseph-Sophie*, baptisée à Saint-Maurice le 14 janvier 1761, y décédée le 28 février suivant.
3. — *Henriette-Amélie-Joseph*, baptisée à Saint-Maurice le 13 avril 1762, morte le 16 janvier 1820, mariée : 1° à Saint-Maurice, le 13 août 1782, avec Jean-Baptiste-Alexandre *Lemaire*, fils d'Alexandre-Joseph et de Marie-Barbe *Bentin*, né en 1751, maître tapissier, veuf de Robertine-Joseph *Boulenger*, mort à Lille le 17 frimaire an X ; 2° à Lille, le 24 brumaire an XIII, avec Louis-Édouard-Joseph *Cousin*, fils de Charles-Henri-Joseph et de Marie-Claire-Joseph *Boulanger*, né en cette ville le 25 février 1763, tapissier.
4. — *Jean-Baptiste-Louis-Joseph*, baptisé à Saint-Maurice le 23 avril 1764, huissier à la gouvernance, puis conducteur des voitures nationales, mort le 1er avril 1793, allié à Saint-Maurice, le 3 mai 1790, à Reine-Jeanne-Joseph *Waline*, fille de Pierre-Joseph et de Rose

Lescafette, baptisée à La Madeleine le 6 janvier 1771, remariée avec son beau-frère ; il eut :

    a. — *Reine-Louise-Joseph*, baptisée à Saint-Maurice le 27 mai 1791, morte le 30 avril 1793.

    b. — *Jean-Baptiste-Louis-Joseph*, né le 7 février 1793, mort le 13 mars suivant.

  5. — *Jacques-Joseph*, baptisé à Saint-Maurice le 8 mars 1766, tailleur, marié à Saint-Pierre, le 30 juin 1789, avec Angélique-Joseph *Bailly*, fille de Joseph, tailleur, et de Marie-Claire-Joseph *Dumoulin*, baptisée dans cette église le 21 juin 1766.

  6. — *Françoise-Amélie-Constance*, baptisée à Saint-Maurice le 11 juillet 1768, y décédée le 28 juillet suivant.

  7. — *Françoise-Amélie-Joseph*, baptisée à Saint-Maurice le 25 juillet 1769, y décédée le 24 août suivant.

  8. — *Adélaïde-Joseph*, baptisée à Saint-Maurice le 21 août 1770, y décédée le 15 septembre suivant.

  9. — *Adélaïde-Françoise-Joseph*, baptisée à Saint-Maurice le 27 juin 1772, y décédée le 16 septembre 1776.

  10. — *Henri-Joseph*, qui suit, VII.

  11. — *Adélaïde-Françoise-Joseph*, baptisée à Saint-Maurice le 2 mai 1777, y décédée le 4 avril 1778.

  12. — *Amélie-Joseph*, baptisée à Saint-Maurice le 9 janvier 1781, y décédée le 11 suivant.

VII. — *Henri-Joseph* Faucompré, baptisé à Saint-Maurice le 17 octobre 1774, garde de police, mort à Lille le 3 décembre 1840, épousa : 1° le 25 prairial an VI, Reine-Jeanne-Joseph *Waline*, sa belle-sœur, décédée le 29 juillet 1823 ; 2° à Lille, le 9 janvier 1828, Aimée-Fanny-Joseph *Bigo*, fille de Louis-François-Joseph et de Thérèse-Ernestine-Joseph *Samyn*, née à Lille le 16 germinal an XIII, y décédée le 12 mai 1879 ; d'où :

  1. — Du premier lit : *Augustin-Joseph*, né le 10 vendémiaire an VIII.

  2. — *Louis-Henri*, né le 12 thermidor an IX, mort le 20.

  3. — *Eugénie-Reine-Joseph*, née le 20 prairial an XI, morte le 7 décembre 1825.

  4. — *Clémentine-Adèle-Henriette*, née le 8 thermidor an XII, morte le 13 février 1808.

  5. — *Marie-Joseph-Henriette*, née le 1ᵉʳ brumaire an XIV, morte le 7 mai 1823.

  6. — *Frédéric-Victor*, né le 17 février 1808.

7. — Du second lit : *Alfred-Charles*, né le 11 juin 1828, mort le 27 du même mois.

8. — *Félix-Eugène*, né à Lille le 17 décembre 1829, journalier, mort dans cette ville, célibataire, le 2 avril 1907.

9. — *Célina-Louise*, née à Lille le 25 mars 1832, dévideuse, mariée, le 6 novembre 1865, avec Alphonse-Désiré *Houtre*, fils de Louis-Xavier-Désiré et d'Angélique-Élise-Joseph *Roussel*, né à Lille le 7 décembre 1841, mécanicien ; dont postérité.

10. — *Émile-Joseph*, qui suit, VII.

11. — *Julie-Louise*, née à Lille le 26 juillet 1836, y décédée le 12 mars 1904, alliée, le 22 avril 1872, à Louis-Fidèle *Watteau*, fils d'Alphonse-Louis, filtier, et de Sophie-Henriette-Joseph *Ouvrie*, né à Lille le 15 juin 1839, garçon de magasin ; dont postérité.

12. — *Désiré-Alexandre*, né à Lille le 5 mai 1841, mort le 14 septembre suivant.

VII. — *Émile-Joseph* Faucompré, né à Lille le 11 février 1834, papetier, y décédé le 2 août 1906, épousa : 1° à Lille, le 13 octobre 1862, Isabelle-Adélaïde *Pannemacker*, fille de Carlos-Joseph-Henri et de Virginie-Sophie-Joséphine *Jonglez*, née à Lille le 20 août 1835, y décédée le 14 mars 1880 ; 2° à Lille, le 9 février 1891, Eugénie-Amanda-Louise *Lollivier*, fille d'Yves et de Marie-Louise *Ropars*, née à Perros-Guirec (Côtes-du-Nord) le 7 février 1860 ; d'où :

1. — Du premier lit : *Célina-Julia*, née à Lille le 3 février 1855, morte le 5 août 1855.

2. — *Henri-Émile*, qui suit, VIII.

3. — *Célina-Charlotte*, née à Lille le 16 septembre 1861.

4. — *Émile-Désiré*, né à Lille le 25 septembre 1863, mort le 8 mai 1865.

5. — *Julie-Alphonsine*, née à Lille le 13 février 1865, morte le 19 du même mois.

6. — *Henriette*, née à Lille le 13 mars 1866.

7. — Du second lit : *Émile-Louis*, né à Lille le 27 février 1885.

8. — *Gabriel-Joseph*, né à Lille le 25 novembre 1886, mort le 31 mai 1891.

9. — *Eugénie-Amanda-Louise*, née à Lille le 4 mai 1889.

10. — *Rachel-Antoinette*, née à Lille le 16 février 1891, morte le 8 juin suivant.

11. — *Romain-Théodore-Ernest*, né à Lille le 8 mars 1892, mort le 15 février 1895.

12. — *Maurice-Lucien*, né à Lille le 18 mars 1893, mort le 28 du même mois.

13. — *Isabelle-Léonie*, née à Lille le 29 mai 1894.
14. — *Ignace-Albert*, né à Lille le 4 décembre 1895.

VIII. — **Henri-Émile** Faucompré, né à Lille le 16 mars 1858, relieur et papetier, épousa à Lille, le 8 novembre 1884, Octavie-Joseph *Dobbelaere*, fille de François-Jacques-Joseph et de Julie *Depraeter*, née à Armentières le 19 octobre 1858 ; d'où :

1. — *Émile-Charles*, qui suit, IX.
2. — *Flore-Désirée*, née à Lille le 1er décembre 1881, morte le 1er février 1901.
3. — *Louise-Charlotte*, née à Lille le 18 avril 1885.
4. — *Arthur-Octave*, né à Lille le 13 octobre 1886, mort le 2 mai 1888.
5. — *Arthur-Amand*, né à Lille le 4 janvier 1891.
6. — *Octave-Henri*, né à Lille le 23 août 1894.

IX. — **Émile-Charles** Faucompré, né à Lille le 26 juin 1879, relieur, épousa dans cette ville, le 30 avril 1904, Léontine-Joséphine *Bernard*, fille d'Augustin-Louis, emballeur, et de Roseline-Léontine *Dorges*, née à Lille le 2 mars 1878 ; dont :

1. — *Eugène-Charles*, né à Lille le 29 septembre 1904.

VI bis. — **François-Vincent-Joseph** Faucompré [1], baptisé à Saint-Étienne le 15 décembre 1738, marchand tailleur, mort à Lille le 13 août 1830, épousa en cette ville, à Saint-Étienne, le 28 septembre 1762, Henriette-Joseph *Vinchent*, fille de Jean-Jacques, procureur, et de Marie-Madeleine *Guislain*, née à Orchies en 1738, décédée paroisse Saint-Étienne le 15 juin 1790 ; d'où :

1. — *Marie-Henriette-Joseph*, baptisée à Saint-Étienne le 6 septembre 1763, morte à Lille le 11 mai 1821, mariée à Lille, le 10 thermidor an X, avec Pierre-Joseph *Soing*, fils de Louis-Joseph et de Jeanne-Marguerite *Antoine*, né à Berlaymont le 2 janvier 1753, artiste, mort à Lille le 21 janvier 1832 ; sans enfants.
2. — *Louis-François-Joseph*, qui suit, VII.
3. — *Julie-Sophie-Joseph*, baptisée à Saint-Étienne le 25 mars 1767, y décédée le 6 décembre suivant.
4. — *Casimir-François-Joseph*, qui suivra, VII bis.

---

1. Pour la descendance de François-Vincent-Joseph Faucompré, nous avons utilisé en partie les notes de M. Gennevoise, ancien notaire ; nous le remercions vivement de son extrême obligeance.

5. — *Sophie-Aimée-Joseph*, baptisée à Saint-Étienne le 25 mai 1771, morte à Lille le 6 février 1855, alliée : 1º à Lille, le 15 messidor an VI, à Amé-Désiré-Joseph *Delemer*, fils de Pierre-Joseph, fabricant, et de Marie-Joseph *Tambry*, baptisé à Saint-Étienne le 28 janvier 1772, marchand de draps, mort à Wazemmes le 26 janvier 1811 ; 2º à Lille, le 5 février 1812, à Amand-Joseph *Defontaine*, fils de Louis-François et de Marie-Agnès *Bastin*, né à Hélesmes, près Valenciennes, le 25 septembre 1752, agent des postes, veuf de Marie-Joseph *Payelle*, mort le 12 juin 1834 ; dont postérité.

6. — *Augustin-Joseph*, baptisé à Saint-Étienne le 9 octobre 1773, mort à Lille le 19 avril 1808, marié dans cette ville, le 28 germinal an V, avec Hyacinthe-Victoire-Joseph *Vandervynck*, fille de Louis-Albert-Joseph, entrepreneur d'habillements de troupes, et de Marie-Claire-Joseph *Buisset*, née à Lille, le 13 octobre 1778, paroisse Saint-Sauveur, y décédée le 22 août 1809 ; d'où :

    a. — *Émelgarde-Claire-Françoise*, née à Lille le 19 germinal an XII, décédée le 12 frimaire an XIV.

    b. — *Henriette-Albertine-Émelgarde*, née à Lille le 20 février 1806, y décédée le 31 décembre 1879, alliée à Lille, le 22 novembre 1831, à Henri-Lucien-Joseph *Lotar*, fils de Pierre-Ignace-Joseph et d'Augustine-Marie-Ange-Josèphe *Eeckman*, né à Lille le 28 octobre 1805, pharmacien, mort le 25 novembre 1877 ; dont postérité.

7. — *Marie-Catherine-Ludivine*, baptisée à Saint-Étienne le 30 juin 1776, y décédée le 7 mai 1785.

8. — *Désiré-François*, baptisé à Saint-Étienne le 7 août 1779, mort le 10 août suivant.

VII. — *Louis-François-Joseph* Faucompré, baptisé à Saint-Étienne le 22 février 1765, négociant, mort à Lille le 22 février 1821, épousa à Arras, le 21 mai 1801, Augustine-Joseph *Crespin*, fille d'Alexis et de Cécile-Françoise *Haudouart*, née à Arras le 27 mars 1772, remariée avec Georges-Philippe *Derville*, et décédée à Paris le 19 décembre 1847 ; il eut :

    1. — *Pauline-Cécile*, née à Arras le 29 pluviôse an X.

    2. — *Aimable-Aglaé*, née à Arras le 11 août 1803, morte à Beaumont-sur-Oise le 6 janvier 1831, mariée à Paris, le 28 août 1822, avec Léandre-François-Régis *Hocedé*, fils d'Alexandre-Joseph-Marie et d'Eugénie-Joseph-Marie *Leduc*, né à Arras, paroisse Saint-Nicolas-en-l'Atre, le 27 août 1791, lieutenant-colonel d'état-major, mort à Paris le 7 juin 1855 ; dont postérité.

3. — *Léa*, née à Arras le 12 septembre 1804, morte à Paris le 19 décembre 1875, mariée à Beaumont-sur-Oise, le 21 août 1826, avec Laurent *Boisson*, fils de Charles, ancien avocat en Parlement, et de Marie *Chocquet*, né à Clermont-Ferrand le 21 janvier 1792, capitaine d'artillerie, puis directeur d'usine, mort à Paris le 27 janvier 1859 ; dont postérité.

4. — *Louis-Auguste*, qui suit, VIII.

5. — *François-Amédée*, né à Arras le 19 octobre 1808, inspecteur d'assurances, décédé célibataire à Paris le 26 août 1854.

VIII. — *Louis-Auguste* Faucompré, né à Arras le 17 octobre 1807, commandant d'artillerie, officier de la Légion d'honneur, chevalier de l'Ordre de Léopold, puis agriculteur, mort à Besançon le 27 juin 1875, épousa à Beaumont-sur-Oise, le 26 novembre 1839, Louise-Esther *Corbie*, fille de Jean-Étienne, née à Saint-Leu-d'Esserent (Oise), le 1er septembre 1819, décédée à Besançon le 18 avril 1893 ; d'où :

1. — *Louis-Étienne*, né à Beaumont-sur-Oise le 7 avril 1841, mort à Busy (Doubs), le 29 août 1864.

2. — *Charles-Philippe*, né à Besançon le 22 avril 1843, professeur départemental d'agriculture, mort dans la même ville le 13 juin 1902, marié à Besançon, le 19 juin 1872, avec Marie-Adèle *Roux*, fille de Jean-François-Auguste, avocat, et de Jeanne-Caroline-Emma *Clerc de Randresse*, née à Besançon le 9 mars 1850, y décédée le 6 février 1893 ; d'où :

   a. — *Louise-Jeanne-Marie-Thérèse*, née à Besançon le 3 mai 1873, y décédée le 1er janvier 1882.

   b. — *Louis-Augustin-Henri*, né à Besançon, le 16 juin 1874, lieutenant au 2e régiment étranger, allié à Pugey (Doubs), le 27 novembre 1907, à Marie-Anne-Albane-Henriette *d'Arneville*, fille de Louis-Marie-Hippolyte-Thomas et de Micheline *de Pinondel de Labertoche*, née à Pugey le 5 septembre 1872.

   c. — *Charlotte-Adèle-Marie-Madeleine*, née à Besançon le 21 mars 1876.

   d. — *Gustave-Marie-Louis*, né à Besançon le 10 décembre 1877, lieutenant d'artillerie coloniale, marié à Étoile (Drôme), le 18 octobre 1906, avec Allègre-Léonie *Lattès*, fille de Moïse-Lévy et de Mathilde-Louise *Jardin*, née à Nice le 4 juin 1887.

   e. — *Blanche-Marie-Renée*, née à Besançon le 9 avril 1879, mariée dans cette ville, le 9 décembre 1902, avec Stéphane-Victor

Muet, lieutenant de cavalerie, fils de Jean-Marie et de Marguerite *Guicher*, né à Serezin (Isère), le 2 février 1865.

 f. — *Charles-Henri-Jean*, né à Besançon le 8 janvier 1888.

 3. — *Auguste-Amédée*, né à Besançon le 27 mars 1845, garde général des forêts, allié à Joncy (Saône-et-Loire), le 4 février 1873, à Anne-Éléonore-Mathilde-Augustine *de Rymon*, fille de Jean-Baptiste, docteur en médecine, et de Rose-Philiberte-Estelle *Baudot*, née à Joncy le 8 juin 1850 ; d'où :

  a. — *Philibert-Louis-Gaston*, né à Charolles le 20 décembre 1873, avocat, marié à Cusset (Allier), le 3 septembre 1899, avec Marie-Pauline-Madeleine *Boyer*, fille de Jacques-Ferdinand et d'Anne-Marie *Sugier*, née à Cusset le 1er mars 1879 ; d'où :

   aa. — *Lionel*, né à Cusset le 1er août 1900.

  b. — *Maurice-Louis-Jean-Baptiste*, né à Besançon le 11 novembre 1875, docteur en médecine, allié à Courcelles-Chaussy (Alsace-Lorraine), le 7 février 1907, à Marguerite *Henry*.

  c. — *Marie-Adèle-Camille-Édith*, née à Besançon le 1er janvier 1878, mariée dans cette ville, le 14 novembre 1900, avec Louis-Edmond-Camille *Sabatier*, fils de Germain, percepteur, et de Françoise-Marie *Frassier*, né à Montaiguet (Allier), le 7 juin 1868, médecin.

  d. — *Pauline*, née à Autun le 25 septembre 1883.

 4. — *Albin*, né à Besançon le 15 avril 1850, commandant d'artillerie, chevalier de la Légion d'honneur, mort à Offlanges (Jura) le 20 mars 1904, allié à Besançon, le 13 février 1882, à Jeanne-Gabrielle-Jacques *de Fleurey*, fille de Désiré, officier d'artillerie, et d'Anne-Caroline *Repécaud*, née à Besançon le 17 mars 1860 ; d'où :

  a. — *Louis-Désiré-Léon*, né à Besançon le 15 janvier 1883.

  b. — *Albin-Auguste-Charles*, né à Besançon le 10 avril 1884.

  c. — *Gabriel-Marie-Albert*, né à Busy le 16 juillet 1886.

  d. — *Pierre-Robert*, né à Busy le 22 août 1893, mort à Besançon le 1er novembre 1894.

 5. — *Frédéric*, né à Busy le 18 septembre 1851, y décédé le 22 août 1854.

 6. — *Adèle*, née à Busy le 8 juillet 1853, mariée à Besançon, le 22 février 1876, avec Jean-Baptiste-Alfred *Maire*, fils de Jean-Gaspard et de Marguerite-Françoise *Coque*, né à Besançon le 21 avril 1842, président du tribunal civil de cette ville, puis président de chambre à la cour ; dont postérité.

 VII bis. — *Casimir-François-Joseph* FAUCOMPRÉ, baptisé à Saint-

Étienne le 4 mars 1769, orfèvre [1], mort à Lille le 7 novembre 1851, épousa dans cette ville, le 19 nivôse an VI, Marie-Joseph *Fourmantel*, fille de Louis-Joseph, orfèvre, et de Séraphine-Joseph *Cauliez*, née à Lille le 18 mars 1765, paroisse Saint-Étienne, y décédée le 26 mars 1819 ; d'où :

1. — *Henriette-Françoise-Joseph*, née à Lille le 30 ventôse an VII, y décédée célibataire le 25 décembre 1828.

2. — *Casimir-Louis-Joseph*, né à Lille, le 8 décembre 1800, notaire à Fournes, puis chef des domaines de la Compagnie d'Orléans, mort à Paris le 8 décembre 1862, marié à Lille, le 19 octobre 1828, avec Constance-Marie-Anne *Delespaul*, fille d'Eugène-Amé-Joseph, marchand bonnetier, et de Sophie-Élisabeth *Dupont*, née en cette ville le 12 août 1803, morte à Saint-Denis le 16 décembre 1890 ; d'où :

    a. — *Henri-Constant-François d'Assise*, né à Fournes le 4 octobre 1829, filateur, mort à Lille le 6 octobre 1868, allié à Paris, le 25 août 1856, à Pauline-Louise-Philiberte *Dubuisson-Guillemot*, née à Paris en 1836, remariée avec Paul-Émile *Faucompré* et morte à Yvetot le 11 novembre 1907 ; d'où :

        aa. — *Paul-Henri-Louis*, né à Lille le 17 janvier 1858, mort à Paris le 30 avril 1886.

        bb. — *Victor-Emmanuel-Eugène*, né à Lille le 2 novembre 1859, négociant, allié à Dunkerque, le 17 novembre 1891, à Marguerite-Marie Louise-Léonie *Deman*, fille de Léon, agent de change, et de Marie-Eugénie *Le Baron*, née à Dunkerque le 26 août 1871 ; d'où :

           aaa. — *Robert*.

           bbb. — *Henri*.

           ccc. — *Simone*.

        cc. — *Marie-Victorine*, née à Lille le 1er janvier 1862, décédée le 28 août suivant.

        dd. — *Eugène-Victor-Constant*, né à Lille le 31 mai 1864, fabricant d'engrais, puis directeur d'usine, marié à Lille, le 16 mai 1894, avec Gabrielle-Céline *Devendeville*, fille de Louis-Victor et de Céline-Henriette *Marie*, née à Lille le 15 mars 1871 ; d'où :

           aaa. — *Simone-Marguerite*, née à Lille le 3 décembre 1899.

           bbb. — *Suzanne-Madeleine*, née à Lille le 2 juillet 1902, morte aussitôt.

---

1. C'est à lui que l'on doit la conservation de la relique de la vraie croix, actuellement à Saint-Étienne. Voir : *Souvenirs religieux*, 1892, p. 94.

ee. — *Henriette-Constance-Sophie*, née à Lille, le 11 juin 1865, morte à Dunkerque le 5 novembre 1879.

ff[1]. — *Paul-Émile*, né à Lille le 25 avril 1868, y décédé le 30 juin suivant.

b. — *Eudoxie-Joséphine-Eugénie*, née à Fournes, le 5 janvier 1832, alliée à Paris, le 29 avril 1851, à Ferdinand-Jacques-Charles *Gérard*, chef de gare à Hochfelden (Alsace), mort à Pau en 1892; dont postérité.

c. — *Marie-Sophie-Alexandrine,* née à Fournes le 15 août 1833, décédée à Lille le 28 décembre 1861, mariée à Paris, le 25 août 1857, avec Louis-Gustave *Destamps*, fils d'Henri-Gustave-Joseph, marchand vanneur, et de Rose-Joseph-Flore *Het*, né à Lille le 5 février 1835, filateur, décédé à Lille le 18 octobre 1862; dont postérité.

d. — *Constance-Louis-Mathilde*, née à Fournes le 22 mars 1835, alliée : 1º à Paris, le 18 décembre 1854, à Hubert *Bruchez*, chirurgien dentiste, mort à Paris le 6 août 1879; 2º à Jean *Barbé*, dentiste.

e. — *Eugène-Jules-César*, né à Fournes le 20 février 1837, négociant en produits chimiques, mort à Saint-Denis en 1902, marié à Paris, le 14 mai 1870, avec Victorine *Guillemot*, née à Paris en 1851; d'où :

    aa. — *Eugénie-Flore-Émilie*, née à Saint-Denis le 30 septembre 1872, mariée en cette ville, le 16 mai 1899, avec Antoine *Barret*; dont postérité.

    bb. — *Henri-Constant-Victor*, né à Saint-Denis le 25 juin 1874, allié le 12 août 1901, à Camille *Prisset*, de Cholet.

f. — *Paul-Émile*, né à Fournes le 5 mars 1840, lieutenant de vaisseau, chevalier de la Légion d'honneur, armateur à Dunkerque où il mourut le 11 novembre 1886, marié à Saint-Denis, le 1er juillet 1871, avec Pauline-Louise-Philiberte *Dubuisson-Guillemot*, sa belle-sœur; sans enfants.

g. — *Sophie-Hortense-Eugénie*, née à Fournes le 12 février 1842, mariée à Paris, le 11 avril 1864, avec Émile *Tassel*, né à Bézu-Saint-Éloi le 13 avril 1829, négociant à Paris; dont postérité.

3. — *Alexandre-Napoléon-Joseph*, né à Lille le 26 septembre 1802, filateur à La Bassée, puis négociant en vins à Lille où il

---

[1]. Nous trouvons cité à la date du 2 septembre 1866, à la table décennale, le nom de Constance-Émilie Faucompré ; elle doit être fille de Faucompré-Delespaul ; nous n'avons pas pu trouver cet acte dont la date est sans doute erronée.

mourut le 15 mars 1883, marié en cette ville, le 17 octobre 1824, avec Julie-Désirée-Joseph *Coquelle*, fille de Louis-Albert, orfèvre, et de Marie-Louise *Lepers*, née à Lille le 13 septembre 1801, y décédée le 15 mars 1849 ; d'où :

 a. — *Casimir-Jules-Désiré-Joseph*, né à Lille le 15 octobre 1825, négociant en vins, journaliste et poète estimé [1], mort à Lille le 21 mai 1899, allié à Maubeuge, le 2 mai 1848, à Élise *Julien*, fille de Louis-Joseph et de Norbertine *Lanthier*, née audit lieu le 14 mai 1829, décédée à Saint-André-lez-Lille le 26 février 1883 ; d'où :

  aa. — Une fille, mort-née le 11 février 1849.

  bb. — Un fils, mort-né le 7 novembre 1850.

  cc. — *Jules-Norbert-Alexandre*, né à Maubeuge le 22 mai 1852, commerçant à Paris, marié à Paris, le 3 octobre 1876, avec Marie-Stéphanie *Bourrey*, née à Paris en 1856 ; dont :

   aaa. — *Stéphane-Jules-Casimir-Alexandre*, né à Lille le 26 juin 1877, allié à Malo-les-Bains le 8 mai 1901, à Marie-Julienne *Gossin*, fille de Jules-Auguste, marin, et de Marie-Henriette *Bernard*, née à Gravelines le 16 mars 1870.

  dd. — *Paul-Louis*, né à Lille le 21 avril 1854, mort le 6 septembre 1857

  ee. — *Jean-Jacques*, né à Lille le 17 mars 1857, avoué à la cour de Douai, mort en cette ville le 24 juillet 1884.

  ff. — *Lionel*, né à Paris en 1865, mort à l'âge de sept ans.

  gg. — *Louis-Philippe-Albert*, né à Paris le 25 juillet 1867, employé de commerce, marié à Lambersart, le 21 novembre 1892, avec Marguerite *Lescaut*, fille de Charles et de Charlotte-Natalie *Meurisse*, née à Lambersart le 2 mai 1872 ; d'où :

   aaa. — *Alexandre*, né à Lille le 31 juillet 1893.

   bbb. — *Maurice*, né à Lille le 27 octobre 1894.

   ccc. — *Élise-Marguerite*, né à Lille le 10 mai 1900, morte le 16 du même mois.

 b. — *Emma-Henriette-Louise*, née à La Bassée le 12 février 1827, morte à Lille le 15 mai 1830.

 c. — *Joséphine-Julie*, née à La Bassée le 11 août 1828, y décédée le 29 avril 1830.

---

1. VERLY : *Essai de biographie lilloise contemporaine*, p. 90.

4. — *Alfred-Edmond-Marie*, né à Lille le 8 avril 1805, marchand de nouveautés, mort à Loos le 30 décembre 1850, allié à Lille, le 17 mai 1829, à Élisa-Adélaïde *Destamps*, fille de Marc-François-Joseph et de Reine-Scholastique-Joseph *Méplaux*, née à Lille le 6 décembre 1807, morte à Mouscron le 17 septembre 1884 ; d'où :

    a. — *Palmyre-Scholastique-Françoise*, née à Lille le 19 février 1830, morte le 16 septembre 1833.

    b. — *Élisabeth-Constance-Henriette*, née à Lille le 9 octobre 1831, y décédée le 22 mars 1834.

    c. — *Alfred-Alexandre*, né à Lille le 29 mars 1833, receveur d'enregistrement au Puy-de-Dôme, puis à Taïti, marié, à Taïti, avec Francisca *de Troilid d'Esclepi* (?) ; dont :

        aa. — *Maria*, née à Taïti en 1868.

        bb. — *Georges*, né à Taïti, mort à San Francisco à sept ans.

        cc. — *René*, né à San Francisco en 1870.

        dd. — *Inès*, née à San Francisco en 1876.

    d. — *Ernest-Hyacinthe-Joseph*, né à Lille le 5 janvier 1840, négociant en couleurs, marié à Marcq-en-Barœul, le 7 août 1871, avec Zoé-Joséphine *Houzet*, fille de Louis-François-Joseph, marchand grainetier, et de Marie-Catherine *Lampe*, née à Marcq le 8 janvier 1849 ; d'où :

        aa. — *Alfred-Ernest-Joseph*, né à Roubaix le 10 août 1872, architecte à Marcq, mort à Wambrechies le 12 mai 1906, célibataire.

        bb. — *Maurice-Joseph*, né à Lille le 30 octobre 1897, mort le 2 mars 1899.

        cc. — *Maurice*, né à Lille le 9 novembre 1900, mort le 29 août 1901.

5. — *Joséphine-Esther-Marie*, née à Lille le 24 avril 1806, y décédée le 7 août 1883, alliée dans cette ville, le 20 novembre 1826, à César-Joseph *Coquelle*, fils de Louis-Albert et de Marie-Louise *Lepers*, né à Lille le 10 juin 1799, courtier de commerce, filateur, puis fabricant de chicorée, mort à La Madeleine-lez-Lille le 5 novembre 1863 ; dont postérité.

De FAUCOMPRÉ [1]

II bis. — *André* DE FAUCOMPRÉ, né à Seclin, épousa à Saint-

---

1. ARMES : D'après le certificat de d'Hozier : *d'argent au double chevron de gueules accompagné en chef d'une coquille de sable à dextre et d'une couronne civique de sinople à senestre, et en pointe de deux dauphins de sinople adossés et sur-*

Maurice, le 24 février 1648, Élisabeth *Ducroquet*, fille de Noël et de Louise *Cardon*, baptisée dans cette église le 21 novembre 1619, morte veuve après 1670 ; il eut :

1. — *Philippe*, qui suit, III.
2. — *Bernard*, époux d'Antoinette *Delescluse*, dont il eut :
    a. — *Philippe-François*, né à Lille, bourgeois de cette ville par achat du 6 février 1722, maître bourgeteur, allié à Saint-Maurice, le 11 août 1721, à Marie-Catherine *Delesart*, fille ou sœur de Robert ; dont :
        aa. — *Philippe-André*, décédé paroisse Saint-Sauveur le 15 février 1743.
    b. — *Marie-Claire-Joseph*, baptisée à Saint-Sauveur le 9 juin 1698, y décédée le 19 août 1700.
    c. — *Marie-Claire-Cécile*, baptisée à Saint-Sauveur le 22 novembre 1701.
3. — *Druon*, baptisé à Saint-Maurice le 3 juin 1664, marié à Saint-Sauveur, le 2 août 1695, avec Marie-Catherine *Coché*, fille de François et d'Isabelle *le Rouge*, baptisée à Saint-Maurice le 17 mars 1649 ; d'où :
    a — *Jean-Baptiste*, baptisé à Saint-Sauveur le 13 mars 1698.
    b. — *Marie-Catherine-Joseph*, baptisée à Saint-Sauveur le 31 août 1700, y décédée le 19 mai 1705.

III. — *Philippe* DE FAUCOMPRÉ, né à Lille, filtier, bourgeois de cette ville par achat du 3 octobre 1681, décédé paroisse Sainte-Catherine le 24 décembre 1698 et enterré devant la chapelle Notre-Dame de Paix, épousa à Saint-Étienne, le 22 janvier 1681, Catherine *Romont* ; dont il eut :

1. — *Philippe*, qui suit, IV.
2. — *Marie-Claire*, baptisée à La Madeleine le 20 juillet 1685, morte paroisse Saint-Maurice le 24 juillet 1739.
3. — *Marie-Barbe*, née en 1689, décédée paroisse Saint-Étienne le 31 octobre 1751, mariée à Saint-Maurice, le 24 avril 1719, avec André *Fleurkin*, fils d'Alexandre et de Jeanne *Mes*, baptisé à Saint-Maurice le 9 décembre 1686, bourgeois de Lille par relief du 2 mai 1719, négociant, décédé paroisse Saint-Maurice le 7 novembre 1745 et inhumé dans cette église ; dont postérité.

---

montés d'un croissant de gueules. M. Mourcou possède plusieurs cachets et armoiries où les armes sont un peu différentes ; le fond est d'azur ; le chevron de gueules est simple ; de plus, à senestre, il y a aussi une coquille de sable. Ces cachets sont antérieurs à l'anoblissement.

IV. — *Philippe* DE FAUCOMPRÉ, baptisé à Saint-Étienne le 6 novembre 1681, marchand filtier, bourgeois de Lille par relief du 15 juin 1718, membre du magistrat, décédé paroisse Saint-Maurice le 26 novembre 1752, épousa dans cette église, le 28 septembre 1717, Marie-Marguerite *Ghins*, fille d'Étienne et de Marie-Claire *Vanlier*, décédée paroisse Saint-Maurice le 18 août 1744 ; dont :

1. — *Marie-Claire*, baptisée à Saint-Maurice le 29 août 1718, y décédée le 27 décembre 1727.

2. — *Marie-Marguerite-Joseph*, baptisée à Saint-Maurice le 1er décembre 1720, y décédée le 10 novembre 1792, mariée dans cette église, le 6 juin 1746, avec Pierre-Adrien *Mourcou*, fils de Nicolas-Joseph, sr des Aulnois, et d'Antoinette-Joseph *Le Terre*, baptisé à Saint-Maurice le 12 septembre 1715, banquier, décédé paroisse Saint-Sauveur le 10 mars 1786 ; dont postérité.

3. — *Marie-Catherine-Joseph*, baptisée à Saint-Maurice le 19 décembre 1723, vivant à Armentières en l'an VII, mariée à Saint-Maurice, le 10 avril 1747, avec Gilles-Hubert *Mouton*, fils de Nicolas-François et de Catherine-Thérèse *Testelin*, baptisé à Saint-Étienne le 28 mai 1706, bourgeois par relief du 8 avril 1748 [1].

4. — *Philippe-André-Joseph*, qui suit, V.

5. — *Ignace-Joseph*, baptisé à Saint-Maurice le 8 février 1729, y décédé célibataire le 27 novembre 1749.

6. — *Joseph-François*, qui suivra, V bis.

V. — *Philippe-André-Joseph* DE FAUCOMPRÉ, baptisé à Saint-Maurice le 10 janvier 1726, négociant filtier, bourgeois de Lille par relief du 5 mai 1758, officier porte-coffre à la chancellerie près le Parlement de Flandre, décédé paroisse Sainte-Catherine le 1er décembre 1772 et enterré dans la chapelle de Notre-Dame de Tongres ; épousa à La Madeleine, le 30 mai 1757, Marie-Aimée-Joseph *Spilliart*, fille de Théodore et de Marie-Ange *Delefosse*, baptisée à Saint-Étienne le 22 janvier 1737, morte paroisse de La Madeleine le 30 janvier 1785 et enterrée à Houplines [2] ; d'où :

1. — *Philippe Joseph-Amé*, qui suit, VI.

2. — *Adélaïde-Philippine-Joseph*, baptisée à Saint-Maurice le 4 septembre 1759, morte à Lille le 8 juin 1829, alliée à Sainte-Cathe-

---

1. Il testa à Armentières le 6 juin 1787.
2. Elle testa à Lille le 26 avril 1782 (Archives départementales du Nord, testaments olographes, 5me liasse, n° 36).

rine, le 16 janvier 1781, à Charles-Marie *Lagache*, s^r de Bellevigne, fils de Nicolas-Ignace, s^r de Bourgies, trésorier de France, et de Marie-Agnès *Vantourout*, baptisé à Saint-Maurice le 27 avril 1749, bourgeois de Lille par relief du 13 août 1781, mort à Armentières le 26 messidor an II ; dont postérité.

3. — *Camille-Éléonore-Joseph*, baptisé à Saint-Maurice le 23 août 1760, y décédé le 4 janvier 1764.

4. — *Théodore-Jean-Népomucène-Joseph*, baptisé à Saint-Maurice le 24 mars 1762, mort jeune.

5. — *Désirée-Catherine-Joseph*, baptisée à Saint-Maurice le 27 octobre 1764, morte à Lille le 25 pluviôse an VI, mariée à Sainte-Catherine, le 21 avril 1789, avec Emmanuel-Jacob *Quecq de Burgault*, fils de Jacques-Emmanuel-Joseph et d'Agnès-Julie-Joseph *Le Clercq*, baptisé à Saint-Étienne le 8 février 1756, bourgeois de Lille par relief du 28 janvier 1790, conseiller à la gouvernance, puis juge de paix à Seclin, où il mourut le 27 juillet 1843 ; d'où postérité.

VI. — *Philippe-Joseph-Amé* DE FAUCOMPRÉ, baptisé à Saint-Maurice le 6 septembre 1758, bourgeois de Lille par relief du 6 juin 1783, négociant, officier en la chancellerie près le Parlement de Flandre, écrivain à la sous-préfecture de Lille, mort dans cette ville le 27 novembre 1815, épousa à Saint-Maurice, le 18 février 1783, Marie-Anne-Joseph *Leclercq*, fille de Pierre-François-Hubert, négociant, et de Marie-Anne-Joseph *Falligan*, baptisée à Saint-Étienne le 18 août 1763, morte le 14 février 1841 ; d'où :

1. — *Philippine-Aimée-Vincente*, baptisée à Saint-Sauveur le 31 janvier 1784, morte à Lille le 23 mai 1850, célibataire.

2. — *Philippe-Alexandre-Joseph*, baptisé à Saint-Sauveur le 5 décembre 1785, mort à Lille le 1er mars 1855.

3. — *Joséphine-Pélagie-Augustine*, baptisée à Saint-Sauveur le 8 janvier 1788, morte le 11 janvier 1848.

4. — *Alexis César-Joseph*, baptisé à Saint-Sauveur le 15 novembre 1789, mort paroisse Saint-Maurice le 21 mars 1791.

5. — *César-François-Joseph*, baptisé à Saint-Maurice le 12 mai 1791, mort le 30 pluviôse an XII.

6. — *Louis-Joseph*, né à Lille le 13 brumaire an III, professeur.

7. — *Charles-Joseph*, né à Lille le 5 prairial an IV, prêtre le 7 août 1819, professeur au collège établi près le presbytère de Meslin-l'Évêque, vicaire de Sainte-Waudru à Mons, banni des Pays-Bas en octobre 1822 pour avoir converti au catholicisme un soldat protestant, principal du collège de Tourcoing, curé de Gondecourt, rentré en

Belgique à la Révolution de 1830, curé de La Madeleine à Tournai de 1832 à 1839, puis chanoine de Tournai, mort le 24 avril 1865 [1].

8. — *Édouard-Antoine-Joseph*, né à Lille le 30 vendémiaire an VI, mort le 26 juillet 1824.

9. — *Benjamin-Joseph*, né à Lille le 8 nivôse an VII, instituteur, mort après 1860, allié à Lille, le 6 juin 1832, à Charlotte-Natalie-Flavie *Petit*, fille de Philippe-Albert-Joseph, propriétaire, et de Charlotte-Aubertine *Nispal*, née à Lille le 11 avril 1807, y décédée le 29 novembre 1836 ; dont :

    a. — *Marie-Charlotte-Albertine*, née à Lille le 12 mai 1835, y décédée le 20 novembre 1867, alliée dans cette même ville le 3 mai 1860, à Victor-Henri-Bernard *Descheemacker*, fils de Bernard-Antoine et d'Henriette-Prudence *Guyot*, né à Wazemmes le 20 août 1831, négociant, mort à Lille le 21 février 1876.

10. — *Marie-Anne-Louise-Joseph*, née à Lille le 2 floréal an X, y décédée le 20 novembre 1818.

V bis. — *Joseph-François* DE FAUCOMPRÉ, baptisé à Saint-Maurice le 15 septembre 1731, négociant filtier, puis officier du bailliage et de la capitainerie royale des chasses de la Varenne du Louvre, fixé en 1760 à Godet, près Moulins, où il établit une filature de lin et des fabriques de toile [2], anobli par lettres données à Versailles en mars 1778, créé chevalier de l'ordre de Saint-Michel le 19 février 1786 et mort à Londres en émigration le 5 août 1796. Il épousa à Bordeaux, le 10 mars 1755, Suzanne *Farrouilh*, fille de Louis, armateur, et d'Anne *Lartigaud*, née le 1er mai 1730 [3], morte le 9 janvier 1796 ; d'où :

1. — *Anne-Josèphe-Philippine-Suzanne*, baptisée à Sainte-Catherine à Lille le 19 novembre 1756, morte jeune.

---

1. Chanoine VOS, *Les paroisses et les curés du diocèse actuel de Tournai*. Bruges, in-8, t. I, p. 176.

2. Il avait prêté, en 1778, 54.000 livres au gouvernement pour l'établissement des enfants trouvés du Bourbonnais, somme qu'on devait lui rembourser à 5 °/₀ ; cette affaire n'était pas encore liquidée à la Révolution. Il établit une succursale à Moulins, dans un terrain qu'il acheta des Augustins de cette ville le 28 septembre 1783, moyennant paiement d'une rente foncière non rachetable de 150 livres et sous diverses charges. (Archives départementales de l'Allier. E, n° 911). Sur le fonctionnement de la filature pendant la Révolution, voir mêmes archives, série L. — Ses biens furent confisqués, estimés le 18 prairial an II, et vendus à vil prix le 24 messidor suivant. Les meubles et objets mobiliers de son château de Godet, estimés le 24 germinal an II, furent vendus les 11 prairial an II et 16 vendémiaire an III. (Archives départementales de l'Allier, série Q.).

3. Suzanne-Victoire Farrouilh, sa sœur cadette, épousa à Godet, le 13 octobre 1778 Joseph-Emmanuel-Auguste-François, comte de Lambertye, mestre de camp de cavalerie.

2. — *Anne-Philippine-Suzanne-Joseph*, baptisée à Sainte-Catherine le 17 janvier 1758, religieuse bénédictine à Saint-Pierre d'Yzeure près Moulins, demeurant à Sainte-Croix-du-Mont (Gironde) en 1831.

3. — *Pierre-Joseph-Stanislas*, écuyer, s^r de Godet, baptisé à Sainte-Catherine le 6 juillet 1759, cadet au régiment de Royal Soissonnais le 30 janvier 1781, officier à ce régiment pendant la guerre d'Amérique, capitaine au 4e régiment de chasseurs à cheval le 21 septembre 1793, démissionnaire le 20 février 1795 [1], mort à la Louisiane vers 1812. Il épousa : 1° le 9 octobre 1794, Azémia-Mélanie *Duboys*, fille de Jacques, notaire ; 2° Marie-Rose-Eugénie *Becque*, fille de Jean-Baptiste et de Marie-Françoise *Claris de Colomès*, née à Dunkerque le 26 mars 1780, morte à la Pointe-à-Pitre en 1820 ; d'où :

    a. — Du premier lit : *Mélanie-Azémia-Floréal*, née à Richelieu le 26 avril 1795, décédée le 17 octobre 1819, mariée à Richelieu, le 2 juillet 1816, avec André *Duboys*, fils de Jean, juge de paix, et de Marie *Descouers*, né à Coussay, âgé de vingt-cinq ans, employé aux contributions indirectes ; dont une fille.

    b. — *Chérubin*, né à Tours le 18 février 1799, demeurant à Richelieu en 1831.

    c. — Du second lit : *Joséphine*, née à la Pointe-à-Pitre (Guadeloupe) le 11 mars 1805, alliée à Simon-Henri *de la Borderie* ; dont postérité.

    d. — *Louis-Joséphin*, né à Curaçao le 20 avril 1810, époux de Thérèse *Granger* ; il eut une fille, *Henriette*, mère de *Xavier-Gustave-Édouard*, né à la Pointe-à-Pitre (Guadeloupe) le 9 mars 1851, ingénieur, décoré de la médaille militaire, marié à Paris, le 18 décembre 1895, avec Pauline *Veil-Picard*, fille d'Adolphe et de Jeannette *Fuld*, née à Besançon le 1er janvier 1858, veuve de Roger, comte *de Flaux* (sic) [2].

---

1. Les renseignements sont tirés de ses états de service. D'autre part nous trouvons dans l'ouvrage de M. H. FAURE : *Histoire de Moulins*, t. I, p. 213, la requête de Stanislas Faucompré, « soldat patriote de l'armée du Midi (sic), rentré en France depuis trois mois à la date du 27 septembre 1792, venant de Saint-Domingue où il était établi depuis 1788, enveloppé dans les malheurs de la colonie. »

2. Nous trouvons à Paris, 8e arrondissement, l'acte de mariage, du 8 novembre 1905, entre Armand-Eugène-Guillaume-Étienne-Marie, comte *de Rafelis Saint Sauveur*, fils de Paul-Marie-Raymond, marquis, et de Henriette-Sidonie *de Gontaut Biron*, né à Paris le 11 mai 1879, et Germaine-Jeanne *Aron de Faucompré* (sic), née à Paris le 19 avril 1884, fille de Henri et de Pauline *Viel-Picard*, épouse en secondes noces de Xavier-Gustave-Édouard *de Faucompré*.

4. — *Louis-Joseph*, écuyer, né à Moulins le 25 novembre 1760, industriel à Godet, guillotiné à Lyon le 11 nivôse an II, allié à Saint-Sauveur à Lille le 18 décembre 1787, à Catherine-Amélie-Joseph *Mourcou*, fille de Pierre-Adrien et de Marguerite-Joseph *de Faucompré*, baptisée à Saint-Étienne le 29 avril 1759, décédée le 26 juin 1789; d'où :

    a. — *Joseph-Louis*, écuyer, baptisé à Yzeure le 12 mai 1789, mort célibataire à Palerme en 1851.

5. — *Louis*, né à Moulins le 30 août 1764, mort le 29 décembre 1766.

6. — *Anne-Suzanne-Sophie*, née à Moulins le 20 septembre 1767, mariée en 1798 avec Raymond *Gouges*, et morte veuve à Sainte-Croix-du-Mont le 12 mai 1829.

7. — *Louis-Joseph*, jumeau de la précédente, mort à Yzeure le 8 décembre 1768.

8. — Un fils mort après avoir été ondoyé à Yzeure le 8 décembre 1768.

9. — *Emmanuel-Joseph-François-Auguste*, écuyer, né à Yzeure le 8 mars 1775 [1], jumeau du précédent, officier, chevalier de Saint-Louis, commandant le fort des Têtes à Briançon, allié, le 4 août 1813, à demoiselle N. *de Thiennes* [2].

FAUCOMPRÉ

II ter. — *Pierre* FAUCOMPRÉ, baptisé à Wazemmes le 9 février 1625, marchand, épousa à Saint-Maurice, le 9 avril 1644, Marguerite *Guisselaire* (ou *Dislair* ou *de Villers*), décédée veuve paroisse Saint-Maurice le 12 mai 1698; d'où :

    1. — *Marguerite*, baptisée à Saint-Maurice le 16 novembre 1646, alliée dans cette église, le 20 février 1672, à Antoine *Grué*, fils d'Étienne et de Marie *Furée*, baptisé à Sainte-Catherine le 9 janvier 1648; dont postérité.

    2. — *Jean-Baptiste*, baptisé à Saint-Maurice le 24 juin 1649, y décédé le 2 juillet 1686, marié dans cette église, le 1er décembre 1674,

---

1. Tous les renseignements concernant les de Faucompré dans la région de Moulins nous ont été fournis par notre excellent confrère et ami, M. P. Flament, archiviste départemental de l'Allier.

2. Elle appartenait à la branche autrichienne de cette famille; GOETHALS ne l'indique pas dans la généalogie qu'il a donnée au tome IV de son *Dictionnaire généalogique*. — D'après M. St. Mourcou, elle eut une fille.

avec Catherine *Chastillon* ou *Chastel*, fille de Noël et de Christine *Guerrez*, baptisée à Saint-Maurice le 19 novembre 1653, morte veuve ; dont :

    a. — *Jean-Pierre*, baptisé à Saint-Maurice le 13 juin 1675, mort paroisse Sainte-Catherine le 21 septembre 1740, allié dans cette église, le 21 septembre 1730, à Pélagie *Delebarre*, fille d'Antoine et de Marie-Jeanne *Merlen*, baptisée à Sainte-Catherine le 16 avril 1683, veuve de Gérard *Menez*.

    b. — *Jean-François*, baptisé à Saint-Maurice le 5 mars 1678, marié dans cette église, le 28 août 1714, avec Marie-Marguerite *Debuissy*.

    c. — *Marie-Agnès*, baptisée à Saint-Maurice le 21 janvier 1680, alliée à Saint-Sauveur, le 9 juin 1703, à Rustique *Guestin*; dont postérité.

    d. — *Marie-Rose*, baptisée à Saint-Maurice le 7 février 1682.

    e. — *Jacques-François*, baptisé à Saint-Maurice le 27 février 1684.

    f. — *Catherine-Monique*, baptisée à Saint-Maurice le 18 juin 1685, alliée à Sainte-Catherine, le 2 octobre 1713, à Jean-Baptiste *Lernould*.

    3. — *Marie-Marguerite*, baptisée à Saint-Maurice le 8 août 1655, mariée dans cette église, le 1er août 1682, avec Noël *Herbaut*, fils de Nicolas et de Jossine *Boule*, baptisé à Saint-Maurice le 31 janvier 1662, bourgeteur ; dont postérité.

    4. — *François*, baptisé à Saint-Maurice le 20 janvier 1658.

    5. — *Jean-Lambert*, qui suit, III.

    6. — *Daniel*, qui suivra, III bis.

III. — *Jean-Lambert* Faucompré, né à Lille vers 1660, maître bourgeteur, bourgeois de Lille par achat du 3 novembre 1702, décédé paroisse Sainte-Catherine le 24 octobre 1740, épousa dans cette église, le 1er décembre 1691, Catherine *François*, fille de Pasquier et de Marguerite *Fiévé*, baptisée à Sainte-Catherine le 18 avril 1670, y décédée le 11 avril 1733 ; dont :

    1. — *Marguerite-Aldegonde*, baptisée à Sainte-Catherine le 31 janvier 1693.

    2. — *Marie-Joseph*, baptisée à Saint-Étienne le 26 avril 1694, morte paroisse Saint-Maurice le 23 février 1697.

    3. — *Anne-Claire-Joseph*, baptisée à Saint-Maurice le 30 juin 1695, y décédée le 8 décembre 1775, alliée : 1° à Saint-Maurice, le 4 juillet 1716, à Robert *Boutry*, fils de Martin et de Marie-Madeleine *Bailly*, baptisé à Saint-Maurice le 29 décembre 1687, blanchisseur,

mort même paroisse le 8 février 1742; dont postérité; 2° à Saint-Maurice, le 2 juillet 1742, à Éloi-Louis *Viguié*, âgé alors de quarante-trois ans, journalier, veuf d'Alexandrine-Claire-Bonaventure *Boistel*.

4. — *Marie-Jeanne*, baptisée à Saint-Maurice le 11 février 1697, y décédée le 14 suivant.

5. — *Marie-Paschale*, jumelle de la précédente, morte le 14 février 1697.

6. — *Anne-Rose*, baptisée à Saint-Maurice le 10 juin 1698, y décédée le 14 mai 1709.

7. — *Louis-François*, baptisé à Saint-Maurice le 13 février 1700, bourgeteur, époux de Marie-Catherine *Flamand*; dont il eut :

    a. — *Alexandre-Joseph*, décédé paroisse Saint-Maurice le 9 novembre 1730.

    b. — *Mathieu-Joseph*, baptisé à La Madeleine le 30 septembre 1725, y décédé le 25 mars 1727.

    c. — *Marie-Thérèse*, baptisée à La Madeleine le 16 octobre 1726.

    d. — *Henriette-Joseph*, baptisée à Saint-Maurice le 21 septembre 1729.

    e. — *André-Joseph*, baptisé à Saint-Maurice le 18 novembre 1730.

8. — *Marie-Joseph*, baptisée à Saint-Maurice le 29 juin 1701, décédée paroisse Sainte-Catherine le 12 janvier 1755, mariée à Saint-Étienne, le 17 juillet 1729, avec Nicolas-Joseph *Desreux*, loueur de carrosses, mort paroisse Sainte-Catherine, le 15 février 1750, à cinquante ans; dont postérité.

9. — *Marie-Marguerite-Joseph*, baptisée à Saint-Maurice le 6 janvier 1703, y décédée le 28 novembre 1766, alliée dans cette église, le 20 mai 1730, à Antoine-Joseph *Charlé*, marchand fruitier; dont postérité.

10. — *Pierre-François*, baptisé à Saint-Maurice le 15 septembre 1704.

11. — *Simon-Joseph*, baptisé à Saint-Maurice le 30 août 1706, bourgeteur, époux de Marie-Jeanne-Thérèse *Verdière*; d'où :

    a. — *Jean-Baptiste-Joseph*, baptisé à Saint-Maurice le 10 juillet 1732.

    b. — *Angélique-Célestine* (alias *Catherine*), baptisée à Saint-Sauveur le 26 février 1737, redoubleuse, morte à Lille le 30 brumaire an II; alliée : 1° à Saint-Sauveur, le 20 août 1764, à Louis-Anselme *Dubus*, fils de Philippe et de Marie-Florence *Chavate*, âgé alors de vingt-six ans, filtier, mort paroisse Saint-

Sauveur le 7 août 1773; 2° à Saint-Sauveur, le 5 octobre 1773, à Alexandre-François *Honoré*, fils d'Antoine-Joseph et de Béatrix-Joseph *Odon*, baptisé à Saint-Maurice le 24 décembre 1736, filtier, veuf de Marie-Brigitte *Béghin*.

    c. — *Henriette-Joseph*, décédée paroisse Saint-Sauveur le 8 janvier 1740.

    d. — *Marie-Thérèse*, baptisée à Saint-Sauveur le 4 avril 1740, y décédée le 3 juillet 1741.

III bis. — *Daniel* FAUCOMPRÉ, bourgeteur, mort avant novembre 1729, épousa à Saint-Maurice, le 19 octobre 1686, Marie *Deshumeaux* ; d'où :

    1. — *Pierre-Joseph*, qui suit, IV.

    2. — *Marie-Angélique*, baptisée à Saint-Maurice le 10 novembre 1689, morte veuve paroisse Saint-Sauveur le 24 décembre 1741, mariée à Saint-Maurice, le 14 juin 1711, avec Bonaventure *Bonnier*, fils de Jean-Baptiste et de Marie-Élisabeth *Batteur*, bourgeois de Lille par relief du 29 mars 1712 ; dont postérité.

    3. — *Marie-Michelle*, baptisée à Saint-Maurice le 13 juin 1695.

    4. — *Gilles-François*, décédé paroisse Saint-Maurice le 19 juin 1696, en bas âge.

    5. — *Louis-François*, baptisé à Saint-Sauveur le 5 mars 1698, y décédé le 18 mars suivant.

    6. — *Anselme-François*, baptisé à Saint-Sauveur le 1er août 1699, y décédé le 12 juillet 1738, époux de Marie-Jeanne *Derome* ; dont il eut :

        a. — *Pierre-Joseph*, baptisé à Saint-Sauveur le 19 juin 1737, y décédé le 3 septembre 1738.

IV. — *Pierre-Joseph* FAUCOMPRÉ, baptisé à Saint-Maurice le 26 mars 1688, maître bourgeteur, bourgeois de Lille par achat du 15 novembre 1729, mort paroisse Saint-Maurice le 21 mai 1761, épousa : 1° à Sainte-Catherine, le 29 juin 1722, Marie-Catherine *Dubar*, fille de Grégoire et de Marie-Hélène *Waresquel*, baptisée à Sainte-Catherine le 12 mars 1689, y décédée le 7 mars 1732 ; 2° à Sainte-Catherine, le 27 mai 1732, Marie-Anne-Joseph *Delebecque*, fille d'Allard et d'Anne-Marguerite *Guise*, baptisée dans cette église, le 19 février 1703, décédée paroisse Saint-Maurice le 1er mars 1766 et enterrée dans l'église ; d'où :

    1. — Du second lit : *Anne-Joseph*, baptisée à Sainte-Catherine le 3 mai 1733, vendeuse à la boucherie, morte paroisse Saint-Maurice

le 23 janvier 1778, mariée dans cette église, le 22 août 1775, avec Pontus-Joseph *Desante*, fils de Louis, et de Marie-Joseph *Labbe*, baptisé à Saint-Maurice le 25 décembre 1744, boucher.

2. — *Pierre-François-Joseph*, qui suit, V.

3. — *Marie-Angélique-Joseph*, baptisée à Sainte-Catherine le 5 juin 1737, morte paroisse Saint-Sauveur le 20 novembre 1781.

4. — *Séraphine-Joseph*, baptisée à Sainte-Catherine le 24 avril 1739, décédée paroisse Saint-Sauveur le 22 juillet 1778.

5. — *Caroline-Joseph*, baptisée à Sainte-Catherine le 6 mai 1740.

6. — *Allard-Joseph*, baptisé à Sainte-Catherine le 20 juillet 1741, mort à l'hospice Comtesse le 5 mars 1779.

7. — *Simon-Joseph*, baptisé à Sainte-Catherine le 23 février 1743.

V. — *Pierre-François-Joseph* FAUCOMPRÉ, baptisé à Sainte-Catherine le 10 février 1735, maître bourgeteur et auneur-juré de ce corps, décédé paroisse Saint-Sauveur le 13 mars 1780, épousa à Saint-Maurice, le 4 octobre 1763, Marie-Henriette-Françoise-Joseph *Lallou*, fille de Bonaventure et de Rose-Angélique *Deleporte*, baptisée dans cette église le 5 novembre 1736 sous le nom de Marie-Henriette-Joseph, couturière, morte paroisse Saint-Sauveur le 17 mars 1789 ; d'où :

1. — *Aimable-Joseph*, baptisé à Saint-Maurice le 20 octobre 1764.

2. — *Marie-Anne-Joseph*, baptisée à Saint-Maurice le 5 avril 1766, y décédée le 9 mai 1766.

3. — *Placide-Henri-Joseph*, baptisé à Saint-Maurice le 19 mars 1767, mort paroisse Saint-Sauveur le 22 juillet 1778.

4. — *Alexis-François-Joseph*, baptisé à Saint-Maurice le 15 décembre 1768, y décédé le 6 février 1769.

5. — *Alexis-François-Joseph*, baptisé à Saint-Maurice le 10 mai 1770, tisserand, marié : 1º à Lille, le 11 fructidor an XI, avec Julie-Albertine-Joseph *Dutoit*, fille de Louis-Joseph et et de Marie-Albertine-Joseph *Lagache*, née à Lille le 17 février 1772 ; 2º à Lille, le 3 août 1808, avec Charlotte-Louise *Duhamel*, fille de Toussaint-François-Joseph et de Marie-Anne-Joseph *Huglot*, née à Lille le 21 février 1779.

6. — *Marie-Anne-Rose-Joseph*, baptisée à Saint-Maurice le 12 avril 1772, y décédée le 23 octobre 1791.

7. — *Angélique-Victorine-Joseph*, baptisée à Saint-Sauveur le 6 mars 1774.

8. — *Henriette-Sophie-Joseph*, baptisée à Saint-Sauveur le 29 décembre 1775.

9. — *Élisabeth-Charlotte*, baptisée à Saint-Sauveur le 30 juillet 1777, morte à Lille le 22 mars 1806.

NON RATTACHÉS

Jean DE FAUCOMPRET, né à Libercourt, époux d'Isabelle *Le Cordier*, née à Camphin, acheta la bourgeoisie de Douai le 22 janvier 1481 (n. st.), et était alors père de *Vaast*, religieux franciscain, et de *Hocquet*, âgé de quatorze ans.

François FAUCOMPRÉ, charpentier, épousa à Saint-Pierre, le 20 septembre 1615, Antoinette *Pottier*, dont il eut :

1. — *Marguerite*, baptisée à Sainte-Catherine le 3 août 1616.
2. — *Pétronille*, baptisée à Sainte-Catherine le 20 mars 1618.
3. — *Louis*, baptisé à Sainte-Catherine le 16 janvier 1620.
4. — *Catherine*, baptisée à Sainte-Catherine le 25 novembre 1621.
5. — *Adrienne*, baptisée à Sainte-Catherine le 30 mars 1623.
6. — *Catherine*, baptisée à Sainte-Catherine le 11 juillet 1624.
7. — *Agnès*, baptisée à Sainte-Catherine le 21 septembre 1625.
8. — *Marie-Agnès*, baptisée à Sainte-Catherine le 25 mars 1629.
9. — *Piat*, baptisé à Sainte-Catherine le 9 octobre 1631.
10. — *Albert*, baptisé à Sainte-Catherine le 18 avril 1636.

Nicolas-Joseph FAUCOMPREZ, né en 1700, jardinier, trouvé noyé dans la Chaude-Rivière, à Fives, le 7 novembre 1766, époux de Marie-Catherine *Lecat*, morte paroisse Saint-Sauveur le 8 décembre 1772, à soixante-treize ans ; il eut :

1. — *Jeanne-Henriette-Joseph*, tricoteuse, baptisée à Saint-Sauveur en 1729, alliée dans cette église, le 2 juillet 1759, à Louis-Joseph *Vahez*.
2. — *François-Joseph*, baptisé à Saint-Sauveur en 1730, maître filtier, marié à Sainte-Catherine, le 23 juillet 1757, avec Jeanne-Catherine-Joseph *Delavallée*.
3. — *Thérèse*, née en 1731, morte à Lille le 3ᵉ jour complémentaire an VII.
4. — *Marie-Louise-Joseph*, fruitière, baptisée à Saint-Sauveur le 21 juin 1739, alliée dans cette église, le 14 septembre 1773, à Gangulphe-Joseph *Cottignies*.
5. — *Marie-Catherine-Joseph*, baptisée à Saint-Sauveur le 12 janvier 1742, redoubleuse, alliée : 1° à Saint-Sauveur, le 25 mai 1761, à Patrice-Joseph *Lansel* ; 2° à Saint-Sauveur, le 2 juillet 1762, à

Mathieu-Joseph *Cochez*. Elle mourut en cette paroisse le 21 janvier 1768.

6. — *Angélique-Joseph*, baptisée à Saint-Sauveur le 8 juin 1745, y décédée le 28 octobre 1747.

7. — *Pierre-Philippe-Joseph*, baptisé à Saint-Sauveur le 30 novembre 1749, y décédé le 3 décembre 1749.

Enfin on trouvera à l'état civil trois autres familles FAUCOMPRÉ existant encore à Lille de nos jours ; elles semblent tout à fait différentes de celle qui nous occupe ; leur origine n'est pas non plus lilloise.

1670, 30 décembre. — *Partage des biens de Catherine de Faucompretz, veuve de David Desgardins.*

Comparut personnellement *Catherine de Faucompretz*, vefve de David *Desgardins*, vivant marchand filetier, demeurante en ceste ville de Lille, laquelle pour la bonne amour et affection naturelle qu'elle at et porte à Antoine *Desgardins*, son fils, religieux profès de l'ordre de S¹ Augustin, du couvent de Douay, at donné et donne à icelluy la somme de quatre vingtz seize livres parisis de rente viagère par chascun an, en ce comprise la somme de septante et cincq livres parisis qu'elle luy at réglée et donnée joinctement avecq sondit mary selon leur disposition passée pardevant moy, notaire, le seiziesme de novembre XVI^c soixante et nœuf, payable icelle rente aux termes qu'il plaira ordonner par les exécuteurs testamentaires cy après nommés, à prendre et avoir sur les plus clairs et apparans biens qu'elle délaissera à son trespas et au surplus aux mesmes clauses portées par ladite disposition à l'esgard de la rente viagère. Sy luy at donné et donne deux cens livres parisis pour l'habit de ses prémices, conformément à ladite disposition, et pardessus ce pareille somme de deux cens livres audit couvent de Douay pour le festin de ses prémices, soubz condition expresse de prier et recevoir audit festin les frères et sœurs de ladite comparante tels qu'*Antoine de Faucompretz* et sa femme, *Pierre de Faucompretz* et sa femme, *Nicolas Le Cerf* et *Marie de Faucompretz*, sa femme, et *Élisabeth Du Crocquet*, sa belle-sœur. Et quant au surplus des biens qu'elle délaissera à son trespas, de quelle nature et condition ils soient et là où ils soient scitués et gisans elle les at donné et délaissé, donne et délaisse à *Antoine* et *Pierre de Faucompretz*, *Marie de Faucompretz*, femme de Nicolas *Le Cerf*, ses frères et sœurs, et aux enfans de feu *André de Faucompretz*, son frère, pour une branche, pour par eulx ou leurs enfans par réputacion en cas de prédécès et pour user et posséder également et par branches, depuis le jour dudit trespas en avant, à charge de par iceux également payer ses debtes, dons, légats, exèques et funèrailles. Et pour tout ce que dessus mettre à deue exécution nommément pour administrer les biens qui compèteront ausdits enfans de feu *André de Faucompretz*, jusques à leur eage, mariage ou ingression de religion, elle at dénommé les personnes dudit *Antoine de Faucompretz*, son frère, et du sieur François *Guydin*, marchand apoticaire en ceste ville, ausquels et à chascun d'iceux elle at donné et donne pouvoir en tel cas pertinent. Tout ce que dessus elle at voulu et veut qu'il soit tenu, entretenu, payé, furny et accomply de poinct en poinct, soubz l'obligation de ses biens, vers tous seigneurs et justices, renonçant à toutes loix, coustumes et usages à ce contraires. Faict et passé audit Lille, le XXXe décembre mil six cens soixante et dix, pardevant moy Jean-Baptiste Du Bus, notaire publicq soubsigné y résident, ès présences du Sr Bernard de Boulogne, licentié en médecine, et dudit sieur François Guidin, tesmoins à ce requis et appellés.

Marque de Catherine de Faucompretz.

Signé : B. BOULOGNE, François GUYDIN, J. B. DUBUS.

Archives départementales du Nord, Tabellion, Actes du notaire J.-B. Dubus de Lille, année 1670, acte 56.

1778, mars. — *Lettres de noblesse accordées à Joseph-François Faucompré, négociant à Moulins.*

Louis par la grâce de Dieu roi de France et de Navarre, à tous présents et à venir, salut. Nous regardons le commerce comme un état distingué dans le Royaume et comme une des principales causes qui le rendent florissant. Les manufactures qui sont établies dans nos Etats animent l'industrie, chassent l'oisiveté et répandent l'abondance ; et ceux qui en ont formé avec cette intelligence qui en assure le succès nous paroissent mériter des témoignages éclatants de notre protection ; nous croions en particulier ne pouvoir les refuser à notre cher et bien amé le s^r *Joseph-François Faucompré*, négociant à Moulins ; ses talents, son intelligence dans le commerce lui avoient acquis une si bonne réputation dans la ville de Lille en Flandre où il résidoit que notre cher et bien amé le s^r de Bérulle, alors notre conseiller en nos conseils, maître des requêtes ordinaire de notre hôtel et notre commissaire départi dans la généralité de Moulins, animé du désir de bannir la mendicité qui regnoit dans le Bourbonnois et de procurer aux habitants des ressources capables de la faire disparaître, crut devoir l'attirer à Moulins. Le s^r *de* (sic) *Faucompré* ayant répondu à des intentions aussi louables commença par établir des filatures de lin et des fabriques de toiles. Ces établissements eurent un tel succès qu'ils s'étendirent successivement dans toutes les villes de la généralité où il a établi des magasins de lin qu'il fait distribuer à ceux qui se présentent munis de certificats de besoins et de pauvreté. Indépendamment de ces premiers établissements qui ont produit de très grands avantages dans le Bourbonnois, qui en ont chassé la paresse, l'oisiveté et la misère, et qui se sont étendus en Bourgogne et en Berry, il a établi à une demie lieue de Moulins une manufacture de fil à coudre à l'instar de celle de Flandre, et y a réuni une blanchisserie considérable où il occupe journellement une quantité immense d'ouvriers. Il a en outre attiré et fixé chez lui depuis quelques années un fabriquant de rubans de fil à l'instar de ceux qui se fabriquent en Allemagne et en Hollande, en sorte que cette branche de commerce que l'on faisoit auparavant avec l'étranger conserve dans le Royaume des fonds que l'on étoit forcé d'en faire sortir. Enfin il a fait venir à Moulins deux familles de Valenciennes pour faire filer des fils à dentelles ; c'est ainsi que les pauvres de la province du Bourbonnois qui languissoient auparavant dans la plus affreuse misère, qui ne subsistoient, surtout dans la saison où les besoins se multiplient, que des aumônes, qu'ils ne devoient qu'à la charité des passans, ont trouvé les moyens de se procurer leur subsistance, d'élever leurs enfants et sont maintenant occupés à des travaux qui les rendent utiles à la Société. Les vues bienfaisantes du s^r *Faucompré* l'ont même porté à procurer des établissements stables et solides à divers tisserans qu'il avoit fait venir de Flandre ; mais ce qui prouve encore mieux les sentiments d'humanité qui l'animent, et ce qui le rend encore plus recommandable à nos yeux, c'est la soumission qu'il vient de nous donner d'élever dans la généralité de Moulins deux cents enfants trouvés, d'établir à cet effet un azile qui seroit destiné à les former chaque année au travail et à l'industrie et de les enlever par là à la paresse, à la mendicité et à la fainéantise. Et ce qui nous garantit la durée et la stabilité d'un établissement aussi essentiel, c'est l'engagement qu'il a contracté par cette même soumission de le faire continuer après sa mort par un de ses enfants pendant au moins l'espace de trente ans à peine d'être lui et ses enfants déchus de la grâce que nous daignons lui accorder. A ces causes, de notre grâce spéciale, pleine puissance et autorité royale, nous avons annobli et par ces présentes signées de notre main annoblissons ledit s^r *Faucompré*, et du titre de noble et d'écuyer l'avons décoré et décorons, voulons et nous plaît qu'il soit censé et réputé noble, tant en jugement que dehors, ensemble ses enfants, postérité et descendants mâles et femelles nés et à naître en légitime mariage ; que comme tels ils puissent prendre en tous actes et en tout lieu la qualité d'écuyer, parvenir à tous degrés de chevalerie et autres dignités, titres et qualités réservés à notre noblesse, qu'ils soient inscrits au catalogue des nobles, qu'ils jouissent de tous les droits, privilèges, prérogatives, prééminences, franchises, libertés, exemptions et immunités dont jouissent et ont accoutumé de jouir les autres nobles de notre Royaume, tant qu'ils vivront noblement et ne feront acte de dérogeance ; comme aussi qu'ils puissent acquérir, tenir et posséder tous fiefs, terres et seigneuries de quelques titres et qualités qu'elles soient. Permettons audit *Faucompré*, ses enfants, postérité et descendants de porter des armoiries timbrées, telles qu'elles seront réglées et blasonnées par le s^r d'Hozier juge d'armes de France, et ainsi qu'elles seront peintes et figurées en ces présentes, auxquelles son acte de règlement sera attaché sous notre contrescel, avec pouvoir de les faire graver et insculper, si elles ne le sont déjà, dans tels endroits de leurs châteaux, maisons, terres et seigneuries que bon leur semblera, sans que pour raison de ce que dessus, ledit s^r *Faucompré*, ses enfants, postérité et descendants soient tenus de nous payer et à nos successeurs rois, aucune finance ni indemnité, dont, à quelques sommes qu'elles puissent monter, nous leur avons fait et faisons don par ces dites présentes et sans qu'ils puissent être troublés ni recherchés pour quelque cause et prétexte que ce soit, à la charge par eux de vivre noblement et sans déroger. Si donnons en mandement à nos amés et féaux conseillers les gens tenants notre cour de Parlement, chambre des comptes et cour des aydes à Paris, et à tous autres nos officiers et justiciers qu'il appartiendra que ces présentes ils ayent à faire registrer et du contenu en icelles jouir et user ledit s^r *Faucompré*, ensemble ses enfants, postérité et descendants nés et à naître en légitime mariage, pleinement, paisiblement et perpétuellement, cessant et faisant cesser tous troubles et empêchements quelconques, nonobstant tous édits, déclarations et autres choses à ce contraires auxquels et aux dérogatoires y contenus, nous avons dérogé et dérogeons, pour ce regard seulement et sans tirer à conséquence, car tel est notre plaisir. Et afin que ce soit ferme et stable à toujours, nous avons fait mettre notre scel à ces dites présentes, sauf en autres choses notre droit et l'autrui en toutes. Donné à Versailles au mois de mars l'an de grâce mil sept cent soixante dix huit et de notre règne le quatrième.

(Signé) Louis et (plus bas) par le roi : AMELOT.

Bibliothèque nationale. Cabinet des titres : nouveau d'Hozier, 129.

HENRY

I. — *Liénard* [1] HENRY, mort avant mai 1599, eut :

1. — *Guillaume*, qui suit, II.

2. — *Madeleine*, alliée à Saint-Maurice, le 18 avril 1605 (le registre des mariages porte 1603, mais cette date, rajoutée postérieurement, est peut-être fautive, d'autant plus que son mari, porté comme étant à marier, acheta la bourgeoisie le 1er avril 1605), à Jean *Delavallée*, fils de Liénard et de Marie *Lemesre*, né à Lille, bourgeteur, bourgeois de cette ville par achat du 1er avril 1605.

3. — *Marguerite*, mariée à Saint-Maurice, le 16 avril 1606, avec Arnould *Delobel*.

4. — *Jacqueline*, alliée à Saint-Maurice, le 2 août 1609, à Jacques *Decharnin*.

II. — *Guillaume* HENRY, né à Neuville-Saint-Vaast (Artois), tondeur de grand forche, bourgeois de Lille par achat du 7 mai 1599, testa à Lille devant Me Mathieu Nicquet le 23 janvier 1644, épousa Jacqueline *Grard* ou *Gérard*, laquelle testa le 14 février 1656 ; il eut :

1. — *Barbe*, mariée : 1° par contrat passé à Lille le 31 juillet 1625, et religieusement à Saint-Maurice, le 12 août suivant, avec François *Toulouse*, fils de Jean et de Jeanne *Leroy*, baptisé à Saint-Maurice le 18 octobre 1606, vieswarier, bourgeois de Lille par achat du 13 décembre 1624 ; 2° à Saint-Maurice, le 27 mars 1648, avec François *Doulieu* ; dont postérité des deux lits.

2. — *Élisabeth*, baptisée à Saint-Maurice le 27 mars 1600.

3. — *Marguerite*, baptisée à Saint-Maurice le 15 avril 1602, alliée dans cette église, le 1er février 1622, à Robert *Turlur* ; dont postérité.

4. — *Guillaume*, baptisé à Saint-Maurice le 23 janvier 1605.

5. — *Jeanne*, baptisée à Saint-Maurice le 24 mars 1606, en religion sœur Jeanne de la Croix, religieuse à l'hôpital de Tourcoing.

6. — *Jean*, baptisé à Saint-Maurice le 6 mai 1610.

7. — *Michel*, qui suit, III.

---

1. Nous trouvons encore Liénard Henry, fils de feu Jean, filtier, à Saint-André-lez-Lille, cousin germain de Jean et de Paul Ermand, marié avec Jeanne Donze, veuve de Jacques Wambe, par contrat passé devant Me Simon Strupart, le 22 février 1624.

8. — *Jeanne*, baptisée à Saint-Maurice le 1ᵉʳ mai 1614.

9. — *Toussaint*, qui suivra, IIIbis.

10. — *François*, baptisé à Saint-Maurice le 18 janvier 1620, marié dans cette église, le 14 janvier 1645, avec Marguerite (alias Michelle) *Plancq* ; d'où :

    a. — *Antoine*, baptisé à Saint-Pierre le 16 octobre 1645.
    b. — *Jean*, baptisé à Saint-Maurice le 14 avril 1647.
    c. — *Barbe*, baptisée à Saint-Maurice le 6 juin 1649.

III. — *Michel* HENRY, baptisé à Saint-Maurice le 20 juillet **1611**, vieswarier, bourgeois de Lille par relief du 9 décembre **1632**, mort avant octobre 1666, épousa : 1° à Saint-Pierre, le 18 juillet **1632**, Jacqueline *Carpentier*, fille de Robert et de Catherine *Clarisse*, baptisée dans cette église le 7 avril 1615 ; 2° à Saint-Maurice, le 31 juin 1636, Marie *Messean*, fille de Jacques et de Jeanne *Steupe*, baptisée à Saint-Maurice le 10 mars 1617 ; 3° à Saint-Maurice, le 5 mai **1642**, Marie *Crespeau*, décédée après **1675** ; d'où :

1. — Du premier lit : *Gérard*, baptisé à Saint-Maurice le 12 janvier 1634.

2. — *Marie-Catherine*, baptisée à Saint-Maurice le 28 novembre 1635.

3. — Du second lit : *Jean*, baptisé à Saint-Maurice le 19 mars 1637.

4. — *Pierre*, qui suit, IV.

5. — *Toussaint*, baptisé à Saint-Maurice le 22 octobre 1640.

6. — *Charles*, baptisé à Saint-Maurice le 22 novembre 1641.

7. — Du troisième lit : *Marie-Angélique*, baptisée à Saint-Maurice le 25 mars 1643.

8. — *Marie-Brigitte*, baptisée à Saint-Maurice le 8 octobre 1644, vivant en juillet 1692.

9. — *Michel*, qui suivra, IVbis.

10. — *Antoinette*, baptisée à Saint-Maurice le 8 janvier 1649, vivant en juin 1678, alliée dans cette église, le 7 janvier 1668, à François *Longuespée*, fils de Josse et de Françoise *Régnier*, baptisé à Saint-Maurice le 7 octobre 1643, bourgeois de Lille par relief du 27 janvier 1668 ; dont postérité.

11. — *Gilles*, baptisé à Saint-Maurice le 24 février 1650, marchand, bourgeois de Lille par relief du 13 août 1675, décédé avant 1697, allié à Saint-Étienne, le 11 février 1675, à Adrienne *Gorleau* ou *Corliau*, fille d'Antoine ; d'où :

    a. – *Marie-Françoise*, baptisée à Saint-Maurice le 17 décembre 1675, alliée dans cette église, le 26 novembre 1697, à Pierre-

François *Carpentier*, fils de Pierre et de Catherine *Régnier*, bourgeois de Lille par relief du 6 décembre 1697.

 b. — *Marie-Anne*, baptisée à Saint-Maurice le 11 août 1678, mariée à Floris-François *Capron*, fils de Pierre et d'Hélène *Pollet*, veuf de Marie-Antoinette *Scrève* ; dont postérité.

 c. — *Monique-Augustine*, baptisée à Saint-Maurice le 13 décembre 1682, y décédée le 15 juillet 1766, enterrée dans l'église, mariée : 1° à Saint-Maurice, le 7 février 1718, avec Pierre-Martin *Maillard*, fils de Jean-Baptiste et d'Agnès *Marchand*, baptisé à Saint-Maurice le 12 novembre 1684, fripier ; 2° avec Paul-Étienne-Joseph *Derenoncour*, décédé veuf.

 12. — *Marie-Claire*, baptisée à Saint-Maurice le 25 juin 1653, vivant en décembre 1682.

IV. — *Pierre* HENRY [1], baptisé à Saint-Maurice le 22 octobre 1638, marchand de toile, bourgeois de Lille par relief du 15 janvier 1678, testa devant Mᵉ Desmarescaux le 4 novembre 1707. Il épousa par contrat, devant Mᵉ Lefebvre, à Lille, le 17 avril 1677, et à Saint-Maurice, le 27 avril suivant, Marguerite *Moghez*, fille de Mathias et de Catherine *Ramery*, baptisée à Saint-Maurice le 11 mars 1652 ; d'où :

 1. — *Marie-Catherine*, baptisée à Saint-Maurice le 13 janvier 1678.

 2. — *Marie-Barbe*, baptisée à Saint-Maurice le 23 février 1679.

 3. — *Marie-Catherine-Louise*, baptisée à Saint-Maurice le 28 mai 1680.

 4. — *Marie-Françoise*, baptisée à Saint-Maurice le 11 septembre 1682.

 5. — *Marie*, baptisée à Saint-Maurice le 5 août 1683.

 6. — *Pierre-Antoine*, qui suit, V.

 7. — *Paul*, baptisé à Saint-Maurice le 30 janvier 1686.

 8. — *Marie-Marguerite*, baptisée à Saint-Maurice le 12 décembre 1689.

 9. — *Antoine-Joseph*, baptisé à Saint-Maurice le 8 novembre 1693.

---

1. Cette branche portait : *de gueules au chevron d'or, accompagné de trois croisettes d'argent, au chef cousu d'azur chargé d'une molette d'argent*. Pierre Henry a laissé plusieurs volumes de poésie, entre autres diverses satires à l'adresse de Boileau. (Voir : HOUDOY, *Les Imprimeurs lillois*, Paris, 1879, nᵒˢ 287, 295, 296, 349, 438, 440, 463.)

V. — *Pierre-Antoine* HENRY, sʳ de Cocquerelle, à Sainghin-en-Weppes, baptisé à Saint-Maurice le 18 juillet 1684, marchand de toile, reçu bourgeois d'Arras le 29 janvier 1710, moyennant finance de 150 livres, conseiller secrétaire du Roi en la chancellerie d'Artois le 12 mars 1712, acheta la seigneurie de Vaudricourt, près Béthune, et mourut dans cette terre le 20 novembre 1724 [1]. Il épousa, par contrat passé à Béthune le 30 janvier 1723, et religieusement le 3 février suivant, Nicole-Védastine *du Pire*, dame d'Avelette, fille de Nicolas-Alexandre, chevalier, baron d'Hinges, sʳ de Tourlingthun, aide maréchal de logis général de l'armée de Flandre, colonel de dragons et grand bailli de Béthune, et de Thérèse-Ghislaine *de Briois*, née le 20 décembre 1699, morte le 27 janvier 1753 ; d'où :

> *a.* — *Thérèse-Henriette-Védastine*, baptisée à Saint-Vaast de Béthune le 12 janvier 1724, morte dans cette ville le 18 mai 1755, et enterrée dans l'église de Vaudricourt, alliée, par contrat passé à Vaudricourt le 4 septembre 1739, et religieusement, audit lieu, le 8 septembre suivant, à Alexandre-Auguste-Joseph *de Beaulaincourt*, comte de la Beuvrière et de Marles, fils de Philippe-Alexandre et de Marie-Catherine-Thérèse-Françoise *Le Vaillant du Châtelet*, né à la Beuvrière le 19 février 1716, député de la noblesse aux États d'Artois, mort à Pont-Sainte-Maxence en mai 1782 ; dont postérité [2].

IV bis. — *Michel* HENRY, baptisé à Saint-Maurice le 13 février 1647, bourgeois de Lille par relief du 1ᵉʳ octobre 1666, épousa Barbe *Descamps*, fille de François et d'Antoinette *Voisin*, décédée avant août 1713 ; d'où :

1. — *Michel*, qui suit, V.
2. — *François*, baptisé à Saint-Maurice le 12 mai 1669.
3. — *Jean-Baptiste*, baptisé à Saint-Maurice le 12 janvier 1671.
4. — *Marie-Claire*, baptisée à Saint-Maurice le 20 juin 1675.
5. — *Augustin*, jumeau de la précédente.
6. — *Augustin*, baptisé à Saint-Maurice le 7 juillet 1676.
7. — *Antoinette*, baptisée à Saint-Maurice le 19 juin 1678, décédée paroisse Saint-Étienne le 10 février 1744, alliée à Saint-

---

1. Son testament fut passé au château de Vaudricourt devant Mᵉˢ Lespillet et Beaussart, notaires à Béthune, le 9 novembre 1724.
2. Ces notes nous ont été fournies par MM. de la Charie et R. Rodière.

Maurice, le 6 juin 1707, à Joseph-Dominique *Bayart*, fils de Jude et de Ghislaine *Broniart*, né à Esquire-en-Artois, marchand grossier, veuf d'Agnès *de Vallers*, bourgeois de Lille par achat du 3 février 1708, décédé paroisse Saint-Étienne le 4 mai 1734, inhumé vis-à-vis la chapelle Sainte-Barbe ; dont postérité.

8. — *Joseph*, baptisé à Saint-Maurice le 13 mai 1680.
9. — *Jean-Baptiste*, baptisé à Saint-Maurice le 17 juin 1683.
10. — *Barbe-Angélique*, baptisée à Saint-Maurice le 13 août 1684.
11. — *François-Elzéar*, baptisé à Saint-Maurice le 21 octobre 1685, bourgeois de Lille par relief du 4 août 1713, marchand fripier, marié à Saint-Maurice, le 15 novembre 1712, avec Anne-Marie-Joseph *Le Clercq*, fille de Philippe et de Michelle-Catherine *Crespin*, baptisée dans cette église le 9 mars 1691, y décédée avant son mari le 2 juillet 1740, enterrée dans l'église ; sans enfants.

V. — *Michel* HENRY, bourgeois de Lille par relief du 28 juillet 1690, épousa à Saint-Maurice, le 3 avril 1690, Catherine-Françoise *Dassonville*, fille d'Hubert et de Marie-Françoise *Béghin*; il eut :

1. — *Jeanne-Catherine*, baptisée à Saint-Maurice le 24 août 1691.
2. — *Pierre-Augustin*, baptisé à Saint-Maurice le 28 juillet 1692.
3. — *Ignace-Joseph*, baptisé à Saint-Maurice le 26 octobre 1694.
4. — *Marie-Alexandrine*, baptisée à Saint-Maurice le 15 décembre 1695.

III bis. — *Toussaint* HENRY, marchand et libraire, bourgeois de Lille par relief du 6 février 1640, épousa à Saint-Étienne, le 7 janvier 1640, Catherine *Vaillant*, fille de Jean ; d'où :

1. — *Isabelle*, baptisée à Saint-Maurice le 19 novembre 1640.
2. — *Michel*, qui suit, IV.
3. — *Marie-Catherine*, baptisée à Saint-Maurice le 29 novembre 1645, vivant en octobre 1689, mariée dans cette église, le 21 février 1667, avec Toussaint *Dupire*, fils d'Adrien et d'Anne *Nicquette*, baptisé à Saint-Maurice le 7 juillet 1619, bourgeois de Lille par relief du 24 septembre 1649, veuf d'Anne *Delau*.
4. — *Marie-Élisabeth*, baptisée à Saint-Maurice le 4 avril 1649, alliée dans cette église, le 28 mai 1661, à Philippe *Blauvart*, fils de Valérien et d'Élisabeth *Leboucq*, négociant, baptisé à Saint-Étienne le 27 juin 1639, bourgeois de Lille par relief du 21 avril 1662 ; sans enfants, du moins à Lille.
5. — *Anne*, baptisée à Saint-Maurice le 24 août 1653, alliée dans cette église, le 22 janvier 1682, à Pierre *Deleporte*.

6. — *Angélique*, baptisée à Saint-Maurice le 19 août 1655, décédée paroisse de La Madeleine le 8 juin 1702.

7. — *Toussaint*, baptisé à Saint-Maurice le 21 février 1658, bourgeois de Lille par relief du 13 juillet 1685, décédé paroisse Saint-Étienne le 8 mai 1704, alliée à Sainte-Catherine, le 3 novembre 1684, à Marie-Joseph *Lemoisne*, fille de François et d'Anne *du Chastel*, baptisée à Saint-Étienne, le 8 avril 1662 ; d'où :

 a. — *Philippe*, baptisé à Saint-Étienne le 29 septembre 1685.

 b. — *Marie-Thérèse*, baptisée à Saint-Étienne le 29 octobre 1687, y décédée le 7 mai 1694.

 c. — *Angélique*, baptisée à Saint-Étienne le 12 octobre 1689.

 d. — *François*, baptisé à Saint-Étienne le 4 octobre 1691, y décédé le 15 septembre 1700.

 e. — *Marie-Thérèse*, baptisée à Saint-Étienne le 22 juin 1693.

 f. — *Anne-Thérèse*, baptisée à Saint-Étienne le 26 août 1696.

 g. — *Michel-François-Joseph*, baptisé à Saint-Étienne le 9 avril 1699.

 h. — *Jean-Baptiste-Joseph*, baptisé à Saint-Étienne le 19 juin 1702.

8. — *Guillaume*, baptisé à Saint-Maurice le 15 janvier 1663.

IV. — *Michel* HENRY, baptisé à Saint-Maurice le 25 mars 1643, bourgeois de Lille par relief du 11 juin 1663, imprimeur et libraire « entre la grande et petite place, devant la porte de la Bourse, tenant la Barque d'or », décédé paroisse Saint-Étienne le 20 août 1724, épousa dans cette église, le 21 novembre 1662, Marie-Jeanne *Le Cuppre*, fille de Jean et de Claire *Breckvelt*, baptisée à Saint-Étienne le 22 mars 1643, y décédée le 28 mai 1721, enterrée dans l'église ; d'où :

1. — *Gabriel-François*, qui suit, V.

2. — *Marie-Claire*, baptisée à Saint-Étienne le 23 février 1665, alliée dans cette église, le 1er août 1689, à Bonaventure *Vanoye*, fils de Philippe-François et de Jacqueline *Douché*, bourgeois de Lille par relief du 17 août 1689.

3. — *Albert*, baptisé à Saint-Étienne le 10 novembre 1666.

4. — *Philippe-Charles*, baptisé à Saint-Étienne le 4 janvier 1668.

5. — *Adrien*, baptisé à Saint-Étienne le 12 décembre 1669.

6. — *Jean-Baptiste*, baptisé à Saint-Étienne le 6 juillet 1672, libraire, puis imprimeur-juré de la ville de Lille, mort célibataire, paroisse Saint-Étienne, le 14 mai 1756 [1].

---

[1]. Il testa à Lille le 17 octobre 1747 (Archives départementales du Nord, Testaments olographes, 1re liasse, n° 86.)

7. — *Marie-Anne*, baptisée à Saint-Étienne le 17 juillet 1674.

8. — *Angélique*, baptisée à Saint-Étienne le 11 mai 1676, y décédée le 29 novembre 1755 [1].

9. — *Michel*, baptisé à Saint-Étienne le 11 septembre 1678.

10. — *Marie-Jeanne*, baptisée à Saint-Étienne le 23 juin 1680, y décédée le 23 juin 1747, célibataire.

11. — *Adrienne-Thérèse*, baptisée à Saint-Étienne le 23 mars 1683, vivant en 1758, alliée dans cette église, le 30 novembre 1713, à Nicolas-Daniel *Gobled*, fils de Nicolas et de Marie-Louise *Courbez*, né à Avesnes, banquier, bourgeois de Lille par achat du 1er décembre 1713, mayeur de Maubeuge, vivant en 1758.

V. — *Gabriel-François* HENRY, baptisé à Saint-Étienne le 27 juillet 1663, bourgeois de Lille par relief du 1er août 1690, libraire et imprimeur du Roi à Valenciennes, décédé paroisse Saint-Géry, en cette ville, le 4 juin 1738, épousa à Saint-Maurice à Lille, le 21 mai 1690, Euphroisine *Vandewalle*, fille de Pierre et de Jeanne *Gorin*, décédée paroisse Saint-Géry à Valenciennes, le 5 juin 1728, à l'âge de 56 ans ; d'où :

1. — *Jeanne-Marguerite-Pélagie*, baptisée à Saint-Géry de Valenciennes le 22 juillet 1691, y décédée le 15 février 1696.

2. — *Gabriel-Joseph*, baptisé à Saint-Géry le 7 septembre 1692, imprimeur royal à Valenciennes et consul de cette ville, bourgeois de Lille par achat du 3 juin 1740, décédé paroisse Saint-Géry, à Valenciennes, le 29 septembre 1743, allié à Saint-Jacques de cette ville, le 17 août 1716, à Anne-Claire *Voyez*, fille de Jean-Baptiste et d'Antoinette *Leducq*, baptisée dans cette église le 7 novembre 1695, décédée paroisse Saint-Nicolas le 9 décembre 1766 ; d'où .

    a. — *Anne-Claire-Joseph-Henriette*, baptisée à Saint-Géry le 9 avril 1720, morte célibataire, à Valenciennes, le 18 brumaire an IV.

3. — *Jean-Philippe-Hyacinthe*, qui suit, VI.

VI. — *Jean-Philippe-Hyacinthe* HENRY, baptisé à Saint-Géry le ... 1696 (le registre manque), bourgeois de Lille par achat du 7 juillet 1741, épousa à Saint-Géry, le 3 février 1728, Marie-Antoinette *Deletour*, fille de Jean-François et de Marie-Jeanne *Bracq*, baptisée dans cette église le 19 mai 1702, y décédée le 26 juin 1739 ; d'où :

---

1. Elle testa à Lille le 11 septembre 1747 (Archives départementales du Nord. Même fonds, 1re liasse, n° 87.)

1. — *Marie-Jeanne-Euphroisine-Josèphe*, baptisée à Saint-Géry le 22 avril 1729.

2. — *Jean-Baptiste-Gabriel-Joseph*, qui suit, VII.

3. — *Jean-Baptiste-Joseph*, baptisé à Saint-Géry le 26 mai 1731, libraire, imprimeur-juré de la ville de Lille le 24 décembre 1750 [1], puis imprimeur des États, bourgeois de cette ville par achat du 7 juin 1771, décédé en cette ville, paroisse Saint-Maurice, le 13 avril 1784, allié : 1º à Saint-Étienne, le 27 février 1759, à Marie-Anne *Libert*, fille d'Henri, brasseur, et de Marie-Anne-Joseph *Fourmy*, âgée alors de 22 ans [2], décédée sur cette paroisse le 22 octobre 1759, et inhumée dans cette église, vis-à-vis la chapelle Sainte-Barbe ; 2º à Saint-Étienne, le 7 janvier 1762, à Marie-Joseph *Cense*, fille de Jacques-Joseph, charpentier, et de Marie-Angélique *Rousselle*, âgée alors de 22 ans [3], décédée paroisse Saint-Maurice le 4 décembre 1787 ; d'où :

    a. — Du premier lit : Un fils, mort-né paroisse Saint-Étienne le 24 octobre 1759.

    b. — Du second lit : *Marie-Flavie-Henriette-Joseph*, baptisée à Saint-Étienne le 8 décembre 1763, morte à Lille le 7 juin 1838, alliée à Saint-Maurice, le 7 juin 1785, à Pierre-Amé-Michel *Le Josne de Lespierre*, fils d'Amé-Philippe-François, écuyer, avocat, et de Louise-Josèphe *Faulconnier*, baptisé à Douai le 20 avril 1754, avocat au Parlement de Flandre. « Peu après la mort de Louis XVI, M. Lejosne de Lespierre entra dans une sorte de conspiration qui avait pour but le renversement de la République Arrêté sur la frontière, conduit devant une commission militaire qui le condamna à la peine de mort, il fut exécuté le 11 février 1794. [4] »

    c. — *Claire-Amélie*, baptisée à Saint-Étienne le 20 février 1765, morte à Lille le 20 décembre 1818, épouse de Placide-Albert-Joseph *Mallet*.

    d. — *Sophie*, baptisée à Saint-Étienne le 21 octobre 1766.

    e. — *Esprit-Juste*, baptisé à Saint-Étienne le 9 août 1768, libraire, nommé imprimeur-juré de la ville de Lille le 25 février 1788, décédé paroisse Saint-Maurice le 27 mai 1789.

4. — *Marie-Séraphine-Joseph*, baptisée à Saint-Géry de Valenciennes le 11 avril 1733, vivant en 1741.

---

[1]. Voir HOUDOY, *op. cit.*, p 135.
[2]. Le registre de mariage la dit à tort native de la paroisse Saint-André.
[3]. Le registre de mariage la dit native de la paroisse Sainte-Catherine, mais son acte de baptême ne s'y trouve pas.
[4]. R.-H. DUTHILLŒUL, *Galerie douaisienne*. Douai, 1844, 1re partie, p. 223.

5. — *Marie-Angélique-Michel-Joseph*, baptisée à Saint-Géry le 15 mai 1734, morte à Lille le 6 nivôse an XIII, mariée à Valenciennes, paroisse Saint-Vaast-en-Ville, le 7 février 1758, avec Laurent-Louis-Joseph *Duriez*, fils d'Hubert-Antoine et de Rosalie *Rousselle*, veuf de Michelle-Françoise-Joseph *Rousselle* ; dont postérité.

6. — *Marie-Euphroisine Sophie-Joseph*, baptisée à Saint-Géry le 25 février 1736, décédée paroisse Saint-Étienne, à Lille, le 3 octobre 1758, alliée dans cette église, le 21 février 1757, à Louis-Joseph *Bluysen*, fils de Charles-Joseph, marchand, et de Marie-Joseph *Charley*, baptisé à Saint-André de Lille le 21 octobre 1735, manufacturier de draps, remarié avec Marie-Anne-Julie *Le Comte* ; dont postérité.

7. — *Marie-Claire-Henriette-Joseph*, baptisée à Saint-Géry de Valenciennes le 6 novembre 1737, décédée paroisse Saint-Étienne à Lille le 5 septembre 1763, inhumée vis-à-vis la chapelle Sainte-Barbe, mariée à La Madeleine à Lille, le 12 juin 1759, avec Nicolas-Joseph *Mauviez*, fils de Jean-Baptiste et de Marie-Thérèse *Capron*, baptisé à Saint-Étienne le 12 novembre 1731, bourgeois de Lille par relief du 8 novembre 1759, marchand filtier, remarié avec Barbe *Leclercq*, mort en cette ville le 8 février 1813 ; dont postérité.

VII. — *Jean-Baptiste-Gabriel-Joseph* HENRY, baptisé à Saint-Géry le 18 avril 1730, imprimeur du Roi, décédé en la même paroisse le 12 juin 1763 ; épousa à Saint-Géry, le 8 janvier 1756, Marie-Ignace-Joseph *Boullon*, fille d'Adrien-François-Joseph, pharmacien, et de Marie-Anne-Joseph *Descourouez*, baptisée dans cette église le 5 janvier 1734, y décédée le 23 juillet 1782 ; d'où :

1. — *Jean-Baptiste-Adrien-Joseph*, qui suit, VIII.

2. — *Adrien-François-Joseph*, baptisé à Saint-Géry le 16 juillet 1758, mort à Lille le 18 germinal an VII, allié à Anne-Marie *Deschênes*, décédée à Paris le 21 novembre 1836 à soixante ans ; d'où :

    a. — *François-Hercule*, né à Lille la 1re sans-culottide an II, mort le 15 brumaire an IV.

    b. — *Flavie-Françoise-Alexandrine*, née à Lille le 18 floréal an IV, morte célibataire, à Valenciennes, le 23 mars 1876.

    c. — *Julien-Désiré*, né à Lille le 13 nivôse an VI, mort le 9 pluviôse suivant.

3. — *Henriette-Philippine-Joseph*, baptisée à Saint-Géry le 14 décembre 1759.

4. — *Anne-Marguerite-Emmanuelle-Joseph*, baptisée à Saint-Géry, le 22 janvier 1761, morte à Valenciennes le 7 juillet 1825,

mariée à La Chaussée, le 15 juillet 1783, avec Salomon-Joseph *Debavay*, fils de Salomon-Joseph, brasseur, et de Marie-Élisabeth-Joseph *Badar*, baptisé dans cette église le 30 mars 1751, avocat en Parlement, échevin de Valenciennes, conseiller pensionnaire du magistrat installé dans cette ville en 1793 par les Autrichienss, juge suppléant au tribunal de cette ville en 1802, procureur du roi à Avesnes en 1816, conseiller à la Cour de Douai en 1818, mort dans cette ville le 24 octobre 1822.

5. — *Jeanne-Adélaïde-Placide-Joseph*, baptisée à Saint-Géry le 11 juillet 1762, vivant à Saint-Quentin après 1791, alliée à Saint-Géry, le 2 juin 1784, à Jean-Baptiste-Nicolas-Joseph *Dupuis*, fils de Jean-Pierre et d'Anne-Caroline *Salomon*, baptisé à Saint-Nicolas le 5 décembre 1757, blanchisseur de toilettes.

6. — *Jean-Philippe-Auguste-Joseph*, baptisé à Saint-Géry le 6 septembre 1763, marchand quincaillier à Lille, allié à Pélagie-Joseph *Goussant*, née à Cambrai en 1769 ; d'où :

    a. — *Félix-Louis*, né à Lille le 29 nivôse an IV, mort le 14 prairial an X.

    b. — *Aimée-Aimable-Rose*, née à Lille le 26 frimaire an VI, institutrice, décédée à Lille le 30 mai 1835.

    c. — *Pauline-Éléonore*, née à Lille le 4 messidor an VIII.

VIII. — Jean-Baptiste-Adrien-Joseph Henry, baptisé à Saint-Géry le 5 février 1757, imprimeur, mort à Valenciennes le 30 septembre 1826, épousa à Cambrai, paroisse Sainte-Croix, le 9 novembre 1783, Marie-Jeanne-Aubertine *Dehaynin*, fille d'André-Benoît-Joseph-Marie, négociant, et d'Anne-Alexis-Aubertine *Leroux*, baptisée à Sainte-Croix de Cambrai le 3 octobre 1763, décédée à Valenciennes le 6 septembre 1812 ; d'où :

1. — *Benoît*, qui suit IX.

2. — *Eugénie*, baptisée à Saint-Géry le 9 octobre 1785, morte à Valenciennes le 11 juillet 1863, alliée dans cette ville, le 5 avril 1820, à Gaspard-François *Bost*, fils de Jean et d'Antoinette *Courbin*, baptisé à Saint-Eustache de Paris le 11 octobre 1787, veuf de Madeleine-Alexandrine-Reine *Wohr*.

3. — *Antoine*, ondoyé le 1er juin 1787, baptisé à Saint-Géry le 15 juillet suivant, mort célibataire à l'île de Treberon, rade de Brest, le 4 décembre 1823.

4. — *Félix*, baptisé à Saint-Géry le 16 avril 1789, mort à Valenciennes le 25 janvier 1793.

5. — *Auguste*, baptisé à Saint-Géry le 27 février 1791, artilleur dans la garde impériale et mort pendant la retraite de Russie.

6. — *Hercule*, baptisé à Saint-Géry le 13 décembre 1792, mort à Valenciennes le 17 fructidor an VIII.

7. — *Jean-Baptiste*, qui suivra, IX bis.

8. — *Félix*, mort jeune à Cambrai.

9. — *Louis*, né à Valenciennes le 28 floréal an IX, mort à Somain, marié à Cambrai, le 1er juin 1825, avec Stéphanie-Joseph *Leleu*, fille de Sébastien et de Marie-Barbe-Joseph *Ruez*, née à Cambrai en 1802 ; d'où :

    a. — *Jules*, né à Saint-Quentin en 1826, docteur en médecine, mort à Phalempin le...... 1908, alliée à Marie-Céline-Augustine *Devred*, née à Cambrai le 2 mars 1840 ; dont :

        aa. — *Marie-Juliette-Fanny-Louise*, née à Seclin le 15 juin 1860, morte à Lille le 28 décembre 1886.

        bb. — *Jules-Louis-Stephanie-Charles*, né à Seclin le 7 avril 1862, avocat, marié à Montdidier, le 4 octobre 1897, à Marie-Julie-Louise *Périn*.

10. — *Laure*, née à Valenciennes le 15 frimaire an XIII, y décédée le 8 avril 1806.

IX. — *Benoît* HENRY, baptisé à Saint-Géry le 31 septembre 1784, négociant, mort à Valenciennes le 10 octobre 1863, épousa à Onnaing, le 6 juin 1816, Victoire-Françoise *Giraud*, fille de Charles-François et de Lucie-Amélie-Ghislaine *Fromont*, baptisée à Saint-Nicolas de Valenciennes le 8 avril 1788 ; d'où :

1. — *Lucie-Aubertine*, née à Valenciennes le 2 juin 1817, décédée à Mons le 30 novembre 1891, célibataire.

2. — *Charles-Eugène-Edmond*, qui suit, X.

3. — *Louis-Victor*, né à Valenciennes, le 22 janvier 1826, imprimeur typographe, allié dans cette ville, le 25 octobre 1854, à Marie-Rosalie *Barbe*, fille de Joseph et de Josèphe *Luiset*, née à Genève le 18 juillet 1831 ; d'où :

    a. — *Charles-Léon*, né à Valenciennes le 13 août 1855, y décédé le 3 septembre suivant.

X. — *Charles-Eugène-Edmond* HENRY, né à Valenciennes le 24 octobre 1818, imprimeur lithographe, y décédé le 15 août 1897, épousa à Marly, le 19 septembre 1854, Angélique-Élise-Constance *Thiry*, fille de Jean-Hubert-Joseph et de Rosalie-Jeannette *Mabille*, née à Bottelaere (Belgique) le 21 novembre 1824 ; d'où :

1. — *Victor-Benoît-François*, né à Valenciennes le 14 juillet 1855, chef du secrétariat de la Chambre de commerce, célibataire.

2. — *Flore-Louise-Sophie*, née à Valenciennes le 12 novembre 1857, décédée à Oran le 7 août 1896, mariée à Valenciennes, le 27 avril 1886, avec François-Engelberg-Clément-Colette-Vincent-Hubert *Lescure*, fils de Bernard-Basile-Alexandre et de Louise-Wilhelmine-Françoise *Thiry*, né à Bretenoux (Lot), le 30 juin 1853, mort à Oran le 20 février 1905 ; d'où un fils.

IX bis. — *Jean-Baptiste* HENRY, né à Wesel (Prusse) en 1798, mort à Cambrai le 29 décembre 1852, épousa dans cette ville, le 25 octobre 1820, Barbe-Lucile-Joseph *Leleu*, sœur de Stéphanie-Joseph, née à Cambrai en 1795 ; d'où :

1. — *Lucie*, née à Cambrai le 23 octobre 1821, y décédée le 18 avril 1876, veuve de François-Nicolas *Mayot*, colonel d'artillerie.

2. — *Fanny-Flore-Louise*, née à Cambrai le 17 décembre 1822, alliée à Louis *Lesne*, propriétaire à Montecouvet, près Cambrai.

3. — *Léon*, qui suit.

4. — *Jules-Alphonse*, né à Cambrai le 10 janvier 1826, y décédé le 31 août suivant.

5. — *Emma-Lucie*, née à Cambrai le 23 avril 1827, y décédée le 24 septembre 1831.

6. — *Elvire-Louise*, née à Cambrai le 27 novembre 1828, mariée dans cette ville, le 15 septembre 1850, avec Louis-Auguste *Leleu*, fils de Louis-Joseph, officier en retraite, et d'Aimée-Antoinette-Joseph-Sophie *Magniez*, né à Cambrai le 25 janvier 1816, officier de lanciers.

X. — *Léon* HENRY, né à Cambrai le 28 février 1824, eut :

1. — *N...*, épouse de N..., notaire.
2. — *Marthe*, demeurant à Paris.
3. — *Lucien*, fonctionnaire aux colonies.
4. — *Georges*, officier d'artillerie.

VAN HOYQUESLOT

ARMES : *d'azur au lion d'or armé et lampassé de gueules, et chargé d'un écusson d'azur à la fasce d'argent.*

I. — *Josse* VAN HOYQUESLOT, avocat à La Haye, mort avant décembre 1522, épousa Marie *Van Berghe*, fille de François, décédée le 21 novembre 1516 ; d'où :

1. — *François*, qui suit, II.
2. — *Jean-Baptiste*, père de :
   a. — *Mechtilde*, mariée à Utrecht avec Jean *de Ruytenbergh*.
3. — *Jean*, père de :
   a. — *Jean*.
   b. — *Josse* ; ces deux enfants vivaient à La Haye en 1550.
4. — *Jacques*.
5. — *Marie*.

II. — *François* VAN HOYQUESLOT, né à La Haye, avocat, bourgeois de Lille par achat du 5 décembre 1522, y décédé avant juin 1552, épousa en 1523 Laurence *Baillet*, fille de Jean et d'Isabeau *de Courchelles* ; d'où :

1. — *Mahieu*, qui suit, III.
2. — *Philippote*, alliée : 1° à Nicolas *Le Gillon*, fils de Jean, né à Armentières, bourgeois de Lille par achat du 7 septembre 1548 ; 2° à Jean *Plaisant*, fils de Jean, né à Lille, bourgeois de cette ville par relief du 6 juin 1560 ; dont postérité des deux lits.

III. — *Mahieu* VAN HOYQUESLOT, né à Lille, bourgeois par relief du 10 novembre 1552, épousa, par contrat passé devant la gouvernance le 8 juin 1552, Catherine *Parent*, fille de Jean et d'Isabeau *Poulle*, décédée le 22 mai 1616 à quatre-vingt-deux ans, et inhumée à Saint-Étienne, sous les orgues ; dont :

1. — *Marie*, décédée le 28 mars 1635, alliée à Étienne *Fasse*, fille de François et d'Agnès *Descamps*, marchand, bourgeois de Lille par relief du 15 novembre 1573 ; dont postérité.

2. — *François* [1], s^r de la Hallerie, bourgeois de Lille par relief du 14 octobre 1604, fondateur de l'hôpital des Vieux-Hommes, mort le 6 juin 1621 à soixante-deux ans, allié à Sainte-Catherine, le 1er octobre 1604, à Isabeau *Petitpas*, fille de Germain, s^r de Warcoing, et de Françoise *de le Cambre*, baptisée à Saint-Étienne le 27 mai 1571 ; sans enfants. Il acheta, le 9 juillet 1592, des curateurs de Maximilien *Déliot*, le fief du Péage à Carnin.

3. — *Mahieu*, mort en bas âge.
4. — *Isabeau*.
5. — *Anne*.

---

1. La recette du droit de nouvel acquet en 1585 contient cette mention : « De François *Hoochsloot*, fils de Mahieu, demeurant à Lille, pour le fief de Carnin, tenu de la cour et balle de Phalempin, contenant au gros d'iceluy demy bonnier de terre à labour et en rentes seigneuriales au terme de Saint Remy 9 razières 3 havotz, 2 quarels et le 16e d'un havot de bled, 4 ouvelées d'un quarel de bled l'ouvelée ; en mars, 18 rasières 2 havots d'avène, et au terme de Noël 14 chappons 3 quarts et demy, 2 gelines, et en argent 11 sols 11 deniers, acquis en l'an XVe XVII, allant ledit demy bonnier en cense pour 3 rasières 2 havots de bled et autant d'avène chascun an, CIJ livres. »

MALATIRÉ

Armes : *d'azur à la fasce d'argent chargée d'un peigne de sable entre deux mouchetures d'hermine, et accompagnée de trois triangles d'or.*

I. — Jean Malatiré (fils de *Jean*, décédé avant 1401), fèvre, c'est-à-dire maréchal et serrurier, place Saint-Martin [1], acheta la bourgeoisie de Lille le 8 avril 1401 (n. st.) et mourut avant 1438 ; il eut :

1. — *Jean*, bourgeois de Lille par relief du 8 février 1438 (n. st.).
2. — *Gilles*, qui suit, II.

II. — *Gilles* Malatiré, bourgeois de Lille par relief du 6 octobre 1439, décédé avant octobre 1485 ; fut père de :

III. — *Jean* Malatiré, bourgeois de Lille par relief du 6 octobre 1485, mort avant mars 1519 ; il eut :

1. — *Marie*, alliée à Jean *Berthaut*, dit *de Hollande*, fils de Jean, bourgeois de Lille par rachat du 8 octobre 1512, chirurgien, veuf de Marguerite *Marlière* ; dont postérité.
2. — *Jean*, qui suit, IV.
3. — *Wallerand*, né au château de Lille, bourgeois de cette ville par relief du 26 mai 1529, souldoyer au château de Lille en 1544.

IV. — *Jean* Malatiré releva sa bourgeoisie le 4 mars 1519 (n. st.) ; il eut :

1. — *François*, bourgeois de Lille par relief du 27 avril 1559 ; d'où :

---

1. « Mémoire qu'il a esté octroié et accordé par eschevins du consentement du prévost de Lille que *Jehan Malatiré*, marissal, puist faire audevant de sa maison et forge seant sur le place Sainct Martin, ung travail de marissal pour fierer chevaulx, lequel lui est accorde avoir IIII pies de let à mouvoir du seul de sa maison en alant envers le ruissot. — Fait et enregistré du commant du maire et eschevins le IIIe d'octobre mil IIIIc XVIII. » (Archives municipales de Lille, troisième registre aux mémoires, f° 100).

a. — *Jean*, né à Lille, dont il releva la bourgeoisie le 16 février 1589, allié à Catherine *Luccas*, qui, étant veuve, testa à Lille devant Me Mathieu Nicquet le 25 mai 1644.

b. — *Gilles*, bourgeois de Lille par relief du 18 juin 1593, estaignier, père de :

    aa. — *Jean*, baptisé à Saint-Étienne le 26 septembre 1596.

c. — *Jeanne*, baptisée à Saint-Étienne le 26 février 1571 (n. st.).

d. — *Jacqueline*, baptisée à Saint-Étienne le 8 juin 1573, inhumée à Saint-Pierre dans la chapelle Notre-Dame de la Treille en septembre 1649.

2. — *Jean*, qui suit, V.

V. — *Jean* MALATIRÉ, marchand, bourgeois de Lille par relief du 4 août 1564, mourut en 1599 ou 1600 [1], laissant de N. *Willot* dite *de Pernes* :

1. — *François*, qui suit, VI.

2. — *Oste*, tondeur de grand forches, né à Lille, dont il releva la bourgeoisie le 15 septembre 1600, décédé avant février 1633, allié à Sainte-Catherine, le 5 août 1600, à Madeleine *Béhaghe*, fille de Jacques, baptisée dans cette église le 20 novembre 1582 ; d'où :

    a. — *Françoise*, baptisée à Sainte-Catherine le 27 avril 1602.

    b. — *Pierre*, baptisé à Sainte-Catherine le 12 novembre 1604, parrain en 1640.

    c. — *Jean*, bourgeois de Lille par relief du 16 février 1633, allié : 1° à Saint-Maurice, le 23 janvier 1633, à Antoinette *Cornille*, fille de Marc et d'Antoinette *Cappon*, baptisée à Saint-Maurice le 5 avril 1607 ; 2° à Saint-Étienne, le 7 mars 1635, à Jacqueline *Descamps* ; dont :

        aa. — Du premier lit : *Antoinette*, baptisée à Saint-Maurice le 2 novembre 1633.

        bb. — Du second lit : *Jean*, baptisé à Saint-Maurice le 7 mars 1636.

        cc. — *Catherine*, baptisée à Saint-Maurice le 13 avril 1637.

        dd. — *Jean*, baptisé à Saint-Maurice le 20 juin 1638.

---

[1]. Il testa le 8 octobre 1599 devant Me Jean Lefrancq, à Lille ; son beau-frère était Gilles Simon.

ee. — *Catherine-Thérèse*, baptisée à Saint-Maurice le 15 octobre 1640.

ff. — *Guillaume*, baptisé à Saint-Maurice le 7 octobre 1641.

gg. — *Albert*, baptisé à Saint-Maurice le 17 mars 1643.

hh. — *Catherine-Augélique*, baptisée à Saint-Maurice le 21 avril 1644.

ii. — *Jacques*, baptisé à Saint-Maurice le 5 octobre 1645.

VI. — *François* MALATIRÉ, baptisé à Saint-Étienne le 15 juin 1579, estaignier, bourgeois par relief du 28 juillet 1597, mort avant septembre 1630, épousa : 1° Michelle *Cappon* ; 2° à Saint-Maurice, en octobre 160[4], Jeanne *de Lannoy* ; et 3° Marguerite *Duliez* ; d'où :

1. — Du premier lit : *Pierre*, qui suit, VII.
2. — *Maximilien*, baptisé à Saint-Maurice le 21 octobre 1601.
3. — Du second lit : *Michelle*, baptisée à Saint-Maurice le 23 novembre 1605.
4. — Du troisième lit : *Marie*, baptisée à Saint-Maurice le 22 décembre 1606.
5. — *Jeanne*, baptisée à Saint-Maurice le 19 juillet 1608, mariée : 1° dans cette église, le 6 mai 1629, avec Gilles *Sooms*, orfèvre, dont postérité ; 2° dans cette église, le 3 juillet 1639, avec Jean *Caulié*, fils de Jacques et d'Antoinette *Desmaretz*, né à La Bassée, orfèvre, bourgeois de Lille par achat du 6 mai 1639.
6. — *Léon*, encore mineur en 1630.

VII. — *Pierre* MALATIRÉ, bourgeois de Lille par relief du 19 septembre 1630, sayeteur, épousa, par contrat du 12 janvier 1630 et religieusement à Sainte-Catherine, le 3 février suivant, Jossinne *Estallin*, fille d'Hugues et de Marie *du Saulthoir* ; il testa à Lille devant Me Jean Lefrancq le 18 novembre 1658 et eut pour enfants :

1. — *Marie-Madeleine*, baptisée à Saint-Étienne le 12 novembre 1630.
2. — *Jacquetine*, baptisée à Saint-Étienne le 21 juillet 1633.
3. — *Bruno*, baptisé à Saint-Étienne le 17 janvier 1636.
4. — *Maximilien*, qui suit, VIII.
5. — *Pierre-Eubert*, baptisé à Saint-Étienne le 30 mars 1642, prêtre de cette église, mort le 7 septembre 1667 et enterré dans la chapelle de Saint-Jacques.
6. — *Michelle-Thérèse*, baptisée à Saint-Étienne le 18 avril 1647, alliée dans cette église, le 19 juillet 1670, à Jean-Louis *Leblan*, fils

de Pierre et de Catherine *Deponne*, né à Montpellier, chirurgien major de la citadelle de Lille, bourgeois de cette ville par achat du 13 décembre 1669; dont postérité.

VIII. — *Maximilien* Malatiré, baptisé à Saint-Étienne le 12 avril 1639, négociant, bourgeois de Lille par relief du 21 mars 1689, décédé paroisse Saint-Pierre le 22 octobre 1705, épousa Marguerite *Wincke*, fille de François et de N... *Duthoict* ; dont il eut :

1. — *Marguerite-Joseph*, baptisée à La Madeleine le 21 avril 1689, y décédée le 1er mars 1698.
2. — *Bernard-Joseph*, qui suit, IX.

IX. — *Bernard-Joseph* Malatiré, baptisé à La Madeleine le 17 août 1691, négociant, bourgeois de Lille par relief du 1er mars 1714, mort paroisse Saint-Pierre le 7 mai 1737, épousa à La Madeleine, le 2 décembre 1713, Jeanne *Meurice*, fille de Jean et de Jeanne *Blondel* ; d'où :

1. — *Jacques-Bernard-Joseph*, baptisé à Saint-Pierre le 7 septembre 1714.
2. — *Marie-Jeanne-Joseph*, baptisée à Saint-Pierre le 8 octobre 1715, vivant en 1726.
3. — *Jacques-Joseph*, baptisé à Saint-Pierre le 10 novembre 1716, vivant en 1726.
4. — *Marie-Thérèse-Joseph*, baptisée à Saint-Pierre le 5 septembre 1718, vivant en 1733.
5. — *Henriette-Joseph*, baptisée à Saint-Pierre le 20 septembre 1721.
6. — *Pierre-François-Joseph*, baptisé à Saint-Pierre le 30 novembre 1722, y décédé célibataire le 20 janvier 1769 et inhumé au préau.
7. — *Barbe-Joseph*, baptisée à Saint-Pierre le 8 avril 1724, décédée paroisse Saint-Étienne le 6 novembre 1792. C'est peut-être elle qui était en 1784 prieure de l'hôpital du Saint-Esprit sous le nom de Marie-Barbe-Joseph.
8. — *Aimable-Louis-Joseph*, baptisé à Saint-Pierre le 2 août 1725.
9. — *Augustin-Joseph*, baptisé à Saint-Pierre le 28 août 1726, y décédé le 5 mai 1737.
10. — *Bernard-Antoine-Joseph*, qui suit, X.
11. — *Bernardine-Joseph*, baptisée à Saint-Pierre le 1er décembre 1728, y décédée célibataire le 15 août 1774.
12. - *Marie-Marguerite-Joseph*, baptisée à Saint-Pierre le 4 février

1730, y décédée célibataire le 10 septembre 1773, inhumée vis-à-vis la chapelle de Notre-Dame de la Treille.

13. — *Marie-Élisabeth*, baptisée à Saint-Pierre le 15 juin 1731.

14. — *Séraphin-Joseph*, baptisé à Saint-Pierre le 17 avril 1733.

X. — *Bernard-Antoine-Joseph* MALATIRÉ, s^r d'Héronval, baptisé à Saint-Pierre le 30 octobre 1727, bourgeois de Lille par relief du 5 mai 1761, premier commis à la Recette générale des domaines et bois de Flandre et d'Artois, receveur particulier de la maîtrise des eaux et forêts de Nieppe, décédé à La Neuville-en-Phalempin le 8 septembre 1788, épousa à Saint-Maurice, le 3 février 1761, Séraphine-Joseph *Legay*, fille de Dominique-François et de Catherine-Louise *Duflot*, décédée paroisse Saint-Sauveur le 24 septembre 1776 ; d'où :

1. — Un enfant mort-né le 28 mars 1763.
2. — Un enfant mort-né le 20 juin 1764.
3. — *Adélaïde-Victoire-Joseph*, baptisée à Sainte-Catherine le 7 mars 1767, morte en bas âge. Elle avait eu pour parrain : Gérard-François-Joseph Malatiré dont la parenté n'est pas indiquée.

MOUSSON

Armes : *d'argent à un arbre de sinople, sur une terrasse du même, senestré d'un épervier au naturel posé sur la terrasse.*

I. — *Nicolas* Mousson, marchand linier à Valenciennes, eut de Jeanne *Lallemant* :

1. — *Antoine*, baptisé à Saint-Nicolas en cette ville le 27 octobre 1596.
2. — *Claudine*, baptisée à Saint-Nicolas le 24 octobre 1599, marraine de son frère Lambert en 1621.
3. — *Laurent*, baptisé à Saint-Nicolas le 24 novembre 1603.
4. — *Anne*, baptisée à Saint-Nicolas le 17 décembre 1606 ; elle eut pour marraine Anne Mousson, et épousa dans cette église, le 7 janvier 1629, Gilles *Buseau* ou *Buteau*, fils de Christophe et de Philippote *Rommez*, baptisé à Saint-Jacques le 23 avril 1603 ; dont postérité.
5. — *Marguerite*, baptisée à Saint-Géry le 15 février 1611.
6. — *Antoine*, baptisé à Saint-Nicolas le 27 octobre 1613.
7. — *Jean*, qui suit, II.
8. — *Lambert*, baptisé à Saint-Nicolas le 20 février 1621.

II. — *Jean* [1] Mousson, baptisé à Saint-Nicolas le 25 mars 1617, marchand de lins, épousa dans cette église, le 21 décembre 1634 [2], Antoinette *de Saint-Quentin*, fille de Christophe et d'Esther *Farbus*, baptisée à Saint-Nicolas le 23 février 1618 ; dont :

1. — *Bernard*, qui suit, III.
2. — *Françoise*, baptisée à Saint-Nicolas le 4 octobre 1638, mariée dans cette église, le 21 octobre 1659, avec Antoine *Clinpenin*, de la paroisse Saint-Vaast, à Cambrai.

---

1. Un autre Jean Mousson eut de Jacqueline Barbé les enfants suivants baptisés à Saint-Nicolas de Valenciennes : Barbe, le 3 janvier 1621 ; Antoine, le 8 janvier 1624 ; Anne, le 3 novembre 1625 ; Marie, le 10 novembre 1628 (alliée le 15 juin 1653 à Jean Bauldry) ; Jeanne, le 23 février 1631 (alliée le 26 septembre 1655 à Jean Mortier).

2. On remarquera l'âge des conjoints, l'un 17 ans, l'autre 16 ans.

3. — *Catherine*, baptisée à Saint-Nicolas le 11 septembre 1640.

4. — *Madeleine*, baptisée à Saint-Nicolas le 16 novembre 1642, alliée dans cette église, le 6 août 1663, à Nicolas *Leduc*; dont postérité.

5. — *Claire*, baptisée à Saint-Nicolas le 13 mars 1645.

6. — *Jean*, baptisé à Saint-Nicolas le 7 avril 1647, filtier, bourgeois de Lille par achat du 7 janvier 1667, allié à Marie-Françoise *Cardon*; d'où :

    a. — *Jean*, baptisé à Saint-Étienne le 8 avril 1670.

7. — *Noël*, baptisé à Saint-Nicolas le 5 octobre 1649, mort à deux jours.

8. — *Pierre*, baptisé à Saint-Nicolas le 25 octobre 1650, filtier, bourgeois de Lille par achat du 7 mars 1670, mort en 1684, allié à Saint-Étienne, le 20 novembre 1670, à Marie-Marguerite *Dassonville*, fille de Jean et de Marguerite *Des*, baptisée dans cette église le 9 juin 1653, remariée avec Jean *Bernard*; il eut :

    a. — *Jean-Baptiste*, baptisé à Sainte-Catherine le 16 septembre 1671, bourgeois de Lille par relief du 21 juillet 1692, marié à Wazemmes, le 6 août 1691, avec Marie-Catherine *Droullers*, fille de Jacques et de Catherine *Cuvelier* ; d'où :

        aa. — *Marie-Joseph*, baptisée à Sainte-Catherine le 21 mars 1693.

        bb. — *Marie-Henriette*, baptisée à Sainte-Catherine le 22 février 1701, décédée veuve, paroisse Saint Étienne, le 18 février 1754 et inhumée vis-à-vis la chapelle de l'Ange-Gardien, alliée à Saint-Étienne, le 27 octobre 1721, à Thomas *Le Missier*, marchand grossier et brodeur, fils de Thomas et de Marie-Claire *Delos*, baptisé à Saint-Étienne le 18 juin 1696, bourgeois de Lille par relief du 3 juillet 1722, mort paroisse Saint-Étienne le 18 septembre 1748 et enterré devant la chapelle de l'Ange-Gardien ; dont postérité.

        cc. — *Jean-Baptiste-Joseph*, baptisé à Wazemmes le 5 janvier 1704.

    b. — *Gaspard*, baptisé à Saint-Maurice le 6 août 1672.

    c. — *Balthazar*, baptisé à Saint-Maurice le 16 septembre 1673.

    d. — *François-Ghislain*, baptisé à Sainte-Catherine le 18 décembre 1674.

    e. — *François-Joseph*, baptisé à Sainte-Catherine le 15 mars 1676.

    f. — *Marie-Catherine*, baptisée à Sainte-Catherine le 13 février 1678.

    g. — *Pierre-Augustin*, baptisé à Sainte-Catherine le 22 janvier 1680, bourgeois de Lille par relief du 12 août 1701, allié à Marie-Angélique *Delerue*, fille de Charles et d'Angélique *Delemesre*; d'où :

 aa. — *Marie-Marguerite*, baptisée à La Madeleine le 8 octobre 1701, morte veuve, paroisse Saint-Maurice, le 23 décembre 1770, mariée avec Jean-Baptiste *Romon*, employé dans les fermes, veuf de Catherine *Lequen*, décédé paroisse Saint-Maurice le 6 février 1747.

 bb. — *Pierre-Bernard-Joseph*, baptisé à Saint-Sauveur le 25 mars 1703.

 cc. — *Charles-Simon-Joseph*, baptisé à Saint-Sauveur le 19 septembre 1708.

 dd. — *Michelle-Henriette*, baptisée à Saint-Sauveur le 15 novembre 1712.

 h. — *Paul-Joachim*, baptisé à Sainte-Catherine le 16 mars 1682, bourgeois de Lille par relief du 4 août 1708, marié à Saint-Sauveur, le 16 août 1707, avec Marie-Louise *Desprez*, fille de Boniface et de Marie-Jeanne *Deinck*.

 i. — *Théodore*, baptisé à Saint-Étienne le 19 septembre 1684, posthume.

 9. — *Philippe-Abraham*, baptisé à Saint-Nicolas le 21 octobre 1653.

 10. — *Marie*, baptisée à Saint-Nicolas le 28 janvier 1656, y décédée le 4 avril 1734 et enterrée dans l'église, alliée à Pierre *Dehault*, marchand et rentier, fils de Jean et de Barbe *Hourdoucqz*, baptisé à Saint-Géry le 10 août 1657, mort paroisse Saint-Nicolas le 7 juin 1734 ; dont postérité.

III. — *Bernard* Mousson, baptisé à Saint-Nicolas le 13 avril 1636, retordeur de fils, bourgeois de Lille par achat du 8 janvier 1655, mort avant 1728 ; épousa : 1° à Saint-Étienne, le 15 juin 1655, Marie-Anne *Dassonville*, sœur de Marie-Marguerite, baptisée à Saint-Étienne le 5 octobre 1636 ; 2° à Saint-Maurice, le 10 mars 1671, Chrétienne *Domessent*, fille d'Anselme et de Marie *Offroy*, baptisée dans cette église le 2 juillet 1647 ; d'où :

 1. — Du premier lit : *Antoinette*, baptisée à Saint-Maurice le 19 février 1656, morte paroisse Saint-Étienne le 20 avril 1696 et enterrée dans la chapelle Saint-Roch, mariée à Saint-Maurice, le 8 août 1673, avec Jean-Gilles *des Lobbes* [1] fils de Jean et de Marie

---

1. DES LOBBES : *fascé d'argent et de gueules de six pièces, la première fasce de gueules chargée d'un croissant d'argent.*

du Bois, lieutenant du prévôt de Lille, bourgeois de cette ville par relief du 9 octobre 1673, décédé paroisse Saint-Étienne le 4 juillet 1729 et inhumé dans la chapelle du nom de Jésus; d'où postérité.

2. — *Jacques*, baptisé à Saint-Maurice le 8 mai 1657.

3. — *Louise*, baptisée à Saint-Maurice le 14 mai 1658.

4. — *Marie-Madeleine*, baptisée à Saint-Maurice le 1ᵉʳ novembre 1665.

5. — Du second lit : *Jean-Bernard*, baptisé à Saint-Maurice le 27 décembre 1671.

6. — *Christine-Aldegonde*, baptisée à Saint-Maurice le 23 avril 1673, mariée dans cette église, le 10 février 1698, avec Charles-Alexandre *Courouwanne*, fils de Pierre et de Marie *Huglo*, bourgeois de Lille par relief du 5 juillet 1698.

7. — *Françoise*, baptisée à Saint-Maurice le 22 novembre 1674.

8. — *Marie-Bernardine*, baptisée à Saint-Maurice le 25 février 1677, morte à Saint-Étienne le 30 juin 1726, enterrée devant le chœur, alliée à Saint-Maurice, le 21 janvier 1698, à Noël-Joseph *de Tenre*, fils d'Henri-François et d'Anne-Élisabeth *Robart*, baptisé à Saint-Étienne le 8 juin 1672, bourgeois de Lille par relief du 20 juin 1698, mort paroisse Saint-Étienne le 8 mai 1729 ; dont postérité.

9. — *Marie-Madeleine*, baptisée à Saint-Maurice le 19 août 1679, morte veuve paroisse Sainte-Catherine, le 23 septembre 1757, alliée : 1° à Saint-Maurice, le 16 février 1701, à Jean-Baptiste *Delelès* [1], sʳ de Ruy, fils d'Ambroise, receveur général d'Artois, et de Barbe *Le Cambier*, né vers 1650, bourgeois d'Arras le 2 juin 1672, receveur général des finances d'Artois, directeur général des fermes du Roi en Flandre et Hainaut; 2° à Saint-Maurice, le 26 juillet 1718, à Pierre-Robert *Hustin* [2], fils de Robert et de Marie *Le Sellier* [3], né à Douai, négociant, receveur général des consignations du Parlement de Flandre, bourgeois de Lille par achat du 11 août 1684, veuf de Michelle-Angélique *de Beaumont*, décédé paroisse Sainte-Catherine le 13 juin 1726 ; sans enfants.

10. — *Marie-Angélique*, baptisée à Saint-Maurice le 23 jan-

---

1. DE LELÈS : *d'azur à une brebis passant d'argent, accompagnée en chef d'un croissant du même entre deux étoiles d'or.*

2. HUSTIN : *de gueules au chevron d'or, accompagné en chef de deux trèfles d'argent et en pointe d'une gerbe d'or ; au chef du même chargé de trois merlettes de sable.*

3. LE SELLIER : *de gueules à trois bandes d'or, au chef d'azur chargé de trois étoiles d'argent.*

vier 1682, alliée dans cette église, le 8 mai 1730, à Jacques *Vaillant* [1], chevalier, s^r de Beaulcourt, Villers, fils de Jean, s^r de Villers, et de Marguerite *du Gardin*, né à Abbeville, commandant le Fort Français près Bergues, chevalier de Saint-Louis, bourgeois de Lille par achat du 20 avril 1730.

11. — *Béatrix*, baptisée à Saint-Maurice le 10 janvier 1686.

12. — *Anselme-François*, qui suit, IV.

13. — *Dominique-Alexandre*, baptisé à Saint-Maurice le 28 décembre 1689, bourgeois de Lille sur requête du 12 novembre 1728, bourgeois de Douai le 23 décembre 1728, consul et connétable des arbalétriers lillois, échevin de Lille, où il testa le 7 août 1769 [2]. Il épousa à La Madeleine, le 1er octobre 1725, Michelle-Agathe *Colpart*, décédée le 12 janvier 1728 à Sainte-Catherine, à l'âge de quatre-vingt-treize ans, et enterrée dans la chapelle de communion ; d'où :

    a. — Jean-Baptiste-Michel-François, baptisé à La Madeleine le 25 décembre 1727, mort paroisse Saint-Maurice le 13 septembre 1735.

IV. — *Anselme-François* Mousson, s^r de la Grenurie, à Armentières, baptisé à Saint-Maurice le 4 janvier 1688, capitaine au régiment de Saint-Vallier, puis à celui du marquis de Leuville, enfin à celui de Richelieu-infanterie, chevalier de Saint-Louis, bourgeois de Lille par relief du 13 mars 1730, nommé prévôt de la maréchaussée de Flandre par lettres datées de Marly le 21 janvier 1727, marguillier de Saint-André, décédé en cette paroisse le 2 novembre 1745 et inhumé au chœur [3]. Il épousa : 1° Marie-Michelle *de Surmont* [4], fille de Philippe, s^r de Waryanne, et de Marie-Michelle *de Surmont*, décédée paroisse Sainte-Catherine le 20 octobre 1733 ; 2° à Récourt, le 23 août 1734, Anne-Isabelle-Joseph d'*Espiennes*, fille de Jean-François-Joseph, écuyer, s^r de Saint-Rémy, et de Marie-Françoise *Hardy*, baptisée à Saint-Nicolas de Valenciennes le 17 août 1704, morte à Douai le 20 octobre 1779 ; il eut :

---

1. VAILLANT : *d'argent au lion de sable armé et lampassé de gueules, au chef d'azur chargé de trois étoiles à six rais d'or.*

2. Archives départementales du Nord. Testaments olographes, 3e liasse, n° 47.

3. Il testa à Lille le 17 avril 1740 (Archives départementales du Nord. Testaments olographes, 1re liasse, n° 51), et non le 30 novembre comme il a été dit par erreur tome I, p. 173.

4. Leur contrat est du 11 janvier 1730.

1. — Du premier lit : *Dominique-François*, baptisé à Sainte-Catherine le 19 août 1731, mort en bas âge.

2. — Du second lit : *Marie-Françoise-Pélagie*, baptisée à Sainte-Catherine le 7 juin 1735, morte à Récourt le 30 prairial an XIII, alliée, par contrat passé à Douai devant Mes Defaux et Coppin le 13 novembre 1765, et religieusement paroisse Saint-Jacques le 25 novembre suivant, à Pierre-Adrien-François-Xavier *Le Merchier*, écuyer, s[r] de Renaucourt, fils de Jean-François et de Marie-Françoise *Croquison*, baptisé à Hesdin le 29 avril 1718, commandant des milices d'Artois le 1er janvier 1734, commandant les milices de Lille le 25 février 1758, chevalier de Saint-Louis le 9 avril 1755, créé chevalier par lettres données à Versailles en septembre 1770, enfermé à Bapaume pendant la Terreur, décédé le 9 floréal an VI [1] ; dont postérité.

3. — *Ignace-Anselme*, baptisé à Saint-André le 17 novembre 1736, mort à Récourt le 6 juin 1737.

4. — *Jacques-Anselme*, baptisé à Saint-André le 28 septembre 1737, y décédé le 10 août 1740.

5. — *Marie-Constance-Élisabeth*, baptisée à Saint-André le 19 novembre 1738, morte à Récourt le 31 juillet 1746.

6. — *François-Joseph-Marie*, baptisé à Saint-André le 25 novembre 1739, lieutenant au régiment de la Tour du Pin, mort à Saint-Avold, près Metz, le 20 juillet 1757.

7. — *Marie-Honorine-Françoise-Joseph*, baptisée à Saint-André le 24 février 1742, morte à Bernicourt, près Douai, le 28 janvier 1812, mariée à Saint-Jacques de Douai, le 15 octobre 1765 [2], avec Denis-Joseph *Ruyant de Cambronne* [3], écuyer, fils de Nicolas-Ghislain, écuyer, conseiller au Parlement de Flandre, et d'Anne-Catherine-

---

1. Renseignements communiqués par M. DE LA CHARIE.

2. On trouve au registre d'état civil de Récourt pour 1765 la curieuse note suivante :
L'an mil sept cent soixante cinq le quinze octobre ont été mariez en la paroisse de Saint-Jacques à Douay Messire *Denys Joseph Ruyant de Cambronne* etc., et noble damoiselle *Marie Honorine Françoise Joseph Mousson*, sans publication de ban et sans le consentement des curés de la garnison du Régiment du Roy et de Récourt ; sur quoi ledit mariage aiant été déclaré clandestin, les parties furent rehabilités par la dispense de trois bans tant de Monseigneur l'archevêque de Cambrai pour Récourt en date du treize de mars 1766, que de Monseigneur l'évêque de Toul dans le diocèse duquel est Nancy, capitale de la Lorraine, où le regiment du Roy est en garnison ; vu lesdites dispenses, j'ai donné mon consentement et délégué monsieur *de Gricourt*, chanoine de Saint-Pierre à Douay, pour, en ce qui me regarde, procéder audit mariage le quatorze mars mil sept cent soixante-six. Ledit mariage a été réhabilité en ladite paroisse de Saint-Jacques. Signé : A. PANNIER, curé de Récourt.
Necesse est veniant scandala, væ per quem !

3. RUYANT DE CAMBRONNE : *d'hermines au chef d'azur*.

Thérèse *Delcourt*, baptisé dans cette église le 14 août 1723, capitaine au régiment du Roi-infanterie, chevalier de Saint-Louis le 5 juin 1755, brigadier le 1er mars 1780, mort à Douai le 24 ventôse an XIII ; dont postérité.

8. — *Jean-Baptiste-Anselme*, baptisé à Saint-André le 20 avril 1744, y décédé le 17 août 1745.

9. — *Agnès*, posthume, baptisée à Saint-André le 21 janvier 1746, mariée à Récourt, le 12 octobre 1773, avec François-Marie *Cardinal de Cuzey*, écuyer, fils de Charles-François, chevalier de Saint-Louis et colonel d'artillerie, et de Marie-Nicole *de Héricourt*, né en 1738, capitaine d'artillerie, chevalier de Saint-Louis ; dont postérité.

NON RATTACHÉS

Augustin-Joseph, fils de *Jean*, décédé paroisse Saint-Maurice le 18 juillet 1733.

Pierre, épousa à Saint-Maurice, le 2 février 1672, Catherine *Verbrouck* ; d'où :

Pierre-Martin, baptisé à Saint-Maurice le 11 novembre 1672.

Marie, alliée à Saint-Maurice, le 20 septembre 1659, à Toussaint *Dubar*; elle avait pour témoin Nicolas Mousson.

Jean-Baptiste, fils de *Jean-Baptiste* et d'Angélique *Bauduin*, mort paroisse Saint-Sauveur le 16 avril 1699.

Marie-Claire, morte à soixante et onze ans, veuve d'Edmond *Fourgereux*, le 14 janvier 1761, paroisse Saint-Sauveur.

Enfin, M. S. Mourcou possède un curieux tableau représentant un enfant tenant dans la main droite un cierge et dans la main gauche une rose, avec cette inscription : « Jean-Bernard Mousson, âgé de quatre ans, tomba malheureusement dans l'eau le 6 mai 1702 ; étant délaissé pour mort par les médecins, douze heures après, retrouva la santé par l'intercession de Notre-Dame de Grâce. » Nous ignorons de qui cet enfant était fils.

1727, 21 janvier. — *Provision de la charge de Prévost général de la mareschaussée de Flandres pour le sieur Mousson, capitaine au régiment de Richelieu.*

Louis, par la grâce de Dieu, Roy de France et de Navarre, à tous ceux qui ces présentes verront, salut. Les fonctions de la charge de

MOUSSON. 1629

Prévost général de la mareschaussée du département de Flandres à la résidence de Lille, créé par notre édit du mois de mars 1720, s'estant trouvées suspenduës par le décès du sieur Tannegui Guerry de La Chesnais qui en estoit revestu, nous avons cru ne pouvoir faire plus dignement remplir ladite charge que par notre cher et bien amé le sieur *Anselme-François Mousson*, capitaine au régiment de Richelieu, et pour le mettre en estat d'en obtenir les provisions, nous avons par notre arrest du Conseil du quatorze décembre dernier, ordonné qu'en consignant par lui la somme de trente mille livres à laquelle se trouve monter la finance dudit office, entre les mains du receveur des consignations de notre Cour de Parlement de Flandres, il seroit expédié sur la quittance de consignation de ladite somme, des provisions dudit office au nom dudit sieur Mousson, sauf après les provisions expédiées, nonobstant toutes oppositions pour lesquelles ne seroit diféré, a estre ladite somme de trente mille livres remise par ledit receveur des consignations, à qui par justice il seroit ordonné, et aux risques des héritiers et créanciers dudit sieur de La Chesnais, pour satisfaire audit arrest, ledit sieur *Mousson* ayant consigné ladite somme de trente mille livres suivant la quittance du receveur des consignations de notre dite Cour de Parlement de Flandres du sept des présens mois et an, il nous a depuis très humblement fait suplier de lui accorder nos présentes lettres de provisions. A ces causes, voulant marquer audit sieur *Anselme François Mousson* la confiance que méritent les preuves qu'il a donné de son attachement à notre service dans toutes les occasions qu'il a eues de signaler sa valeur et son zèle pendant plus de dix huit années qu'il a servi en qualité de capitaine au régiment de Richelieu infanterie, ainsi qu'il nous l'est justifié par le certificat de notre amé et féal conseiller en nos Conseils le sieur Le Blanc, secrétaire d'Estat et de nos commandemens ayant le département de la guerre, cy attaché sous le contre scel de notre chancellerie, nous avons audit *Anselme François Mousson* donné et octroyé, donnons et octroyons par ces présentes signées de notre main, l'office de Prévost général de la mareschaussée de Flandres à la résidence de Lille, créé par notre édit du mois de mars mil sept cent vingt, et déclaré du corps de notre gendarmerie, auquel office n'a encore esté pourvu et dont la finance a esté payée en nos revenuës casuels par ledit feu sieur Tannegui Guerry de La Chesnais, qui en a jouy sur la quittance de finance et en vertu de la faculté qui lui avoit esté accordée par notre brevet du 18 may 1720, par lequel nous l'avons dispensé d'obtenir lettres de provisions dudit office et de s'y faire recevoir conformément à l'article premier de notre déclaration en forme de réglement du 28 dudit mois de mars 1720, duquel office le prix a esté consigné par ledit sieur *Mousson*, suivant et au désir dudit arrest de notre conseil du 14 décembre dernier, dont extrait est cy avec ladite quittance de consignation et autres pièces attachées sous le contre scel de notre chancellerie, pour ledit office avoir, tenir et exercer, en jouir et user par ledit *Mousson*, aux honneurs, pouvoir, libertez, fonctions, authorités, privilèges, droits, exemptions, franchises, immunités, prérogatives, prééminences, gages de neuf cent livres et de deux mille cent livres de solde par chacun an, qui lui seront payéz par quartiers de trois mois en trois mois, des fonds à ce destinéz pour le payement des mareschaussées, avec faculté de prendre la qualité d'Escuier, tant qu'il possédera ledit office seulement, s'il n'a d'ailleurs droit de le prendre, exemptions de collectes, de logement de gens de guerre, de tutelle, curatelle, nomination à icelles et autres charges publiques et généralement des autres droits, exemptions, privilèges, prérogatives, fruits, profits, revenus et émolumens appartenant audit office, tels et tout ainsi qu'en a jouy ou deu jouir ledit feu sieur La Chesnais, et qu'en jouissent ou doivent jouir les autres pourvus de pareils offices conformément à notre dit édit du mois de mars 1720 et aux déclarations et arrets rendus en conséquence, tant qu'il nous plaira. Si donnons en mandement à nos très chers et bien amez cousins les mareschaux de France ou leur lieutenant général en la connestablie et mareschaussée de France au siège de la table de marbre de notre palais à Paris, que leur estant apparu des bonnes vie et mœurs, âge de vingt cinq ans accomplis requis par nos ordonnances, conversation et religion catholique, appostolique et romaine dudit sieur *Mousson*, et ayant pris de lui le serment requis et accoutumé, ils le reçoivent, mettent et instituent de par nous en possession dudit office, et l'en fassent jouir, user pleinnement et paisiblement aux honneurs, pouvoir, libertés, fonctions, authorité, privilèges, droits, exemptions, franchises, immunités, prérogatives, gage, solde, fruits, profits et revenus et émolumens susdits et y appartenant et lui fassent obéir et entendre de tout et ainsi qu'il appartiendra ès choses concernant ledit office ; mandons en outre aux trésoriers, receveurs et autres préposés pour le jugement des gages et soldes des prévosts généraux, lieutenant et autres officiers des compagnies des mareschaussées establies en conséquence dudit édit, que des fonds à ce destinez ils ayent à payer et délivrer comptant audit sieur Mousson lesdits neuf cent livres de gages et deux mille cent livres de solde attribuez par chacun an audit office, de trois mois en trois mois, conformément audit édit, à commencer du jour et datte de sa reception, de laquelle reportant copie collationnée ainsi que des présentes pour une fois seulement, avec quittance dudit sieur Mousson sur ce suffisante, nous voulons lesdits gages et solde estre passez et allouez dans la dépense des comptes de ceux qui en auront fait le payement, partout où il appartiendra, sans dificulté. Car tel est notre plaisir. En témoin de quoy nous avons fait mettre notre scel à ces présentes, donné à Marly le vingt unième jour de janvier l'an de grace mil sept cent vingt sept, et de notre règne le douzième ; estoit signé Louis, et sur le reply, de par le Roy, signé Le Blanc avec paraphe.

<small>Archives communales de Lille. Registre aux provisions, commissions et brevets de la maréchaussée, n° 13599, f° 16 v°.</small>

MOUTON

Armes : *d'azur* (alias *de sinople*) *à trois moutons d'argent.*

I. — *Jean* Mouton [1], fils de *Mahieu* (décédé avant le 9 février 1560 n. st.), né à Lille, acheta la bourgeoisie de cette ville le 9 février 1560 (n. st.) ; il épousa Chrétienne *Touzart*, qui renonça à la succession de son mari le 12 avril 1578 ; il eut :

II. — *Pierre* Mouton, né à Lille, bourgeois de cette ville par relief du 17 août 1584, mort avant 1624, eut de Catherine *Heddebault* :

1. — *Henri*, baptisé à Saint-Étienne le 14 janvier 1588.
2. — *Pierre*, qui suit, III.
3. — *Marie*, baptisée à Saint-Étienne le 25 août 1596.

III. — *Pierre* Mouton, baptisé à Saint-Étienne le 4 janvier 1594, bourgeois par relief du 2 mai 1624, maître de la maison des Bonnes-Filles de 1630 à 1641, vendit à l'hôpital de la Charité une maison, rue Notre-Dame, pour la somme de 26.000 livres parisis, dont il ne voulut toucher que 24.000, donnant le surplus à l'hôpital pour participer aux bonnes œuvres et aux prières qui s'y faisaient, le 13 mars 1643 [2] ; il mourut le 20 octobre 1649, ayant épousé Agnès *Poulle* [3], fille de Remi et de Marie *de la Porte*, dont le service funèbre fut célébré le 28 septembre 1632 ; d'où :

1. — *Marie-Brigitte*, baptisée à Saint-Maurice le 24 juin 1625, religieuse à Ganthois le 9 mai 1643, morte le 24 août 1693.
2. — *Agnès*, baptisée à Saint-Maurice le 7 octobre 1626.
3. — *Catherine*, baptisée à Saint-Maurice le 26 mars 1628, y décédée le 13 janvier 1695, mariée à Saint-Étienne, le 12 juin 1650, avec François *Denis*, sr de la Deusle, fils d'Antoine et d'Antoinette

---

1. Ou fils de Bastien, né à Hulluch-lez-La Bassée, bourgeois de Lille par achat du 3 mars 1559 (n. st.), marié, alors sans enfants.
2. Archives hospitalières, fonds de cet hôpital, B. 1.
3. Et non Antoinette Poulle, comme il a été dit par erreur page 136.

Fasse, baptisé à Saint-Étienne le 7 mars 1621, bourgeois de Lille par relief du 17 novembre 1650, trésorier et dépositaire de cette ville; dont postérité.

4. — *Pierre*, baptisé à Saint-Maurice le 16 décembre 1630, bourgeois par achat du 21 mai 1654, domicilié ensuite à Anvers où il avait épousé Catherine *Van Graf*, *Van Grat* ou *Vandergraete* ; il en eut au moins :

    a. — *Marie-Catherine*, décédée le 24 avril 1687, alliée à Sainte-Catherine, le 7 janvier 1677, à Jacques-Antoine *de Sailly*, sʳ d'Ardompretz, fils de Jacques, sʳ dudit lieu, et de Marie *Poulle*, baptisé à Sainte-Catherine le 31 octobre 1643, bourgeois de Lille par relief du 2 décembre 1677, échevin, mort le 13 novembre 1702 ; dont postérité.

Autres MOUTON

I. — *Gabriel* Mouton, habitant Carnin où il mourut avant 1550, laissa de Marie *Dancoisne* dit *Le Cocq* :

II. — *Guilbert* Mouton, demeurant à Carnin en 1550, mort avant février 1586 ; il eut :

III. — *Piat* Mouton, avocat postulant à la gouvernance, bourgeois de Lille par achat du 7 février 1586, greffier criminel le 17 août 1589, greffier civil le 20 septembre 1594, procureur de la ville le 12 décembre 1606, puis conseiller pensionnaire, mort le 10 novembre 1636 ; marié : 1° avec Isabeau *Vandenbroele*, dont le service funèbre fut célébré le 24 septembre 1599 ; 2° avec Marie *Dupont*, dont le service funèbre eut lieu le 9 mars 1607 ; d'où :

1. — Du premier lit : *Michel*, né avant février 1586, vivant en 1620.

2. — *Marie*, baptisée à Saint-Étienne le 24 décembre 1589, alliée à Saint-Étienne, le 7 février 1611, à François *Werbier*, fils de Nicolas et de Denise *Le Pippre*, né à Aire-sur-la-Lys, avocat, bourgeois de Lille par achat du 4 mars 1611. Étant veuve, elle testa à Lille, devant Mᵉ Maximilien Lefebvre, le 26 février 1652; dont postérité.

3. — *Denis*, qui suit, IV.

4. — *Catherine*, baptisée à Saint-Étienne le 16 juin 1595.

IV. — *Denis* Mouton, baptisé à Saint-Étienne le 29 mars 1593, greffier criminel de la ville de Lille, puis greffier civil le 17 juin 1628, mort le 22 décembre 1637 ; épousa à Saint-Étienne, le 17 juillet 1617, Anne *Miroul*, fille de Charles et de Marie *Willan*, décédée paroisse Saint-Maurice le 21 septembre 1661 ; d'où :

1. — *Piat*, baptisé à Saint-Étienne le 8 août 1618, pourvu de curatelle le 2 septembre 1639, bourgeois de Lille par achat du 8 novembre 1656, époux d'Anne *Lhermitte*, fille d'Augustin et de Jeanne *Luet* ; d'où :

    a. — *Jean-Baptiste*, baptisé à Sainte-Catherine le 9 janvier 1656, mort tout jeune.

2. — *Catherine*, baptisée à Saint-Étienne le 8 mars 1620, décédée paroisse Saint-Pierre le 26 septembre 1648, mariée dans cette église, le 17 août 1639, avec Jean *Preudhomme*, écuyer, fils de ?..... docteur en médecine.

3. — *Marie*, baptisée à Saint-Étienne le 18 décembre 1622.

4. — *Marie*, baptisée à Saint-Étienne le 23 septembre 1624.

5. — *Barbe*, baptisée à Saint-Étienne le 27 septembre 1626.

6. — *Marie-Madeleine*, baptisée à Saint-Étienne le 11 mars 1629, alliée à Sainte-Catherine, le 20 juillet 1659, à Jacques *Deletombe*, docteur en médecine, fils de Jacques, chirurgien, et de Catherine *Blanchart*, baptisé à Saint-Étienne le 15 avril 1629.

7. — *Allard*, baptisé à Saint-Étienne le 23 août 1630.

NON RATTACHÉ

Pierre Mouton, allié à Sainte-Catherine, le 3 novembre 1668, à Anne-Jeanne *Leniez*.

NICOLE

Armes : *d'azur à la fasce échiquetée d'argent et d'azur, accompagnée de trois croissants d'argent.*

I. — Antoine Nicole (frère de Jean, témoin à son mariage), peigneur de sayettes, épousa à Sainte-Catherine, le 17 février 1613, Madeleine *Sueur*, fille de Toussaint ; dont :

1. — *Catherine*, baptisée à Sainte-Catherine le 25 novembre 1613, mariée dans cette église, le 18 juillet 1632, avec Josse *Caudron*.
2. — *Marie*, baptisée à Sainte-Catherine le 22 mars 1616.
3. — *Noelle*, baptisée à Sainte-Catherine le 16 décembre 1618, alliée dans cette église, le 14 février 1640, à Albert *Gennevois*, fils de Robert et de Marie *Cousin*, baptisé à Sainte-Catherine le 2 mai 1621 ; dont postérité.
4. — *Marie*, baptisée à Sainte-Catherine le 15 juillet 1621, mariée à La Madeleine, le 5 octobre 1650, avec Adrien *Dhennin*, marchand.
5. — *Antoine*, qui suit, II.
6. — *Michelle*, alliée à Sainte-Catherine, le 3 avril 1648, à Josse *Dubois*, de Wambrechies.
7. — *Pierre*, baptisé à Sainte-Catherine le 4 avril 1630, y décédé le 7 décembre 1661.

II. — Antoine Nicole, baptisé à Sainte-Catherine le 13 novembre 1623, procureur, épousa : 1° à Sainte-Catherine, le 14 septembre 1641, Françoise *du Metz* ; 2° à Saint-Maurice, le 11 mai 1660, Anne *Bataille*, fille de Jean et de Jeanne *Boucherie* ; il eut :

1. — Du premier lit : *Nicolas*, baptisé à Sainte-Catherine le 3 février 1646.
2. — *Claude*, baptisé à Sainte-Catherine le 7 avril 1649, allié à Saint-Étienne, le 17 mai 1670, à Barbe *Le Plat*, fille de Pierre et de Philippine *Lerminé*, baptisée à La Madeleine le 24 février 1646 ; d'où :
    - *a.* — *Marie-Barbe*, baptisée à Saint-Étienne le 22 avril 1671, y décédée célibataire le 5 juillet 1736.
    - *b.* — *Pierre-François*, baptisé à Sainte-Catherine le 3 octobre 1672, drapier, marié dans cette église, le 12 août 1692,

avec Marie-Catherine *Pollez*, fille de Philippe et d'Yolente *Lescloart*, baptisée dans la même église le 6 décembre 1664; dont :

    aa. — *Michel*, baptisé à Sainte-Catherine le 22 juillet 1693.

    bb. — *Marie-Anne*, baptisée à Sainte-Catherine le 30 janvier 1696, y décédée veuve le 14 novembre 1769, alliée à Sainte-Catherine, le 12 février 1725, à Pierre-François *Derigbourg*, porteur de bière; sans enfants.

    cc. — *Marie-Béatrix*, baptisée à Sainte-Catherine le 20 février 1699, morte veuve, paroisse Saint-André, le 8 mars 1776, mariée à Sainte-Catherine, le 5 octobre 1723, avec Philippe-Joseph *Roussiaux*, drapier ; dont postérité.

    dd. — *Pierre-Joseph*, baptisé à Sainte-Catherine le 2 septembre 1701.

    ee. — *Marie-Thérèse*, baptisée à Saint-Pierre le 8 janvier 1708.

  c. — *Jean-François*, baptisé à Sainte-Catherine le 29 octobre 1675.

  d. — *Étienne-François*, baptisé à Sainte-Catherine le 11 octobre 1677, marié dans cette église, le 10 octobre 1700, avec Marie-Pasque *Yolente*, fille de Claude et de Marie-Jeanne *Landouche*, baptisée à Sainte-Catherine le 23 mars 1682, sous le seul nom de Pasque ; il fut père de :

    aa. — *Bauduin-Joseph*, baptisé à Sainte-Catherine le 12 août 1701.

  e. — *Paul*, baptisé à Sainte-Catherine le 5 novembre 1679.

3. — *Nicaise-Bonaventure*, baptisé à Sainte-Catherine le 2 mars 1655, y décédé le 21 novembre 1730, après avoir épousé à Saint-Maurice, le 7 janvier 1681, Jacqueline *Cambien*.

4. — Du second lit : *Claire-Françoise*, baptisée à Saint-Maurice le 12 août 1661, alliée dans cette église, le 14 février 1696, à Antoine *Prévost*.

5. — *Antoine*, qui suit, III.

6. — *François*, baptisé à Saint-Maurice le 2 décembre 1664.

7. — *Nicolas*, baptisé à Saint-Maurice le 6 décembre 1666.

8. — *Henri*, baptisé à Saint-Maurice le 13 septembre 1668.

9. — *Robert*, baptisé à Saint-Maurice le 4 juillet 1670, témoin au mariage de son frère Antoine, en 1695.

10. — *Philippe*, baptisé à Saint-Maurice le 6 novembre 1672.

III. — *Antoine* Nicole, baptisé à Saint-Maurice le 26 mars 1663, procureur et notaire, acheta la bourgeoisie de Lille le 13 août

1734 [1] et mourut paroisse Saint-Étienne le 13 mai 1741 ; il fut inhumé dans la chapelle de Saint-Liévin. Il épousa à Saint-Étienne, le 15 novembre 1695, Marie-Jeanne *Barbry*, née à Armentières, décédée à Lille, paroisse Saint-Étienne, le 17 juillet 1746 et inhumée dans la chapelle Saint-Nicolas ; il eut :

1. — *Nicolas-Dominique*, qui suit, IV.
2. — *François-Joseph*, baptisé à Saint-Étienne le 16 octobre 1698, vivant en 1734.
3. — *Isabelle-Jeanne-Job*, baptisée à Saint-Étienne le 5 février 1700, vivant en 1715.
4. — *Antoine-François*, baptisé à Saint-Étienne le 16 avril 1701, y décédé le 6 septembre 1704 et enterré dans la chapelle de Saint-Nicolas.
5. — *Marie-Constance*, baptisée à Saint-Étienne le 31 mai 1702, y décédée le 17 septembre 1703 et inhumée à côté de son frère.
6. — *Joseph* (alias *Joseph-Antoine*), baptisé à Saint-Étienne le 6 juin 1704, prêtre, chapelain de Notre-Dame-de-Grâce à Loos [2].
7. — *Marie-Marguerite-Françoise-Joseph*, baptisée à Saint-Étienne le 17 juin 1707.
8. — *Marie-Thérèse-Joseph*, baptisée à Saint-Étienne le 19 mars 1712, y décédée le 16 février 1771, enterrée dans la chapelle de Sainte-Barbe, alliée dans cette église, le 27 janvier 1744, à Engelbert-Joseph *Letocart*, fils de Dominique et de Marie-Madeleine *Fichelle*, baptisé à Saint-Étienne le 1er février 1717, négociant, bourgeois de Lille par achat du 9 janvier 1750 ; sans enfants.
9. — *Antoine*, baptisé à Saint-Étienne le 12 juillet 1713.
10. — *Marie-Thérèse-Joseph*, baptisée à Saint-Étienne le 7 février 1715.

IV. — *Nicolas-Dominique* Nicole, baptisé à Sainte-Catherine le 10 septembre 1696, notaire, marguillier de Saint-Étienne, mort paroisse Sainte-Catherine le 8 avril 1754 et inhumé dans la chapelle Notre-Dame de Tongres [3], épousa à Saint-Pierre, le 22 septembre 1721, Michelle-Archange-Catherine-Robertine *Taverne*, fille d'Hippolyte, avocat, et de Jeanne *Hians*, baptisée à Sainte-

---

1. Ses enfants avaient acquis le droit de bourgeoisie par apostille sur requête le 31 mars 1731.

2. Il testa le 18 juin 1740. Archives départementales du Nord, Testaments olographes, 4e liasse, n° 67.

3. Il testa avec sa femme le 24 décembre 1732. Archives départementales du Nord, Testaments olographes, 4e liasse, n° 70.

Catherine le 11 mai 1700, y décédée le 3 mai 1770 et enterrée à côté de son mari ; doù :

1. — *Marie-Jeanne-Antoinette*, baptisée à Saint-Étienne le 2 juillet 1722.
2. — *Hippolyte-Antoine-Joseph*, baptisé à Saint-Étienne le 10 juin 1724 [1].
3. — *Pierre-Antoine-Ignace*, qui suit, V.
4. — *Philippe-Auguste*, baptisé à Saint-Étienne le 9 juin 1728, y décédé le 9 septembre 1731.
5. — *Françoise-Gabriel-Joseph*, baptisée à Saint-Étienne le 10 juin 1729, décédée paroisse Sainte-Catherine le 27 juin 1757.
6. — *Joseph-Emmanuel*, baptisé à Saint-Étienne le 18 juillet 1730, vivant en 1770.
7. — *Louis-Hippolyte*, baptisé à Saint-Étienne le 14 novembre 1732, bailli et receveur, décédé célibataire paroisse Sainte-Catherine le 6 novembre 1765 et inhumé dans la chapelle de communion.
8. — *Augustine-Euphroisine*, baptisée à Saint-Étienne le 1er juin 1736, y décédée le 4 mars 1737 et enterrée dans la chapelle Saint-Liévin.

V. — *Pierre-Antoine-Ignace* Nicole, baptisé à Saint-Étienne le 3 août 1726, avocat en parlement, bourgeois de Lille par achat du 3 juin 1757, nommé conseiller à la gouvernance de Lille par lettres données à Versailles le 27 septembre 1751, assesseur au siège de la maréchaussée de Flandre, administrateur de la charité générale, mort paroisse Saint-Étienne le 30 décembre 1766 et inhumé dans la chapelle de l'Ange-Gardien. Il épousa à Saint-Étienne, le 12 septembre 1756, Marie-Anne-Henriette-Joseph *Laloy*, fille de Pierre-François, marchand de vins, et de Marie-Anne *Capon*, baptisée à Saint-Étienne le 19 mars 1727, décédée paroisse Sainte-Catherine le 30 mai 1792 ; d'où :

1. — *Pierre-Henri-Robert*, baptisé à Saint-Étienne le 13 juillet 1757, y décédé le 25 juin 1758.
2. — *Albert-Henri-Joseph*, baptisé à Saint-Étienne le 26 octobre 1758, mort à Lille célibataire le 5 ventôse an VIII.
3. — *Thérèse-Henriette-Anne-Joseph*, baptisée à Saint-Étienne le 20 janvier 1760, y décédée le 23 juillet 1761.

---

1. Ces deux enfants sont morts paroisse Saint-Étienne les 11 et 18 août 1727, mais le registre de décès ne donne pas leurs prénoms.

4. — *Thérèse-Henriette-Louise*, baptisée à Saint-Étienne le 4 juin 1762, morte à Lille le 24 janvier 1840, alliée à Saint-Pierre, le 15 juillet 1788, à Louis-Honoré-Joseph *Brousse*, s^r d'Orifontaine, fils de Louis-Marie-Auguste, conseiller au siège de la Monnaie de Lille, et de Mechtilde-Thérèse-Joseph *Vandervecken*, baptisé à Saint-Sauveur le 15 janvier 1761, bourgeois de Lille par achat du 3 octobre 1788, avocat, mort après sa femme.

5. — *Aimable-Isabelle-Antoinette-Joseph*, baptisée à Saint-Étienne le 6 décembre 1764, morte à Lannoy le 7 avril 1846, alliée à Lille, le 16 thermidor an IV, à Alexandre-Emmanuel *Desbrochers*, fils de Philippe-Eugène, écuyer, s^r de la Gormanchère, Dombelle, et de Dorothée *Polchet*, né à Hergny (Belgique), maréchal des logis des gardes du corps du Roi, chevalier de Saint-Louis, puis maire de Lannoy, où il mourut le 17 mai 1825, à l'âge de 68 ans [1].

NON RATTACHÉS

Pierre NICOLE, marié à Saint-Étienne, le 17 février 1721, avec Marie-Catherine *Vanmerbecq*.

Marguerite NICOLE, épouse d'Hubert *Delevare*, à Saint-Maurice (sans date).

---

[1]. Voir leur postérité dans la *Généalogie de la famille Crepy*, par Th. BOMMART, p. 138 et 139, au premier supplément, p. 62 et 63, et au deuxième supplément, p. 10.

DE POUCQUES

Armes : *d'or au lion passant de sable, armé, lampassé et allumé de gueules.*

La généalogie de cette famille se trouve assez complète dans les *Notices généalogiques tournaisiennes* de M. le comte P.-A. du Chastel de la Hovarderie, tome III, première partie, page 114, et dans l'*Annuaire de la noblesse de Belgique*, année 1897, page 107, et deuxième partie, page 2013 [1]. Nous ne voulons ici qu'y ajouter quelques notes ; nous suivons les degrés donnés par les deux généalogies ci-dessus.

Première Note

XII. — *Jean-Bauduin* de Poucques, sr du Puich à Guignies, de l'Empire à Saint-Amand, bailli général de Seclin par commission du 14 août 1647, grand forestier du bois de Wandonné par commission du 1er novembre 1659, mort vers 1695, épousa à Lille, par contrat du 12 novembre 1642, devant Me Jaspard Taverne, Nicole-Françoise *de Beaufremez*, fille de Jacques, écuyer, et d'Anne *de Poucques*, morte à Seclin le 14 décembre 1693, à soixante-sept ans ; il eut :

1. — *Adrien-François*, baptisé à Saint-Maurice de Lille le 21 janvier 1644.

2. — *Charles-Antoine*, baptisé à Saint-Maurice le 23 juin 1645, chanoine de Saint-Piat de Seclin, vivant en 1699.

3. — *Laurent*, sr du Puich, baptisé à Saint-Maurice le 10 janvier 1647, maître particulier des eaux et forêts de Lille le 20 février 1697, puis bailli de Seclin où il décéda célibataire le 27 octobre 1704.

4. — *Françoise*, baptisée à Saint-Maurice le 20 octobre 1649.

5. — *Anne-Jeanne*, baptisée à Saint-Maurice le 15 mars 1651, vivant célibataire à Seclin en 1720.

6. — *Alphonse-Florent*, baptisé à Seclin le 20 août 1652, grand bailli de la Motte-au-Bois, grand bailli d'Orchies, marié : 1° par contrat à Lille, devant Me Willot dit de Pernes, le 8 octobre 1691 [2],

---

1. Sur la branche boulonnaise, voir le tableau fait par M. de Rosny dans le *Recueil historique du Boulonnais* de D. Haigneré, t. I, p. 288.
2. Cette année 1691 manque au tabellion pour ce notaire.

et religieusement à Seclin le 10 octobre, avec Marie-Françoise *Clevis*, fille de Simon, capitaine au service d'Espagne, et de Laurence *de Créquy*, morte à Orchies le 6 juillet 1707 ; 2° avec Angélique *Caudrelier*. Toutes les généalogies disent qu'il eut du second lit deux filles décédées avant lui, mais nous n'avons pas pu encore en trouver trace.

7. — *Joseph-Antoine*, baptisé à Seclin le 23 août 1654, religieux à l'abbaye d'Hénin-Liétard où il vivait en 1704.

8. — *Françoise-Thérèse*, baptisée à Seclin le 14 février 1656, mariée audit lieu, le 16 mai 1695, avec son cousin Léopold-Guillaume *de Poucques* (voir 2ᵉ note).

9. — *Ferdinand-Albert*, baptisé à Seclin le 22 octobre 1657.

10. — *Marie-Philippe*, baptisée à Seclin le 20 février 1659, morte célibataire à Lille, paroisse Saint-Pierre, le 20 octobre 1740.

11. — *Ferri-François*, baptisé à Seclin le 1ᵉʳ juillet 1660.

12. — *Jacques*, baptisé à Seclin le 15 novembre 1661.

13. — *Antoine-Bauduin*, qui suit, XIII.

XIII. — *Antoine-Bauduin* DE POUCQUES, sʳ du Puich, baptisé à Seclin le 9 janvier 1662, bailli dudit lieu, mort avant octobre 1710, obtint, le 23 novembre 1686, un jugement le déclarant noble et issu de noble génération. Il épousa à Ficheux, près Arras, le 8 janvier 1683, Jeanne *Le Pippre* [1] ; d'où :

1. — *Jean-François*, qui suit, XIV.

2. — *Bauduin-Joseph*, baptisé à Ficheux le 20 mars 1686, étant né le 15.

3. — *Alphonse-Ferdinand*, baptisé à Ficheux le 10 juin 1688, mort à Douai, étant aux études.

4. — *Joseph-Antoine*, baptisé à Ficheux le 21 février 1690, curé de Sains-en-Gohelle.

5. — *Philippe-Louis*, écuyer, sʳ de Jayer, baptisé à Ficheux le 17 août 1692, mort le 31 décembre 1748, marié à Seclin, le 27 juin 1728, avec Isabelle-Thérèse *de Poucques*, fille de Léopold-Guillaume et de Françoise-Thérèse *de Poucques*, baptisée audit lieu le 8 octobre 1698 ; d'où :

> aa. — *Marie-Thérèse-Claudine*, baptisée à Seclin le 7 juillet 1729, entrée à la Noble-Famille de Lille le 26 juillet 1735, morte célibataire à Lille le 26 ventôse an II.

---

1. Elle appartenait sans doute à la branche artésienne de cette famille ; nous n'avons pas trouvé sa naissance ; les registres d'état civil, à Ficheux, ne commençant guère avant 1670.

bb. — *Françoise-Josèphe*, décédée en bas âge.
6. — *Jeanne-Thérèse*, baptisée à Ficheux le 21 juin 1695.

XIV. — *Jean-François* DE POUCQUES, écuyer, s^r du Puich, de Florimont, baptisé à Ficheux le 25 février 1684, officier au régiment de Hongrie, mort à Lille, paroisse Saint-Pierre, le 14 juillet 1741. Il eut d'Antoinette *Pasquier-Rolland* une fille illégitime, *Bernardine-Françoise*, baptisée à Saint-Étienne le 29 décembre 1714; puis de Marie-Catherine *Trachez* une autre fille illégitime, *Jeanne-Françoise*, baptisée à Seclin le 28 mars 1717. Il épousa à Seclin, le 5 avril 1723, Marie-Jeanne-Thérèse *Dumortier*, fille de Jean-François et de Marie-Joseph *Visart*, baptisée à Saint-Nicolas de Tournai le 11 mai 1691, décédée dans cette ville, paroisse Saint-Jacques, le 4 novembre 1765; d'où :

1. — *Marie-Joseph-Thérèse*, baptisée à Seclin le 5 mars 1724, morte à Tournai, paroisse Notre-Dame, le 22 mars 1788, alliée à Lille, paroisse Saint-Pierre, le 11 janvier 1742, à Pierre-Alexandre *Portois*, fils de Gabriel-François, bailli de Kain, et de Marie-Thérèse *de Surmont*, baptisé à Notre-Dame de Tournai le 8 septembre 1696, licencié ès lois, bailli de l'abbaye de Saint-Martin pour la seigneurie de Kain, décédé à Tournai, paroisse Saint-Jacques, le 18 décembre 1768; dont postérité.

2. — *Isabelle-Philippine*, baptisée à Templemars le 10 octobre 1725, mariée à Sainte-Marie-Madeleine de Tournai, le 18 septembre 1747, avec Claude-Joseph *Vernier*, né à Mignovillard, en Franche-Comté.

3. — *François-Joseph*, écuyer, s^r du Puich, baptisé à Templemars le 28 novembre 1727, bourgeois de Lille par achat du 8 février 1756, administrateur de la Noble-Famille, décédé paroisse Saint-André le 4 avril 1785 et inhumé à Lambersart, allié dans l'église Saint-André, le 25 janvier 1756, à Marie-Claire-Angélique *Verghelle*, dame de Grandval, Lambersart, fille de Charles-François, conseiller secrétaire du Roi, et de Marie-Claire *de Semittre*, baptisée à Sainte-Catherine le 29 novembre 1706, veuve d'André-François *Chauwin*, chevalier, décédée paroisse Saint-André le 7 novembre 1783; sans enfants.

4. — *Jacques-François*, écuyer, s^r de Florimont, baptisé à Templemars le 10 avril 1730. Sa descendance est rapportée dans l'*Annuaire de la noblesse de Belgique*, 1897, page 131, et dans les *Notices généalogiques tournaisiennes* de M. le comte DU CHASTEL, tome III, première partie, page 123.

5. — *Marie-Anne-Joseph*, décédée enfant paroisse Saint-Sauveur de Lille le 4 juillet 1738.

Deuxième Note

Léopold-Guillaume de Poucques, sʳ de l'Empire à Saint-Amand, (fils de *Jean* et de Catherine *de Poucques*), né à Fleurbaix le 4 avril 1671, reconnu noble par sentence du 5 avril 1727, mort à l'Hospice Comtesse, à Lille, le 28 janvier 1737, épousa à Seclin, par contrat passé devant Mᵉ Delattre le 22 février 1695, et religieusement audit lieu, le 1ᵉʳ mai suivant, Françoise-Thérèse *de Poucques* (cf. *supra*); il eut :

1. — *Catherine-Françoise*, baptisée à Seclin le 21 mars 1696, morte le lendemain.

2. — *Charles-Joseph*, baptisé à Seclin le 3 mars 1697, y décédé le 10 septembre 1719.

3. — *Isabelle-Thérèse*, baptisée à Seclin le 8 octobre 1698, alliée audit lieu, le 27 juin 1728, à Philippe-Louis *de Poucques*, écuyer, sʳ de Jayer ; dont postérité (cf. *supra*).

4. — *Antoine-Laurent*, baptisé à Seclin le 8 novembre 1700.

5. — *Louis-Joseph*, écuyer, baptisé à Seclin le 17 septembre 1704, eut de Marie-Anne *du Riez* deux enfants illégitimes, baptisés à Seclin : *Marie-Thérèse*, le 12 octobre 1728, et *Louis-Joseph*, le 23 novembre 1732, mort célibataire paroisse de l'Hopital à Troyes le 2 octobre 1786 [1]. Il entra ensuite dans l'armée. On trouvera sa descendance légitime dans l'*Annuaire de la noblesse de Belgique*, année 1897, page 119).

6. — Et peut-être *Jeanne*, morte à Seclin le 29 septembre 1722, à seize ans.

Troisième Note

Antoine-Joseph de Poucques, chevalier, sʳ de Beaurietz, fils de *Michel*, écuyer, et de Marie-Albertine *d'Haubourdin*, né à Béthune, lieutenant de cavalerie au régiment des chevau-légers du Dauphin, capitaine de dragons au régiment d'Artois, bourgeois de Lille par achat du 7 mars 1698, décédé à Saint-Omer, paroisse Saint-Jean-Baptiste, le 12 novembre 1712, à quarante-neuf ans ; épousa, à Sainte-Catherine à Lille, le 29 avril 1698, Marie-Catherine *du Chasteau*, fille de Nicolas, sʳ de la Wallonnie, et de Catherine *Le Roy*, baptisée dans cette église le 3 janvier 1681, morte à Saint-

---

1. Sa succession appartint au Roi à titre de bâtardise (Archives départementales du Nord, Bureau des finances C. 76, dossier 17).

Sépulcre de Saint-Omer le 12 février 1740 et inhumée à côté de son mari dans l'église Saint-Jean-Baptiste; d'où :

1. — *Marie-Catherine-Albertine*, baptisée à Sainte-Catherine à Lille le 8 février 1699.

2. — *Nicolas-Joseph*, chevalier, s^r de Beaurietz, baptisé à Sainte-Catherine le 9 septembre 1702, créé trésorier de France au bureau des finances de la généralité de Lille le 26 mai 1728, fonction dont il obtint des lettres d'honorariat le 4 juin 1756, mort célibataire à Saint-Omer, paroisse Saint-Denis, le 9 novembre 1758, et inhumé dans l'église Saint-Jean-Baptiste.

3. — *Marie-Louise-Françoise*, baptisée à Sainte-Catherine le 7 juin 1708, décédée paroisse Saint-Jean-Baptiste à Saint-Omer le 4 avril 1768, alliée à Saint-Sépulcre en cette ville, le 21 février 1735, à Philippe-Hippolyte-Joseph *de Vitry*, chevalier, s^r de Malfiance, fils de Jean-François, écuyer, s^r du Brœucq, et de Jeanne-Isabelle *de Melun*, mort paroisse Saint-Jean-Baptiste le 19 novembre 1757 à soixante et onze ans, et inhumé au chœur; dont postérité.

4. — *Marie-Jeanne-Thérèse*, baptisée à Saint-Jean-Baptiste de Saint-Omer le 13 novembre 1711, mariée à Saint-Sépulcre en cette ville, le 21 novembre 1755, avec Jean-Baptiste-Georges *de Lieurraye*, écuyer, s^r d'Omonville, fils de Georges, écuyer, et de Marie-Françoise *Le Diarre de Saint-Lyeu*, natif de la paroisse de Tremblay, âgé de trente-deux ans, capitaine au régiment Royal-Vaisseaux, nommé mayeur de Saint-Omer en 1767 et décédé sans enfants après 1768.

NON RATTACHÉE :

Barbe-Florence DE POUCQUES, morte à Seclin le 4 octobre 1695, à quarante ans (sans autre indication).

1686, 23 novembre. — *Sentence de noblesse pour Antoine-Bauduin de Poucques.*

Comme procès se soit meu entre *Antoine-Bauduin de Poucques*, demeurant au villaige de Ficheux-lez-Arras, fils de *Jean-Bauduin de Poucques*, escuier, s^r du Puich, bailly de Seclin, et de damoiselle *Nicolle-Françoise de Beaufermez*; lequel *Jean* estoit fils de *Charles*, vivant aussy escuier, s^r du Puich, demandeur sur déclaration de noblesse suivant sa requeste du huict de mars 1683, d'une part ;

Le procureur du Roy en cette Élection, deffendeur, d'aultre ;

Pour de quoy avoir cognoissance, est à remarcquer que ledit demandeur nous auroit fait représenter qu'il estoit issu de noble extraction comme fils de *Jan* et iceluy de *Charles* qui fut aussy fils de *Nicolas* et iceluy fils de *Jan* qui s'estoient tousjours qualifié éscuiers sans aulcune contestation comme auroient aussy fait leurs prédécesseurs ainsi que se pouroit aisément recognoistre par plusieurs lettres et tiltres;

Pourquoy, désirant jouir des droix de noblesse comme résident depuis peu en cette province, il supplioit de le vouloir dire et déclairer noble et issu de noble génération et comme tel qu'il jouiroit des droix et privilèges accordéz à la Noblesse. Laquelle requeste, suivant nostre ordonnance du huitiesme de janvier 1683 aiant esté communicqué audit procureur du Roy, il y auroit servi de responce le xxiii d'octobre dudit an 1683 et par icelle fait dire qu'aiant remarcqué, par plusieurs dénombrements, la généalogie mesme et plusieurs tiltres produicts par iceluy remonstrant que *Nicolas* et *Charles Bauduin de Poucques* estoient qualifiez escuiers, mais que pour cela il ne pouvoit pas convenir qu'iceluy remonstrant estoit issu de noble génération par ce que la pluspart de ces tiltres estoient privés et domesticques et en tous cas, il n'y en avoit pas un qui fut produit en bonne forme dont les signatures et sceaux estoient cognus dans cette province, plusieurs aultres n'estans que des coppies, les signatures y apposées n'estant pas cognues, de sorte que ces tiltres ne pouvoient faire aulcune foy ; estans la mesme raison pour les contracts et certificats des eschevins et curé de Seclin ; enfin ces tiltres ne quadroient pas avec la requeste qui contenoit que le demandeur estoit fils de *Jan*, au lieu que les certificats produits faisoient mention qu'il estoit fils de *Jan-Bauduin*. De plus ne se voioit aulcune pièce justificative que *Charles* estoit fils de *Nicolas* et iceluy fils d'un aultre *Jan*, comme estoit fait mention par icelle requeste. Enfin, ledit procureur avoit appris que le père du demandeur dérogeoit actuellement à la noblesse, exerçant la marchandise ; tous ces motifs donnant subjet audit deffendeur de conclurre comme il faisoit que, jusqu'à ce que le demandeur auroit plus amplement vériffié ses intentions, il seroit débouté de sa requeste avec despens, soustenant, en conséquence, qu'il debvoit quotter par un escrit inductif tous ses tiltres, ensemble touttes et chacune les inductions qu'il en pouvoit tirer par article en article, aux fins de sa filliation et noblesse.

Auquel soustenu, satisfaisant par iceluy demandeur, il auroit fait servir d'un dénombrement donné le xvie de may 1588, à *Charles de Poucques*, escuier, s^r du Puich, son père grand, par Jean-Chrestien, en qualité de tutteur de Pierre, son nepveu. Item, un aultre, donné en l'an 1592 audit *Charles de Poucques* par Antoine Defaulx et Allard Waucquier. Item, copie d'un contract de mariaige d'entre *Jan-Bauduin de Poucques*, père du sus-nommé, avec damoiselle Nicolle-Françoise *de Beaufermez*, qui fut passé pardevant notaires en la ville de Lille, le 12e de novembre 1642. Item, l'acte de tonsure, donné audit demandeur par le seigneur évesque de Tournay, le ixe de juin 1618. Item, une lettre à lui escripte par les Estats de Lille, le 12 juillet 1654. Item, un pouvoir à lui donné de la charge de grand forestier des bois de Vandonne, par le comte de Broglia, lieutenant général des armées du Roy très chrestien, gouverneur de la ville de La Bassée, en date du premier de novembre 1659. Item, un certificat donné par C. de Chastillion, prestre, curé de Seclin, du vingtiesme d'avril 1683 comme iceluy demandeur estoit fils dudit *Jan-Bauduin* et de ladite damoiselle Nicole-Françoise *de Beaufermez*. Item, l'extrait du baptistaire dudit Seclin du ix de janvier 1662. Item, deux attestations, l'une donnée par Claude Pottier et Hipolitte Taverne, notaires demeurant audit Lille, du xii novembre dudit an 1683, et l'aultre des maieur et eschevins dudit Lille desdits jour et an, et une aultre donnée des sieurs des Estats dudit Lille, par lequel ils certifioient que ledit *Jan-Bauduin de Poucques* estoit cognu pour gentilhomme et en cette qualité jouissoit des privilèges de la Noblesse, estant en datte du dix de novembre dudit an 1683.

Au moien de tout quoy, il représentoit par forme de mémoire et advertissement que les termes enonciatifs, couchés dans les anchiens instrumens d'une famille, faisaient foy et estoient suffisans pour prouver la filiation de la noblesse et que c'estoit en vain que ledit procureur du Roy lui disputoit les fins de conclusion et sa requeste puisqu'il estoit fondé dans des tiltres plus que suffisans pour justiffier ces deux faits. Il ne vouloit pas faire veoir par sa généalogie que ses prédécesseurs estoient descendus des comtes de Flandre ; il se contentoit de dire seullement qu'il estoit fils de *Jan Bauduin de Poucques*, qui fut fils de *Charles*, qui estoit de *Nicolas* et iceluy d'un aultre *Jan* ; il se remarcquoit un dénombrement sur parchemin donné audict *Jan de Poucques*, par Willemene Le Gris, le xxiiii aoust 1484 et un bail en arrentement aussy en parchemin accordé par ledit *Poucques* à Antoine Englebert en 1491, qu'il avoit la qualité d'escuier ; cette qualité avoit encore esté attribuée à *Nicolas de Poucques*, fils dudict *Jan*, par deux aultres dénombremens, aussy en parchemin des xxvi de may 1560 et xiii de juin 1561 ; six aultres dénombremens aussy en parchemin, des xxiiii may 1581, dernier de mai 1586, xxvie de may 1588 et ve et vie de novembre 1592, faisoient preuve de *Charles de Poucques*, fils de *Nicolas*, à qui ils avoient esté servis à cause de sa seigneurie qu'il avoit à Guignies, avoit encore esté qualifié escuier, ce qui se trouvoit encore vériffié en la personne dudit Charles par la coppie autenticque d'un bail par luy accordé à Pierre Wallame et sa femme le xiii de juillet 1622, par des lettres de provision à luy données pour la charge de lieutenant de forestier des bois et france forest de St Amant le dernier décembre 1623; et par la coppie d'un aultre bail à Léon Wallame le viii de juillet 1636, où ledit *Charles* estoit qualifié fils dudict *Nicolas*, escuier, s^r du Puich. Et pour monstrer qu'il n'y avoit point d'interruption de possession de cette noblesse de père en fils, le demandeur produisoit coppie autenticque du contract de mariage de *Jan Bauduin de Poucques*, son père, avec Damoiselle Nicolle-Françoise *de Beaufermez*, en datte dudit xii de novembre 1642, par lequel il s'estoit qualifié fils de *Charles*, escuier, s^r du Puich en Guignies. Il estoit vray que cette pièce n'estoit producte que par coppie, mais elle estoit collationnée par celuy qui en avoit receu l'original en qualité de notaire, laquelle qualité estoit justifiée de deux aultres nottaires par acte du xii de novembre dudict an 1683, légalisé par les sieurs maieur et eschevins dudict Lille en datte dudict jour, ainsy il falloit y adjouster foy comme à l'original. Cette qualité d'escuier se trouvoit encore énoncée par lettres de provision à luy données par la dame de Seclin, pour la charge de bailly dudict lieu en datte du xiiii aoust 1647, comme aussy par des lettres de purge données à son prouffit par le lieutenant dudict Lille du xiii décembre 1652. Item, par une commission encore à luy donnée le premier de novembre 1659 par ledict s^r comte de Broglia, pour la charge de forestier des bois de Vandosne. Item, par la coppie autenticque d'un bail passé par ledict *Charles* et ledict *Jan Bauduin*, père et fils, au prouffit dudict Léon Walame, du xe décembre 1660. Item, par semblable coppie autenticque d'un contract de vente faict par ledict *Jan-Bauduin* à Augustin Coppe le premier d'avril 1664 et par des lettres de tauxé données du lieutenant dudict Lille contre ledict *Jan-Bauduin*, du vi^e de juillet 1673. Aiant au surplus receu un envoie des Estats dudict Lille, en datte du xiie juillet 1654, pour faire assembler les dicts Estats. Se voiant en oultre par un certificat donné par le magistrat dudict Seclin le xxixe de may 1679 que ledict *Jan-Bauduin* at toujours esté qualifié et recognut pour gentilhomme et comme tel jouy des priviléges et exemptions de noblesse passez trente ans, ce qui apparoissoit encore par un aultre certificat des gens de loy de St Amand le premier décembre 1683. Ainsy vériffiant par luy comme il faisoit qu'il estoit fils dudit *Jan-Bauduin* et la noblesse d'iceluy aussy bien que de *Charles*, son père, de *Nicolas*, son père grand, et *Jan*, son bisayeul, il avoit subjet d'espérer d'obtenir en ses fins et conclusions avec despens, sans avoir esgard à l'objection que ledict

Jan-Bauduin son père exerçoit la marchandise, ce qui n'estoit véritable ; en tous cas cela ne pouroit luy préjudicier, aiant acquis sa noblesse en naissant, qui ne lui a peu estre ostée par le fait de son père puisqu'il estoit certain qu'un père ne peut point préjudicier à son fils qui estoit déjà né.

A quoy servant de contredit par ledict procureur du Roy, il auroit, par son escrit du xiii de juin 1684, fait insister que tous ces tiltres n'estoient suffisans pour vériffier les filiations et noblesse prétendues par le demandeur, car il n'y avoit que deux anchiens dénombremens servy de sa part et la coppie du mariage de *Jan-Bauduin de Poucques* ; une lettre missive, une commission de forestier ; un certificat du seigneur évesque de Tournay ; un aultre du curé de Seclin, et quelques aultres, tant de nottaires que du Magistrat de la ville de Lille et des seigneurs quattre haults justiciers, représentans les Estats de la Chastellenie dudit Lille, Douay et Orchies. En sorte que on ne debvoit avoir aulcun esgard à touttes ces productions ; et quand bien tous ces tiltres auroient esté communicqués ils ne sont toutefois pas suffisans pour prouver par le demandeur ses intentions ny qu'il estoit fils de *Jan-Bauduin*, non plus que le certificat du curé de Seclin, non plus que celui de l'évesque de Tournay ; mais il estoit de nécessité de faire compulser le registre aux baptesmes et le faire représenter par une personne compétente pour en eslever, tirer et collationner un extrait dans la forme, d'aultant que les signatures et seaux y apposez estoient privez et incognus à tel effect qu'on n'y pouvoit point adjouter foy ; par la mesme raison, on n'avoit pas prouvé que ledit *Jan-Bauduin* estoit fils de *Charles*, parce qu'il n'y avoit qu'un certificat du curé de Seclin et la coppie du prétendu contract de mariaige dudit *Jan-Bauduin* n'estoit pas digne de foy quoique signée du nottaire qui l'avoit receu, attendu qu'on n'adjoustoit jamais foy à aulcune coppie, pour autenticque qu'elle fut, à moins de vériffier la perte de l'originel ; d'ailleurs les signatures apposées à cette coppie et au certificat des nottaires qui attestoient que celuy qui l'avoit receu estoit nottaire, n'estoient cognues et debvoient estre vériffiées par la légalisation du Magistrat du lieu dont le seel debvoit estre aussy vériffié par tesmoins. D'où se voioit que le demandeur n'avoit pas jurisdicquement vériffiée sa filiation qui estoit son fondement et qui debvoit estre prouvé par avant celuy de noblesse ; c'estoit donc prématurément qu'il s'estoit esludé de vériffier les contracts et actes qu'il produisoit pour vériffier sa noblesse ; auxquels néantmoins il y avoit encore à redire en premier lieu ne produissant aulcun acte solennel et autenticque pour vériffier que *Charle* avoit esté intitulé escuier, les dénombremens qu'il emploioit, dont les signatures estoient incognues, estans des actes domesticques, n'estoient suffisans pour cette preuve; il faut que les contracts et tiltres pour cela soient autenticques et en bonne forme tels que partaiges, venditions et de mariaiges et non pas par des actes privéz qui peuvent estre faicts à plaisir; il faut que les nottaires qui ont soubscript ces actes soient cognus dans la province ou le demandeur plaide pour se faire déclarer noble, ou du moins que leurs signatures soient vériffiées par des actes de notoirieté des Magistrats de bonnes villes dont le seel fut mesme cognu et vériffié pour mettre sa prœve à couvert de reproches. En sorte qu'il estoit facile de juger que la coppie dudict mariaige de *Jan-Bauduin Poucques* ne pouvoit suppléer sa prœve de tous lesdits dénombremens et aultres actes qu'il produisoit pour justifier la noblesse prétendue dudict *Charle*. Ce qui faisoit conclurre qu'il n'estoit pas deuement vériffié que ledict *Jan-Bauduin* euist fait profession de ladite noblesse, veu qu'il ne produissoit que la coppie dudit prétendu mariaige et quelques aultres privéz et de peu de considération dont les signatures estoient pareillement incognues. Toutes ces circonstances obligeoient, partant, ledict procureur du Roy de soutenir que la preuve dudit demandeur n'estoit pas suffisante pour prouver les filiation et noblesse par luy prétendue. Estans encore à observer qu'iceluy demandeur sembloit se restraindre à vouloir prouver sa noblesse par deux générations, veu qu'il ne produisoit des tiltres que à cette concurrence, ce qui seroit suffisant semble-t-il dans les règles s'il la justifioit. Concluant en conséquence ledit procureur qu'iceluy demandeur debvoit estre déclaré non recevable et condamné aux despens. A quoy iceluy demandeur auroit fait dire qu'il avoit suffisamment fait veoir qu'il estoit noble, non seulement de deux générations mais de trois ou quattre; mesme monstreroit par une carte généalogique que cette noblesse avoit tousjours esté continué depuis plus de trois cent cincquante ans, veu qu'on voioit qu'en l'an 1339, *Ollivier de Poucques* estoit allié à noble dame Claire *de Gavres de Lens*, dont estoit issu *Heulard*, aussy seigneur de Poucques, qui euist pour fils un aultre *Heulart de Poucques*, chevalier, seigneur de Thannues, Molimont et aultres lieux, duquel estoit issu *Jan de Poucques*, seigneur de ces mesmes lieux, qui vivoit en l'an 1371 et délaissa un enffant nomé *Heulart* qui fut escuier de l'escurie de Charles le Hardi, duc de Bourgoigne et euist pour fils *Antoine de Poucques*, escuier, s^r du Pretz, chastelain du chasteau de Lille, dont estoit issu *Jan de Poucques*, allié à Marie *de Mussy*, dame héritière de Guignies, lesquels euirent pour fils un aultre *Jan de Poucques*, qui estoit celuy mentionné ès tiltres des ans 1481 et 1484 et qui fut le trisaieul de luy, demandeur. Laquelle généalogie s'est trouvée certifié véritable par Pierre de Lannoy, chevalier, conseiller et contrôlleur général de l'artillerie de Sa Majesté Catholicque ès Pays-bas, Henry Pruvost de la Valée, et Constantin Bouchelier, escuiers, rois d'armes au service de sadicte Majesté, respectivement aux tiltres de Brabant, Artois et Hainaut, dont les qualitées estoient justifiées, les signatures et cachets légalisez par un certificat du nomé de Witre, secrétaire ordinaire du Conseil de Brabant, de luy signé et cacheté du cachet secret de Sadite Majesté catholicque, tellement qu'il suffisoit au demandeur de monstrer comme il faisoit par le certificat des ruars, maieur et eschevins de Seclin, du unziesme de febvrier 1683, seellé du seel ordinaire de ladite ville et par l'extrait du registre baptismal de l'église collégial de St Piat audit lieu, signé du curé d'icelle, qu'il estoit fils de *Jan-Bauduin de Poucques*, qui estoit vériffiée par la carte d'icelle généalogie estre fils de *Charles*, escuier, s^r de Guignies, lequel fut fils de *Nicolas*, fils du susdit *Jan*, veu que toutes ces personnes avoient tousjours possédé la qualité d'escuiers ; mais, il produisoit encore un certificat donné des bailly des quattre seigneurs haults justiciers représentans l'estat des chastelenies de Lille, Douay et Orchies, en datte du dernier novembre 1683, signé de leurs greffiers et cacheté du cachet des armes des dites chastellenies, par lequel ils certifioient que ledit *Jan-Bauduin de Poucques*, escuier, s^r du Puich, bailly de Seclin, estoit cognu pour gentilhomme et qu'en cette qualité il jouissoit des priviléges de noblesse. Ce qui estoit encore justifié par aultre certificat en la mesme forme, en datte du xxixe de may 1679, et encore par celuy en bonne et deue forme des francqs jurez, eschevins et jurez (*sic*) de la ville de St Amant qui adjoustoient que ledit *Jan-Bauduin* estoit fils de *Charles*, au trespas duquel avoit esté mis à sa porte un blazon avec ses armes couvert d'un timbre et un épitaphe dans l'église paroissialle de laditte ville où estoit escrits ces mots : icy gist noble home *Charles de Poucques*, escuier, seigneur du Puich, etc. ; disant de plus qu'il ne se trouvoit dans les archives de ladite ville aulcuns anchiens traitéz de mariaige et particulièrement celuy dudit *Charles* à cause qu'on n'avoit pas coustume d'en despescher des chirographes ; qu'il n'y avoit point de tabellion establit dans ladite ville pour la garde de semblables contracts et aussy que les guerres et les logemens des trouppes y avoient causé beaucoup de désordre et la perte de quantité de pappiers, ce qui servoit de solution à l'objection que faisoit ledit s^r procureur du Roy qu'on ne produisoit point lesdits contracts de mariaige, si ce n'estoit la coppie de celuy dudit *Jan-Bauduin* avec laditte Nicolle-Françoise *de Beaufremez*, qui estoit pourtant signé des notaires qui avoit fait la minutte, qui debvoit partant faire plaine preuve de messire par ladite minutte originelle, ce que debvoit de tant plus avoir lieu que la qualité dudit nostaire estoit justifiée par deux aultres nottaires dont la probité et qualitées estoient vériffiées par le susdit certificat desdits maieurs, eschevins dudit Lille et pourquoy au moien desdits tiltres et de tous ce qui dessus et sans avoir esgard aux objections dudit sieur procureur du Roy, ledit demandeur insistoit que ses fins et conclusions lui seroient adjugées conformément à sa requeste avec despens.

Et ledit procureur du Roy, au contraire, que ledit demandeur seroit déclaré non recevable, car quoy qu'il y euist quelque apparence que la famille des *Poucques* fut noble, à supposer la légalité de tous les tiltres produits, néantmoins tant et jusque à ce que tous lesdits tiltres fussent légalisez et deuement justifiez, en sorte qu'ils fussent recognus pour des actes autenticques et dignes de foy à ce siège, de quoy ne pouvoit pas convenir ni de la prétendue noblesse, il estoit ainsy du debvoir dudit demandeur d'en faire prœve; ce qui estoit de plus, c'est que tous lesdits tiltres ne prouvoient aulcunement la filiation, mais seullement par les dénombremens servis se voioit que les *Poucques* avoient esté intitulés escuiers et que le père dudit demandeur avoit eu cette qualité, pendant que la filiation estoit le point fondamental; il estoit vray que par le certificat dudit magistrat de St Amant il estoit vériffié estre fils de *Jan-Bauduin de Poucques* et encore par aultre de Seclin, mais oultre que les signatures ne luy estoient cognues, ils n'estoient point suffisans pour justifier ce fait qui le debvoit estre par tesmoins ouis à ce siège ou par des tiltres dont la légalité seroit vériffiée; il ne justifioit pas aussi suffisamment que son dit père estoit fils de *Charles* et qu'iceluy fut fils de *Jacques*, veu qu'il ne produissoit qu'un certificat soubz seings privéz et la coppie dudit contrat de mariaige que l'on disoit estre signée de celuy l'aiant receu, ce qui n'estoit pas suffisant pour la preuve de ce fait, non seullement à cause que les signatures estoient incognues et que ledit certificat estoit une pièce informe nullement digne de foy, suivant l'ordonnance du Conseil d'Artois de l'an 1661, mais encore parce que laditte coppie ne pouvoit dans les règles faire aulcune prœve quand mesme la signature du prétendu nottaire qui l'at fait et receu seroit vériffiée, puisqu'une coppie, pour autenticque qu'elle fut, ne pouvoit faire proeuve à moins de justifier la perte de la minutte originelle par un cas fortuit tel que un incendie, ou qu'elle ait esté justifiée et collationnée pardevant la justice, la partie pour ce deuement évocquée, ce qui estoit conforme aux sentiments des docteurs, si bien que la coppie, quand mesme la signature du nottaire seroit cognue, ne pouvant servir seulle de proeuve suffisante à sa filiation, par conséquent il debvoit estre débouté de sa dite requeste ou tout au plus estre admis à vériffier plus amplement ses intentions en la forme ordinaire; à quoy ledit procureur du Roy concluoit avec demande des despens soubz l'emploie au surplus de tout ce qu'il déniot par ses escrits précédens.

Ce qu'estans par nous veu, nous aurions par une ordonnance du sixiesme d'octobre 1684, ordonné audit sʳ *Poucques* de vériffier plus amplement ses intentions ; ledit procureur du Roy entier de faire proeuve au contraire s'il le jugeoit ainsy convenir pour le procès mis en estat de juger en estre disposé ainsy qu'il appartiendra en raison, despens réservéz.

A la suitte duquel réglement, iceluy procureur du Roy auroit, par acte couché sur le registre extraordinaire, le xiiiᵉ de novembre dudit an 1684, s'offert conclurre en droit, ayant pendant ce iceluy demandeur fait tels debvoirs de proeuve et productions que bon luy auroit semblé, tant pardevant commissaires de ce siège, que celuy *ad partes* dénommé en la ville de Lille ; lesquels debvoirs d'enqueste il auroit, par escrit du huitiesme de may 1685, fait déclarer achevéz et rapportez à Cour, en emploiant, pour supplément de proeuve, tous et chacuns les tiltres produits et collationnéz pardevant lesdits commissaires *ad partes* et aultres qu'il cotteroit par son inventaire de production. Ledit procureur du Roy aiant de sa part, par acte du premier de juin dudit an, prins tout intendit et proeuve, emploié ses dénégations que le demandeur fut noble et issu de noble génération, ensemble les escrits servis au différent sur requeste ; aiant ensuitte les parties prins appointement de publier leurs enquestes et par aultres actes des cincq dudit juin et xxᵉ de novembre celuy de baillier reproches et contredits ; pour lesquels iceluy demandeur auroit, par aultre acte du xxᵉ de may 1686, fait employer l'escrit communicqué audit procureur du Roy le seiziesme desdits mois et an ; s'estans enfins lesdictes parties, par actes du xix de juillet dudit an 1686, respectivement conclud en droits, accordans le tout estre veu par nous, pour en décider selon raison comme èsdites requeste, responce, escrits, enqueste, productions, escritures et emploie des parties estoit et est plus à plain contenu. Scavoir faisons que, veu ledit procès et tout considéré, la Cour at déclaré et déclaire le demandeur noble et issu de noble génération et, en conséquence, jouira des droix, priviléges et exemptions come font les aultres nobles de cette province, le condamnant néantmoings aux despens de ce procès.

Du xxiii novembre 1686. — Signé : Platel.

Archives départementales du Pas-de-Calais, série C., Élection d'Artois, Registre aux provisions, 1675-1714, fᵒˢ 181-189.

DE RONQUIER

Armes : *inconnues*.

I. — *Jaspard* de Ronquier, décédé après 1699, eut de Catherine de Craveau :

1. — *Lambert*, qui suit, II.
2. — *Nicolas-Joseph*, né à Mons, marchand, bourgeois de Lille par achat du 2 janvier 1699, célibataire à cette date.

II. — *Lambert* de Ronquier, né à Mons, négociant, acheta la bourgeoisie de Lille le 13 août 1688 et mourut avant 1725; il épousa à Saint-Étienne, le 20 février 1689, Angélique *Bourgeois*, fille de Jean et de Catherine *Regnault*, baptisée à Saint-Étienne le 27 octobre 1667 ; d'où :

1. — *Gaspard*, qui suit, III.
2. — *Jean-François-Joseph*, baptisé à Saint-Étienne le 14 août 1691, décédé célibataire paroisse Saint-Maurice le 13 février 1756.
3. — *Pierre-Joseph*, baptisé à Saint-Étienne le 17 juillet 1693, chanoine de Saint-Pierre de Lille ; il testa à Fives le 25 juillet 1777.
4. — *Marie-Angélique-Joseph*, baptisée à Saint-Maurice le 18 mars 1695.
5. — *Marie-Joseph*, baptisée à Saint-Maurice le 21 décembre 1696, y décédée le 26 août 1763 et enterrée dans l'église, mariée à Saint-Maurice, le 2 février 1725, avec Jean-Édouard *Reynart*, fils d'Édouard et de Marie-Marguerite *Romont*, baptisé à Saint-Étienne le 13 mars 1702, négociant, bourgeois de Lille par relief du 14 février 1725, décédé paroisse Saint-Maurice le 24 septembre 1738 ; dont postérité.
6. — *Lambert*, baptisé à Saint-Maurice le 17 octobre 1700.
7. — *Bon-Lambert*, baptisé à Saint-Maurice le 5 mai 1702.
8. — *Michel*, baptisé à Saint-Maurice le 29 septembre 1703.
9. — *Pierre-François*, baptisé à Saint-Maurice le 19 septembre 1704, négociant. Il acheta, le 13 janvier 1755, une charge de conseiller secrétaire du Roi, fut convoqué aux assemblées des nobles par ordonnance du 9 février 1776 et mourut célibataire paroisse Saint-Maurice le 30 décembre 1776.

10. — *Marie-Monique*, baptisée à Saint-Maurice le 5 avril 1706, y décédée le 10 mars 1748, alliée dans cette église, le 24 avril 1724, à Gilles-François *Vanhœnacker*, fils de Gilles-François et de Marie-Catherine *Leuridan*, bourgeois de Lille par relief du 14 février 1725; dont postérité.

11. — Et probablement *Jean-Joseph*, décédé paroisse Saint-Étienne le 31 mai 1753 à quarante-quatre ans.

III. — *Gaspard* de Ronquier, baptisé à Saint-Étienne le 25 décembre 1689, marchand, bourgeois de Lille par relief du 29 mai 1714, épousa à Saint-Étienne, le 4 février 1714, Marie-Catherine-Thérèse *Dourdin*, fille de Jean-Baptiste et de Catherine-Thérèse-Augustine *Desains*, baptisée à Saint-Étienne le 23 février 1695, y décédée le 15 mars 1723 et inhumée dans la chapelle du nom de Jésus; il eut :

1. — *Marie-Catherine-Thérèse*, baptisée à Saint-Maurice le 14 janvier 1715, décédée paroisse Sainte-Catherine le 27 décembre 1785, mariée à Saint-Étienne, le 11 novembre 1736, avec Bernard-François-Xavier *Preingué*, fils de Michel et d'Anne-Claire *de Bal*, né à Menin, négociant, bourgeois de Lille par achat du 5 avril 1737, décédé paroisse Saint-André le 31 mai 1782 à soixante-six ans et trois mois; dont postérité.

2. — *Marie-Joseph*, baptisée à Saint-Étienne le 29 mai 1716.

3. — *Lambert*, baptisé à Saint-Étienne le 17 mai 1717.

4. — *Gaspard*, baptisé à Saint-Étienne le 9 avril 1720.

5. — *François*, baptisé à Saint-Étienne le 12 novembre 1721, mort aussitôt.

VAN DER HAER

Armes : *de gueules à trois losanges d'argent.*

Famille originaire du pays d'Utrecht.

I. — *Loeff* ou *Louis* Van der Haer épousa, en 1496, Marguerite *Seyten* ; d'où :

1. — *Jean*, dont la postérité restée à Utrecht se trouve rapportée dans le manuscrit 490 de la Bibliothèque municipale de Lille, page 205.
2. — *Lambert*, qui suit, II.
3. — *Élisabeth*, mariée, en 1522, avec Géry *de Culembourg.*
4. — *Ève*, religieuse à Saint-Servais d'Utrecht.
5. — *Hildegonde*, religieuse à Loosduyren en Hollande.
6. — *Adrienne*, religieuse au cloître de Tendale.

II. — *Lambert* Van der Haer, né à Utrecht, docteur en médecine, mort en 1558, épousa en 1537, Marie *Vanderburch*, qui le rendit père de :

1. — *Lambert*, qui suit, III.
2. — *Marguerite*, religieuse à Wittevrowe, à Utrecht.
3. — *Floris*, né à Louvain vers 1547, chanoine de Saint-Pierre de Lille, nommé trésorier du chapitre le 27 septembre 1599, mort à Lille le 21 février 1634 [1].

III. — *Lambert* Van der Haer, né à Louvain, obtint un certificat de noblesse daté d'Utrecht le 2 mars 1592 ; il avait épousé quelques années auparavant Anne *de la Haye*, fille de Jean, sr de la Haye, à Flers, et de Marie *Delecambe* dit *Ganthois* ; d'où :

IV. — *Arnould* (alias *Arnould-Gérard*) Van der Haer, écuyer, sr de la Bousserie, créé chevalier par lettres datées de Madrid le

---

[1]. Sur ce personnage célèbre, sa vie et ses œuvres, consulter l'*Histoire de Saint-Pierre de Lille*, par Mgr Hautcœur ; les *Souvenirs religieux*, année 1894, page 187 ; les *Scriptores Insulenses*, page 179 ; Paquot, *Mémoires pour servir à l'histoire littéraire des Pays-Bas*, t. I, page 279.

18 mars 1634, décédé paroisse Saint-Pierre le 13 mars 1685, épousa à Sainte-Catherine, le 4 mars 1634, Françoise *de Croix*, fille de Pierre, chevalier, s^r d'Oyembourg, prévôt de Valenciennes, et d'Anne *de Baudringhien*, décédée paroisse Saint-Pierre le 19 mars 1702; d'où :

1. — *Pierre-Florent*, chanoine de Saint-Pierre d'Aire-sur-la-Lys, vivant en 1697.

2. — *Marie-Françoise*, professe urbaniste à Lille le 4 septembre 1668.

3. — *Louis*, écuyer, s^r de Berlencourt, bourgeois de Lille par achat du 8 novembre 1680, mayeur d'Aire-sur-la-Lys, décédé paroisse Saint-Pierre à Lille le 9 mai 1712, allié dans cette église, le 3 juin 1681, à Catherine-Pétronille *Dubosquiel*, fille de Guillaume, écuyer, s^r de Péruwez, et de Catherine *de Malet de Coupigny*, baptisée à La Madeleine le 10 novembre 1651, décédée paroisse Saint-Pierre le 1er février 1709, et inhumée, ainsi que son mari, dans la chapelle Sainte-Anne. Il eut de Marie-Françoise *Le Clercque* une fille illégitime: *Marie-Françoise*, baptisée à La Madeleine le 23 octobre 1677. Ses enfants légitimes furent :

    a. — *Marie-Catherine*, baptisée à Saint-Pierre d'Aire-sur-la-Lys le 11 mars 1682, mariée à Saint-Étienne à Lille, le 18 mai 1700, avec Jean-Ernest *de Kessel*, s^r de Flers, dont elle vivait séparée en 1722.

    b. — *Françoise*, baptisée à Saint-Pierre d'Aire le 11 février 1683.

    c. — *Françoise-Ursule*, baptisée à Saint-Pierre d'Aire le 9 avril 1689, y décédée le 8 décembre 1727, alliée dans cette église, le 18 juillet 1723, à Philippe-Vast *Loste*, écuyer, s^r d'Esterbecque, fils de François-Jacques, écuyer, s^r de Willemand, né en 1696, mort paroisse Saint-Pierre d'Aire le 13 avril 1754 ; sans enfants [1].

4. — *Arnould-François*, baptisé à Saint-Pierre le 31 mars 1649.

5. — *Marie-Thérèse*, baptisée à Saint-Pierre le 5 avril 1651.

6. — *Ferdinand-Augustin*, qui suit, V.

7. — *Marguerite-Ursule*, baptisée à Saint-Pierre le 18 novembre 1656 [2].

V. — *Ferdinand-Augustin* VAN DER HAER, écuyer, s^r de Beaussair, Berlencourt, baptisé à Saint-Pierre le 30 juillet 1653, acheta

---

[1]. Communication de M. J. de Pas.
[2]. Elle ou sa sœur, Marie-Thérèse, décéda paroisse Saint-Pierre le 26 août 1695.

la bourgeoisie de Lille le 1er avril 1707 ; il avait épousé Gillette-Françoise *Laurin* ou *Laurent de Preumonteaux*, fille de Gilles-François, s^r de Preumonteaux, Gobausart et d'Ernestine-Claire *de Robaulx* (?) ; dont :

1. — *Marie-Pétronille-Élisabeth*, née à Bruxelles le 17 novembre 1690, bourgeoise de Lille par achat du 1er avril 1707, morte célibataire paroisse Saint-Étienne le 22 janvier 1759 et enterrée dans la chapelle Saint-Liévin.

2. — *Jean-Ferdinand-Augustin-Joseph*, écuyer, s^r de Beaussair, né à Bruxelles le 9 mai 1695, bourgeois de Lille par achat du 1er avril 1707, décédé paroisse Sainte-Catherine le 7 mai 1758, sans s'être marié. Il était tombé en enfance et avait pour curateur Pierre-Josse Six, lieutenant particulier des eaux et forêts.

3. — *Marguerite-Alexandrine*, née à Bruxelles le 29 août 1696, bourgeoise de Lille par achat du 1er avril 1707, morte paroisse Saint-Étienne le 15 décembre 1767 et enterrée dans la chapelle Saint-Liévin, célibataire.

1592, 2 mars. — *Attestation de noblesse pour Floris et Lambert vander Haer.*

Attestation des Escoutette, Bourgmeurs et Eschevins de la ville d'Utrecht, pour la noblesse de *Floris* et *Lambert Vander Haer* frères.

Nous Escoutette, Bourgimeurs et Eschevins de la ville d'Utrecht, certifions à tous ceulx qui ces lettres verront, qu'aujourd'huy devant nous comparurent personnellement, Nicolas d'Oostrum, d'aage de soixante douze, Roctart de Lanscroon, d'aagé de cinquante ans, pour le présent eschevin de ceste ville, et nos confrères Jehan d'Abscoude, Van Marten, d'age de soixante deux, Estienne de Zuylen de Nyvelt d'age de soixante et ung, et Jehan d'Oostrum d'age de XLVIII ans, tous gentilshommes de nom et d'armes de ce pays d'Utrecht : lesquels déclarèrent que *Floris* et *Lambert Vander Haer* frères, enfans légitimes de feu *Lambert*, leur auroient fait entendre que leur dit feu père natif de ceste ville d'Utrecht auroit prins alliance de mariage au pays et duché de Brabant en l'an XVe trente sept et qu'audit pays il seroit allé de vie à trespas en l'an XVe cinquante huict et que depuis ils auroient prins leur demeure et résidence en la ville de Lille lez Flandres, où que par l'espace de vingt et un ans, ils auroient continué icelle jusques à présent : et comme audit Lille, Douay, Orchies, Conté d'Arthois et pays de Tournay et Tournesis, Sa Majesté a certain droit dominial qui se dit droit de nouveaux acquests, scavoir que personne ne peut avoir ny tenir aulcun fief ou arrièrefief s'il n'est de noble extraction et gentilhomme, et où quelqu'un non noble ou roturier fust trouvé posséder aulcun fief, qu'iceluy en est tenu d'en wider ses mains au prouffit du Roy, ne fust par exprès consentement de sadite Majesté, auquel cas de consentement ledit homme roturier est taxé de paier à icelle deux, trois ou quatre années du revenu dudit fief à la volonté et discrétion des officiers ordonnez à la collecte dudit droict, de sorte que la levée dudit droict des nouveaux acquests practiquée depuis naguères audit Lille, Douay, Orchies, a monté à la somme de deux cens mille florins, davantage que lesdits *Floris* et *Lambert* leur auroient pareillement déclaré que tous gentilshommes esdits quartiers sont exempts de tailles et gabelles, aussy de garde lorsqu'ils sont résidens ès villes, et que aultres droicts et prérogatives et prééminences appertenoient esdis quartiers à l'estat de la noblesse, desquels ils entendoient jouir pour estre enfans légitimes, comme dit est, de gentilhomme, mais comme la preuve de leur noblesse leur est difficile audit pays pour estre leurdit père et leur famille originaire de ces pays et quartier d'Utrecht; iceulx nous ont requis que sur nostre foy et honneur voulsissions tesmoigner et attester ce que scavons de l'estat et qualité de leur famille et maison de *Vander Haer*, ensemble si leur dit père *Lambert* et le frère aisné d'iceluy *Jehan* auroient esté tenus pour bons gentilshommes descendans sans aulcune bastardise de ladite maison de *Vander Haer* : à raison de quoy lesdis comparans désirans en cest endroit donner tesmoignage de vérité et contentement à une tant juste et raisonnable requeste desdis sieurs frères, sur leur foy et honneur ont attesté et déclaré, attestent et déclarent par cestes qu'ils ont bonne et souffisante cognoissance de la maison et famille de *Vander Haer* portant *de gueule à trois lozangues d'argent*, laquelle maison et famille de tous temps a esté tenue et réputée comme est encores à présent pour noble, bonne et ancienne maison, descendant des filz maisnez des seigneurs *de Woerden*, comme font pareillement les maisons et familles *de Vuttenham* et *Vuyten Enghe* aians eu lesdicts du surnom de *Vander Haer* aux champs leurs maison et résidence, comme gentilshommes de bonne et ancienne extraction appertient, ladite maison et chasteau appellé *het huys te Haer*, située au village nommé de *Haer*, distant une lieue de ceste ville, laquelle maison par mariage de fille héritière seroit tombée en la famille et maison *de Zuylen*, lesquels encore à présent à raison d'icelle succession, outre leur surnom *de Zuylen* portent aussy ledit nom de *Vander Haer*, et escartèlent leurs armoiries *de Zuylen* avec lesdites armes de

Vander Haer : aussy que lesdits *Vander Haer* de tout temps ont esté en possession pacifique de ceste qualité de noblesse, aians lesdis comparans bonne cognoissance que les filles dudit surnom de *Vander Haer* par plusieurs et diverses fois auroient esté receues et admises à profession de religion ès cloistres et monastères de ce quartier, esquelz ne sont admises autres que gentilfemmes, si comme freschement *Aeva Vander Haer* au cloistre de St Servais et autres sœurs d'icelle *Aeva* en aultres cloistres, toutes tantes paternelles ausdits sieurs *Floris* et *Lambert* frères : et encore à présent *Margareta Vander Haer* sœur ausdits frères au cloistre de Wittevrouwen, comme aussy ils ont esté receues au cloistre de Rensborch en Hollande, comme aussy ils ont veu ledit *Jehan Vander Haer*, oncle ausdits frères, et son filz à présent vivant *Louiff*, esté adjournez et avoir comparus au rang et degré de gentilhommes aux assemblées des estatz de ce pays d'Utrecht au menbre deuxiesme desdis estatz vulgairement appellé het Ridderschap : aussy que les gentilshommes aians prins alliance avecq lesdis *Vander Haer* sont tenus avoir fait bonne et noble alliance et pour tels sont admis et tenus parmy leurs armoiries le quartier desdits de *Vander Haer* : lesquels aussy n'ont jamais exercé aulcun stil ou traficque d'homme roturier et non noble, ains au contraire se sont tousjours maintenus en gentilshommes de réputation, et leurs femmes en habit, rang et degré de gentilfemmes sans aucune reproche et note de vilité ou bassesse de gens non nobles et roturiers, disant davantage lesdits sieurs comparans (excepté Jehan d'Oostrum) qu'ils ont eu bonne cognoissance dudit *Lambert*, père aux susdits *Floris* et *Lambert* et de son frère *Jehan*, lequel estoit en son vivant allié par mariage à ceulx de *Nivelt* ; lesquels *Jehan* et *Lambert* ils ont tenus et tousjours ouy tenir pour gentilshommes de bonne, ancienne, chevalereuse noblesse, et pour telz avoir esté réputez par lesdits *de Zuylen* possédans à présent ladite maison *Te Haer*, et écartelant, comme dit est, leurs armoiries desdites armes de *Vander Haer*, aussy que ledit feu *Jehan* et à présent son fils *Louff*, ont jouy et jouissent du tiltre de noblesse, ensemble des droitz et prérogatives conformément aux autres gentilshommes de ce pays et quartier. Et comme lesdis comparans par leur serment ont attesté tout ce que dessus est escript, estre véritable, si avons le seau de ceste ville (lequel usons journellement) fait pendre cy desoubz. Fait à Utrecht le deuxiesme du mois de mars l'an de grace XV^c quattre vingts et douze.

Bibliothèque communale de Lille. Manuscrit n° 953, Recueil de pièces généalogiques pour le nord de la France, f° 19 r°.

18 mars 1634. — *Lettres de Chevalerie accordées à Arnould Vander Haer.*

Philippe, par la grâce de Dieu, Roy de Castille, de Léon, etc....
A tous ceulx quy ces présentes verront, Salut. Scavoir faisons que
pour la bonne relation que faicte nous a esté de nostre cher et bien
amé *Arnould Vander Haer*, escuyer, et que sa famille seroit noble
et ancienne en nostre pays d'Utrecht, les descendans de laquelle ses
prédécesseurs auroient rendu plusieurs bons et fidelz services à nostre
couronne, et dernièrement son oncle *Floris Van der Haer*, trésorier
et chanoine de l'église de Saint Pierre à Lille, et commissaire au
renouvellement de la loy illecq, lequel auroit employé ses biens et
moyens pour nostre service et maintiennement de nostre saincte foy
catholicque, appostolicque et romaine, qu'il auroit fort constament
deffendu contre la religion de Vred, suscitée en l'an 1577, ayant
à ce esté spéciallement commis avecq autres de noz fidelz subjectz
de Lille, Douay et Orchies, comme aussy il auroit contribué beaucoup à composer les altérations d'aucunes provinces, oultre plusieurs
autres bons debvoirs par luy rendus en différentes occasions d'importance, et ledit *Arnould Vander Haer* à l'imitation de ses prédécesseurs se seroit tousjours maintenu et comporté en gentilhomme et
ne désirant rien plus que de s'employer en nostre service, affin de le
pouvoir faire avecq tant plus d'authorité, il nous a très humblement
supplié que nostre bon playsir fut de l'honnorer du titre de Chevalier. Pour ces causes et ce que dessus considéré, mesmes afin de le
stimuler d'advantage et luy donner occasion au moyen de quelcques
marcques d'honneur, de s'esvertuer en nostre service, nous désirans
favorablement le traicter, décorer et eslever, avons à l'advis et favorable intercession de feue nostre très chère et très amée bonne tante,
madame Isabel Clara Eugenia par la grâce de Dieu Infante d'Espaigne, icelluy *Arnould Van der Haer* faict et créé, faisons et
créons Chevalier par ces présentes, voullans et entendans que doresenavant il soit tenu et réputé pour tel, en tous ses actes et besoingnes,
et joysse des droictz, libertez et franchises, dont joyssent et ont
accoustumé de joyr tous aultres chevaliers par toutes nos terres et
seigneuries signament en noz Pays bas, tout ainsy et en la mesme
forme et manière comme s'il eust esté faict et créé chevalier de nostre
propre main. Mandons et commandons à tous nos lieutenans gouverneurs mareschaulx et aultres noz justiciers, officiers et subjectz à cui
ce peult toucher en manière que ce soit, que ledict *Arnould Vander
Haer*, ilz facent, seuffrent et laissent dudict tiltre de chevalier, et de
tout le contenu en cesdictes présentes, plainement et paisiblement

joyr et user sans luy faire mettre ou donner, ny souffrir estre faict, mis ou donné aucun trouble, destourbier ou empeschement au contraire. Car ainsy nous plaist il, pourveu qu'au préallable il sera tenu présenter cesdictes présentes à don Juan de Castillo, nostre secrétaire du Registre des Mercédes, affin d'en estre tenue note et mémoire ès livres de sa charge, En tésmoingnage de ce nous avons signé ces présentes de nostre main et à icelles faict mestre nostre grand scel. Donné en nostre ville de Madrid, Royaulme de Castille, le XVIIIe du mois de mars 1634 et de noz règnes le XIIIe. Paraphé C. Solr. V^t ainsy signé PHILIPPE et sur le ply est escript, Par le Roy et signé DE BRITTO ; si estoit encores escript sur ledit ply ce qu'il s'enssuit, Tome la Racon en 2 de Ag^{to} de 1634 et signé don Juan DE CASTILLO, et estoient lesdictes lettres scellées d'ung grand scel de chire vermeille en double queue de parchemin.

> Archives communales de Lille. Registres aux mandements et ordonnances de la Gouvernance. — Reg. Albert, pièce 333, f° 217.

VANLAER

Armes : *d'azur à trois canettes d'argent surmontées d'une branche de laurier de sinople périe en fasce ; au chef cousu de sable chargé de trois sautoirs d'or.*

I. — Jacques Vanlaer, drossart de Saint-Vliet pour l'abbé de Saint-Michel d'Anvers, épousa Madeleine *Sertoghe*, ils étaient tous deux décédés avant 1609 et laissèrent trois enfants parmi lesquels :

II. — *Jacques* Vanlaer, né à Anvers, « jullier », bourgeois de Lille par achat du 2 octobre 1609, testa devant Me Jean Turpin le 15 février 1640, et mourut avant août 1655 ; il épousa Catherine *Fasse*, fille de Jacques et de Claire *Blondel*; d'où :

1. — *Jacques*, baptisé à Saint-Étienne le 4 octobre 1617, capucin à Lille sous le nom de Père Christophe.

2. — *Étienne*, qui suit, III.

3. — *Claire*, baptisée à Saint-Étienne le 14 juillet 1621, alliée à Jacques *Crocquet*, fils de Ferdinand et de Béatrix *Delarue*, né à Bruges, marchand, bourgeois de Lille par achat du 10 mai 1641 ; dont postérité.

4. — *Jacques* (alias *Jean-Jacques*), s^r de Berghendal, « écuyer », baptisé à Saint-Étienne le 27 octobre 1624, bourgeois de Lille par relief du 28 juillet 1654, maître particulier des eaux et forêts, décédé paroisse Saint-André le 24 juillet 1707, allié : 1° par contrat devant Me Jacques de Parmentier, le 16 juin 1654, à Jeanne *du Béron*, fille de Louis, marchand, et de Claire *de Coninck*, baptisée à Saint-Étienne le 28 août 1629, décédée paroisse de La Madeleine le 11 novembre 1680 ; 2° à Saint-Pierre, le 22 avril 1681, à Claire *du Hot*, fille de Jean, s^r de Bertelins, et d'Antoinette *Aupatin*, baptisée à Saint-Maurice le 26 juin 1623, veuve d'Allard *Braem*, décédée même paroisse le 4 février 1695 ; d'où :

    a. — Du premier lit : *Jacques*, écuyer, s^r de Berghendal, baptisé à Sainte-Catherine le 8 juillet 1657, maître particulier en la maîtrise des eaux et forêts de Phalempin le 19 juin 1695.

    b. — *Marie-Catherine* (alias *Marie-Thérèse*), décédée paroisse Saint-Étienne le 25 février 1719, alliée à Saint-Pierre, le 7 novembre 1684, à François *Waresquiel*, s^r de Mesgaland, fils de François et de Jacqueline *Cardon*, bourgeois de Lille par relief du 1er février 1685, anobli par l'achat d'une charge de conseiller-secrétaire du Roi, échevin de Lille, décédé paroisse Saint-André le 21 juin 1727 ; dont postérité.

5. — *Marie-Françoise,* religieuse à Sion de Courtrai.

6. — *Éloi-Jacques,* baptisé à Saint-Étienne le 7 février 1630.

III. — *Étienne* VANLAER, baptisé à Saint-Étienne le 8 mars 1619, épousa, par contrat devant Me Jacques de Parmentier le 28 août 1655 et à Sainte-Catherine, le 2 septembre suivant, Anne *Jacops*, fille de Jacques et de Claudine *Robert,* baptisée à Saint-Étienne le 24 mars 1633 ; d'où :

1. — *Marguerite*, baptisée à Sainte-Catherine le 21 juin 1663, y décédée le 27 novembre 1734, alliée dans cette paroisse, le 14 mai 1690, à Robert-André *Poulle*, écuyer, s^r du Vas, fils de Remi, s^r des Rameaux, et d'Anne-Marie *Warlop*, baptisé à Sainte-Catherine le 30 novembre 1643, bourgeois de Lille par relief du 13 mai 1681, conseiller pensionnaire de cette ville, veuf d'Anne-Catherine-Virginie *Aronio*, décédé le 23 avril 1715 ; dont postérité.

2. — *Madeleine*, baptisée à Sainte-Catherine le 21 juillet 1669, morte le 24 août 1728, mariée à Sainte-Catherine, le 12 avril 1692, avec Pierre-François *de Maulde*, écuyer, s^r de la Tourelle, de Haimont, fils de Pierre, échevin de Valenciennes, et d'Isabelle *Hardy*, baptisé à Saint-Géry de Valenciennes le 15 décembre 1658, échevin de cette ville, puis capitaine du régiment de Montberon, passé au régiment de Monrois, bourgeois de Lille par achat du 20 juin 1692, échevin de cette ville, décédé paroisse Saint-André le 27 avril 1726 ; dont postérité.

3. — *Marie-Élisabeth*, alliée à Sainte-Catherine, le 22 octobre 1686, à François-Séraphin *Hespel*, écuyer, s^r de la Vallée, fils de François-Séraphin, écuyer, greffier des Etats, et de Marie-Hippolyte *Vandenberghe*, baptisé à Saint-Étienne le 11 février 1653, bourgeois de Lille par relief du 21 novembre 1686, rewart de cette ville, mort paroisse Saint-Pierre le 17 février 1718 ; dont postérité.

VRANCX

Armes : *d'or à trois pattes de coq de sable.*

I. — *Jacques* Vrancx, né à Malines, mort avant août 1584, épousa Christine *N*....; d'où :
1. — *Antoine*, qui suit, II.
2. — *Ange*, qui suivra, II bis.
3. — *Barthélemi*, capitaine au service d'Espagne.
4. — *Jacques*, célibataire.
5. — *Gertrude*, célibataire.
6. — *Anne*, vivant à Lille en 1612; elle y avait épousé Martin *Roienbart*, cordonnier, décédé entre 1621 et 1626; dont postérité.

II. — *Antoine* Vrancx, né à Louvain, bourgeois de Lille par achat du 2 août 1584, mort avant 1614; épousa : 1° *N*..... ; 2° Jacqueline *Despretz* ; 3° Isabeau *Delecambre* ; il eut dix-sept enfants parmi lesquels nous connaissons :

1. — Du premier lit : *Françoise*, née vers 1585, fille dévote, marraine de sa nièce en 1639.
2. — *François*, médecin, bourgeois de Lille par relief du 13 août 1636, allié à Catherine *Ginet* dit *de le Cambre*, fille de Michel et d'Agnès *Jenevier* ; d'où :
    a. — *Marie-Jeanne,* baptisée à Saint-Maurice le 18 août 1637, épouse de Pierre *Tétar*, à Douai.
    b. — *Françoise-Thérèse*, baptisée à Saint-Maurice le 9 juillet 1639.
3. — *Anne*, religieuse à Wervicq.
4. — Du second lit : *Marguerite,* alliée à Saint-Maurice, le 26 avril 1614, à Guillaume *Persan*, fils de Guillaume et de Marguerite *Desbucquois*, marchand, bourgeois de Lille par relief du 3 février 1615.
5. — Du troisième lit : *Jeanne*, mariée avec Nicolas *Huglo*, fils de Michel et de Jacqueline *Liefart*, sayeteur, bourgeois de Lille par relief du 7 avril 1606, veuf de Martine *Baudart* ; elle était veuve en 1644 et eut postérité.
6. — *Antoine*, baptisé à Saint-Maurice le 12 avril 1601.

7. — *Jacques*, baptisé à Saint-Maurice le 24 juillet 1604.
8. — *Isabelle*, baptisée à Saint-Maurice le 1er mai 1608.

II bis. — *Ange* VRANCX, né à Louvain, vint s'établir à Lille comme orfèvre, et épousa Bauduine *Colette* ; il eut :

1. — *François*, qui suit, III.
2. — *Marie*, dont le service funèbre eut lieu le 16 juillet 1619, alliée à Robert *Leroy*, fils de Gilles, né à Lille, dont il releva la bourgeoisie le 22 décembre 1590 ; il mourut le 13 octobre 1639.
3. — *Jeanne*, mariée avec Jean *Delecour*, fils de Jean, né à Lille, bourgeois de cette ville par relief du 12 août 1588; dont postérité.

III. — *François* VRANCX, né à Lille, orfèvre [1], bourgeois de cette ville par achat du 3 mars 1595, mort en 1646, épousa : 1° après mars 1595, Jeanne *de Semerpont*, fille d'Henri et de Louise *de Hénin*, décédée en 1609 ; 2° Isabelle *Cornille*, morte en 1650 [2]; il eut :

1. — Du premier lit : *Jeanne*, religieuse à l'Abbiette de Lille.
2. — *François*, qui suit, IV.
3. — *Hugues*, jésuite.
4. — *Hélène*, morte en bas âge.
5. — Du second lit : *Marie*, baptisée à Saint-Étienne le 25 novembre 1615, vivant en 1654, étant veuve et débile d'entendement ; alliée à Saint-Étienne, le 29 avril 1636, à Thomas *de Roose*, fils de Jacques et de Jeanne *Maigart*, né à Bruges, orfèvre, bourgeois de Lille par achat du 2 mai 1636.
6. — *Étienne*, baptisé à Saint-Étienne le 27 décembre 1617, dit Dom Joseph, cellerier de l'abbaye de Cysoing, nommé maître de l'hôpital Comtesse le 4 juin 1649, puis abbé d'Eaucourt, abbé de Cysoing de 1655 à 1669, nommé pendant cette période, le 16 janvier 1658, visiteur et proviseur de l'hôpital Comtesse, enfin abbé de Saint-Aubert de Cambrai où il mourut le 18 avril 1681 [3].
7. — *Élisabeth*, alliée à Saint-Étienne, le 10 janvier 1640, à

---

1. Il lui fut payé 284 livres 12 sols parisis pour une remonstrance du Saint Sacrement faite par lui pour la chapelle de la maison des Bonnes-Filles, en 1641 ; et la même année 110 florins pour avoir livré une couronne d'argent doré servant sur le ciboire de la même chapelle. (Archives hospitalières de Lille, fonds de la maison des Bonnes-Filles, E 17, fol. 92 r°). Cf. d'autres objets exécutés par lui pour l'hôpital Comtesse, dans le fonds de cet hôpital, nos 4620, 4630, 4640, 4644, 4652.

2. Leur obit était chanté à Cysoing le 1er janvier.

3. Cf. *Annales de la Société historique de Tournai*, nouvelle série, t. I, p. 211, article du comte DU CHASTEL sur un jeton de cet abbé.

Antoine de *la Derrière*, fils de Nicolas et de Marie *Weulliens*, né à Tournai en 1584, orfèvre, puis maître des monnaies à Tournai, veuf d'Anne *Wybaut*, d'Isabeau *Couloy*, d'Anne *Capye* et de Philippote *Pottier*, bourgeois de Lille par achat du 7 août 1637, mort à Tournai, paroisse Sainte-Marguerite, le 20 avril 1667.

8. — *Catherine*, baptisée à Saint-Étienne le 9 juin 1621, mariée dans cette église, le 16 octobre 1650, avec Melchior *Deladerrière*, fils de Louis et de Marguerite *de Beauvois*, né à Arras, marchand de laine, bourgeois de Lille par achat du 7 janvier 1650, remarié avec Jeanne *Boussemart*.

9. — *Ignace*, baptisé à Saint-Étienne le 3 décembre 1623, marchand, allié à Sainte-Catherine, le 17 septembre 1646, à Jeanne *Boussemart*, fille de Christophe et de Madeleine *de Graf*, baptisée dans cette église le 13 février 1624, remariée à Saint-Étienne, le 10 mai 1668, avec Melchior *Deladerrière* (cf. *supra*) et décédée veuve à Saint-Étienne le 18 janvier 1701.

10. — *Antoine*, baptisé à Saint-Étienne le 17 septembre 1629, religieux à l'abbaye de Cysoing, puis prévôt d'Harlebecke, enfin pasteur de Camphin.

IV. — *François* VRANCX, marchand d'étoffes, bourgeois de Lille par relief du 4 février 1636, obtint des archiducs, en 1618, le monopole, pour dix ans, de figurer et gaufrer toutes sortes d'étoffes de velours, satins, camelots et changeans de Lille; il mourut en 1666 [1], et avait épousé à Saint-Étienne, le 15 octobre 1635, Antoinette *Pottier* [2], fille de Jérôme et de Philippote *Salabre*, morte en 1649; d'où :

1. — *François*, baptisé à Saint-Étienne le 28 juillet 1636, mort avant septembre 1640.

2. — *Antoine*, baptisé à Saint-Étienne le 23 juin 1638, pasteur de Louvil, puis abbé de Cysoing, où il décéda le 30 avril 1720.

3. — *François*, baptisé à Saint-Étienne le 8 septembre 1640, solitaire, mort en 1667 [3], à Dôle, en Franche-Comté.

4. — *Jean-Baptiste*, baptisé à Saint-Étienne le 27 avril 1642, dominicain, prieur des couvents de cet ordre à Lille, Valenciennes et Mons, décédé le 16 août 1710.

---

1. L'obit de François Vrancx et de sa femme se faisait à Cysoing le 5 des ides de novembre.

2. POTTIER : *d'or à la fasce de gueules, accompagnée de trois pots à une anse du même*.

3. L'obit de François Vrancx se faisait à Cysoing le 5 des calendes d'avril.

5. — *Jacques*, qui suit, V.

6. — *Jérôme*, baptisé à Saint-Étienne le 9 janvier 1646, capucin à Lille sous le nom de Père Joseph, et décédé en 1685.

7. — *Élisabeth*, baptisée à Saint-Étienne le 21 juillet 1647, morte à trois ans.

8. — *Jeanne*, baptisée à Saint-Étienne le 11 octobre 1649, alliée dans cette église, le 18 janvier 1668, à François *de Richemont*, fils de Pierre et de Marie *Le Clercq*, baptisé à Saint-Étienne le 27 janvier 1636, bourgeois de Lille par relief du 23 janvier 1668 ; dont postérité.

V. — *Jacques* VRANCX, baptisé à Saint-Étienne le 18 avril 1644, bourgeois de Lille par relief du 6 mai 1667, receveur des Bleuets, mort le 29 août 1691, épousa à Saint-Pierre de Tournai, le 18 octobre 1666, Jeanne *Steen*, fille de Michel, orfèvre, et de Catherine *Monnier*, baptisée dans cette église le 16 août 1649, décédée paroisse Saint-Brice le 6 septembre 1700 ; d'où :

1. — *Antoine-François*, baptisé à Saint-Étienne le 29 novembre 1667 ; dominicain.

2. — *Michel-François*, baptisé à Saint-Étienne le 21 mars 1669.

3. — *Jacques-François*, baptisé à Saint-Étienne le 6 août 1670.

4. — *Élisabeth*, baptisée à Saint-Étienne le 19 août 1671.

5. — *Jeanne-Michelle*, baptisée à Saint-Étienne le 29 septembre 1672, alliée à Saint-Brice de Tournai [1], le 9 juillet 1696, à Jean *Garni*, marchand brasseur, mort sans enfants le 6 septembre 1701.

6. — *Ignace*, baptisé à Saint-Étienne le 26 novembre 1673.

7. — *Marie-Angélique*, baptisée à Saint-Étienne le 19 avril 1675.

8. — *Étienne-Joseph*, baptisé à Saint-Étienne le 7 juillet 1676.

9. — *Jacques*, baptisé à Saint-Maurice le 30 septembre 1679, religieux à l'abbaye de Cysoing.

10. — *Jean-Chrysostome*, baptisé à Saint-Maurice le 28 janvier 1681, religieux à l'abbaye de Cysoing.

11. — *Jean-Baptiste*, baptisé à Saint-Maurice le 8 mars 1682, bourgeois de Lille par relief sur requête du 10 juin 1717, mort paroisse Saint-Piat de Tournai le 25 février 1755, allié dans cette église, le 8 janvier 1708, à Claire-Élisabeth *Baudechon*, fille de Jean-Baptiste, échevin de Tournai, et de Jeanne *Chastel*, baptisée à Saint-Piat le 7 octobre 1686, y décédée le 26 octobre 1725 ; d'où :

---

1. Tous les renseignements tournaisiens de cette généalogie nous ont été fournis par le comte DU CHASTEL.

a. — *Antoine-François-Joseph,* baptisé à Saint-Piat de Tournai le 8 octobre 1708, juré de cette ville, bourgeois de Lille par achat du 6 juillet 1742, décédé à Tournai, paroisse Notre-Dame, le 5 juillet 1775, marié à Saint-Maurice de Lille, le 5 novembre 1741, avec Pélagie-Claire *Vandervecken,* fille de Théodore-François et de Marie-Catherine *Ghislain,* baptisée à Saint-Étienne le 17 août 1717 ; d'où :

    aa. — *Marie-Catherine-Pélagie,* baptisée à Saint-Piat de Tournai le 8 octobre 1742, alliée à Jean-Claude *Allier.*

b. — *Jeanne,* baptisée à Saint-Piat le 1er avril 1711, y décédée le 29 mai suivant.

c. — *Marie-Claire-Henriette,* baptisée à Saint-Piat le 11 août 1712, morte paroisse Notre-Dame le 18 février 1753, alliée dans cette église, le 26 septembre 1734, à Michel-Joseph *Brisseau,* fils de Jacques-Philippe, conseiller de la Chambre de commerce de Tournai, et de Marie-Catherine *de Lannoy,* baptisé à Saint-Nicolas en cette ville le 24 janvier 1708, maître ès arts, licencié ès droits, y décédé paroisse Notre-Dame le 28 mai 1736; dont un fils.

d. — *Marie-Jeanne-Isabelle,* baptisée à Saint-Piat le 27 novembre 1714, y décédée célibataire le 26 mai 1788.

e. — *Hélène,* baptisée à Saint-Piat le 28 septembre 1716, y décédée le 6 mai 1722.

f. — *Jean-Baptiste,* baptisé à Saint-Piat le 30 septembre 1718, mort le 2 décembre suivant.

g. — *Marie-Thérèse,* baptisée à Saint-Piat le 7 mars 1720.

h. — *Jean-Baptiste-Joseph,* baptisé à Saint-Piat le 21 juillet 1721.

i. — *Albert-Prosper,* baptisé à Saint-Piat le 10 août 1723, mort le 14 novembre suivant.

j. — *Philippe-François-Joseph,* baptisé à Saint-Piat le 25 octobre 1725, mort le lendemain.

12. — *Jeanne-Catherine,* baptisée à Saint-Étienne de Lille le 8 mars 1684, religieuse à l'hôpital Marais, à Tournai, morte le 21 décembre 1710.

13. — *Michel-Louis,* baptisé à Saint-Étienne le 24 octobre 1685, décédé à Tournai, paroisse Saint-Brice, le 27 juillet 1700.

14. — *François-Daniel,* qui suit, VI.

VI. — *François-Daniel,* Vrancx, baptisé à Saint-Étienne, à Lille, le 17 mars 1687, bourgeois de cette ville par relief sur requête du 10 juin 1717, avocat au Parlement de Tournai, puis échevin de cette ville, mourut noyé dans l'Escaut le 23 décembre 1734 et fut inhumé dans l'église Saint-Brice en la chapelle de Notre-Dame Auxiliatrice. Il épousa à Saint-Brice, le 27 juillet 1704, Marie-Barbe-Marguerite *Houfflin*, fille de Guillaume, avocat, et d'Anne *de le Bury*, décédée paroisse Saint-Brice le 5 octobre 1766 ; d'où :

1. — *Antoine-Joseph*, baptisé à Saint-Brice le 10 juin 1705, y décédé le 29 octobre 1715.
2. — *Jeanne-Michelle-Ghislaine*, baptisée à Saint-Brice le 8 octobre 1707.
3. — *Marie-Anne-Thérèse-Augustine*, baptisée à Saint-Brice le 8 juillet 1710, religieuse à l'hôpital Comtesse à Lille sous le nom d'Élisabeth.
4. — *Jean-Baptiste-Michel*, baptisé à Saint-Brice, le 21 avril 1713, décédé le même jour.
5. — *Jacques-Félix*, baptisé à Saint-Brice le 25 mai 1714.
6. — *Guillaume-François*, jumeau du précédent.
7. — *Ignace-François*, qui suit, VII.
8. — *Marie-Pélagie*, baptisée à Saint-Brice le 14 août 1717, religieuse à l'hôpital Comtesse sous le nom d'Augustine.
9. — *François-Daniel*, décédé paroisse Saint-Brice le 12 avril 1722 en bas âge.

VII. — *Ignace-François* VRANCX, écuyer, s^r de Beauregard, baptisé à Saint-Brice le 1er août 1715, licencié ès droits, juré et échevin de Tournai, conseiller surintendant du Mont-de-piété, décédé paroisse Saint-Jacques le 9 février 1757 ; épousa à Sainte-Waudru de Mons, le 20 octobre 1739, Catherine-Josèphe *de Béhault*, fille de Noël-Joseph, conseiller trésorier des chartes du Hainaut, et de Françoise-Hubertine-Thérèse *Huet*, baptisée à Sainte-Waudru le 6 avril 1711, décédée à Lille, paroisse de La Madeleine, le 26 février 1786. Cette dame obtint le 10 novembre 1771 des lettres de noblesse pour elle et ses enfants avec rétroaction à feu son mari ; leur postérité fut :

1. — *Dominique-Joseph*, baptisé à Saint-Brice le 27 août 1741, y décédé le 16 septembre 1745.
2. — *Jean-Baptiste-Aubert*, baptisé à Saint-Brice le 14 mai 1743, y décédé le 22 septembre 1745.
3. — *Marie-Ignace-Eulalie-Josèphe*, baptisée à Saint-Brice le 31 juillet 1746, alliée par contrat du 18 mai 1767 et à Saint-Jacques, le lendemain, à François-Charles-Joseph *Huet*, s^r de Groussage, fils

de Simon-François, avocat fiscal au conseil souverain de Hainaut et de Jeanne-Éléonore-Livine *Swarts*, baptisé à Saint-Germain de Mons le 19 février 1717, mort à Lintz sur le Rhin le 10 avril 1795. Il testa à Mons le 18 janvier 1793 et laissa postérité.

4. — *Théodore-Antoine-Joseph*, écuyer, s^r de Beauregard, du Quesnoy, du Péage, baptisé à Saint-Brice le 13 février 1748, licencié ès droits, conseiller surintendant du Mont-de-piété, député aux États du Tournaisis, mort le 6 prairial an VII à Tournai, allié à Saint-Piat, le 13 septembre 1773, à Louise-Maximilienne-Joseph *de Rasse* [1], fille de Denis-Charles-Joseph, écuyer, s^r de la Faillerie, conseiller au baillage royal de Tournaisis, et de Philippine-Thérèse *Brisseau* [2], baptisée à Saint-Piat le 2 mars 1754, morte à Tournai le 21 avril 1824 ; d'où :

    a. — *Catherine-Louise-Josèphe*, baptisée à Saint-Jacques le 15 juin 1774, y décédée le 15 janvier 1775.

    b. — *Théodore-Henri-Joseph*, baptisé à Saint-Jacques le 17 octobre 1775.

    c. — *Denis-Théodore-Joseph*, écuyer, baptisé à Saint-Jacques le 26 février 1777, directeur du Mont-de-piété, régent de la paroisse Saint-Jacques, assassiné le 28 avril 1806, à la sortie du théâtre, par Charles de Lossy de Froyennes. Celui-ci, défendu par Chauveau-Lagarde, fut acquitté à Mons [3].

    d. — *Caroline-Joseph*, baptisée à Saint-Jacques le 20 août 1778, y décédée le 19 décembre suivant.

    e. — *René-Joseph*, écuyer, baptisé à Saint-Jacques le 11 novembre 1779, surintendant du Mont-de-piété, mort à Tournai le 8 février 1851, allié à Douai, le 26 novembre 1806, à Louise-Josèphe-Geneviève *de Warenghien*, fille de Louis-Joseph-Marie, baron de Warenghien, président de la cour royale de Douai, et d'Anne-Barbe *de Pieffort*, baptisée à Saint-Albin en cette ville le 10 novembre 1783, entrée à la Noble-Famille à Lille le 10 février 1791, décédée sans postérité.

    f. — *Louise-Josèphe*, baptisée à Saint-Jacques le 27 décembre 1781.

    g. — *Marie-Charlotte-Josèphe*, née à Tournai le 20 octobre 1783, baptisée à Saint-Jacques le 13 avril suivant, décédée en cette ville, sans enfants, le 12 juin 1828, alliée dans cette ville,

---

1. DE RASSE : *d'or à trois chevrons de sable.*

2. BRISSEAU : *d'or au chevron de gueules accompagné de trois croix cantonnées de quatre croisettes du même.*

3. HOVERLANT, *Essai chronologique pour servir à l'histoire de Tournai,* t. XX, p. 54.

le 27 mai 1820, à Michel-Joseph-Hubert, chevalier *de Gouy d'Anserœul*, fils d'Alexandre-Michel-Érasme-Joseph et de Catherine-Hubertine-Rose-Thérèse *du Mortier*, baptisé à Saint-Nicolas le 15 mars 1779, lieutenant-colonel de cuirassiers au service des Pays-Bas, mort à Tournai le 27 avril 1826.

h. — *Marie-Philippine-Josèphe*, baptisée à Saint-Jacques le 28 août 1787.

5. — *René-François-Xavier-Joseph*, écuyer, sʳ du Lezlieu à Saméon, baptisé à Saint-Jacques le 2 décembre 1749, enseigne aux gardes wallonnes le 18 avril 1771, sous-lieutenant le 26 juillet 1776, sous-lieutenant de grenadiers le 23 mars 1782, lieutenant le 14 novembre suivant, capitaine le 3 janvier 1794 ; il avait pris part avec ce corps à l'expédition d'Alger en 1775, puis au siège de Gibraltar, enfin il se retira aux Pays-Bas avec le grade de colonel d'infanterie. Il mourut à Tournai le 17 novembre 1835 après avoir épousé à Saint-Piat, le 20 octobre 1788, Caroline-Louise-Josèphe *de Rasse*, sœur de la femme de son frère, baptisée dans cette paroisse le 24 mai 1755, décédée à Tournai sans enfants le 1ᵉʳ octobre 1821.

6. — *Henri-Joseph-François*, écuyer, sʳ des Gageries à Celle-Molembaix, né le 30 juin 1751 et baptisé à Saint-Jacques le 1ᵉʳ juillet, prêtre, chanoine régulier de Sainte-Croix à Lannoy, décédé le 25 janvier 1808.

7. — *Albertine-Josèphe*, baptisée à Saint-Jacques le 4 janvier 1753, y décédée le 29 décembre 1771.

8. — *Michel-Charles-Joseph*, écuyer, sʳ d'Amelin, baptisé à Saint-Jacques le 3 mai 1755, enseigne aux gardes wallonnes le 27 février 1772, sous-lieutenant le 9 août 1776, sous-lieutenant de grenadiers le 23 mai 1782, sous-aide major le 6 juin suivant, lieutenant le 1ᵉʳ janvier 1783, aide major le 6 décembre 1787, capitaine le 6 mars 1794, major de la citadelle de Barcelone en 1797, retiré comme colonel au service des Pays-Bas, mort colonel pensionné à Tournai le 8 janvier 1828. Il épousa à Reus (Catalogne), le 6 septembre 1785, Marie-Antoinette-Bonaventure *de Miro y de Folch*, fille de dom Pablo, chevalier, et de Marie-Françoise *de Folch*, née le 29 mai 1762, morte à Barcelone le 2 décembre 1811, d'où vingt-deux enfants dont deux seuls survécurent.

a. — *Antoine-Marie-Camille-Benoît-Michel* VRANCX D'AMELIN (nom autorisé par lettres du 21 juillet 1830), né à Barcelone le 3 avril 1799, premier lieutenant d'artillerie au service des Pays-Bas, mort à Tournai le 31 juillet 1861, marié dans cette ville, le 19 mars 1833, avec Zénobie-Charlotte-Ghislaine *de Formanoir de la Cazerie*, fille de Pierre-Hubert et de

Charlotte-Joséphine *Van de Kerckhove d'Hallebast*, née à Tournai le 28 mars 1811, y décédée le 11 octobre 1877, sans enfants.

    b. — *Michel-Pierre-Bonaventure-Silvère*, né à Barcelone le 20 juin 1800, capitaine d'artillerie au service des Pays-Bas, chevalier du Lion Néerlandais, mort à Tournai le 9 juin 1861.

NON RATTACHÉ

Piat VRANCX, chanoine de Cysoing, mort le 4 janvier 1686.

1618, 28 septembre. — *Privilège accordé à François Vrancx pour l'impression des étoffes.*

Albert et Isabel Clara Eugenia, Infante d'Espaigne, par la grâce de Dieu Archiducqz d'Austrice, etc...... A tous ceulx quy ces présentes verront, salut. Receu avons l'humble suplication de *Franchois Vrans*, bourgeois et manant de nostre ville de Lille, contenant que par son yndustrie avecq son grand travail, fraiz et despens, il a trouvé le moyen et accommodé les outilz propres pour d'une façon nouvelle, plaisante, riche et aggréable à la veue, figurer ou graver toutes sortes d'estoffes de velours satins, camelotz, changeans de Lille et semblable chose jusques olres non cognue, usitée ou praticquée, laquelle néantmoings mise en usance pourra apporter grand prouffit au publicq par le retranchement des despens quy se font ès partemens et aultres enrichissemens des habitz avecq une infinité de consomption de soyes et aultres estoffes venans de pays estrangiers, laquelle invention le supliant mectroit volontiers en lumière, moyennant qu'il nous pleuist luy accorder prévilège de pouvoir ce faire à l'exclusion de tous aultres en noz pays de par deça pour le terme de douze ans. C'est pourquoy il nous at très humblement suplié qu'il nous pleuist luy accorder tel dict prévilège par lequel luy soit permis à l'exclusion de tous aultres de par luy ou ses commis figurer ou graver toutes sortes de velours, satins, camelotz, chamgeans de Lille et semblables manufactures et icelles vendre ès pays de nostre obéyssance, sans que durant ledict tamps aultre les puist contrefaire ou vendre en nosdicts pays et sur ce luy faire despescher noz lettres patentes en tel cas pertinentes. Scavoir faisons que les choses susdictes considérées et sur icelles eu l'advis de noz très chers et féaulx les chiefz, trésorier général et commis de noz domaines et finances, inclinans favorablement à la suplication et requête dudict *Franchois Vrans* supliant, luy avons octroyé, consenty et accordé, octroyons, consentons et accordons de grace espéciale par ces présentes qu'il puisse et pourra avecq ses ouvriers soubz sa marque, figurer ou graver toutes sortes d'estoffes de velours, satins, camelotz, chamgeans de Lille, et semblables manufactures, et les vendre partout les pays et terres de notre obéyssance, et ce pour ung tamps et terme de dix ans prochainement venans, à commencher avoir cours doiz cejourd'huy en avant, à l'exclusion de tous ceulx quy cy après vouldroient praticquer et contrefaire le mesme, mais non de ceulx quy présentement les praticquent à paine de confiscation desdictes estoffes et manufactures d'icelles, à répartir asscavoir ung tierch à nostre prouffit, ung aultre tiers au prouffit de l'officier exploiteur et le tierch restant au prouffit du dénonciateur, moyennant et en payant à nostre prouffit pour recognoissance de ceste nostre présente grâce es mains de nostre chancelier de Lille présent ou aultre advenir la somme de vingt cincq livres du pris de quarante gros nostre monnoye de Flandres la livre par an, lequel sera tenu d'en rendre compte et reliqua avecq les aultres deniers de sa recepte, consentans et accordans de nostre plus ample grace, audict supliant en faveur de son invention, franchise et exemption de guet, garde, logement de soldatz, assizes et aultres charges non dépendantes des aydes pour luy et sesdicts ouvriers lesdicts dix ans durans, pourveu que avant pouvoir joyr de l'effect de ceste nostre présente grâce, octroy et accord, ledict supliant sera tenu de faire présenter ces mesmes originelles tant au conseil de nosdictes finances que de nostre chambre des comptes à Lille, pour y estre respectivement enregistrées, vériffiées et enthérinées à la conservation de noz droictz, haulteurs et auctorité, là et ainsy qu'il appertiendra, parmy payant à nos amez et féaulx les président et gens de nosdicts comptes à Lille, l'anchien droict pour ledict inthérinement. Sy donnons en mandement à nos très chers et féaulx les chief, présidens et gens de noz privé et grand conseilz, président et gens de nostre Conseil de Luxembourg, gouverneur, chancelier et gens de nostre Conseil de Gheldres, président et gens de nostre Conseil de Flandres, gouverneur, président et gens de nostre Conseil d'Arthois, grand bailly de Haynault et gens de nostre Conseil ordinaire à Mons, gouverneur, président et gens de nostre Conseil à Namur, gouverneur de Lille, Douay et Orchies, nostre prévost Le Conte à Valenchiennes, bailly de Tournay et du Tournesis, escoutette de Malines, ausdicts de noz finances et de noz comptes à Lille, et à tous aultres noz justiciers, officiers et subjectz ausquels ce regardera, que de ceste nostre présente grâce, octroy et accord, pour le temps aux charges et conditions selon et en la mesme forme et manière que dict est, ilz facent, seuffrent et laissent ledict supliant et sesdicts ouvriers, plainement et paisiblement joyr et user, cessans tous contredictz et empeschemens au contraire, car ainsi nous plaist il. En tesmoing de ce nous avons faict mectre nostre scel à ces présentes. Donné en nostre ville de Bruxelles le XXVIII° jour de septembre l'an de grace mil six cens dix huict, paraphé Ma^{vt}.

> Archives communales de Lille. Registre aux mandements et ordonnances de la Gouvernance de Lille. — Registre Albert, pièce 30, f° 36 v°.

WARESQUIEL

ARMES : *d'argent au chevron de sable.*

Famille originaire de Lezennes où, à la fin du XVIe siècle, existaient plusieurs branches distinctes dont nous citerons quelques-unes ci-après.

I. — *Hugues* WARESQUIEL [1], mort avant 1609, épousa Jeanne *du Castillon* ; d'où :

1. — *Jean* ainé, marié à Lille par contrat devant Me Jacques Waresquiel le 9 juillet 1600 avec Marie *Desmons*, fille de Michel et de Marguerite *Bataille*.
2. — Une fille alliée avant 1609 à Philippe *de Houpelines*.
3. — *Martin*, laboureur à Lezennes, allié par contrat à Lille, devant Me Simon Strupart le 7 juillet 1622, à Isabeau *Dassonneville*, veuve de Jacques *Willant*.
4. — *Jean*, cadet.

I. — *Pierre* WARESQUIEL, fils de *Pierre*, né à Lezennes, boulanger, acheta la bourgeoisie de Lille le 1er décembre 1589, et épousa : 1° à Sainte-Catherine, le 4 février 1589, Isabeau *du Chastellet* ; 2° Jeanne *Guillon* ; 3° à Sainte-Catherine, le 25 février 1620, Adrienne *Le Rustre* ; il mourut le 15 novembre 1640.

I. — *Nicolas* WARESQUIEL, fils d'*Éloy* (décédé avant mai 1601), né à Lezennes, maçon, bourgeois de Lille par achat du 4 mai 1601, s'allia à Marie *de Tourmignies*.

I. — *Pierre* WARESQUIEL, mort avant août 1624, eut de Marguerite *Wattrelos* :

1. — *Jacqueline*, alliée à Saint-Pierre, le 19 mai 1624, à Michel *Delobiau*.

---

1. Le nom est souvent aussi écrit Waresquel.

2. — *Pierre*, qui suit, II.

3. — *Simone*, mariée à Saint-Maurice, le 9 mai 1637, avec Barthélemi *Salembier*.

II. — *Pierre* WARESQUIEL [1], pêcheur, bourgeois de Lille par achat du 2 août 1624, épousa Marguerite *Luccas*, fille de Jean ; d'où :

1. — *Pierre*, qui suit, III.
2. — *Claire*, née vers 1622.
3. — *Andrieu*, baptisé à La Madeleine le 1er octobre 1623.
4. — *Izembart*, baptisé à La Madeleine le 23 novembre 1625.
5. — *Jacques*, baptisé à La Madeleine le 2 janvier 1628.
6. — *Vincent*, baptisé à La Madeleine le 17 février 1630.
7. — *Michel*, baptisé à Saint-Maurice le 14 février 1631.
8. — *Élisabeth*, baptisée à Saint-Maurice le 12 octobre 1632.
9. — *Marguerite-Agnès*, baptisée à La Madeleine le 13 janvier 1635.
10. — *Jean*, baptisé à Saint-Maurice le 3 juillet 1637.

III. — *Pierre* WARESQUIEL, boulanger, acheta la bourgeoisie de Lille le 5 août 1639, épousa à Saint-Étienne, le 3 avril 1642, Florence *Martin*, fille de Michel et de Marie *Billiet*, baptisée à Sainte-Catherine le 10 février 1618 ; d'où :

1. — *Martine*, baptisée à La Madeleine le 16 février 1643.
2. — *Michel*, baptisé à La Madeleine le 13 novembre 1644.
3. — *Pierre*, baptisé à La Madeleine le 13 août 1646.
4. — *Marie-Madeleine*, baptisée à La Madeleine le 4 septembre 1648.
5. — *Marie*, baptisée à La Madeleine le 1er janvier 1650.
6. — *Florence*, baptisée à La Madeleine le 30 janvier 1651.
7. — *Pétronille*, baptisée à La Madeleine le 8 décembre 1652.
8. — *François*, baptisé à La Madeleine le 15 mars 1654, prêtre.
9. — *Charles-Pierre*, baptisé à La Madeleine le 4 janvier 1656.
10. — *Antoine*, baptisé à La Madeleine le 17 janvier 1657.
11. — *Jean-Baptiste*, qui suit, IV.

IV. — *Jean-Baptiste* WARESQUIEL, baptisé à La Madeleine le 13 février 1659, bourgeois par relief du 1er décembre 1685, mort

---

[1]. Nous trouvons Pierre, fils de Pierre, allié à Jeanne Cuvillon, fille de Simon et d'Agnès Preudhomme, décédée paroisse Sainte Catherine le 17 août 1619 ; il s'agit peut-être d'un premier mariage de ce Pierre.

le 17 août 1705, et enterré dans la chapelle des Trépassés à La Madeleine, épousa à Saint-Étienne, le 10 juin 1685, Rose *Desbuissons*, fille de Michel et de Marie *Téruwanne*, née en 1660, morte le 3 janvier 1702; dont :

1. — *Jean-François*, baptisé à La Madeleine le 3 juin 1687.
2. — *Marie-Florence*, baptisée à La Madeleine le 18 septembre 1688, morte le 17 février 1762 et enterrée à Saint-Maurice ; alliée à La Madeleine, le 8 janvier 1717, à Ignace-François *Cardon*, s^r du Broncquart, fils de Jacques et d'Isbergue *Vandenberghe*, baptisé à Saint-Étienne le 20 septembre 1673, capitaine de cavalerie, bourgeois de Lille par relief du 20 octobre 1717, anobli en 1721, et décédé à Herlies ; dont postérité.
3. — *Michel-Joseph*, baptisé à La Madeleine le 6 décembre 1689, y décédé le 31 janvier 1722.
4. — *Marie-Thérèse*, baptisée à La Madeleine le 25 mars 1691, y décédée le 16 juin 1696.
5. — *Pierre*, baptisé à La Madeleine le 3 octobre 1692.
6. — *Albertine*, baptisée à La Madeleine le 11 décembre 1693, y décédée le 1er mai 1773, célibataire.
7. — *Jeanne-Claire*, baptisée à La Madeleine le 28 janvier 1695, décédée le 12 mars 1732, mariée dans cette église, le 5 juin 1715, avec François *Perkin*, fils de Mathieu et de Catherine *Descharlier*, né à Liège, marchand, bourgeois de Lille par achat du 3 février 1713.
8. — *Marie-Madeleine*, baptisée à La Madeleine le 28 mars 1696, y décédée le 13 novembre 1727.
9. — *Jean-Baptiste*, baptisé à La Madeleine le 9 novembre 1697, y décédé le 18 octobre 1769 ; célibataire [1].
10. — *Catherine*, baptisée à La Madeleine le 28 avril 1701, y décédée le 16 avril 1765.
11. — *Marie-Ignace-Joseph*, décédé paroisse Saint-Étienne le 23 septembre 1733.

BRANCHE DEVENUE NOBLE

I. — *Jacques* WARESQUIEL, fils de Grégoire (décédé avant octobre 1591), né à Lezennes, receveur, puis notaire, acheta la bourgeoisie de Lille le 4 octobre 1591, et mourut le 26 avril 165., à quatre-vingt-dix-neuf ans ; il épousa : 1° Charlotte *Carette* ; 2° Marguerite *de Croix*, dont le service funèbre fut célébré le 27 mai 1599 ; d'où :

---

1. Il testa à Lille le 4 juillet 1768 (Archives départementales du Nord, testaments olographes, 2e liasse, n° 85).

1. — Du premier lit : *Simone*, alliée avant 1599 à François *Cordewanier* ou *Cordovan*, fils de Thomas, né à Lille, dont il releva la bourgeoisie le 5 juin 1592.

2. — *Jean*, né avant 1591, mort avant décembre 1599.

3. — *Charles*, qui suit, II.

4. — *Marie*, baptisée à Saint-Maurice le .: octobre 1584.

5. — *Philippe*, baptisé à Saint-Maurice le .. novembre 1586, mort avant octobre 1591.

6. — Du second lit : *Jacques*, bourgeois par relief du 6 février 1626, receveur de Saint-Maurice ; testa avec sa femme le 9 février 1634 ; il épousa à Saint-Étienne, le 8 mai 1625, Catherine *Dugardin*, fille de Jean, dont il eut :

    a. — *Marie-Madeleine*, baptisée à Saint-Étienne le 20 février 1626.

    b. — *Claire*, née en 1628, morte veuve le 18 février 1714 et enterrée à Saint-Sauveur, alliée à Charles *Caillet*[1], fils de Gilles et de Jeanne *Freron*, bourgeois de Lille par relief du 1er février 1651 ; dont postérité.

II. — *Charles* WARESQUIEL, baptisé à Saint-Maurice le 13 février 1580 (n. st.), « tondeur de grand forches », bourgeois de Lille par achat du 7 mai 1599, épousa, par contrat à Lille, devant Me Jean Delesauch, le 20 décembre 1599, Catherine *Auxcauches*, fille d'Innocent et de Péronne *Plaisant* ; il eut :

III. — *François* WARESQUIEL, sr de Mesgaland, bourgeois par relief du 18 février 1637, licencié en droit, receveur des Vieillettes et des Bapaumes, acheta pour 20.000 florins la charge de greffier de la gouvernance de Lille le 28 juillet 1660. Il avait épousé à Saint-Étienne, le 13 janvier 1637, Jacqueline *Cardon*, fille de Jean, sr de Launoy, et de Marie *Desbuissons*, baptisée à Saint-Étienne le 24 février 1617 ; dont :

1. — *Mathias*, chanoine de la cathédrale de Saint-Omer, dont l'inventaire après décès eut lieu le 27 octobre 1688.

2. — *Ferdinand*, sr de Bonnance, prêtre, chanoine de Tournai, mort le 23 ou 29 mars 1685 et inhumé dans la cathédrale.

3. — *Simon*.

4. — *François*, qui suit, IV.

---

1. CAILLET : *d'azur au chevron d'or, accompagné en chef de deux étoiles et en pointe d'une caille du même.*

5. — *Aldegonde*, baptisée à Saint-Étienne le 14 juillet 1644, alliée dans cette église, le 8 octobre 1662, à Henri-Ignace *Jacops*, fils de Jacques et de Claudine *Robert*, marchand, bourgeois de Lille par relief du 23 octobre 1662 ; dont postérité.

6. — *Antoinette*, baptisée à Saint-Étienne le 22 décembre 1646, morte le 19 avril 1730, mariée : 1º à La Madeleine, le 6 mai 1681, avec François *de Bacquelrode* ; 2º en 1697, avec Jacques-Léandre *du Bois de Fiennes*, sʳ de Brenques, fils de Charles-Ghislain, sʳ de Fruges, et de Jeanne *de Longueval* ; dont postérité du premier lit.

7. — *Édouard*, baptisé à Saint-Étienne le 27 décembre 1649.

8. — *Marie*, baptisée à Saint-Étienne le 13 mars 1651, décédée paroisse Saint-Pierre le 14 avril 1719 (?), alliée à La Madeleine, le 7 janvier 1682, à Eugène *du Bois*, sʳ de Chocques, fils de François-Lamorald et de Marie *Cardon*, baptisé à Saint-Étienne le 24 septembre 1659, bourgeois de Lille par relief du 17 avril 1682, décédé paroisse Saint-Maurice le 17 septembre 1702 ; dont postérité.

9. — *Angélique*, née le 1ᵉʳ novembre 1658, entrée à l'abbaye de Marquette le 15 septembre 1675, professe le 20 septembre 1676, vivant à ce couvent en 1692.

IV. — *François* Waresquiel, sʳ de Mesgaland, reçut de son père la charge de greffier de la gouvernance par acte du 18 février 1678, acheta en 1681 une charge de conseiller secrétaire du Roi, audiencier en la chancellerie près le Parlement de Tournai, et obtint pour cet emploi des lettres de vétérance datées de Marly le 4 mai 1715. Il releva la bourgeoisie de Lille le 1ᵉʳ février 1685, fut échevin de cette ville, maître particulier des eaux et forêts à Lille le 2 mai 1700, et décéda paroisse Saint-André le 21 juin 1727. Il épousa à Saint-Pierre, le 7 novembre 1684, Marie-Catherine (alias Thérèse) *Vanlaer*, fille de Jean-Jacques, sʳ de Berghendal, et de Jeanne *du Béron*, décédée paroisse Saint-Étienne le 25 février 1719 ; d'où :

1. — *Mathias-François*, baptisé à Saint-Pierre le 26 septembre 1685.

2. — *Marie-Antoinette*, baptisée à Sainte-Catherine le 25 janvier 1687.

3. — *Jean-Baptiste*, baptisé à Sainte-Catherine le 8 février 1688, célibataire.

4. — *Anne-Thérèse*, baptisée à Saint-André le 8 novembre 1690.

5. — *Marie-Catherine*, baptisée à Saint-André le 5 février 1692, décédée célibataire paroisse Saint-Pierre le 6 août 1750.

6. — *Jean-Antoine-Joseph*, baptisé à Saint-André le 21 août 1693.

7. — *Philippe-Bernard*, baptisé à Saint-André le 13 juillet 1695.

8. — *Nicolas-François*, écuyer, s^r de Libersart, baptisé à Saint-André le 20 juillet 1697, bourgeois de Lille par relief du 4 août 1741, mayeur de cette ville, administrateur de la Noble-Famille, décédé paroisse de La Madeleine le 26 août 1768, allié dans cette église, le 12 août 1740, à Marie-Claire *Chauwin*, fille de Jean-Michel, chevalier, s^r du Rocquet, trésorier de France, et de Marie-Marguerite-Françoise *de Semittre*, née vers 1696, décédée paroisse de La Madeleine le 9 décembre 1765 ; sans enfants.

9. — *Jacques*, baptisé à Saint-André le 17 avril 1699.

10. — *Marie-Françoise*, baptisée à Saint-André le 9 mars 1701, décédée paroisse Saint-Pierre le 26 mars 1761.

11. — *Pierre-François*, qui suit, V.

V. — *Pierre-François* WARESQUIEL, écuyer, s^r de Saint-Obin, baptisé à Saint-André le 19 juin 1702, bourgeois de Lille par relief du 19 avril 1746, décédé paroisse Saint-André le 14 février 1776, épousa dans cette église, le 23 mai 1745, Marie-Catherine-Julie *de Montmonier*, fille de Pierre-Lucien, écuyer, s^r du Puis, et de Claire-Angeline *Louvel*, baptisée à Saint-André le 25 octobre 1704, y décédée le 15 décembre 1775 ; d'où :

VI. — *François-Marie* WARESQUIEL, écuyer, s^r de Saint-Obin, Mesgaland, baptisé à Saint-André le 26 janvier 1747, bourgeois de Lille par relief du 11 novembre 1777, convoqué aux assemblées des nobles après sa requête du 11 décembre 1777, mort à Lille le 7 février 1821 ; épousa à Douai, le 19 novembre 1776, Françoise-Reine *de Francqueville*, fille d'Adrien-Joseph, chevalier, conseiller au Parlement de Flandre, et de Marie-Angélique-Reine *de Buissy*, morte à Lille le 14 février 1826 ; d'où :

1. — *Charles-François-Joseph*, né le 29 mars 1778, baptisé à Saint-André le 20 avril suivant, directeur des postes, adjoint au maire de Lille, allié dans cette ville, le 25 octobre 1815, à Marie-Pauline-Cicercule *de la Fonteyne*, fille de Dominique-Séraphin, écuyer, et d'Agnès-Albertine-Cicercule-Joseph *Gillès*, baptisée à Saint-Maurice le 15 juillet 1790 ; d'où :

    a. — Une fille mort-née à Lille le 27 septembre 1816.

    b. — N..., mariée avec Auguste-Pierre-Jacques *Faulte du Puy Parlier*, sous-intendant militaire, officier de la Légion d'honneur ; sans postérité (?).

c. — *Marie-Auguste-Armand*, né à Paris, employé des postes, mort à Lille célibataire le 26 novembre 1846, à vingt-sept ans.

d. — *Gatien-Jean-Séraphin*, né à Lille le 18 décembre 1831, mort le 4 avril 1832.

2. — *Charles-Louis-René*, né le 22 mars 1779, baptisé le 26 à Saint-André.

3. — *Marie-Françoise-Thérèse*, née le 24 décembre 1780, baptisée le 14 janvier 1781 à Saint-André, morte à Lille le 9 avril 1819, alliée dans cette ville, le 19 floréal an X, à Charles-Louis-Benjamin *d'Wissel*, fils de Charles-Jean-Baptiste et de Marguerite-Adélaïde *de Goyon*, né à Wilerbernin (Indre) le 10 décembre 1774, conservateur des hypothèques à Lille, où il mourut sans postérité le 8 fructidor an XII.

4. — *Louis-Joseph-Auguste*, qui suit VII.

5. — *Henri-Julien-Eugène*, né à Lomme le 3 avril 1787, officier de cavalerie, conseiller municipal de Lille de 1813 à 1817, mort à Boulogne-sur-Mer le 7 octobre 1840, marié à Lille, le 15 avril 1828, avec Marie-Louise-Clotilde *de Rouvroy*, fille d'Albert-Joseph et de Marie-Joseph-Agathe *Rouvroy*, née à Lille le 20 août 1802, morte le 24 avril 1834 ; dont :

    a. — *Henri-Albert-Paul*, né à Lille le 28 décembre 1828, mort à Paris le 22 avril 1897, allié à Paris, le 5 juillet 1859, à Louise-Cécile *de Girardin*, fille d'Ernest-Stanislas, sénateur, et d'Athénaïs-Laure-Pauline *Gaudin*.

    b. — *Agathe-Noémi-Charlotte*, née à Lille le 17 avril 1830, mariée, le 21 juillet 1855, avec Alfred *de Meynard*, conseiller de préfecture de l'Eure.

    c. — Un fils, né le 9 avril 1834, mort aussitôt.

6. — *Sophie-Rufine-Françoise-Joseph*, baptisée à Lomme le 22 juillet 1789.

VII. — *Louis-Joseph-Auguste* Waresquiel, né le 27 décembre 1782, baptisé à Saint-André le 19 janvier suivant, épousa à Lille, le 4 février 1807, Pauline-Hyacinthe *Lenoir de Pas-de-Loup*, fille de Paul-Marie-Pierre-Maurice et d'Hyacinthe-Louise *Parigot de Santenay*, née à Cambrai le 30 avril 1787 ; d'où :

1. — *Louis-François*, né à Saix (Vienne) le 16 juillet 1808.

2. — *Paul-Maurice-François*, qui suit, VIII.

3. — *Françoise-Émilie-Léontine*, née à Saix le 8 mai 1810, dame de l'ordre royal de Thérèse de Bavière en 1841.

4. — *Charles-Joseph*, né à Saix le 3 juillet 1811, mort à Sargé

(Les Radrets) le 22 juin 1893, allié, le 26 septembre 1843, à Marie-Clotilde *Marin de Montmarin*, fille de Pierre-Étienne et de Marie-Anne-Françoise *de Meulle*, née le 30 mai 1819 ; d'où :

    a. — *Élisabeth.*

    b. — *Marie-Émilie-Louise*, née à Sargé le 20 octobre 1855, alliée à Marie-Simon *Doublard du Vigneau.*

    c. — *Marie-Xavier-François*, né à Sargé, y décédé le 28 août 1857 à trois mois.

    d. — *Marie-Germaine-Gabrielle*, née à Sargé le 7 août 1858, y décédée le 28 janvier 1866.

5. — *Albéric.*

6. — *Henriette-Marie-Caroline*, morte à Chaumont (Vendée) le 17 janvier 1887, alliée, vers 1858, à Gaston-Timothée-Pierre, comte *de Cumont*, fils de Louis-Timothée et de Caroline *de Maillé de la Tour Landry*, né en 1816, mort le 16 février 1871 ; dont postérité.

7. — *Charlotte-Amédée*, morte à Saix le 1er mai 1820 [1].

VIII. — *Paul-Maurice-François* DE WARESQUIEL, né à Saix le 23 janvier 1809, mort à Paris le 9 septembre 1878, épousa Lucile *Rohault de Fleury*, fille de Charles et de Louise-Charlotte *Le Gentil*, née à Paris en 1825, y décédée le 20 mai 1874 ; dont :

1. — *Maurice-Paul*, qui suit, IX.

2. — *Marie-Louise-Charlotte*, née à Paris le 19 mai 1852, mariée dans cette ville, le 13 mai 1874, avec Marie-Pierre-Anatole *de Bengy de Puyvallée*, fils de Jean-Charles-Ferdinand et de Marie-Joséphine-Stéphanie *de Bengy*, né à Bourges le 13 janvier 1848; dont postérité.

3. — *Marie-Thérèse-Radegonde*, née à Paris, morte à Nice le 21 juillet 1871 à dix-huit ans.

4. — *Marguerite-Marie*, née à Paris, chanoinesse, morte à Paris le 10 avril 1908 à l'âge de cinquante-trois ans.

IX. — *Maurice-Paul* DE WARESQUIEL, né à Paris le 11 janvier 1848, avocat, chambellan de LL. SS. Léon XIII et Pie X, comte romain, commandeur de l'ordre de Saint-Grégoire-le-Grand, reçu chevalier d'honneur de Saint-Jean de Jérusalem par brevet du 27 mai 1905, épousa : 1° à Paris, le 22 juillet 1875, Marie-Louise-

---

1. Les dates de Saix et de Sargé sont presque toutes tirées des tables décennales. Malgré nos plus actives recherches, il est probable que la partie moderne de cette généalogie comprend des omissions ou inexactitudes ; nous serions reconnaissant qu'on voulût bien nous les indiquer.

Mathilde *Dugon*, fille d'Élie-Henri-Gustave, marquis Dugon, et de Marie-Louise-Élodie *de Grosselles-Flamarens*, née à Paris le 16 mai 1854, morte le 7 février 1882 ; 2° à Paris, le 24 juillet 1883, Marie-Berthe-Amélie-Caroline-Joséphine *Gauthier de la Villandray de Saint-Cyr*, fille de Marie-Charles-Alphonse et de Marie-Berthe *Doublard du Vigneau*, morte à vingt-quatre ans, le 23 juillet 1888, à bord de son yacht « La Sainte-Berthe », sur l'Adriatique ; d'où :

1. — Du second lit : *Marie-Charles-Berckmans*.

PLANCHE XLIII

D'ABLAIN

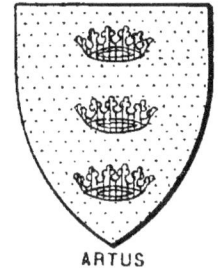
ARTUS

AUBÉ
DE BRACQUEMONT

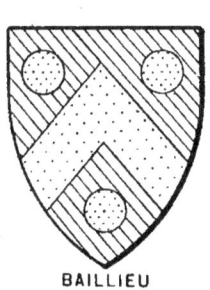
BAILLIEU
D'AVRINCOURT

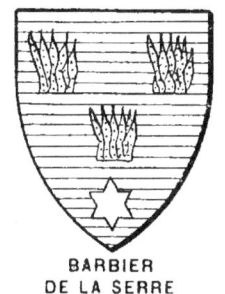
BARBIER
DE LA SERRE

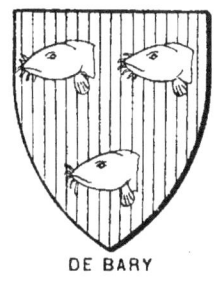
DE BARY

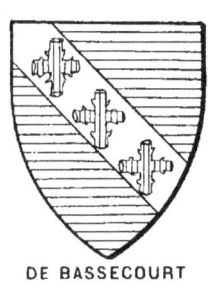
DE BASSECOURT

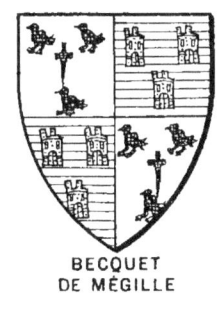
BECQUET
DE MÉGILLE

BERTIN

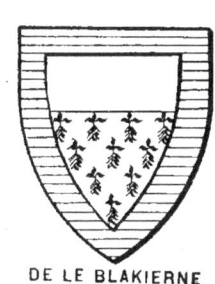
DE LE BLAKIERNE

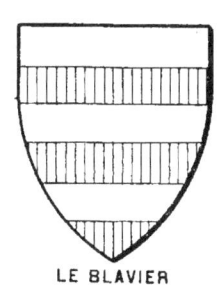
LE BLAVIER

DU BOIS
DU PETIT-METZ

PLANCHE XLIV

DE BONMARCHÉ

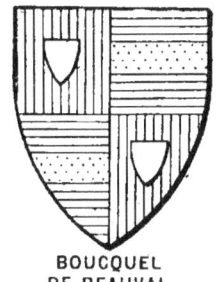
BOUCQUEL
DE BEAUVAL

BRISSEAU

DU BUS

BUTRON
DE LA TORRE

CAILLET

LE CANDÈLE

CANNART

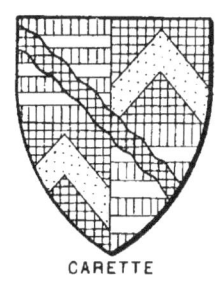
CARETTE

CASTEL

DU CASTEL

DE CAUX

1689 PLANCHE XLV

CAZIER

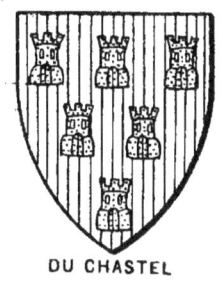
DU CHASTEL

DE CLIPPELLE

COCQUIEL

COPPIETERS

DE CORDES

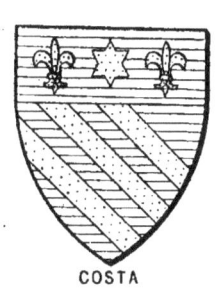
COSTA

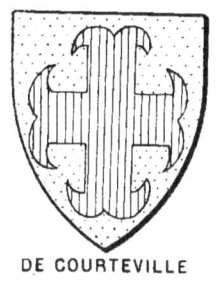
DE COURTEVILLE

DE LA CRESSONNIÈRE

VAN DALE

DAMIENS

DELESPAUL

PLANCHE XLVI

DELESPAUL — DELOBEL — DELOBEL

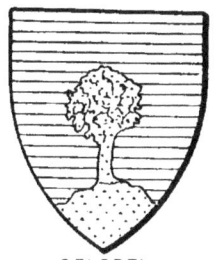

DENIS — DENIS — DESCAMPS

DESMARETZ — DRAGON — DRAGON

FAREZ — DE FAUCOMPRÉ — DE FAUCOMPRET

1693 PLANCHE XLVII

FISSEL

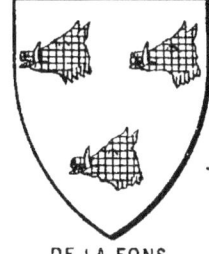
DE LA FONS

DE FOREST

DE FOREST
DE QUARTDEVILLE

FOUBERT

DE FRANCQUEVILLE

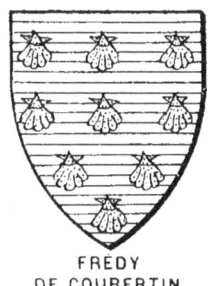
FREDY
DE COUBERTIN

FRUICT

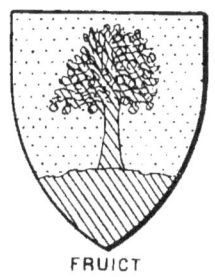
FRUICT

GHERBODE

GRULOIS

DE HAMEL
BELLENGLISE

PLANCHE XLVIII

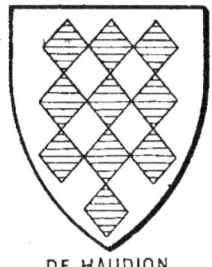
DE HAUDION

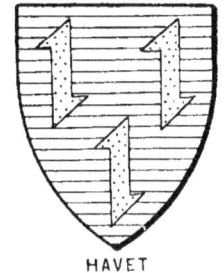
HAVET

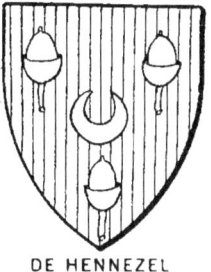
DE HENNEZEL D'ORMOIS

HENRY

VAN HOYQUESLOT

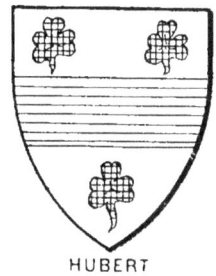
HUBERT

HUSTIN

DE LAMPINET

DE LAUWEREYNS

LE BÈGUE DE GERMINY

LEDRU

DE LEEMPUTTE

PLANCHE XLIX

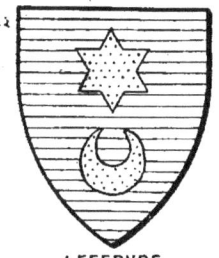
LEFEBVRE

DE LELÉS

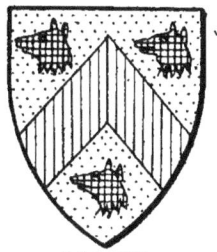
LE LOUP

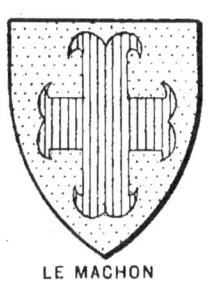
LE MACHON
DE LE SAUCH

LE PRÉVOST

LE ROY
DU QUESNEL

DE LESCLUZE

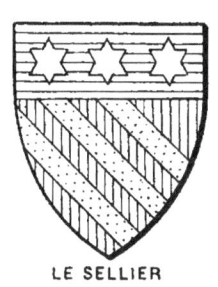
LE SELLIER

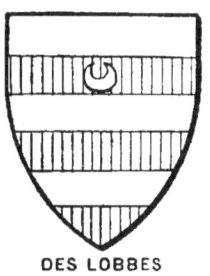
DES LOBBES

LOCART

DE LOEN
D'ENSCHEDÉ

DE LOGENHAGEN

PLANCHE I.

LOISEL
LE GAUCHER

MACQUART

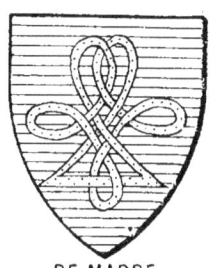
DE MADRE

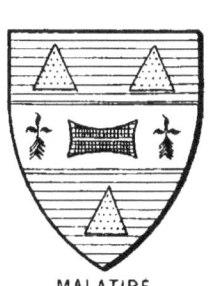
MALATIRE

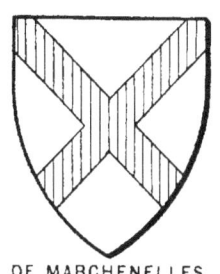
DE MARCHENELLES

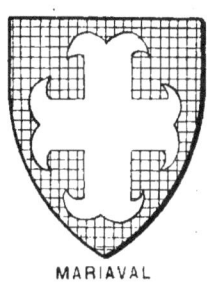
MARIAVAL

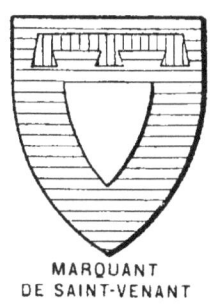
MARQUANT
DE SAINT-VENANT

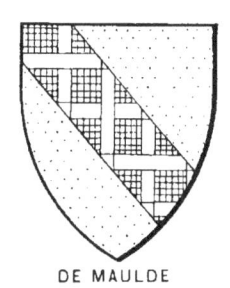
DE MAULDE

MAYAUT

DE MEULENAERE

LE MOISNE

DU MONT

1701 PLANCHE LI

MOREL — DU MORTIER — MOUSSON
MOUTON — NICOLE — VAN OUTRYVE
PARENT — PAYEN — DE PIERRE
POLCHET — DE PONTREWART — DE LA PORTE

1703   Planche LII

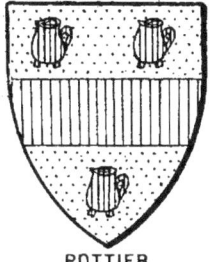
POTTIER

DU QUESNOY

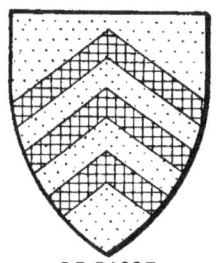
DE RASSE

RENAUD
D'AVÉNE

RUYANT
DE CAMBRONNE

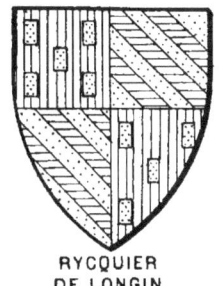
RYCQUIER
DE LONGIN

DE SAINTE-ALDEGONDE

DE SOMMYÉVRE

DE STAPPENS

STRUPART

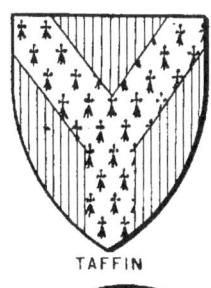
TAFFIN

TAVERNE

Planche LIII

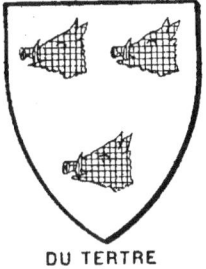
DU TERTRE

TORDREAU

VAILLANT

DE VALICOURT

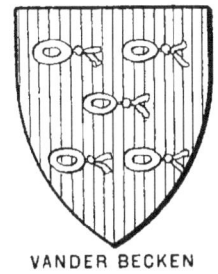
VANDER BECKEN

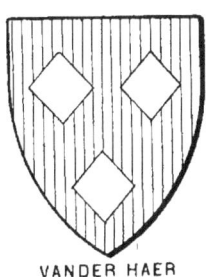
VANDER HAER

VERMEULEN

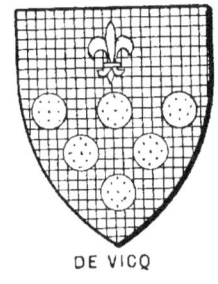
DE VICQ

LE VIGUIER

DE VITRY

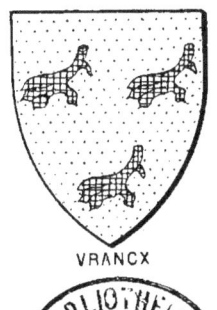
VRANCX

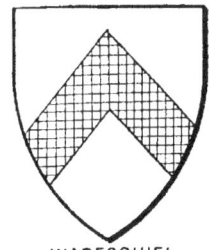
WARESQUIEL

PLANCHE LIV

56. — Ex-libris de Madre de Norguet.
(Collection de l'auteur).

55. — Ex-libris de Madre des Oursins.
(Collection de l'auteur).

54. — Ex-libris de Madre du Locron.
(Collection de l'auteur).

PLANCHE LV

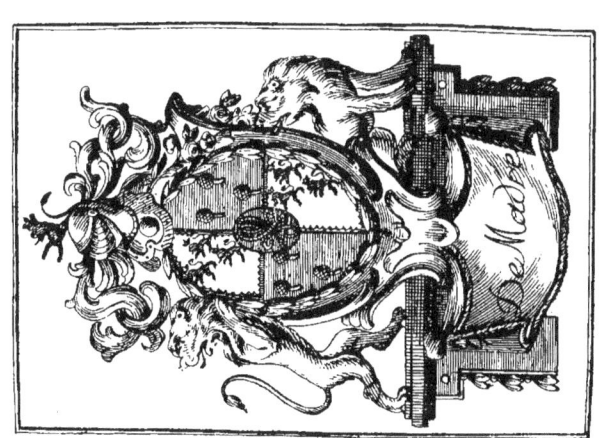

57. — Ex-libris de Madre
(Collection de l'aute r).

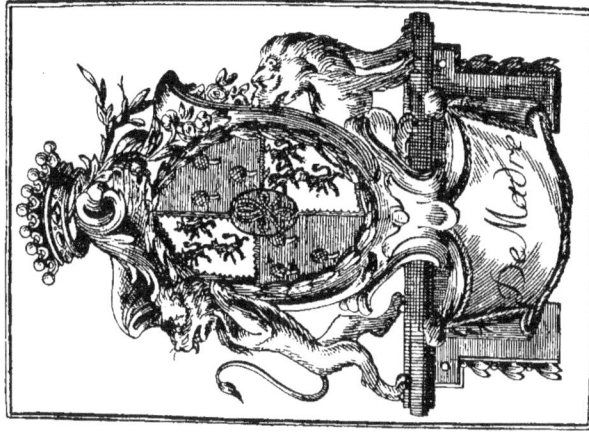

58. — Ex-libris de Madre
(Collection de M. F. Danchin).

1700

59. — Ex-libris de Lobel
(Collection de l'auteur).

1713   Planche LVII

60. — Ex-libris de Faucompret
(Collection de l'auteur).

63. — Ex-libris Nicole
(Collection de l'auteur).

62. — Ex-libris de Faucompret de Thulus
(Offert par M. L. Fitgo, de Deulemont).

61. — Ex-libris de Faucompret
(Collection de l'auteur).

PLANCHE LIX

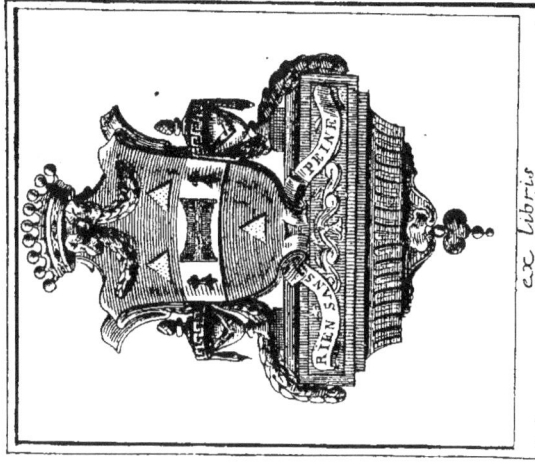

65. — Ex-libris Malatiré
(Collection de l'auteur).

64. — Ex-libris Schérer.
(Collection de l'auteur).

1717* PLANCHE LX

66. — Ex-libris Dubosquiel.
(Collection de M. le chanoine Th. Leuridan).

ADDITIONS ET ERRATA

Page 14, ligne 27. — Arnould *Bave*, échevin en 1614. Son service funèbre fut célébré le 18 septembre 1618; celui de sa veuve, Marie *Desbuissons*, eut lieu le 9 septembre 1623.

Page 18, ligne 12. — Pierre *Bave* mourut le 10 juillet 1579; le service funèbre de Pieronne *Le Cherf* fut célébré le 5 mai 1584.

Page 18, ligne 24. — Le service funèbre de Jeanne *Heddebault*, veuve de Pierre *Bave*, eut lieu le 14 septembre 1604.

Page 19, ligne 22. — Clément *Bave*, capitaine d'une compagnie bourgeoise, échevin en 1601, décéda le 30 mai 1611; le service funèbre de sa femme, Marie *de la Brande*, fut célébré le 28 janvier 1620.

Page 24, ligne 12. — Ponthus-François *de Broide* mourut le 4 septembre 1679.

Page 24, livre 26. — Henri-François *de Broide*, en religion Ferdinand de Saint-Henri, carme, mort à Lille le 10 septembre 1690.

Page 37, ligne 14. — Le service funèbre de Marguerite *Deliot* eut lieu le 30 septembre 1567; celui de Jean *Le Mahieu* le 20 septembre 1558.

Page 37, ligne 16. — Le service funèbre d'Hubert *Déliot* fut célébré le 3 novembre 1561, celui de sa femme, Marie *Baillet*, le 21 janvier 1558.

Page 38, ligne 27. — Pierre *Deliot* mourut le 24 août 1641.

Page 43, ligne 24. — Le service funèbre de Martin *Desbuissons* eut lieu le 3 octobre 1549; celui de sa veuve,

Marguerite *Barbet*, le 21 janvier 1550. Il eut pour second enfant *Isabeau*, dont le service funèbre fut célébré le 3 novembre 1580 ; elle avait épousé Hugues *de la Brande*, dont on fit le service funèbre le 22 décembre 1576.

Page 43, ligne 26. — Le service funèbre de Marie *du Bus*, veuve de Martin *Desbuissons*, eut lieu le 3 août 1587.

Page 44, ligne 2. — Pierre *Desbuissons* décéda le 11 octobre 1635.

Page 44, ligne 9. — Martin *Desbuissons*, religieux augustin, vivant en 1646.

Page 44, ligne 19. — Jacques *Desbuissons*, capitaine d'une compagnie bourgeoise, mourut le 16 avril 1656. Il eut treize enfants qui sont rapportés à cette page; nous ajoutons sur eux les renseignements suivants : *Marie-Catherine*, baptisée à Saint-Maurice le 24 décembre 1626 ; sur le détail de ses noces, voir le manuscrit : « Livre de raison et de biens de Jacques Desbuissons », acquis récemment par la Bibliothèque communale de Lille. — *Élisabeth*, morte le 1er novembre 1635. — *Marguerite*, fille dévote. — *Alexandrine*, morte le 9 décembre 1649. — *Marie-Philippine*, professe à Marquette le 27 avril 1653, morte à Lille le 24 mars 1677, enterrée à ladite abbaye. — *Rose*, professe à l'abbaye de Marquette le 27 février 1656, y décédée le 20 septembre 1683. — *Michel*, mort le 23 août 1647. — *Nicolas*, prêtre, jésuite à Tournai le 5 octobre 1662. — *Jean*, décédé le 27 février 1647. — *Jean-Baptiste*, mort le 9 septembre 1657 (et non en 1705).

Page 51, ligne 15. — Jean *Fasse* mourut le 22 mars 1550 ; le service d'Isabeau *Thieulaine* eut lieu le 2 avril 1556.

Page 53, ligne 27. — François *Fasse*, décédé le 13 avril 1635.

Page 53, ligne 32. — Étienne *Fasse*, mort le 18 février 1648.

Page 65, ligne 38. — Madame *d'Haffrenghes*, née *Wartelle*, mourut à Ratisbonne le 18 octobre 1806.

Page 83, ligne 6. — Julien *Ingiliard*, mort le 6 décembre 1646.
Page 89, ligne 29. — Adrien *Imbert* mourut le 25 juin 1639; le service funèbre de Barbe *de Lannoy* fut célébré le 20 novembre 1628.

Page 88, ligne 9.

1676, avril. — *Lettres de permission aux enffans du feu Sr de Carnoy de porter les mêmes armes de blason qu'a portées leur deffunct père.*

Louis, par la grâce de Dieu, Roy de France et de Navarre, à tous présens et à venir, salut. Nostre chère et bien amée la Dame Marie-Marguerite *de Croix*, vefve de feu *Michel de Lannoy*, vivant Sr de Carnoy en nostre pays de Flandres, nous a très humblement représenté que nostre très cher et très amé frère et beau-frère le Roy Catholicque auroit annobly sondit feu mary avecq pouvoir de porter les armes que luy et ses parens avoient privément retenues et portées depuis longtemps, qui sont : *d'argent à trois lions de sinople, armez et lampassez de gueulle*, et d'y adjouster *sur le chef cousu un demy homme sauvage affronté de carnation à la guirlande en teste de sinople, à la droite une rondache, à gauche une massue appuyée sur l'espaule de mesme*; de laquelle adjonction d'armes ledit feu Sr de Carnoy n'auroit point usé, mais seulement auroit retenu les trois lions; et d'autant que laditte Damoiselle *de Croix* seroit bien ayse de procurer aux enffans qu'elle a eu de sondict feu mary quelque marcque de nostre bienveillance, elle nous a très humblement suppliez de vouloir pour cette fin permettre à sesdits enffans et à leurs descendans en loyal mariage de continuer à retenir et porter les mesmes armes et blason dont ledit feu Sr de Carnoy, leur père, et ses prédécesseurs ont usé et de délaisser laditte adjonction d'un demy homme sauvage au chef desdites armes. A quoy ayant esgard, et désirans traitter favorablement laditte Dame *de Croix* et sesdits enffans en considération de leur fidélité et affection à nostre service, sçavoir faisons que pour ces causes et autres à ce nous mouvans et de nostre grâce speciale, pleine puissance et aucthorité royale, nous avons par ces présentes signées de nostre main, permis et permettons aux enffans dudit feu Sr de Carnoy et de laditte Dame *de Croix*, sa vefve, et à leurs descendans nais et à naistre en loyal mariage, de continuer à retenir et porter les mesmes armes et blason que leur dit feu père et ses prédécesseurs ont portées et retenues qui sont comme dit est *en argent à trois lions de sinople, armez et lampassez de gueulles*, sans qu'ils soient obligez de porter laditte adjonction d'un demy-homme sauvage sur le chef cousu desdites armes, qui at esté accordé par nostre dit frère et beau-frère le Roy Catholicque audit défunct Sr de Carnoy, dont nous les avons dispensez et deschargez, dispensons et deschargeons par ces dittes présentes, tout ainsy que si laditte adjonction d'armes n'avoit pas été accordée audit feu s^r de Carnoy, laquelle nous voulons demeurer nulle et non obtenue. Si donnons en mandement à nos amez et féaux les gens tenans nostre Conseil souverain de Tournay que ces présentes ils ayent à faire enregistrer, et du contenu en icelles [laisser] jouir et user plainement et paisiblement et perpétuellement les enffans dudit deffunct s^r de Carnoy et leurs descendans en loyal mariage, cessans et faisans cesser tous troubles et empeschemens au contraire. Car tel est nostre plaisir. Et affin que ce soit chose ferme et stable à tousjours, nous avons faict mettre nostre séel à cesdittes présentes, saulf en aultre chose nostre droit et l'aultruy en tout. Donné à S^nt Germain en Laye, au mois d'avril 1672, et de nostre règne le 30e. Signé : Louis, et sur le reply : Par le Roy, Le Tellier, et à costé : visa, d'Aligre, et y appendoit le sceau de Sa Majesté, en cire verde, en lacq de soye rouge et verde.

Tiré des registres du greffe du Conseil souverain de Tournay.

(Signé) : BERVOET.

Archives du Nord. Série C. Bureau des Finances de Lille. Registre W, fos 151 et 152.

Page 88, ligne 18.

1399, juin. — *Légitimation de Jehan de Lannoy.*

Philippus etc$_a$.... Nature vicium minime decolorat illegitime genitos, quos vite decorat honestas, nam decor virtutis abstergit in prole maculam geniture et pudicicia morum impudor originis aboletur. Notum igitur facimus universis presentibus et futuris, quod nos attendentes morum honestatem et virtutum merita, quibus, prout testatur assercio fide digna, *Johannes de Lannoy*, filius domini *Guilliberti de Lannoy*, militis, decoratur, qui licet ex illegitimo coïtu, videlicet ex dicto domino Guilliberto, ejus patre, et ex Katherina *Du Bus*, ejus matre, ambobus tempore nativitatis ipsius Johannis solutis, traxerit originem, se tamen Deo et hominibus vita et moribus gratum reddidit, et defectum natalium quem patitur supplent in eo merita probitatum, eundem Johannem de nostris auctoritate, certa sciencia et gracia speciali legitimamus per presentes, in eo deffectum natalium quem patitur ut premissum est abolemus, concedentes eidem ac cum ipso dispensantes et decernentes de sciencia, auctoritate et gracia supradictis, ut ipse in quibuscumque bonis paternis et maternis paternique generis et materni, et aliis tam mobilibus quam immobilibus, in quibus de jure et consuetudine sive usu aut communi observancia succederet, aut succedere deberet sive posset si esset de legitimo matrimonio procuratus, succedere libere valeat et succedat pro se et suis adherentibus, dum tamen in bonis illis non sit ex nunc jus alii vel aliis quesitum et aliud quam deffectus natalium non repugnet, et quod bona ipsa tanquam legitimus vite successor valeat vendicare, adipisci, possidere et pacifice retinere et de ipsis in testamento seu ultima voluntate suis disponere tanquam successor legitimus eorundem, et quod ad acquisicionem et rettencionem aliorum bonorum quoruncunque acquisitorum hactenus et acquirendorum imposterum, nec non ad officia quecunque, status, honores et alios actus temporales et civiles, ac si fuisset ab inicio natus de legitimo matrimonio, ubilibet admittatur et pro legitimo deinceps censeatur, mediante certa financia quam ipse Johannes nobis propter hoc solvere tenebitur ad arbitrium dilectorum et fidelium gentium Camere computorum nostrorum in Insula, dicto natalium deffectu, consuetudine, constitutione, ordinacione, statuto lege dicto usuve generali seu locali patrie nostre ad hec contrariis non obstantibus quibuscunque. Mandantes harum serie eisdem gentibus nostris ac quibuscunque receptoribus justiciariis et officiariis nostris presentibus et futuris, et eorum locatenentibus ac eorum cuilibet, prout ad eum pertinuerit, districtius injungentes quatinus prefatum Johannem, proles suas, successores et posteros suos in bonis quibuscunque ejusdem acquisitis, vel acquirendis, aut undecunque obvenientibus occasione deffectus natalium ipsius, contra dictam nostram presentem graciam et legitimacionem perturbare vel molestare quavis causa non presumant, sed eadem gracia nostra uti et gaudere plenarie et pacifice faciant et permittant eundem. Quod ut perpetui roboris stabilitate firmetur presentes litteras sigilli nostri fecimus appensione muniri, nostro in aliis jure, et in omnibus quolibet alieno semper salvo. Datum Attrebati, mense junii, anno Domini millesimo trecentesimo nonagesimo nono. Sic signatis: Per Dominum Ducem, ad relationem vestrarum : Daniel. — Visa.

Archives du Nord. Chambre des comptes de Lille. Art. B. 1598. 3e registre des chartes, f°s 119 v° et 120.

Page 90, ligne 4.

1656, 19 avril. — *Lettres de chevalerie pour Michiel de Lannoy, escuyer, Sr du Carnoy.*

Philippe, par la grâce de Dieu, Roy de Castille, de Léon, d'Arragon etc^a..... A tous ceux quy ces présentes verront, salut. Scavoir faisons, que pour le bon rapport quy faict nous at esté de nostre cher et bien aimé *Michiel de Lannoy*, escuyer, Sr du Carnoy, résident en nostre ville de Lille, et que luy, son père et ses ayeuls et aultres prédécesseurs auroient de tout temps rendus des bons et fidels services à nostre couronne, tant par prêts de grosses sommes d'argent, dont ledit *Michiel de Lannoy* ny ses cohéritiers n'auroient encor esté indempnez ny remboursez, qu'aultrement, signament Messire Paul *van Dale*, chevalier, Sr de Lilo, son ayeul maternel, ayant servy feu l'empereur Charles cincquiesme en son voyage d'oultre mer pour la conqueste du Royaume de Thunes et de La Goulette et en nos Païs-Bas, aux sièges des villes de Sainct-Paul, Monstreuil, Théroane et aultres occasions quy se sont présentées ès années mille cincq cens trente six et trente sept, avecq six chevaux en campaigne durant le gouvernement desdits Païs-Bas et Bourgongne de feue Madame Marie, Royne vefve d'Hongrie et de Bohême, et pour lesdits services esté créé chevalier par ledict Empereur, le vingt-troisiesme d'avril mille cincq cens cincquante quatre ; que son frère Messire Pierre *van Dale*, vivant Sr de Berlaret, Ghestel, doyen d'Alost et chanoine de l'église de Nostre-Dame à Anvers, auroit fondé et doté le célèbre et manificque collège de Van Dale à Louvain, pour la nourriture et entretenement de plusieurs estudians en diverses facultez et sciences ; et que le susdit *Michiel de Lannoy* seroit allié du costé paternel et maternel à la noble famille *de Croix*, ayant espousé Damoiselle Marie-Marguerite *de Croix*, fille de Messire Jacques *de Croix*, chevalier, S^r d'Escou, mayeur de la ville de S^nt Omer, et de Dame Marie *de Croix*, de laquelle famille plusieurs auroient esté honnorez du tiltre de chevalier. Pour ces causes, et ce que dessus considéré, mesmes afin de le stimuler d'avantage et luy donner occasion au moyen de quelque marcque d'honneur de s'esvertuer de plus en plus en nostre service, Nous, désirans favorablement le traicter, décorer et eslever, avons icelluy *Michiel de Lannoy*, faict et créé, faisons et créons chevalier par ces présentes, voulans et entendans que d'oresnavant il soit tenu et réputé pour tel en tous ses actes et besoignes et joïsse des droicts, libertez et franchises dont joïssent et ont accoustumez de jouyr tous aultres chevaliers par touttes nos terres et seigneuries, signament en nos Païs-Bas, tout ainsi et en la mesme forme et manière comme s'il eust esté faict et créé chevalier de nostre propre main. Mandons et commandons à tous nos Lieutenans, gouverneurs........ &ᵃ que ledict *Michiel de Lannoy*, ils laissent, permectent et souffrent dudict tiltre de chevalier et de tout le contenu en cesdictes présentes plainement et paisiblement jouïr et user..... Car ainsy est nostre plaisir, pourveu que dans l'an après la datte de cestes, icelles soient présentées à nostre premier Roy d'armes...... &ᵃ...... En tesmoing de ce, nous avons signé ces présentes de nostre main et à icelle faict mectre nostre grand séel. Donné en nostre ville de Madrid, Royaulme de Castille, le XIXᵉ jour du mois d'avril, l'an de grâce XVIᶜ cincquante six, et de noz règnes, le XXVIᵉ. Paraphé : M. B. Vᵗ, soubsigné PHILIPPE. Sur le ply est escript : Par le Roy, signé : BRECHET...... &ᵃ......

Archives du Nord. Chambre des Comptes de Lille, art. B. 1668 :
73ᵉ registre des chartes, fᵒˢ 216 et 217.

Page 103, lignes 20 et 21.

Nous reproduisons ci-dessous une prétendue reconnaissance des de Lannoy des Plantis par les de Lannoy de Wasmes ; cette pièce fait partie du manuscrit de Jean de Launay, n° 31860, à la Bibliothèque nationale, page 153, où elle est indiquée comme étant une copie ; une autre copie du même acte, passé devant Mᵉ J. de Ghestem, notaire à Lille, est donnée par Goethals (*Dictionnaire*, t. 1, page 676) ; or, il nous est impossible de vérifier si cet acte existe vraiment, car nous n'avons plus de registre de ce notaire après 1632. Nous ne donnons donc cet acte qu'à titre de curiosité :

Nous Messire Adrien de Lannoy, chevalier, seigneur de Wasnes, Oultrebeke, etc., et Messire François de Lannoy, aussi chevalier, capitaine de 3oo hommes de hauts Allemands pour le service de leurs Majestez, chef des armes de la maison de Lannoy, certifions à tous qu'il appartiendra qu'estant deuement informez des qualitez et conditions des enfans de feu Jacques de Lannoy, seigneur de Plantis, et de Pierre de Lannoy, seigneur de Meurchin, frère dudit Jacques, nous les avons reconnus et advouez, reconnaissons et advouons par ceste estre de nostre dite maison et famille de Lannoy, portant *d'argent à trois lions de sinople, couronnez, armez et lampassez d'or*, les tenons pour nos condescendans, et consentons qu'ils puissent porter comme ils ont peu faire les armes de nostre maison ecartelez néantmoins selon leur grade ou degré de maisneté. En foy et tesmoignage de quoy nous avons signé et armoyé de nos armes ceste le 9ᵉ jour de febvrier 1641. Estoit soussigné, Adrien de Lannoy, sʳ de Wasne, et François de Lannoy, avec leurs scels imprimez en cire rouge.

Page 104, ligne 6.

1641, 19 novembre. — *Lettres d'annoblissement par Philippes IV, roy d'Espagne, en faveur de Jean de Lannoy, sʳ de Plantis.*

Philippes, &ᵃ..... A tous présens et à venir qui ces présentes verront, salut. De la part de nostre cher et bien amé *Jean de Lannoy*, sieur de Plantis, demeurant en nostre ville de Lille, nous a esté très humblement représenté qu'il auroit tousjours vescu noblement et fait alliance à la famille de *des Barbieux* qui seroit noble et ancienne et de laquelle aucuns auroyent esté honnorez du degré de chevalier, ayant ses parens en outre déservy plusieurs charges honnorables, nommément le sʳ de Rabodenghes et de la Bouteillerie, oncle maternel du suppliant, neuf ans [occupé] celle de mayeur en chef de la ville de Lille et dans laquelle charge il nous auroit rendu plusieurs bons services; que le suppliant auroit esté plus de vingt ans cappitaine de la bourgeoisie audit Lille et à l'imitation de ses ayeuls rendu pareillement de bons debvoirs et offices aux occasions du service de nos très augustes prédécesseurs et sans avoir fait oncque chose au contraire ; et comme les titres et documents par où il croit avoir pu prouver souffisamment qu'il seroit de noble extraction, auroyent esté perdus et esgarez par les guerres, notamment lorsque la maison de *Henry [de] Lannoy*, son bis-ayeul, demeurant à Cisoin, fut bruslé l'an 1513, Tournay estant assiégé par les Anglois, comme aussy celle de *Pierre de Lannoy*, son ayeul au grand feu de Lille, l'an 1545, avec tous tous ses meubles, tittres et papiers quy pourroyent servir à la vérification de sa prétendue noblesse, il auroit, pour l'accident et deffaut susdit, prins son recours à nous, suppliant très-humblement qu'en considération de ce que dessus et affin de stimuler ses enfans à s'évertuer de plus en plus aux occurences de notre service, il nous plust le déclarer noble et au besoin l'annoblir, lui faisant sur ce dépescher nos lettres patentes en tel cas pertinentes. Sçavoir faisons que nous, les choses susdites considérées, avons de nostre certaine science, autorité souveraine et grâce spéciale, pour nous, nos hoirs et successeurs, au dit *Jean de Lannoy*, ensemble à ses enfans et postérité masles et femelles naiz et à naistre en loyal mariage, accordé et octroyé, accordons et octroyons par ces présentes le tiltre et degré de noblesse, voulans et entendans qu'il, leurs enfans et postérité et chascun d'eulx, procréez en loyal mariage comme dit est, ayent à jouir et user, jouissent et usent d'icy en avant et à tousjours comme gens nobles en tous lieux, actes et besongnes, de tous et quelconques honneurs, prérogatives, prééminences, libertez, franchises, privilèges et exemptions de noblesse dont les autres nobles ont accoutumé de jouir et jouissent, et qu'ils soyent dans tous leurs faits et actes tenus et réputez pour nobles en toutes places, en jugement et hors d'iceluy, comme les déclarons et créons tels par ces mesmes présentes, et que semblablement ilz soyent et seront capables et qualifiez pour estre eslevez à estats et dignitez, soit de chevalerie ou autre et puissent et pourront en tout temps acquérir, avoir, posséder et tenir en tous nos pays et signamment en nosdits Pays-Bas, places, terres, seigneuries, rentes, revenus, possessions et autres choses mouvantes de nos fiefs et arrière-fiefs et autres nobles tenemens et iceux prendre et tenir de nous ou d'autres seigneurs féodaux de qui ils seront dépendans..... &ᵃ..... Et ce, parmi certaine finance modérée que ledit *Jean de Lannoy* à cause de cette présente grâce sera tenu de payer à nostre profit sur la taxation qui en sera faite par ceux de nostre Conseil d'Estat aux affaires de nos Pays-Bas et de Bourgongne..... Et afin que l'estat de noblesse dudit suppliant soit tant plus notoire, connu et autorisé, luy avons aussy accordé et permis....... que luy et sa postérité de loyal mariage comme dit est, pourront d'or en avant et perpétuellement à tous et quelconques leurs faits, gestes et autres actes licites et honnestes, avoir et porter les armoiries qui s'ensuivent : sçavoir est un escu *écartelé au premier et quatriesme d'argent au lion de sinople, couronné, lampassé et armé de gueules, au 2ᵉ et tiers aussy d'argent à une face de trois pièces de synople*, l'heaume ouvert et treillé, bourrelet et hachemens des émaux de l'escu, argent et sinople ; cimier un demy lion comme de l'escu, ainsy que lesdites armoiries sont peintes au milieu de cesdites présentes. Si ordonnons à nostre lieutenant-gouverneur..... &ᵃ..... fassent souffrent et laissent ledit *Jean de Lannoy* et sa postérité de loyal mariage, de nostre présente grâce, octroy et annoblissement et de tout le contenu en cesdites présentes plainement, paisiblement et perpétuellement jouïr et user..... &ᵃ. Car ainsy nous plaist il et voulons estre fait..... &ᵃ..... Et afin que ce soit chose ferme et stable à tousjours, nous avons signé ces présentes de nostre main et à icelles fait mettre nostre grand scel, sauf en autres choses nostre droit et l'autruy en toutes. Donné en nostre ville de Madrid, royaume de Castille, le 19ᵉ jour du mois de novembre l'an de grâce 1641, et de

nos règnes le 20e, paraphé M. L. Vt. Signé : Philippes ; et sur le ply :
Par le Roy, Brecht..... &a.

Archives du Nord. Chambre des comptes de Lille : Art. B. 1677.
Supplément aux titres nobiliaires, tome III, fos 435-438.

Page 104, ligne 33.

1684, octobre. — *Lettres pour permettre au sieur de Lannoy des Prez le couronnement de l'écusson entier de ses armoiries en cinq fleurons d'or.*

Louis, par la grâce de Dieu, Roy de France et de Navarre, à tous présens et à venir, salut. Nostre cher et bien aymé *Jean-Baptiste-François-Olivier de Lannoy*, sieur des Prez, grand bailly de nostre ville et chastelenie de Furnes, nous a très-humblement représenté que par nos lettres pattentes du mois de juillet XVIe soixante unze, nous aurions confirmé à deffunct *Jean-Baptiste de Lannoy*, son père, vivant mayeur de nostre ville de Lille, les lettres de chevallerie par luy obtenues en l'année 1648 du Roy Catholique, et en outre, nous luy aurions permis par nosdittes lettres d'avoir et de porter en tous lieux ses armoiries et d'y adjouter deux lions de sinople pour tenantz, armez et couronnez d'or et lampassez de gueulles comme ceux de l'écusson de sa famille, pour en jouïr et ses enfans nez et à naître en loyal mariage, ainsy qu'il est plus particulièrement porté par nos dittes lettres ; mais par ce que ledit feu Sieur *de Lannoy*, son père, auroit obmis de nous demander le couronnement de l'écusson entier de leurs dittes armoiries de la mesme manière que sont les deux lions de sinople, ledit exposant, son fils, nous a très-humblement suplié de luy vouloir accorder cette grâce. A quoy ayans esgard, et désirans le traicter favorablement, en considération du zèle, affection et fidélité qu'il tesmoigne en tous rencontres pour nostre service, sçavoir faisons, que pour ces causes et de nostre grâce spécialle, pleine puissance et authorité royalle, nous avons audit *Jean-Baptiste-François-Ollivier de Lannoy*, Sieur des Prez, permis et accordé, permettons et accordons par ces présentes signées de nostre main, d'avoir et de porter en tous lieux et endroits que bon luy semblera ses armoiries avec l'écusson entier couronné en cinq fleurons d'or et de jouïr de cette faculté, ensemble ses enfans et descendans nez et à naître en loyal mariage, plainement et paisiblement sans y pouvoir estre troublez, ny inquiétez pour quelque cause et prétexte que ce soit. Si donnons en mandement à nos amez et féaux les gens tenans nostre Conseil supérieur de Tournay et à tous autres nos justiciers et officiers qu'il appartiendra que ces présentes ils ayent à faire enregistrer et du contenu en icelles jouïr et user ledit exposant et sesdits enfans et descendans nez et à naître en loyal mariage, cessans et faisans cesser tous troubles et empeschemens au contraire. Car tel est nostre plaisir. Et affin que ce soit chose ferme et stable à tousjours, nous avons fait mettre nostre dit scel à cesdites présentes. Sauf en autres choses nostre droit et l'autruy en toutes. Donné à Fontainebleau, au mois d'octobre, l'an de grâce mil six cent quatre-vingt-quatre, et de nostre règne le quarante-deux[iesme]. Signé : Louis. Et sur le reply, par le Roy, Le Tellier ; et à costé visa, signé Le Tellier et scellé en las de soye verte et rouge d'un grand sceau de cire verte..... &ᶜᵃ.....

Archives du Nord. Chambre des Comptes de Lille: Art. B. 1673, 78º registre des chartes, fᵒˢ 23 vᵉ et 124.

Page 112, ligne 6. — Angélique-Ursule *Wartelle* fut guillotinée le 24 avril 1794.

Page 132, ligne 8. — Le service funèbre de Catherine *Poulle* eut lieu le 17 septembre 1555.

Page 132, ligne 12. — Le service funèbre de Pierre *Poulle* fut célébré le 4 juin 1559.

Page 151, ligne 9. — Ajouter aux enfants de Jeannin *de Sailly* : 3º *Marguerite*, alliée à Bauduin *Dancoisne* dit *le Cocq*, morte avant septembre 1585 ; dont postérité.

Page 151, ligne 15. — Le service funèbre de Jeanne *Cardon*, veuve d'Antoine *de Sailly*, eut lieu le 20 février 1625.

Page 188, ligne 12. — Le service funèbre d'Anne (ou Marie) *Lefebvre*, veuve de Pierre *Wacrenier*, fut célébré le 7 décembre 1609.

Page 188, ligne 22. — Jacques *Wacrenier* mourut le 14 février 1634 ; le service funèbre de sa femme fut célébré le 8 octobre 1631.

Page 200, ligne 18. — Charles *Wattepatte*, en religion Lambert de Saint-Charles, carme, mort à Lille le 23 avril 1735.

Page 211, ligne 1. — Madame *d'Esgrigny* est décédée au Point-du-Jour, près Lyon, le 4 juillet 1908.

Page 219, ligne 6. — Antoine *de Beaumont* décéda le 14 janvier 1642 ; le service funèbre de sa femme, Martine *Imbert*, eut lieu le 4 juillet 1623.

Page 221, ligne 4. — Voir aux Archives départementales du Nord, E. carton 101, le repas de noces de Jean *Beuvet* et de Catherine *Le Pan*.

Page 221, ligne 6. — Antoine *Beuvet* mourut à Lille le 13 août 1605 ; sa femme, Péronne *de Cornillot*, fille de Jacques et de Catherine *Le Grand*, décéda à Bruges le 10 octobre 1583.

Page 221, ligne 31. — Vincent *Beuvet* se maria deux fois ; il eut du premier lit : *Catherine*, alliée, le 7 décembre 1642, à Charles *Rapaert*, s^r de Bloomendael, fils de Pierre et de Marguerite *de Badts*, né le 12 février 1612, échevin de Bruges, créé chevalier par lettres données à Madrid le 13 août 1673, mort le 21 avril 1687, laissant postérité De sa seconde femme, Vincent *Beuvet* eut : *Marie*, alliée à N. *Garsequens*, demeurant à Ypres ; dont postérité.

Page 260, ligne 39. — Jean-Antoine-Joseph *de Fourmestraux* fut écroué à Bicêtre, à Amiens, le 5 septembre 1793, transféré à la Providence le 8, relâché le 21 octobre, arrêté de nouveau le 9 mars 1794, incarcéré au Collège, transféré aux Capettes le 13 mai, aux Grands-Chapeaux le 4 juillet ; il fut relâché le 21 août comme cultivateur à Flers près Lille.

Page 262, ligne 34. — Alexis-Joseph *de Fourmestraux* fut écroué à Bicêtre, à Amiens, le 5 septembre 1793, transféré à la Providence le 7 octobre, à Bicêtre le 16 décembre, au Collège le 9 mars 1794, aux Capettes le 14 mai, aux Grands-Chapeaux le 4 juillet ; enfin il fut renvoyé en arrestation chez le citoyen de Guillebon, à Amiens, rue des Trois-Cailloux, le 29 août suivant.

Page 282, ligne 24. — Gabriel *de Fourmestraux*, en religion Gabriel de Saint-Alexis, carme, mort à Valenciennes le 1er décembre 1749, à soixante-treize ans.

Page 306, ligne 20. — Marguerite-Félix *Ghesquière* épousa à La Madeleine, le 26 septembre 1689, François *de Tenre*, fils d'Henri-François et de Barbe

Delafosse, baptisé à Saint-Étienne le 6 mars 1664, bourgeois de Lille par relief du 17 octobre 1689, remarié à Marie-Angélique *Mauviez* ; dont postérité.

Page 340, ligne 4. — Barbe-Antoinette *Lagache* testa à Orchies le 10 mai 1755 (Archives départementales, actes et testaments olographes ; 2ᵉ liasse, n° 116).

Page 349, ligne 4. — Anselme *Lefebvre-Delattre* épousa Louise *Van Sassen*, d'où : *Philippine-Françoise*, alliée à Dominique-Joseph *Top*, fils de Philippe-Éloi et de Louise *Vandevelde*, procureur du Roi à la juridiction de la Motte-au-Bois, mort à Bailleul le 9 novembre 1730 ; dont postérité.

Page 363, ligne 27. — Jean-Baptiste-Gabriel-Joseph *Le Thierry* mourut à Wazemmes le 18 octobre 1769, à huit mois.

Page 369, ligne 15. — Bauduin-Joseph *Lippens*, conseiller au présidial de Flandre, mort à Bailleul le 16 juillet 1759, célibataire. (Communication de M. CORTYL).

Page 382, ligne 12. — Jeanne *Percourt*, fille de Jean et de Françoise *Mullier*, épousa Gilles *Cambier*.

Page 393, ligne 2. — Romain-Joseph *Potteau de la Chaussée* fut inhumé au cimetière d'Esquermes le 31 janvier 1840.

Page 396, ligne 6. — Jean *Ricourt* mourut le 20 avril 1630.

Page 454, ligne 1. — Pierre *Aulent*, fils de Jean, frère de Wallerand et d'Anne, testa à Lille devant Mᵉ Maximilien Lefebvre le 30 janvier 1648.

Page 456, ligne 3. — I. Thomas *du Béron*, mort à Seclin vers 1535, eut *Pasquin*, *Piat*, *Jean*, prêtre à Cambrai, *Jeanne*, *Philippote*, *Noël*, prêtre, et *Jean* le cadet demeurant en Tournaisis.
— II. *Piat* fut père de *Laurent* qui forme le premier degré de notre généalogie.

Page 456, ligne 6. — Laurent *du Béron* mourut le 13 février 1605.

Page 456, ligne 9. — Jean *du Béron* décéda le 14 juin 1631.

Page 456, ligne 13. — Jean *du Béron* mourut le 12 mai 1656 ; le service funèbre de sa première femme, Françoise *Cardon*, fut célébré le 1ᵉʳ janvier

1613; sa deuxième femme, Jeanne *Gilleman*, décéda le 17 novembre 1652.

Page 502, ligne 17. — Jérôme *de Fontaine*, mort le 9 mars 1623.

Page 517, ligne 5. — Pierre *du Forest* fut reçu dépositaire le 20 avril 1581; son service funèbre eut lieu le 22 avril 1618.

Page 517, ligne 9. — Pierre *du Forest*, reçu dépositaire le 21 mars 1613, mourut le 28 mars 1639.

Page 517, ligne 34. — Jean *du Forest*, marchand grossier, échevin en 1612, mourut le 11 juillet 1614.

Page 527, ligne 17. — Gilles *Gilleman*, s^r de Campaigne, eut: 1° *Anne*, épouse de Gilles *de Bersacques*, demeurant à Tournehem en 1566; 2° *François*; 3° *Jacques*; ces deux derniers étaient orphelins et mineurs en 1569.

Page 534, ligne 15. — Ajouter aux enfants d'Antoine *du Hot* et de Marie *Le Boucq* (ou Le Bus): 4° *Jeanne*, déchargée de tutelle le 13 juin 1580; 5° *Antoine*, déchargé de tutelle le 5 septembre 1586.

Page 536, ligne 11. — Le service funèbre de Marguerite *du Hot* fut célébré le 12 novembre 1619; par son testament, elle contribua à la fondation de l'hospice des Vieux-Hommes, fondation complétée par Jean *Lesquin* et François *Van Hogqueslot* en 1622. Son mari, Jean *Mahieu*, né en 1549, capitaine d'une compagnie bourgeoise, était décédé le 27 mars 1617.

Page 540, ligne 4. — Louis-Norbert-Éloi *du Hot*, s^r de Sainte-Fleury, mort au château du Chastel des Prets, le 12 octobre 1784, à soixante-neuf ans, avait épousé Marie-Françoise-Cécile-Agnès *Desmaisières*, baronne de Saint-Martin, fille de Jean-François-Antoine-Joseph, écuyer, s^r de Wault, et de Marie-Cécile-Agnès *de Hennin*, née à Maing le 29 décembre 1733, veuve de François-Joseph-Albert *Desmaisières*.

Page 562, ligne 20. — Denis *Petitpas* épousa Isabeau *Thiéry* qui renonça à la succession de son mari le 29 octobre 1575.

ADDITIONS ET ERRATA.

Page 563, ligne 2. — Guillaume *Petitpas* avait épousé Marie *Desbuissons* dont le service funèbre eut lieu le 28 octobre 1587.

Page 563, ligne 25. — Le service funèbre de Françoise *Petitpas*, veuve de Gilles *Bidault*, fut célébré le 21 août 1623.

Page 566, ligne 6. — Barbe-Thérèse-Françoise *Petitpas* épousa Louis-Joseph *de Bérard*, major au régiment de Brancas, chevalier de Saint-Louis ; dont une fille.

Page 569, ligne 29. — Germain *Petitpas* mourut le 4 juin 1597.

Page 570, ligne 6. — François *Van Hoyqueslot* n'eut pas de postérité.

Page 601, ligne 13. — Marie *Tesson*, décédée le 3 juin 1611.

Page 601, ligne 34. — Ajouter aux enfants de Claude *Tesson* et de Catherine *Cuvillon* : 3º *Marguerite*, alliée à Edmond *de Warenghien*, échevin, veuf de Jacqueline *Masurel* et de Barbe *Ledrut*.

Page 611, dernière ligne. — Marie-Catherine *Vanhove* épousa à Willems, le 1er avril 1661, Liévin *Danel*, fils d'Adrien et de Catherine *Goddart*, né à Saint-Omer, chirurgien, bourgeois de Lille par achat du 1er avril 1661 ; dont postérité.

Page 622, ligne 17. — Le service funèbre de Jacques *de Vendeville* fut célébré le 25 juin 1597 ; celui de sa femme, Jeanne *Le Mahieu*, le 4 octobre 1586.

Page 623, ligne 20. — Le service funèbre d'Isabeau *de Vendeville*, veuve de Piat *Bernard*, eut lieu le 25 avril 1588.

Page 624, ligne 22. — Agnès *Fruict*, morte le 17 mai 1647.

Page 625, ligne 21. — Marie *de Sailly* renonça à la succession de son mari le 24 juillet 1587 ; outre son fils *Gilles*, elle eut *Antoinette*, qui fut déchargée de tutelle le 18 août 1597.

Page 636, ligne 17. — Henri-Jules-Auguste *de Verghelle* habitait Nantes avec sa mère en 1826.

Page 646, ligne 26. — Le service funèbre de Marie *Berthault*, veuve de Nicaise *de la Porte*, sr de Sobecq, eut lieu le 15 novembre 1622. Il y a lieu de supprimer le nom du second mari que nous avons indiqué.

Page 646, ligne 38. — Le service funèbre de Marie *Berthault* fut célébré le 21 avril 1627 ; celui de Gilles *Duthilleul*, son mari, le 24 avril 1583.

Page 647, ligne 8. — Le service funèbre d'Antoinette *Berthault*, veuve de Jean *du Béron*, eut lieu le 23 mars 1640.

Page 647, ligne 14. — Jean *Berthault* dit *de Hollande*, échevin, reçu second conseiller pensionnaire en août 1611, mourut le 29 avril 1612 ; le service funèbre de sa veuve, Antoinette *Delebecque*, fut célébré le 2 août 1630.

Page 647, ligne 20. — Jean *Berthault* dit *de Hollande*, décéda à Bruxelles en mai 1626.

Page 651, ligne 26. — Enlever (n. st.). — Jean *Bridoul*, l'aîné, marchand grossier, mayeur de Saint-Jacques, échevin, mort le 11 août 1609, épousa Jacqueline *Dancoisne* dite *Le Cocq*, dont le service funèbre eut lieu le 28 juin 1587. Il eut un fils, *Jean*, dont le service funèbre fut célébré le 16 octobre 1625.

Page 653, ligne 5. — Laurent *Bridoul*, mort le 20 novembre 1642. Marguerite *Béhaghe*, sa seconde femme, morte le 21 janvier 1640.

Page 653, ligne 22. — Pierre *Bridoul* cité 2° et 9° est le même ; il fut moine de Saint-Pierre de Gand.

Page 654, ligne 38. — Pierre *Bridoul* fut chanoine de Saint-Pierre de Comines.

Page 656, ligne 8. — Jeanne-Cécile-Thérèse *Bridoul*, religieuse de l'abbaye des Prés à Douai.

Page 656, ligne 20. — Jeanne *Bridoul*, en religion sœur de la Trinité, fut abbesse de Sainte-Catherine de Sienne, à Douai, le 10 février 1652.

Page 664, ligne 16. — Le service funèbre de Guillaume *Cardon* fut célébré le 23 janvier 1569.

Page 682, ligne 13. — Joseph-Noël *Cardon de Garsignies* épousa à Noyon, le 16 mars 1909, Simone *de Fontenilliat*, fille du colonel et de Madame née *Espinasse*.

Page 682, ligne 17. — Michel *Cardon*, mort le 8 octobre 1645.

Page 701, ligne 3. — Étienne-Eubert *Cardon*, s^r de Flégard, époux de Catherine-Thérèse *Tresca*, mourut à

ADDITIONS ET ERRATA. 1735

       Wazemmes le 11 mars 1778, à soixante-dix-huit ans.

Page 701, ligne 9. — Dominique-Marie *Cardon*, s^r de Flégard, eut de Françoise-Joseph-Adélaïde *Gonse* :
    a. — *Adèle-Françoise-Joseph*, baptisée à Wazemmes le 29 février 1788.
    b. — *Marie-Dominique-Augustin-Théodore*, baptisé à Wazemmes le 3 juillet 1789.

Page 703, ligne 8. — Marie *Castellain* renonça à la succession de son mari le 23 juin 1588 ; elle eut : *Jean*, *Toussaint* et *Jacques* qui, en 1630, vivait à l'abbaye d'Hénin-Liétard.

Page 704, ligne 27. — Jaspard *Desbarbieux* fut déchargé de tutelle le 24 octobre 1596 ; il mourut le 8 février 1641.

Page 705, ligne 15. — Jeanne *Blauvart*, veuve de Barthélemi *Masurel*, et épouse de Jaspard *Desbarbieux*, décéda le 3 octobre 1654.

Page 711, ligne 18. — Michel-Albert-François-Joseph *Frans* mourut à l'hôpital Comtesse le 4 mars 1779.

Page 732, ligne 2. — Mr Louis-Henri-Albert *d'Hespel de Flencques* a une fille : *Bernadette*, née à Gand le 15 juillet 1908.

Page 737, ligne 40. — Georges-Marie-Eugène-Ghislain *d'Hespel*, décédé à Saint-Étienne, près Boulogne-sur-Mer, le 29 avril 1908.

Page 739, ligne 2. — Le comte *de Chérisey* est mort à Crécy (Oise) le 11 février 1909.

Page 740, ligne 22. — Le comte Octave-Edmond *d'Hespel* a :
    4. — Une fille, *Bernadette*, née à Fournes en janvier 1909.

Page 751, ligne 10. — Dominique *Lambelin* épousa Jacqueline *Delesart*, fille de Michel et de Jeanne *de Mesplan*, par contrat devant Me Maximilien Lefebvre, le 13 mai 1647.

Page 761, ligne 32. — Charles-Joseph-Marie *Lenglart* épousa à Notre-Dame de Finisterre à Bruxelles, le 17 février 1767, Marie-Anne *Van Nuffel* (*sic*), baptisée à Saint-Géry en cette ville le 5 mars 1744.

Page 762, ligne 29. — Madame *Lenglart*, née *Barrois*, décédée à Lille le 22 octobre 1908.

Page 763, ligne 7. — Madame *Lefebvre*, née *Lenglart*, morte à Lille le 27 juin 1908.

Page 767, ligne 12. — Josse *Miroul* épousa Marguerite *du Bois de Hoves*, dont le service funèbre fut célébré le 4 août 1600.

Page 768, ligne 25. — Claude *Miroul* fut reçu conseiller pensionnaire le 11 décembre 1579. Le service funèbre d'Anne *Delemer* fut célébré le 17 août 1599.

Page 769, ligne 19. — Le service funèbre de Marie *Willan* eut lieu le 29 octobre 1629.

Page 770, ligne 10. — Antoinette *Miroul*, morte le 20 juillet 1651.

Page 770, ligne 18. — Marie *Miroul*, décédée le 23 janvier 1654.

Page 771, ligne 29. — Le service funèbre d'Antoinette *du Vinage*, veuve de Jean *Miroul*, fut célébré le 11 septembre 1557.

Page 771, ligne 31. — Claude *Miroul*, sergent de la gouvernance, épousa Jeanne *Delezenne*, qui renonça à la succession de son mari le 14 mars 1580 (n. st.).

Page 772, ligne 14. — Arnould *Miroul*, capitaine d'une compagnie bourgeoise, receveur des États, fut nommé prévôt de Lille par lettres données à Bruxelles le 6 mars 1589. Le service funèbre de Marie *Petit* eut lieu le 17 novembre 1607.

Page 773, ligne 4. — Yolende *Miroul* épousa à Sainte-Catherine, le 27 décembre 1635, Ghislain-François *Galbart*, sr de Courcelles, fils d'Artus et de Françoise *Desernin*, né à Courcelles, bourgeois de Lille par achat du 12 septembre 1636.

Page 781, ligne 25. — Alexandre *Le Blancq* mourut le 28 juin 1574.

Page 783, ligne 15. — Erreur. Le service funèbre de Toussaint *Muyssart*, sr d'Estèvele, fut célébré le 8 janvier 1599 ; celui de sa femme le 12 décembre 1616.

Page 791, ligne 37. — Le mariage de Jean-Baptiste-Joseph *de Muyssart* avec Mlle *Hannecart* fut célébré à Saint-Jacques de Douai le 26 octobre 1784.

Page 793, ligne 32. — La comtesse *de Muyssart*, née *des Courtils*, morte à Paris, inhumée à Montigny-en-Ostrevant le 14 mars 1909.

Page 805, ligne 15. — Jean-Baptiste *Ramery*, dit *de Boulogne*, mort le 24 février 1671.

Page 813, ligne 7. — Jacques-Ignace-Joseph *Ringuier*, s^r de Russilly, capitaine de cavalerie, chevalier de Saint-Louis, commissaire ordonnateur des guerres, mort à Douai le 4 décembre 1802, épousa : 1° vers 1761, à Cambrai, Marie-Jeanne-Henriette *Desvignes* ; 2° Marie-Thérèse-Louise *Chêne*. Il eut du second lit :

    a. — *Philippine-Louise-Joseph*, mariée à Jean-Baptiste *Deniset*, chef de bataillon d'infanterie, chevalier de la Légion d'honneur, et morte sans enfants à Douai le 10 mars 1818.

    b. — *Louise-Thérèse-Bertrande*, morte à Douai le 15 octobre 1877, alliée dans cette ville, le 26 février 1821, à Achille *Bertin*, chef d'escadron d'artillerie, né le 14 mai 1792, mort à Douai le 10 juin 1850 ; dont postérité. (Communication de M. le Vte Jean de Hennezel).

Page 814, ligne 20. — Louis-Albert *Ringuier*, décédé à l'hôpital Comtesse le 9 avril 1769.

Page 841, ligne 21. — M. Maurice *du Hays* est décédé à Érin le 26 février 1909.

Page 855, ligne 10. — Jeanne-Françoise *de Waignon* fut mariée à Sainte-Catherine, le 10 mai 1714, avec Roland-Chrétien *le François de Sapigny*.

Page 894, ligne 15. — Elle mourut le 7 novembre 1753 et fut inhumée à La Madeleine.

Page 900, ligne 17. — Il y a confusion entre les *Alatruye* et les *Auxtruies* ; cette dernière famille portait : *d'or à la fasce de gueules, accompagnée de trois têtes de sanglier de sable* (d'après Foppens) ; plusieurs de ses membres firent partie du grand conseil de Malines. Il faut supprimer Ruffin et sa postérité, pages 899 et 900. Faisons remarquer de plus que Baudechon *à la Truye* fut le premier qui prit le surnom *de le Vigne* après son alliance avec Denise *du Fresnoy*, fille de Gilbert *du Fresnoy* dit *de le Vigne*, s^r du Bus, et de Jeanne *de Lannoy*.

Page 900, ligne 26. — Philippote *Alatruye*, fille de Barthelémy, épousa Adrien *Van der Ee*, fils de Jacques; il fut secrétaire du duc de Bourgogne, puis maître de la Chambre des comptes de Brabant en 1455, et se remaria, vers 1459, à Cornélie *de la Leck*; dont postérité.

Page 901, ligne 28. — Ajouter aux enfants de Louis *Alatruye*: Catherine, alliée à Jean *Bourgeois*.

Page 902, ligne 11. — Françoise *Alatruye*, alliée à Saint-Maurice, le 17 septembre 1628, à Jean *Guillaume*, fils de Guillaume et de Catherine *Loffet*, né à Lille, couturier, bourgeois de cette ville par achat du 6 octobre 1628.

Page 905, ligne 24. — Bauduin *Alatruye* dit *de le Vigne* eut encore deux filles : *Marguerite*, mariée avec Jean *Ricourt*, fils de Jean et de Catherine *Lucar*, et *Charlotte*, alliée, le 14 janvier 1595, à Hugues *Delobel*.

Page 907, ligne 17. — Marie *Alatruye* épousa à Saint-Étienne, le 19 janvier 1631, Nicolas *Flourent*, fils de Michel et de Catherine *Nolf*, orfèvre, bourgeois de Lille par relief du 8 août 1631 ; dont postérité.

Page 908, ligne 16. — Isabelle-Claire *Alatruye*, mariée en secondes noces à Saint-Maurice, le 7 août 1708, avec Jean-Baptiste *Colen*, fils de Pierre.

Page 908, ligne 26. — Gilles *Alatruye*, dit *de le Vigne*, eut aussi une fille : *Marie-Claire*, alliée à Jean-François *Dubois*, fils de Guillaume et de Gertrude *Scholle*, né à Bruxelles, bourgeois de Lille par achat du 7 septembre 1685, bailli d'Annappes.

Page 920, ligne 28. — Mathieu *Castelain*, s^r de Wattignies, décéda le 20 août 1552.

Page 923, ligne 19. — Guillaume *Castelain*, mort le 7 novembre 1649.

Page 924, ligne 36. — Gilles *Castelain*, capitaine d'une compagnie bourgeoise, mourut le 21 décembre 1630 ; le service funèbre de sa femme, Claire *Bave*, fut célébré le 25 septembre 1626.

Page 927, ligne 5. — Jacques *Castelain*, mort le 4 mai 1617 ; le service funèbre de Françoise *Lachier* eut lieu le 26 septembre 1626.

Page 948, ligne 18. — Jean *Cuvillon* fut nommé greffier criminel le 13 juin 1600, greffier civil le 12 décembre 1606, procureur de la ville en 1620.

Page 950, ligne 1. — Allard *Cuvillon*, sr du Crocquet, nommé greffier criminel le .. juillet 1614, mort le 28 avril 1650 ; sa femme décéda le 15 juin 1648.

Page 950, ligne 11. — Michel *Cuvillon* fut nommé greffier criminel le 11 décembre 1636 ; le service funèbre de sa première femme fut célébré le 18 juin 1638.

Page 954, ligne 6.

Généalogie des CUVILLON de Carvin

(d'après les notes communiquées par M. le capitaine Bourlet).

I. — Philippe CUVILLON, fils de (?), épousa, le 22 novembre 1660, Jeanne-Claire *Deleruyelle* ; d'où :

1. — *Jacques*, baptisé à Carvin le 24 août 1661.
2. — *Jean-François*, baptisé à Carvin le 13 janvier 1663.
3. — *Pierre*, qui suit, II.
4. — *Marie-Catherine*, baptisée à Carvin le 16 septembre 1668.
5. — *Marie-Philippine*, baptisée à Carvin le 7 février 1672.
6. — *Jean-Philippe*, baptisé à Carvin le 27 janvier 1674, mort le 21 août 1721, allié à Anne *Hachin* le 21 février 1713 ; dont :

   a. — *Philippe*, baptisé à Carvin le 27 janvier 1705, légitimé.
   b. — *Catherine*, baptisée à Carvin le 7 mai 1713.
   c. — *Ludovic-Pierre*, baptisé à Carvin le 27 août 1714, mort le 23 septembre 1743.
   d. — *Marie-Anne-Joseph*, baptisée à Carvin le 8 décembre 1716.

7. — *Marie-Françoise*, baptisée à Carvin le 9 janvier 1677, morte le 25 mars 1732, mariée, le 21 février 1713, avec Philippe *Hachin*.
8. — *Scholastique*, baptisée à Carvin le 5 octobre 1679, décédée le 24 octobre 1740, alliée, en 1702, à Étienne *Renard*, mort le 12 mai 1747 ; dont postérité.

II. — *Pierre* CUVILLON, baptisé à Carvin le 7 décembre 1664, mort le 7 mars 1748, épousa, le 27 novembre 1691, Marie-Marguerite *Hottin* ; dont il eut :

1. — *Claire-Élisabeth*, baptisée à Carvin le 10 novembre 1692, morte le 17 janvier 1735.
2. — *Druon*, qui suit, III.
3. — *Catherine-Thérèse*, baptisée à Carvin le 20 mai 1697.
4. — *Marie-Marguerite*, baptisée à Carvin le 9 août 1699, morte le 15 mai 1725.
5. — *Pierre-Philippe-Joseph*, baptisé à Carvin le 3 avril 1701.
6. — *Pierre-Philippe*, qui suivra, III bis.
7. — *Marie-Thérèse*, baptisée à Carvin le 15 août 1707, morte le 20 novembre 1756, mariée, le 17 septembre 1737, avec Jean-Baptiste *Carlier* ; dont postérité.
8. — *Marie-Hélène-Thérèse*, baptisée à Carvin le 20 mars 1712, décédée le 23 octobre 1766, alliée : 1° le 21 juillet 1729, à Pierre *Bernard*, mort le 12 septembre 1741 ; 2° le 7 août 1742, à Jean-François *Lefèvre*, dont postérité du premier lit.

III. — *Druon* CUVILLON, baptisé à Carvin le 6 août 1695, mort le 14 mars 1740, épousa, le 30 octobre 1725, Marie-Thérèse *Carlier*, décédée le 7 février 1758 ; d'où :

1. — *Pierre-François*, né à Carvin le 23 septembre 1726, mort le 26 novembre 1783.
2. — *Noël-Joseph*, né à Carvin le 14 février 1728, décédé le 27 avril suivant.
3. — *Philippe-Dominique-Joseph*, né à Carvin le 28 mars 1729, mort à Bauvin le 11 vendémiaire an III.
4. — *Jean-Baptiste-Joseph*, né à Carvin le 8 mars 1730, décédé le 7 prairial an III, allié, le 28 novembre 1752, à Marie-Anne *Lucas*, fille de Joseph et de Marie-Anne *Lecaillez* ; d'où :

   a. — *Jean-Baptiste*, né à Carvin le 26 avril 1753, mort le 23 janvier 1762.

   b. — *Anne-Agnès*, née à Carvin le 3 mars 1757, morte le 15 mai 1814, mariée : 1° le 15 août 1777, avec Marc-Antoine *Clabau*, décédé le 10 septembre 1791 ; 2° avec Joseph *Watrelot*, dont elle divorça le 20 fructidor an III ; dont postérité du premier lit.

   c. — *Julien-Joseph*, né à Carvin le 8 janvier 1761, mort le 7 février 1762.

   d. — *Florent-Joseph*, né à Carvin le 16 décembre 1762, décédé le 20 novembre 1765.

   e. — *Marie-Catherine*, née à Carvin le 7 janvier 1765, morte le 24 février 1835, mariée, le 22 avril 1788, avec Alexandre-Joseph *de Carnin*.

f. — *Marie-Florentine-Joseph*, née à Carvin le 22 mars 1767.

g. — *Maximilien-Joseph*, né à Carvin le 22 juillet 1770, mort le 5 septembre 1789.

5. — *Alexandre-Honoré-Druon-Joseph*, né à Carvin le 15 mai 1733, mort le 23 mars 1740.

6. — *Sébastien-Joseph*, né à Carvin le 1er août 1735.

7. — *Amélie-Thérèse-Joseph*, née à Carvin le 1er août 1736, alliée, le 9 février 1762, à Jean-Baptiste *d'Oignies*.

8. — *Pierre-Antoine*, né à Carvin le 3 avril 1739, mort le 16 mars 1817, allié, le 24 mai 1763, à Marie-Anne-Thérèse *Garbez*, morte le 18 juillet 1789 ; d'où :

a. — *Joseph*, né en 1762, porté comme fils d'Antoine et de mère inconnue, mort le 6 février 1838, allié, le 22 avril 1790, à Rosalie *Magniez*.

b. — *Marie-Anne-Thérèse*, née le 26 juillet 1765 à Carvin, morte célibataire le 5 nivôse an VIII.

c. — *Philippine-Joseph*, née à Carvin le 13 janvier 1769, décédée le 30 janvier 1845, mariée, le 23 pluviôse an XIII, avec Prosper *Dourlant*, né le 21 mars 1773.

d. — *Pierre-François-Joseph*, né à Carvin le 16 janvier 1771.

e. — *Marc-Antoine-Joseph*, né à Carvin le 2 avril 1773, mort le 11 octobre 1779.

f. — *Angélique-Séraphine*, née à Carvin le 3 juin 1776, décédée à Douai le 9 juin 1826, célibataire.

III bis. — *Pierre-Philippe* Cuvillon, né à Carvin le 23 septembre 1702, mort le 27 mars 1742, épousa, le 9 juin 1739, Béatrix-Angélique *Coulon* ; d'où :

1. — *Marie-Marguerite-Béatrix-Joseph*, née à Carvin le 18 avril 1740, alliée à Saint-Jacques de Douai, le 16 avril 1776, à Antoine *Lagache*, fils de Mathieu et de Florence *Demory*, né à Villers-au-Tertre en 1748, garçon brasseur.

2. — *Pierre-François-Joseph*, qui suit, IV.

3. — *Marie-Thérèse-Joseph*, née à Carvin le 16 septembre 1742, posthume.

IV. — *Pierre-François-Joseph* Cuvillon, né à Carvin le 7 juillet 1714, décédé le 5 décembre 1818, épousa, le 23 août 1766, Marie-Michelle-Élisabeth *Scahe* ; dont il eut :

1. — *Aimable-Cyprien-Joseph*, né le 11 juillet 1767.

2. — *Pierre-François-Joseph*, né le 22 octobre 1768, mort en 1792.

3. — *Marie-Françoise*, née le 4 septembre 1770, morte le 2 mai 1828, épouse d'Hippolyte *Renard*.

4. — *Pierre-François-Joseph*, né le 1er septembre 1772, mort le 21 août 1773.

5. — *Jean-Baptiste*, qui suit, V.

6. — *Antoine-Joseph*, né le 16 septembre 1778, décédé le 9 octobre 1812 étant au service militaire.

V. — *Jean-Baptiste* CUVILLON, né le 23 juin 1774, mort le 11 juin 1861, épousa, le 30 messidor an XII, Marie-Catherine *Gambier*, née le 17 mai 1779 ; il eut :

1. — *Séraphine-Josèphe*, née en 1801, mariée, le 16 août 1836, avec Jean-Baptiste *Candillier*, de Phalempin ; dont postérité.

2. — *Michel-François-Joseph*, qui suit, VI.

3. — *Jean-Baptiste-Joseph*, qui suivra, VI bis.

4. — *Marie-Joseph*, née le 8 septembre 1811, morte jeune.

5. — *Antoine-Joseph*, qui suivra, VI ter.

6. — *Prosper*, qui suivra, VI quater.

7. — *Marie-Joseph*, née le 21 octobre 1817, décédée le 15 novembre 1853, alliée, le 21 juin 1842, à Antoine *Herbaut*.

VI. — *Michel-François-Joseph* CUVILLON, né le 5 mai 1807, mort le 17 septembre 1888, épousa, le 8 janvier 1833, Hyacinthe *Lepoivre*, décédée le 1er juin 1897 ; d'où :

1. — *Jean-Baptiste*, né le 4 avril 1833, mort à cinq jours.

2. — *Adolphe-Joseph*, jumeau du précédent, mort à quatre jours.

3. — *Jean-Baptiste*, qui suit, VII.

4. — *Flore-Constance*, née le 21 mars 1836, épouse de François *Fourlaine*.

5. — *Catherine*, née le 17 septembre 1838, mariée, le 10 septembre 1860, avec Pierre-Joseph *Herbaut*, décédé le 22 août 1886.

6. — *Alfred-Joseph*, né le 2 juin 1841, mort le 21 octobre 1883, après avoir épousé Augustine-Élisabeth *Bouquillon*, dont il eut :

    a. — *Antoinette-Hyacinthe*, née le 10 décembre 1868, alliée le 23 août 1890, à Louis-Joseph *Menu*, né à Courrières le 5 décembre 1865.

    b. — *Alfred-Joseph*, né le 31 janvier 1870, marié, le 18 décembre 1897, avec Clara *Duflos*.

    c. — *Jean-Baptiste-Pierre-Joseph*, né le 22 juillet 1871, allié, le 1er décembre 1906, à Marie-Louise *Lefèvre*.

    d. — *François-Michel*, né le 3 novembre 1873, marié, le 18 juillet 1896, avec Louise-Augustine *Broutin*.

e. — *Charles-Arthur*, né le 6 mars 1876, allié, le 5 décembre 1898, à Zoé-Clémence *Deleflie*.

f. — *Arthur-Charles*, né le 11 juin 1878, marié, le 18 janvier 1902, avec Maria-Joseph *Queva*, née à Annœullin.

g. — *Achille*, né le 24 décembre 1880, allié, le 24 septembre 1906, à Maria *Caulier*.

VII. — *Jean-Baptiste* CUVILLON, né le 7 juillet 1834, mort le 17 février 1900, épousa, le 7 janvier 1862, Flore-Augustine *Hien*; d'où deux filles :

a. — *Estelle-Constance*, née le 9 juillet 1862.

b. — *Henriette-Hyacinthe*, née le 27 mars 1869, morte le 20 août 1899, épouse de Jules-Marie-Joseph-Corneille *Pinceel* (remarié) ; dont postérité.

VI bis. — *Jean-Baptiste-Joseph* CUVILLON, né le 19 mai 1809, mort le 5 février 1887, épousa : 1° Marie-Françoise *Ridon*, décédée le 27 mars 1833 ; 2° Ambroisine-Augustine *Plachez*, morte le 15 novembre 1864 ; 3° Marie-Françoise *Duriez*, décédée le 17 juin 1872 ; d'où :

1. — Premier lit : *Augustine-Marie*, née le 26 janvier 1833, morte le 18 mars 1878, alliée, le 14 octobre 1856, à Louis-Joseph *Massy*, décédé le 16 février 1897 ; dont postérité.

2. — Deuxième lit : *Félicie*, née le 20 décembre 1834, morte le 15 mai 1871, mariée, le 3 novembre 1856, avec Jean-Baptiste *Sauvage*, décédé le 25 octobre 1892 ; dont postérité.

3. — *Esther-Maximilien*, qui suit, VII.

4. — *Antoine-Auguste*, né le 23 janvier 1845, célibataire.

5. — *Marie-Ambroisine*, née le 12 février 1853, alliée, le 6 novembre 1876, à Henri-Hilaire *Defretin*.

VII. — *Esther-Maximilien* CUVILLON, né le 27 décembre 1843, mort le 14 décembre 1892, eut de Marie-Thérèse *Boutillier* :

1. — *Léon*, né le 22 août 1865, allié, le 12 octobre 1889, à Julie-Léopoldine *Furbant*.

2. — *Catherine*, née le 21 septembre 1869, morte le 18 avril 1890.

3. — *Adèle*, née à Seclin le 29 mars 1872, mariée, le 14 septembre 1892, avec Jean-Baptiste *Théry*, de Bauvin.

4. — *Coralie-Augustine*, née le 9 octobre 1874, alliée, le 3 décembre 1895, à Charles-Louis *Carbonnier*.

VI ter. — *Antoine-Joseph* CUVILLON, né le 18 août 1813, mort à Lille le 2 juillet 1851, épousa : 1° à Wazemmes, le 7 février 1837,

Maxence-Marguerite *Garbez* ; 2° à Raches, le 3 juin 1841, Augustine-Joseph *Scrève* ; d'où :

1. — Premier lit : *Antoine-Louis-Joseph*, mort à Douai le 11 septembre 1894, laissant postérité de N...
2. — Deuxième lit : *Augustine-Antoinette*, née à Lille en 1842, morte le 9 avril 1898, épouse de Louis-Charlemagne *Lecomte* ; dont postérité.
3. — *Juliette-Maria*, née à Lille le 16 septembre 1843.
4. — *Jules-Émile-Florentin*, né à Lille en janvier 1846, mort le 27 août 1903, époux d'Eugénie-Virginie *Cuisinier*.
5. — *Victor-Timothée*, né à Lille le 2 novembre 1848, marié à Lens.

VI quater. — *Prosper* CUVILLON, né le 10 avril 1816, peigneur de laines, mort le 13 septembre 1874, épousa, le 10 septembre 1838, Angélique *Godin*, décédée le 15 juillet 1888 à l'âge de soixante-quatorze ans ; d'où :

1. — *Cyprien-Louis*, né à Chemy le 27 mars 1839, mort enfant.
2. — *Valérie-Angélique*, née à Chemy le 4 juin 1841, morte le 6 septembre 1901, alliée, le 7 janvier 1861, à Émile-Auguste *Carlier* ; dont postérité.
3. — *Vital*, qui suit, VII.
4. — *Anna*, née le 16 mars 1853, épouse d'Hector *Carpentier*.
5. — *Angélique*, née le 2 janvier 1858, mariée, le 6 juillet 1870, avec Alexandre *Ledin*, mort le 27 mai 1896.

VII. — *Vital* CUVILLON, né à Carvin le 27 avril 1844, décédé le 9 janvier 1900, épousa, le 10 septembre 1866, Marie-Céline *Cuvelier* ; il eut :

1. — *François-Jean-Baptiste*, né à Carvin le 3 janvier 1867, marié à Dunkerque, le 19 octobre 1891, avec Juliette-Apolline-Lucie *Trottin*.
2. — *Vital*, né le 31 mai 1868, allié, le 23 mai 1896, à Célina *Broutin*.
3. — *Marie-Céline*, née à Méricourt le 17 juin 1869, mariée, le 7 mars 1895, avec Jean-Baptiste-Édouard *Bellet*, décédé le 30 septembre 1907.
4. — *Juliette*, née le 2 janvier 1871, alliée, le 1er février 1894, à Clément-Joseph *Blanquart*, demeurant à Bauvin.
5. — *Angélique*, née le 3 octobre 1872, mariée, le 15 novembre 1900, avec Jérémie-Julien *Devynck*, mort le 19 novembre 1906.

6. — *Émile*, né le 26 décembre 1874, allié, le 4 juin 1900, à Sophie-Berthe *Simon*.

Page 985, ligne 15. — Lisez *Pomera*.

Page 993, ligne 6. — Denis *Le Cat* mourut le 4 décembre 1646, à quatre-vingt-huit ans.

Page 1002, ligne 14. — Au lieu de 1717, lire 1777.

Page 1011, ligne 5. — François. I*er* *Le Pippre* eut de sa première femme, Jeanne *Le Blancq* : Jeanne, épouse de Piat *Harregt*, et *Charlotte*.

Page 1011, ligne 9. — Noël *Le Pippre*, né à Bailleul, obtint patente de capitaine de 300 hommes de pied, datée de Bruxelles le 27 janvier 1542 (n. st.).

Page 1013, ligne 2. — Pierre *Le Pippre*, prévôt, mort le 6 août 1645 ; sa femme, Françoise *Vandenbroucke*, décéda le .. décembre 1643.

Page 1013, ligne 31. — Antoine *Le Pippre* naquit à Armentières le 14 mars 1572 (n. st.).

Page 1014, ligne 8. — Jean *Le Pippre*, mort en 1525, eut de Barbe *Hermès* :

   1. — *Jacques*, père d'*Antoine*, avocat au grand conseil de Malines.

   2. — *François*, repris à la page 1014.

   3. — *Antoine*.

   4. — *Denis*.

   5. — *Jacquemine*, épouse de Pierre *Destieu* ; ces cinq enfants partagèrent la succession de leur père le 23 février 1526 (n. st.) par devant échevins d'Armentières.

Page 1014, ligne 15. — Le contrat de mariage de François *Le Pippre* est du 12 août 1510 et non du 2 ; de plus, d'après une copie de ce contrat, sa femme s'appellait Marie *Foubert*, veuve de Guillaume *de Croix de Drumez* ; son fils aîné, *François*, naquit à Armentières le jour de saint François 1511.

Page 1014, ligne 18. — Le service funèbre de Willemine *Rosée*, épouse de François *Le Pippre*, fut célébré le 8 octobre 1583.

Page 1014, ligne 29. — Jean *Le Pippre* avait visité les lieux saints de Palestine en 1540 ; il fut fait, à cette occasion, chevalier du Saint-Sépulcre. Il épousa à Béthune, par contrat du 7 juin 1542, Jacqueline *Lespillet*.

Page 1014, ligne 36. — François *Le Pippre* testa avec sa femme à Lens le 7 juin 1622.

Page 1015, ligne 2. — Jacques *Hannote* épousa Marguerite *Le Pippre* par contrat passé à Lens le 8 juin 1614 ; au contrat figurent Honorine *Le Pippre*, épouse de Pontus *Mercadel*, procureur au bailliage de Lens, et Adrienne *Le Pippre*, épouse de Michel *du Bosquel*, échevin de Lens; la parenté n'est pas indiquée.

Page 1015, ligne 7. — Antoine-François *Le Pippre* épousa par contrat à Douai, le 30 août 1627, Marie *Créanchier* (sic), fille de Jean et de Guillemette *Lemaire*; dont pour troisième enfant : Laurent-François, baptisé à Evin le 10 août 1637.

Page 1015, dernière ligne. — Jacques *Le Pippre*, s^r du Hayon, testa avec sa femme à Arras le 27 décembre 1611 ; il eut :

1. — *Barbe*, rapportée page 1016;
2. — *Pierer*, écuyer, avocat, mort avant 1611, marié par contrat à Arras, le 27 mai 1601, avec Isabeau *Billot*, fille de Jean, écuyer, et de Marguerite *Bruyant*; d'où :
    a. — *Marie-Marguerite*, alliée par contrat à Arras, le 28 décembre 1616 (sic), à Jérôme *de Belvalet*, écuyer, s^r de Bellacourt, fils d'Antoine, écuyer, et d'Éléonore *Payen*.
    b. — *Isabelle-Claire*, mariée : 1° par contrat passé à Arras, le 19 janvier 1625, avec Charles *Vignon* (la suite page 1016);
3. — *Marie*, épouse de Jean *Crul* (page 1016);
4. — *Jacques*, chanoine de Saint-Amé à Douai, lequel testa à Douai le 15 octobre 1640. (Toutes ces notes concernant les Le Pippre m'ont été fournies par les archives de la famille que nous a obligeamment communiquées M. G. SENS).

Page 1019, lignes 27 et 31. — Marguerite *Le Pippre* fut alliée à Jacques *Vinchent*; Élisabeth, mariée avec Gérard *Hochart*.

ADDITIONS ET ERRATA.   1747

Page 1036, ligne 24. — Mlle Cornélie *Méry de Montigny* morte à La Bassée le 12 février 1909.

Page 1045, ligne 23. — Ghislain *Obert* mourut le 12 novembre 1641.

Page 1049, ligne 24. — Marie-Michelle *Obert*, baptisée à Saint-Sauveur le 2 avril 1679, morte à Vesoul le 22 mai 1735, inhumée aux Ursulines de cette ville, épousa Arnaud ou Armand *de Lartigue*, s^r d'Aignetous, chevalier de Saint-Louis, commandant la place de Belfort, mort avant 1729 ; d'où une fille (Communication de M. de la Charie.)

Page 1056, ligne 6. — Éléonore *Obert* fut mariée en deuxièmes noces avec Jacques *de Rousset*, écuyer, s^r de Formigier, capitaine au régiment de Charolais, fils d'Étienne et de Jacqueline *de Fenyot*, né au Vigan, bourgeois de Lille par achat du 6 juillet 1703.

Page 1056, ligne 25. — Ajouter aux enfants de Jean-Baptiste *Obert* de Noyelles et d'Anne-Françoise *du Chastel* : 10. — *Marie-Thérèse-Florence*, alliée à Jacques-François *de Beaucourt*, écuyer, s^r de Verquin, fils d'Antoine et de Marie-Anne *de Balinghuem*, né à Rémilly-Verquin, bourgeois de Lille par achat du 3 décembre 1699 ; dont postérité.

Page 1070, ligne 6. — Anne *Le Clercq* mourut veuve le 29 mars 1580.

Page 1072, ligne 15. — Jean *du Retz* l'aîné décédé le 22 octobre 1652.

Page 1074, ligne 15. — Henri-Auguste *du Retz*, mort à Esquermes le 18 avril 1711 à sept mois.

Page 1085, ligne 34. — Henri-François *Scrieck*, en religion François de Saint-Henri, carme, mort à Lille le 25 avril 1709.

Page 1104, ligne 19. — Bruno *Bayard*, nommé greffier criminel le 8 avril 1650, procureur le 25 janvier 1661, décéda le 27 août 1681.

Page 1127, ligne 35. — Au lieu d'Arras, lire Arry (Somme).

Page 1128, ligne 29. — Au lieu de *Le Quien*, lire *Le Quieu*.

Page 1129, ligne 24. — M. *de Sainte-Marie* est mort à Brives le 23 juillet 1792 ; sa veuve vivait encore en 1826.

Page 1130, ligne 2. — M. et Mme *Van Zuylen de Nyveld* divorcèrent le 8 juillet 1820.

Page 1130, ligne 21. — Marie-Rosalie-Victoire *du Chambge* était en 1826 l'épouse de Joseph *Barrière*, propriétaire au lieu dit : la Bromde, commune de Vegène (Corrèze).

Page 1138, ligne 30. — Le service funèbre de Jean *Douchet* fut célébré le 5 mars 1601 ; celui de sa femme le 6 septembre 1604.

Page 1152, lignes 22 et 23. — Rétablir ainsi : lieutenant du Roi à Montreuil, sous M. de Mailly, gouverneur de 1568 à 1581.

Page 1153, ligne 5. — Il y a erreur d'une génération. Marc *d'Anvin d'Hardenthun*, mort le 27 juillet 1649, était petit-fils d'Antoine et de Marie *de la Motte*, alliés le 21 mars 1550, c'est-à-dire l'année même du mariage des père et mère de ladite Madeleine *du Bosquel*. (Note de M. R. Rodière.)

Page 1154, ligne 17. — Au lieu de *Crésecques*, lire *Créquy*.

Page 1154, ligne 28.

XII. — *François* du Bosquel, écuyer, s^r de Gadimetz, mort à Zoteux [1] le 11 janvier 1742 à quatre-vingt-huit ans, inhumé dans l'église, épousa à Brimeux, le 29 juin 1707, Marie-Jeanne (alias Marie-Louise) *de la Pasture*, fille d'Isaac, écuyer, s^r de la Rocque, et de Jeanne *Hurdeur*, baptisée à Saint-Firmin de Montreuil le 29 mars 1667, morte à Bourthes le 5 mai 1741 et inhumée le 6 à Zoteux ; d'où :

1. — *Louis*, écuyer, s^r de Gadimetz, né en 1708, mort à Zoteux le 11 mars 1744, célibataire, inhumé dans la nef.

2. — *Jean-Barthélemy*, qui suit, XIII.

3. — *Alexandre-Claude*, écuyer, s^r de Waringueval, baptisé à Zoteux le 7 juillet 1715, vivant en 1751 ; il eut de Madeleine *Ducrocq* : *Françoise-Benoîte*, baptisée le 18 août 1741, morte le 16 septembre suivant, et *Marie-Madeleine*, jumelle de la précédente.

4. — *Louis-François*, écuyer, s^r de Fronville (Fronteville, Frondeville, ou Fronneville ?), baptisé à Zoteux le 4 mai 1719, y décédé le 8 octobre 1789, allié, avant 1750, à Marie-Anne *Maufait*, décédée à Zoteux, le 14 avril 1783, à soixante-cinq ans ; d'où :

---

1. Tous les actes repris ci-après sont passés à Zoteux, sauf avis contraire.

a. — *Marie-Anne-Françoise*, baptisée le 17 février 1750, morte le 11 juin 1837, célibataire.

b. — *Louis-Marie-François*, écuyer, s^r de Fronville, baptisé le 29 septembre 1751, mort le 3 février 1827, propriétaire.

c. — *Marie-Antoinette*, baptisée le 13 décembre 1753.

d. — *Marie-Rosalie*, baptisée le 10 août 1755, mariée, le 18 octobre 1785, à Jean-Marie *Leduc*, fils de Jean-Louis et de Marie *Thiennerie*, né à Doudeauville, laboureur et ménager, demeurant à Preures ; d'où postérité.

e. — *Marie-Marguerite*, baptisée le 26 mars 1758, décédée le 19 décembre 1830, mariée, le 12 novembre 1787, avec son cousin : Augustin-Benoît *du Bosquel*. Elle est souvent désignée sous le nom de Marie-Marguerite *Fronville*.

5. — *François*, écuyer, s^r de Vardes, vivant en 1767, père de deux enfants illégitimes qu'il eut de Marie-Madeleine *Baheux* : *Marie-Madeleine-Françoise*, baptisée le 18 janvier 1745, et *François-Christophe*, baptisé le 8 février 1747. Ce François Dubosquel serait peut-être le même que *Louis-François*, s^r de Fronville, qui précède.

6. — *Marie-Madeleine-Françoise*, dame de Gadimetz, née à Bécourt le 28 décembre 1711, décédée à Zoteux le 5 novembre 1790, mariée : 1° à Zoteux, le 20 octobre 1735, avec Claude *Testart*, écuyer, s^r de la Rochinoy, de Courset, fils de Daniel, écuyer, et d'Austreberthe *Wllart* ; 2° le 30 juillet 1741, avec René-François *de Bernes*, écuyer, s^r de Trion, fils de Pierre-François, chevalier, s^r de Trion, capitaine au régiment du Saillant, chevalier de Saint-Louis, et de Marguerite *Fisset de Wirvignes*, né le 24 décembre 1718, mort dans les prisons d'Arras le 19 prairial an II ; sans enfants.

7. — *Antoinette-Françoise-Louise* (alias Marie-Antoinette-Louise), dame de Waringueval, née à Zoteux le 5 avril 1721, morte veuve le 5 mars 1807 ; elle épousa, le 11 juillet 1766, Adrien *Couture*, manouvrier à Quesques, âgé de cinquante-neuf ans, veuf de Marguerite *Lemaire*. Ils reconnurent pour fille : *Marie-Catherine*, âgée de trois ans. Elle avait eu, en outre, le 20 novembre 1756, un bâtard, *François*, et « dans les douleurs de l'enfantement, en a déclaré le père à la sage-femme. » (Ledit père n'est pas autrement désigné). Ce François Dubosquel mourut célibataire le 1er octobre 1833 ; il est alors qualifié propriétaire. En 1807, il déclare le décès de sa mère et est dit ménager.

XIII. — *Jean-Barthélemy* DU BOSQUEL, écuyer, s^r de Gadimetz, né à Zoteux le 18 mai 1713, mort le 2 décembre 1767, épousa à Maninghem-au-Mont, près Hucqueliers, le 29 juin 1742, Marie-

Catherine *Delcroix*, décédée à Zoteux le 15 nivôse an VII, à quatre-vingt-cinq ans ; d'où :

1. — *Jean-Baptiste-Barthélemy*, écuyer, s^r de Gadimetz, légitimé par le mariage de ses parents, « ayant été mis sous le poëlle dans le temps de la bénédiction nuptialle », mort à dix-huit ans, le 28 mai 1751, et inhumé dans la nef de l'église.

2. — *Louis-François*, baptisé à Zoteux le 26 mars 1743.

3. — *Augustin-Benoît*, qui suit, XIV.

4. — *Marie-Louise*, baptisée à Zoteux le 4 avril 1747, mariée à cinquante-neuf ans, le 7 mai 1806, avec Pierre-François-Augustin *Degouy*, fils de François et de Marie-Madeleine *Valois*, né à Airon-Saint-Waast vers 1699, veuf de Marie-Françoise-Pétronille *Clément*.

5. — *Catherine-Françoise*, baptisée à Zoteux le 3 janvier 1750, morte le 30 janvier 1830, alliée, le 23 septembre 1788, à Jean-Louis *Vasseur*, fils de Jean-Louis et de Marie-Françoise *Futry*, né à Bourthes, âgé de trente et un ans ; dont postérité.

6. — *Marie-Madeleine-Séraphine*, baptisée à Zoteux le 8 mai 1752.

7. — *Marie-Jeanne*, baptisée à Zoteux le 14 septembre 1754, mariée, le 1er thermidor an IV, avec Jean-Pierre *Hembert*, fils de Jean et de Marianne-Liévine *Vendome*, né à Bécourt le 28 juin 1755, cultivateur.

XIV. — *Augustin-Benoît* DU BOSQUEL, écuyer, s^r de Gadimetz, baptisé à Zoteux le 10 janvier 1745, mort le 3 avril 1829, propriétaire, épousa, le 12 novembre 1787, Marie-Marguerite *du Bosquel*, sa cousine germaine (cf. *supra*) ; d'où :

1. — *Marie-Marguerite-Augustine*, née le 5 août 1788, morte célibataire le 16 août 1871.

2. — *Augustin-Benoît*, qui suit, XV.

3. — *François-Joseph*, né le 29 mars 1793, décédé le 15 septembre 1872, marié, le 29 octobre 1818, avec Marie-Anne-Élisabeth *Sagot*, fille de N... et de Marie-Anne-Antoinette *Maufait ou Moffet*, née à Bourthes le 17 frimaire an IX, décédée à Zoteux le 23 novembre 1859 ; d'où :

    a. — *François-Louis-Marie*, né le 10 octobre 1819, mort le 19 mai 1820.

    b. — *Esther-Élisabeth*, née le 2 décembre 1820, décédée le 26 décembre 1856, alliée, le 10 mars 1846, à Jean-Baptiste-Florent *Cazin*, fils d'Antoine-Marie-Joseph et de Marie-Jeanne-Pélagie *Duflos*, né à Zoteux le 8 novembre 1819, cultivateur.

c. — *Pierre-François*, né le 16 décembre 1821, marié avec Marie-Félicité (ou Félicité-Julienne) *Boutoille*, fille de Jacques et de Claudine *Delvoy*, née à Ledinghem, morte à Zoteux le 18 décembre 1892, à soixante-douze ans ; d'où :

    aa. — Marie-Rosine-Dina, née le 6 mai 1852.

d. — *Isaac-Augustin*, né le 12 janvier 1824, mort le 27 août 1835.

e. — *Théophile-Georges*, né le 15 octobre 1826, manouvrier, décédé le 23 mars 1877, allié, le 24 juillet 1855, à Marie-Joséphine *Bohin*, fille de Jean-Baptiste et de Marie *Faucon*, âgée de vingt-sept ans, domestique à Ledinghem ; d'où :

    aa. — Maria, née le 6 novembre 1857.

f. — *Florence*, morte célibataire le 1er février 1853, à vingt-quatre ans.

4. — *Marie-Françoise-Prudence*, née le 24 pluviôse an IV, morte le 15 juin 1845, mariée, le 16 avril 1834, avec Félix-Damas *Sagot*, fils de Pierre-François et de Marie-Catherine-Adrienne *Sagot*, né à Bléquin, le 18 fructidor an VII, cultivateur.

XV. — *Augustin-Benoît* Dubosquelle (orthographe seule usitée depuis la Révolution), baptisé le 24 janvier 1791, propriétaire, mort le 2 octobre 1866, épousa, le 14 septembre 1831, Marie-Jeanne-Françoise *Delporte*, fille de Marc et de Marie-Alexandrine *Senécat*, née à Zoteux le 14 mai 1794, y décédée le 19 septembre 1864 ; d'où :

1. — *Augustin-Henri*, qui suit, XVI.
2. — *Amédée-Adrien*, qui suivra, XVI bis.

XVI. — *Augustin-Henri* Dubosquelle, né le 26 août 1832, épousa, le 6 mai 1857, Marie-Sophie *Brusselle*, fille de Jean-Baptiste-Ambroise et de Marie-Élisabeth-Rosalie *Berquez*, née à Zoteux le 20 décembre 1837, y décédée le 15 décembre 1884 ; dont :

1. — *Augustin-Henri*, né le 29 janvier 1858.
2. — *Amédée-Alfred*, né le 20 octobre 1859.
3. — *Philibert-Alexis*, né le 10 avril 1861, mort le 20 du même mois.
4. — *Louis-Joseph*, né le 17 février 1862, mort le 19.
5. — *Sophie-Irma*, née le 12 mars 1863, morte le 27.
6. — *Alfred-Henri*, né le 15 septembre 1864, mort le 4 mai 1868.
7. — *Sophie-Marie-Philomène*, née le 26 mars 1867, mariée le 14 janvier 1888, à Jules-Henri *Trupin*, fils de Louis et de Madeleine *Mionnet*, né à Doudeauville le 1er juin 1861, rentier.

8. — *Joseph-Alphonse*, né le 1er août 1869, mort le 8 décembre suivant.

9. — *Marie-Sophie-Irma*, née le 16 avril 1875.

10. — *Marie-Sophie-Ermance*, née le 9 avril 1878, mariée à Auchel, le 24 juin 1899, avec Bénoni-Alfred *Trupin*.

11. — *Côme-Vite-Montebello*, né le 6 mai 1882.

XVI bis. — *Amédée-Adrien* DUBOSQUELLE, né le 4 mars 1834, mort le 28 décembre 1876, épousa, le 23 mai 1860, Marie-Sophie *Crépin*, fille de Jérôme et de Sophie *Dacquin*, née à Zoteux le 1er décembre 1840, y décédée le 5 avril 1876 ; d'où :

1. — *Amédée-Augustin*, né le 29 avril 1861.

2. — *Louis-Hyacinthe*, né le 29 juillet 1862, mort le 1er août suivant.

3. — *Marie-Sophie-Zélia*, née le 3 juin 1864, morte le 18 mars 1865.

4. — *Anselme-Firmin-Joseph*, né le 22 avril 1865.

5. — *Marie-Sophie-Alphonsine*, née le 1er janvier 1867.

6. — *Louis-François-Joseph*, né le 11 avril 1868.

7. — *Marie-Eugénie-Sophie*, née le 25 janvier 1870.

8. — *Siméon-Joseph*, né le 17 février 1871, mort le 23 du même mois.

9. — *Marie-Euphrosine-Sophie*, née le 5 mars 1875, décédée le 25 avril de cette année.

10. — *Palmyre-Adeline-Rosa*, née le 23 mars 1876.

NON RATTACHÉE

Marie-Louise DU BOSQUEL DE GADIMETZ, marraine de Marie-Madeleine-Séraphine en 1752, dite sa cousine naturelle, de la paroisse de Maninghem.

(Toute cette généalogie nous a été très obligeamment communiquée par M. R. Rodière).

Page 1155, ligne 14. — Au lieu de *Patte* lire *Patté*.

Page 1159, ligne 14. — Le service funèbre de Marie *Dubosquiel* eut lieu le 4 janvier 1610 ; son second mari, Charles *Herlin*, échevin, puis conseiller pensionnaire de Lille, mourut le 14 février 1582.

ADDITIONS ET ERRATA.

Page 1159, ligne 27. — Le service funèbre de Gérard *Dubosquiel* fut célébré le 8 novembre 1599.

Page 1168, ligne 40. — Hugues et Martin *du Bosquiel* épousèrent Nicole et Antoinette *de la Rachie*, filles de Jean, conseiller pensionnaire de Lille, et de Jeanne *Blondel*.

Page 1170, ligne 13. — Jean *Dubosquiel* mourut le 28 août 1619 ; le service funèbre de Marie *de Rebreviettes* fut célébré le 10 juillet 1636.

Page 1170, ligne 36. — Le service funèbre de Marie *de la Chapelle* eut lieu le 8 juin 1618.

Page 1171, ligne 1. — Antoine *du Bosquiel*, s^r du Coutre, mort le 19 août 1620.

Page 1175, ligne 32. — Au lieu de *Nichery*, lire *Vichery*.

Page 1191, ligne 4. — Bettremieu *Hangouart* se démit de son office de changeur et de l'état de voir-juré, après qu'il eut reçu du duc de Bourgogne le 5 mai 1464, des lettres lui conférant la charge de prévôt de Lille, pendant l'absence de son beau-père, Jean *de Landas* ; il n'exerça que sept mois. (Archives municipales de Lille, 7e registre aux mémoires, f° 126.)

Page 1192, ligne 5. — Le service funèbre de Philippote *de Landas*, veuve de Roger *Hangouart*, fut célébré le 7 novembre 1558.

Page 1194, ligne 35. — Wallerand *Hangouart*, s^r de Laurye, décéda le 11 août 1623 ; le service funèbre de Catherine *Grenu* eut lieu le 22 octobre 1624.

Page 1195, ligne 8. — Georges *de Hapiot*, mort le 25 juillet 1631 ; le service funèbre de sa femme fut célébré le 9 décembre 1623.

Page 1195, ligne 12. — Catherine *Hangouart* testa le 28 juin 1630 ; son service funèbre est du 24 juillet suivant; son époux, remarié avec Barbe *Petitpas*, testa le 31 juillet 1641.

Page 1195, ligne 22. — Charles *Le Clément*, décédé le 22 février 1637.

Page 1197, ligne 23. — Le service funèbre de Catherine *Le Cocq* fut célébré le 4 août 1557.

Page 1197, ligne 25. — Le service funèbre de Jeanne *Hangouart* eut lieu le 7 septembre 1590.

Page 1204, ligne 28. — Au lieu de *Médard*, lire *d'Hostel*.
Page 1209, ligne 21. — Membre de phrase omis ; il faut : aussy nepveu et héritier de feu Jean *de Croix*, vivant s^r de la Cour et gentilhomme de la Chambre...
Page 1233, ligne 5. — Marie-Thérèse *de la Haye* épousa à Saint-Étienne, le 19 mars 1712, Gilles-François *Percourt* ou *Percout* (cf. page 383).
Page 1239, ligne 7. — Honoré-Emmanuel-Joseph *Leleu*, s^r de Villeman, mourut à Esquermes le 12 juin 1808.
Page 1243, ligne 35. — Au lieu de *Luinge*, lire *Luingne*.
Page 1249, ligne 13. — Philippe-Joseph-Alphonse-Marie *Massiet de Couvonges*, veuf de Marie-Sylvie-Albertine *de Buisseret*, épousa, à Vogelzanck, le 4 septembre 1796, Marie-Barbe-Florence *de Villenfagne*, fille de Jean-Ignace, s^r de Vogelzanck, et de Marie-Louise-Barbe-Joseph *de Libert de Flémalle*, née à Ordennes le 27 octobre 1755, morte le 20 janvier 1830.
Page 1250, ligne 5. — Le service funèbre d'Isabeau *Desbuissons*, veuve de Robert *Muette*, fut célébré le 30 juillet 1549.
Page 1253, ligne 28. — Nicolas *Muette*, fils de François, reçu bourgeois de Douai le 21 octobre 1621 à l'âge de vingt-deux ans, épousa Anne *Le Vaillant*, fille de Nicolas et d'Éléonoe *Tatté*, baptisée à Notre-Dame de Douai le 13 mars 1596 ; dont : *François*, père de *Marie-Joseph*.
Page 1255, ligne 8. — Jean *de Parmentier*, s^r du Triez, mourut le 25 janvier 1634.
Page 1263, ligne 30. — Au lieu de *fustre*, lire *lustre*.
Page 1276, ligne 26. — Marie-Anne *Regnault* épousa à Saint-Étienne, le 30 septembre 1651, Henri *de Berkem*, fils de Jean et de Marie *Delezenne*, bourgeois de Lille par relief du 15 juin 1652.
Page 1277, ligne 13. — Anne *Regnauld*, fille d'Allard et de Jacqueline *Fasse*, épousa, par contrat passé devant Me Maximilien Lefebvre, à Lille, le 20 août 1648, Albert *de Boullongne*, fils de

Nicolas et de Marguerite *du Triez*, orfèvre.

Page 1294, ligne 11. — Louis-Philippe-François *Vandermaer*, épousa, le 2 février 1744, Isabelle-Joseph *Séjournet*, fille de Jacques, s*r* de Cantaraine, et d'Isabelle *Ponthieu*, née à Blicquy (*sic*) le 12 décembre 1702.

Page 1300, ligne 12. — Jossinne *Delabarghe*, morte le 24 mai 1655.

Page 1300, ligne 20. — Nicolas *Van Thiennen* épousa Marguerite *du Forest* par contrat passé devant M*e* Maximilien Lefebvre le 15 février 1647.

Page 1372, ligne 2. — Les *Cormontaigne* dit *Turpin* porteraient : d'or à une rose de gueules feuillée et tigée de sinople.

Page 1399, note. — Élisabeth *Trubert de Boisfontaine*, morte à Moustier le 25 avril 1746, épousa le comte *du Bus*, officier aux gardes wallonnes, créé comte du Saint-Empire le 30 mai 1731, veuf de Catherine-Orélie *Goubille*, et remarié à Marie-Catherine *Delhaye*.

Page 1467, ligne 9. — Jean *Fruict*, décédé le 9 février 1632 ; le service funèbre de sa femme fut célébré le 17 décembre 1616.

Page 1467, ligne 33. — Le service funèbre de Bon *Fruict* eut lieu le 13 septembre 1627.

Page 1468, ligne 33. — Remi *Fruict*, décédé le 15 janvier 1691.

Page 1474, ligne 4. — Madame Albert *de Benoist*, dont les obsèques eurent lieu à Paris le 2 mars 1909, est inhumée à Thonne-les-Prés.

Page 1475, ligne 13. — Romain *Fruict*, mort le 28 mars 1638.

Page 1483, ligne 8. — Le service funèbre de Pierre *Le Machon* dit *de le Sauch* fut célébré le 14 septembre 1561 ; il avait épousé Marguerite *Boutry* dite *Lallier*, dont le service eut lieu le 15 mars 1558, et en secondes noces Anne *Hangouart*, dont le service fut célébré le 4 juillet 1580.

Page 1483, ligne 22. — Le service funèbre de Jeanne *Le Machon* dit *de le Sauch*, veuve de Mathias *Cardon*, eut lieu le 20 janvier 1613.

Page 1483, ligne 23. — Jean *Le Machon* dit *de le Sauch* eut encore de Louise *Fremault* :

6. — *Marie*, alliée : 1° à Vincent *de le*

Becque, médecin, mort le 7 novembre 1563 ; 2° le 9 janvier 1565, à Jean de Warenghien.

Page 1483, ligne 28. — Jean *Le Machon* dit *de le Sauch*, nommé greffier criminel le 6 octobre 1642, mourut le 29 mai 1647.

Page 1532, ligne 20. — Nous trouvons à la recette du droit de nouvel acquet en 1585 : Recepte de Nicaize *de la Porte* pour un fief appelé les Maretz-Sébinois séant à la Broye, paroisse d'Ennevelin, tenu de la Salle de Lille, contenant vi bonniers de pretz et bois acquis le XIII février XVe IIII ^{xx} IIII, vaillable en cense III^c par an.

Page 1540, note. — *Meulenaere* porte *d'argent à un fer de moulin de sable* (erreur corrigée dans la planche L).

Page 1568, ligne 18. — Paul *de Marcq* épousa Jeanne *Delobel* par contrat du 26 janvier 1675 ; il testa conjointement avec sa femme le 25 septembre 1694 et mourut le 10 juin 1712.

TABLE

DES

GÉNÉALOGIES

CONTENUES DANS LES HUIT PARTIES DU RECUEIL

Alatruye	899	Denis	1419
Aronio	205	Desbarbieux	702
Aulent	453	Desbuissons	43
Bady	7	Desfossez (note)	35
Baillieu	1369	Douchet	1138
Barbier de la Serre	1549	Dragon	1451
Bave	14	de Druez (note)	1285
Bayard	1103	Dubosquiel	1149
de Beaumont	217	Farez	1458
du Béron	456	Farvacques	962
Berthault	645	Fasse	51
Beuvet	221	de Faucompret	1569
Bidé	466	de Flandres	977
Bonnier	227	de Fontaine	502
Bostica	1108	du Forest	517
Boutillier	1109	de Fourmestraux	244
Breckvelt	486	de Fourmestraux	282
Bridoul	651	de Fourmestraux	287
de Brigode	492	Frans	708
de Broide	22	Frans	714
Cardon	664	Fruict	1465
Cardon d'Avelu	699	Ghesquière	306
Castelain	919	Gilleman	527
du Chambge	1112	Goudeman	310
du Chasteau	240	d'Haffrenghes	57
Chauwin	30	Hangouart	1187
de Corbie	33	Hannecart	73
Cormontaigne	1372	de la Haye	1231
Costa	1558	Henry	1603
Cuvillon	941	Herts	320
De Lescluze	1377	Hespel	718
De Lespaul	1383	du Hot	533
Deliot	37	van Hoyqueslot	1615
Delobel	1560	Huvino	325

GÉNÉALOGIES LILLOISES.

Ingiliard	83	de la Porte	1531
Jacops	545	Potteau	386
de La Chaussée	333	Pottiers (note)	1234
de La Fonteyne	335	de Poucques	1640
Lagache	339	Poulle	131
Lambelin	747	Quecq	583
de Lannoy	88	Ramery	801
de Lannoy	103	Regnault	1274
de Lannoy	119	Renard	807
Le Cat	990	du Retz	1070
Lefebvre-Delattre	347	Ricourt	395
Le Gay	1236	Ricourt	406
Leleu	1238	Ringuier	811
Le Machon	1481	de Ronquier	1653
Le Maistre	1240	de Rosendal	148
de Lencquesaing	997	Rouvroy	409
Lenglart	758	de Sailly	151
Le Pippre	1011	de Savary	153
Lespagnol	122	Schérer	815
Le Thierry	362	Scrieck	1083
Libert	1021	Stappart	158
Libert	1029	Stappart	159
Libert	1030	de Surmont	164
Lippens	367	Taviel	590
de Lisle	1032	Tesson	600
de Madre	1490	Turpin	1286
Malatiré	1617	Vanderbecken	1540
Mariaval	1528	Van der Cruisse	838
Massiet	1245	Van der Haer	1655
Méry de Montigny	1036	Vanderlinde	178
Miroul	766	Vandermaer	1292
de Montmonier	374	Vanhove	607
Moucque	378	Vanlaer	1662
Mousson	1622	Van Thiennen	1300
Mouton	1632	de Vendeville	622
Muette	1250	Verghelle	632
de Muyssart	780	Volant	843
Nicole	1635	Vrancx	1664
Noiret	127	Wacrenier	185
Noiret de Saint-Antoine	130	de Waignon	853
Obert	1042	Walrave	196
Parmentier	1254	Waresquiel	1675
Percourt	381	Warlop	1087
Petitpas	558	Wattepatte	199
Plaetvoet	1267	Zouche	1093
Porrata	1269		

TABLE

DES

NOMS DE FAMILLES

Nous ne pouvions songer à donner une table des noms de personnes par *individus*, avec leur filiation et leurs fonctions ; cette table eût nécessité un nombre de pages de beaucoup supérieur à celui du texte lui-même. Nous avons dû nous borner à mentionner les noms de *familles*. Les mentions précédées d'une astérisque * indiquent le commencement de la *généalogie* de chaque famille.

A

d'Ablaing, 1187, 1421.
Abraham, 963.
Abrassart, 1558.
Acary, 1337.
Aclocque d'Hocquincourt, 1004.
Adriant, 252.
Adrienne, 532.
Aernouts, 1267.
Aerts, 590, 1124.
Agache, 1362.
d'Aguillon, 1502.
d'Aix, 665.
Alatruye, 19, 55, 134, 375, 396, 534, 546, 773, * 899, 906, 1022, 1159, 1302, 1345, 1482, 1566, 1737, 1738.
Alauwe, 1361.
Alavoine, 1030.
Albert, 8.
Albrecht, 818.
Alby, 192.

d'Alennes, 1248.
Alessi, 602.
van Alckemade, 171, 206.
Allard, 761.
Allau, 521.
Allavinne, 127.
Alleame, 503.
Allegambe, 945.
d'Allemani, 1201.
Allier, 1668.
Alliot, 283.
de Alvarez, 462.
Amelot d'Esterpigneul, 142.
van Ammerstake, 1152.
Amyot, 1514.
Ancart, 230.
André, 1549.
Andrieu, 61, 399, 661, 1083, 1532.
Angelo, 699.
d'Angeville, 1200.
d'Angre, 40.
Annay, 166, 854.

Ansart, 951.
Antoine, 1580.
d'Anvin de Hardenthun, 1153, 1748.
d'Aoust, 1047.
d'Appeltern, 288, 922, 1112, 1346.
Archdall, 230, 364.
d'Argenteau, 1451.
d'Argouges, 739.
d'Arguesse, 1552.
Armey, 1032.
d'Arneville, 1582.
Aron de Faucompré, 1592.
Aronio, 125, 139, 171, *205, 260, 338, 354, 392, 393, 410, 411, 414, 415, 553, 602, 680, 724, 729, 730, 824, 890, 983, 1001, 1002, 1243, 1268, 1395, 1553.
d'Arras, 1188.
d'Arre, 1198.
d'Arros, 735.
d'Arsillemont, 36.
Arteman, 614.
d'Arthois, 1275.
d'Articq, 1049.
Artus, 1451.
van Asbuch, 287.
d'Asselières, 565.
d'Assenoy, 1005.
Assereto, 205.
Asset, 942.
d'Assignies, 937, 1171.
d'Attiches, 781, 1166, 1170.
Aubé de Bracquemont, 1510, 1556.
Aublé, 1073.
d'Auby, 23.
d'Audenarde, 306.
d'Audenfort, 1000.
Aulent, 30, 85, 198, *453, 469, 603, 1287, 1731.
d'Ault du Mesnil, 353.
d'Aumale, 124, 1153.
Aupatin, 253, 502, 536, 1566, 1662.
d'Authie, 1121.
Autier, 365.
Auvray, 539, 891.
Aux Cauches, 1678.

Aux Truyes, 781, 1737.
d'Avach de Thése, 508.
d'Avesne, 151.
d'Avoust, 671.

B

Baccart, 349, 771, 994.
Bacheler, 1112.
de Bachy, 111.
Baclan, 1119.
Bacler, 666, 1012, 1070, 1358, 1426, 1467.
Bacquart, 492.
de Bacquelrode de Mussen, 293, 1679.
Bacqueville, 951, 1409.
Badar, 233, 490, 1612.
de Badts, 1033, 1730.
Bady, *7, 263, 498, 553, 569, 1075.
Bady du Thilloy, 354.
Baeldincq, 1482.
Baele, 1528.
Baert, 595.
de Bagenrieux, 77.
Baheux, 1749.
Baiart, 949.
de Baillencourt dit Courcol, 128.
Baillet, 14, 172, 245, 247, 249, 268, 535, 536, 626, 647, 687, 718, 769, 782, 943, 1139, 1169, 1340, 1422, 1424, 1452, 1533, 1572, 1615, 1719.
de Bailleul, 561, 607, 929.
Baillieu, *1369.
Bailly, 1578, 1594.
de Baizieux, 1154.
de Bal, 1654.
Balde, 623, 907.
de Balestrier, 1093.
de Balinghuem, 1747.
Ballard d'Invilliers, 595.
Ballet, 90.
Ballez, 1458.
Ballicque, 83, 522.
Balliez, 1570.
Balmakers, 798.

Baltus, 1505.
Bamberti, 816.
de Banastre, 499.
de Bancalis de Pruines, 722.
de Bangy, 35.
de Bar, 66, 888.
de Baralle, 790.
Baratte, 1147.
Barbe, 1158, 1613.
Barbé, 1585.
Barbet, 1079, 1720.
de Barbezan, 1246.
Barbier de la Serre, 825, 1473, * 1549.
Barbieur, 1336.
Barbieux, 317, 492, 751, 1376.
Barbry, 1637.
Bardier, 1253.
Baret, 807.
Barge, 67, 167.
Bargiban, 774.
Barjot de Roncé, 635.
Barlez, 1565.
du Barre, 517.
Barré de Saint-Venant, 1555.
Barrière, 1748.
Barrin, 466.
Barrois, 317, 364, 365, 366, 762, 1337, 1735.
Barte, 90.
Bartels, 965.
de Bary, 1426.
Bascour, 1165.
de Bassecourt, 770, 1111, 1494.
de Basseler, 528.
Bastenier, 1503.
Bastin, 1581.
Bastonneau, 573.
Battaille, 179, 809, 892, 1277, 1635, 1675.
Batteur, 1238, 1596.
Baucheron de la Vauverte, 1340.
Baudart, 722, 1664.
de Baude de Rinsart, 12.
Baudechon, 1667.
de Baudequin, 288, 1045, 1293.

Baudot, 1583.
de Baudricourt de Carbonnel, 295.
de Baudringhien, 1054, 1196, 1656. *
Bauduin, 250, 505, 653.
Bauwens van der Boyen, 538.
Bauwet, 750, 1361.
Bave, * 14, 37, 53, 54, 107, 133, 189, 218, 246, 258, 382, 389, 457, 503, 547, 605, 656, 734, 822, 887, 902, 923, 924, 1232, 1253, 1333, 1427, 1468, 1475, 1483, 1719, 1738.
de Bavière, 387, 652.
de Bavre, 210.
Bawancourt, 33.
Bayart, 51, 539, 593, 803, * 1103, 1607, 1747.
de Bayencourt, 1153.
de Baynast de Septfontaines, 126.
de la Beauce, 82.
Beauchamps, 593, 1500.
Beauchent, 594.
de Beaucourt, 1747.
Beaudet, 551.
de Beauffort, 263, 470, 718.
de Beauffremez, 257, 1011, 1189, 1533, 1640.
Beaujean, 295.
de Beaulaincourt, 334, 722, 1606.
de Beaumaretz, 368, 948, 1104, 1422.
de Beaumont, 15, * 217, 237, 308, 397, 505, 518, 668, 805, 890, 966, 1232, 1335, 1567, 1625, 1729.
de Beaumont Carra, 1200.
Beauquesne, 407, 775.
de Beaurin, 634.
Beaussart, 699.
de Beaussart, 590, 1286.
Beaussier, 1473, 1552.
de Beauvois, 1666.
Beaux, 796.
Becke, 1485.
de Becq, 659.
Becquart, 1407.
Becque, 1592.
Becquet, 234, 528, 1280, 1335, 1485, 1496.

Becquet de Mégille, 1434.
Becquier, 928.
Bécue, 1370.
Bécuwe, 66, 167, 670, 934, 1238, 1346.
de Beer, 192, 449.
Béghin, 714, 767, 776, 1167, 1231, 1243, 1596, 1607.
Béhaghe, 653, 905, 1565, 1618, 1734.
de Béhault, 1052, 1669.
Béhin, 1167.
Beke, 1510.
Belain, 248, 1093.
Belay, 912.
Bélier, 1157.
Belin, 911.
de Bellanger des Boullets, 596.
de Bellefosse, 1093.
Bellet, 1575, 1744.
de Bellissen, 1037.
de Bellonet, 167.
Belmarcq, 1089.
Beltremieux, 747.
de Belvalet, 539, 1016, 1043, 1070, 1156, 1746.
Bénard, 1032, 1108.
de Benazet, 284.
Benezet, 77, 791.
de Bengy, 1682.
de Benoist, 1474, 1755.
de Benstenraedt, 1494.
Bentin, 1577.
de Berbier du Metz, 173.
de Berch, 1533.
de Berckem, 781, 1275, 1754.
de Bergerand, 1133.
Bergerards, 616.
de Bergh de Trips, 565.
de Berghe, 372.
Berke, 1540.
Berlier Saint-Ange, 739.
de Berlot, 1116.
Bernard, 22, 250, 253, 264, 310, 310, 341, 344, 447, 536, 623, 1014, 1142, 1150, 1198, 1199, 1250, 1283, 1466, 1580, 1586, 1623, 1733, 1740.
Bernard de Berthelins, 1285.

Bernard de Cizancourt, 499.
de Bernastre, 1005.
de Bernemicourt, 1043, 1359.
de Bernes, 1749.
Bernisse, 1160.
du Béron, 167, 291, * 456, 529, 647, 676, 734, 1559, 1662, 1679, 1731.
Berquez, 1751.
de Berfard, 573, 1733.
de Berry, 173, 1042.
Bersacques, 527, 1732.
Bertes, 624, 1451.
Berthault de Hollande, 89, 133, 136, 246, 386, 456, 529, 601, * 645, 664, 676, 1159, 1467, 1532, 1617, 1733, 1734.
Berthe, 1020, 1466, 1467, 1562.
Berthier de Viviers, 680.
de Bertier de Sauvigny, 732.
Bertin, 1550, 1737.
Bertou, 134.
de Bertoult, 736, 1057, 1151, 1152, 1156, 1360.
Bertrand, 584.
Bervolt, 29.
de Béry, 289.
Besançon, 796.
Béthencourt, 1169.
Béthune, 825.
Beudar, 1376.
Beudescher, 1571.
Beudière, 1077.
Beudin, 61.
de Beughem de Neder Heembeke, 737.
de Beugny d'Hagerue, 731.
Beutin, 247.
Beuvet, 185, * 221, 261, 336, 350, 553, 591, 624, 924, 993, 1730.
Bevier, 459, 635, 928.
Beville, 236, 1574.
Beyart, 795.
Bidau, 199.
Bidault, 233, 563, 1733.
Bidé, 85, * 466, 984, 1026.
de Bie, 1300.

TABLE DES NOMS DE FAMILLES. 1763

Bigot, 312, 908, 1578.
Billaux, 716, 808.
de Billehé, 500.
Billet, 612.
Billiet, 1676.
Billot, 1746.
Binart, 532.
de Bionneau d'Ayragues, 79.
de Biotière de Ponchonier, 111, 546.
Birlouet, 486.
Biscop, 290, 635, 785, 1333, 1559.
de Biseau de Bougnies, 1513.
Bisschops, 33, 169, 170.
Blainvart, 1236.
Blanchart, 1634.
Blanche, 376.
Blancquart, 992, 1147, 1375, 1744.
Blancquet, 656.
Blatton, 8.
Blauvart, 335, 705, 1607, 1735.
Blavart, 31, 632, 633.
Blave, 199.
Bleusé, 79.
Blidde, 889.
Blin de Bourdon, 1003.
Blin de Saint-Quentin, 415.
Blocquel de Wismes, 513.
Blocquiel, 888.
Blondel, 24, 45, 53, 84, 133, 254, 267, 410, 548, 553, 592, 633, 943, 1123, 1133, 1334, 1467, 1471, 1533, 1620, 1662, 1753.
de Bloote, 900.
Bluysen, 1611.
de Bocholtz, 538.
de Bockhoren, 626.
Bocquet, 366, 762, 1037.
Bocquillon, 307, 930.
Bodart, 9, 503, 796.
Bodelo, 1251.
Boder, 316.
Bodino, 817.
Boele, 797.
Boellart, 263, 554, 891.
Bohin, 1751.

Boidin, 1339.
du Bois, 22, 38, 160, 198, 492, 564, 676, 952, 1276, 1625, 1679.
du Bois de Fiennes, 566, 1679.
du Bois de Harnes, 86.
du Bois de Hoves, 38, 40, 52, 342, 455, 530, 572, 705, 893, 922, 1023, 1452, 1736.
du Bois de Saint-Vincent, 1551.
du Bois des Cretons, 210, 413.
de Boislecomte, 1556.
de Boislendict, 14.
Boisleux, 522.
de Boisleux dit de Bapaume, 569, 1165.
Boissart, 178.
Boissier, 819.
Boisson, 1582.
Boistel, 329, 1574, 1595.
Boitte, 564.
Boivin, 1512.
Boivin d'Hardancourt, 808, 813.
Bolgaro, 1485.
Bollart, 62.
Bolle, 1276.
Bommart, 787.
du Bon, 15.
de Bonadona, 550.
Bonaert, 737, 738.
Bondifflart, 838, 1568.
Bonduel, 652.
Bone, 891.
Bonenfant, 1407.
Bongis, 1022.
de Bonmarché, 1156, 1534.
Bonnaire, 192.
de Bonnault, 416.
Bonnel, 371, 1510.
de Bonnescuelle, 1242.
Bonnet, 1340, 1489, 1566.
de Bonnet, 1056.
de Bonneval, 130, 363.
Bonnier, 172, * 227, 264, 890, 1282, 1283, 1573, 1574, 1596.
Bonnier du Metz, 363.
Boot, 1013.

Boote, 564, 565.
Boquillon, 1349.
Borluut, 527.
Borrekens, 840.
du Bos, 622, 1128, 1509.
du Bosquel, 228, 492, 656.
du Bosquiel, 209, 245, 247, 263, 315, 322, 386, 572, 590, 646, 647, 685, 718, 719, 772, 781, 893, 901, 921, 944, 970, 1021, 1025, 1078, 1109, *1149, 1191, 1198, 1275, 1334, 1337, 1340, 1390-1393, 1423, 1431, 1489, 1532, 1656, 1752, 1753.
du Bosquiel de Bondues, 732.
du Bosquier, 791.
de Bosredont, 681.
Bost, 1612.
Bostica, * 1108.
du Bot, 466.
Botin, 116.
Boucault, 759.
Bouché, 716, 1575.
Bouchelet, 794.
Boucher de Crèvecœur, 734, 1550.
Boucherat, 175.
Boucherie, 1635.
Boucheron de Vauverte, 598.
Bouchery, 751, 1404.
Bouchez, 1510.
Bouchie, 774.
Bouchier, 1142, 1536.
Boucquel de Beauval, 937, 1473, 1552.
Boucquel d'Hamelincourt, 1494.
Boudart, 1126.
de Boudry, 1051.
Boudry, 588.
Boudville, 352, 506.
Bougenie, 402.
de Bougenier, 813.
Bouilliart, 739.
de Bouille, 12.
Bouillé de la Faye, 1553.
Boulanger, 636, 981, 1577.
Boule, 1594.
Boulle, 560.

de Boulleret, 493.
de Boullonne, 813.
Boullon, 1611.
Boulogne, 1514.
de Boulogne, 647, 968, 1754.
de Boulongne, 529, 1281.
Bouly, 895.
Bouquillon, 1742.
Bourchault, 659, 660.
Bourdeau, 523, 909.
Bourdon, 567, 1204.
Bourel, 561, 952, 979.
Bourelle, 1085.
Bourez, 167.
de Bourgdielles, 941.
Bourgeois, 295, 784, 947, 1275, 1571, 1653, 1738.
de Bourgeois de la Haymer, 255.
de Bourghelles, 559.
de Bourgogne, 156, 329, 333, 1045, 1513.
Bourgois, 312, 1401, 1490.
Bourguignon, 527, 1084, 1466.
Bourlier, 796.
de Bournisien, 943.
Bourrey, 1586.
Bourriot, 344.
Boury, 1502.
Boussemar, 717, 1666.
Boute, 612, 683, 721, 1125.
Bouteman, 178, 251.
de Boutemy, 1466.
Boutillier, 120, 190, 789, 1022, * 1109, 1361, 1743.
Boutoille, 1751.
Boutry, 402, 403, 955, 1072, 1160, 1167, 1343, 1362, 1401, 1485, 1594, 1755.
Bouttin, 1070.
de Bouvines, 780, 1150, 1491.
des Bouvries, 1115.
Bouwmans, 109.
de Bouy, 1005.
Boyer, 1583.
de Boyer, 286.
de Brabant, 768, 1051.

de Bracles, 37, 1333.
Bracq, 1609.
Bradin, 1484.
Braem, 137, 240, 248, 268, 532, 537, 600, 647, 666, 741, 1089, 1401, 1662.
de Brandt de Galametz, 1165.
de Brandt de Maizières, 333.
Brans, 1503.
Brant, 798.
Brasme, 371.
Brassier de Jocas, 550.
de Bray, 1072, 1485.
de Braye, 838, 928.
Breckvelt, 308, * 486, 658, 1390, 1608.
Bredart, 1248.
van Bréhaghe, 196.
Breithaupt, 1002.
Brepson, 614.
de Bressy, 494.
de Bretel, 449.
Breton, 1575.
Brets, 558.
Breucq, 400.
du Breuil Hélion de la Guéronnière, 512.
de Brévedent d'Ablon, 1554.
Briast, 1369.
Bricquez, 1571.
Bridde, 714.
Bridoul, 107, 208, 253, 348, 354, 387, 488, 563, * 651, 719, 728, 729, 824, 1051, 1341, 1474, 1483, 1486, 1734.
de Brienne, 1120, 1374.
Brientz, 189.
de Brier, 109.
Briet, 1143.
Briez, 396, 805, 1570.
de Brigode, 172, 392, 469, * 492, 567, 761, 1338.
Brincourt, 818.
de Briois, 352, 510, 979, 1606.
Briquart, 797.
Brismal, 495.
Brisse, 1152, 1234.

Brisseau, 1668, 1670.
de Brivazac, 807.
Brixy, 717, 1387.
Broch d'Hotelans, 937.
de Broer, 1247.
Broeucq, 325.
de Broglie-Revel, 727.
de Broide, * 22, 398, 678, 679, 887, 1468, 1719.
Broignard, 953.
Broncart, 150.
Broniart, 1607.
de Brossard, 549.
de Broucke, 614.
Broucquart, 949.
Brousse, 314, 1639.
Broutin, 759, 956, 1742, 1744.
Brouwet, 1513.
Bruart, 7.
Bruchez, 1585.
Bruggeman, 750.
de Bruin, 47.
de Bruisse, 554.
Brullant, 1113.
de Brumont-Disse, 111.
de Brune, 1054, 1246.
Bruneau, 19, 209, 415, 927, 1345.
Brunet, 58, 1236.
Brunon, 1554.
Brusselle, 1751.
de Brussy, 1549.
Bruyant, 283, 727, 1746.
de Bruyn, 65.
Bruyninckx, 110.
de Buck, 130.
Bucquet, 196, 602, 1348, 1373.
Buffin, 294.
Buisseret, 46, 47, 55, 74, 906, 1074, 1249, 1754.
Buisine, 60, 1374, 1375.
Buisset, 1581.
du Buisson, 495, 653.
de Buissy, 722, 1131, 1289, 1680.
Buken, 678.
Bulteel, 1171, 1175, 1199.
Bultel dit de Belvalet, 1151.

de Bunes, 42.
de Bure, 240.
Burette, 519.
de Burgues de Missiessy, 513.
du Bus, 43, 217, 535, 570, 647, 943, 1012, 1104, 1114, 1119, 1153, 1254, 1255, 1333, 1335, 1399, 1424, 1720, 1755.
Buseau, 1622.
Bustansa, 205.
Butin, 1127, 1469, 1529.
Butril, 461.
de Butron y Muxica de la Torre, 1371.
Butté de Saché, 156.
du Buus d'Hollebecke, 209.
Buvrette, 109.

C

de Cabillau, 1020.
Cabit, 1147.
Caboche, 1279.
Caby, 400, 615.
Cady de Navacelle, 1513.
Caerle, 951, 1346.
de Caigny, 906.
Cailler, 342.
Caillet, 846, 1269, 1678.
Caissy, 124.
Calberne, 1019.
de Calbet, 593.
de Caldembourg, 115, 704.
Calloir, 1359.
de Callonne, 654.
de Calonue, 1117, 1121, 1133, 1246.
de Cambelin, 1120.
Cambien, 1636.
Cambier, 15, 64, 69, 123, 264, 454, 528, 603, 667, 671, 714, 720, 803, 855, 904, 948, 957, 1017, 1018, 1076, 1115, 1287, 1551, 1731.
de Cambray, 1376, 1451.
de Cambry, 945, 1045, 1070, 1203.
Camp, 1251.
du Camp, 200, 620.

Campenaine, 1428.
Campion, 511.
du Canchez, 813.
Candillier, 1742.
Canioncq, 318.
Canivet, 969.
Cannac de Saint-Léger, 820.
Cannart, 1187, 1420.
Cannissié, 366.
Canone, 522.
de Canongette de Canecaude, 212.
Cantaloup, 1078, 1162, 1276.
Canteleu, 57, 61.
Capelle, 1426.
Caplier, 487.
Cappon, 1618, 1618, 1639.
Capron, 786, 930, 955, 991, 1605, 1611.
Capye, 1666.
Carbon, 559, 847.
Carbonnelle, 762.
Carbonnier, 1743.
de Cardevacque, 1006, 1054.
Cardinal de Cuzey, 1628.
Cardon, 15, 44, 54, 64, 65, 67, 84, 137, 138, 148, 151, 152, 159, 165, 181, 189, 197, 206, 208, 220, 233, 246, 249, 259, 262, 308, 312, 387, 410, 411, 414, 456, 487, 519, 529, 546, 552, 570, 590, 604, 609, 611, 648, 656, * 664, 679, 700, 703, 722, 735, 773, 788, 803, 804, 822, 838, 894, 948, 982, 1024, 1076, 1104, 1125, 1127, 1132, 1252, 1289, 1340, 1341, 1361, 1428, 1467, 1469, 1470, 1471, 1475, 1476, 1483, 1528, 1588, 1623, 1663, 1677-1679, 1729, 1731, 1734, 1735, 1755.
Cardon d'Avelu, * 699.
Cardon de Flégard, 701.
Cardon de Garsignies, 168, 415.
Cardon de Montreuil, 1006.
Cardon du Broncquart, 732, 1165.
Carette, 591, 625, 751, 764, 787, 1375, 1425, 1677.
du Carieul, 568.
Carissimo, 1086.

Carle, 608, 1488.
Carlier, 61, 231, 251, 507, 720, 968, 1278, 1345, 1483, 1740, 1744.
Carlot, 558.
de Carnin, 1187, 1740.
Carnoye, 1112.
Caron, 106, 255, 494, 505, 752, 950, 957, 1071, 1083, 1250, 1293, 1360, 1487.
Caron dit le Carlier, 1174.
de Carondelet, 292, 1534, 1551.
Carpentier, 122, 128, 136, 153, 228, 250, 372, 493, 497, 729, 761, 823, 972, 1023, 1030, 1078, 1116, 1253, 1335, 1336, 1604, 1605, 1744.
de Carpentier, 35, 348, 1056.
de Carqueville, 178.
Carré, 494, 1030, 1571.
Carreau, 618.
Carrez, 506.
de Carrier-Montieux, 596.
de Carrion, 458, 1559.
Carville, 1048.
Casier, 294.
de Cassenove, 1530.
de Cassina, 90.
de Casteckere, 159, 217, 219, 388, 397, 805, 1275.
de Casteele, 321, 375.
Castel, 54, 368, 519, 672, 709, 1140, 1388, 1396, 1404.
du Castel, 121, 775, 933, 1188, 1419, 1420, 1430, 1496, 1534.
Castelain, 19, 390, 455, 811, 888, *919, 925, 942, 1078, 1088, 1238, 1335, 1341, 1346, 1359, 1378, 1468, 1502, 1560, 1567, 1738.
Castellain, 30, 37, 38, 44, 53, 54, 89, 102, 133, 205, 222, 245, 248, 263, 315, 316, 336, 397, 445, 508, 517, 521, 547, 553, 560, 601, 623, 659, 675, 682, 703, 728, 769, 810, 1158, 1165, 1475, 1488, 1735.
Castellain des Clops, 353, 1506.
Castian, 58.
Castiau, 784.

Castilla, 352.
del Castillo, 111.
du Castillon, 1675.
de Castre, 901.
Castrecq, 597.
Castrique, 1393.
Catelet, 1036.
Catoire, 37.
Cattaert, 351, 402.
Cattelin, 1513.
Cauchefer, 803, 1344.
Caudevelle, 1019.
Caudrelier, 1641.
Caudron, 1635.
Caulier, 192, 1560, 1619, 1743.
Cauliez, 1584.
Caullier, 20, 784, 1361.
de Caumaisnil, 1420.
Cauwel, 58.
Cauwet, 250, 901, 944, 1482.
de Caux, 1551.
Cavel, 1192.
de Caverel, 978, 1347.
Cavrois, 596.
du Cay, 1254.
Cazal, 1269.
Cazier, 1359, 1377, 1493.
Cazin, 1750.
Cense, 1610.
de Ceyerdy, 804.
Chabaille d'Auvigny, 513.
de Chabenat de Bonneuil, 416, 737, 740.
Chalot, 618.
du Chambge, 133, 547, 667, 669, 727, 770, 1056, *1112, 1256, 1289, 1459, 1470, 1492, 1558, 1748.
du Chambge de Liessart, 40, 550, 1242.
de Chamblin, 35.
de Champigny, 900.
Champion d'Auxby, 736.
Champon, 1037.
Chapelle, 1505.
Chappe de la Henrière, 1470.
Chappuzeau de Beaugé, 308, 488.

Chardonneau, 233.
Charlé, 1595.
Charlet, 313, 368, 762.
Charley, 1611.
Charpentier, 461.
Charre de Lavalette, 551.
Charvet, 365.
Chasse, 759.
du Chasteau, 111, * 240, 1643.
Chastel, 1667.
du Chastel, 164, 888, 1054, 1055, 1057, 1125, 1187, 1195, 1422, 1608, 1747.
du Chastel de la Howardrie, 7, 33, 605, 726, 1129, 1459.
Chastelain, 782, 1011.
du Chastellet, 1675.
Chastillon, 1594.
de Chastillon, 1089.
du Chatelet, 52.
de Chaussande, 550.
Chauvé, 1409.
Chauvenet, 1046.
Chauwin, * 30, 85, 445, 446, 455, 633, 887, 926, 1642, 1680.
Chavate, 1595.
du Chenay, 1487.
Chêne, 1737.
Chenu, 466, 498.
de Cherisey, 738, 1735.
Chéron, 1231.
du Chesne, 21, 953.
Chesnon de Champmorin, 180, 889.
Chesnon, 179.
Chevalier, 252, 980, 1004, 1142.
Chevallier, 957.
de Chevassy, 1033.
de Cheyeron, 489.
Chocquet, 1582.
de Choiseul d'Aillecourt, 1053.
Choin, 1133.
Chombart, 149, 165, 1025, 1240, 1301.
Chrestien, 616, 1570.
Chrystin de Ribaucourt, 1053
Chuffart, 316, 992, 1407.
Clabau, 1740.

Claisse, 796.
Clarck, 1056.
Claris de Colomès, 1592.
Clarisse, 1533, 1604.
Claro, 749.
Clau, 1114.
Claubourc, 740.
Cleenewerck, 1246, 1247.
Clemens, 560.
Clément, 1750.
Clément du Vaulx, 1202.
Clerbau, 20.
Clerc de Randresse, 1582.
de Clercy, 500.
de Clermont-Tonnerre, 290, 509, 1336.
de Cléty, 62.
Clevis, 1641.
Clicquet, 492, 622, 772, 1232, 1234.
Clinpenin, 1622.
de Clippelle, 907, 1468, 1471.
Cloet, 1080.
Cloin, 370.
Clondrin, 827.
Clouet des Pesruches, 142, 416.
de Clusel, 468.
Coceneau, 1167.
Coche, 617, 1588.
Cochet, 907.
Cochez, 345.
Cochy, 532.
Cocquempot, 61.
Cockuyt, 243.
Cocqueau, 282.
Cocquel, 158, 269, 949.
Cocquiel, 1103, 1105, 1151.
Cocquiel dit le Merchier, 1121, 1487.
Coene, 1158, 1250, 1346, 1451.
Cœuret de Nesle, 66.
Cogée, 1287.
Coghlan, 660.
de Cohorn, 551.
Coilleret, 227, 264.
Coipel, 1504.
Colbart, 74.

Colbaut, 367, 769, 855, 926.
Colbrant, 116.
Colen, 1738.
Colendal, 370.
Colette, 1665.
Colissard, 456.
Collard de la Cour, 1573.
Collart, 653, 783, 906, 929, 1252.
Collet, 496, 588.
Collette, 1030, 1393.
Collinet, 334.
Cols, 626.
Combliel, 1151.
Comer, 1247.
Comere, 932.
de Comerford, 1005.
Comte, 200.
de Coninck, 25, 457, 797, 798, 1287, 1662.
de Conseil, 550.
Coolen, 608, 932, 1238.
Coosmans, 1484.
Copineau, 364.
de Coppenay, 1054.
Coppens, 229, 1128.
Coppieters, 1514.
Coque, 1583.
Coquelle, 1586, 1587.
de Coquerel, 1420.
Coquerelle, 1369.
Coquillan, 62.
Corbie, 1582.
de Corbie, * 33, 169, 446, 605, 1129.
de Cordes, 900, 1114, 1120, 1426, 1427.
des Cordes, 1540.
Cordewannier, 1678.
Cordier, 494, 752, 786, 1469.
Cordonnier, 189, 397, 1141, 1353.
Cordouan, 23, 339, 943.
de Corenhuze, 1340, 1344.
Cormontaigne dit Turpin, 130, 751, * 1372, 1755.
Cornaille, 1015.
Corneillet dit Dupuy, 1131.
Cornet, 75.

du Cornet, 1571.
Cornil, 1002.
Cornille, 1341, 1561, 1618, 1665.
Cornillot, 1148, 1363, 1377.
de Cornillot, 221, 610, 1730.
Cornu, 1235.
Cornudet, 1340.
Corsin, 403.
de Corte, 623, 1129.
Cortin, 342.
Cortois de Charnailles, 726.
Cortyl, 353, 460.
Cossée de Maulde, 738.
Cossée de Semeries, 1051.
Costa, 16, 258, 291, 458, 1115, 1338, * 1558.
de Costre, 1192.
de Costre dit Derliez, 1254.
Cotilon de Torcy de la Chabeaussière, 512.
Cottel, 1466.
Cottier, 818.
Cottignies, 1598.
de Cottignies, 378, 702, 941, 1084, 1361, 1402.
Cottin de Joncy, 738.
Cottrel, 1117.
de Couasnon, 682.
de Coudenhove, 462.
de Coullemont, 1051.
Coulon, 954, 1741.
Couloy, 1666.
de Coupigny, 1043, 1173.
Couppe, 608.
Courbault, 622.
Courbez, 1609.
Courbin, 1612.
de Courcelles, 165.
de Courchelles, 1190, 1383, 1615.
Courlet de Boulot, 937.
de Courlo, 1473.
de Couronnel, 978, 1043.
de Courouble, 53, 108, 201, 243, 267, 528, 601, 623, 657, 944, 950, 1541.
Courouwanne, 166, 787, 970, 1625.

Courtalon, 1032.
Courten, 838.
de Courteville, 1127, 1173, 1459, 1540.
des Courtils, 499, 793, 1736.
Courtot de Cissey, 937.
Courtoy, 493.
de Courtray, 1190, 1481.
Cousin, 306, 325, 372, 716, 761, 1131, 1168, 1276, 1577, 1635.
de Coussemaker, 212, 734, 1248.
Couteau, 380.
Couture, 1749.
Couvé, 1140.
Couvelaire, 1155.
Covoute, 504.
Coyart, 14, 389.
Cramp, 79.
Crapez, 229.
Créanchier, 1746.
de Crehem, 889.
Cremer, 1015.
Crendal, 511.
de Crény, 459.
Crépin, 73, 1752.
Crépy, 230, 954.
de Créquy, 1641.
de Crésecques, 1152, 1154.
Creson, 311.
Crespeau, 1604.
Crespel, 200, 932.
Crespeur, 521.
Crespin, 750, 803, 1293, 1581, 1607.
de Crest, 1057.
Cresteau, 1465.
de Crésy, 35.
Cretal, 1362.
de Crévecœur, 461.
Criel, 758.
Crietz, 584.
Crignon, 539.
Crinon, 1347.
du Crocq, 1153, 1156.
Crocquet, 1662.
du Crocquet, 562, 1014.
de Croix, 90, 287, 309, 320, 368, 719, 978, 1150, 1161, 1162, 1199, 1200, 1656, 1677, 1751.
de Croix dit de Drumez, 1014, 1172, 1198, 1561, 1745.
de Croix de Heuchin, 33.
de Crombeen, 591.
Crombet, 1344.
Crome, 816, 817.
Croquison, 1627.
Crosby, 125.
de Crouzaz-Cretet, 1555.
van Crubeck, 1567.
Crugeot, 1015, 1234.
Crul, 560, 1016, 1746.
Crunelle, 58.
Cruqué, 310.
Crys, 817.
de Cuelster, 1189.
de Cugnac, 235.
Cuignet, 615.
Cuilwout, 794.
Cuinat, 295.
de Cuinghien, 573, 1113, 1150, 1152.
Cuisinier, 1744.
de Culant, 12.
de Culembourg, 1655.
de Cumont, 1682.
Cuvelier, 63, 154, 178, 365, 535, 601, 612, 770, 966, 1036, 1050, 1465, 1623, 1744.
Cuveron, 1340.
Cuvillon, 105, 149, 197, 289, 291, 559, 571, 590, 601, 665, 719, 724, 923, * 941, 979, 1104, 1154, 1277, 1346, 1347, 1348, 1364, 1452, 1454, 1733, 1739.
de Cuypere, 1477.

D

Dacquin, 1752.
Daffaux, 327.
Daguin, 522.
Dainval, 295.
Dalaissi, 1470.
Dalle, 955.

Dallennes, 1147.
Dalloz, 1512.
Dalongeville, 764, 1491.
Damain, 506.
Daman, 52.
Damide, 18, 1114.
Damiens, 1016.
Damiens de Ranchicourt, 209, 1506.
Dammaert, 505.
Dancart, 1560.
Danchoine, 128.
Dancoisne dit Le Cocq, 151, 245, 675, 979, 991, 1145, 1293, 1341, 1560, 1566, 1633, 1729, 1734.
Daneau, 75.
Danel, 1733.
Danglard de Bassignac, 1378.
Danneau, 523.
Dannel, 798, 1016.
Daras de Naghin, 1514.
de Dariès, 11.
Darlin, 381, 1337.
Darque, 892.
Darrest, 63.
Dassegnies, 1112.
Dassonneville, 1675.
Dassonnevins, 1077.
Dassonville, 1607, 1623, 1624.
Dathis, 365.
Datiche, 619.
Daubresse, 319.
Dauchel, 1175.
Daudenarde, 661, 1104.
Dauphin, 809.
Daurio, 295.
Dausque, 528.
Daussy, 348, 951, 1078.
Dauzet, 1364.
Daveluy, 1514.
Davesnes, 795, 1187.
Davous, 334.
Debaes, 1140.
Debavay, 1612.
Debay, 956.
Debaye, 311.

Debeure, 314.
Deblocq, 371.
Debonnaire, 179, 567, 890, 966.
Debosse, 486.
Debrai, 1020.
Debruyn, 343, 1393.
Debuissy, 1594.
Decharnin, 1603.
de Decker, 25, 129.
Decocq, 231.
Decor, 796.
Decoras, 91.
Decréquy, 1391.
Decroix, 537, 619, 739, 1278.
Defaux, 372.
Defferrez, 401, 1141.
Deffontaines, 381, 560, 708, 1104, 1334, 1387.
Deffrennes, 17.
Defive, 623.
Defontaine, 284, 314, 762, 1581.
Defrance, 588.
Defrance de Hélican, 765.
Defrance de la Jumelle, 765.
Defretin, 1743.
Degand, 401, 549.
Degouy, 1750.
Degove, 1336.
Degrisse, 345.
Degraux, 242, 798.
Degryse, 1375.
Dehault, 1624.
Dehaynin, 1612.
Deheu, 774.
Deinck, 1624.
Delabarge, 1572, 1573, 1755.
Delacressonnière, 1391.
Delaet, 1359.
Delafosse, 1731.
Delagrange, 1344.
Delahaye, 714.
Delair, 345.
Delamelle, 813.
Delannoy, 506, 955, 1362.
Delaplace, 191, 487.
Delaporte, 535, 666.

Delaroche, 311.
Delarue, 773, 1662.
Delattre, 503, 560, 941, 997, 1253.
Delau, 1335, 1607.
Delavallée, 1598, 1603.
Delbecke, 626.
Delcourt, 1241, 1628.
Delcroix, 1513, 1750.
Delebarre, 313, 758, 905, 1108, 1342, 1567, 1594.
Delebecq, 192, 602.
Delebecque, 369, 647, 657, 772, 773, 894, 1495, 1596, 1734, 1756.
Delecambe dit Ganthois, 132, 135, 781, 1150, 1655.
Delecambier, 283.
Delecambre, 252, 453, 569, 600, 612, 741, 902, 1616, 1664.
Delecluze, 611.
Delecourt, 76, 389, 493, 560, 908, 928, 963, 1084, 1232, 1289, 1347, 1359, 1562, 1665.
Deledalle, 1274.
Deledicque, 351, 505, 1536.
Deleflie, 1743.
Deleforge, 238.
Deleforterie, 314, 496, 719, 911.
Delefosse, 956, 1377, 1589.
Deléglise, 512.
Delegorgue de Rosny, 733.
Delelès, 1625.
Delelys, 264.
Delemarre, 269.
Delemasure, 1279.
Delemer, 305, 563, 763, 768, 926, 1581, 1736.
Delemesre, 1624.
Delemontaigne, 1347.
Delemonte, 1073.
Delemot, 1047.
Delemotte, 807.
Delepaul, 826.
Delepierre, 402, 495, 1205, 1234.
Deleplancque, 751, 1375.
Deleporte, 67, 217, 311, 814, 1108, 1187, 1466, 1562, 1597, 1607.

Delepoulle, 536.
Delerue, 62, 597, 904, 910, 928, 953, 1084, 1192, 1624.
Deleruelle, 1198.
Deleruielle, 197, 933, 1076.
Deleruyelle, 14, 1739.
Delesart, 751, 1588, 1735.
Delescluze, 685.
Delespau, 185, 967.
Delespaul, 314, 322, 488, 587, 1022, 1163, 1164, * 1383, 1584.
Delespierre, 396, 449, 507.
Deletombe, 1634.
Deletour, 1609.
Delettré, 366.
Deleussauch, 1465.
Deleval, 1251.
Delevalle, 741.
Delevare, 1639.
Delevigne, 622, 1147.
Delevoye, 1251, 1501.
Delezenne, 44, 218, 219, 402, 456, 616, 672, 675, 804, 805, 1252, 1277, 1334, 1563, 1736, 1754.
Delezenne dit Teston, 1250
Delforge, 371.
Delfosse, 729, 855.
Delhau, 251.
Delhaye, 1755.
Deligny, 612, 1235.
Delille, 911.
Déliot, * 37, 268, 287, 446, 447, 533, 550, 564, 572, 888, 920, 921, 1046, 1047, 1132, 1158, 1159, 1333, 1334, 1346, 1452, 1453, 1616, 1719.
Delmotte, 910.
Delobel, 496, 530, 686, 845, 922, 928, 1159, 1165, 1251, 1341, 1422, 1424, 1536, * 1560, 1603, 1738.
Delobiau, 1675.
Delourme, 911.
Delporte, 192, 1751.
Delpoux de Nafines, 286.
Delrue, 1575.
Delsaux, 657.
Delvaux, 1504.

TABLE DES NOMS DE FAMILLES. 1773

Delvoy, 1751.
Delwarde, 796.
Deman, 1584.
Demaret, 585.
Demaretz, 794.
Demaude, 1141.
Demory, 954, 1741.
Dempsin, 1280.
Denis, 17, 55, 107, 171, 248, 406, 409, 705, 970, 1012, 1079, 1103, 1139, 1142, 1143, 1191, 1193, 1253, 1359, *1419, 1482, 1496, 1497, 1575, 1632.
Denis de Riacourt, 813.
Denis du Péage, 508.
Deniset, 1737.
Denize, 1370.
Dens, 15.
Depienne, 708.
Depinoy, 1513.
Deponne, 1620.
Deppe, 493.
Depraeter, 1580.
Depreux, 795.
Derache, 614, 1085.
Deraisse, 1466.
Derenoncour, 1605.
Derigbourg, 1636.
Derin, 59.
Derneau, 991.
Derocourt, 716.
Derode, 341.
Derome, 1596.
Derveaux, 461, 1404.
Derville, 1581.
Des, 1623.
Desains, 1654.
Desandrouin, 75.
Desante, 1597.
Desbana, 1470.
Desbans, 1129.
Desbarbieux, 104, 115, 626, 647, 660, 676, * 702, 770, 804, 894, 937, 1341, 1342, 1452, 1567, 1735.
Desbleumortiers, 1513.
Desbonnet, 486.

Desbosse, 614.
Desbouvry, 254, 265, 378.
Desbrochers, 1639.
Desbucquois, 51, 747, 1334, 1342, 1664.
Desbuissons, * 43, 85, 108, 140, 222, 248, 267, 327, 381, 391, 412, 447, 675, 682, 684, 888, 923, 950, 983, 993, 1014, 1074, 1148, 1249, 1250, 1333, 1344, 1476, 1677, 1678, 1719, 1720, 1733, 1754.
Descamps, 52, 132, 186, 189, 282, 625, 699, 708, 888, 937, 950, 992, 1075, 1140, 1157, 1190, 1334, 1362, 1422, 1606, 1615, 1618.
Descarpentries, 1491.
Descartes, 467.
Deschamps, 169, 235, 312, 327, 618, 963, 992, 1094.
Descharlier, 1677.
Descheemacker, 1591.
Deschênes, 1611.
Deschodt, 140.
Deschoete, 1421.
Descouers, 1592.
Descouleurs, 539.
Descour, 486.
Descourouez, 487, 1611.
Descours, 922, 1016, 1349, 1560.
Desecq, 370.
Desfontaines, 327, 522, 560, 711, 931, 932, 1113, 1141, 1409, 1424, 1489, 1575.
Desfontaines d'Azincourt, 125.
Desfontaines de Preux, 123, 125, 1553.
Desfossez, 33, * 35, 401, 446, 549.
Desfrennes, 107.
Desgardin, 562, 1147, 1570.
Desgrand, 1037.
Deshumeaux, 1596.
Deslys, 311.
Desmaisières, 1732.
Desmaistre, 73.
Desmallines, 372.
Desmanet, 1551.

Desmarescaux, 229, 230, 404, 610, 1495.
Desmaretz, 283, 720, 1426, 1619.
Desmartin, 1120, 1121.
Desmasure, 717, 775, 1268.
Desmazières, 1561.
Desmazure, 362, 980, 1085.
Desmons, 710, 770, 1121, 1144, 1675.
Desmulliers, 108, 801, 1483.
Desnourrices, 1361.
Desobry, 1278.
Despature, 45, 254, 1255.
Despiennes, 173.
Despiere, 533.
Despinoy, 901, 1345.
Desplanques, 200, 227, 318, 404, 1191, 1482.
Desponceau, 148, 772.
Desponcheaux, 1361.
Desprealle, 620.
Desprès, 1570.
Despresins, 992.
Despret, 369.
Despret de Leschelles, 1551.
Despretz, 561, 607, 783, 954, 1252, 1664.
Despretz de Quéant, 125.
Desprez, 1235, 1483, 1624.
Desquiens, 381, 1073, 1337.
Desreux, 1595.
Desreveaux, 1241.
Desrousseau, 1244.
Desrousseaux, 318, 889, 1489.
Desruelles, 233, 615, 675, 954, 1281, 1570.
Desruez, 912.
Desreumeaux, 311, 1115.
Desrumaulx, 1083, 1251, 1334, 1361.
Desruyelles, 493.
Dessauvages, 1021.
Dessonés, 8.
Destailleurs, 715, 1188.
Destamps, 1585, 1587.
Destevele, 611.
Destieu, 1745.
Destombes, 505, 1240, 1403, 1487.

Destrée, 1550.
Destrez, 15, 749, 926, 929, 1031, 1270.
Desvignes, 813, 1737.
Deswatignes, 758, 1172.
Deswez, 532, 1160, 1300.
Deswymeau, 399, 1084, 1561.
Detré, 620.
Deulcar, 1251.
Devendeville, 1584.
Devicourt, 1141.
Devred, 1613.
Devynck, 1744.
Dhamen, 284.
Dhenuin, 1635.
Dibos, 1513.
Didier, 132, 758.
Diedeman, 11, 223, 315, 409, 411, 548, 553, 676, 1163, 1164, 1242, 1392, 1393.
de Diesbach de Belleroche, 682.
Diessart, 906.
Dieux y Voye, 683.
de Diffentalher, 337.
Dillies, 1393.
Dinoir, 540.
de Dion, 292, 635, 736.
Dionis, 82.
Discart, 170, 1497.
Disserin, 1275.
de Dixmude de Montbrun, 416.
Doazan, 598, 1340.
Dobbelaere, 1580.
Dobbelaes, 677.
Dobitz, 127.
Doby, 218, 406, 908, 1374, 1466.
Doley, 130.
Domessent, 173, 560, 1151, 1190, 1624.
Domilliers, 147.
Dominicle, 591.
Dominicque, 268, 519.
Donche, 251.
Doncker, 1533.
Doncre, 267.
de Dons dit Mousque, 899.

TABLE DES NOMS DE FAMILLES. 1775

Donze, 249, 843, 1012.
Dorchies, 700, 1147.
Doresmieulx, 10, 653, 999, 1103, 1144, 1192.
Dorges, 1580.
Doria, 1134.
Dorville, 1451.
Dotrenge, 750.
Douay, 797.
de Douay, 266, 519, 604, 665, 667, 684, 992.
Doublard du Vigneau, 1682, 1683.
Doublart, 149, 677.
Douchet, * 1138, 1144, 1361, 1608, 1748.
Doudelet, 613.
Douillet, 1236.
Doulcet, * 1138, 1192, 1361, 1425.
Doulieu, 1603.
Dourdin, 1274, 1654.
Dourlant, 1741.
de Dourlens, 1155.
Doutrelon, 405, 1537.
Douville de Franssu, 737.
Doyembrugghe, 781.
Doyen, 1248.
de Draeck, 45.
Dragon, 37, 38, 624, 626, 946, 1189, 1340, * 1451.
de Droghe, 1019.
Dron, 1513.
Droulers, 1408, 1623.
de Druez, 341, 1283, 1285.
Drumez, 21.
Druon, 232.
Dubar, 717, 954, 1408, 1596.
Dubeau, 344.
Dubocque, 846.
Dubois, 120, 178, 376, 406, 616, 654, 787, 796, 826, 912, 929, 982, 1000, 1151, 1167, 1345, 1465, 1563, 1566, 1635, 1738.
Dubois d'Ernemont, 212.
Dubois dit Pottin, 905, 1566.
Dubois du Petit Metz, 1506.
Duboys, 1592.

Dubron, 1252.
Dubrusle, 190.
Dubucq, 1128.
Dubuisson Guillemot, 1584, 1585.
Duburcq, 1192, 1491.
Dubus, 15, 88, 105, 249, 252, 367, 401, 447, 496, 528, 561, 610, 717, 769, 785, 843, 923, 980, 1151, 1169, 1348, 1375, 1595.
Ducoulombier, 169, 889
Ducro, 1167.
Ducrocq, 1748.
Ducroquet, 1588.
Dufaur, 551.
Duflos, 325, 1466, 1742, 1750.
Duflot, 1621.
Duforé, 710.
Dufrasne, 1503.
Dugardin, 759, 1343, 1454, 1678.
Dugnoille, 403.
Dugon, 1683.
Duhamel, 284, 1037, 1597.
Duhem, 605.
Duhene, 154.
Duhoux, 511.
Dujardin, 652, 653, 710.
Dujoncquoy, 512.
Dulieu, 799.
Duliez, 1619.
Dumanil, 837.
Dumaretz, 1564, 1565.
Duménil, 340.
Dumesnil de Rosimbos, 1245.
Dumolin, 1562.
Dumont, 8, 311, 389, 558, 610, 808, 812, 1032, 1113, 1253, 1466.
Dumortier, 654, 1466, 1642.
Dumoulin, 198, 232, 1565, 1576, 1578.
Dupire, 1111, 1606, 1607.
Dupœutich, 1465.
Duponcelle, 602.
Duponchel, 908, 1084.
Dupont, 189, 200, 201, 252, 321, 504, 616, 758, 794, 952, 978, 979, 1075, 1084, 1155, 1250, 1373, 1466, 1467, 1584, 1633.

Généalogies lilloises, VIII. 109

Dupont de Quesnay, 790.
Dupré, 237.
Dupret, 20, 247, 249, 645, 921, 944.
Duprié, 747.
Dupuich, 751.
Dupuis, 35, 314, 371, 787, 1505, 1551, 1612.
Duquenne, 895.
Duquesne, 327, 371, 814, 969, 1410.
Durant, 58, 74, 313.
Durassau, 462.
de Durfort, 635.
Durietz, 971, 998.
Durieux, 585.
Duriez, 149, 506, 1611, 1743.
Duroy, 970.
Dursen, 65, 139, 149.
Dusart, 814.
Duthilleul, 646, 1734.
Duthoit, 901, 930, 1074, 1361, 1620.
Dutilleu, 1409.
Dutoict, 400, 620, 1597.
Dutrau, 18, 708.
Dutrieux, 660.
Duvenne, 1376.
Duvêtre, 1131.
Duvivier, 119, 250, 1110, 1343, 1488.
Duvosselle, 402.
Duwez, 1029.

E

van der Ee, 1738.
d'Eechaute, 105, 106, 1056.
Eecman, 1358, 1581.
d'Egremont, 889.
Elan, 506.
Elleboode, 1284.
Eloy, 191, 660.
d'Elzius, 75.
Emeelin, 1048.
Emmery de Septfontaines, 353.
Empin, 15.
Empis, 1103, 1193, 1577.
des Enffans, 736.
des Enffans du Ponthois, 417, 737.

d'Englos, 559.
d'Engremont, 909.
Enlart, 63, 382.
Enlart de Guémy, 1003.
d'Ennetières, 11, 288, 290, 979, 1026, 1045, 1348, 1360.
d'Epinois, 36.
Ergo, 911.
Errembault, 585, 1105.
Escarpelle, 899.
d'Esclaibes, 36, 597.
d'Escosse, 343, 593, 749, 1031, 1270, 1500.
Escrohart, 767.
d'Esgrigny, 66.
Esmoingt de la Vaublanche, 1554.
d'Espagne, 414, 681.
Espagnol, 560.
Espel, 742.
d'Espiennes, 290, 906, 1626.
Espinasse, 1734.
d'Espinose, 513.
des Espringalles, 1195.
des Essars, 126.
Estallin, 1619.
Estoret, 782.
Estré, 1231.
Evé, 1169.
Evrard, 154.
van Eyll, 587.
Eynsaem, 196, 1019, 1287, 1359.

F

Fabre, 669, 1513.
de Fabricy, 155.
Faignart, 843.
Faillant, 370.
Faille, 494.
Falligan, 232, 1590.
Famechon, 1575.
Faralda, 908.
Farbus, 1622.
de Farbus, 1466.
Farez, 1127, * 1458.
Farrouilh, 1591.

TABLE DES NOMS DE FAMILLES.

Faron, 573.
Fartin, 179.
Farvacques, 16, 123, 129, 178, 185,
 238, 368, 383, 531, 594, 604, 787,
 889, * 962, 1016, 1023, 1232, 1347.
des Farvacques, 1198.
Fascon, 1424.
Fasse, 47, * 51, 107, 133, 248, 254,
 266, 410, 447, 457, 507, 522, 546,
 623, 646, 673, 705, 888, 922, 925,
 951, 1071, 1105, 1231, 1253, 1277,
 1334, 1427, 1453, 1476, 1532, 1615,
 1633, 1662, 1720, 1754.
Fauchille, 400.
Faucille, 285.
Faucompré, 231, 343, 584, 1279,
 * 1569, 1584.
de Faucompret, 235, 236, * 1593.
Faucon, 1751.
Fauconnier, 24.
Faucquet, 53.
Faucqueur, 1465.
Faudin, 796.
Faugière, 1555.
Faulconnier, 1610.
Faulte du Puy Parlier, 1680.
de Faumarié, 1105.
Fauquemberghe, 1281.
Faure, 167, 168.
de Faure, 841.
Fautrel, 1122.
Fauvarques, 1396.
Fauvelle, 312.
Faviel, 751.
Favier, 341, 1342.
Favry, 717.
de Fay, 792.
du Fay, 1487.
de Fay de Latour Maubourg, 500.
Fayard de Bourdeille, 414.
de Fayel, 35.
Fayen, 506.
Febvrier, 953, 1128, 1172, 1255.
Felman, 401, 612.
Feltz, 793.
Femois, 386, 1160.

Fenart, 1285.
Fenaux, 490.
de Fenyot, 1747.
Ferhault, 62.
Fernandez, 969, 1256, 1347.
Ferolte, 890.
Feron, 58.
Ferren, 492.
Feyrick, 762.
Fichau, 521.
Fichelle, 1637.
Fiébin, 1279.
du Fief, 565.
Fierlinck, 628.
Fiesain, 795.
Fiévé, 1594.
Fiévet, 894, 1362.
Fifve, 1337.
Finet, 954.
von Fingerlin, 818, 820.
Fisseau, 795.
Fissel, 1421.
Fisset de Wirvignes, 1749.
de Five, 977, 1372.
Flamand, 1595.
Flamen, 232, 496.
Flameng, 38, 564, 937, 1267, 1384,
 1385, 1395, 1397.
Flameng dit Cent Mille, 1399.
Flament, 351, 1577.
de Flandres, 47, 139, 206, 362, 370,
 412, 470, 535, 952, * 977, 1071, 1085,
 1268, 1347, 1348, 1472, 1492.
de Flaux, 1592.
Fleur, 505.
de Fleurey, 1583.
Fleurkin, 1588.
de Flines, 449, 1120, 1121.
Flinois, 21, 902, 1345.
Flinoye, 846.
Flipo, 1241.
Florin, 166, 1398.
du Flos, 1016.
Flouren, 521, 1738.
Flury, 1512.
Foillendt, 286.

de Folch, 1671.
de Folleville, 725.
Fontaine, 1514.
de Fontaine, 35, 55, 186, 211, 338, 380, * 502, 512, 536, 610, 659, 759, 760, 935, 1018, 1237, 1253, 1732.
Fontaine de Biré, 671.
de Fontenilliat, 1734.
Foppens, 627, 781.
de Forest, 86, 469, 1423.
de Forest de Quartdeville, 1371, 1433.
du Forest, 106, 158, 166, 189, * 517, 655, 667, 673, 822, 893, 1025, 1126, 1300, 1338, 1428, 1732, 1755.
de Formanoir, 1671.
Formigier de Beaupuy, 363.
de Forveille, 722.
Fouache d'Halloy, 732, 1003.
Foubert, 1745.
Foubert de Pallières, 1511.
Foucault, 957.
Foucquart, 1301.
Foucquier, 708, 759, 948.
Fougeroux de Campigneulles, 212.
Fourgereux, 1628.
Fourlaine, 1742.
Fourlignet, 1187, 1189.
Fourmantel, 351, 1584.
Fourmantin, 395.
Fourmentin, 264, 1084.
Fourmentraux, 1409.
de Fourmestraux, 16, 37, 44, 45, 55, 65, 84, 85, 89, 103, 119, 124, 133-135, 137-139, 206, 227, * 244, 247, 252, 254, 321, 327, 336, 337, 354, 389, 392, 399, 410, 449, 455, 457, 510, 532, 537, 554, 561, 604, 622, 645, 647, 655, 666, 687, 720, 730, 734, 840, 890, 891, 902, 903, 921, 993, 1001, 1018, 1029, 1077, 1139, 1158, 1159, 1165, 1230, 1251, 1288, 1292, 1335, 1336, 1424, 1435, 1467, 1468, 1472, 1475, 1486, 1558, 1559, 1730.

de Fourmestraux de Wazières, * 287, 724, 946, 1293, 1336, 1454.
de Fourmestraux Saint-Denis, * 282, 1204.
Fourmy, 1610.
Fournier, 166, 374, 827, 911.
Foutry, 751.
du Fraisne, 335.
Franchois, 528.
Franchomme, 615.
François, 607, 822, 1594.
Francquenel, 970.
Francquet, 186, 340, 342, 343, 710.
de Francqueville, 54, 55, 77, 83, 337, 790, 1132, 1242, 1287, 1510, 1680.
de Francqueville d'Abancourt, 416.
de Francqueville d'Inielle, 413.
de Franeau, 75, 1052, 1203.
Frans, 187, 189, 328, 375, * 708, * 714, 716, 760, 1281, 1342, 1735.
Frassier, 1583.
Frean, 903.
Fredericq, 647.
Frédy de Coubertin, 1512.
Frehaut, 794.
de Frelaine, 944.
Frelu, 381.
Fremault, 132, 165, 372, 399, 519, 564, 646, 1150, 1194, 1384, 1385, 1400, 1421, 1424, 1483, 1755.
Frémery, 1502.
de Frémicourt, 1175.
Fremin du Sartel, 1551.
Freron, 1678.
du Fresne, 559, 1466.
du Fresne de Beaucourt, 588.
du Fresnoy, 400, 901.
du Fresnoy dit de le Vigne, 942, 1482, 1737.
Freumault, 397, 758, 1566.
de Fréville de Lorme, 1555.
Froidure, 71, 106, 517, 601.
Fromentin, 892.
Fromont, 912, 1613.

Frouchart, 718.
Fruict, 19, 24, 47, 54, 84, 133, 136, 140, 159, 189, 190, 207, 222, 258, 262, 267, 389, 390, 397, 411, 448, 507, 519, 547, 604, 624, 666, 669, 673, 674, 686, 709, 723, 735, 788, 822, 839, 923, 1110, 1127, * 1465, 1529, 1552, 1733, 1755.
Fry, 593.
Fuld, 1592.
de Fumal, 233, 1249.
Furbant, 1743.
Furée, 1593.
Futry, 1750.

G

Gabot, 1231.
Gabriel, 233.
Gaches de Venzac, 1555.
Gachet, 956.
de Gaest, 1048, 1196, 1244.
Gaffarel, 1283.
Gahide, 251.
Gaignart, 929.
Gaillard, 991.
Gaillard de Blairville, 333, 353, 595, 1244.
Gaillard de Grandclos, 820.
Gaillard des Alleux, 1153.
Galbart, 1736.
de Galléan de Châteauneuf, 1126.
Gallien, 1470.
Galliette, 1496.
Galliot, 320, 611, 1377.
Gallois, 221, 1359.
Galopin, 62.
Gambier, 1742.
Gamonet, 701.
de Ganay, 499.
de Gand, 36, 41, 811.
de Gantès, 568.
Garbez, 750, 957, 1741, 1744.
Gardin, 294.
du Gardin, 21, 32, 128, 132-134, 494, 658, 720, 804, 932, 1021, 1114, 1360, 1377, 1626.

des Gardins, 59.
Garengrau, 493.
Garin, 554.
Garlette, 620.
Garni, 1667.
Garsequens, 1730.
de Gascq, 334.
Gauche, 342.
Gaudin, 1681.
Gaultier, 456, 457.
Gauthier de la Villandray de Saint-Cyr, 1683.
Gautier, 705.
Gavel, 1488, 1565.
de Gavre, 401.
Gavrel, 22.
de Gayl, 237.
Gazet, 159.
de Genevières, 634, 731, 825.
Gemgembre, 200.
Gennard, 362.
Gennevois, 1635.
Gentien, 71.
Gentil, 950.
Genuart, 612, 1340.
Gerard, 494, 910, 1585.
Gerlié, 236, 1335.
de Gernier, 1037.
Géron, 32.
Géry, 1144.
Gévrouin, 75.
de Ghellinck, 209.
Ghelu, 554.
Gheluy, 927, 1139.
Ghennot, 1165.
Gherbode, 900, 1175, 1422.
Gherez, 1576.
Ghesquier, 313.
Ghesquière, 160, 220, * 306, 625, 668, 910, 963, 1070, 1075, 1336, 1188, 1489, 1577, 1730.
de Ghestem, 241, 748.
de Gheuzere, 59.
Ghille, 1275.
Ghins, 786, 971, 1589.
de Ghiselin, 1247.

Ghislain, 1668.
de Ghistelles, 131, 193.
Ghuemart, 521.
Ghure, 675, 1341.
Ghys, 507, 1108, 1536.
Ghysbrecq, 785.
Gigault de Crisenoy, 1512.
Gigot, 787.
Gilbert, 1512.
de Gillaboz, 1033.
de Gilleman, 129, 137, 255, 342, 349, 456, *527, 676, 770, 893, 927, 1023, 1088, 1540, 1732.
Gillemans, 798.
Gilles, 171, 258, 337, 338, 458, 535, 653, 840, 1346, 1558, 1680.
Gilman, 911.
de Gilman, 531.
Ginet dit de le Cambre, 1664.
Gingembre, 609.
de Girardin, 1681.
Giraud, 1613.
Girod de Resnes, 588.
de Girval, 937.
Glorian, 1572.
Gobert, 121, 619, 947.
Gobled, 1609.
Goddart, 1733.
Goddefroy, 625.
Goddin, 699.
Godeffroy du Sart, 183.
Godefroit, 1073.
Godefroot, 335, 632, 771, 1236.
Godefroy, 28, 210, 338, 1001, 1094, 1237.
Godin, 494, 559, 922, 1144, 1451, 1744.
Godon, 957.
Godtschalck, 112, 141, 391, 1031.
Goethals, 1248.
Goetmackers, 343.
Goiavart, 1108.
Goillevaute, 794.
Gombault, 1194.
Gommer, 773, 904, 1014, 1151, 1188, 1194, 1197, 1420, 1421, 1481, 1482.
de Gonay, 998.

Gonssaut, 1612.
Gonsse, 1341, 1735.
de Gontault-Biron, 1592.
de Gontaut, 467.
Gonthier, 400.
Goricque, 405, 1537.
Gorin, 1609.
Gorleau, 1604.
de Gosée, 705.
Gosselin, 636, 784, 908.
Gossin, 1586.
de Gosson, 489, 1203.
Gostenhofer, 1002.
Gotran, 1279.
de Gottignies, 326, 538.
Gouacy, 1139.
Goubau, 840.
Goube, 741.
Goubet, 1015.
Goubille, 1399, 1755.
Goudeman, 199, *310, 391, 413, 610, 685, 812, 931, 1164, 1398, 1507.
Gouffier, 895.
Gouges, 1593.
Goullarde, 1103.
Gousse, 701.
de Goussencourt, 77.
de Gouy, 58, 651, 1671.
du Goy, 784.
de Goyon, 1681.
de Grady de Bellaire, 499.
de Graf, 1666.
de Gramont, 501.
Grandel, 1088.
Grandsire, 920.
Granger, 1592.
Grard, 1603.
Grassis, 108, 1073, 1293.
Grau, 326, 1018.
de Grave, 1247.
Gravelin, 217.
Graveline, 1147.
Grayau, 82.
Grealme, 534, 894.
Grenet, 455, 978, 1317.
Grenet de Florimond, 825, 1345.

Grenick, 751.
Grenu, 172, 221, 259, 387, 390, 409, 459, 462, 719, 720, 770, 921, 925, 1012, 1149, 1195, 1335, 1435, 1471, 1475, 1753.
Grignart, 1157.
Grignart de Malet, 1204.
Grignon, 1505.
de Grillet de Serry, 793.
de Grimaldi, 1126.
Griminc, 937.
Gringoire, 1278.
Grinon, 1141.
de Groote, 136, 185, 221, 889, 1073.
Groslevin, 13.
du Grospré, 530, 572, 633, 1293.
Grossart, 1503.
Grossaux, 11.
de Grosselles-Flamarens, 1683.
Gruart, 494.
Grué, 1593.
Grulois, 1127, 1459.
de Gruson, 728, 1050, 1085.
Gruyn, 175.
Guéneau de Montbeillard, 1555.
de Guenet, 489.
Guenin, 36.
Guérin, 1574.
Guerlette, 620.
Guerrez, 1594.
Guerry, 912.
Guesbin de Rassay, 1530.
Guestin, 1594.
Guicher, 1583.
Guidin, 33, 251, 507, 592, 709, 760.
Guidoff, 493.
Guilbert, 380, 679, 954.
Guillain, 154.
Guillaume, 1738.
Guillaume, 1504.
Guillebert, 619, 1231.
de Guillebon, 733.
Guillemant, 1285.
Guillemet-Bachelier, 593.
Guillemin, 1360.
Guillemot, 1585.

Guillet de Chatellus, 737, 740.
Guilliart, 395.
Guillon, 1675.
Guise, 1596.
Guislain, 1580.
Guisselaire, 1593.
Guitau, 404.
Guld, 1130.
Guyot, 1591.

H

de Habarcq, 1152, 1156.
Hacart, 264, 1089.
Haccou, 845.
Hache, 1361.
Hachin, 21, 928, 952, 993, 1739.
Hackell, 660.
Hacre, 1387.
Haddemez dit de le Plancque, 1138.
d'Haffrenghes, * 57, 138, 167, 197, 242, 257, 667, 670, 671, 1720.
Haghedorne, 200, 1084.
Haguebart, 1364.
Haigneré, 809.
de Hainin, 979.
de Haisne, 889.
de Halame, 538.
Haldurier, 1451.
Hallart de Berles, 333.
du Hallay-Coetquen, 501.
Halle, 1409.
Hallemès, 319.
de Hallewin, 1396.
Hallez, 405, 1494.
d'Halluin, 1075, 1127.
d'Haliuwin, 321.
de Hamel, 635.
de Hamel Bellenglise, 210, 1370, 1553.
du Hamel, 393, 487, 699, 983, 1075.
Handouart, 352.
Hanedouche, 782.
d'Hangouart, 104, 350, 565, 568, 768, 783, 1048, 1055, 1070, 1103,

1144, 1149, 1172, * 1187, 1196, 1364,
1422, 1482, 1483, 1753.
d'Hangouwart, 285.
d'Hangre, 1046.
Hannart, 1274.
Hannecart, * 73, 123, 448, 791, 888,
1024, 1243, 1736.
Hanneton, 801.
de Hannocq, 36.
de Hannocq de Quiry, 34.
Hannote, 1015, 1746.
Hanon, 1236.
de Hapiot, 1055, 1195, 1753.
de Harchies, 1154.
Harcq, 8.
de Harduin, 1358.
Hardy, 1117, 1626, 1663.
de Hardy, 58.
Haroult, 545, 893, 1019.
Harregt, 1745.
de Has, 155, 586, 1168.
van Hasselt, 404.
Hatte, 751.
Hattu, 722.
de Hau, 140, 234, 762.
d'Haubersart, 587, 1395.
d'Haubourdin, 241, 1643.
de Haudion, 1170, 1482.
d'Haudoire, 1514.
Haudouart, 1581.
du Haulteren, 751.
Haut, 1503.
de Hauteclocque, 731, 841, 997.
d'Hauteville, 895.
Havet, 404, 843, 947, 979, 1147, 1243,
1363, 1492.
Havez, 908.
van Havre, 798.
des Hayes, 179.
Hay, 762.
Hayez, 283.
de Haynecourt, 1156.
de Haynin, 104, 167, 459, 518, 569,
711, 904, 992, 1300.
du Hays, 841, 1737.
Hazard, 13.

Haze, 117, 947.
Hébert, 763.
Héby, 1281.
Heddebaut, 18, 136, 963, 1158, 1171,
1231, 1495, 1561, 1632, 1719.
Heerman, 798.
Hegner, 817.
van Heinsberg, 171.
Hélias, 1540.
Helinck, 785, 1113.
Hélinne, 776.
d'Hellin, 1147, 1372.
du Hem, 1536, 1560.
Hémart, 414, 1006.
Hembert, 1750.
Hémie, 505.
Hemmery, 927.
de Hemricourt de Grunne, 1053.
Hendricq, 61, 62, 168, 1019, 1094.
Hénigo, 786.
de Hénin, 227, 537, 1054, 1665.
Hennart, 1277.
Hennebelle, 402.
Hennebert, 1121.
Henneron, 1377, 1482.
Hennet, 596, 769.
de Hennezel d'Ormois, 1509.
Henniart, 1483.
d'Hennin, 121, 156, 246, 329, 349,
561, 728, 768, 783, 827, 854, 937,
954, 1017, 1029, 1143, 1150, 1197,
1255, 1340, 1343, 1533, 1534, 1732.
Hennion, 495, 496, 1030, 1161, 1278,
1423, 1565.
de Hennion, 16, 178, 408, 1029.
Hennocq, 1564.
Hennocque, 948, 1337.
Hennon, 1276.
Henrard, 1129.
Henry, 311, 972, 1134, 1583, * 1603.
Henry d'Aulnois, 1473.
de Herbais, 376.
Herbaut, 1594, 1742.
de Hercq, 1509.
Hérent, 910.
de Héricourt, 415, 1173, 1203, 1628.

d'Hérignies, 922, 1190.
Hériguer, 190, 449.
Herlin, 89 266, 563, 978, 1159, 1348, 1752.
Herlinne, 776.
Herman, 400, 839, 948, 990, 1104, 1280, 1410.
Hermand, 1572.
Hermant, 294, 664, 892.
Hermare, 949.
Hermelle, 312.
Hermès, 1014, 1745.
Hernu, 956.
de Herreca, 462.
Herren, 1570.
Herreng, 53, 64, 242, 370, 397, 486, 625, 804, 925, 1342.
Herriez, 20.
Herrin, 1143.
Herts, 173, 201, 262, * 320, 1337.
Herts de la Blancarderie, 1394.
Hervin, 30, 31, 925, 926, 1255.
Herwin, 1392.
de Herzelle, 1171.
de Hesmont, 1153.
Hespel, 135, 139, 208, 258, 260, 292, 350, 354, 381, 404, 411, 417, 469, 520, 600, 655, 656, 680, * 718, 728, 770, 823, 825, 855, 895, 927, 994, 1004, 1021, 1025, 1051, 1146, 1161, 1165, 1342, 1472, 1477, 1529, 1553, 1663, 1735.
Het, 1585.
Heudebert, 449.
Heughe, 930.
de Heulle, 1011.
de Heulst, 534, 751, 1387.
Hians, 1637.
Hien, 1743.
Hiernard, 8.
Hilain de Saint-Germain, 1530.
de Hingettes, 1150.
d'Hobrez, 1080.
Hocedé, 1581.
Hochart, 228, 937, 1746.
Hochepied, 217, 1488.

Hoel, 593.
Hogger de Bignan, 818.
d'Hogguer, 819.
Hoghe, 1466.
Hollebecque, 155.
Honoré, 1596.
d'Hons, 591.
de Honvault, 527.
Hoosmans, 502.
Hoque, 1400.
Horion, 620.
Hornes, 15.
de Hornut, 1199.
du Hot, 37, 139, 240, 252, 287, 347, 502, * 533, 894, 906, 982, 1159, 1252, 1288, 1289, 1340, 1345, 1452, 1532, 1533, 1561, 1662, 1732.
Hottin, 1739.
Houbelon, 445, 534.
Houfflin, 1669.
Houpin, 726.
Houppe, 814.
de Houpplines, 803, 1190, 1675.
Hourdoncqz, 1624.
Hourelacque, 399.
Houtre, 1579.
Houwens, 179.
Houzé, 1037.
Houzet, 969, 1587.
de Hove, 992.
Hovelacque, 326.
Hovine, 42, 219, 1171, 1361, 1492, 1568.
de Hovine, 538.
Hovinne, 15, 785, 1116.
van Hoyqueslot, 55, 248, 570, 1427, * 1615, 1733.
du Hu, 399, 407, 1142.
Huart, 18.
Hubbard, 818.
Huberlant, 492, 501.
Hubert, 930, 1018, 1042, 1057, 1333, 1454, 1575.
Hue de Mathan, 1511.
Huet, 1669.
van Huffel, 761.

Hughelot, 161, 962, 991, 1071, 1335.
Hughes, 16, 927, 1018, 1073, 1088, 1333.
Huglar, 371.
Huglo, 326, 497, 597, 970, 1597, 1625, 1664.
d'Hugonneau de Boyat, 512.
Hulh, 935.
Hulo, 1577.
Hurault, 1470.
Hurdeur, 1748.
Huret, 1341.
Hurteur, 1154.
Hustin, 219, 459, 1625.
Huvelle, 192.
Huvino, 46, *325, 375, 400, 710, 1094.
Hybert, 1199.
Hyrvoix, 739.

I

d'Ianville, 36.
Imbert, 10, 25, 44, 55, 89, 135, 218, 219, 247, 256, 258, 380, 398, 399, 414, 519, 591-593, 655, 724, 749, 769, 840, 895, 950, 1017, 1025, 1105, 1163, 1251, 1335, 1391, 1721, 1729.
Imbert de la Basecque, 285, 1204, 1245, 1473.
Imbert de la Phalecque, 732, 1004.
Imbert de Waringhien, 1024.
van Immersel, 52, 268, 888, 1152.
Ingelgrave, 1484.
Inghelvert, 367, 943.
Ingilliard, 45, *83, 267, 455, 469, 687, 984, 1334, 1475, 1721.
d'Irumberry de Salaberry, 733.
Isembart, 506.
d'Isemberge, 901.
Isserin, 811.
d'Ittres de Caestres, 538.

J

Jacnotte, 1267.
Jacops, 10, 41, 139, 223, 315, 411, 412, *545, 552, 671, 672, 674, 680, 721, 723, 788, 923, 984, 1019, 1123, 1133, 1242, 1267, 1476, 1663, 1679.
Jacquart, 221.
Jacquemon, 747.
Jacquerye, 369, 1509.
Jacquier, 328.
Jalbar, 256.
Janssens, 188, 548.
Japix, 1254.
Jardin, 1582.
du Jardin, 32, 120, 314, 447, 1030, 1400, 1536.
des Jardins, 1237.
Jarry, 1470.
du Jaurieu, 1118.
Jayles, 363.
Jehannot de Crochart, 1473.
Jenevier, 1664.
Jocquet, 964, 1232.
Joffroy, 1093.
Joire, 347, 362, 533, 1501.
Jolie, 406.
Jolivault, 793.
Jolly de la Viéville, 825.
Joly, 371, 532, 1569.
Joly de Fleury, 821.
Jombart, 1410.
Jonglet, 106.
Jonglez, 762, 1579.
Joris, 1338.
Joseph, 911.
Josmes, 633.
Josse, 554.
de Jouenne d'Esgrigny, 211, 1729.
Jouvenaux, 910.
Jovenel, 369.
de Joybert, 1554.
Joyre, 1425.
Juet, 58.
Julliot de la Rouvrelle, 511.
de Juvisy Montferrand, 740.

K

de Kerchove, 1172, 1198.
de Kerchove de Denterghem, 731.

Kerlein, 141.
Kerpen, 153.
de Kerpen, 761.
Kersteloot, 1247.
Kervyn, 1514.
de Kessel, 288, 1656.
de Kesselers, 37, 287.
Kesteloot, 1130, 1361.
Ketelaer, 1252.
de Kiltz, 718.
Kinet, 895.
de Kinoisan, 466.
Kirts, 1503.
von Kœnitz, 820.
de Korff-Schwising, 1550.

L

de Labarge, 386, 494, 518, 1032.
de La Barghe, 612, 719, 1021, 1077, 1160, 1300.
de La Barre, 254, 387, 403, 666, 719, 1420.
de La Barre d'Erquelines, 1053.
de La Bauwette, 488.
Labbe, 108, 703, 947, 1073, 1344, 1597.
de la Belinaye, 681.
de la Biche, 153, 287.
de la Borderie, 1592.
de la Bouexière, 466.
de la Bourdonnaye, 682.
de la Bouverie. (Voir à la fin de la table.)
de la Brande, 19, 133, 902, 923, 1475, 1719, 1720.
de la Broye, 24.
de la Cannoie, 600, 768.
de la Cauchie, 1044, 1169.
du Lac de Fugères, 414.
de la Cessoie, 1193.
de la Chappelle, 803, 854, 944, 945, 1114, 1150, 1157, 1169, 1170, 1343, 1753.
de la Chasse, 1015.
de la Chaussée, 156, *333, 353.

Lachez, 233, 1281.
Lachier, 245, 249, 622, 665, 927, 932, 937, 1068, 1169, 1276, 1738.
La Condamine, 167.
Lacombe, 616.
Lacoste, 804.
de la Coste, 45, 179.
de Lacourt, 293.
de la Croix, 571, 736.
de la Croix d'Ogimont, 736.
de la Dalle, 387, 665, 803, 948, 950.
Laden, 245.
de la Derrière, 179, 1398, 1666.
de la Desme, 30.
de la Deusle, 1345.
de la Disme, 978, 1347.
de la Drière, 314.
de la Falesque, 1189.
de la Fitte de Campenne, 11.
Lafleur, 1504.
de la Fons, 1511.
de la Font, 1130.
de Lafonteyne, 124, 138, 211, 223, 261, 262, 289, *335, 510, 771, 1680.
de la Forge, 733, 990.
de la Fosse, 560, 1054, 1105, 1116.
de la Fosse du Pavillon, 1157.
de la Frelle, 151.
Lagace, 492.
Lagache, 9, *339, 403, 749, 929, 954, 1285, 1590, 1597, 1731, 1741.
de la Garde, 1379.
La Goelle, 792.
de la Grange, 24, 259, 854, 887, 904, 1173, 1194, 1195, 1346.
de la Guesquière, 1490.
Laguillier, 797.
de la Hamayde, 597, 1044, 1143, 1493.
de la Haye, 16, 58, 90, 197, 217, 252, 258, 347, 370, 383, 387, 400, 407, 495, 567, 597, 722, 728, 927, 950, 963, 1026, 1154, *1231, 1235, 1267, 1468, 1537, 1567, 1655, 1754.
de la Houde, 669.
de Lahoustre, 1166.

Laignel, 133, 134, 249, 665, 758, 917, 980, 1146, 1253, 1267.
Lainé, 554.
de La Lacherie, 527, 781, 943, 1169, 1422, 1482.
de La Lande de Calan, 1556.
Lalau, 1410.
de la Leck, 1738.
de Lalez, 1401.
Laliez, 933.
de Lallaing, 1195.
Lallart de le Bucquière, 510, 1003.
Lallemand, 36, 1622.
Lallou, 1597.
Laloë, 659.
Laloy, 402, 1639.
de la Marlière, 1052.
Lambelin, 343, 593, *747, 1088, 1142, 1342, 1375, 1500, 1735.
Lambert, 1169.
de Lambertye, 1591.
Lambo, 928.
Lambrecht, 1474.
Lamelin, 158, 590.
de Lameth, 290, 509, 1053.
Lamiot, 347.
Lamirand, 1405.
Lamirault de Cerny, 11.
de la Molère, 807.
de la Motte, 78, 88, 1748.
Lamour, 1387.
Lampe, 1587.
de Lampinet, 1391, 1530.
Lancel, 762.
Lancelin de la Lavolière, 551.
Lanchals, 1201.
Lancry, 1147, 1363.
Laudas, 1563.
de Landas, 38, 378, 609, 619, 1045, 1048, 1049, 1054, 1157, 1191-1193, 1196, 1275, 1422, 1483, 1491, 1753.
Laude, 564.
Landouche, 1636.
Landrieu, 1561.
de Langle, 1056.
Langon, 620.

de Lannoi, 1466.
de Lannoy, 17, 39, *88, *103, 108, 110, *119, 134, 159, 185, 187, 241, 247, 251, 254, 266, 267, 290, 291, 325, 348, 350, 362, 368, 448, 488, 507, 517, 529, 530, 533, 535, 565, 566, 591, 655, 704, 750, 760, 854, 888, 894, 901, 912, 934, 942, 946, 917, 962, 1015, 1022, 1026, 1030, 1031, 1046, 1087, 1088, 1110, 1122, 1151, 1156, 1159, 1202, 1251, 1252, 1334, 1390, 1407, 1428, 1483, 1499, 1532, 1535, 1619, 1668, 1721.
de Lanse, 792.
Lansel, 1598.
Lanthier, 1586.
de Laoutre, 407, 1406.
de la Pasture, 1154, 1748.
Laplace, 505.
de Laplane, 57, 60.
de la Porte, 89, 121, 136, 151, 351, 456, 459, 539, 646, 892, 901, 934, 982, 1089, 1126, 1127, 1159, 1474, 1499, *1531, 1632, 1733, 1756.
de la Porte dit d'Espierres, 527, 559, 1531.
de la Quellerie, 380.
de la Rachère, 14.5.
de la Rachie, 1169, 1191, 1753.
Lardinois, 317, 318, 319.
de la Roche Aymon, 130.
Lartigaud, 1591.
de Lartigue, 1747.
de la Salle, 1235.
de Lassus, 342.
de la Tannerie, 1150.
van Lathem, 763.
de la Tour du Pin, 78.
de la Tramerie, 1152.
Lattès, 1582.
de Lattre, 57, 59, 160, 251, 317, 538, 583, 703, 761, 781, 1192, 1236, 1483.
Laubigeois, 908.
Laude, 569.
de Launay, 1150.

TABLE DES NOMS DE FAMILLES. 1787

Lauqueneul, 200.
Laurence, 466.
Laurent, 1503.
Laurent de Preumonteaux, 1657.
Lauriez, 844.
Lausier, 783.
Lautens, 1484.
de Lauwereyns de Roosendaele, 1392.
de la Vacquerie, 1042, 1171.
Lavaur, 735.
du Lavay, 1155.
de la Vergne de Rodet, 538.
de la Vichte, 944, 1201, 1452.
de la Villeneuve, 1151.
de la Villette, 710.
de Layens, 458.
de Leauwe, 1374.
Le Bail, 1151, 1168.
Le Barbier, 369, 584, 1078.
Le Baron, 1584.
Lebas de Courmont, 727.
Lebas de Sainte Croix, 512.
Lebas du Plessis, 937.
Lebateur, 248, 1139.
Lebeau, 7.
de Le Becque, 22, 166, 365, 406, 601, 1385-1387, 1390, 1395, 1396, 1399.
Le Bègue de Germiny, 1507.
de Le Beulque, 486, 658, 1192, 1390.
de Le Blakierne, 1420.
Le Blan, 307, 668, 1075, 1619.
Leblanc, 313, 910, 1171.
Le Blanc de Castillon, 551.
Le Blancq, 781, 888, 921, 1346, 1485, 1736, 1745.
Le Blavier, 1494.
Leboc, 937.
de Le Boe, 1115.
Lebon, 76, 493, 726, 739.
Le Borgne, 947, 1190.
Le Boucher, 353.
Le Boucq, 19, 108, 134, 191, 246, 657, 902, 1029, 1104, 1345, 1359, 1435, 14 1570, 1607, 1732.

Le Boucq de Carnin, 827.
Le Bourgeois, 718, 759.
Le Brun, 74, 488, 618, 711, 726, 1240, 1385, 1571.
de Le Bruyelle, 560.
de Le Bury, 1669.
Le Bus, 533, 906.
Lecaillez, 1740.
Le Cambier, 684, 1625.
Le Camps, 487, 1034.
Le Camus, 41.
Le Camus de Beuteghem, 846.
Le Candele, 56, 158, 446, 456, 805, 888, 920, 951, 1054, 1169, 1277, 1452.
Le Cappelier, 1157.
Le Carlier, 23, 367, 622, 1364, 1468.
Le Caron, 1000.
Le Carpentier d'Epinneville, 1511.
Le Cat, 44, 222, 350, *990, 1348, 1422, 1598, 1745.
Le Cerf, 488, 1571.
Le Cesne, 506.
Le Charlé, 53, 410, 925.
Le Cherf, 18, 217, 658, 1719.
Le Chire, 382, 396, 667, 821, 1108.
Le Cigne, 853.
Le Clément, 904, 1195, 1753.
Le Clément de Saint-Marcq, 105, 350, 991, 1243.
Leclerc, 52, 119, 199, 1188, 1555.
Le Clercq, 283, 407, 584, 602, 646, 826, 921, 979, 991, 1030, 1078, 1158, 1195, 1335, 1337, 1532, 1590, 1607, 1611, 1667, 1747.
de le Clyte, 1189.
Le Cocq, 521, 563, 583, 703, 750, 782, 803, 1029, 1197, 1753.
Le Cointre, 246.
Le Comte, 46, 172, 322, 326, 375, 550, 710, 1024, 1094, 1387, 1399, 1401, 6611, 1744.
Lecomte de la Viefville, 499.
Le Comte du Bus, 78, 210, 411, 680.
Le Conte, 1422.

Le Cordier, 1598.
Le Cornu de Balivière, 416.
Le Cornu de la Forêt, 1503.
Le Courtois, 1242.
de le Cousture, 1138, 1425.
Lecouvreur, 208, 354, 415, 809, 1301.
Lecouvreur d'Orifontaine, 680.
Le Cuppre, 1608.
de le Deusle, 17, 245, 246, 254, 257, 268, 409, 623, 645, 921, 1336, 1558.
Le Diarre de Saint-Lyeu, 1644.
de le Dicque, 1387, 1397.
Le Dieu de Ville, 793.
Ledin, 1744.
Ledoux, 166, 1279, 1511.
Ledru, 1458.
Le Drut, 52, 627, 926, 1340, 1733.
Le Duc, 740, 854, 1001, 1581, 1623, 1749.
Leduc de Masnuy, 735.
Leducq, 1609.
de Leemputte, 1459.
de Leeu, 46.
Lefebvre, 166, 168, 170, 186, 188, 218, *347, 366, 383, 396, 402, 494, 502, 632, 635, 702, 763, 780, 785, 794, 822, 824, 843, 910, 933, 941, 981, 1046, 1084, 1142, 1240, 1252, 1378, 1395, 1398, 1425, 1510, 1514, 1729, 1736.
Lé Febvre, 128, 165, 192, 314, 449, 453, 459, 534, 535, 559, 561, 610, 665, 892, 1408.
Lefebvre de Chasle, 1470.
Lefebvre-Delattre, *347, 533, 655, 723, 728, 771, 892, 994, 1017, 1197, 1506, 1532, 1731.
Le Fel, 1193.
Leferre, 1410.
Lefetz, 296.
Lefèvre, 1740.
Le Fèvre de Helebrouck, 1123.
Le Flameng dit de Boulx, 1465.
de le Flye, 1044, 1123, 1194.
de le Forge, 1113.
Le Fort, 787, 1011, 1476.

de le Forterie, 52, 528, 1144, 1152.
Le François, 59, 210, 895, 1044, 1050, 1737.
Le François des Courtis, 512.
Le Francq, 372, 980, 1085.
Le Fusilier, 965.
Le Gay, 367, 1094, *1236, 1575, 1621.
Le Gendre d'Onsembray, 1554.
Le Gentil, 32, 122, 823, 1077, 1280, 1682.
Le Ghiez, 502, 536, 560.
Le Ghys, 1147, 1362.
Le Gillon, 34, 1615.
Le Gillon de Montjoye, 1370.
Legrand, 73, 128, 156, 186, 227, 231, 269, 296, 709, 821, 892, 1031, 1070, 1423, 1481, 1730.
Legrand de Castelle, 293.
Le Gras de Maurepaire, 725.
Le Guillebert, 601, 647.
Le Hardy, 449.
Le Hardy du Marais, 731, 738, 1342.
Le Hembre, 702.
Le Hiere, 941.
Le Hugier, 1361.
Leinenger, 1284.
Lejeusne, 956.
Le Josne, 854, 1345.
Le Josne de Lespierre, 1610.
Le Latteur, 1154.
Leleu, 496, 783, 933, 1030, *1238, 1282, 1613, 1614, 1754.
Le Lièvre, 846.
Lelliaux, 1502.
Lelong, 1497.
Le Louchier, 1198, 1199.
Le Loup, 1428.
Le Machon, 997.
Le Machon del Sauch, 105, 108, 253, 369, 901, 928, 1072, 1077, 1162, 1170, 1193, 1194, 1423, 1424, *1481, 1755.
Le Mahieu, 37, 52, 108, 252, 622, 1334, 1483, 1719, 1733.
Le Mahieur, 264.
Lemaire, 74, 77, 89, 266, 502, 518,

585, 714, 780, 992, 1024, 1116, 1157, 1175, 1253, 1577, 1746.
Le Maistre, 412, 553, 1002, 1025, 1132, 1133, * 1240.
Lemaître, 715, 1410.
Le Mannier, 1570.
Le Mayeur, 1085, 1167.
Le Meere, 1123.
Le Merchier, 660, 1071, 1627.
Le Mercier, 39, 980, 1268, 1499, 1534.
Lemerre, 750, 1409.
Le Mesre, 19, 53, 186, 261, 315, 320, 348, 378, 391, 392, 413, 486, 487, 501, 624, 708, 784, 843, 907, 926, 935, 936, 1017, 1078, 1079, 1164, 1167, 1253, 1274, 1337, 1372, 1387, 1410, 1467, 1506, 1603.
Le Mesre de Pas, 354, 588, 1371.
Le Mesre du Bruisle, 840, 1003.
Le Mesre du Quesnil, 1508.
Le Messié, 128.
Le Mestre, 1191.
Le Mieuvre, 219, 256, 316, 518, 805, 922, 931, 1076, 1274.
Le Missier, 1623.
Le Moine, 127, 401.
Lemoisne, 57, 1194, 1335, 1493, 1608.
Lemonnier, 308, 532.
Lampene, 1274.
de Lencquesaing, 207, 210, 393, 414, 732, 841, * 997, 1243, 1348, 1434, 1508, 1553.
de Lengaigne, 293, 545.
Lenglart, 156, 363, 366, 497, 507, 586, 592, 709, * 758, 1343, 1344, 1735.
Lenglé, 1002.
Lengrand, 614.
Le Nier, 613.
Le Niez, 518, 590, 654, 1033, 1420, 1421.
Lennel, 733.
Le Noir, 160, 306, 1187.
Lenoir de Pas de Loup, 1681.
Le Noir des Ardonnes, 212.

Lentailleur, 266, 997.
Le Pan, 221, 339, 1730.
Le Pée, 369, 528.
Le Pelletier, 461, 792.
Leper, 229.
Le Perre, 786, 1239, 1282.
Lepers, 166, 563, 719, 768, 977, 1194, 1406, 1586, 1587.
Le Petit, 348, 1014, 1050.
Le Petit de Sérans, 739.
Le Pez, 1540.
Le Pippre, 17, 55, 185, 196, 249, 349, 447, 503, 890, * 1011, 1234, 1255, 1348, 1349, 1358, 1359, 1426, 1633, 1641, 1745, 1746.
Le Plat, 843, 925, 1087, 1635.
Le Playet, 1189.
Lepoivre, 192, 1742.
Lepoutre, 1405.
Le Poyvre, 1015.
Le Prestre, 78.
Le Prestre de Jaucourt, 1552.
Le Preudhomme, 1189, 1190.
Le Prévost, 137, 248, 767, 901, 904, 1043, 1089, 1169, 1195, 1419-1421, 1482.
Le Prévost de Basserode, 25, 106, 124, 134, 290, 592, 792, 854, 1048, 1077.
Lequeu, 1167, 1624.
Lequien, 1286.
Lequien de Moyenneville, 1128.
Lequin, 652.
Le Renier, 1160.
Lereux, 1408.
Le Ricque, 634, 1117, 1492.
Lerminé, 1635.
Lernault, 623, 1310.
Lernould, 1594.
Le Rouge, 583, 1588.
Le Rousseau, 735.
Leroux, 132, 160, 221, 306, 487, 507, 623, 699, 936, 1451, 1612.
Leroux du Châtelet, 936.
Leroy, 501, 534, 619, 1029, 1359, 1370, 1374, 1466, 1603, 1635.

Le Roy, 111, 240, 247, 317, 492, 613, 847, 966, 991, 1018, 1190, 1643.
Le Roy de Barde, 1498.
Leroy de Cauchois, 892.
Leroy de Valenglart, 499.
Le Roy du Quesnelle, 1127, 1459.
Le Royer de Monclot, 77.
de le Ruelle, 811.
Le Rustre, 1675.
de le Ruyelle, 767.
Lesaffre, 487, 716, 1571.
Le Sage, 232, 312, 341, 1048, 1497.
Le Sart, 376.
Le Sart du Catelet, 377.
de le Saul, 600.
Le Sauvage, 561.
Lescafette, 1578.
Lescailliez, 505, 1286.
Lescallet, 794.
Lescaut, 1586.
Lesclide, 237.
Lescloart, 1636.
de Lescluze, 149, 396, 931, * 1377.
Lescure, 1614.
Lescuyer, 33, 36, 408, 1175.
Lesecq, 628, 1019.
Le Sellier, 219, 340, 1625.
Le Senne, 813.
Le Sergeant de Monnecove, 1165.
Le Sergeant d'Hendecourt, 416.
Le Simon, 122.
de Leslé, 1023.
Lesne, 1614.
Lesoir, 249, 250, 1335.
Lespagnol, 78, * 122, 261, 792, 1023, 1024.
Lespagnol de Grimbry, 1007.
de Lespaul, * 1383.
de Lespaul de Lespierre, 209.
de Lespierre, 571, 759, 931, 1139.
Lespillet, 1014, 1746.
Lespinchelier, 1139.
de Lespine, 680, 943, 1254, 1426.
de Lespinette, 1113.
Lesquinet, 106, 1301.

Lestienne, 127.
Lestiévenon, 921.
de Lestorel, 1197.
Le Sueur, 248.
Létang, 73.
Letarbaro, 54, 673, 937, 1334, 1476.
Le Terre, 826, 1589.
Le Thierry, 155, 230, * 362, 585, 762, 981, 1731.
Le Thiéry, 1372.
Le Tirant de Villers, 75.
Letocart, 605, 1637.
Le Toillier, 1187, 1419.
Letome, 71.
Leuren, 1276.
de Leurenghien, 1189.
Leuridan, 487, 570, 646, 946, 1654.
Levacqz, 373.
Le Vaillant, 549, 1173, 1253, 1754.
Le Vaillant de Jollain, 825.
Le Vaillant de la Bassardrie, 1126.
Le Vaillant du Châtelet, 738, 1606.
de Leval, 725.
Le Varlet dit Haccart, 1151.
Le Vasseur, 28, 38, 103, 115, 352, 517, 704, 1043, 1159, 1466.
Leveau, 1564.
Levent, 1536.
Levert, 12.
Levesque, 217, 493.
Levesque de Neuvillette, 1007.
de Le Vigne, 652.
Le Vignier, 1422.
Lévy, 466.
de Le Walengherie, 573.
Lexin, 123, 188, 1378.
Lezaire, 33, 747, 1396.
Lezy, 1396.
Lhéritier, 178.
Lhermine, 495, 1571.
Lhermite, 538, 854.
Lhermitte, 704, 1634.
hermitte dit du Biez, 937.
Lheureux, 293.
Lheuridan, 496.

Liart, 928.
Libbick, 787.
Libert, 78, 85, 120, 123, 129, 141, 190, 246, 391, 468, 531, 597, 604, 789, 970, * 1021, * 1029, * 1030, 1109. 1161, 1163, 2410, 1301, 1359, 1390, 1610.
de Libert de Flémalle, 1754.
de Licques, 1169.
Lictevout, 1409.
Liébaert, 1113, 1114.
Liébar, 459.
de Liedekerke, 1053, 1534.
Liefart, 1664.
Liegard, 1155.
Liénard, 609, 613, 700, 1145, 1348, 1349.
Liestévenon, 1422.
Lietaude, 1188.
de Lieurraye, 1644.
Liévin, 1158.
de Lignières, 567.
de Ligny, 1375.
de Lillers, 758.
Linard, 1046.
de Linas, 1554.
Liot, 572.
Lippens, 121, * 367, 769, 785, 892, 1337, 1484, 1499, 1731.
de Liron d'Airoles, 1552.
de l'Isle, 370.
de Lisle, * 1032.
des Lobbes, 1624.
de Lobel, 52, 88, 169, 200, 217, 245, 248, 492, 597, 703, 838, 1488.
Locart, 9, 56, 283, 448, 456, 553, 727, 1075, 1453.
Locher, 817.
Lochtembergh, 1004.
de Loën d'Enschédé, 1434.
Loffet, 1738.
Logele, 775.
de Logenhagen, 104, 267, 565, 571, 1195, 1533.
Lohier, 339, 951, 1277.
Lohois, 1015.

Loisel le Gaucher, 1498.
Lollivier, 1579.
Loman, 61.
Lombart, 308, 309, 716, 717, 844.
de Longuenesse, 58.
Longuespée, 653, 968, 1604.
de Longueval, 1175, 1679.
Looze, 137, 453, 666.
Lopez de Calo, 95, 114.
de Lorgeril, 415.
Lorguier, 212, 1005.
Loridan, 1032.
Lorquain, 796.
Lorteil, 608.
Lorthioir, 399, 930, 980.
Lorthiois, 1073.
de Lortille, 608.
de Los, 119, 198, 921, 1334, 1403, 1495, 1623.
Loste, 1333, 1656.
Lotar, 1581.
Louchard, 62.
Loucque, 370.
Louise, 447, 936.
Lourdel, 344, 1492.
Lourdelle, 1235.
Lourettes, 527.
Louvel, 376, 1680.
de Louvencourt, 353.
de Louverval, 841.
de Louvignies, 1156.
Loyseau, 535.
de Loz, 1401.
de Lozada, 462.
Lucar, 395, 1738.
Lucas de Hamencourt, 1153.
Luccas, 108, 248, 647, 907, 993, 1030, 1618, 1676, 1740.
Luet, 1634.
Luiset, 1613.
Lusman, 593, 1500.
Lussiez, 1510.
Lutin, 929.
de Luytens, 10, 263, 354, 498 569, 1105, 1115, 1427.

M

Mabille, 180, 1613.
Mabille de Poncheville, 1336.
Machelier, 782.
Macquart, 209, 211, 233, 235, 353, 1248, 1249, 1283, 1515, 1554, 1573.
Macron, 795.
Madeline, 220.
Madou, 826.
de Madre, 121, 171, 413, 593, 750, 825, 934, 1117, 1430, * 1490, 1534.
de Madre de Flégard, 1432.
de Madre de Norguet, 353, 588, 1007, 1434, * 1506.
Maelcamp dit Maelcampo, 1244.
de Maere, 731.
Magenis, 1056.
de Magnac, 681.
Magniez, 1614, 1741.
Magnin, 1285.
Magontier, 328.
Magrette, 1419.
de Maguire, 1049.
Mahieu, 170, 180, 185, 221, 316, 388, 496, 526, 808, 909, 930, 935, 1732.
Maigart, 1665.
de Maillardoz, 682.
Maillart, 1536, 1569, 1605
Maille, 23, 155, 1426, 1563.
de Maillé de la Tour Landry, 1682.
Maillet, 1014.
de Mailly, 105, 1172.
de Mailly-Mametz, 106.
Maingarda, 253, 1288.
Maire, 1583.
Mairesse, 65, 845, 1132, 1242.
Mairesse de Pronville, 41.
des Maisières, 540.
Makinnon, 501.
de Mal, 149, 949.
Malapierre, 784.
Malatiré, 646, 1532, * 1617.
Malbaut de Buissy, 535.

Malbrancq, 347, 814, 1334, 1515.
Maldonat, 54.
de Male dit Malinœus Prats, 291.
de Maleingreau, 735, 1051.
Malet, 1423
de Malet, 568, 920.
de Malet de Coupigny, 1133, 1173, 1202, 1203, 1656.
de Maletorne, 110.
Malfait, 929.
de Malines, 1070.
Malle, 912.
Mallebrancque, 927.
Mallet, 318, 818, 909.
Mallet de Ternantes, 680.
de Mallouez, 402.
Malot, 618.
Maloteau, 855.
Malus, 180.
de Mamez, 1199.
de Man, 109.
Mandonnet, 351.
Mangez, 1362.
Manghin, 168.
Maniez, 370.
de Manissy, 846.
de Manne, 618.
Mannhard, 817.
Mannier, 20.
Mans, 83, 1475.
Mansemant, 151.
Mansielle, 1419.
Manzanarès, 532.
de Marbais, 725, 726.
de Marbot, 1556.
Marcan, 929.
Marchant, 254, 401, 410, 1605.
Marche, 997.
de Marchenelles, 1420.
Marcout, 402.
de Marcq, 1568, 1756
Marcuard, 818.
Maréchal, 132.
Marescaille de Courcelles, 569, 1507.
Maresse, 792.

du Maret, 1122.
du Maretz, 529, 704, 769, 1251.
Marez, 154.
Margée, 405.
Mariage, 1167.
Mariaval, 677, 722, 1469, *,1528.
Marie, 1584.
Marin, 1115.
Marin de Montmarin, 1682.
Marin de Thieusies, 1052.
Marion, 1378.
Marischal, 560.
Marissal, 379, 380, 398, 456, 506, 508, 528, 601, 610, 624, 625, 665, 741, 767, 770, 935, 1088, 1139, 1142, 1340, 1451.
Marissy, 205, 602.
de Marle, 240.
Marlière, 369, 406, 646, 1285, 1617.
Marnens, 1359.
Maronnier, 963.
Marquant, 508, 905.
Marquant dit de Saint-Venant, 781, 1170, 1421.
Marque, 751.
de Marquette, 739.
Martel, 61.
Martens, 188.
Marthe, 454.
Martin, 61, 164, 314, 366, 492, 798, 843, 1035, 1387, 1676.
Martin de l'Eclusette, 344.
Martinage, 912.
de Martines, 1152.
Mas, 362, 783, 1146, 1575.
Masclès, 1577.
Masingue, 200.
Masquelier, 363, 584, 1451.
de Massenet du Lucq, 1200.
Massenghien, 1280.
Massiet, 258, 291, 920, 1204, * 1245, 1754.
Massy, 1743.
Masure, 1241.
Masurel, 704, 1267, 1279, 1345, 1733, 1735.

Mathieu, 511, 1240, 1554.
Mathon, 229, 236, 363, 714, 763, 1552.
de Maubus, 1015.
de Mauclerc, 819.
Maufait, 1748, 1750.
de Maulde, 718, 729, 1663.
de Maulde de la Tourelle, 1370, 1433, 1508.
Maupayé, 1569.
Maupetit, 534.
Maurice, 1410.
Maurroy, 1569.
Mauviez, 200, 317, 609, 700, 717, 1611, 1731.
de May, 984.
Mayaut, 1530.
Mayer, 815.
Mayol, 178.
Mayot, 1614.
Mayoul, 250.
de Mazaucourt, 66, 448.
Mazenghehem, 801.
Mazurel, 590.
de Mealet, 1379.
Medo, 928.
van Meer, 56.
de Meester, 45, 267.
Meignot, 809.
de Meinvielle de la Gor, 1235.
Mélantois, 1576.
Mélin de Vadicourt, 825, 1553.
Melséant, 339.
de Melun, 732, 841, 1044, 1152, 1644.
Ménart, 786.
Menez, 1591.
Mengé, 387.
Mengin, 508.
du Menil, 699.
Menissé, 318.
Mennart, 813, 817, 1562.
Mennessier, 1282.
Mennoir, 1577.
Menu, 1742.
Méplaux, 1587.
du Mer, 658.
de Mérault, 1005.

Mercadel, 1746.
Merchier, 1147.
Mercier, 1362.
de Mérende, 387.
de Mérica, 523.
Merlen, 1594.
Merlin, 327.
de Mérode, 470.
van Merris, 212.
Mertens, 64, 552, 671, 674, 1123, 1163, 1267, 1471.
de Méry de la Canorgue, 513.
Méry de Montigny, * 1036, 1747.
Mes, 158, 388, 518, 652, 654, 1588.
de Mesemackere, 930.
Meslier de Rocan, 1473.
de Mesplan, 1735.
Messean, 1604.
Messen, 1085, 1361.
Messiaen, 137.
de Mestre, 240.
Metivier, 1513.
Mets, 137.
du Metz, 1410, 1635.
de Meulenaere, 1540.
de Meulle, 1682.
Meurant, 318.
Meurdekins, 1567.
Meurice, 1620.
Meurin, 929.
Meurisse, 1341, 1402, 1586.
Meyer, 815.
de Meynard, 1681.
Meyntkens, 797.
de Mezières, 617.
Michau, 1116.
Michaux, 7, 327.
Michel, 387.
Michiels, 59.
Mienson, 233.
Mignolet, 618.
Mignonat, 1086.
Mile, 816.
Millan, 955.
Millecamps, 230, 232.
Minot, 821.

Mionnet, 1751.
de Mirabia y Basurto, 699.
de Miro y de Folch, 1671.
Miroul, 600, 601, 704, 719, 720, 723, * 766, 767, 785, 904, 926, 1122, 1170, 1197, 1234, 1254, 1256, 1287, 1344, 1634, 1736.
Mochot, 926.
Moenens, 626.
Moghez, 1605.
de Mol, 781, 921.
du Molin, 320, 1337.
Monceau, 1494.
de Moncheaux, 148, 265, 571, 677, 921, 949, 1089, 1157, 1335, 1346.
de Monge, 1130.
Monnart, 228, 1117, 1282, 1492.
Monnier, 795, 1667.
Monoyer, 1378.
de Mons, 980, 1070, 1341.
du Mont, 1153, 1428.
du Mont Saint-Eloy, 1043, 1172.
Montagne, 364.
de Montaudion, 1154.
de Montenach, 110.
de Montet, 1128.
Montfin, 407.
de Montguiot, 211.
Montheil de Septfons, 1555.
de Montmonier, 166, 321, 328, *374, 710, 1337, 1680.
de Montmorency, 52, 1245.
Montois, 1282.
Montrepuich, 583.
Montreul, 847.
Monyé, 312.
de Moor, 797.
Morael, 366.
Morcrette, 404.
Morde, 132.
Moreau, 138, 454, 602, 686, 1155, 1495.
Moreel, 209, 822, 933, 1506.
Morel, 228, 521, 560, 613, 750, 826, 907, 1011, 1231, 1278, 1288, 1387, 1409, 1423, 1482, 1510, 1560.

TABLE DES NOMS DE FAMILLES. 1795

Morelle, 523, 656.
de Morgan Frondeville, 841.
Moriau, 108.
Morie, 1373.
Moriel, 1421.
Morilion, 926.
Moroa, 400.
de Moronval, 316, 931.
Morphy, 565.
Mortier, 399.
du Mortier, 24, 139, 164, 190, 207, 259, 347, 527, 633, 678, 947, 1054, 1117, 1254, 1474, 1541, 1671.
Mothé, 928.
Motté, 1019.
Mötteli von Rappenstein, 816.
Mottez, 232.
Mottier de la Fayette, 500.
de Moucheron, 793.
de Moucheton de Gerbois, 513.
Mouchon, 1117.
Moucque, 338, * 378, 398, 509, 892, 932, 933, 1085, 1172.
Mouget, 151.
du Moulin, 1170, 1235.
des Moulins, 489, 1022.
Moullart de Vilmarest, 333, 841.
Mourcou, 231, 1589, 1593.
Mouret, 1404.
Mousquet, 1490.
Moussat, 1093.
Mousson, 166, 173, * 1622.
du Moutié, 521.
Moutier, 504.
des Moutis de Boisgautier, 732, 1507.
Mouton, 136, 152, 668, 769, 1429, 1589, * 1632.
de Moy, 647.
de Muelenaere, 798.
Muet, 1583.
Muette, 19, 20, 89, 185, 246, 247, 249, 389, 456, 502, 561, 665, 666, 675, 769, 894, 1018, 1083, * 1250, 1364, 1428, 1754.
Muict de Bled, 1147, 1361.

Muissart, 647, 906, 971, 1125, 1255, 1256, 1282, 1476.
Mulier, 703, 767.
de Mullet, 1248.
Mullier, 344, 382, 962, 1375, 1731.
Mustelier, 685.
Muys, 339, 1241.
de Muyssart, 67, 77, 140, 367, 563, 669, 679, 768, * 780, 943, 1109, 1170, 1171, 1344, 1484, 1736.

N

Nafeteux, 1409.
Namèche, 1503.
Nanante, 128, 199, 310.
Nariez, 1189.
de Narp, 413.
Nasse, 325.
de Nattes, 1552.
Naudot, 1283.
de Navarre, 1167.
Navez, 491.
de Navier, 681.
Navieur, 1116.
de Navigheer, 209.
de Nédonchel, 257, 1053, 1245.
Nelis, 1503.
de Nelle, 1247.
de Nemery, 900.
Nerincque, 619.
de Neubeck, 1130.
Neubourg, 1340.
de Neuflieu, 587.
de Neufville, 284, 1155.
de Neuville, 1005.
Neve, 56.
Niasre, 167.
Nicolas, 1505.
Nicole, * 1635.
Nicolet, 351.
Nicquette, 1607.
de Nieul, 414.
Nieulart, 626.
de Nieuwenhove, 1054, 1196, 1360.
Nisant, 325.

Nispal, 1591.
Noël, 373.
Noiret, * 127, 169, 317, 531, 839, 1023, 1334.
Noiret de Saint-Antoine, * 130, 363, 1375.
Nol, 810.
Nolf, 1738.
Nostredame, 814.
Noullet, 1286.
de Noust, 1371.
de Noyelles, 317, 572, 888, 910, 932, 1045, 1157, 1172, 1189.
van Nuffel, 1735.
Nutte, 1408.
Nutten, 838, 1568.
Nyst, 1505.

O

de Obegny, 1491.
Obert, 39, 40, 105, 350, 572, 609, 728, * 1042, 1125, 1196, 1359, 1360, 1747.
Obin, 234.
Ochin, 1570.
Odée, 957.
Odemaer, 187, 188, 190, 209.
Oden, 1359.
Odon, 1596.
Œuillet, 120.
Offroy, 1624.
Oger, 506.
Ogier, 293.
d'Oignies, 1741.
de Olazaval, 804.
d'Olivet, 1056.
Ollière, 513.
Ollivier, 227.
Oly van Velsen, 46, 140.
d'Omalius d'Halloy, 499.
d'Ongnies, 105, 1202, 1420, 1486.
d'Onnaing, 780.
d'Oosterlin, 1193.
Ortolan, 237.
d'Orville, 718.
d'Ossendon, 1470.

d'Ostelart, 945.
Ostering, 647.
d'Ostrel, 1534.
O'Sullivan, 352.
Oudin, 772.
Oudot de Dainville, 512.
d'Oultreman, 780.
Oure, 1148.
van Outryve d'Ydewalle, 211, 1371.
van Outshorn, 294.
Ouvrie, 1579.
d'Oyhennart de Tartas, 1530.

P

de Pacheco, 462.
Pacquet, 794.
de Pacy, 900.
Padieu, 1012, 1349.
Paeldincq, 765.
Pagart, 764.
Paielle, 907.
Pajot, 635.
Palyart, 193.
Pamart, 283.
de Pamelle, 462.
de Pan, 1000, 1003.
Panckoucque, 949.
Pannemacker, 1579.
Panon Desbassyns de Richemont, 416.
de Pappe, 1192.
Parel de Montaut, 9.
Parent, 19, 44, 53, 55, 89, 132, 230, 266, 570, 788, 922, 1016, 1079, 1430, 1476, 1496, 1615.
Parent du Châtelet, 1556.
Parigot de Santenay, 1681.
Paris, 76.
Parisis, 1561.
de Parisot, 284, 375, 377.
Parmentier, 335, 771, 783, 784, 922, 978, 1012, 1076, 1104, 1125, * 1254, 1426, 1541, 1754.
Parsy, 679, 1335.
de Parys, 1274.

de Pas, 57.
Pascal, 1052.
Pasquier-Rolland, 1642.
du Passage, 841, 1553.
Passavant, 1452.
Patin, 590, 1373.
Patou, 201, 320.
Patté, 293.
Patthelt, 243.
Patucio, 1013.
de Paty, 1044.
de Patyc, 781.
Pauché, 686.
Payelle, 767, 1015, 1581.
Payen, 548, 1369, 1746.
Payen de la Bucquière, 209, 1506.
de Paysant, 790.
Pechpeyrou de Comminges de Guitaut, 740.
Pédecœur, 75, 123, 448, 523, 888.
de Peene, 1245.
Peillon, 903.
Peleranne, 1115.
Pelet, 1157.
Pellapra, 392, 501.
Penant, 293.
de Penaranda de Franchimont, 737.
Penet de Monterno, 733.
Pennaville, 221, 1335.
Pennel, 407.
Pennequin, 314, 505, 519, 673, 1362.
de Penzene, 570.
Pépin, 58.
Peplu, 60.
Percourt, 171, * 381, 393, 586, 822, 824, 892, 893, 1337, 1731, 1754.
Père, 249.
de Pérenchies, 1151.
Périer, 334.
Périès, 1024.
Pérignon, 153.
Périn, 1244, 1613.
Perkin, 1677.
Pers, 389.
Persant, 822, 1108, 1664.

Persin, 375.
Pesin, 186, 502, 536, 1018, 1253.
du Pesne, 775.
Péterinck, 1280.
Petit, 32, 62, 240, 496, 613, 618, 620, 655, 772, 774, 912, 932, 1348, 1387, 1591, 1736.
Petithariez, 1348.
Petitpas, 38, 39, 40, 91, 159, 247, 289, 447, 497, * 558, 564, 657, 768, 782, 785, 932, 942, 945, 1047, 1132, 1203, 1255, 1340, 1345, 1453, 1454, 1486, 1533, 1616, 1732, 1733.
Petyt, 32, 1170.
de Peulser, 570.
Pauteman, 1139.
Peutermans, 774.
Peyer, 816.
Peyre, 1512.
Phalempin, 715.
Philippet, 1505.
Philippi, 1564, 1565.
Philippo, 380, 797.
Picavet, 780, 783, 1255.
Picavet dit Cuvelier, 558.
Picot de Moras, 285, 286, 937, 1204.
Picquette, 1190.
de Pieffort, 1670.
Pierart, 9.
Pierrak, 572.
de Pierre, 1469.
de Pierrepont, 726.
Piers, 538.
Picters, 252.
Piève, 205.
Pignatelli, 138, 145.
Pihier dit La Martinière, 255.
Pil, 559.
Pilat, 1378.
Pilliaute, 1458.
Pillot, 634, 1076.
de Pin, 58, 61.
Pinault des Jauneaux, 110.
Pinceel, 1743.
de Pinondel de Labertoche, 1582.

Pinsonneau, 467, 1026.
Pinte, 492, 616.
Pipelart, 61.
Pippelard, 1151.
du Pisre, 1374, 1496.
Pissonnet de Bellefonds, 1470.
de Pitepan, 854, 895.
Piton, 193.
Pivron, 1131.
Pla, 192.
Plachez, 1743.
Placquet, 647.
Placquez, 1516.
Plaetvoet, 206, 980, * 1267.
Plaisant, 1085, 1283, 1615, 1678.
Plancque, 504, 1604.
des Plancques, 978, 1011.
Planès, 1024.
Planquette, 956.
Platel, 786.
Platelle, 622.
de Pletincx de Bois de Chene, 738.
Pley, 353.
Plipe, 583.
du Plouich, 1192.
Plouvier, 1168.
Ployart, 1576.
Pluchart, 585.
Plugniers, 1568.
Plumiera, 522.
di Poatte, 817.
de Poids, 494.
de Poilloue de Bonnevaux, 999.
de Poilly, 501.
Poirson, 295.
de Pois, 1336.
Poisson, 283, 1409.
Poissonnier, 520, 1406.
de Poix, 1190.
Polchet, 706, 1123, 1550, 1639.
Polet, 372, 776.
Polle, 619.
Pollet, 22, 129, 454, 571, 758, 811, 903, 930, 945, 991, 1033, 1128, 1175, 1275, 1409, 1636.
de Pollinchove, 1122.

du Pont, 196, 245, 246, 521, 537, 568, 1158, 1536.
Pontas du Méril, 727.
Ponthieu, 1755.
de Pontrewart, 1420, 1482.
Pontus, 615.
Poole, 500.
de Pootere, 348.
Porcé du Parcq, 467.
de Porcelet, 149.
Porrata, 846, * 1269.
Portales, 935.
Purteman, 615.
de Portes d'Amblerieu, 334.
Portois, 1119, 1642.
de Posson, 731.
Possoz, 626.
Postel, 1154.
Pot, 900.
Potiron de Boisfleury, 513.
Potte, 619.
Potteau, 20, 47, 84, 141, 172, 207, 249, 315, * 386, 500, 520, 653, 665, 686, 893, 1002, 1160, 1337, 1468, 1471, 1475, 1559.
Potteau de la Chaussée, 824, 1731.
Pottier, 154, 520, 611, 1032, 1348, 1573, 1598, 1666.
Pottiers, 1232, * 1234, 1364.
Pouchain, 313.
de Poucques, 32, 241, 294, 633, 1015, 1499, * 1640, 1641, 1643.
Pouille, 407, 1372.
Pouilly, 344.
Poujol d'Acqueville, 733.
Poulereau, 173.
Poulle, 47, 65, 89, * 131, 138, 151, 197, 205, 245, 252, 256, 260, 266, 321, 336, 337, 390, 391, 448, 449, 603, 645, 666, 720, 730, 788, 902, 923, 983, 1074, 1077, 1089, 1331, 1342, 1429, 1467, 1472, 1474, 1486, 1532, 1615, 1632, 1663, 1729.
Pousargues de la Grave, 593.
Poutrain, 1340.
Pouvillon, 249, 903.

van Pradelles, 653, 1248.
Praesten, 494.
de Preelles, 7.
Preingué, 1654.
Presin, 1115, 1116.
de Pressy, 1199.
Preudhomme, 665, 948, 1634.
de Preudhomme, 735, 1199.
de Preudhomme d'Haillies, 292, 568, 1200, 1202.
de Preumonteau, 1154.
Prevost, 186, 362, 511, 585, 675, 699, 774, 919, 991, 1023, 1287, 1511, 1575, 1636.
Prévost de Pilousé, 39.
Prévost Sansac de Touchimbert, 842.
Prévot, 610.
Prietz, 487.
Prietz Cardon, 487, 488.
Prisset, 1585.
Procureur dit de Hauport, 945.
de Proisy, 1451.
Pronez, 1498.
Proniez, 844.
Protez, 659.
Prouvost, 129, 1396, 1398, 1399.
de Provins, 222, 224, 624.
de Proyet, 550.
Prus, 646, 714.
Pruvost, 59, 61, 1537.
du Puich, 63, 207, 977, 1000, 1005, 1188.
Puissant de la Villeguérif, 212.
du Puy, 329.
Pycke de Peteghem, 588.

Q

de Quadt, 1049.
Quarlette, 401.
Quarré, 548, 781.
Quarré de Chelers, 936.
Quartier, 75.
Quecq, 155, 363, *583, 824, 825, 889, 1507, 1590.
Queniprez, 1030.
du Quesne, 19, 1153.
du Quesnoy, 89, 600, 768, 929, 1359, 1498, 1510.
Questroy, 992.
Queva, 1743.
Queval, 58.
Quièbe, 230, 231, 235, 890.
de Quienville, 1245.
Quintin, 953, 1083.
Quivy, 312.

R

Rabillion, 227.
Rachine, 61.
Racine, 178.
Radou, 1168.
Raes, 36.
van Raes, 1540.
de Rafelis Saint-Sauveur, 1592.
Raguet de Brancion, 284.
de Raismes, 764, 1247.
Raison, 1030, 1395.
Ramery, 148, 159, 220, 397, 534, 566, 676, 686, *801, 967, 1076, 1077, 1344, 1390, 1471, 1486, 1605, 1737.
Ramirez de Cordova, 352, 1506.
Rance de Maussans, 956.
Randier, 295.
Ranfrai de la Bajonnière, 334.
de Ranst de Berckem, 825.
de Rantere, 781.
Raoul, 170.
Rapaert, 1730.
Raparlier, 1369.
Rasch, 1505.
Raskop, 1284.
Rasoir, 459.
de Rasoir, 292.
Rasolt, 1253.
de Rasse, 1670, 1671.
Rattier, 33.
Rausch, 820.
de Raveneau, 731.
Ravet, 786.

de Rayme, 888.
Razé, 110.
Réan, 310.
Reaume, 400.
de Rebreviettes, 37, 781, 1170, 1753.
Recnir, 817.
de Recq, 498.
Recqbois, 522.
Redincq y Barba, 554, 1241.
Regnard, 703.
Regnault, 24, 5e, 229, 887, 889, 951, 1239, *1274, 1285, 1496, 1653, 1754.
Régnier, 796, 963, 968, 991, 1154, 1274, 1604, 1605.
de Regnier, 1155.
de Regnier d'Esquincourt, 1337.
Remacle, 64.
de Remiremont, 235.
Remy, 191.
Remy de Campeau, 1393, 1508.
Remy de Rombault, 732.
Renard, 180, 512, *807, 813, 935, 1739, 1742.
Renaud, 111, 679.
Renaud d'Avène des Méloizes, 1512.
Renaud de Boisrenaud, 1132.
Renault, 546.
Renier, 1560.
Renotte, 401.
Renti, 74.
de Renty, 35, 780, 1034.
Repécaud, 1583.
de Reptin, 653, 1400.
de Requescens, 462.
Resteau, 901.
de Retz, 1036, 1510.
du Retz, 10, 46, 128, 136, 261, 307, 392, 803, 931, 935, 980, *1070, 1143, 1162, 1194, 1360, 1431, 1482, 1485, 1486, 1497, 1747.
Reubbe, 1252.
de Reumont, 330.
des Reux, 1405.
des Reveaux, 1388, 1396.
Reversée, 910.

Reynaerts, 725.
Reynard, 242, 1294.
Reynart, 21, 229, 236, 909, 1653.
de Reys, 59.
Rhoné, 1534.
Ribreucq, 185.
Ricare, 339.
Ricart, 61.
Richard, 83, 285, 339.
de Richemont, 1076, 1161, 1301, 1335, 1667.
de Richoufftz, 734.
Ricourt, 220, 326, 345, 380, 390, *395, *406, 409, 509, 668, 674, 805, 822, 1084, 1338, 1471, 1568, 1731, 1738.
Ricquet, 700.
Ridon, 1743.
Riegel, 1503.
de Riencour, 687, 841.
Rietman, 818.
du Rieu, 768.
du Riez, 1139, 1147, 1643.
Rigau, 751.
de Rigneau, 1188.
Rigolet, 1234.
Ringot, 1569.
Ringuier, 808, *811, 1737.
Riquelatte, 244.
de Riquet de Caraman, 501.
Ris, 1488
du Rivage, 769, 950, 1341, 1532.
du Rivaige, 53, 106, 255, 410, 646.
Rivanegra, 1013.
Robart, 153, 807, 1625.
de Robaulx, 1657.
Robert, 25, 55, 186, 507, 545, 547, 548, 552, 798, 923, 1019, 1123, 1476, 1663, 1679.
Robert de Robersart, 1052.
Robert de Saint-Symphorien, 739.
Robette, 952, 1248.
de Robiano, 588.
Robillart, 196, 219, 318, 521, 1015.
de Rocca, 8.
de Rochebonne, 1470.

Rocourt, 1234.
de Rocourt, 1572.
de Rocquard, 631, 1554.
de Rocque, 120, 135, 252, 537, 699, 812, 907, 1287, 1468.
Roelans, 1034.
Roelof, 626.
Roels, 595.
Roest, 840.
Roger, 1503.
de Rogier, 328, 709, 760, 939.
Rogiers, 187.
Rohard, 1343.
Rohart, 1363.
Rohault, 1465.
Rohault de Fleury, 1555, 1682.
Roienbart, 1664.
Roisin, 282.
de Roisin, 855.
Rolin de la Motte, 455.
Rolland, 217.
de Romance, 1556.
Romer, 820.
Romichelle, 519.
Rommez, 1622.
Romon, 605, 1277, 1561, 1572, 1588, 1624, 1653.
de Romrée, 1052.
Rondain, 814.
Rondeau, 1077.
de Ronquere, 340.
de Ronquier, 490, 1294, * 1653.
de Rontenay, 1465.
Roole, 683, 1144.
Roopere, 348.
de Roose, 1665.
Ropart, 1579.
Rose, 371, 714.
Rosée, 1745.
de Rosen, 499.
de Rosendal, * 148, 165, 676, 677, 949, 1335, 1529.
de Rosmadec, 466.
de Rosny, 809.
Rotimund, 816.
Rotru, 1085.

Roty, 911.
de Roubaix, 16, 228, 246, 490, 503, 929, 981, 1237, 1333.
de Rouillon de Castagne, 10, 11.
Rousseau, 838.
Roussel, 371, 803, 1375, 1385, 1386, 1403, 1515, 1532, 1565, 1571, 1579.
Roussel-Dazin, 1385.
Rousselle, 1610, 1611.
de Rousset, 1747.
Roussiaux, 1636.
Routar, 32.
de Rouveroy, 35.
Rouvroy, 53, 206, 210, 254, 259, 292, 315, 387, * 409, 470, 553, 666, 676, 680, 681, 724, 737, 893, 925, 984, 1006, 1242, 1338, 1507, 1508, 1681.
Roux, 1582.
Rouxel de Villeféron, 415.
Rouzé, 608, 1170, 1501.
Rouzée, 774.
Royer, 1360.
Roze, 1175.
Ruelle, 1577.
Ruez, 1613.
Ruffault, 527, 558, 781.
de Ruffé, 110.
Rufin, 1514.
des Ruineaux, 119, 128, 1018.
Ruscart, 51.
Ruyant de Cambronne, 738, 1627.
de Ruytenbergh, 1615.
Rycquier de Longin de Rochefort, 1007, 1508.
de Rymon, 1583.
Ryswerker, 1116.

S

Sabatier, 1554, 1583.
de Sagarra, 124.
Sagot, 1750, 1751.
Saillanfest de Fontenelle, 413.
de Sailly, 15, 137, * 151, 220, 308, 382, 625, 668, 979, 1127, 1348, 1633, 1729, 1733.

de Sains, 1375.
Sainson, 82, 182.
de Saint, 1404.
de Saint-Aubin, 942.
de Sainte-Aldegonde, 11, 105, 468, 1026, 1245.
de Sainte-Aldegonde de Noircarmes, 1486.
de Sainte-Colonne, 111.
de Sainte-Marie, 1129, 1130, 1747.
de Saint-Germain de Courlant, 1391.
de Saint-Gilles, 681.
de Saint-Just d'Autingues, 212, 739.
Saint-Léger, 587.
de Saint-Omer, 1245.
de Saint-Paul de Mortier, 1129.
de Saint-Pierre Maisnil, 901.
de Saint-Pol, 549, 1465.
de Saint-Priest, 334.
de Saint-Quentin, 1622.
de Saint-Simon, 1037.
de Saint-Vaast, 1093, 1466.
Saint-Vanne, 285.
Salabre, 1666.
Saladin, 1510.
Salembier, 121, 242, 368, 382, 804, 903, 1023, 1075, 1341, 1410, 1567, 1676.
Salengre, 249, 934, 1360, 1378.
Salles, 793.
Sallolt, 59.
Salomé, 763.
Salomon, 1612.
Sampart, 608, 1050.
Samyn, 1578.
Sandelin, 287.
de Santé, 813, 1376.
Sarlotins, 61.
Sarazin, 1572.
Sarra, 1359.
de Sars, 74, 212, 283, 284, 511.
de Sart, 841.
du Sart, 457, 458, 469, 734.
du Sart de Molembaix, 469, 1052.

Sarto, 53.
du Saulthoir, 908, 1619.
de Saultié, 551.
de Sausin, 172.
Sauvage, 1569, 1743.
de Savary, * 153, 333, 586, 587, 824, 889, 1507.
Scahe, 1741.
Scalk, 1560.
Schacht, 595.
Schaepelinck, 774, 1334, 1541.
Schajenveiller, 817.
Scheeders, 725.
Scheltz, 1199.
Scherb, 816.
Scherer, 65, 152, 171, 382, 383, 393, 396, 519, 586, 667, 729, 731, 788, * 815, 895, 1345, 1553.
Schiatina, 1559.
Schlumpf, 816.
Schobinger, 816.
de Schodt, 1511.
Scholle, 1738.
Schooman, 1504.
Schoonhere, 200.
Schreglin dit Gérard, 796.
von Schulembourg-Beetzendorf, 820.
Scrève, 1744.
Scrieck, 200, 378, 399, 983, 1050, * 1083, 1251, 1361, 1747.
Sculfort, 234.
Scurman, 200.
de Sebane, 1245.
Second, 769
Segard, 1 3, 1361, 1430.
de Ségauld, 1553.
Segon, 562, 782.
Séguin, 60.
de Séguins Vassieux, 551.
Seillier, 1403.
Séjournet, 1755.
Selingue, 60.
Sellier, 130, 1375.
Selosse, 1021, 1161.
de Sélys Longchamps, 499.

TABLE DES NOMS DE FAMILLES.

Semerpont, 217, 245, 1016, 1269, 1359, 1451, 1665.
Semet, 911.
de Semitte, 30-32, 446, 633, 925, 1642, 1680.
Semittre, 469.
Semoors, 246, 1359.
Senécat, 1751.
Senelar, 955.
Senescal, 844.
Seneschal, 1421.
de Senmenat, 124.
de Senzeilles, 1053.
de Sequelin, 606.
Serein de la Grave, 1080.
de Sernin, 1736.
Sertoghe, 1662.
de Servins d'Héricourt, 353, 1042.
de Seur, 1014.
van Severen, 211.
de Sesmaisons, 842.
Sewier, 1565.
Sigaud de Lestang, 551.
Signori, 602.
Simon, 104, 747, 1037, 1491, 1745.
Simonet, 1504.
de Sin, 1087.
Sion, 294, 1569.
de Sion, 570, 1119.
Siraut, 1244.
Siriez de Longeville, 212.
de Sissy, 35.
Six, 10, 254, 307, 403, 404, 759, 888, 1074.
Slangue, 972.
Slumpf, 816.
de Smedt, 52, 133, 447.
Smet, 365.
Smit dit Fabri, 647.
Snoukart, 538.
Snoy, 558.
Sohier, 1451.
Soing, 1580.
de Sollon, 1143.
Sombry, 991.
de Sommyèvre, 1433.

de Sonis, 740.
Sooms, 1619.
Sorel, 1025.
Sorriau, 911.
Soulès, 71.
du Soulier, 210.
Soult de Dalmatie, 740.
Souplée, 1575.
Sourdeau, 52, 522, 705, 892.
de Soye, 551.
Soyez, 296.
Soyboir, 1078.
de Sparre, 1126.
Spengler, 817.
Spetbroit, 717.
Spillart, 343.
Spilliart, 584, 1589.
Sprentes, 911.
Sprock, 369.
Spronck, 1505.
Stainier, 7, 8.
Stallins, 1114.
Stappart, 91, *158, *159, 306, 497, 566, 686, 805, 1163, 1335, 1390.
de Stappens, 74, 1433.
Stassinet, 1503.
Stauder, 816.
Steen, 1667.
de Stembier de Wideux, 499.
Stevene, 1359.
van Stienne, 453.
Stiévenart, 795.
Stocart, 699.
Stochart, 507.
Stock, 91.
van Stockar, 281.
Stop, 561.
Stormont-Spreckley, 509.
Straub, 816.
Strecq, 560.
Strotte, 185.
Strupart, 1425.
Struyvinck, 797.
Studerin, 816.
de Sucre, 887.
Sueur, 1253, 1635.

Sugier, 1583.
Sulburn, 1514.
de Surlis, 127, 374.
de Surmont, 34, 67, 128, 129, 149, * 164, 186, 206, 260, 322, 328, 374, 383, 390, 459, 497, 729, 730, 731, 825, 839, 889, 1164, 1268, 1301, 1387, 1394, 1497, 1626, 1642.
Sutton de Clonard, 125.
Suyn, 782.
Swarts, 1670.
Swectz, 965.
de Syon, 53.

T

Tacquet, 154, 1399.
Taffin, 24, 284, 371, 983, 1472, 1473.
Taffin de Givenchy, 739, 1244.
Taffin d'Heursel, 1473.
de Taffin du Brœucq, 733.
de Taillevis de Perrigny, 416.
Tainte, 1577.
Taisnier, 1466.
Talbout, 46, 1074, 1124.
Talma, 618.
Tambry, 1581.
Tamelier, 501.
Tamine, 678.
Tardieu, 339.
Targe, 780.
Tartare, 62.
Tassche, 1129.
Tassel, 1585.
Tatté, 1754.
Taverne, 170, 179, 229, 241, 594, 730, 741, 748, 970, 1006, 1023, 1164, 1165, 1279, 1198, 1637.
Taviel, 109, 258, 468, *590, 724, 749, 760, 840, 894, 970, 1017, 1026, 1163, 1340, 1500.
Tellier, 602.
de Tenre, 153, 1140, 1625, 1730.
de Tenremonde, 736, 920, 1150, 1151, 1189, 1454.
Terru, 362, 981.

du Tertre, 528, 1421.
Tesson, 30, 65, 78, 138, 139, 171, 205, 257, 259, 260, 336, 410, 454, * 600, 647, 686, 741, 768, 770, 923, 953, 1024, 1733.
Testard, 1286, 1749.
Testelin, 1589.
Tétar, 1664.
Tetelin, 400.
Teveron de Saint-Tualle, 1487.
Theddre, 714.
Thedrel, 1503.
Théry, 76, 792, 1077, 1362, 1743.
Thibau, 1570.
Thibault, 57, 347, 810.
Thiberghien, 16, 265, 1427, 1576.
Thiedre, 230, 776, 1022, 1109.
Thieffries, 264.
de Thieffries, 238, 1159.
Thieffries de Rœux, 123, 261.
van Thiennen, 166, 375, 459, 518, 597, 980, 1025, 1163, * 1300, 1755.
Thiennerie, 1749.
de Thiennes, 855, 1593.
Thiéry, 1732.
Thieulaine, 51, 944, 1126, 1169, 1189, 1346, 1423, 1424, 1482, 1720.
Thieulies, 62, 63, 1141.
Thiévelin, 942.
du Thil, 527.
de Thilloy, 1000.
Thiry, 1613, 1614.
Thison, 1466.
du Thoict, 120, 250, 368.
du Thoit, 1407.
Thomas, 616.
de Thouars, 1194.
de Thouwart, 559.
Thuillier, 1156.
Tiberghien, 907.
van Tieghem, 237.
du Tielt, 60.
Tiers, 294.
Tillette de Buigny, 1007.
Tillette de Clermont-Tonnerre, 734.

Tilleul, 133.
Tillier, 1042.
Tinctenier, 1575.
Tirselle, 653.
Tisné, 1575.
Tixhon, 1504.
T'kindt, 326.
Tofflin, 1513.
du Toict, 136, 235, 308, 469, 683, 803, 1501.
des Tombes. 1399.
Tonnere, 796.
Top, 1731.
Tordreau, 283, 1493, 1494.
Torrion, 1387.
Touliure, 540.
Toulouse, 1603.
de Tourarj, 468.
Tourbelins, 1048.
de Tourcoing, 1149.
de Tourmignies, 1675.
de Tourmont, 41.
Tournois, 341.
Touzart, 1632.
Touzet du Vigier, 211.
de Toytot, 937.
Trachet, 1037.
Trachez, 1642.
de Tramecourt, 104, 106, 290, 946, 1126.
de Traver, 613.
de Trécesson, 467.
Tresca, 610, 701, 1734.
Trewors, 1275.
Trezel, 185, 519, 570, 768, 967, 1119, 1361.
de Triboulleau, 467.
du Triez, 492, 1139, 1276, 1755.
de Trimond, 739.
Tripier, 762.
de Troilid d'Esclepi, 1587.
Tromp, 1451.
Tronzon, 677, 1528.
Trubert de Boisfontaine, 1399, 1755.
Trupin, 1751, 1752.

Tsaraerts, 781.
Tucquel, 907.
Tully, 1035.
Tupigny, 1283.
Turlur, 1603.
Turpin, 40, 198, 253, 380, 454, 672, 773, 812, 1131, 1242, *1286.
Tutel, 1153.

U

Urrutia, 352, 739.
van Urstedt, 891.
d'Usson, 467.

V

de Vachon, 551.
de Vadicourt, 1553.
Vahais, 715.
Vahez, 1598.
Vaillant, 255, 998.
Vaissière, 235.
du Val, 58, 59, 62, 103, 266, 295, 1334.
Valart, 907.
Valette d'Osia, 1131.
de Valicourt, 283, 1514.
Valien, 786.
de Valières, 718.
Vallé, 906.
de Vallers, 1607.
Valois, 1750.
de Valori, 846.
Valque, 254.
Vambecken, 1562.
Vanackere, 218, 502, 534, 839, 1253.
Vanaost, 311.
Vanbaesbancq, 379.
Van Berghe, 1615.
Van Brouck, 728, 751, 927.
Van Butle, 1421.
Vancaneghem, 192.
Vancostenoble, 992.
Van Dale, 89, 92, 109, 134, 222, 266, 267, 591, 970, 1115, 1492, 1532.

Van Dame, 109, 241, 519, 776.
Vandebroucq, 1192.
Van de Kerckhove d'Hallebast, 1672.
Vandenberghe, 199, 350, 667, 683, 721, 926, 1056, 1125, 1246, 1247, 1256, 1335, 1477, 1663, 1677.
Vandenboche, 15.
Van den Boonten, 725.
Vandenbosque, 59.
Vandenbossche, 1553.
Van den Brocle, 769, 1633.
Vandenbroucque, 251, 389, 545, 950, 1013, 1336, 1495, 1559, 1745.
Vandenbruel, 762.
Vandenbussche, 1247.
Van den Dame, 591.
Van den Heetvelde, 1152.
Vanderbecke, 375, 798.
Vanderbecken, 179, 192, 537, 771, 1246, 1254, * 1540.
Van der Beke, 1054.
Van der Burch, 1203, 1655.
Vanderburcq, 1277.
Van der Cruisse, 169, 337, 686, 732, * 838, 895, 1003, 1568.
Van der Gracht, 78, 1165, 1243.
Vandergraete, 152.
Van der Haer, 1173, * 1655.
Vanderhaghen, 624, 699, 971, 1057, 1119.
Van der Helle, 587, 1507.
Van der Hooch, 840.
Vanderlanen, 683.
Vanderlinde, * 178, 229, 809, 966, 1253, 1498.
Vanderlinde dit Desmet, 558
Vandermaer, 56, * 1292, 1755.
Vandermeere, 190.
Vandermersch, 388, 569.
Vanderpere, 942.
Vandervecken, 1668.
Vandervekene de Waesemont, 1058.
Vandervynck, 1581.
Vanderwallen, 1511.

Vandestienne, 136, 137, 1387.
Vandevelde, 818, 1731.
Vandeville, 344.
Vandevorden, 221.
Vandewalle, 1247, 1603.
Vandorp, 678.
Vaneventerre, 1019.
Van Graf, 1633.
Vanguiderdeuren, 647.
Van Haeften, 994.
Vanhœnacker, 212, 340, 490, 1018, 1032, 1033, 1654.
Vanhostwinck, 1143.
Vanhoude, 1073, 1361.
Vanhove, 511, * 607, 685, 700, 701, 1050, 1165, 1340, 1377, 1733.
Vanhovevalle, 1192.
Vanier, 774.
Vanieukerke, 774, 1344.
Vanlaer, 31, 47, 53, 206, 376, 457, 537, 546, 721, 729, 788, 1529, * 1662, 1679.
Vanlaerbeck, 135, 256.
Vanlerberghe, 496.
Vanlier, 1589.
Vanloo, 772.
Vanmalderen, 1504.
Van Meer, 1292.
Van Meurs, 965.
Vanostal, 1279.
Vanouck, 678.
Van Ol, 900.
Vanoye, 660, 774, 1341, 1608.
Van Radinghe, 1013.
Vanreischoot, 373.
Van Reust, 1405.
Van Rhemen, 1247.
Van Rode, 1004, 1112, 1110, 1493.
Van Severen, 1371.
Vanstivorde, 614.
Van Susteren, 963.
Vanthine, 1374.
Vanthor, 503, 1018.
Van Thuine, 320.
Van Torre, 654.
Vantourout, 342, 749, 1590.

TABLE DES NOMS DE FAMILLES.

Vanvtberghe, 508, 810, 931, 1238, 1282, 1502.
Van Wesbus, 634, 1076.
Varclans, 1540.
Vardavoir, 1409.
Vareiskoot, 685.
Varel, 36.
de Varennes, 920.
Varet, 717.
Varlo, 1122.
Vas, 593.
Vasseur, 227, 264, 317, 1036, 1750.
Vastienberghe, 1292.
de Vauchelles, 111, 1466.
de Vaudricourt, 549.
de Vauquelin, 681.
de Vauthier, 1285.
Veil-Picard, 1592.
van Velden, 907.
Vendeville, 227, 535.
de Vendeville, 52, 222, 224, 245, 601, *622, 922, 924, 978, 993, 1340, 1342, 1451, 1452, 1467, 1733.
Vendome, 1750.
Verbiest, 546.
Verdanave, 1373.
Verdavaine, 1373.
Verdevoir, 1246.
Verdier, 1403.
Verdière, 19, 20, 139, 244, 388, 400, 456, 655, 670, 727, 788, 855, 902, 929, 932, 947, 1016, 1072, 1109, 1119, 1150, 1252, 1342, 1425, 1435, 1485, 1569, 1595.
Vergez, 79.
Verghelles, 32, 210, *632, 894, 1370, 1642, 1733.
Verhagen, 320, 968.
Verloing, 953, 1347.
de Verloys, 9.
Verly, 319.
Vermesse, 317.
Vermeulen, 588, 1371.
Vernes, 240.
Vernier, 1642.
Veron, 186.

Verrier, 1115.
Vertegans, 229, 242.
Vervier, 732.
Viar, 504.
Vichmenin, 827.
de Vicq, 105, 289, 336, 587, 588, 782, 825, 946, 1246, 1507.
de Vicq de Cumptich, 34, 170.
de Vicq dit de la Chapelle, 528.
Vidal de Lirac, 551.
de Vidart, 727.
Vie, 957.
Vieman, 453.
Vienne, 489.
de Vigneral, 681.
Vignié, 1595.
Vignier, 131, 786.
Vignon, 978, 1016, 1347, 1746.
Vilain, 23.
Vilain XIV, 550.
Vilet, 659.
Villain, 523, 845, 1193, 1269, 1515, 1535.
Villan, 310.
Villars, 796.
de Villavicencio, 567, 1340.
Ville, 265.
Villegas, 23.
de Villelume, 111.
Villemain, 247.
de Villeneuve, 91.
de Villenfagne, 1754.
de Villers, 217, 388, 786, 853, 1034, 1419.
de Villers au Tertre, 1134, 1202, 1203.
Villet, 1280.
du Vinage, 1541, 1733.
Vincart, 1185.
Vincent, 776, 1155.
de Vinchant de la Haye, 735.
Vinchent, 1012, 1359, 1425, 1580, 1746.
Vincre, 292, 1192, 1494.
Vion, 759.
de Vion de Gaillon, 212.

Généalogies lilloises, VIII. 111.

de Virieu, 793.
Virnot, 156, 230, 333, 363, 364, 365, 366, 586, 587, 761.
Visart, 1642.
de Visch, 1428.
Viscourt, 406.
Viseux, 1560.
Visin, 227.
de Vissery, 63.
de Vitry, 39, 40, 294, 564, 736, 946, 1046, 1047, 1333, 1453, 1454, 1644.
Vitse, 366.
de Vivario de Ramezée, 731.
Vivier, 131, 328, 448.
du Vivier, 554, 607, 1031.
de Vleeschauwer, 797, 1492.
de Vlieghe, 1197.
de Vocht, 325.
de Vogelsang, 337.
Vogelweider, 815.
Vogler, 237.
Voisin, 192, 1240, 1606.
Volant, * 843, 1269, 1270.
Volant de Berville, 1046.
de Vooght, 1044, 1152.
Voorspoel, 129.
Voreux, 1402.
Vos, 18, 77.
de Vos, 999, 1150, 1246.
de Vos de Steenwich, 159, 565.
Vossart, 614.
Vosseau, 889.
Voyez, 1609.
Vrammont, 240.
Vrancx, 110, 1301, 1398, * 1664.
Vrelan, 1377.
de Vrelier, 1400.
Vreté, 1188, 1189, 1481.
Vriendt, 217.

W

de Wacquier, 263.
Wacrenier, 34, 68, 169, *185, 208, 221, 392, 449, 507, 673, 709, 710, 760, 889, 967, 1110, 1140, 1475, 1476, 1729.
Wagon, 1373.
Waignon, 517, 804, 895, 1143, 1159, 1192, 1402, 1476, 1558, 1567.
de Waignon, 106, 188, 728, * 853, 1115, 1345, 1737.
de Wal, 747.
Wale, 171.
Waleyns, 294.
Waline, 1577, 1578.
Walkers, 1047.
Wallaert, 369.
de Wallers, 400, 1378, 1551.
Wallet, 375, 942, 1175, 1302.
de Walloncgrelle, 1245.
Walrave, 65, 139, * 196, 1287, 1540.
Wample, 1147.
Wannepain, 592.
de Wansin, 1005.
Warcoing, 1277.
Warembourg, 1079
de Warenghien, 44, 167, 248, 340, 457, 600, 647, 993, 1150, 1170, 1188, 1559, 1670, 1733, 1756.
Waresquel, 1596.
Waresquiel, 31, 293, 337, 376, 413, 521, 536, 546, 611, 675, 684, 948, 1663, * 1675.
de Warlez, 1386.
Warlop, 137, 205, 529, 603, 927, * 1087, 1663.
de Warluzel, 1204.
Warmez, 178.
van Warnewick, 1056.
Waroquier, 955.
Wartel, 318, 339.
Wartelle, 65, 112, 1729.
de Wasmes, 900.
de Wasservas, 21, 887, 1046.
Wastelier, 192, 1393.
Watelet, 309.
Watelet de Messange, 308.
de Wathelin, 904.
Watrelot, 1740.
Watteau, 1579.

Wattecamps, 403, 404.
Wattelin, 967.
Wattepatte, 128, 169, 173, *199, 262, 310, 317, 321, 449, 889, 1030, 1034, 1335, 1729.
Wattier, 285.
Wattrelos, 65, 197, 814, 966, 1071, 1072, 1141, 1343, 1377, 1675.
Waucquier, 1166.
de Waudripont, 258.
de Wavrin, 1189.
de Wavrin Villers-au-Tertre, 1201.
Way, 1515.
Waymel, 523, 585, 1255.
des Wazières, 105, 336, 449, 892.
de Waziers-Wavrin, 1157.
Welton, 253.
Welxtem, 1247.
Wenglart, 1247.
Werbier, 22, 59, 62, 998, 1006, 1633.
Werion, 313.
Werquin, 344, 380.
Wery, 282, 283, 284.
Westienne, 758.
Weulliens, 1666.
van Wezemale, 108.
Wicart, 312, 780, 794.
Wickart, 622, 1340.
de Widebien, 1016.
Wielems, 172, 497, 567, 597, 761.
de Wignacourt, 263.
Wignier d'Avesne, 1498.
de Wilde, 1348.
Wilemande, 844.
Willan, 520, 769, 1634, 1736.
Willant, 320, 561, 740, 1072, 1104, 1675.
de Willecot de Rincquesen, 210.
Willemenacq, 389.
Willemet, 1284.
Willemin, 18, 217, 518, 1071, 1168.
Willems, 392, 612, 717.
Willermé, 1555.
de Willetvich, 964.
Williez, 402.
van Willigen, 499.

Willot dit de Pernes, 1072, 1252, 1515, 1618.
de Willy, 1150.
Wimel, 1572.
Wincke, 1620.
Winque, 583.
Wins, 1025.
de Winterfeldt, 285, 820, 1204.
de Wintgen, 1550.
d'Wissel, 1681.
de Witasse, 733.
de Witasse-Thézy, 1556.
de Withem, 1157.
Witta, 780.
Wittebolle, 1372.
de Wleeschavere, 930.
Wilart, 1155, 1749.
van de Woestyne, 84.
Wohr, 1612.
de Wooght, 950.
Wrasse, 814.
Wullems, 84, 686.
Wybaut, 1666.
Wybo, 1130.
Wyllant, 949.
Wys, 652.

Y

Yde, 1358.
Yolente, 1636.
d'Ypre, 1150.
Ysebrant de Lendonck, 825.
Ysembart, 1532.
Ytero, 1157.
d'Yve, 1052.
Yvernel, 1549.

Z

Zambona, 1108.
Zannequin, 290, 528, 1173.
van Zanten, 953, 1347.
de Zédor, 1055, 1196.

van Zeller, 67, 109, 110, 125, 187, 208, 215, 392, 809, 1002, 1007, 1243, 1553, 1554.
de Zevallos, 1511.
Zevort, 1374.
Zily, 816, 817.
Zollikofer, 817-820.

Zouche, 387, 1001, * 1093.
Zoude, 911.
de Zuniga, 462.
van Zuutpeene, 1047.
van Zuylen de Nyveld, 1130, 1747.
de Zwyndick, 560.

de la Bouverie, 1151.

TABLE

DES

NOMS DE LIEUX

Nous avons ordinairement conservé aux noms l'orthographe qu'ils portent dans les documents utilisés pour nos Généalogies. Il sera donc utile que le lecteur consulte, dans cette table, les différentes formes qu'a pu revêtir le même nom, par exemple : Breucq (le) ou Brœucq (le) ; Verquin ou Werquin ; Marcq-en-Pèvele ou Pont-à-Marcq, etc. Nous avertissons aussi le lecteur que nous avons réuni sous une seule mention (par exemple : Haye (la) ; Vigne (la), etc.) les différents fiefs portant le même nom, quoique situés dans diverses localités. Nous avons dû adopter cette mesure afin de ne pas doubler et tripler l'étendue de cette table déjà longue.

A

Abancourt, 1511.
Abbeville, 48, 394, 417, 737, 1007, 1498, 1626.
Ablainsvelle, 568.
Ablon (Calvados), 1554.
Abluy, 1057.
Acheux (Somme), 733.
Acquignies, 1399.
Acre-Saint-Martin, 1204.
Aelbecq-lez-Courtrai, 1426.
Agen, 1549, 1557.
Aignetons, 1747.
Aigny, 1206.
Aigremont, 41, 236, 548-551, 1056.
Ailly, 1515.
Aire, 376, 711, 1223, 1225.

Aire-sur-la-Lys, 22, 26, 104, 193, 212, 294, 782, 841, 892, 997-1006, 1056, 1093, 1096, 1247, 1453, 1633, 1654.
Airon-Notre-Dame, 1154.
Airon Saint-Vaast, 1152-1154, 1750.
Aisy, 790.
Aix, 551.
Aix-en-Pèvele, 33.
Aix-la-Chapelle, 132, 572.
Albert (Somme), 1046.
Albi, 723.
Alcala (Espagne), 462, 684, 691.
Alger, 701, 1214, 1574, 1671.
Alicourt-en-Artois, 992.
Alincourt, 288.
Allennes, 517, 670, 1393, 1569.
Allœux (les), 1126, 1128.

Almeria (Espagne), 550.
Alost, 92.
Altona, 124.
Ambourg, 1132.
Ambrines près Manin, 734.
Amelin, 1671.
Amerval, 597.
Amfroipret, 1534.
Amiens, 195, 212, 290, 295, 321, 322, 353, 391, 392, 415-417, 449, 490, 549, 550, 681, 725, 726, 841, 895, 1003, 1004, 1065, 1093, 1131, 1153, 1156, 1175, 1252, 1253, 1336, 1393, 1394, 1527, 1556, 1730.
Amiette, 665, 667.
Amsterdam, 79, 132, 171, 648, 816, 817, 840, 921, 1025, 1163.
Anchin, 780, 953.
Ancoisne à Houplin, 1080.
Anderlecht, 1502.
Andwyll, 815.
Angers, 255, 1131, 1470, 1549, 1550.
Angillon, 1470.
Anglée (l'), 134, 546, 773.
Annappes, 78, 398, 498-500, 561, 563, 601, 1190, 1362, 1738.
Annay, 76, 362, 458, 600, 715.
Annequin, 1268.
Annœullin, 683, 955, 1129, 1743.
Anoise, 1022.
Ansbecq, 291.
Ansereul, 1540.
Anstaing, 412, 553, 554, 1002, 1132, 1133, 1241-1243.
Antigneul, 1006.
Antoing, 294.
Antreuil, 1200, 1201, 1222, 1225.
Anvers, 37, 53, 92, 132, 135, 158, 252, 264, 268, 404, 470, 535, 545, 547, 551, 554, 559, 647, 840, 888, 891, 900, 963-966, 973, 991, 994, 1012, 1013, 1016, 1019, 1128, 1158, 1200, 1252, 1253, 1300, 1358, 1392, 1452, 1485, 1505, 1633, 1662, 1724.
Anvin, 1232.
Auzin, près Arras, 111.

Arbois (Jura), 1033.
Arbre, 11.
Arcachon, 334.
Archimont, 1194.
Ardompretz, 137, 151, 152, 668, 669, 694-696, 1127, 1633.
Ardres, 739.
Ares, 78.
Argens, 34.
Argenson, 471.
Argenteuil, 1399.
Argoules, 1154.
Armentières, 39-41, 48, 132, 161, 185, 188, 221, 231, 249, 254, 317-320, 329, 342-344, 349, 356, 447, 539, 678, 679, 684, 711, 720, 749, 771, 774, 895, 904, 947, 1011, 1014, 1020, 1031, 1046-1048, 1070, 1071, 1079, 1175, 1352, 1358, 1359, 1445, 1501, 1566, 1569, 1580, 1589, 1590, 1626, 1637, 1745.
Arnheim, 1505.
Arras, 23, 76, 89-93, 96, 97, 250, 251, 261, 266, 293, 309, 328, 329, 417, 489, 509, 510, 534, 539, 540, 546, 548, 566, 633, 653, 665, 667, 669, 684, 718, 725, 726, 731, 744, 759, 764, 795, 803, 806, 811, 813, 841, 848, 851, 887, 900, 921, 942, 953, 954, 978, 979, 981, 984, 1001, 1003, 1006, 1011, 1016, 1042, 1043, 1045, 1054, 1057, 1093, 1094, 1108, 1120, 1127, 1139, 1142, 1144, 1149, 1151, 1152, 1156-1159, 1172, 1175, 1176, 1190, 1195, 1198, 1199, 1204, 1206, 1217, 1227, 1229, 1232, 1234, 1235, 1250-1252, 1340, 1348, 1360, 1425, 1442, 1473, 1500, 1501, 1509-1511, 1513-1515, 1554, 1581, 1582, 1606, 1625, 1666, 1746, 1749.
Arros, 736.
Arry (Somme), 1127, 1747.
Arsy (Oise), 354.
Ascq, 10, 11, 223, 229, 238, 353, 411, 552, 553, 671, 922, 927, 1088, 1158, 1201, 1242, 1282, 1351.

TABLE DES NOMS DE LIEUX. 1813

Assevent, 281.
Assibour, 458, 1558.
Assignies, 937.
Assinghem, 308, 309.
Ath, 73, 74, 453, 454, 563, 945, 1120, 1121, 1248.
Attiches, 342, 781, 1569.
Attre (l') à Croix, 95-101.
Aubecque près Courtrai, 1441.
Aubers, 1133, 1199, 1200.
Auchel, 1752.
Audenarde, 848, 1096, 1124, 1190, 1192.
Augsbourg, 818.
Aulebrancq, 658.
Aulnois (les), 718, 1430, 1496, 1497, 1534, 1589.
Aumale, 826, 837.
Aumont, 1094.
Aurillac, 1379, 1555.
Auteuil, 550.
Autun, 1583.
Auxerre, 365.
Aval, 594.
Avelette, 287, 1606.
Avelin, 245, 257, 308, 349, 568, 628, 629, 750, 1200-1203, 1214-1226, 1460.
Avelu, 700.
Averdoing, 348, 655, 728, 1159.
Aversquerck, 24, 1468.
Avesnes-le-Comte, 1142, 1143.
Avesnes-sur-Helpe, 9, 11, 12, 585, 1204, 1609, 1612.
Avignon, 1173.
Avilly, 462.
Avion, 1235.
Avrincourt, 254, 255, 1370.
Axel, 797.
Aymeries, 8-12, 553, 1075, 1534.
Azay-le-Rideau, 180.
Azerac, 328.
Azon, 466.

B

Bachy, 1491, 1496.
Bacq (le), à Frelinghien, 254, 1087.
Bagnol, près Avignon, 550.
Bailleul, 212, 240, 345, 365, 369, 460, 587, 589, 754, 992, 1055, 1246-1248, 1540, 1731, 1745.
Bailleul-aux-Cornailles, 459.
Bailleul-sire-Berthoult, 781.
Baillœul, 1019.
Baincthun, 294.
Baisieux, 142, 711, 1496.
Baisne, 684, 992.
Balaguer, 1024.
Balastre-le-Casteau, 705.
Bapaume, 14, 32, 222, 224, 1046, 1047, 1466, 1627.
Bar-sur-Aube, 611, 1377.
Baratrie (la), 1499, 1533-1535.
Barbanderie (la), 854.
Barcelone, 25, 124, 351, 531, 540, 1049, 1111, 1671, 1672.
Barcenalle, 587.
Bardemont, 549.
Barenton-sur-Serre, 36.
Barge, 138.
Barghe, 47.
Barillère (la), 681.
Barisel, 950.
Barlimont, 1011.
Barre (la), à Comines, 528-531, 770, 893, 900, 1023, 1088.
Bas-Aubers, 1197, 1199.
Basecque (la), 256, 1204, 1245.
Bassecourt, 1111.
Bassée (la), 402, 417, 495, 678, 679, 697, 698, 921, 930, 1036, 1038, 1199, 1429, 1585, 1586, 1619, 1646, 1747.
Bassenghien, 447.
Basse-Terre (Guadeloupe), 490.
Bas-Warneton, 371, 709, 887.
Baude, 12.
Baudimont, 1070, 1201.
Baudour (Hainaut), 739.

Baulcour, 1626.
Bautzen, 596.
Bauvin, 634, 721, 957, 1076, 1743, 1744.
Bauwe, 537.
Bavai, 709, 710, 1052.
Baylet, près Verfeil, 66.
Baynast-lez-Zalleux, 1154.
Beaucamps, 47, 412, 470, 489, 490, 533, 681, 983, 984.
Beaucourt (P.-de-C.), 1391.
Beaudain, 1033.
Beaudignies, 1199.
Beaufait, 455.
Beauffort, 263, 470, 1093.
Beauffremez, 24, 25, 28, 55, 148, 208, 209, 350, 399, 670, 677-679, 1193, 1493, 1529.
Beaufort (Somme), 681, 682.
Beaulieu, 343, 593, 748, 749, 1497, 1498, 1500.
Beaulieu (Vaucluse), 550.
Beaumanoir, 739.
Beaumetz, 209.
Beaumetz-les-Loges, 588.
Beaumont, 78, 88, 95-97, 100-102, 286, 604, 1024, 1054, 1110, 1386.
Beaumont-sur-Oise, 1581, 1582.
Beaupré, 105, 287, 289, 290, 292, 296, 300, 304, 336, 724, 946, 947, 1559.
Beaupré-sur-la-Lys, 64, 600, 1336.
Beauquesne, 42, 941.
Beaurain, 1042, 1175.
Beaurainville, 1156, 1175.
Beauregard, 79, 1059, 1051, 1669, 1670.
Beaurepaire, 34, 169, 234, 414.
Beaurietz, 1643, 1644.
Beaussair, 1656, 1657.
Beauvais, 212.
Beauval, 170.
Beauvoir, 553, 982, 987.
Beauvois, 535.
Beauvolers, 1195.
Beclaer, 92.

Béclers (Hainaut), 1118, 1121.
Bécourt, 1750.
Becq (le), 383, 447, 498, 565, 678.
Becque (le), 136, 307, 380, 398, 399, 665, 904, 905, 1073, 1074.
Becquerel, 922, 937, 1398.
Becxedon, 671.
Beernem, près Bruges, 1371.
Beerthe-en-Brabant, 1047.
Belarbre (le), 350, 1048, 1055, 1195.
Belfort, 1049, 1747.
Bellacourt, 985, 1746.
Bellebrune (Pas-de-Calais), 416.
Bellefosse, 1500.
Belleghem, 159, 566, 568, 576, 1204.
Bellenville, 722, 1162.
Bellequin, 187.
Bellestruches, 820.
Bellevigne, 343, 1590.
Bellevue, 1512.
Bellogne, 1093.
Belloy-Saint-Léonard, 841.
Belzaige, 287.
Bercken, 291, 1559.
Bercus, à Mouchin, 932.
Bereux, 1235.
Berghe, 1170.
Berghendal, 457, 537, 1662, 1679.
Berghenrode, 133.
Bergues, 140, 1129.
Berlaer, 92, 1724.
Berlaimont, 685, 1580.
Berlencourt, 1656.
Berles, 1113.
Berlière (la), 1045.
Berlincourt, 1173.
Bernay (Eure), 142.
Berne, 818.
Bernicourt, 1043, 1627.
Bernoville, 710.
Bersée, 159, 170, 825, 1390, 1497.
Bertangles (Picardie), 509.
Bertelins, 502, 1662.
Bertholf, 782.
Bertoult, 736.
Bertrang, 722.

Besançon, 327, 937, 1582, 1583, 1592.
Béthune, 23, 126, 167, 192, 209, 210, 241, 255, 292, 352, 417, 610, 632, 634, 731, 782, 783, 997, 1000, 1014, 1015, 1043, 1111, 1126, 1191, 1202, 1203, 1209, 1211, 1213, 1214, 1223, 1370, 1506, 1606, 1643, 1746.
Beucq, 706.
Beugin, 327, 1094.
Beuque (la), 115.
Beuvreucq, 704.
Beuvrière (la), 327, 334, 353, 1094, 1606.
Beuvry (P.-de-C.), 731.
Beuzeval (Calvados), 512.
Beuzin, 379.
Bevere, 944.
Beverecque, 772.
Bex, 416.
Béziers, 1505.
Bézu-Saint-Éloi, 1585.
Biache, 44, 45, 48-50, 267, 348, 993.
Bidaut, 12.
Bidière (la), 466, 470, 472.
Bielle, 65.
Bies, 718.
Biest (le), près Hazebrouck, 1247.
Bignan, 818.
Bihamel, 137, 529, 1088-1090, 1431, 1497.
Bijoire (la), en Vendée, 334.
Bins, 1090.
Biré, 671.
Bischofsell, 816.
Bistervelt, 1171.
Bitche, en Lorraine, 1128.
Blairville, 353, 595.
Blancarderie (la), 173, 322.
Blanchemaille, 1175, 1398.
Blandain, 827, 1122.
Blandughem, 47.
Blangerval, 1250.
Blanquerne, 710.
Blécourt, 376.
Bléquin, 1751.
Blérancourt, 455.

Bleuchatel, 1025.
Blicquoy (Hainaut), 1294.
Blicquy, 33, 34, 77, 169, 1755.
Blocus, 487.
Bloomendael, 1730.
Bodoncair, 1530.
Boesbreughe, 153.
Boffinerie, 1014.
Boin, 1154.
Boiry, 548.
Bois (le), 142, 459, 463, 464, 488, 489, 647, 676.
Boisaubers, 548.
Boisboussu, 1051.
Bois de Cavrines, 1117, 1118.
Bois-en-Ardres, 212.
Boisgautier (Orne), 1508.
Boisgrenier, 596, 597, 1026.
Boisjean, 1514.
Boisjulien, 1459.
Boislambert, 1530.
Bois-le-Duc, 953, 963.
Bois-le-Houx, 681.
Boisleville, 552.
Boisrault, 1153.
Boisrenaud, 679.
Boisset, près Saint-Flour, 1379.
Boissières, 635.
Bollinghien, 1248.
Bondues, 278, 288, 294, 295, 315, 564, 587, 732, 733, 855, 932, 1030, 1164, 1165, 1391, 1393, 1553, 1554.
Bonheyden, 1052.
Bonmarché, 1015.
Bonnance, 1678.
Bonne-Broche (la), 1302.
Borange (la), 1470.
Bordeaux, 807, 1591.
Bos (le) 1421.
Bosche (la), 548.
Bosquel (le), 1155.
Bossut, 354.
Bossuyt, 10, 263, 569, 1105.
Boston, 490.
Bottelaere, 1613.
Boubers, 1153.

Bouchain, 110, 122, 616, 1040, 1096, 1223, 1225, 1513.
Bouchardrie (la), 187.
Bouchart, 979.
Bougnies (Hainaut), 1513.
Bouland, 458, 469, 734.
Boularietz, 167, 457, 1559.
Boulay (le), 999.
Bouleau (le), 539.
Boulogne-sur-Mer, 210, 292, 294, 295, 344, 413, 417, 730, 733, 1037, 1498, 1681.
Bourbansais (la), 415.
Bourbon (Seine-et-Marne), 740.
Bourbonne-les-Bains, 392.
Bourbourg, 367, 595.
Bourg (le), 84, 159, 604, 686, 838, 1476.
Bourges, 110, 1512, 1682.
Bourghelles, 46, 121, 326, 328, 329, 332, 375, 710, 1094, 1496.
Bourgies, 341-344, 749, 1590.
Bourgogne, 129.
Bourlivet, à Templeuve, 1117, 1492, 1493.
Bourlon, 790.
Bours (P.-de-C.), 1006.
Bourthes, 1748, 1750.
Bousserie (la), 1173, 1655.
Boussu, 453.
Boutillerie (la), 33, 112, 165, 169, 371, 564, 565, 578, 1263, 1726.
Boutillerie, chartreuse, 38, 268.
Boutillerie (Somme), 212.
Bouverie (la), 1113.
Bouvignies, 122.
Bouvines, 233, 762, 1370.
Braffe, 1244.
Brange, 36.
Brasserie (la), 718, 719.
Bray, à Rumes, 1122.
Brebières, 1511.
Brefay (le), 553.
Brême, 294.
Brenques, 1679.
Bressoux, 1503.

Brest, 295, 1612.
Bretagne (la), 45, 46, 85, 86, 267, 327, 999.
Bretaigne, 1018.
Bretenoux (Lot), 1614.
Breton, 459.
Breucq (le), 39, 564, 1064, 1430, 1446, 1454, 1493.
Breuze, 100, 570, 1255.
Briançon, 1593.
Briarde, 375.
Bricogne, 220, 308, 668.
Bricque (la), 63-65, 138, 197, 667, 1501.
Brienne, 595.
Brjffœil, 74-77, 123, 262, 791.
Brimeux, 1154, 1748.
Brissonnet, 140.
Brives, 1747.
Brives-la-Gaillarde, 1129.
Brocourt (Somme), 499.
Brœucq (le), 1044, 1644.
Bromde (Corrèze), 1748.
Broncquart (le), 44, 611, 682, 684, 685, 691, 1165, 1476, 1677.
Brosse (la), 1056.
Brossoy, 1235.
Broussette, 1379.
Broutel (le), 1498.
Broye (la), 571, 572, 1756.
Bruay (P.-de-C.), 763.
Bruges, 45, 84, 185, 211, 221, 222, 224, 565, 652, 710, 1057, 1058, 1074, 1123, 1124, 1129, 1130, 1158, 1174, 1209, 1371, 1399, 1514, 1662, 1665, 1730.
Brugnobois, 1155.
Bruisle, 261, 354.
Brulle, 580.
Brumetz, 841.
Brunémont, 283.
Brunoy, 617.
Brunswick, 549.
Brusle (le), 571.
Bruyère (la), 1248.
Bruxelles, 12, 36, 75, 79, 129, 135,

TABLE DES NOMS DE LIEUX.

223, 291, 413, 499-501, 541, 563, 588, 617, 626, 721, 737-739, 761, 762, 797, 900, 922, 961, 965, 974, 997, 1045, 1047, 1053, 1057, 1083, 1129-1232, 1247, 1360, 1458, 1463, 1502-1506, 1657, 1734, 1735, 1738.
Bucq (le), 705, 922.
Bucque, 52.
Buigny-l'Abbé, 329.
Builly, 1199.
Buissière (la), 588, 635, 1506, 1507.
Buisson (le), à Rumes, 1120.
Bullecourt, 1042, 1058.
Buneville, 1016.
Burbure, 1044.
Burcq (le), 78, 123.
Burgaut, 107, 170, 348, 584, 654, 655, 661, 730, 1104.
Burge, 854.
Bus (le), 172, 326, 901, 942, 1024, 1153, 1261, 1263, 1399, 1737.
Busignies, 76, 77.
Busnes, 192.
Butinerie (la), 362.
Buzenval-Rueil, 1155.

C

Cadix, 460, 1024.
Caen, 414.
Cagnicourt, 46, 326-328, 375, 694, 710.
Caille (la), 1249.
Calais, 362, 981, 1006, 1152.
Calatayud, 531.
Calcareen, 1075.
Callonne, 1345.
Calotterie (la), 212.
Calvy, 662.
Cambierval, 1018.
Cambrai, 23, 24, 30-32, 65, 75, 77, 83, 122, 314, 327, 379, 375, 376, 384, 446, 502, 510, 514, 515, 522, 567, 585, 587, 659, 660, 680, 681, 749, 790, 791, 887, 891, 938, 963, 992, 1016, 1033, 1065, 1132, 1134,

1209, 1217, 1223, 1225, 1242, 1509-1514, 1612-1614, 1622, 1627, 1665, 1681, 1737.
Cambron (Somme), 734, 1514.
Campaigne, 527, 1732.
Campeaux (les), 349, 382, 723, 1197.
Camphin, 345, 498, 499, 622, 623, 626, 1362, 1493, 1598, 1666.
Camp-Marchand (le), 131-134, 252, 720, 1532.
Canathe, 1408.
Caneghem, 564.
Canettemont, 1000.
Canfeuil, 813.
Cange (le), 1112.
Canicourt, 223, 261, 262, 336.
Canne (Limbourg), 1505.
Cannes, 126.
Cantaraine, 1755.
Canteleu, 45, 46, 84, 85, 89, 92, 134, 266, 269, 392, 497, 761, 1203, 1532.
Canteraine, 68, 1498.
Capelle, 1201, 1225.
Capinghem, 198, 210, 411, 414, 553, 559, 680, 802, 1568.
Cappe (le), 669, 787-789, 1109, 1476.
Cappelle, 167, 457, 458.
Cardonnois, 329.
Carieul (le), 33, 267.
Carluin, 1498.
Carnin, 40, 562, 572, 978, 1425, 1428, 1616, 1633.
Carnoy (le), 88, 90, 92, 96, 97, 270, 549, 1721, 1722, 1724.
Carpentras, 58, 550, 551.
Cartigny, 367.
Carvin, 260, 721, 941, 943, 954, 957, 1465, 1739-1741, 1744.
Casal, 1054.
Cassel, 257, 621, 1044, 1246, 1249, 1284.
Cassel (Allemagne), 621.
Castelmir (Ariège), 1037.
Castelsarrasin, 593.
Castille, 188.
Câteau (le), 234, 963, 1048, 1511.

Catelet (le), 377.
Catigny, 1153, 1154.
Càtillon, 78.
Catthem, 1358.
Cattoire (la), 76.
Cauchie (la), 781, 1170.
Cauchois, 1459.
Caudécure, 209.
Caullerie (la), 538, 539, 544.
Cauroy, 1042, 1060.
Cavrines, 122, 1023.
Cazerie (la), 1302.
Celles-Molembaix, 709, 760, 855, 1117-1120, 1671.
Cessoye (la), 414, 546, 681, 781, 845, 901, 1079.
Chabrerie (la), 468.
Chalon-sur-Saône, 1550.
Châlons-sur-Marne, 365.
Chambge (le), 1112.
Chambon, 494.
Chamelin, 1055.
Champagne, 562, 571.
Champagnes (les), 16, 316, 930, 931, 1488.
Champfleury, 12.
Champmorin, 179.
Chanteraine, 772, 776, 777, 1170, 1287.
Chanteville, 1510.
Chantilly, 467.
Chantonie, 180.
Chapelle (la), 109, 328, 709, 711, 760, 1530.
Chapelle d'Aisy (Calvados), 790.
Chapelle-d'Armentières, 1046-1048, 1428, 1501.
Chapelle-Grenier, 1441.
Charencey (Artois), 1275.
Charleroi, 795, 1223, 1226.
Charnailles, 726.
Charolles, 1583.
Chassincour, 111, 546.
Chastel (le), 107, 112, 258, 726, 1338, 1428.
Chastel-des-Pretz (le), 1732.

Chastelet, 929, 1016.
Chasteloy-Hérisson, 111.
Château-Gontier, 110.
Châtel (le), 16, 138, 336, 337, 517, 604, 734, 935, 1237, 1541.
Caàtel d'Airon (le), 1152, 1153.
Châtel d'Emmerin (le), 258, 272, 1558.
Châtelet (le), 7, 317, 1085.
Châtellerault, 295.
Châtillon, 1162.
Chauffour, 12.
Chaulnes, 1045, 1048, 1066-1068, 1196.
Chaumont, 11, 1682.
Chaussée (la), 34, 133, 245, 266, 391-393, 448, 1002, 1378, 1467, 1532.
Chauvinière (la), 283.
Chavatte (la), 792.
Chemy, 958, 1744.
Chéreng, 731, 738, 749, 754, 755, 1342.
Chérin, 1133.
Chérisey, 738.
Cherisy (P.-de-C.), 192.
Cherye (la), 363, 585.
Chesne (le), 1240.
Chettledroog (Mysore), 509.
Chevrésis, 789, 792, 793, 1109.
Chigne, 1089.
Chimay, 501.
Chin, 1054.
Chmon-en-Touraine, 179.
Chocquel (le), 293.
Chocques, 207, 676, 954, 1001, 1175, 1679.
Choisys, 25, 1052.
Cholet, 1585.
Ciré, 12.
Cissac (Haute-Vienne), 512.
Citeaux, 460.
Clairbourdin, 292.
Clairet (le), 748-750, 1500.
Clairmarais, 60, 62, 63, 460.
Clairmet, 1498.

Clarques, 999.
Clavante, à Orcq, 10, 837.
Cleps (les), 935.
Clercq (le), 1050.
Clerfontaine, 38, 39, 561, 1452.
Clermont, 635.
Clermont-Ferrand, 130, 1582.
Cléty (le), 1153.
Clinquemure, 53.
Cliquennoy, 354, 994.
Clonard, 125.
Clozeaux (les), 36.
Coatdelez, 466.
Cobrieux, 1192, 1493, 1494.
Cocove, 634.
Cocquelets (les), 89, 96, 98, 1532.
Cocquelmonde, 1110.
Cocquemplus, 585, 1270.
Cocquerelle, 1606.
Cœurlu, 763, 764.
Coimbre 942.
Coisnes, 292, 724, 725, 1199.
Colligis, près Laon, 12.
Collinet, 548.
Colmar, 999, 1130, 1131.
Cologne, 15, 89, 134, 254, 265, 266, 820, 1209.
Colombier (le), 553.
Combe (la), 1129.
Comettes (les), 1111.
Comines, 66, 67, 137, 292, 302, 349, 350, 528, 683, 721, 931, 955, 1055, 1195, 1238, 1346, 1427, 1528, 1734.
Compiègne, 34, 77, 211, 344, 347, 469, 1033, 1552.
Conches, 111.
Conchil-le-Temple, 841.
Condé, 122, 1036, 1037, 1040, 1041, 1096, 1118, 1223, 1225.
Coni, 678.
Constance, 818, 821.
Constantin, 169.
Constantinople, 467.
Contalmaison, 1046.
Copiémont, 1054, 1056, 1063, 1125, 1349.

Coquanes, 1004.
Corbehem, 192, 306.
Corbellerie (la), 503.
Corbie, près Alençon, 1023.
Corbies (Dauphiné), 33.
Corbinault, 605.
Cordoue, 462.
Cors, 467.
Cotereau, 633.
Cotterets, 818.
Coulombier (le), 1249, 1254, 1261.
Coulomby (Artois), 293.
Coupigny, 568.
Courant (le), 1498.
Courbe, 122.
Courbes, à Ansereul, 1540, 1541.
Courcelles, 1736.
Courcelles-Chaussy, 1583.
Courchelles, 932.
Courouble, 1075.
Courrières, 675, 1742.
Courset, 1749.
Court (le), 1209-1223.
Courtembus, 40, 1046.
Court-en-Joie (la), 458.
Courtrai, 308, 380, 519, 524, 530, 538, 591, 624, 683, 721, 770, 846, 926, 963, 1089, 1125, 1185, 1186, 1223, 1225, 1230, 1241, 1248, 1264, 1265, 1501, 1663.
Cousolre, 125.
Coussay, 1592.
Coustre (le), 47, 139, 535.
Couteaux (les), à Roubaix, 1406.
Coutre (le), 982, 983, 987, 988, 1170, 1171, 1753.
Coutures (les), 382.
Couvonge, 1249.
Cramel, 33.
Crécy (Oise), 1735.
Crény, 459.
Crépy-en-Valois, 178, 791, 793.
Créquillon, à Roncq, 289, 302-304, 946, 1191, 1483.
Cretons (les), 120, 1506.
Crocq (le), 254, 1494.

Croquet (le), 950, 1739.
Croix, 95-101, 165, 459, 567, 681, 932, 1333, 1384, 1407.
Croix (la), 39, 40, 135, 136, 259, 548, 550, 604, 1046, 1132.
Croix (le), 263.
Crupilly, 1493, 1494.
Cruquet (le) 1117, 1118.
Cruyswelde, 243.
Cuerne, 538.
Cuincy, 1202.
Curaçao, 1592.
Curgies, 283.
Cusset (Allier), 1583.
Cuvelon, 75.
Cysoing, 86, 103, 112, 171, 222, 350, 404, 498, 947, 948, 1117, 1140, 1193, 1255, 1288, 1391, 1430, 1431, 1491-1496, 1562, 1665-1667, 1726.

D

Dacy, 985.
Dainville, 1514, 1515.
Dalles, 1153.
Dampierre, 229.
Dampreny, 8, 9.
Dancoisne, 1248.
Darmstadt, 1002.
Desruelles, 208.
Desvilles, 549.
Deûle (la), s^{rie}, 104, 105, 115, 136, 291, 704, 946, 1079, 1428, 1429, 1632.
Deûlemont, 42, 562, 1569.
Dicques, 518.
Dieghem, 111.
Digue, 670.
Dijon, 124, 488, 593, 594, 937.
Dillingen, 942.
Dique, 67.
Dixmude, 493, 626, 1124, 1130, 1248.
Dôle, 655, 1666.
Dombelle, 1639.
Dominois, 1154.
Doncq (le), 84.

Dorsten (Westphalie), 1203.
Dottignies, 315, 391.
Douai, 19, 22-26, 32, 63, 73-79, 86, 111, 122-125, 133, 136, 137, 140, 146, 154, 156, 167, 178-181, 187, 190-193, 209, 219, 234, 235, 238, 253, 269, 284, 294, 295, 321, 327, 328, 340-345, 348, 374, 375, 384, 459 461, 469, 487, 488, 506, 509, 523, 530, 545, 546, 552, 569, 573, 587, 593, 609, 626, 633, 659, 660, 672, 700, 701, 722, 723, 732, 749, 773, 785, 791, 793, 797, 809, 822, 824, 848, 851, 855, 887, 889, 892, 908, 910, 938, 954, 966, 970, 978, 1003, 1005, 1015, 1016, 1023, 1040, 1043, 1047, 1108, 1111, 1131-1134, 1156, 1178, 1191, 1209-1214, 1223, 1229, 1232, 1235, 1283-1285, 1288, 1289, 1336, 1341, 1347, 1348, 1393, 1395, 1465-1467, 1472-1474, 1485, 1486, 1492, 1498, 1500, 1509, 1511, 1552, 1562, 1586, 1598, 1599, 1610, 1625-1628, 1664, 1670, 1680, 1734, 1736, 1737, 1741, 1744, 1746, 1754.
Douay, 667, 1125.
Douchy, 1551.
Doudeauville, 1749, 1751.
Doulieu, 656, 729.
Doullens, 417, 484, 809, 1336, 1430.
Dourlers, 10, 12.
Dourles, 518, 1300-1302.
Dourmont, 798.
Douve (la), 337, 994.
Douvrin, 487, 808.
Doyenbourg, 548.
Draguignan, 679.
Dreux, 1508.
Drincham, 1054.
Drumetz, 530, 1033.
Dubailly, 10.
Duldrency, 142.
Duldreucq, 1090.
Dunkerque, 179, 285, 295, 335, 449, 653, 771, 956, 1011, 1035, 1128, 1511, 1584, 1585, 1592, 1744.

Duremont, 634, 635, 639-641.
Duremort, 263.
Duretête, à Annappes, 561.
Dusseldorf, 820.

E

Eaucourt, 1665.
Écluse (l'), 1267.
Ecques, 293-296, 892.
Écuires (P.-de-C.), 1515.
Eeckhoute, 922.
Égouthières, 383.
Elbeuf, 704.
Elbhecq, 1126-1128, 1459, 1470.
Elcourt, 1198, 1199.
Éleu-Leauwette, 1138.
Élewyt, 787.
Elfaut, 315, 685, 1164.
Elslande, 1051.
Elzius, 75.
Embry, 250.
Emmerin, 105, 734.
Empire (l'), 952, 979, 987, 1640, 1643.
Encares, 302-304.
Enclos (les), 1200.
Enghien, 560.
Enghien-les-Bains, 500, 1552.
Englemaretz, 25.
Englos, 1541.
Engrin, 773, 904, 905.
Enguinegatte, 247.
Ennequin, 90, 230, 235, 363, 980, 1104, 1574.
Ennetières, 263, 393, 628, 629, 661, 826, 827, 1501.
Ennevelin, 18, 105, 151, 495, 550, 1194, 1427, 1756.
Éperlecques, 651, 733.
Épernay, 1549, 1556.
Épinoy, 1400.
Épinoy (l'), 519.
Époisses, 740.
Eppe-Sauvage, 1550.
Erbodeghem, 944, 1201, 1223, 1226.
Érin (Pas-de-Calais), 1737.

Ernemont-la-Villette, 212.
Erquien (Belgique), 795.
Erquinghem, 40, 41, 562, 1132, 1243, 1441.
Esbrestof, 110.
Escalus (les), 171, 206, 213, 214, 260, 729, 1268.
Escamain, 47, 142, 207, 390, 1471.
Escanaffles, 1114.
Escarne, 458, 469.
Escaudain, 1461, 1462.
Escaudœuvres, 567.
Escaufourt, 283.
Eschavain, 927.
Escobecque, 24, 25, 548, 1002.
Escœuilles, 1498.
Escornette, 189, 190, 1110, 1475.
Escou, 1724.
Esding, 1529, 1530.
Esmans, 1015.
Esne, 1533.
Espaing, 1175, 1347.
Esparqueaux, 10, 569, 1105, 1427.
Espeso, 352.
Espesse (l'), 95-101, 548.
Espierres, 1105.
Espinette, 1360.
Espinoit, 1114.
Espinose, 513.
Esplechin, 553, 910, 1116-1118, 1241, 1242.
Esquermes, 38, 65, 78, 140, 158, 207, 307, 316, 343, 352, 399, 546, 605, 668, 669, 672, 678, 679, 686, 700, 732, 773, 784, 790, 802, 840, 902, 904, 905, 957, 992, 994, 1001, 1024, 1072, 1079, 1127, 1166, 1189, 1191, 1197, 1231, 1453, 1454, 1506, 1731, 1747, 1754.
Esquincourt, 1155.
Esquires-en-Artois, 1607.
Essertaux, 173.
Estaimbourg, 333.
Estaimpuis, 854, 1150, 1192.
Estaires, 718.
Esterbecque, 1656.

Esteveles, 315, 391, 413, 768, 782-784, 1164, 1255, 1736.
Estournay, 10, 887.
Estrehem, 595.
Estreux, 327.
Étain, 285, 1470.
Étaples, 1153.
Etcharry-en-Soule, 1530.
Étoile (Drôme), 1582.
Étombe, 548.
Ettingen, 11, 12.
Évin, 1015, 1746.
Évregnies, 1408.
Évreux, 936, 1032.
Exaerde, 1201.
Eylau, 890.

F

Faches, 1147.
Faillerie (la), 1670.
Faulquemont, 1292, 1294, 1298.
Faumont, 768.
Fauquepelle, 549, 1459.
Faux (le), 535, 982.
Favreulles, 165, 172, 174, 497, 1406.
Fay (le), 667, 1122, 1125, 1195, 1263, 1289, 1470, 1493.
Fenerie (la), 517.
Fère (la), 416, 792.
Fermont (le), 65, 152, 181, 220, 249, 308, 519, 666, 668, 788, 822, 941, 943, 1122, 1126, 1127, 1261, 1263.
Féron, 1551.
Ferrière (la), 1154, 1155.
Feuillie (la), à Cambrai, 938.
Feumerie (la), 524.
Ficheux, 1641, 1642, 1644.
Fiennes, 266.
Figeac (Lot), 735.
Fives, 128, 129, 168, 180, 365, 664, 675, 762, 763, 801, 1023, 1037, 1276, 1432, 1497, 1598, 1653.
Flambermont, 78, 772.
Flambertin-lez-Ypres, 1267.
Flamengrie (la), 207, 392, 1452.

Flammermont, 1235.
Flèche (la), 671, 1131.
Fléchinel, 84.
Flégard, 67, 167, 1497, 1734, 1735.
Flencques, 139, 260, 655, 721, 727, 730, 731, 855, 1165, 1199.
Fléquières, 537, 538, 540, 1439, 1441.
Flers, 101, 222, 487, 703, 704, 1158, 1293, 1560, 1655, 1656, 1730.
Flers-sur-Noye, 1128.
Flessingue, 328, 343, 412, 1103.
Fleurbaix, 38, 446, 1011, 1014, 1079, 1349, 1351-1355, 1425, 1643.
Fleurey-sur-Ouche, 937.
Fleurus, 1133.
Flines, 64, 351, 739, 1055.
Florac (Languedoc), 669.
Florence, 501.
Florimont, 1642.
Flos (le), 1387, 1388.
Foix, 467.
Follembray, 501.
Folleville, 725.
Follie (la), 943.
Folval, 1511.
Fomart, 258.
Foncquevillers, 568.
Fondragon, 508.
Fons-en-Quercy, 735.
Fontaine, 172, 390, 1111.
Fontaine (la), 1242.
Fontaine-au-Pire, 1458, 1461-1464.
Fontainebleau, 392, 890, 1574.
Fontaine-lez-Gobert, 515.
Fontaines, 58, 287, 1426.
Fontenelles, 208.
Fonteny, 337.
Fontissart, 336, 771.
Forchies-la-Marche, 1122.
Forest, 855.
Forestel (le), 315, 1189.
Formeselle, 839.
Formigier, 1747.
Fort-de-Scarpe, 851.
Fouberghe, 10, 887.

Foufflin-Ricametz, 296.
Fougères, 681.
Fouquières, 1043, 1173, 1234.
Fournes, 25, 206, 210, 263, 341, 410-415, 419, 553, 559, 680, 723, 724, 739, 740, 984, 1242, 1342, 1584, 1585, 1735.
Fourquinghem, 783.
Framecourt, 659.
Francfort, 1014.
Franche (la), 151.
Francheu, 1459.
Francquendal, 284, 1493.
Frasnoy, 522.
Fréchies, 369.
Frelinghien, 1087, 1404.
Fremaux, 166, 375.
Frémicourt, 411, 547, 723-725, 788.
Fresne (le), 86, 1407.
Fresnel (le), 570, 1104, 1255.
Fresnes-sur-Escaut, 1053.
Fresnoy, 330, 553.
Fresnoy (la), 349, 350, 723, 728, 771, 994, 1197, 1198, 1209-1212.
Fresnoy (le) 66, 455, 1396.
Fretin, 78, 90, 95, 96, 101, 102, 112, 159, 567, 1390-1394, 1415-1417.
Fréville, 662.
Frévillers, 853.
Fribourg, 110.
Friville, 1153.
Froidmont, 988, 989.
Froissardrie (la), 1156, 1157.
Fromelles, 45, 84, 85, 267, 455, 469, 758, 1026, 1486.
Frometz, 55, 1105, 1406.
Fromont, 978, 984, 985.
Frontissart, 138.
Fronville, 1154, 1748, 1749.
Froyennes, 1507, 1670.
Fruges, 1679.
Frumauderie (la), 99.
Fry, 783.
Fumay (Ardennes), 318.
Furnes, 104, 136, 1115, 1120, 1223, 1226, 1728.

G

Gacherie (la), 561.
Gadimetz, 1152-1155, 1159, 1748-1750.
Gageries (les), à Celles, 1671.
Galadin, 1059.
Galissonnière (la), 466.
Gamans, 562, 564, 573, 577, 578, 657, 752.
Gameghines, 369.
Gand, 26, 46, 105, 126, 130, 192, 223, 243, 289, 290, 365, 373, 449, 462, 588, 617, 669, 731, 732, 798, 848, 851, 900, 942, 1037, 1052, 1072, 1170, 1185, 1202, 1203, 1223, 1225, 1357, 1358, 1371, 1389, 1398, 1567, 1734, 1735.
Gannat, 888.
Gannerie (la), 17, 107.
Garbrecq, 39.
Gardin (le), 791.
Garique (la), 1129.
Garsignies, 67, 669, 670, 679, 788.
Gauchin-le-Gal, 725.
Gaudiempré, 1042, 1043, 1054, 1058, 1061, 1063, 1196, 1349.
Gauquier (le), 1397, 1398.
Gavre, 153.
Gavre (le), 155, 156, 586.
Gembloux, 73.
Genech, 11, 105, 468, 1026, 1486.
Gênes, 205, 602, 1108, 1115, 1269, 1271, 1272, 1338, 1558, 1559.
Genève, 817, 819, 1013, 1613.
Gennerie (la), 1441.
Gennes, 191.
Geroude dit de l'Attre, 100.
Gheemene, 187.
Gheiles, 1109, 1110.
Ghels, 190.
Gheluwebrouck, 292.
Ghestel, 1724.
Ghilenghien, 267.
Ghistelles, 626, 1246.
Ghlin, 1244.

Gibraltar, 141, 282, 567, 1671.
Gillevoisin, 155.
Givenchy, 208, 727, 730.
Givet, 286, 370, 1129, 1285.
Gleau, 467.
Glissières (les), 813.
Gobausart, 1657.
Godet, près Moulins, 1591-1593.
Gœulzin, 983, 1472.
Gohelle, 497, 567.
Gommegnies, 1052.
Gommespont, 1054.
Gondecourt, 24, 25, 562, 1190, 1191, 1201, 1217-1220, 1422, 1482, 1590.
Gonnelieu, 660.
Goodzouck, 391.
Gorcum, 725.
Gorgue (La), 577, 669, 789, 1336, 1370.
Gorguehel, 633.
Gormanchère, 1639.
Gorre (Haute-Vienne), 1554.
Gorres, 669, 1425.
Gosselies, 7, 9, 1133.
Gossin, 140, 146, 147.
Gournay, 91.
Grammont, 1011, 1354.
Gramont, 501.
Grand-Bus (le), 1101, 1255, 1261, 1263.
Grandclos, 820.
Grandcourdel, 978.
Grande-Haye (la), 902, 904, 1263.
Grande-Motte (la), 1013, 1349, 1350, 1357.
Grande-Vigne (la), 1406.
Grand'Garde (la), 354.
Grand-Hocron (le), 743.
Grand-Hollain (le), 121.
Grand-Hollay (le), 1495, 1499, 1500, 1534.
Grand-Riez, 78.
Grandsars, 945.
Grands-Camps, 79.
Grandval, 32, 633, 1642.
Grandville (la), 85, 466-473, 476, 479-484, 984, 1026.

Gratz, 1130.
Gravelines, 1011.
Grenade, 132, 462.
Grenoble, 66, 167, 168.
Grenurie (la), 173, 1626.
Gresse, 1530.
Gretz, 1556.
Grévillers, 39, 40, 1042, 1045-1048, 1058, 1061, 1196.
Gribersart, 1234.
Griboval, 1060.
Gricourt, 35, 76.
Grimaretz (les), 95, 109, 591, 760, 1420.
Grimbry, 123, 125, 261.
Grivesnes, 77, 78.
Grosbrecq, 826.
Groussage, 1669.
Grurie (la), 1197.
Gruson, 244, 495, 553, 1241, 1284, 1287, 1496.
Gruteghem, 392, 935, 1079.
Grysper, 1541.
Guermanez, 16, 257, 258, 272-274, 469, 735, 736, 1472, 1558.
Guéronnière (la), 513.
Guignies, 1015, 1640, 1646-1650.
Guines, 160, 306, 512.
Guisinam, 1172, 1173, 1198.
Gussignies, 283, 285, 286, 1204.

H

Habarcq, 734.
Hacquebart, 299.
Haffrenghes, 64, 763, 764.
Haguedorne, 153.
Haigdorne, 999.
Hailin, 549.
Haillicourt, 192.
Hailly, 352, 547, 548, 1506.
Haimont, 1663.
Hainaut (le), 192.
Haisnes, 371, 1036.
Hal, 848, 1057.
Halinghem, 809.

Hallay (le), 501.
Hallennes, 1469, 1529.
Hallerie (la), 55, 570, 1079, 1428, 1429, 1431, 1497.
Halluin, 40, 292, 699, 776, 1132, 1172, 1174, 1185, 1197.
Ham, 1036, 1283.
Hamayde (la), 84, 187, 328, 553, 709, 760, 1242.
Hambourg, 66, 79, 391, 413, 549, 819, 1003.
Hamel, 65, 180, 808, 809, 813, 935, 1370, 1553.
Hamel (le), 539, 946, 998, 1006.
Hamelle (là), 105.
Hancardrie, 139, 260, 336, 337, 341, 393, 730, 1472.
Handolsheim, 1130.
Handrelecq, 964.
Hangrin, 262, 263, 321.
Hantay, 128, 921.
Hantecourt, 1155.
Hantes, 46, 47, 55, 1074, 1249.
Haraucourt, 549.
Hargerie (la), 23, 136, 190, 1474.
Hargnies, 9, 553.
Harlebeke, 245, 676, 948, 1666.
Harmy, 1059.
Harnes, 84, 1234.
Harponville, 726.
Hasnon, 1492.
Haspres, 633, 1142, 1425.
Haubourdin, 289, 292, 352, 371, 511, 736-739, 1204, 1483.
Haucourt, 567, 1195, 1196.
Hauport, 1072, 1485.
Haute-Anglée (la), 553, 902, 1454.
Hauteclocque, 1493.
Hautevalle, 46-50, 111, 140, 391, 983.
Hauteville, 631.
Hautgrenier, 65, 138, 145, 257, 260, 336, 603.
Hautlieu, 592, 1120.
Hautmont, 522.
Haut-Pont, 1055, 1094.
Hauvelle (la), 78.

Hauwelanghe, 1056.
Haveluy, 283.
Havré, 1052.
Havrech, 1051.
Havrincourt, 274, 275.
Havry, 208.
Haye (la), 158-162, 350, 486, 488-491, 562, 658, 686, 773, 782, 805, 905, 1045, 1079, 1386, 1389-1392, 1436, 1655.
Haye (La), 618, 900, 1133, 1615.
Haye (le), 903.
Hayon (le), 1015, 1746.
Hazebrouck, 308, 1246, 1249, 1498.
Hébuterne, 1150.
Heede (l'), 136, 1074.
Heldinghe, 206, 260.
Hélesmes, 66-68, 1581.
Hellemmes, 24, 167, 751.
Helleville, 1025, 1163.
Hellin, 749.
Hem, 36, 549, 724.
Hem (le), 206, 207, 258, 392, 399, 591.
Hembise, 1051.
Hendcop, 47.
Hénencourt, 1053.
Hénin-Liétard, 1140, 1235, 1341, 1641, 1735.
Hennin, 577, 1360.
Henripret, 585, 586.
Hénu, 1204.
Herbamez, 446, 1054, 1063.
Hergny, 1639.
Hérignies, 52, 342, 530, 572, 705, 1452.
Herlies, 347, 355, 684, 1011, 1677.
Hermansart, 764.
Hermaville, 302.
Hernesse (la), 292.
Héron (le), 1155
Héronval, 1621.
Herseaux, 978, 985, 1425.
Hersin-Coupigny, 1507.
Hesdaing, 1469.
Hesdin, 351, 415, 416, 717, 892, 1042, 1065, 1627.

Hésecque, 522.
Heulle, 1541.
Heursel, 983, 1472.
Hil (le), 62, 63.
Hinges, 1606.
Hochet, 340, 342, 343.
Hochfelden, 1585.
Hochstedt, 1200.
Hocques, 721.
Hocquet (le), 24.
Hocron, 135, 258, 292, 411, 720, 723-725, 1477.
Hodicq, 1127.
Hofviverken, 222, 224.
Hoguette (la), 1555.
Hointeval, 247.
Holisien, 391.
Hollain, 736.
Hollant (le), 595.
Hollay, à Celles, 1117, 1118, 1430, 1496, 1501.
Hollebecque, 138, 142, 260, 289, 293, 336, 603, 724, 725, 953, 1089, 1090.
Hollenain, 353.
Holleville, 853, 854.
Holoy, 459.
Hongrie, fief, 260, 518, 1019, 1300.
Honvault, 1153.
Hoochstraete, 1048-1050.
Hooghem, 1051.
Hoostrate, 609, 964.
Hordain, 983.
Horel (le), 1156.
Hornicourt, 1128.
Hornurie (la), 74.
Hosteid, 1173.
Hotteville, 728.
Houdeauville, 999.
Houplin, 461, 511, 512, 611, 1080.
Houplines, 52, 131, 380, 727, 826, 1046, 1430, 1431, 1433, 1589.
Hourain, 284.
Houtain, 973.
Houthem, 887.
Houtte (la), 169, 488.

Howardrie (la), 33, 369, 605, 1129, 1491.
Huberdrie, 293.
Hullembus, 141, 788.
Hulluch, 352, 568, 736, 1632.
Humercœuille, 539.
Humetz, 414, 1005.
Hurtembus, 1110, 1475.
Hutin (le), 1405, 1406.
Huy, 1017.

I

Ignaucourt, 1016.
Illies, 782.
Inchy, 326-328, 375, 710, 1094.
Inglant, 104, 1195, 1533.
Inglemarest, 10.
Ingolstadt, 942.
Inguelfin, 508.
Irval (Marne), 78, 79, 123, 1024.
Isaack, près Hazebrouck, 1246.
Issenghien, 1428.
Ittres, 538.
Ixelles, 936.
Izel (Artois), 892, 1143.

J

Jardin (le), 54, 673, 674, 1054, 1085, 1152, 1471.
Jardinet (le), 1573.
Jaucourt, 79.
Jayer, 1641, 1643.
Jaytte, 735.
Jenlain, 563, 570.
Jobecq, 548, 1534.
Jocas, 550.
Jollain, 77, 1122.
Joncy, 1583.
Jonquière (la), 235.
Jousselinière (la), 1470.
Jugeaut, 565.
Jumelles, 173, 1047.
Jumet, 7.

TABLE DES NOMS DE LIEUX. 1827

K

Kain, 737, 738, 895, 1243, 1642.
Kaverlies, 548.
Kemlandt, 469, 498.
Kemmel, 209.
Kemmelhove, 258.
Kerchove, 370, 1499.
Kerkove, 593, 769, 1246.
Kevenbourg, 900.
Kilpatrick, 125.

L

Lacoste, 1379.
Ladeseure, 564.
Lalleu, 577, 1144.
Lamarche, 1513.
Lambersart, 78, 141, 414, 416, 420, 586, 632-634, 681, 801, 845, 1002, 1024, 1506, 1586, 1642.
Lambres, 564, 762.
Lamissart, 156, 363, 586, 761.
Lamont, 165, 1386.
Lancreau, 1470.
Lande (la), 327, 1093-1100.
Landrecies, 540, 894, 1458, 1461.
Landres (les), 39, 40, 572, 1046.
Landrethun, 739.
Landsbrigghe, 292.
Langenacker, 798.
Langle, 292, 1055, 1060.
Langlée, 904, 946, 1195.
Lannon, 547, 548.
Lannoy, 65, 66, 91, 247, 498, 519, 525, 561, 564, 566, 567, 1084, 1122, 1202, 1339, 1374, 1389, 1453, 1482, 1639, 1671.
Laon, 12, 681, 1395.
Laprée, 207, 393, 732, 823, 998-1002, 1005, 1006, 1243.
Larré, 1022.
Larville, 1155.
Lassus, 294, 728, 827, 979, 1050, 1085, 1117, 1118.
Latour-Maubourg, 500.

Lattre, 548.
Laubanie, 328.
Launay, 792.
Launoy, 44, 1678.
Laurie (la), 1207, 1208.
Laurier (le), 773.
Lauriès, 548.
Laurye, 1194, 1195, 1753.
Lausanne, 1474.
Lauwe, 466, 468, 470, 597, 984, 1436, 1439.
Lauwembourg, 224.
Laventie, 1139.
Lavoux, 1530.
Lavy, 1156.
Layens, 233-236, 773, 901, 1573.
Lécluse, 1163, 1392.
Ledinghem, 1751.
Leers, 573, 1572.
Leeuwerghem, 565.
Leipzig, 596.
Lendelede, 661.
Lendouse, 1144, 1192.
Lenglet, 1234.
Lens, 246, 317, 936, 1014, 1015, 1055, 1232, 1234, 1235, 1346, 1514, 1572, 1746.
Léopards (les), 760.
Leperon, 659.
Lepierre, 121, 1500.
Lescangrie, 548.
Lesdain, 1046.
Lesperon, 660.
Lespierre, 568, 1393, 1394.
Lesquin, 119, 171, 750, 752, 1150, 1176, 1410.
Lestocquoy, 258, 723, 734, 1472, 1477.
Lestrée, 206, 260, 392, 1001.
Leulinghem, 595.
Leuze, 74, 1130.
Levacque, 1195.
Lewarde, 732, 1001.
Lezennes, 919, 1394, 1675, 1677.
Lezlieu, 1671.
Lianne, 65.

Libercourt, 1145, 1598.
Libersart, 31, 1680.
Licques, 938.
Liége, 7, 499, 1053, 1502-1505, 1565, 1677.
Lières, 783.
Liessart, 667, 1056, 1121-1126, 1131-1137, 1242, 1256, 1289, 1470.
Liévin, 338, 508, 510, 726.
Lignereuil, 1202.
Lignières, 293, 841.
Ligny, 347, 350, 351, 419, 681, 728, 994.
Lilate, 168.
Lillers, 417, 1042, 1190, 1429-1431, 1496.
Lillo, 92, 269, 1538, 1724.
Lilloy, 1042.
Liman, 284.
Limbourg, 704, 1045.
Limbreck, 307, 1075.
Limoges, 466, 476, 513.
Lindau, 818.
Linselles, 205, 208, 564, 728, 787, 843, 853-855, 1339.
Lintré, 681.
Lintz-sur-le-Rhin, 1670.
Lisbourg, 294, 1485.
Lisieux, 513.
Lisle, 1022.
Lispré, 935.
Litmeritz, 110.
Lobbes (les), 1170, 1180-1182.
Lobel, 905.
Lobeletz, 605.
Loblet, 686.
Loches, 1530.
Locron, 750, 934, 1499, 1500, 1509, 1516-1521.
Loe, 997.
Loigne (la), 510.
Lomeau, 1017.
Lomel, 604, 605.
Lomme, 196, 338, 395, 413, 489, 558, 801, 990, 1218, 1531, 1681.
Lommeau, 76, 904.

Lompnes-en-Bugey, 1200.
Lompret, 548, 558, 733, 734, 802.
Londres, 77, 364, 501, 509, 1133, 1242, 1499, 1502, 1505, 1591.
Long, 415-417, 489, 737.
Longchamps, 35.
Longuerie (la), 30, 85, 453.
Longueval, 569.
Longueville, 1059, 1060.
Lonjumeau, 1060.
Lonsart, 522.
Lons-le-Saunier, 1530.
Loos, 38-40, 64, 95, 101, 208, 353, 371, 406, 460, 490, 529, 562, 563, 572, 600, 656, 716, 729, 780, 801, 925, 935, 936, 947, 948, 1046, 1078, 1079, 1146, 1288, 1292, 1335, 1454, 1482, 1506, 1509, 1565, 1637.
Loosduyren, 1655.
Loquigny, 46, 47.
Lorgies, 347, 533.
Lormet, 722.
Lotterie (la), 282.
Louaise, 499.
Louvain, 149, 626, 677, 942, 964, 1065, 1071, 1359, 1655, 1664, 1665, 1724.
Louvencourt, 353.
Louvière (la), 564.
Louvil, 1666.
Lowez, 855.
Lozinghem, 1247.
Luchin, 326, 499.
Luçon (île), 460.
Lude (le), 414.
Luingne, 1243, 1754.
Lunéville, 295.
Lutzen, 596.
Luxembourg, 851.
Luytens, 498.
Lyon, 327, 818, 820, 942, 1553, 1593.
Lys, 1122.

M

Madeleine (la), 1200, 1201, 1214, 1217, 1218, 1220.
Madrid, 73, 462, 531, 550, 691, 1333.
Maestricht, 56, 1002, 1006, 1292.
Magdelaine (la), 1155.
Magny, 68.
Mahon (Ile), 337.
Maigret, 522.
Maillardrie (la), 91.
Maillart, 210, 1001, 1094.
Maing, 1732.
Maingoval, 105.
Mainil-en-Barœul, 548.
Mairie (la), 17, 45, 76, 84, 85, 267, 315, 413, 455, 687, 1048, 1117, 1118, 1190, 1191, 1201, 1217, 1218, 1220, 1422, 1482.
Maisières (les), 1541.
Maisnil (le), 85, 267, 455, 762.
Maison-Mangis, 793.
Malcot, 902.
Malet, 1204.
Malfiance, 294, 1218, 1644.
Malines, 62, 129, 224, 248, 527, 537, 538, 626-628, 750, 781, 965, 1014, 1045, 1201, 1202, 1540, 1542, 1664, 1737, 1745.
Malmaison, 76.
Malo-les-Bains, 1586.
Malpart, 295.
Malplaquet, 523.
Man, 140.
Manaing, 1194.
Manaucourt, 725.
Manduez, 55, 507, 508.
Manin, 734.
Maninghem, 1749, 1752.
Manoir, 934.
Manoirs (les), 66, 67.
Manouba (la), 416.
Mans (le), 1131, 1393.
Maquedorne, 840.
Maquellerie (la), 839, 1386.

Marais (le), 156, 973.
Marbaix, 74.
Marceley (Calvados), 727.
Marche, 1336.
Marchenelles, 492.
Marchiennes, 7, 178, 241, 288, 289, 537, 540, 966, 1054, 1429, 1488.
Marchiennes-au-Pont, 8.
Marchin, 588.
Marck-lez-Courtrai, 1185, 1186.
Marcq-en-Barœul, 789-791, 894, 901, 922, 1109, 1587.
Marcq-en-Ostrevant, 318.
Marcq-en-Pèvele (Pont-à-Marcq), 1201, 1222, 1225.
Marenne, 793.
Maresquel, 1018.
Maresquet, 667.
Maresquiel (le), 108.
Maresville, 253, 1078, 1486, 1487.
Maretz (les), 24, 563, 678, 780-783, 999, 1122.
Maretz-Sébinois (les), 1756.
Mareville, 577.
Marieux, 1152.
Marissons (les), 248, 854, 901, 1234, 1235, 1482.
Marles, 1606.
Marlière (la), 106, 180, 728, 853-855, 970, 1060.
Marly (Nord), 1613.
Marly-le-Roi, 1575.
Marolles, 12.
Marquain, 392.
Marquan, 135.
Marquette-lez-Lille, 44, 48, 229, 293, 363, 405, 455, 458, 563, 656-658, 682, 683, 798, 847, 948, 1070, 1190, 1193, 1239, 1282, 1283, 1433, 1434, 1528, 1559, 1569, 1679, 1720.
Marquillies, 333.
Marseille, 1550.
Marselaer, 761.
Martainneville, 1152.
Martinsart, 548, 654.
Marvalle, 1288.

1830 GÉNÉALOGIES LILLOISES.

Mas, 1090.
Masinghien, 1061, 1066.
Massiet, 1245.
Mastaing, 591, 593, 749, 1500.
Masure (la), 64, 552, 671, 1388.
Masures (les), 1043.
Matringhem, 1364.
Maubeuge, 9, 1534, 1586, 1609.
Maubuisson, 509, 514.
Maude (la), 1261.
Maufait, 565.
Maugré, 455, 573, 1248, 1249.
Maulde, 738.
Mauville, 1509, 1513.
Mazaucourt, 66.
Mazinghem, 1042-1045.
Mazures (les), 379, 380, 398, 509.
Méchin, 111.
Mélis, 592.
Melle, 591, 749.
Menars, 501.
Menin, 129, 278, 279, 375, 489, 518, 524, 659, 661, 777, 838, 848, 851, 1048, 1114, 1138, 1254, 1261-1265, 1435, 1500, 1541, 1562, 1568.
Mennessis, 193.
Menquedorne, 171.
Mentque, 63.
Merchi, 887.
Méricourt, 635, 1744.
Mérignies, 572, 736, 1000, 1002, 1010, 1134, 1156, 1157.
Merin, 1043.
Merlemont, 793.
Merville, 348, 458, 734, 1248, 1249, 1422, 1435, 1451.
Mesgaland, 31, 337, 376, 675, 1663, 1678-1680.
Meslay, près Vendôme, 66.
Meslin-l'Évêque, 1590.
Mesnil (le), 180.
Mesplau, 207, 1000, 1001.
Messia, 462.
Messine (Sicile), 669, 771.
Messines, 1015.
Metz, 353, 1093, 1095, 1097, 1099, 1473.

Metz (le), 229, 288, 591, 907, 1282, 1293.
Metzféry, 548.
Meulan, 73.
Meurchin, 326, 328, 329, 375, 781, 1171, 1725.
Meurs, 1024.
Mez (le), 99.
Mézières, 1044, 1473.
Middelbourg, 1116, 1357.
Mignovillard, 1642.
Milan, 816.
Milfort-Ghlin, 1244.
Millecamps, 309.
Milleville, 288, 1115.
Millevoye, 855.
Milly, 1232, 1235.
Milstoun, 660.
Miromont, 547.
Moissy, 447.
Molain, 78, 79, 234.
Molainvaux, 234.
Molembeck, 1502.
Molières (les), 548, 670, 679.
Molimont, 1649.
Molinel (le), 596, 944, 1026.
Molinghien, 536.
Molpas, 393, 1000, 1002.
Monaco, 908.
Moncheaux, 1569.
Monchicourt, 91.
Monchy, 529, 530.
Mongarny, 1426.
Mons-en-Barœul, 38, 946, 1452-1455.
Mons-en-Hainaut, 18, 25, 66, 74, 75, 77, 284, 404, 457, 462, 494, 652, 673, 718, 721, 735, 786, 795, 906, 997, 1051-1053, 1097, 1124, 1130, 1223, 1226, 1346, 1513, 1590, 1613, 1653, 1666, 1669, 1670.
Mons-en-Pèvele, 325, 1151.
Monsorel, 1169.
Mont (le), 84.
Montagne (la), 380, 509.
Montaignet, 1583.

Montalban, 459.
Montauban, 10, 569, 854, 887.
Montbeyeart, 889.
Mondidier, 295, 1613.
Montecouvet, 1614.
Montélimar, 179.
Monterno, 733.
Montflambert, 1549, 1550.
Monthuys, 1337.
Montières (Somme), 1003.
Montifaut, 1534.
Montigny, 793, 1000, 1736.
Montilleul, 522.
Mont-lez-Seurre, 1553.
Montlhéry, 178.
Montmédy, 330.
Montmirey, 286, 937, 1204.
Montpellier, 167, 596, 1620.
Montreuil, 92, 208, 414, 415, 679, 680, 698, 1051, 1538, 1724.
Montreuil-sur-Mer, 1122, 1127, 1152-1155, 1337, 1459, 1498, 1499, 1748.
Montrieux, 1555.
Mont-Saint-Aubert, 1114.
Mont-Saint-Éloi, 892, 1511.
Montvaillant, 669.
Morbecque, 1247, 1248.
Morenchies, 1510.
Morenghes, 1473.
Moreuil, 1372.
Morienpret, 1285.
Moriensart, 985.
Moringhem, 293.
Mormes, 1157.
Mortagne, 1117.
Mortaigne, 222.
Mortier (le), 349, 771, 953, 1162.
Mortiers (les), 466.
Mothe (la), 197.
Motte (la), 243, 302-304, 839, 846, 1043, 1157, 1201, 1541.
Motte-aux-Bois (la), 166, 374, 1057, 1640, 1731.
Motte-de-Lavoye (la), 302-304.
Mottelettes (les), 593, 655.

Mottes (les), 172, 173, 262, 321, 322, 341, 1045, 1049, 1157, 1199.
Mouchin, 378, 932, 1085.
Mouchy, 459, 773, 1430, 1432, 1496, 1497, 1534.
Mouchy-Humières, 207.
Moulins, 24, 1593, 1600, 1601.
Mourcourt, 738.
Mouscron, 1192.
Mousserie (la), 562, 570-572, 946, 1385.
Moussonnèrie (la), 39, 561, 577, 580.
Moussonville, 577.
Moustier, 328, 1399, 1755.
Mouton (le), 655.
Mouvaux, 295, 1110, 1241.
Munster, 329, 1003, 1550.
Mur-de-Barrez, 1555.
Mussen, 293, 294, 527.
Mutte-Saint-Georges (la), 292.

N

Namur, 8, 9, 12, 705, 723, 763, 780, 1123, 1133, 1223, 1226, 1285, 1503-1505.
Nancy, 207, 347, 355, 461, 718, 743, 1131, 1191, 1217, 1627.
Nanterre, 957.
Nantes, 466.
Nantizza, 462.
Naples, 500.
Naveil, 1555.
Navenne, 1530.
Navigheer, 292, 945.
Néchin, 110, 791.
Nédonchel, 1173, 1245.
Neeryssche, 538.
Nempont, 1059.
Neufchatel, 1511.
Neufcourt, 380.
Neuflieu, 577.
Neufour, 511.
Neufpré, 1006.
Neufville, 597, 634-636, 1018.
Neuve-Eglise, 223, 337, 553, 994.

Neuville, 84, 904, 1013, 1017, 1603, 1621.
Neuvillette, 1498.
Neuvireuil, 34, 169, 936.
Nexon, 413.
Nice, 364, 740, 1553, 1582, 1682.
Nielle, 106, 841.
Nieppe, 307, 308, 349, 945, 1075, 1422, 1473, 1552, 1553, 1621.
Niergnies, 585.
Nieuport, 1124, 1200, 1202.
Nieuwenhove, 944, 1201, 1226, 1452.
Nieuwenhuyse, 538.
Nimègue, 109, 1003.
Nîmes, 1552.
Niort, 211.
Nisas, 458, 1559.
Nivelle, 1138.
Nogent, 737.
Noizelle, 291, 1559.
Nomain, 1390.
Nordausques, 763, 764.
Nordelos, 242.
Norguet, à Bachy, 1496, 1506.
Normont, 11-13.
Nortlingen, 8.
Nouvelles, 1052.
Nouvion-en-Thiérache, 892.
Noyelle, 1175.
Noyelles, 25, 125, 292, 952, 1172, 1202, 1494, 1523.
Noyelles-lez-Seclin, 667, 979, 1051-1056, 1125-1131, 1349, 1747.
Noyon, 1734.

O

Obeaux (les), 789, 792, 793, 799, 890, 1016, 1017, 1109, 1349, 1566.
Ober-Castell, 819, 820.
Occoches, 825, 1553.
Ochancourt, 1153.
Œuf-en-Ternois, 1155.
Offlanges, 1583.
Ogimont, 188, 736, 1044, 1127, 1399, 1459, 1460.

Oldimbourg, 342.
Ollainville, 1128.
Olnois, 392.
Omonville, 1644.
Onnaing, 455, 585, 1613.
Oosthove, 68, 139, 187, 206, 208, 259, 260, 276, 277, 321, 392, 1472.
Oostkerke, 1129.
Oost-Werschaere, 129.
Ophove, 233, 1248, 1249.
Oppuers, 1202.
Oppy, 344, 1015, 1204.
Opschotte, 290.
Oran, 1614.
Orbec, 1511.
Orchies, 122, 340, 341, 1491, 1492, 1494, 1580, 1640, 1641, 1731.
Orcq-lez-Tournai, 887.
Ordennes, 1754.
Oreaulmont, 514.
Oresmaux, 173, 1234.
Orgères, 1242.
Oriaumont, 380, 509.
Orifontaine, 208, 354, 680, 1300, 1301, 1639.
Orléans, 66, 448, 512, 951.
Orlencourt, 562.
Ormeignies, 1053.
Ornury, 78.
Orsinval, 75.
Ouchamps, 416.
Oudenhove, 179.
Oultre, 797, 798.
Oultrebeke, 1725.
Oursins (les), 121, 560, 561, 564, 934, 1193, 1496, 1499, 1501, 1502.
Outreau, 1156.
Outrebois, 825, 1553.
Ouvencourt, 978, 1016.
Oxelaere, 1002.
Oyembourg, 1656.

P

Padoue, 973.
Palerme, 1558, 1593.

TABLE DES NOMS DE LIEUX.   1833

Paliseu, 1128.
Palmaert, 1248.
Pamiers, 1474.
Pampelune, 531.
Parc (le), 232, 564, 1472.
Pardaval, 594, 970.
Parenty, 1459.
Parie, 377.
Paris, 39, 66, 68, 70-72, 77, 79, 121, 125, 137, 153, 156, 157, 173, 180, 209, 236, 237, 261-263, 280, 308, 315, 334, 342, 344, 351, 363, 377, 404, 413, 416, 417, 419, 461, 466, 468, 472, 474, 493, 499-501, 512, 513, 569, 572, 573, 585, 587, 592, 618, 635, 651, 661, 662, 670, 680, 682, 683, 721, 726, 732, 737, 739, 740, 791, 793, 807, 809, 818, 819, 821, 825, 839-842, 855, 957, 999, 1000, 1002-1005, 1026, 1037, 1053, 1094, 1108, 1128, 1131-1133, 1164, 1237, 1242, 1249, 1335, 1340, 1378, 1380, 1392, 1394, 1395, 1399, 1418, 1432, 1510-1513, 1551-1556, 1573-1575, 1581-1586, 1592, 1611, 1612, 1614, 1681-1683, 1736, 1755.
Parme, 1023.
Parmentier, 497.
Parqueaux (les), 10, 887.
Pas, 261, 336, 354.
Passage (le), 1553.
Passez (les), 519, 520, 525, 526, 667, 1125, 1339.
Patin, 132.
Pau, 825, 1553.
Pavie, 462, 900.
Péage (le), 1043, 1057, 1079, 1360, 1428, 1430, 1431, 1446, 1447, 1496, 1497, 1616, 1670.
Pecq, 449, 1114, 1119, 1134.
Peene, 1104.
Peissant, 75.
Perck, 1053.
Péregrin, 1169.
Pérenchicourt, 78, 970, 1023, 1024, 1287, 1289-1291.

Pérenchies, 25, 84, 539, 801, 802, 936.
Pernes, 60, 61, 722, 1173.
Perois (le), 1454.
Péronne, 36, 791, 1253, 1549, 1556.
Péronne-en-Mélantois, 919, 1150, 1200.
Perpignan, 106, 1283.
Perros-Guirec, 1579.
Peruwelz, 149, 1172, 1174, 1185, 1344, 1656.
Pescherel, 671.
Peteghem, 252.
Petit-Bertrangle, 1268.
Petit-Bezain, 1458, 1461-1463.
Petit-Bus (le), 1153.
Petit-Cambrai, 111, 241, 592, 760.
Petit-Chelsia, 1514.
Petite-Haie, 1439.
Petit-Érin, 562.
Petite-Vigne (la), 1389.
Petit-Fresnoy, 1120.
Petit-Gellebrouck, 287.
Petit-Lambersart, 548.
Petit-Quesnoy, 78, 123, 1386, 1390.
Petit-Ribautecœuil, 455.
Petit-Rouy, 35.
Petit-Saint-Jean, 726.
Petit-Vendeville, 508, 935.
Petit-Wasquehal, 222, 224.
Pétrieu, 1118.
Phalecque (la), 55, 180, 256, 564.
Phalempin, 592, 760, 892, 1085, 1106, 1108, 1140, 1148, 1163, 1191, 1193, 1238, 1287, 1289, 1424, 1613, 1616, 1662, 1742.
Philipsbourg, 999.
Picquenvalle, 999.
Picquerie (la), 347.
Pierbaix, 354.
Pierrefitte, 1573.
Pierres, 565.
Piètre, 1191, 1197, 1200, 1209-1212, 1228, 1230.
Pilatrie (la), 1293.
Piletour, 121.

Pilsten, 634.
Pipaix, 76, 77.
Pirmasens, 1002.
Pitton, 1093, 1095.
Plaigne (la), 1120.
Plaisance, 540.
Planaize, 1469, 1470.
Plancque (le), 783, 1254, 1261, 1263.
Plancques (les), 565, 772, 1170, 1173, 1183, 1185.
Planquerie, 138.
Plantis (le), 1572, 1573.
Plantis (les), 103, 104, 112, 704, 1725, 1726.
Platries, 170.
Plesnoye (la) 1511.
Plessier 821.
Plisson (le), 809, 1301.
Plouich (le), 45, 84, 85, 229, 267, 455, 1200, 1201, 1210, 1214, 1217, 1218, 1220.
Plouy (le), 84, 86, 106, 136, 687, 1475.
Point-du-Jour (le), 1729.
Pointe-à-Pitre, 1592.
Poisbrègue, 658.
Poiteux, 522.
Poitiers, 512, 513.
Poligny, 12.
Pombecq, 105.
Pomera, 1016.
Pomeru, 985.
Pommereaulx, 1172, 1191, 1199, 1209, 1210, 1228.
Pont, 7, 8, 10, 553.
Pont-Allier, 956.
Pont-à-Marcq, 1393.
Pont-à-Tressin, 170, 244, 1276.
Pont-à-Vendin, 814, 1104, 1148.
Pont-de-Loup, 7.
Pont-de-Marcq, 583.
Pont-de-Sains, 1551.
Pontennerie (la), 91, 562, 564-566, 568, 577, 1393, 1394.
Pontivy, 285.
Pontreward, 1104.
Pont-Sainte-Maxence, 1606.

Pont-sur-Sambre, 9.
Poperinghe, 61, 62, 409, 583, 1246, 1338.
Popuelles, 1198.
Porcq (le), 1122.
Porte (la) 1127, 1538.
Portingal, 503.
Portsmouth, 343.
Portugal, 220, 668, 691.
Porville, 1157.
Potelles, 1552.
Poterstraten, 222-224, 336, 924.
Pottes, 20, 33, 36.
Poucques, 1200, 1202, 1218, 1649.
Pouillon, 355.
Poulangy, 1052.
Pourchelet (le), 234.
Prayelle (la), 1288.
Pré (le), 140.
Préaux (les), 397, 1042, 1058, 1059, 1066.
Prée (le), 729, 831, 833, 835.
Préhédrez, 604, 684.
Prémesque, 43, 248, 538, 539, 731, 854, 894, 1573.
Prémont, 283, 376.
Prémy, 659.
Près (les), 104, 106, 704, 706.
Préseau, 285, 1204.
Pressensé, 544.
Pret (le), 530, 787, 788, 1105, 1176.
Pretz (les), 107, 117, 290, 1428, 1649.
Preumonteaux, 1657.
Preures, 1499, 1749.
Preuss-Eylau, 1204.
Prévôté (la), 293, 466, 739.
Prez (les), 115, 1728.
Pronville, 1132, 1242.
Prouville, 773.
Pugey, 1582.
Pugnanderie (la), 979.
Puich (le), 633, 1015, 1640-1645, 1647, 1650.
Puis (le), 166, 374, 376, 1680.
Pumbeck, 1056.
Puy (Le), 1393.

TABLE DES NOMS DE LIEUX. 1835

Puy (le), fief, 512.
Puyveld, 1054.

Q

Quaregnon, 1503.
Quartdeville, 86, 469.
Quartes, 9, 85, 468, 597, 1026.
Quellerie (la), 1436.
Quenast, 735.
Quenaumont, 170.
Querigut, 467.
Quesne (le), 930.
Quesnil (le), 261, 315, 1078.
Quesnoy (Le), 401, 522, 780, 781, 1053, 1080.
Quesnoy (le), fief, 65, 498, 562, 577, 1153, 1203, 1267, 1670.
Quesnoy-sur-Deûle, 333, 558, 702, 802, 803, 1508.
Quesques, 1749.
Quetinghem, 294, 1171.
Quiberon, 1006, 1502.
Quiéry, 455.
Quiestède, 207, 414, 998, 1001-1004.
Quiévrechain, 13.
Quiévy, 1051.
Quinquibus, 549, 1421.
Quint (le), 382.

R

Rabodanges, 209.
Rabodenghes, 104, 112, 115, 290, 354, 1726.
Raches, 1465.
Racquinghem, 937, 1007, 1553, 1554.
Radinghem, 47, 139, 412, 470, 933, 982, 983, 1238.
Radoin, 793.
Raisse, 1352.
Rakendal, 1044, 1045.
Ramais, 1426, 1427.
Rambures, 23.
Rameaux (les), 137, 205, 603, 1089, 1663.

Ramées (les), 1460, 1461, 1464.
Ramegnies, 735.
Rametz, 1127, 1371, 1458, 1459.
Ranchicourt, 209, 1507.
Ranquilly, 112.
Ransart, 9, 1199.
Rapperswyl, 821.
Rassau (le), 459-461.
Rassenghien, 1193.
Ratière (la), 1424.
Ratisbonne, 1720.
Ravensberghe, 60.
Raynans, 937.
Raynouart, 944.
Razeau (le), 463, 464.
Réalmout, 91.
Rebecque, 568.
Rebreuves, 1169.
Reckem, 597, 787, 1241, 1439.
Recourt, 449, 1626, 1627.
Reims, 351, 495, 1540.
Relinghem, 85.
Remaisnil, 1126.
Remilly-Verquin, 1747.
Renaix, 705, 1427.
Renaucourt, 1627.
Renescure, 179, 229.
Renise, pour Venise, 24, 887.
Rennes, 415, 473, 1242, 1554.
Rensborch, 1659.
Repain, 363.
Resbecq, 510, 511, 514, 610.
Retournac, 1470.
Rety, 1499.
Reuil-Bouteille, 1470.
Reus, 1671.
Riandrie (la), 553, 1163, 1199, 1392.
Ribotecueil, 1497, 1498.
Ricametz, 283.
Ricarmez, 171, 383, 586, 823, 824.
Richelieu, 1592.
Riencourt, 363, 980, 1120.
Rietbus, 1528.
Rieuwez, 1114, 1426.
Riez (le), 262, 674, 1472.
Rigaudie (la), 91.

Rilly, 190-192, 681.
Rimaupret, 784.
Rinsart, 12.
Rionval, 489.
Risbourg, 659.
Rive (la), 209, 289, 299, 304, 336, 490.
Rivière (la), 1337, 1470.
Robardrie (la), 1453, 1454.
Robecq, 63, 646, 1245.
Robersart, 1052.
Robigeux, 553.
Roblets (les), 40, 572, 1017, 1132.
Roc (le), 735.
Rochefort, 36.
Rochelle (la), 12, 807.
Rochinoy (la), 1749.
Rocq, 564.
Rocque (la), 1154, 1494, 1748.
Rocques, 552.
Rocquet, 31, 1680.
Rocqueval, 669.
Roders, 1243.
Rœux, 123.
Rogy, 468.
Roisin, 65.
Rollancourt, 487, 488.
Rolle, 818.
Romance, 1556.
Romblay, 208, 210, 211, 680, 729.
Rome, 500, 566, 681, 820, 846, 942.
Romeries, 284.
Romilly, 501.
Ronchin, 826, 827, 837.
Roncq, 105, 289, 291, 292, 294, 302-304, 517, 571, 724, 741, 945, 946, 1191, 1407, 1408, 1454.
Rongy, 487.
Roquetoire, 825.
Rose (la), 17, 52, 1430.
Roseau (le), 728, 927, 944, 1150, 1169.
Rosiers (les), 760, 1282, 1283.
Rosimbos, 11.
Rosuelle, 1051.
Rosvel, 1427, 1429, 1430, 1446, 1447.

Rothière (la), 726.
Rotoy (le), 675.
Roubaix, 64, 99, 122, 123, 166, 342, 406, 562, 568, 763, 766, 767, 775, 899, 1360, 1383-1390, 1393-1414, 1493, 1497, 1587.
Rouen, 489, 523, 617, 1235, 1511, 1554, 1555.
Rouffach, 1130.
Roussel, 250.
Rouville, 11.
Rouvroy, 549.
Royat, 1553.
Roye, 1510.
Royère (la), 110.
Royon, 731, 1254, 1257, 1261, 1262, 1265.
Rudderwoorde, 211.
Rue, 1498.
Rue (la), 392, 500.
Ruelle (la), 489.
Ruillé-le-Gravelois, 682.
Ruisseauville, 60.
Ruitz, 352.
Rumegies, 945.
Rumes, 1113, 1114, 1117, 1120, 1122, 1134.
Russilly, 813, 1737.
Ruy, 1625.

S

Sabriac, 635.
Saché, 156.
Saclas, 999.
Sailly, 36, 904, 1352.
Sainghin, 263, 288, 626, 636, 921, 979, 1293, 1439, 1492, 1573, 1606.
Sains, 569, 1001.
Saint, 564.
Saint-Amand, 232, 371, 911, 1116, 1117, 1120, 1204, 1425, 1436, 1462, 1534, 1640, 1643, 1647, 1650, 1651.
Saint-Aubin, 11, 333.
Saint-Augustin-lez-Thérouanne, 63.

Saint-Avold, 1627.
Sainte-Claire-d'Arcy, 1511.
Saint-Cloud, 295.
Saint-Denis, 236, 1574, 1584, 1585.
Saint-Denis, près Courtrai, 282.
Saint-Domingue, 510, 1592.
Saint-Croix-du-Mont, 1592, 1593.
Sainte-Croix (Manche), 585.
Sainte-Fleury, 539, 540, 1732.
Sainte-Foix, 596.
Sainte-Geneviève-au-Bois, 1509.
Saint-Ellein, 220.
Saint-Éloy, 391, 1154.
Sainte-Mariakerque, 291, 292.
Sainte-Marie, 1391.
Sainte-Marie (Espagne), 454.
Sainte-Marie-en-Chaux, 1530.
Saint-Étienne, 596, 1735.
Saint-Félicien, 551.
Saint-Gall, 815-821.
Saint-Georges, 292.
Saint-Germain, 635, 1530.
Saint-Germain-en-Laye, 1378, 1379, 1470.
Saint-Hilaire, 530, 531.
Saint-Jean-de-Diasse, 111.
Saint-Jean-de-Luz, 1128.
Saint-Jean-in-Eremo, 1124.
Saint-Josse-ten-Noode, 737, 738.
Saint-Laurent-Blangy, 569.
Saint-Léger, 549, 550.
Saint-Leu-d'Esserent, 1582.
Saint-Malo, 1502.
Saint-Marcq, 350, 568, 1195.
Saint-Martin, 83, 1732.
Saint-Martin-de-Mieux, 1555.
Saint-Maurice, 512.
Saint-Mesme, 178.
Saint-Nazaire, 1274.
Saint-Nicolas-au-Bois, 792.
Saint-Nicolas-Waes, 725.
Saint-Obin, 376, 1680.
Saint-Omer, 26, 57-63, 90, 207, 210, 240, 293, 294, 352, 353, 369, 414, 498, 506, 527, 545, 564, 566, 583, 588, 594-596, 600, 659, 709, 710,
733, 760, 763-765, 970, 997-1001, 1003, 1005-1007, 1050, 1096, 1223, 1225, 1236, 1244, 1247, 1248, 1453, 1469, 1508, 1528, 1529, 1554, 1570, 1643, 1644, 1678, 1724, 1733.
Saint-Ouen, 188, 1555.
Saint-Ouent, 734.
Saint-Pierre, 1153.
Saint-Pierre-de-Veaux, 79.
Saint-Pierre-Morchain, 33.
Saint-Piton, 375.
Saint-Pol, 92, 167, 417, 459, 539, 1042, 1393, 1538, 1724.
Saint-Pry, 58.
Saint-Quentin, 319, 550, 1454, 1487, 1549, 1612, 1613.
Saint-Quentin-en-l'Isle, 367
Saint-Remy, 1626.
Saint-Romans, 550.
Saint-Savinien, 124.
Saint-Sébastien (Esp.), 804, 966.
Saint-Symphorien, 25.
Saint-Trond (Meuse), 343.
Saint-Venant, 216, 997, 1173, 1174.
Saint-Vliet, 1662.
Saix, 1681, 1682.
Sallau, 1173.
Salle (la), 1235.
Salliermont, 75.
Salo, près Venise, 1108.
Salomé, 104, 292, 704, 706, 724, 921, 946.
Saméon, 1671.
Samer, 999.
Sancerre (Cher), 1470.
San Francisco, 1587.
Santes, 95-97, 100-102, 148, 352, 508, 892, 1243.
Sapigny, 895, 1046.
Sarrelouis, 795.
Sargé, 1681, 1682.
Sars-de-Dourlers, 9, 11.
Sart (le), 183, 223, 255, 284, 532, 1301, 1568.
Sarteaux (les), 338, 380, 508, 514, 610, 935, 1378.

Saucourt, 1153.
Saulchoir (le), 460, 1174.
Saultain, 1378.
Saulzoir, 1514.
Saumur, 842.
Sauwins, 469.
Sceaux, 280.
Schaerbeck, 1052, 1506.
Schaffouse, 816, 820, 821.
Schaubrouck, 538.
Scherbourg, 396, 586, 822-824, 830-837.
Schevel, 1283, 1285.
Schoonvelde, 383, 904, 1014, 1194, 1482.
Schowel, 341.
Schresbury, 509.
Scin, 1120.
Sciweldere, 45.
Sébinois, 1533, 1537.
Sebourg, 1122.
Seclin, 32, 111, 196, 220, 242, 308, 312, 364, 378, 379, 384, 456, 584, 585, 654, 668, 687, 747, 759, 824, 903, 978, 979, 1045, 1074, 1030, 1147, 1148, 1201, 1225, 1267, 1268, 1338, 1343, 1344, 1347, 1361-1363, 1392, 1393, 1477, 1569-1571, 1587, 1590, 1613, 1640-1651, 1731.
Secq (le), 188.
Segré, 513.
Seguins, 551.
Sénéchal, 592, 840.
Sené-Fontaine, 78.
Seninghem, 1005.
Senlis, 710.
Septfons, 635.
Sequedin, 368, 370, 495, 1499, 1500.
Sérans, 739.
Séranvillers, 1514.
Serezin, 1583.
Serre (la), 1549, 1557.
Servins, 353.
Seur, 334.
Seux, 353.
Sevelingue, 155, 586.

Séville, 550, 554, 1232, 1241, 1242.
Sierck, 793.
Simoncour, 1018.
Sirault, 739.
Sobecq, 1538, 1733.
Soignies, 660.
Soissons, 513, 681.
Soissy, 35.
Solignac, 1378, 1379.
Solre-le-Château, 13, 997.
Somergan, 538.
Sommyèvre, 1433.
Sonnebers, 1234.
Sonnehem, 354.
Sorbon, 1550.
Sorrus, 1514.
Soubespaing, 138, 335, 336.
Souchez, 329.
Souverain-Pire (le), 329.
Sparre, 1126.
Stafarde, 24.
Staple, 1245, 1246.
Steembourg, 77, 785, 787, 790, 799, 800.
Steenbecque, 46, 47, 377, 798.
Steenbrughe, 78.
Steenove, 539.
Steenvoorde, 1360.
Stenay, 1131.
Stienbréucq, 254.
Stock, 548.
Stradin, 308, 668, 1156, 1157.
Strasbourg, 12, 334, 595, 678, 819, 1128, 1130.
Surjon, 1232, 1235.
Surmont, 634.
Swinarde, 1498.

T

Tacardrie, 572.
Taillandrie (la), 838, 1566, 1567.
Taintignies, 1198.
Taisnières-sur-Hon, 523.
Tametz, 66, 68.
Tannay, 1454.

TABLE DES NOMS DE LIEUX. 1839

Tannerie (la), à Wattrelos, 562.
Tatinghem, 294.
Tavannes, 1060.
Templemars, 633, 752, 1147, 1362, 1496, 1642.
Templeuve-en-Dossemer, 887.
Templeuve-en-Pèvele, 227, 318, 331, 332, 341, 757, 1010, 1149, 1174, 1415-1417, 1421.
Tendale, 1655.
Tenelles, 110.
Tenquette, 292.
Tenremonde, 736.
Terbecke, 591.
Terchamps, 682.
Ter-Elst, 1123.
Tereumbecque, 552.
Terline, 233, 1283, 1573.
Termèche, 572.
Ternhoute, 290.
Ter Straeten, 45.
Tersud, 1498.
Tervestre, 1130.
Terwasse, 1074.
Thannues, 1649.
Théméricourt, 79.
Thérouanne, 92, 595, 718, 743, 1538, 1724.
Thibauville, 35.
Thieffries, 53, 55, 106, 187, 507, 511, 514, 710, 854, 925.
Thiennes, 46, 47.
Thière-en-Picardie, 895.
Thieuloy (la), 759.
Thieusies, 1052, 1053.
Thilleul (le), 705, 1085.
Thilloy (le), 10, 1075.
Thonne-les-Prés, 1473, 1474, 1755.
Thoricourt, 1052, 1053.
Thourout, 1333.
Thoury, 509.
Thuin, 8, 108, 312.
Thulus, 235, 1573.
Thumeries, 597, 1288.
Thurgau, 815.
Ticheville, 1511.

Tidone, 540.
Tilleul (le), 980, 1386.
Tilliter, 669.
Tilloy-lez-Hermaville, 292.
Timbron, 55.
Tinquette, 945.
Tisson, 513.
Tolède, 462.
Tombe (la), 737, 895.
Tonnay, 261.
Tonnerre, 680.
Torcy, 841, 1045.
Toufflers, 565, 566.
Toul, 1627.
Toulon, 514.
Toulouse, 207, 280, 334, 1037.
Tour (la), 76, 85, 205, 259, 511, 601, 602, 604, 686, 888, 901, 922, 1482.
Tourcoing, 119, 128, 149, 164-171, 186, 530, 634, 889, 928, 962, 963, 967, 969, 1021, 1025, 1161, 1175, 1240, 1241, 1301, 1387, 1389, 1397, 1404, 1407, 1590.
Tourelle (la), 729, 1663.
Tourlingthun, 1606.
Tourmignies, 171, 383, 384, 396, 729, 822-825, 831, 936.
Tournai, 10, 11, 18, 23, 25, 52, 64, 75, 77-79, 83, 112, 121, 122, 137, 141, 151, 156, 164, 168, 173, 187, 224, 232, 242, 253, 263, 280, 328-330, 333, 367-369, 375, 381, 403, 404, 417, 490, 503, 540, 552, 626, 631, 637, 654, 670, 675, 676, 683, 709, 711, 717, 722, 727, 736-738, 753, 754, 776, 787, 791, 799, 826, 845, 846, 848, 855, 889-894, 899, 910-912, 944, 973, 974, 982, 1003, 1012, 1026, 1048-1050, 1070, 1079, 1089, 1104, 1105, 1108, 1112-1122, 1124, 1130, 1133, 1134, 1150, 1151, 1157, 1169, 1171, 1172, 1198, 1202, 1203, 1243, 1244, 1286, 1289, 1292, 1301, 1336, 1398, 1412, 1413, 1423-1427, 1455, 1468, 1482, 1485-1487, 1490, 1492-1495, 1502, 1514, 1528,

Généalogies lilloises, VIII.

1533, 1560, 1591, 1642, 1646, 1648, 1666-1672, 1678, 1679, 1720, 1728.
Tournehem, 527, 1732.
Tours, 156, 233, 512, 1130, 1131, 1592.
Tourtencourt, 1138.
Tramerie (la), 548, 1025-1027, 1163, 1301.
Tréberon (Île), 1612.
Trélon, 1550, 1551, 1554.
Tremblay, 1644.
Trépicurt, 467.
Trépignies, 553.
Tressin, 754, 755, 930.
Treupignies, 411.
Treux, 173.
Trieste, 1421.
Triez (le), 1754.
Trion, 1749.
Trith, 636.
Tronchoy, 414.
Trouville-sur-Mer, 1554.
Troyes, 726, 1032, 1643.
Try, 784.
Tucquelins (les), 1237.
Tullins, 1133.
Turin, 816.
Turne-lez-Frencq (le), 1156.
Turnhout, 1358.

U

Ulm, 818.
Upen-d'Aval, 594, 595.
Urtembus, 188, 190.
Usson, 467.
Utrecht, 47, 1615, 1655, 1657, 1660.

V

Vailly, 701.
Val (le), 89, 92, 138, 256, 257, 266, 278, 890, 895, 1018.
Valdubois, 1005.
Val-Sainte-Aldegonde, 60.
Valenciennes, 68, 71, 74, 75, 79, 122-125, 154, 160, 188, 217, 229, 282-285, 290, 327, 337, 370-373, 377, 417, 418, 449, 505, 511, 522, 523, 529, 563, 585, 636, 647, 660, 683, 685, 709, 731, 744, 780, 784, 792-797, 848, 851, 854, 888, 910, 922, 977, 983, 1040, 1048, 1052, 1068, 1073, 1036, 1123, 1127, 1133, 1176, 1196, 1225, 1240, 1275, 1286, 1369, 1370, 1378, 1458-1462, 1492, 1515, 1550-1555, 1568, 1601, 1609-1614, 1622-1626, 1656, 1663, 1666, 1730.
Vallée (la), 135, 138, 274, 275, 350, 721, 723, 739, 1477, 1529, 1663.
Vallerie (la), 349, 1017.
Valloires, 764.
Valognes, 513.
Vandenbroecke, 326, 538.
Vandosne, 1647.
Vannes, 466, 467, 472.
Vardes, 1749.
Vardonne, 462.
Varenbeke, 1113.
Varens, 683.
Vas (le), 47, 137, 139, 205, 720, 730, 788, 983, 1663.
Vassieux, 551.
Vaudricourt, 1059, 1606.
Vauline (la), 1060.
Vaulx, 539, 892, 1127.
Vaux, 234.
Vegène, 1748.
Véhu, 722.
Velaines, 736.
Velletri, 554.
Veltebecq, 1088.
Vendenove, 136.
Vendeville, 171, 383, 586, 655, 728, 729, 824.
Vendin, 215, 216.
Vendin-le-Vieil, 1133, 1242.
Vendôme, 635.
Venevelles, 414, 681.
Venise, 24, 51, 602, 679, 887, 1103.
Vercourt, 1498.
Verderue, 563, 657.

TABLE DES NOMS DE LIEUX. 1841

Verdun, 1151, 1479.
Vereaux, 681.
Vergies, 56, 1453.
Vergne (la), 538.
Verlannoy, 208.
Verlinghem, 560, 572, 1333.
Vermelle, 382.
Vernicourt, 1155.
Verquigneul, 292.
Verquin, 825, 1747.
Versailles, 41.68, 334, 732, 810, 819, 841, 848, 1432, 1459, 1472, 1507, 1552, 1553, 1556.
Vertain, 671.
Vertbois (le), 39, 270, 278, 288, 289, 294, 299, 301, 336.
Vertin, 548, 552.
Verval, 725.
Vésinet (le), 295.
Vesoul, 1391, 1747.
Vestot, 315.
Vevey, 820.
Vichte (la), 222, 224, 336, 553, 924.
Vichy, 936.
Vicogne, 179, 794, 809.
Vicq, 660.
Viefville (la), 1132, 1242.
Vieux-Bancqs (les), 1573.
Vieux-Berquin, 506.
Vieux-Bus (le), 1158.
Vigan (le), 1747.
Vignacourt, 1258.
Vigne (le), 115, 206, 209, 228, 415, 704, 932, 997, 1011, 1238, 1239, 1261, 1268, 1282, 1395, 1399.
Ville (le), 241, 242.
Villecholle, 95.
Villecourt, 173.
Villeman, 1754.
Villeneuve-le-Roi, 1198.
Villeron, 1005.
Villers, 91, 262, 326, 328, 337, 338, 375, 510, 537, 710, 1042, 1054, 1063, 1094, 1110, 1111, 1189, 1349, 1626.
Villers-au-Tertre, 954, 1203, 1741.
Villers-Bretonneux, 499.

Villers-Chatel, 1345.
Villers-en-Artois, 46, 327.
Villers-en-Beaujolais, 1550.
Villers-Saint-Amand, 493.
Villers-Saint-Pol, 173.
Villes, 551.
Villiers, 1093.
Vimy, 302.
Vincourt (le), 1157.
Vivier (le), 327.
Vledricq, 289, 725, 945, 946, 1454.
Vogelzanck, 1754.
Voizelle, 243.
Volandre (la), 105, 290, 292, 300.
Vontressac, 1470.
Vorde (la), 675, 676.
Voswalle, 1246.

W

Waclen, 199, 310.
Wadelicourt, 901.
Wadstena, 819.
Wahagnies, 148.
Waignon, 710.
Wailly, 353, 1153, 1155, 1157.
Walcourt, 1048.
Walennes, 1378.
Walincourt, 515.
Walle, 38, 91, 159, 497, 564-568, 576, 738, 1050, 1204.
Wallonnie (la), 240, 1643.
Wallutle, 23, 1463.
Waly, 1474.
Wambrechies, 25, 354, 530, 802, 803, 952, 979, 1052, 1150, 1293, 1348, 1377, 1420, 1428, 1441, 1534, 1566, 1587.
Wandonne, 1245, 1246, 1640, 1646.
Wannehain, 1045, 1193.
Warcoing, 562, 569-573, 577, 580, 1120, 1616.
Warcombel, 1048.
Warde, 1153.
Warenghien, 303, 309, 592, 840, 1016, 1670.

Wargnies-le-Grand, 65.
Warigny, 119, 1110.
Waringueval, 1748, 1749.
Warlincourt, 1172.
Warluzel, 1204.
Warnave, 1493.
Warneton, 772, 1139, 1247.
Warowanne, 343, 748, 1500.
Warwanne, 171-176, 390, 497, 1626.
Was, 142.
Waskapelle, 67.
Wasmes, 74-76, 888, 1725, 1726.
Wasnes, 455, 565.
Wasquehal, 123, 124, 287, 315, 562, 792, 1023, 1384, 1397, 1398, 1541.
Wastines (les), 86.
Waterloo, 890.
Watermaele, 45.
Waternes, 903.
Watiessart, 635.
Watrelez, 283.
Wattignies, 38, 888, 920-922, 1117, 1118, 1122, 1202, 1439, 1738.
Wattines (les), 45, 84, 85, 159, 267, 1163, 1164, 1390, 1391, 1475.
Wattinettes (les), 33.
Wattrelos, 33, 165, 562, 718, 1033, 1043, 1387, 1397, 1398, 1406, 1408.
Waudringhem, 763.
Waudripont, 1172.
Wault, 1732.
Vaulx, 351.
Wavre-en-Brabant, 1458, 1463.
Wavrin, 138, 145, 382, 739, 782, 1195, 1362, 1573.
Wazemmes, 230, 343, 344, 364, 365, 609, 700, 701, 718, 726, 750, 894, 909, 1038, 1581, 1591, 1593, 1623, 1731, 1735, 1743.
Wazières (les), 270, 287, 288, 294, 296, 299, 300.
Waziers, 839, 840.
Welore (Indes), 509.
Wendin, 1043.
Werchies, 727.
Werchin, 1400.

Werquigneul, 1533.
Werquins (les), 845, 850, 851, 1270.
Wervick, 839, 944, 1194, 1404, 1439, 1441, 1664.
Wesel, 1614.
Wevelberghe, 760.
Wevelghem, 38, 933, 1288, 1346, 1485, 1500.
Witerbernin, 1681.
Wiliervalle, 159.
Willemand, 1656.
Willemeau, 1122.
Willems, 468, 553, 1733.
Willermont, 242.
Wintgen, 1550.
Wintherthur, 817.
Wirquin, 1005.
Wirwignes, 1152.
Wisques, 1000.
Wisternes, 1171.
Witernes, 572.
Woestine (la), 60.
Wolfenbutel, 1204.
Wormhout, 366.
Wostine, 1293.
Wuinnehaut, 1017.

Y

Ypres, 68, 107, 178, 209, 541, 623, 655, 677, 686, 840, 848, 851, 1019, 1047, 1054, 1133, 1142, 1172, 1199, 1223, 1225, 1244, 1267, 1338, 1345, 1528, 1730.
Yverdon, 819.
Yvetot, 1584.
Yzeure, 1132, 1592, 1593.

Z

Zentovera, 352.
Zonebecq, 1044.
Zoteux, 1176, 1748-1752.
Zuingelbans, 548.
Zurich, 817, 820, 821.
Zuytpeene, 291.

L'impression de ce quatrième volume des « Généalogies lilloises » a été commencée le 15 décembre 1908 et achevée le 15 juin 1909, par la maison Lefebvre-Ducrocq de Lille.

Cet ouvrage ne sera point mis dans le commerce ; il est strictement réservé aux membres titulaires de la Société d'études et aux hommages de l'Auteur.

TIRÉ A TROIS CENT CINQUANTE EXEMPLAIRES NUMÉROTÉS
DONT CINQUANTE POUR L'AUTEUR.

N° *176*

Exemplaire de *la Société historique de Compiègne*

Le Président
de la *Société d'études*,

Th. Leuridan

HOMMAGE DE L'AUTEUR.